KB205892

이 책은 특히 북미에서 두드러지는 (기독교의) '유대화' 흐름에 속한다. 저자는 기독교의 사도 바울에게 다시 유대인의 옷을 입힌다. 그는 예수를 메시아로 믿고, 종말론적 왕국을 고대하며, 이스라엘의 회복과 '이교도'들의 귀환에 헌신했다. 열정적이고 독창적이었지만, 이는 전형적인 '제2성전기의 묵시적 사상가'의 모습 그대로다. 기독교인에게 친숙한 바울, 곧 (부족한) 유대교를 떠나 (완전한) 기독교로 '회심'한 바울의 초상은 바울 사후에, 교회 전통에 의해 이루어진 '탈유대화'의 산물이다. 이 대담한 논지는 저자의 광범위하면서도 세밀한 자료 해석과 논증으로 뒷받침된다. 기존 해석의 맹점을 파헤치고, 새로운 읽기를 제시하는 저자의 논증은 치밀하면서도 끈질기다. 칼끝은 날카롭지만, 그 칼을 휘두르는 몸짓은 신중하면서도 유쾌하다. 저자의 주장에 동의하든 안 하든, 내용 면에서나 글쓰기 면에서 배울 것이 많은 책이다. 대부분의 '기독교인' 독자들에게는 이 책의 주장이 다소 낯설고 불편할 것이다. 하지만 그래서 더 읽을 가치가 있다. '훌륭한 적수'의 역할이 그렇듯이, 친숙한 자료에 대한 저자의 '대안적' 해석은 내 확신의 바탕이 되는 역사적, 신학적 이해의 타당성을 점검하게 하고, 익숙함 뒤에 숨으려 하는 나의 안일함과 나태함을 일깨운다. 물론 비판적 대화도 충분히 가능할 것이다. 학문적으로나 신학적으로나 가벼운 책은 아니다. 그러나 역사적, 성서적 진지함을 추구하는 신앙인들에게는 신나는 도전과 배움의 기회가 될 것이다.

권연경 | 숭실대학교 기독교학과 교수

바울서신을 읽는 것은 마치 두 사람 간의 통화 내용을 엿듣는 것과 같다. 발신자와 수신자는 모두 익숙한 내용이기 때문에 별다른 설명 없이도 소통이 원활하지만, 그 대화를 멀리서 엿듣는 사람은 대화의 전후 맥락과 내용을 파악하기 위해 많은 노력을 기울여야 한다. 이 때문에 바울이 의미한 바를 파악하는 데 지쳐버린 레이제넨과 같은 일부 학자들은 바울을 그저 모순 덩어리로 치부한다. 파울라 프레드릭슨의 『바울, 이교도의 사도』는 바울과 그의 서신의 수신자들 간의 대화를 보다 잘 이해할 수 있는 유용하고 솔깃한 고급 정보를 다수 제공한다. 율법에 대한 바울의 긍정적인 언급과 부정적인 평가는 어떻게 조화될 수 있는가? 아브라함 언약의 축복 속에는 분명 이교도가 포함되어 있었는데, 그럼에도 이교도의 사도인 바울이 그토록 박해를 당한 이유는 무엇인가? 로마서 7장에 나타난 '나'의 정체는 무엇인가? 갈라디아서 2장에서 바울이 식탁 교제로부터 물러난 베드로를 타박한 진짜 이유는 무엇인가? 누구나 궁금해하지만 아무나 대답할 수 없는 질문들에 대해 프레드릭슨은 매우 흥미로운 이야기를 들려준다. 프레드릭슨의 이야기의 타당성에 대해서는 학자들 간에 이견이 있을 수 있으나, 그녀의 이야기가 매혹적이라는 사실만큼은 그 누구도 부인할 수 없을 것이다. 톨레 레게!

권영주 | 한국침례신학대학교 신약학 교수

사도 바울에 대한 이해는 초기교회의 신학을 이해하는 데 필수 불가결하다. 전통적으로 바울 신학의 배경을 그리스-로마, 유대교, 초기교회의 신학, 이렇게 세 줄기로 생각해 왔다. 이런 상황에서 수십 년간 바울 신학에 관한 전통적 관점과 새 관점 논쟁이 바울 이해에 대한 관심에 열기를 지폈다. 이후 차츰 논쟁의 열기가 식어져 갔지만, 이런 휴전기에 『바울, 이교도의 사도』는 바울의 신학과 그의 신학적 배경에 대한 새로운 논쟁을 불러일으키기에 충분한 내용으로 가득 차 있다. 이 책은 이방인/이교도의 사도인 바울의 신학과 상황을 유대 묵시적apocalyptic 배경하에서 재구성하며, 잔잔한 바울 신학계의 호수에 파동을 일으킬만한 신학적 도전을 준다. 이방인/이교도의 기독교로의 유입이 당시 사회에 주었던 사회학적 함의들을 찾아내 설명하는 대목에서 독자들은 바울을 이해하는 데 있어 남다른 통찰력을 얻게 될 것이다.

김경식 | 웨스트민스터신학대학원대학교 신약학 교수

『바울, 이교도의 사도』는 최근 바울학계에서 가장 도전적인 제안을 하는 연구서 중 하나이다. 저자인 파울라 프레드릭슨은 유대인들에게 '신'은 민족적 개념이었으며, 이방인 그리스도교 신자들은 여전히 이방인으로 남아 유대인들과 구분되며, 그들 자신의 원래의 민족적 정체성을 유지하는 '탈-이교적 이교도들'ex-pagan pagans이 된다고 말한다. 이에 따라 '탈-이교적 이교도들'은 종말론적 구속에는 참여하지만 민족적 유대인들에 비해 차등적 지위를 지니게 된다고 말한다. 프레드릭슨의 결론은 바울이 유대인과 이방인의 경계를 무너뜨리고 이 둘 사이에서 '공유된 공동체적 정체성'을 세우려고 했다는 프란시스 왓슨Francis Watson 등의 견해와 분명히 다른 것이다. 또한 바울이 유대인과 이방인의 경계를 무너뜨리는 것이 아니고, 과거의 민족적 정체성이 유지된 채, 그 지위들을 재정의 내리고 '그리스도 정체성'Christ-identity을 형성하려고 했다는 윌리엄 캠벨William Campbell의 견해와도 다르다. 이 책이 민족, 인종의 개념과 이스라엘의 의미와 같이, 전통적 바울 읽기에서 중요하게 여겨지지 않았던 주제들에 대해 보다 깊이 생각해볼 수 있는 계기가 될 수 있으리라 생각한다. 도전적인 주장들을 모두가 동의할 수는 없을 것이지만, 보다 폭넓은 연구를 위한 시작점 혹은 자극제가 되기에는 충분할 것이라 생각한다. 바울 신학의 최근 동향 혹은 '유대교 안의 바울'이라는 주제에 관심이 있는 독자라면 반드시 이 책을 읽어야 한다.

김규섭 | 아신대학교 신약학 교수

늘 그러하듯이 파울라 프레드릭슨은 신선하며 도발적인 통찰을 유려한 문장으로 전달한다. 후대의 기독교 신학 전통에서 가능한 한 벗어나 차가운 역사가의 눈으로 바울서신을 읽는다는 것이 무엇인지, 그리고 그 효용이 얼마나 큰지를 보여주는 전범이다. 『바울, 이교도의 사도』는 유대인과 이방인 사이의 적극적 상호 교류 및 신들과 민족들 사이의 불가분의 관계 등 바울의 말을 이해하기 위해 적확한 배경을 섬세하게 그리는 동시에 몇 가지 시대착오적 개념을 걷어 낸다. 또한 철저하게 바울을 임박한 유대 묵시적 세계관 안에 놓은 뒤 바울서신을 오로지 이방인만을 청중으로 삼은 문서로 해석하는 이 책은 분명 많은 독자들에게 건강하고 건설적인 당혹감을 줄 것이다. 프레드릭슨의 논점을 이미 알고 있음에도 나는 이 책을 읽으면서 손을 뗄 수 없을 만큼 큰 흥미를 느꼈고 또한 각주에 담긴 풍성한 정보에 설레었다. 가장 촉망받는 신약학자인 정동현 교수는 이 번역서를 통해 탁월한 번역자로도 자리매김했다.

김선용 | 신약학 연구자 Ph.D. University of Chicago

파울라 프레드릭슨은 이 책을 통하여 복합적이고 입체적으로 재구성된 그리스-로마의 고대 사회 가운데 바울과 그가 대표하는 유대교적 전통을 새롭게 바라볼 수 있는 기회를 제공한다. 이를 통하여 프레드릭슨은 기존의 반유대교적 관점에서 바라봤던 "이방인 기독교의 창시자"로서의 바울의 모습과는 대조적으로, 그간 상대적으로 소홀히 다루었던 "이교도의 사도"로서의 바울의 유대교적 모습을 살핀다. 프레드릭슨은 당시 이교적인 고대 사회를 구체적이고 생생하게 묘사하고, 또한 그 가운데 있던 유대인들과 그들의 전통을 상세하게 서술하는 가운데 바울의 모습을 그려낸다. 그리고 그런 바울에 대한 이해를 바탕으로 바울이 서술한 서신서들에 담겨 있는 그의 신학과 교훈들을 해석하려 한다. 바울서신들을 교회의 정경으로서가 아니라 1세기의 고대 문서로 접근함으로써 그것들을 다른 자료들과 마찬가지로 최대한 객관적이고 역사적인 관점에서 살펴보며 바울의 모습과 신학을 설명하려고 하기 때문에, 접근법의 전제에 대한 차이와 그로 인해 발생되는 신학적 견해 차이는 있을 수 있다. 그럼에도 불구하고 이 책은 유대교 전통을 떠난 바울의 모습에 대해서만 치우치게 바라보는 이해를 지양하고, 그보다 균형 잡힌 이해를 성실하게 도모한다. 이를 통하여서 바울서신들에 담긴 신학과, 이교적인 사회와 문화 가운데 있던 교회와 성도들을 향한 그의 가르침이 훨씬 더 입체적이고 실감나게 다가온다. 따라서 바울과 그의 신학의 사회, 문화적 배경에 대해서 더 심도 깊은 연구를 수행하려는 사람들에게는 반드시 필요한 책이다.

김의창 | 횃불트리니티신학대학원대학교 신약학 교수

어떻게 바울은 그 자신을 예수 그리스도의 사절로 인식하게 되었을까? 바울의 자의식과 관련해 바울 자신의 이방인 선교에 대한 인식은 무엇이었을까? 이 자의식에 대한 정의가 달라진다면, 바울의 선교에 대한 해석은 어떻게 바뀔 수 있을까? 파울라 프레드릭슨의 『바울, 이교도의 사도』는 위 질문들에 새로운 방향의 답을 추구한 저작이다. 이 책에서 프레드릭슨의 핵심 명제는 크리스터 스텐달 등을 위시한 선행 연구자들의 '이교도pagan를 위한 선교사 바울'의 테제를 보다 심화한 것이다. 곧, 바울은 철저히 유대교적 정체성을 유지했고, 이방인들에게만 '복음'을 전하기 위한 사도였지 유대인들에게 '복음'을 전한 사도가 아니었다는 것이다. 프레드릭슨의 주장은 1세기 그리스도 추종자들 전부에게 복음이 필요하지 않았다는 급진적인 주장까지는 아니지만, 분명 이방인과 유대인의 정체성과 구원 방식을 선명하게 나누어 기존의 바울 선교관 이해에 도전한 급진적인 해석이라 할 수 있다. 그녀의 대안적 바울상 제시는 바울을 무조건적으로 탈-유대교, 탈-율법의 맥락에서 설명했던 기존의 해석들에 의문을 제기했다는 점에서 분명 긍정적인 기여를 했다. 우선은 독자들에게 이 책의 논지에 대한 동의 여부를 떠나 각자의 선입견을 내려놓고 가벼운 마음으로 저자의 목소리를 경청하기를 당부드린다. 혹여 프레드릭슨의 결론에 동의하지 않을 수도 있지만, 그녀가 제공한 신빙성 있는 증거와 날카로운 주해에 근거한 바울의 선교사적 정체성은 분명 바울 연구의 흐름에서 주목해야할 중요한 지점이다. 따라서 프레드릭슨이 연 토의의 장 안에서,

신학 사조에 따라 단편화 되기 쉬운 바울 읽기를 넘고 바울 연구의 풍성한 색채를 한껏 음미하길 바란다. 새로운 바울 읽기에 도전하고픈 모든 이들을 기꺼이 환영하며 『바울, 이교도의 사도』를 권하고 싶다.

김주헌 | 신약학 연구자 Ph.D. University of Aberdeen

파울라 프레드릭슨은 바울의 유대성을 강조하는 점에 있어서 "바울에 대한 새 관점"보다 한 발 더 진화된 형태인, "바울에 대한 급진적 새 관점" 혹은 "유대교 안의 바울" 학파에 속한 학자이다. 또한 최근까지 SBL 바울서신 분과의 의장을 맡기도 하는 등 바울 학계에 영향력이 있는 학자이다. 『바울, 이교도의 사도』라는 이 책의 제목 자체가 바울서신의 수신자가 유대인들이 아닌, 이방인들이었다는 "바울에 대한 급진적 새 관점" 학파의 가장 중요한 주장 중 하나를 암시하고 있다. 또한, E. P. 샌더스의 책, 『바울과 팔레스타인 유대교』를 연상시키는 이 책의 표지는 샌더스의 노선을 따르면서, 샌더스가 바울학계에 미친 영향을 닮고자 하는 저자의 야심을 엿볼 수 있다. 따라서, 이 책은 현재 바울학계에서 점점 더 영향력을 넓혀가고 있는 "바울에 대한 급진적 새 관점" 학파에 속한 주도적인 학자의 가장 최신 논의를 살펴볼 수 있는 중요한 책이며, 실제로 2017년에 이 책이 출판되었을 때, 바울학계에서 많은 화제를 모으기도 했다. 그런 점에서 이 책은 내용에 대한 찬반 여부를 떠나, 바울을 연구하는 진지한 학생들이라면 반드시 읽어야 할 필독서이다.

김형태 | 신약학 연구자 Ph.D. University of Durham

파울라 프레드릭슨은 "바울에 대한 급진적 새 관점"이라 불리는 소위 "유대교 안의 바울" 학파에 속한 학자들 가운데 가장 활발하게 활동하는 대표적인 인물이다. "바울에 대한 새 관점" 학파가 그렇듯이, 이 학파에 속한 학자들의 주장 역시 스펙트럼이 다양하다. 그 가운데서도 프레드릭슨은 바울이 평생 머물러 있었을 기원후 1세기 디아스포라 유대교의 세계를 역사학적으로 재구성하는 데 있어 학문적 탁월함을 보여준다. 바로 이러한 점 때문에 『바울, 이교도의 사도』의 첫 장을 펴는 순간부터 독자들은 전문가의 안내를 받으며 여행하는 것과 같은 경험을 하게 될 것이다. 또한 익숙하던 것이 어색해지는 과정을 통해 바울의 세계를 보다 생생하게 체험하게 될 것이다. 그러나 이 책은 단순히 익숙하지만 낯선 세계로의 안내서는 아니다. 프레드릭슨은 바울의 이야기를 재구성하는 가운데, 친절한 안내자에서 치열한 논쟁자로 변모한다. 그녀의 주장은 급진적이면서 논쟁적이다. 독자들은 긍정적으로든 부정적으로든 그녀의 바울 이야기가 초기 교회 공동체가 처한 다양한 정황에 타당한지 이리저리 곱씹게 될 것이다. 그리고 그 과정을 통해 옛 관점, 새 관점, 급진적 새 관점에 속한 학자들이 그리는 바울 신학의 지형을 조망하게 될 것이다. 바울을 진지하게 탐구하기 원하는 모든 사람들에게 추천하는 바이다.

남궁영 | 칼빈대학교 신약학 교수

『바울, 이교도의 사도』는 파울라 프레드릭슨이 지난 20-30년간 학계에 제시해 온 주장을 집대성한 것으로, 저자의 관점을 담은 일종의 바울 신학 안내서라 할 수 있다. 이 책의 중심 질문은 다음과 같다. "사도 바울은 역사적 예수로부터 30년 가까운 시간이 흐른 후에도 여전히 하나님 나라의 도래가 멀지 않았다는 묵시적 희망을 간직하고 있었는데, 어떻게 그럴 수 있었을까?" 저자는 이것이 수많은 이방인들이 교회로 몰려 들어오고 있던 당시 상황과 관련이 있다고 지적한다. 그리고 당시 유대 세계와 지중해 세계를 배경으로 삼으면서, 기존의 성서학 흐름과는 상당히 다른 방식으로 바울의 신학을 재구성한다. 파울라 프레드릭슨은 "유대교 안의 바울" 관점을 대표하는 학자들 가운데 한 명이다. 전통적인 성서 연구에 비해 "새 관점"은 유대교와 바울의 연속성을 강조하는데, 저자가 속한 흐름은 연속성을 그보다 더욱 강조하기 때문에 "급진적 새관점"이라 부르기도 한다. 이 책은 "유대교 안의 바울" 관점의 연구들이 구체적으로 어떻게 이루어지고 있는지를 보여주는 매우 좋은 사례이다. 이 관점의 책들이 국내에 거의 번역되어 있지 않기 때문에 이 책이 한국 성서학의 지평을 넓히는 의미 있는 기여를 할 것으로 기대된다. 번역도 깔끔하고 용어 사용의 일관성도 있어, 저자의 논지를 정확히 파악할 수 있다.

안용성 | 서울여자대학교 기독교학과 교수

보스턴 대학교의 명예 교수인 파울라 프레드릭슨은 『바울, 이교도의 사도』에서 신약학의 전통적인 개념과 해석을 거부한다. 프레드릭슨은 인류학적인 담론을 활용하여 구약성경의 묵시적 맥락과 그레코-로만이라는 사회적 맥락 속에 종말론적 메신저로서 유대인 바울을 위치시키면서, 바울의 생애와 소명과 선교를 참신한 시각으로 풀어낸다. 그녀는 초기 기독교의 기원과 신약 기독론에서는 구종교사학파의 계보를, 바울 연구에서는 새 관점 학파의 계보를 따르면서도 바울을 포함한 초기 기독교인의 정체성을 "유대적 기독교"보다는 "기독교적 유대교"로 본다. 곧, 21세기 신약학의 주요 흐름인 유대교와 기독교의 연속성이라는 관점에서 역사적 바울을 "유대교 안의 바울"로 강조한다. 바울 연구, 초기 기독교의 기원, 신약 기독론에 중요한 학문적인 이정표를 세운 『바울, 이교도의 사도』를 학자들과 전공자들에게 강력하게 추천한다.

이상일 | 총신대학교 신약학 교수

프레드릭슨이 21세기 독자들에게 바울을 소개하는 방식은 최대한 교리의 껍데기를 걷어 내고, 그의 편지들을 역사적, 문학적, 신학적 정황 안에서 조망하는 것이다. 이신칭의, 이방인과 유대인, 할례와 율법, "주", 종말과 같은 바울 신학의 열쇳말들은 종교개혁 이후 교리와 해석의 틀 안에서 해석되기 십상이다. 하지만, 1세기 유대인 그리스도인 바울이 비유대인 그리스도인들에게 써

보낸 서신들은 그 서술의 역사적 정황을 반드시 검토해야 한다. 난해한 바울 신학 개념을, 참신하면서도 논리적으로 풀어낸 프레드릭슨의 해석은 바울 서신에 대한 우리의 이해에 도전과 가능성을 함께 던져 준다.

조재천 | 전주대학교 신약학 교수

저자는 바울의 선교 대상이었던 '이교도들'이 어떻게 '탈-이교적 이교도들'(이방인 그리스도인들)이 되었는지를 당시 지중해의 종교적 상황에 기초한 자신의 신학적인 틀 안에서 설명해 나간다. 또한 종말에 이방인으로서 이스라엘의 하나님께 돌아오는 '종말론적 이방인'은 제2성전기 유대교의 묵시적 소망의 중요한 부분이었다고 전제하면서, 헬레니즘 시대에 이미 각 도시들에서 유대인들과 이방인/이교도들은 서로 충분히 관계를 맺으며 살았고, 유대인들의 회당에서도 다양한 정도로 이교도들이 참여할 수 있는 문이 열려 있었다고 설명한다. 그리고 초기 예수 운동의 에클레시아에 들어온 이방인들은 개종자, 즉 할례를 받고 유대교로 개종한 자들도 아니었고, 후대의 개념인 기독교로의 개종자도 아니었으며, 이방인으로서의 정체성을 유지하면서도 이스라엘의 신에게 배타적인 충성을 바치는 '종말론적 이방인', 혹은 '탈-이교적 이교도들'이었다고 주장한다. 곧 바울이 기독교의 창시자나 첫 번째 신학자가 아니라 전적으로 제2성전기 유대교의 묵시적 소망 안에서 이교도의 사도로 살았던 환시자이자 하나님의 메신저였다는 것이다. 이러한 주장은 바울을 중심으로 펼쳐졌던 원시 기독교 선교와 관련된 지금까지의 기독교적인 이해에 대한 정면 도전이기에 엄밀한 검토와 심도 깊은 논의가 필요하다. 이 책이 이 주제에 관해 최근까지 거침없이 진행된 서구 신학계의 연구와 논쟁 상황을 총망라한다고 할 수 있을 정도로, 전문가들의 주장과 학문적인 계보를 상세하게 담고 있어 학문적 토론의 장을 활성화하는데 꼭 필요하다고 판단된다.

최재덕 | 전 장신대학교 신약학 교수

Paul
The Pagans'
Apostle

Paula Fredriksen

바울, 이교도의 사도

파울라 프레드릭슨

크리스터(Krister)에게

과거는 이미 지나갔다.
과거가 무엇인지의 진실은
과거의 그 사건 자체가 아니라
우리 자신의 판단에 달려 있다.

히포의 아우구스티누스, *Contra Faustum* 26.5

* 편집자 일러두기

원서는 1-178쪽이 본문, 179-180쪽이 약어표, 그리고 181-253쪽이 미주입니다. 본(역)서는 원서의 미주 방식을 각주로 전환했습니다. 따라서 본서 각주에 표기된 원서 페이지는 181쪽부터 시작됩니다.

| 목 차 |

역자 서문

모든 번역은 번역자의 해석의 결과물입니다. 제가 해석하기로, 이 책은 기존의 기독교 전통 안에 있던 사람들이 가깝게 여겼던 바울을 다시 낯설게 만드는(혹은, 바울 자신의 맥락에 가깝게 돌려놓는) 작업을 수행합니다. 그러한 까닭에, 생경하게 들릴 수 있는 몇몇 한국어 표현들 역시 원서의 취지에 부합하도록 노력한 결과물입니다. 예를 들어, 흔히 이방인 그리스도인(기독교인)gentile Christians으로 불리는 이들을 가리켜 저자는 ex-pagan pagans라고 부릅니다. 본 역서에서는 "탈-이교적 이교도들"로 옮겼습니다. 또한 원서에서 대문자 God 대신 소문자 god을 사용할 때의 미묘한 어감을 살리고자, 흔히 하나님으로 번역될 문맥에서도 "신"이라는 역어를 택했습니다. 예컨대 the god of Israel은 "이스라엘의 하나님"이 아니라 "이스라엘의 신"으로 옮겼습니다(대문자 God을 쓰는 경우는 그대로 "하나님"으로 옮겼습니다).

어떤 경우에는 저자의 영어 표현 자체가 이례적인 것은 아니지만, 번역 과정에서 의미를 더 도드라지게 만들고 낯설게 하는 효과를 살리기 위해 통상적으로 잘 쓰지 않는 역어를 택하기도 했습니다. 예를 들어, God's Kingdom,

혹은 the Kingdom of God은 여러 한국어 성경/성서나 다른 책에서는 흔히 "하나님의 나라/하나님 나라"로 옮겨집니다. 하지만 본 역서에서는 "하나님의 왕국"이라고 옮겼습니다. 저자가 그것을 the Kingdom이라고 지칭할 때는 "그 왕국"이라고 옮겼습니다. 그리스도의 재림 역시, 저자가 return/returning이라고 표현한 것을 "귀환"이라는 말로 옮겼습니다. 이러한 번역어들은 원서에서 강조하는 다윗 계열의 통치자 및 전사인 메시아의 이미지와 부합합니다.

고전어 표기 방식에 대해서도 몇 가지 설명이 필요할 것 같습니다. 원서는 히브리어와 그리스어를 주로 영어 알파벳으로 음역하여 표기하고, 아주 드물게만 원래의 표기를 보여줍니다. 원서에서 영어로 음역한 부분은 본 역서에서도 한글로 음역하였습니다(원서에서 히브리어와 그리스어 알파벳을 사용한 부분은 역서에서도 그대로 히브리어 및 그리스어 알파벳을 사용하여 표기했습니다). 그리스어 한글 음역은 대체로 민경식, "성서 그리스어의 우리말 음역 원칙 제안,"『신약논단』 17(2010), 177-200에서 제안한 원칙을 따랐습니다. 라틴어의 경우 영어 알파벳과 동일하기 때문에 원서에서는 음역의 문제가 발생하지 않지만, 한국어 역서에서는 문제가 발생합니다. 이 책이 다루고 있는 시대를 고려하여, 한글로 음역할 때 교회 라틴어 발음이 아니라 고전 라틴어 발음을 따랐습니다. 또한 많은 경우, 저자는 히브리어, 그리스어, 라틴어 단어 및 구문을 영어에 섞어서 사용하면서, 일일이 설명을 달지 않았습니다. 저자의 문장이 갖는 수사적 효과와 리듬감을 살리기 위해서, 본 역서에서도 꼭 필요한 경우가 아니면 한국어로 따로 해석을 달지 않았습니다.

물론 낯설게 만드는 작업에도 늘 비교를 위한 출발선이 존재합니다. 저자의 경우, RSV성경을 주로 인용하거나 참고하여 비판적인 대화를 시도합니다. 역자인 저에게는 개역개정이 그와 같은 위치에 있습니다. 성경에 자주 나오는 인물 및 지명의 경우, 본 역서에서는 기본적으로 개역개정의 표기를 따랐습니다. 그 밖에 고대 및 현대의 고유명사는 가급적 해당 언어 사용자의 발음에 가깝게 표기하도록 노력했지만 몇몇 경우 기존에 확립된 표기 방식을 따랐습니다. 예를 들어, 본서의 저자 이름을 "퍼얼라"Paula라고 표기하는 것이 아마도 원래 영어 화자의 발음에 가깝겠지만, 우리나라에서 더 많은 사람들에게 익숙한 "폴라/파울라"라는 표기 방식 중 후자를 택했습니다.

바울과 파울라가 나눈 이 대화 속에 독자 여러분도 참여할 수 있게 되기를 기대합니다.

정동현 드림

서문

[xi] 바울은 하나님의 왕국이 가까이 왔다고 선포했다. 자신이 역사의 마지막 때를 살아가고, 그 마지막 때에 사역하고 있다고 여긴 바울의 견고한 신념은 그가 말하고 행동한 다른 모든 것에 영향을 끼치는 절대적 토대이다. 그의 확신은 다음의 사실을 고려해볼 때 놀라지 않을 수 없다. 즉, 바울이 편지를 쓴 1세기 중엽에 이르렀을 때, 이미 그 왕국은 지연되었다는 점이다.

그 사실을 우리는 쉽게 망각한다. 우리의 역사적 관점은 그 사실을 흐릿하게 만든다. 우리는 지나온 역사를 되돌아보며 바울의 편지들을 예수의 처형으로부터 단지 2-30년 정도밖에 떨어져 있지 않은 "초기"의 것으로 간주한다(물론 그렇게 보는 것은 충분히 정당하다). 그러나 역사는 늘 뒤를 돌아보며 기록되는 것인 반면, 삶이란 오직 앞으로 나아가며 한 번에 하루씩만 살아가는 것이다. 이는 곧 바울의 정황과 체험에 대한 우리의 견해가 결코 바울 자신의 것과 같을 수 없음을 의미한다. 이스라엘의 신이 그의 아들을 바울에게 계시하였을 때(기원후 34년경?), 바울은 그것이 무슨 의미인지 알아차렸다. 그것은 곧 하나님 왕국의 수립이 그리 멀지 않았다는 것이었다. 그러나 바울은 그 계시 사건으로부터 약 20여 년이 지난 후 고린도에 있는 그의 이방인 공동체를 향한 편지에서 비로소 왕국의 수립이 멀지 않았다는 해석을 제시한다(고전 15:12-52). 왜—어떻게—바울은 여전히 그것을 확신할 수 있었을까? 심지어 우리는 더 나중에 기록된 또 다른 편지에서도 종말이 가까이 왔음을 재차 역설하고 있는 바울을 마주한다. "또한 너희가 이 시기를 알거니와 자다가 깰 때가 벌써 되었으니 이는 이제 우리의 구원이 처음 믿을 때보다 가까웠음이라. 밤이 깊고 낮이 가까웠으니 그러므로 우리가 어둠의 일을 벗고 빛의 갑옷을 입자"(롬 13:11-12, 개역개정). 그가 복음을 선포하도록 부르심을 받았던 때로부터, 이 구절을 기록할 때까지, 햇수로 따지자면 과연 얼마나 많은 시간이 흘렀을까? 왜—어떻게—바울은 그토록 긴 시간이 흐른 후에도 여전히 하나님의 시간표에서 지금이 몇 시인지 자신은 잘 알고 있다고 확신할 수 있었을까?

[xii] 이것이 바로 본서의 연구를 끌고 가는 질문이다. 그 질문은 우리를 유대 세계로 인도할 것이며, 거기에는 다음과 같은 묵시적 희망이 눈부시게 빛나고 있다. 그 희망은 곧 하나님께서 오래전에 이스라엘과 맺으신 약속들을 이제 막 실현하실 참이라는 희망, 메시아가 이미 왔고, 또한 곧 다시 오실 것이라는 희망, 죽은 자들이 곧 일으킴을 받아 살아 있는 자들과 더불어 곧 변화될 것이라는 희망, 그리고 민족들/열방(본 역서에서는 영어 단어 nations 및 그리스어 *ethnē*의 번역어로 이 두 단어를 문맥에 따라 혼용할 것이다 - 역주)과, 심지어 그 민족들의 신들까지도 머지않아 돌이켜 이스라엘의 신을 경배할 것이라는 희망이다. 또한 앞선 질문은 우리를 지중해 세계로 밀어 넣을 것이며, 거기에는 다음과 같은 고대의 행위자들이 빽빽하게 자리잡고 있을 것이다. 즉, 이교도와 유대인, 치유자와 예언자, 천사와 마귀demons, 그리스인과 로마인, 특히 성난 초인간적 세력들, 신적 권세들, 적대적인 우주적 신들과 같은 행위자들 말이다. 이 두 가지 모두가 바울의 세계이며, 첫 번째 세계에 관한 바울의 확신이

두 번째 세계에서 그의 행동을 빚어갔다.

바울은 헌신된 유대인으로서 앞서 언급한 확신을 가졌고, 헌신된 유대인으로서 그 확신을 행동으로 옮겼다. 간단히 말해, 본 연구는 바울이 전적으로 그가 나고 자란 유대교 안에서의 삶을 살았다는 점을 주장할 것이다. 후대의 전승들의 경우 바울의 편지들에 기초해 있긴 하지만 결과적으로 바울을 그 맥락으로부터 이탈시키고 말았다. 역사의 회고 작업을 거치면서 바울은 "개종자"로, 탈-유대인으로ex-Jew, 심지어 반-유대인anti-Jew으로, 요컨대 이방인 기독교의 창시자로 변모하였다. 그러나 이후 세대들이 역사를 돌아보며 알 수 있었던 다음과 같은 사실을 바울은 알지도 못했고 알 수도 없었다. 즉, 메시아의 귀환을 맞이하지 못한 채로 자신의 선교가 끝을 맺게 된다는 것, 자신의 생애가 끝나고 얼마 지나지 않아 그가 섬기던 신의 신전과 예루살렘을 로마가 파괴해 버린다는 것, 그리고 유대교Judaism에 의존하지 않고 오히려 적대적인 운동, 새로운 이방인 운동이 바울의 편지들을 중심으로 형성되고, 그 운동에 속한 이들은 본인들의 신학을 바울 자신의 것인 양 주장하게 된다는 것을 바울은 알지 못했다.

그러나 우리 모두가 자신의 삶을 살아야 하듯, 바울 역시 그저 자신의 삶을 살았을 뿐이다. 바울은 미래를 몰랐고, 미래의 일에 대한 책임도 없다. 역사학자로서 우리는 고대의 증거들을 통하여 그의 결백함을 잘 훈련된 상상력의 활동으로 소환하고자 한다. 그렇게 할 때에야 비로소 우리는 바울이 자신을 바라봤던 것처럼 그를 바라볼 수 있다. 즉, 임박한 구원의 복된 소식을 열방에 전하기 위해 모태로부터 빚어졌으며, 시간의 종말의 가장자리에서 경주하듯 달리는 하나님의 예언적 메신저로서의 바울을 보는 것이다.

서론
메시지와 메신저

> [1쪽] 바울, 예수 그리스도의 노예, 그분의 메신저로 부름받았고, 하나님의 좋은 소식—그의 예언자들을 통해서 거룩한 경전에 이미 약속된 그 소식—을 위해 구별된 자[가 편지를 씁니다]. 그 복음은 그의 아들에 관한 것인데, 그의 아들은 육신으로는 다윗의 씨이고, 거룩의 영으로는 죽은 자들의 부활로 말미암아 권능으로 하나님의 아들로 선포된 분, 곧 예수 그리스도 우리 주님[이십니다.] 그를 통해 우리가 은혜와 사도직을 받은 것은 그 이름을 대표하여 신실함의 순종을, 여러분을 포함한 온 열방에 전해주고자 함입니다. (롬 1:1-6)

이것은 1세기 중엽, 바울이 그 자신도 아직 잘 알지 못하는 한 공동체에 보낸 자기소개이다. 이 공동체는 과거에 이교도였으나 이제는 그리스도의 추종자followers of Christ가 된 이들로 구성되어 있으며, 제국의 수도 로마에 모여 있었다. 첫 몇 줄은 예수의 죽음 이후 몇십 년 동안 갑작스럽게 부상한 유대인 운동이 겪은 극적인 변화들을 잘 보여준다. 예수 자신은 아람어로 가르침을 전하며 갈릴리와 유대 지방에 있는 동료 유대인들에게 향했다. 시골 마을들과 민족의 성역인 예루살렘 성전을 오가는 가운데[1] 예수는 이미 처형당한 멘토, 세례 요한의 메시지를 그대로 선포했다. "하나님의 왕국이 가까이 왔다."[2] 이것이 양쪽 모두 공히 가르친 바이다.

예수의 "노예"(둘로스*doulos*)이자 "메신저"(아포스톨로스*apostolos*)인 바울은 그 메시지를 계속해서 선포했다. 그러나 바울은 훨씬 더 큰 세계에 살며 활동했다. 또한 바울은 지중해 세계에서 공용어의 위치에 있었던 그리스어로 가르치고 생각하고 경전의 말씀을 들었다. [2쪽] 바울은 비아 에그나티아*via Egnatia*, 곧 지중해 세계를 동서로 가로지르며 소아시아와 그리스의 도시들을 로마로 연결하는 대로를 따라 넓은 지역을 여행했다. 그 가운데서 바울은 다가오는 하나님 왕국의 "좋은 소식"을 동료 유대인들이 아닌, 훨씬 더 넓은 범위의 사람들에게로 가져갔다. 즉, 바울은 좋은 소식을 이교도들에게 전파했다.[3]

---

1 [181쪽] 이것은 요한복음에 나오는 예수의 여정을 따르는 것이다. 이와 대조적으로, 공관복음 세 권에서는 갈릴리에서 이루어진 예수의 사역으로부터, 예루살렘에서의 선포와 죽음으로 이어지는 단회적이며 일방향적인 진행을 제시한다. 요한복음에 나오는 여정을 변호하며, 그것이 공관복음에 나오는 여정에 비해 더 개연성이 크다는 주장으로는 Paula Fredriksen, *Jesus of Nazareth, King of the Jews: A Jewish Life and the Emergence of Christianity* (New York: A. A. Knopf, 1999), 220-59과 각주들, 그리고 Fredriksen, "Gospel Chronologies, the Scene in the Temple, and the Crucifixion of Jesus," in *Redefining First-Century Jewish and Christian Identities: Essays in Honor of Ed Parish Sanders*, ed. Fabian E. Udoh et al. (Notre Dame, IN: University of Notre Dame Press, 2008), 246-82을 보라.

2 예수의 멘토로서 요한의 역할과 요한 자신의 사역의 묵시적 어조에 관해서는 John P. Meier, *A Marginal Jew: Rethinking the Historical Jesus, vol. 2: Mentor, Message and Miracles* (New York: Doubleday, 1994), 19-233을 보라. 또한 Joan E. Taylor, *The Immerser: John the Baptist within Second Temple Judaism* (Grand Rapids, MI: Eerdmans, 1997)을 보라.

3 바울은 부활한 그리스도에 관한 메시지를 이방인뿐 아니라 유대인에게도 전했을까?

예수의 시대와 바울 시대 사이에 생긴 변화는 단지 그들 각각이 집중했던 청중의 민족 구성 차이 그 이상이다. 그들이 전한 메시지, 곧 "좋은 소식"의 내용 역시 바뀌었다. 만약 우리가 후대에 기록된 복음서에 나오는 예수에 대한 묘사를 신뢰할 수 있다면, 예수는 그 왕국의 도래를 준비하며 유대인 청중을 불러모아 죄를 회개하도록 명하였다고 할 수 있다. "하나님의 왕국이 가까이 왔다. 회개하라. 그리고 좋은 소식을 신뢰하라!"(막 1:15). 유대교 내부의 본래적 맥락에서 볼 때, 회개하라는 요청은 특정한 내용을 담고 있다. 복음서가 예수의 회개 명령을 묘사할 때 쓰는 그리스어 단어, 메타노에이테*metanoeite*는 사고방식의 전환을 암시한다(누스*nous*는 그리스어로 "생각/정신/사고방식"mind을 뜻한다). 그러나 예수의 회개 개념은 히브리어인 슈브*tshuv*("돌아오다/돌

바울이 에클레시아*ekklēsia*의 할례받은 구성원들에 대해 언급한 내용을 보면(예: 고전 7:18: "부름받았을 때 이미 할례받은 상태였던 이가 있는가?"), 바울의 편지들을 그러한 방향으로도 해석할 수 있다. 그러나 그런 표현은 유대교로 개종한 이들, 즉 태생적이 아닌 특별한 종류의 "유대인"을 가리킬 가능성도 있다(본서 251쪽). 이와 마찬가지로 예수 운동에 참여하기 전 바울이 이교도들을 일종의 (바리새적?) 유대교로 돌려 놓기 위해 애썼던 유대인 선교사였는가와 같은 문제 역시 불분명하다. 많은 부분이 갈라디아서 1:13-14의 유다이스모스*Ioudaïsmos*를 어떻게 해석할 것인지에 관한 문제와, 갈라디아서 5:11("내가 여전히 할례를 전파한다면, 왜 내가 여전히 박해를 받겠는가?")을 어떻게 읽을지에 관한 문제에 달려 있다. 그리스도인이 되기 전 바울이 선교사였으며, 유다이스모스라는 말은 이교도들을 "유대화"Judaize하려는 시도로 이해되어야 한다는 견해에 대한 가장 최신의 논의는 Matthew Thiessen, *Paul and the Gentile Problem* (Oxford: Oxford University Press, 2016), 37-41을 보라. [182쪽] 이 입장에 반대하며, 유다이스모스를 일종의 정치적 기획으로, 유대교 내부의 강화 작업으로 이해해야 한다고 주장하는 글로는 Matthew Novenson, "Paul's Former Occupation in Ioudaismos," in *Galatians and Christian Theology: Justification, the Gospel, and Ethics in Paul's Letters*, ed. Mark W. Elliott et al. (Grand Rapids, MI: Baker Academic, 2014), 24-39을 보라. 두 학자 모두 근본적인 중요성을 갖는 다음의 두 선행 연구를 활용한다. Steve Mason, "Jews, Judaeans, Judaizing, Judaism: Problems of Categorization in Ancient History," *JSJ* 38 (2007): 457-512과, 그 이전에 나온 Shaye J. D. Cohen, *The Beginnings of Jewishness: Boundaries, Varieties, Uncertainties* (Berkeley: University of California Press, 1999), 175-97이다. 우리는 본서의 3장과 5장에서 이 질문을 자세히 고찰할 것이다.

이키다")에 기초해 있으며, 따라서 이후에 랍비들이 회개를 가리킬 때 썼던 용어인 슈바*tshuvah*와 관련이 있다. 유대적 맥락에서 볼 때, 죄로부터의 "돌이킴"은 특히 하나님과 이스라엘 사이에 맺은 언약으로 다시 돌아오는 것, 곧 토라의 가르침으로 다시 돌아오는 것을 의미한다.[4]

세례 요한 및 예수에 관한 다른 전승들 역시 토라 준수/슈바를 다가올 그 왕국을 준비하는 것과 연결시키는 방향을 가리킨다. 복음서 저자들과 동시대인인 요세푸스의 기록에 따르면, 세례 요한은 그의 청중에게 "올바른 행실로 자신을 정결하게" 하도록 강력히 권고했으며, 특히 서로의 관계 속에서 정의(그리스어 디카이오쉬네*dikaiosynē*)를 행하고 하나님을 향해 경건을 실천(그리스어 유세베이아*eusebeia*)하도록 권고했다(*AJ* 18.116-19). 이 맥락에서 "정의"와 "경건 실천"은 단지 현대적 의미의 추상적 개념이 아니다. 이 단어들은 시내산 언약의 핵심 전승, 곧— 십계명을 가리키는—두 단어로 이루어진 암호이다. 첫 다섯 계명은 율법의 첫 번째 돌판인 유세베이아를 구성하는데, 이것은 하나님과의 관계를 정의한다(배타적 경배, 형상 금지, 하나님 이름 남용 금지, 안식일 준수, 부모 공경). 그리고 두 번째 다섯 계명 혹은 둘째 돌판인 디카이오쉬네는 사람 간의 관계를 정의한다(따라서 살인, 간음, 도둑질, 거짓말, 탐욕을 금한다).

우리는 (특히) 십계명을 지키는 것과 관련된 주제의 반향을 예수에 관한 복음서 전승들 가운데서 듣는다. 계명 중에서 무엇이 가장 큰지 질문을 받았을 때, 공관복음 전승의 예수는 신명기 6:4(하나님 사랑, 즉 유세베이아)과 레위기 19:18(이웃 사랑, 즉 디카이오쉬네; 막 12:29-31과 그 병행본문)을 인용하여 대답한다. [3쪽] 복음서의 다른 부분에서 예수는 이것들을 직접적으로 인용한다. "네가 계명을 아나니 살인하지 말라, 간음하지 말라, 도둑질하지 말라, 거짓 증언하지

---

4 회개에 대한 유대교 내부의 메시지가 어떻게 토라로의 재헌신을 의미하는지에 대해서는 Paula Fredriksen, *Sin: The Early History of an Idea* (Princeton, NJ: Princeton University Press, 2012), 6-22을 보라.

말라, 속여 빼앗지 말라, 네 부모를 공경하라 하였느니라"(막 10:19, 개역개정). 그리고 요한과 마찬가지로 예수는 그 왕국의 도래에 대한 메시지와 회개 요청을 영벌의 위협(이것은 묵시적 심판의 가혹한 결과이다)과 분명하게 결부시켰다. 요한과 예수, 두 사람 모두 죄인들을 향한 하나님의 타오르는 진노에 청중들의 이목을 집중시켰다. 회개를 더 효과적으로 촉구하기 위해서이다.[5]

---

5 성서는 이 계명들을 다양한 방식으로 제시한다. 출애굽기 20:1-17과 신명기 5:6-21을 보라. E. P. Sanders는 "이 두 단어[εὐσέβεια와 δικαιοσύνη]가 그리스어를 말하는 유대인들이 그들의 종교를 요약하는 데에 아주 널리 사용되었다"고 말한다. E. P. Sanders, *The Historical Figure of Jesus* (London: Allen Lane, Penguin, 1993), 92. 또한 εὐσέβεια와 δικαιοσύνη는 율법의 주된 두 원리 혹은 κεφαλαία를 요약하는 필론의 *Spec.* 2.63에도 나온다(참고: 율법의 첫째 돌판 안에서의 "부모 공경"에 관해서는 *Decal.* 19를 보라). David Flusser는 희년서에서부터 락탄티우스Lactantius에 이르기까지 등장하는 토라의 이중 요약(하나님 사랑과 이웃 사랑; 경건과 정의)의 다양한 형태를 조사했다. "The Ten Commandments and the New Testament," in *The Ten Commandments in History and Tradition*, ed. Ben-Zion Segal, trans. Gershon Levi (Jerusalem: Magnus Press, 1990), 219-46. 비슷하게, b. Mak. 24a는 613개의 계명을 두 개로 줄이고(사 56:1), 다시 또 한 개로 줄인다(합 2:4: 의인은 그의 에무나*emunah*, "강건함" 혹은 "견고함"으로 살게 될 것이다. 참고: 갈 3:11에 나오는 바울의 표현, ἐκ πίστεως ζήσεται). "믿음"이 아니라 "굳셈, 견고함, 충절"로서의 에무나에 대해서는 Frances Brown, S. R. Drivers, and Charles A. Briggs, eds., *A Hebrew-English Lexicon of the Old Testament* (Oxford: Clarendon Press, 1939), 53을 보라. 도덕적 가르침을 간소화하여 제시하려는 경향성은 동시대 그리스-로마 문화의 철학 적요epitomes에도 등장한다(Epicurus, *Kyriai Doxai*; Epictetus, *Encheiridion*). 이 점에 대해서는 Hans Dieter Betz, *The Sermon on the Mount: A Commentary of the Sermon on the Mount, including the Sermon on the Plain* (Matthew 5:3-7:27 and Luke 6:20-49), ed. Adela Yarbro Collins (Minneapolis, MN: Fotress, 1995), 76-79 및 핵심 문헌에 대한 각주를 보라.

소위 마태복음의 반제들로 불리는 이 본문(마 5:21-48)에 관해서는 Sanders가 *Historical Figure*, 210-12에서 남긴 논평을 보라. 또한 Flusser, "Ten Commandments," 234을 보라. 또 다른 언급으로는 누가복음 11:42을 참고하라. 거기서는 "심판"τὴν κρίσιν을 등한시하는 것이 곧 정의를 등한시하는 것을 의미한다. 1세기 중엽 팔레스타인 유대교에서 십계명에 대한 강조는 아마 쿰란의 테필린에도 반영되어 있을 것이다. 후대의 논고인 y. Ber. 9b는, 예전에는 십계명이 성전에서 매일 낭독되곤 했지만 이제는 (시내산에서 십계명 외에 다른 계명들이 주어지지 않았다고 주장하는)

바울의 좋은 소식, 유앙겔리온은 이러한 방향성을 이어갔던 측면도 있고, 그렇지 않은 측면도 있다. 바울 역시 그 왕국이 급속도로 다가온다고 선포했으며, 죄인들을 향한 하나님의 진노에 관해 그의 청중에게 경고했다. 때때로 바울은 그의 청중이 계명의 기준에 행동 양식을 맞춰 살도록 강하게 권고하기도 했는데, 그럴 때에는 특히 십계명(의 대부분)을 기준으로 삼았다(예: 고전 7:19; 롬 13:8-10). 그러나 바울의 편지들은 또한 그와 반대 메시지처럼 보이는 내용들로도 가득 차 있다. 즉, 율법에 대한 경고, 그의 회중이 율법을 지키지 말도록 명령하는 것, 율법이 죄와 사망의 권세 아래에서 무기력한 상태가 되었다는 주장과 같은 내용들이다(예: 롬 7:7-25).

예수와 바울 사이의 기간 동안 이루어진 가장 극적인 변화는 예수라는 인물 그 자체이다. 바울의 유앙겔리온에서는 예수가 곧 그 메시지의 주된 특징이 되었다. 예수는 그 크리스토스*Christos*, 하나님의 "아들," 하나님의 메시아다.[6] 데살로니가전서, 고린도전서, 로마서에서 바울은 예수를 극적이고 결정적인 마지막 때의 사건, 곧 죽은 자들의 부활과 밀접하게 연결시킨다(살전 4:13-18; 고전 15장 여러 곳; 롬 1:4; 11:15). 가장 놀라우면서 또 중요한 것은 바울이 이스라엘의 메시아와 이스라엘의 신의 왕국 수립에 관한 좋은 소식은 에트네*ethnē*, "열방nations"에게로, 즉 이교도 청중에게로도 향해야 한다고 선언했다

"미님(*minim*, '분파주의자들') 때문에" 더 이상 낭독되지 않는다고 말한다. Ephraim E. Urbach, *The Sages, Their Concepts and Beliefs*, trans. Israel Abrahams (Jerusalem: Magnes, 1975), 2:844 n. 75.

6 [183쪽] 학계의 한 오랜 전통에 따르면, 바울의 편지들에 나오는 "그리스도"는 전통적인 메시아적 의미를 거의 상실하여서, (근본적으로 그 단어는) 단순히 예수를 가리키는 다른 이름으로만 기능할 뿐이라고 여겨진다. 이 입장을 명백하고 결정적으로 반박한 것은 바울에게서 크리스토스*Christos*가 일종의 "경칭honorific"의 역할을 한다고 주장하는 Matthew Novenson의 책이다. Matthew Novenson, *Christ among the Messiahs: Christ Language in Paul and Messiah Language in Ancient Judaism* (New York: Oxford University Press, 2012).

는 것이다(나사렛 예수의 메시지와 선교가 바울에 이르러 크게 변화된 또 다른 부분이다).

로마서에 나오는 바울의 간략한 자기소개 몇 줄을 이해하기 위해서 우리는 바울로부터 거의 30년 정도를 거슬러 올라가서, 예수 운동의 역사 이전prehistoric(즉, 기록 이전prerecorded)의 단계, 즉 이 운동의 구성원들이 문헌을 생산하기 전의 시기를 살펴볼 필요가 있다. 바울 복음의 기원은 나사렛 예수의 선교와 메시지(기원후 27-30년?)로만 소급되는 것이 아니라, 더 극적이고 구체적인 방식으로, 예수의 부활에 대한 전승들로까지 거슬러 올라간다.

* * *

[4쪽] 그때 무슨 일이 일어났는지 지금 아는 것은 불가능하다. 우리가 가진 서로 다른 자료들은 서로 다른 이야기들을 전하고 있으므로, 단지 대략적인 윤곽만이 분명할 뿐이다. 아주 분명한 것은 나사렛 예수가 죽었다는 것, 그리고 그의 추종자들 중 몇몇이 예수가 다시 살아났다는 것을 인지하고 선포하기 시작했다는 것이다. 그들은 하나님께서 예수를 죽은 자들 가운데서 살리셨다고 말했다.

1세기 중엽의 바울(의 편지)은 이 전승에 관해 우리가 가진 가장 초기 자료이다. 그는 이 예수 부활의 경험이 시각적이었다는 점을 시사한다. 바울에 따르면, 그리스도께서는 먼저 베드로에게("게바"), 그리고 "열둘"에게(예수 추종자들의 내부 집단) "보이셨다"(오프테*ōphthē*). 이어서 거의 500명의 추종자들에게 "보이셨고"(역시 같은 동사인 오프테를 사용한다), 그 후에는 야고보(예수의 형제)에게, 그리고 결국 "모든 사도들"에게 보이셨다(고전 15:5-7). 바울은 "마지막으로" 그리스도께서 자신에게도 나타나셨다고 말한다(15:8, 다시 오프테를 쓴다. 참고: 고전 9:1, "[내가] 예수 우리 주를 보지 못하였느냐?" 개역개정).

이 모든 시각 현상은 어디서 일어났을까? 바울은 그 본래의 공동체가 이러한 경험을 했던 장소가 어디인지 설명하지 않는다. 하지만 바울이 갈라디아서에서 암시하는 바에 따르면, 바울 자신의 환상은 다메섹에서 일어났다(갈 1:15-17). 바울로부터 한 세대 혹은 두 세대 이후에, 복음서 저자들은 최초의 부활 현현을 갈릴리(마가복음, 마태복음), 또는 예루살렘이나 그 근교(누가복음, 요한복음) 등 다양한 장소와 연결시켰다. 또한 복음서 저자들은 서로 다른 이들을 최초의 목격자로 지목한다(여성 추종자들이었는지, 베드로였는지, 혹은 익명의 제자들이었는지 의견이 갈린다).[7] 그들이 본 것은 무엇이었을까? 바울의 주장에 따르면 그것은 영적인 몸을 가진 그리스도이며, 혈과 육의 몸은 **절대 아니었다**(고전 15:44, 50). 바울 이후 복음서 저자들은 그에 못지않은 강한 어조로 혈과 육의 몸을 가진 그리스도를 보았다고 주장한다(눅 24:39-40; 요 20:27).[8]

---

7 마가복음은 빈 무덤과 막달라 마리아, 야고보의 어머니 마리아, 살로메의 두려움에 찬 침묵과 더불어 갑작스럽게 끝이 난다(막 16:1-8). 마태복음에는 부활한 예수를 본 막달라 마리아와 "다른 마리아"라는 두 명의 증인과(마 28:1, 9-10), 후에 갈릴리의 한 산에서 (열한 명의) 제자들에게 일어난 그리스도 현현도 포함되어 있다(28:16-20). 누가복음의 부활 이야기는 상당히 다르다. "갈릴리에서 그를 따라왔던 여자들"이 빈 무덤을 발견한다(눅 23:55; 후에 이 여지들은 막달라 마리아, 요안나, 야고보의 어머니 마리아, "그리고 다른 여자들"로 그 정체가 확인된다, 24:1-10). 그리고 부활한 그리스도가 엠마오에서 두 제자들에게 정체를 감춘 모습으로 나타나고(24:13-31), 베드로와(24:34, 현현은 주된 내러티브 바깥에서 일어남) 예루살렘에 다시 모인 집단에게(24:36; 행 1:1-9은 부활 후 40일 동안의 현현을 묘사하는데, 모두 예루살렘에서 일어난 것이다) 나타난다. 요한복음은 또 다르다. 막달라 마리아는 부활한 그리스도를 무덤 가까이에서 본다(요 20:11-18). 그런 후에 예수는 예루살렘에 모인 집단에게 나타나고, 후에 의심하는 도마와 대화한다(20:19-29). 21장은 계속해서 갈릴리에서의 그리스도 현현에 대해 이야기한다.

8 바울은 부활의 몸body을 프뉴마티콘 소마*pneumatikon sōma*("영적 몸," 고전 15:44)라고 밝힐 뿐만 아니라, "혈blood과 육flesh은 하나님의 왕국을 유업으로 받지 못한다"라고까지 말한다(15:50). 육신적 부활(단지 몸의 부활이 아니라)이 교회 교리의 한 부분이 된 이후(즉, 4세기가 되었을 때), 주석가들은 바울의 이러한 말들을 구원받은 육신에 대한 교회의 신념과 조화시키기 위해 애써야 했다. 고대의 기발한 노력의 한 예시로는 아우구스티누스가 『하나님의 도성』City of God에서 "영적 몸"을 신적 영divine spirit의 도덕적, 형이상학적 행위주체성에 따라 방향이 설정된 육신으로 표현하는 것

부활한 그리스도는 어떤 시점에 나타났는가? 복음서에 따르면 예수는 십자가형 후 얼마 지나지 않아 나타났다. 그러나 사도행전은 부활한 그리스도가 예루살렘과 그 주변에서 40일 동안 계속해서 나타났다고 보도한다(행 1:3-12). 그리고 바울의 연대기는 그로부터 꽤 시간이 흐른 후에—지역적으로 멀리 떨어진 다메섹에서—바울에게도 환상이 일어났다는 점을 암시한다(따라서 34년경쯤이 아닐까? 예수 운동이 예루살렘 바깥으로, 심지어 시리아 지역까지 메시지를 전파할 정도로 확고히 자리잡고 조직화되기까지는 시간이 필요했다). 분명, "그the" 부활은 단일한 사건이 아니었고, 장기간에 걸친 일련의 시각적 경험이었다. 그리고 그것은 어느 정도 기간 동안 매우 다양한 장소에 걸쳐 일어났다. 바울의 경우, 예수의 십자가형으로부터 수년이 흐른 후에 그것을 경험했다.

[5쪽] 우리가 가진 자료들의 혼동과 상호모순점, 그리고 그 자료들이 말하는 내용의 불확실성에도 불구하고, 하나님께서 예수를 죽은 자들 가운데서 일으키셨다는 확신은 고대 유대인의 성서적 전승 및 성서 외 전승의 세계 전체로 통하는 문이자, 그들이 열성적으로 품었던 기대와 헌신으로 통하는 문이다. 그리고 이 모든 것은 결국 예수의 첫 선포와 공명한다. "하나님의 왕국이 가까이 왔다"(막 1:15).

하나님의 왕국이 가까이 왔다는 이 근원적인 예언은 초창기 예수 운동 메시지의 내용 및 동기의 큰 부분을 차지한다. 그러나 예수 사후에 예수 추종자들을 밀어붙여 예루살렘을 벗어나 가이사랴와 욥바로, 다메섹과 안디옥으로, 그리고 결국 로마로까지 향해 나아가도록 하기에는 아마 이 예언 자

을 보라(22.21). 이러한 사고방식의 일부 형태를 바울에게서 찾으려는 최근의 시도로는 James Ware, "Paul's Understanding of the Resurrection in 1 Corinthians 15:36-54," *JBL* 133 (2014): 809-35을 보라. "육신"에 관한 사상들과 수도승 및 평신도의 금욕적 실천, 그리고 제국의 후원을 받는 주교 정치가 4세기에 서로 공모했던 방식에 관해서는 Elizabeth A. Clark, *The Origenist Controversy* (Princeton, NJ: Princeton University Press, 1992)를 보라.

체만으로는 부족했을 것이다. 예수 시대 전후로 몇 세기를 살펴보면, 시각 현상을 경험한 다른 유대인들이 비슷한 예언들을 발화했고 또한 헌신된 추종자들을 끌어모은 적이 있었다. 하지만 그 창시자의 죽음 이후 지속적으로 유지된 선교 운동이 자라난 사례는 없었다.[9]

예수를 다른 인물들로부터 구별시켜주는 점은 무엇인가? 예수를 그의 멘토인 세례 요한으로부터, 사해의 분파주의자들이 말하는 "의의 교사"로부터, 요세푸스가 묘사한 이적 예언자들로부터, 묵시문학(정경이든 외경이든)의 저자들로부터 구별시켜 주는 점은, 예수 추종자들 중 일부가 예수에 관해 말한 다음과 같은 독특한 주장이다. 곧, 예수가 죽은 자들로부터 일으킴을 받았다는 것이다.

물론 이 주장은 역사적 예수 자체에 관해서는 아무것도 직접적으로 알려 주지 않는다. 마찬가지로—방금 전에 살펴본 것처럼—이 주장은 예수의 가장 초기 제자들의 실제 경험을 재구성하는 데에도 도움을 주지 않는다. 기록된 전승들은 시기적으로 너무 늦고 너무 다양하다. 하지만 예수가 일으킴을 받았다는 주장은 예수의 추종자들이 어느 정도로 묵시적 기대감의 한 틀 속에서 살고 생각하고 활동했는지를 가리키는 강력한 지표이다. 그보다 두 가지의 묵시적 틀이라고 부르는 편이 낫겠다. 첫 번째는 더 오래되고 전통적인 틀이며, 두 번째는 보다 최신의, 특정한 틀이다.

더 오래된 묵시적 틀은 시간의 끝에 있을 사건, 즉 이스라엘을 향한 하나님의 속량의 약속들을 역사적으로 실현하는 사건으로서, 하나님의 왕국에 대한 유대적 확신에 기초한다. (바울은 그리스도께서 바로 이 약속들을 확증하기 위해서 오

9 요세푸스는 이 카리스마적 인물들 주위로 형성되었던 운동들을 *BJ* 2권과 *AJ* 20권에서 서술한다. 또한 Rebecca Gray, *Prophetic Figures in Late Second Temple Jewish Palestine* (Oxford: Oxford University Press, 1993)을 보라. "메시아주의"에 대한 전반적 논의로는 *HJP* 2:488-554를 보라.

셨다는 점을 로마에 있는 그의 이방인 독자들에게 설명한다. 롬 15:8. 참고: 1:2-3). 앞으로 보게 되겠지만, 죽은 자들의 부활은 이 오래된 맥락 안에서, 하나님께서 최후에 행하시는 여러 구원 행위들 중 하나로 기대되었다. 그 자체로 놓고 보면 부활은 종말론적이며(즉, 마지막 때에, 혹은 마지막 때로서 일어나는 것) 공동체적인(겔 37:11을 보라: "이스라엘 온 족속"; 참고: 고전 15:12-16) 사건으로 상상되었다.

[6쪽] 이러한 더 오래된 전승에 비추어 볼 때, 예수 자신의 부활에 관한 주장들은 이중으로 이례적이다. 예수 부활에 관한 주장들은 집단과 관련되지 않고 한 개인과 관련된다. 그리고 그 부활 이후에도 시간과 일상은 멈추지 않고 계속된다. 하지만 제자들은 또한 두 번째 묵시적 틀 안에서도 활동했는데, 이 틀은 예수 본인이 전한 근래의 특정한 가르침이었다. 그 왕국이 단지 오고 있는 것뿐만 아니라, 그것이 **이제 곧**very soon 온다는 것이다. 우리가 후대에 기록된 복음서들에 나타난 주제를 신뢰할 수 있다면(아마도 복음서들은 대략 기원후 70년에서 100년 사이, 그 어느 때쯤 기록되었을 것이다), 예수는 그 자신의 행위들(치유와 축귀)이 그 왕국의 역동적 근접성kinetic proximity을 입증하는 동시에 실현했음을 가르쳤다.[10] 다른 말로 하면, 예수의 메시지의 내용 자체가 그를 다른 이들로부터 구별시켜 주었던 것이 아니라, 오히려 그 메시지가 가졌던 긴급한 시간표, 즉 종말론적 미래가 바로 **지금**, 현재로 들이닥치고 있다는 강한 주장이 그를 다른 이들로부터 구별시켜 준 것이다. 그리고 그의 좋은 소식이 가진 강렬한 긴급성은 예수가 그의 가까운 추종자들을 하나의 공동체로 빚어낸 정도와 결합했다. 그 공동체는 예수 자신, 예수의 예언, 그리고

10 공관복음서들은 예수의 기적 행위를 그의 유앙겔리온이라는 더 큰 틀 안에 위치시킨다. 즉, 예수의 능력 행위들은 그 도래하는 왕국을 선포하는 예수의 권위의 유효성을 입증하는 것이다(예: 마 11:2-24/눅 7:18-35). 이 전통들이 역사적 예수의 사역을 조명해 줄 수 있는 방식에 대한 논증으로는 Fredriksen, *Jesus of Nazareth*, 110-17; [184쪽] Sanders, *Historical Figure*, 132-68 및 Meier, *Marginal Jew*, 2:508-1,038에 나오는 긴 논의를 보라.

그것을 선언하는 예수의 독특한 권위에 전적으로 헌신된 공동체다. 예수가 일으킴을 받았다는 예수 추종자들의 주장은 실로 그들의 헌신이 어느 정도로 강력했는지를 가늠하게 해 준다. 예수의 죽음은 그들(중 많은 이들?)을 좌절시키지 않았으며, 또한 그들이 보기에 예수 죽음은 그의 예언이 잘못되었음을 판명해주는 것도 아니었다.[11]

---

11 예수의 종말론적 메시지에 대한 가장 최근의 포괄적 분석으로는 Dale C. Allison, Jr., *Constructing Jesus: Memory, Imagination, and History* (Grand Rapids, MI: Baker Academic, 2010), 31-219을 보라. Allison은 Harris Lenowitz, *The Jewish Messiahs: From the Galilee to Crown Heights* (New York: Oxford University Press, 1998)에서 가져온 훌륭한 경구를 가지고 자신의 논의를 시작한다. "메시아 운동을 위한 시간 계획, 일정표에는 '지금'이라는 한 가지 날짜만이 존재한다."

묵시적 예수에 대한 학문적 계보는 Johannes Weiss(*Jesus' Proclamation of the Kingdom of God*; 독일어 원서는 1892년) [=『예수가 선포한 하나님 나라』, 수와진, 2021]와 Albert Schweitzer(*The Quest of the Historical Jesus*; 독일어 원서는 1906년)에게로 거슬러 올라간다. 이 계보를 이어 나간 이들은 다음과 같다. E. P. Sanders, *Jesus and Judaism* (London: SCM, 1985) [=『예수와 유대교』, 알맹e, 2022]; John P. Meier, *A Marginal Jew: Rethinking the Historical Jesus* (5 vols., 1991-2016); Dale C. Allison, Jr., *Jesus of Nazareth: Millenarian Prophet* (Minneapolis, MN: Fortress, 1998); Bart D. Ehrman, *Jesus: Apocalyptic Prophet of the New Millennium* (Oxford: Oxford University Press, 1999); 그리고 Paula Fredriksen, *From Jesus to Christ: The Origins of the New Testament Images of Jesus*, 2nd ed. (New Haven, CT: Yale University Press, 2000)와 같은 저자의 *Jesus of Nazareth*이다. 비묵시적 예수(샤먼 예수, 견유학파 예수, 유대적 견유학파 예수, "영의 사람" 예수, 후기-유대적, 반-"민족주의적" 예수)에 몰두하는 학자들의 연구에 대한 논평으로는 Paula Fredriksen, "What You See Is What You Get: Context and Content in Current Research on the Historical Jesus," *Theology Today* 52 (1995): 195-204과 *From Jesus to Christ*의 제2판의 서론(xiii-xxviii)을 보라.

"묵시apocalypse"는 "계시revelation"를 의미한다. 학문적 환경에서 이 용어는 서로 다른 학자들에게 서로 다른 것을 의미한다. 학문적 논의의 표본과 방향성을 살펴보려면 (J. Louis Martyn, Martinus de Boer, Beverly Gaventa, Douglas Campbell의 연구에 초점을 두고), J. P. Davies, *Paul among the Apocalypses?* (London: Bloomsbury T. & T. Clark, 2016), 특히 그의 결론 부분인 198-203을 보라. 내가 앞으로 여러 차례 강조하겠지만, 나는 "묵시"라는 말을 자주 "종말론"과 결합된 형태로 사용할 것이며, 예언된 혹은 도래할 것으로 기대되는 최종적 사건들을 가리키는, 바울의 극적으로 단축된 시간

제자들이 부활한 예수와 관련된 자신들의 경험이 갖는 의미를 궁구함에 따라, 이 두 가지의 묵시적 틀(오래된 것과 근래의 것)은 강력하게 결합하여 서로를 강화시켰다. 제자들이 생각하기에, 예수의 개인적 부활은 종말론적인 마지막 때가 왔음을 예고함으로써 예수가 전한 본래의 메시지를 강화시키는 일이었다. 즉, 보편적인 부활과 하나님 왕국의 수립이 다가오는 것이었다. (몇십 년 후, 바울은 그의 이방인 공동체들에게 비슷한 내용을 가르치며 격려했다. 살전 4:13-18, 고전 15:12-24을 보라.) 제자들에게 있어서 예수의 부활은 다음과 같은 근원적인 복음 예언을 뒷받침하며 또한 그것의 정당성을 입증해 주었다. 곧 그 왕국은 진실로 가까이 왔다. 따라서 부활한 예수는 이를테면 임박한 종말의 봄을 알리는 첫 번째 제비와 같다.

그러나 어째서 이 부활 체험들이 예수를 "메시아"와 동일시하는 견해를 뒷받침하게 되었던 것인가? 왜 그러한 확신이 사도들로 하여금 이스라엘을 향한 예수의 본래적 선교를 지속하며 심지어 확장하도록 이끌었던 것인가? [7쪽] 무엇이 그들을 자극하여 이 유대인 특유의 메시지를 더 멀리 확장해 이교도들에까지 전하도록 한 것인가? 어떤 기준에 따라 이교도들은 이 운동 안에 포함되었던 것인가? 이 선교와 그 메시지의 어떠한 점이 다른 유대인들과 이교도들, 로마 당국자들의 적대감을 부추기며, 심지어 바울이 나중에 불평하는 것처럼, 이교의 신들의 적대감까지 부추겼던 것일까(예: 고후 4:4, 11:25-28)?

이 모든 발전 과정들을 이해하고 그 안에서 바울이 차지하는 중요한 위치를 더 명확하게 이해하기 위해서, 바울의 편지들을 두 가지 생성적 맥락 안에 위치시킬 필요가 있다. 하나는 성서적인 맥락이며, 다른 하나는 사회적인 맥락이다. 첫 번째는 이스라엘의 성스러운 텍스트들과 전승들, 그리고 제

적 틀을 묘사하는 데 사용할 것이다. 그 왕국은 (거의) 지금 온다.

2성전기 후기의 유대인들이 특별히 묵시적 희망에 비추어 그것들을 해석했던 방식인데, 이는 명시적이면서도 특이한 유대적 맥락을 나타낸다. 물론 비-유대적 민족들의 사상 역시 그 유대적 맥락 안에서 여러 가지 중요한 역할들을 했지만 말이다. 두 번째는 바울이 사도적 활동을 한 영역인 그리스-로마 도시의 맥락인데, 이는 넓은 범위에서 명시적으로 이교적, 사회적 맥락을 나타낸다. 물론 바울 시대에 이르렀을 때에는 이미 수 세기에 걸쳐서 유대인들 역시 그 사회적 맥락에 깊숙하게 자리잡게 되었지만 말이다. 우리는 먼저 성서적 이야기들을 살펴본 다음에 사회적 관습과 행동 양식들로 넘어갈 것이다.

제1장
이스라엘과 열방

1장 이스라엘과 열방

[8쪽] 우리는 성서를 하나의 책으로 생각한다. 성서는 창세기로 시작해서, 유대인들에게는 역대하에서, 그리스도인들에게는 요한계시록에서 끝을 맺는다. 이 모든 것이 앞뒤 표지로 둘러싸여 있다. 그러나 현대 영어에서 성서라는 말을 쓸 때, 그 뒤에 자리잡고 있는 그리스어 단어인 타 비블리아*ta biblia*("그 책들")는 이 고대 텍스트들이 지닌 다양한 특성을 더 정확하게 전달해준다. 이 모음집은 다수의 개별적 글들로 이루어져 있으며, 각각의 글이 기록된 시기가 서로 천차만별이어서 그 범위가 무려 천 년을 훌쩍 넘는다. 각각의 글이 통일성 있게 보이기는 하지만 사실은 그 자체로 여러 문헌들이 종합된 것이며, 통시적으로 다양한 목소리들, 여러 문학 장르들, 종교적, 정치적 전망들, 지역의 구전 전승들 등을 담고 있다. 셀 수 없이 많은, 이제는 그 이름도 잊힌 저자들, 편집자들, 서기관들의 노력이 담겨 있는 작품인 것이다. 성서는 한 권의 책이 아니라 하나의 도서관/장서library이다.

바울 시대의 그 누구도 한 권으로 된 "성서"를 본 적이 없었다. 각각의 텍스트들, 혹은 개별적인 모음집들은(예를 들어 시편, 잠언, 혹은 여러 예언서들) 별개의 두루마리로 묶여 있었다. 더 나아가, 성서 텍스트들 자체도 유동적이었다. 예를 들어, 쿰란 장서에 있는 21개의 이사야 사본은 개별적으로 무려 1,000개가 넘는 본문상의 이독/이문variants을 보존하고 있다. 또한 지금은 정경 외의 문헌들로 분류된 책들 곧 그 당시에는 여러 유대 공동체들에게 권위가 있었던 책들은 보다 이른 시기의 성서적 이야기들을 재배치하거나, 최신화하고, 혹은 확장하기도 했다. (기원전 2세기경 저작으로 추정되는 매우 중요한 외경인 희년서는 창세기와 출애굽기의 오래된 이야기들을 자신만의 독특한 강조점으로 재서술한다. 또한 에녹이라는 인물과 관련된 중요한 전승들은 타락한 천사들, 묵시적 예루살렘, 그리고 천상의 "인자"가 내릴, 다가오는 심판에 관한 비전들을 들려준다.[1]) [9쪽] 마지막으로, 여러 중요한 차이들과 본문상의 변이들은 히브리어로 된 성서 텍스트들과, 헬레니즘 시기의 그리스어 버전의 텍스트들 사이의 거리를 가늠하게 해 준다. "책"이나 "정경," 혹은 "바로 그 성서"에 대한 현대적 생각들은 고대 텍스트성의 유동적 측면을 제대로 담아내지 못한다.[2]

---

1 이 텍스트들은 James H. Charlesworth, ed., *The Old Testament Pseudepigrapha*, 2 vols. (Garden City, NY: Doubleday, 1983-85) 안에 모여 있다. 외경Apocrypha은 Oxford NRSV성경에서 찾아볼 수 있다. 또한 재기술한 유대 성서rewritten Jewish scriptures라는 영역에 대한 탐구로는 Hindy Najman, "The Vitality of Scripture within and beyond the 'Canon,'" *JSJ* 43 (2012): 497-518을 보라. John J. Collins는 이러한 문헌들을 "The 'Apocryphal' Old Testament," in *The New Cambridge History of the Bible*, vol. 1, *From the Beginnings to 600*, ed. James Carleton Paget and Joachim Schaper (Cambridge: Cambridge University Press, 2013), 165-89에서 조망한다.

2 [185쪽] 히브리 성서의 본문 문제와 그것과 관련된 이야기 속에서 사해 두루마리가 갖는 위치에 관해서는 Emanuel Tov, *Textual Criticism of the Hebrew Bible*, 2nd rev. ed. (Minneapolis, MN: Fortress, 2001)을 보라. 이사야서 이문들에 대한 표는 161에 나온다. 또한 Eugene Ulrich, "Isaiah, Book of," in *Encyclopedia of the Dead Sea Scrolls,* ed. Lawrence H. Schiffman and James C. VanderKam (Oxford: Oxford University Press, 2000), 386-87을 보라. 이사야서는 쿰란에 보존된 경전 가운데 특별히 중요하게 나타난다. Timothy M. Law는 *When God Spoke Greek: The Septuagint and the Making of the Christian Bible* (New York: Oxford University Press, 2013), 25에서 이것을 통계적으

묵시적 희망의 도가니 속에, 제2성전기 후기부터 로마제국의 한창 때까지 이르는 시기에(대략 기원전 200년부터 기원후 200년), 이 경전적 텍스트들 안에 보존된 몇몇 문헌 집합체들이 일부 유대인들을 통해 새로운 유형의 개념적 통일성을 이루게 되었다. 그 집합체들이 가진 여러 요소들, 주제들, 전승들이 이스라엘의 임박한 속량이라는 거대하고 다양한 내러티브를 뒷받침하기 위해 응집되었다. 이 거대 내러티브의 장르(학계의 용어로 하면 "묵시 종말론"이다[3])는

로 자세히 보여준다. 또한 로마서에서 바울이 인용한 성서 본문의 절반이 이사야서에서 왔다. J. Ross Wagner, *Heralds of the Good News: Isaiah and Paul "in Concert" in the Letter to the Romans* (Leiden: Brill, 2002), 2. 칠십인역이 어떻게 더 이른 시기의 히브리어 사본 전통을 조명해 주는지에 대해서는 Emanuel Tov, *The Text-Critical Use of the Septuagint in Biblical Research*, 2nd ed. (Jerusalem: Simor, 1997)를 보라.

3 "묵시"는 "계시"를 뜻하는 그리스어 단어에서 왔다. "에스카톤/종말*eschaton*"은 "끝," 혹은 "마지막의 것"을 의미한다. 따라서 "묵시 종말론"은 "종말에 관한 지식의 계시"를 의미한다. 나는 여기서나 이 책의 다른 부분에서 "종말이 곧 오게 될 것을 예상하는" 사고방식을 전달하기 위해서 이 용어들을 사용한다. 유대 전통 속 이 장르에서 "종말"은 상황과 시간의 질적인 변화(상황의 변화: 보편적 평화의 수립, 풍요로움, 이스라엘의 신을 인정함 등; 시간의 변화: 특히 죽은 자들의 부활에 대한 소망과의 연결점을 고려할 때)를 의미했지만, 그 왕국이 이루어질 장소는 보통 지상이었다. 이스라엘과 열방, 양쪽 모두는 (새로워지고 영화롭게 된) 예루살렘에, 그 성전 산에 모여들 것이다. 바울의 메시지는 이 주제에 대한 하나의 흥미로운 변주이다. 본서 전체에 걸쳐서 나는 (a) 시간(우주는 곧 변화될 것이다)과 (b) 기적(죽은 자들은 일어날 것이며 영원한 평화가 확립될 것이다)을 강조할 것이다. 간단히 말하면, 그 왕국이 도래한 이후의 날은 그 이전과는 다를 것이다. 즉, 그 왕국의 도착 여부에 대해 헷갈릴 일은 결코 없을 것이란 말이다.

그렇지만, "묵시/묵시적"이라는 단어가 그 말이 지시하는 단축된 시간적 틀을 가려버리는 온갖 방식으로 해석되어 온 것도 사실이다. 이 점에 있어서, 묵시라는 용어와 그 신학적 굴절에 대한 Wayne Meeks의 논평은 1983년에 그랬던 것처럼 오늘날에도 역시 적절하다. Wayne Meeks, *The First Urban Christians: The Social World of the Apostle Paul* (New Haven, CT: Yale University Press, 1983), 171-72과 240, 각주 20 [= 『1세기 기독교와 도시 문화』, IVP, 2021]을 보라. 이러한 해석의 기념비적인 사례로는 Douglas A. Campell, *The Deliverance of God: An Apocalyptic Rereading of Justification in Paul* (Grand Rapids, MI: Eerdmans, 2009)이 있다(이 책은 무려 1,218쪽에 달한다). 이와 같은 현대적 입장 곧 Ernst Käsemann으로부터 N. T. Wright에 이르는 입장을 살피는 더 짧은 표본을 보고 싶다면 Ben C. Blackwell, John K. Goodrich, and Jason Maston,

실제 삶의 경험과, 유대 경전들을 형성해 온 약속들, 언약들, 희망들 사이의 격차를 메워주었다.[4] 묵시 종말론은 역사를 교정한다. 묵시 종말론은 역사의 도덕적 불협화음에 대한 신속한 해결을 약속한다. 선이 악을, 평화가 전쟁을, 생명이 죽음을 뒤집고 승리한다.

묵시적 희망은 이스라엘을 향한 예수의 선교를 낳은 생명력 넘치는 모태였으며, 또한 바울의 이방인 선교를 이해하는 해석적 맥락이 된다. 묵시적 희망의 발전을 추적하는 것, 그리고 주어진 약속들이 실현됨에 있어서 바울이 자신의 역할을 어떻게 생각했는지를 추적하는 것은 또한 유대 성서와 유대 역사 사이의 역동적 상호 작용(이 상호 작용은 성서 전승과 1세기를 살았던 성서의 독자 및 청중의 감각 양쪽 모두에 영향을 미쳤다)을 추적하는 것을 의미한다. 앞으로 이어질

---

eds., *Paul and the Apocalyptic Imagination* (Minneapolis, MN: Fortress, 2016)에 실려 있는 소논문들(의 일부)을 보라. 또한 (Beker, Martyn, Campbell, Gaventa의 연구에 초점을 맞춘), J. P. Davies, *Paul among the Apocalypses? An Evaluation of the "Apocalyptic Paul" in the Context of Jewish and Christian Apocalyptic Literature* (London: Bloomsbury T. & T. Clark, 2016)를 보라. [186쪽] 묵시라는 용어를 둘러싼 다양한 정의들의 역사를 간결하게 살펴보려면, John J. Collins, *The Apocalyptic Imagination: An Introduction to Jewish Apocalyptic Literature*, 2nd ed. (Grand Rapids, MI: Eerdmans, 1998), 1-42을 보라. 다시 한번 말하지만, 본서는 빠르게 다가오는, 임박한 미래를 강조한다.

4 이 종말론적 사고의 내러티브 구조는 후에 바울이 성서를 언급하는 방식에도 영향을 끼쳤다. Richard B. Hays, *Echoes of Scripture in the Letters of Paul* (New Haven, CT: Yale University Press, 1989), 157-58 [=『바울서신에 나타난 구약의 반향』, 여수룬, 2017]. 그리스어로 된 이사야서의 메시아적 이해가 바울의 감수성에 영향을 끼친 방식에 관해서는 Ross Wagner의 훌륭한 연구서인 *Heralds of the Good News*를 보라. 묵시적 소망을 보다 일반적으로 살펴보고, 묵시적 소망이 어떻게 제2성전기 유대인들의 경험과 상응하며, 그 경험에 의해 촉진되었는지를 살펴보기 위해서는 Paula Fredriksen, *From Jesus to Christ: The Origins of the New Testament Images of Jesus*, 2nd ed. (New Haven, CT: Yale University Press, 2000), 77-93과 E. P. Sanders, *Jesus and Judaism* (London: SCM, 1985), 61-122(특히 이방인들과 관련해서는 212-21; 335-40)을 보라. 제2성전기 후기의 다양한 문헌들에 나타난 이 기대감과 소망의 표현 방식에 관해서는 Collins, *Apocalyptic Imagination,* 43-233을 보라.

장들에서 때때로 나는 편집의 이슈(즉, 성서의 특정한 한 부분이 오늘날 우리에게 알려진 이야기의 형태가 되기까지 어떤 편집과정이 있었는지)와 역사적 기원의 이슈(이러한 전승의 조각이 어떤 역사적 맥락에 의해 생성되었으며, 언제 성서 텍스트 안으로 들어왔는지)에 대해 논평할 것이다. 그러나 나는 성서 비평 자체에 관심이 있지는 않다. 내가 하려는 일은 유대 성서에 나오는 이야기들을 히브리어로 된 목소리와 그리스어로 된 목소리 모두에 귀를 기울이는 가운데 개괄적으로 내용을 살펴보고, 다가오는 하나님의 왕국에 관해 로마 시대 유대인들이 품었던 희망을 빚어낸 주제들을 추적하는 것이다. 이 속량의 이야기를 이해하기 위해서는 이 극의 중심 인물 셋을 이해해야 한다. 바로 하나님과 열방, 그리고 이스라엘이다.

시작점들

하나님과 세계

[10쪽] 아무런 설명이나 도입 없이, 아무런 동행자 없이, 창세기의 신the god of Genesis은 그저 "맨 처음에" 등장한다. 그는 빛과 어둠을 명령하며, 혼돈으로부터 질서를 빚어내고, 6일 동안 하늘과 땅, 그리고 그 안에 있는 모든 것(마지막으로, "남자와 여자"로 된 인류를 포함해서)을 창조한다(창 1:1-30). 이 신과 인간 피조물 사이에는 특별한 친밀함이 존재한다. 그 신이 그의 "형상과 모양"을 따라 그들을 지었기 때문이다. 또한 그 신은 그들에게 땅을 다스릴 권세를 부여했다(창 1:28-30). 그 일을 마치고, 하나님 자신은 일곱째 날, 안식일에 쉬었다. 그리고 그 날을 복되게 하였다(창 2:1-4).

이 우아한 구절들은 이 신이 홀로 존재하는 우주적/보편적universal 신임을 암시한다. 하지만 천지창조는 복잡한 사항들을 감추고 있다. 하나님께서 인류를 창조하자고 제안할 때 그는 누구에게 그것을 말하였는가(창 1:26)? 본문은 침묵한다.[5] 이 신의 독특하면서도 보편적인 지위가 갖는 또 다른 복잡성은 그가 일곱째 날 안식했다는 것이다(창 2:2-3). 안식일과 안식일에 대한 신적 규례를 우주 질서 자체에 새겨 넣음으로써, 해당 구절들은 이 보편적 신을 "유대적"으로 만들어 버린다. 한 주의 일곱째 날 안식일을 지키는 것은 종국적으로 이 신을 그의 백성 이스라엘과 연합하도록 만든다(출 31:13-17).[6] 그렇다면 이 하나님은 얼마나 유대적인가? 이 구절들에 대해 논평한 서로 다른 고대 저자들이 이 질문에 대하여 서로 다른 대답을 내놓았다. 그러나 앞으로 보게 되겠지만, 바울 자신은 이 민족적 동일성을 확증한다. 그의 신은 우주적/보편적 신이며, 다른 모든 신적 인격체들보다 우월하다. 이 신은 모든 인류의 신, 따라서 "열방의 하나님도 된다"(롬 3:29). 하지만 이와 동시에 이 신은 특정한 방식들로 이스라엘의 신, "조상들"의 신(즉, 아브라함, 이삭, 야곱의 신, 롬 15:8), 유대 역사의 신, 그리고 이스라엘과 그의 메시아 양쪽의 "아버지"이

5 창세기 1:26의 "우리가 … 하자Let us"를 읽는 후대의 해석자들은, 하나님께서 "우리"라는 말로 누구에게 말씀하고 계신지, 다양한 대상을 상정하고자 하는 갈망을 저버릴 수 없었다. 희년서는 창조의 첫날에 하나님께서 천사단(그 천사들은 하나님의 창조 사역의 나머지 부분을 보조하게 되었다)을 창조하셨다고 묘사함으로써 그 미지의 영역을 채워 넣었다. 제2성전기 후기에서 로마 시대에 이르기까지 야훼의 신적 보조자들을 두루 살펴보는 연구로는 Larry W. Hurtado, *One God, One Lord: Early Christian Devotion and Ancient Jewish Monotheism*, 2nd ed. (London: T. & T. Clark, 1998), 41-50(의인화된 신적 특질들), 51-69(높이 들어올려진 족장들), 71-92(중요한 천사들) [=『유일한 하나님, 그리고 예수』, 베드로서원, 2021]을 보라. 사해 두루마리에 나오는 야훼의 신적 보조자들에 대해서는 John J. Collins, "Powers in Heaven: God, Gods and Angels in the Dead Sea Scrolls," in *Religion in the Dead Sea Scrolls*, ed. John J. Collins and Robert A. Kugler (Grand Rapids, MI: Eerdmans, 2000), 9-28을 보라.

6 하나님이 (할례받은) 천사들의 가장 높은 두 계층과 더불어 안식일을 준수하신다는 점에 대해서는 희년서 11:17-22을 보라. 한편, 낮은 계층의 천사들은 일곱째 날에도 세상이 계속해서 돌아가게 하는 일을 수행한다. James Kugel, "4Q369 'Prayer of Enosh' and Ancient Biblical Interpretation," *Dead Sea Discoveries* 5 (1998): 119-48, 특히 123-26을 보라.

다(롬 9:4-5 및 여러 곳). 우주적 속량에 대한 바울의 전망은 바로 이 우주적인 최고신의 "유대적 특성Jewishness"과 그가 이스라엘 족장들에게 했던 약속들(창세기가 진행되면서 계속해서 등장한다)에 대한 신실함에 뿌리 내리고 있다.

(신의 민족성divine ethnicity은 조금 낯선 개념일 수 있다. 그러나 고대 세계의 신들은 그 신들을 섬기는 백성들의 민족성을 공유하는 경향이 있었다. 유대인의 신 역시 예외가 아니었다. 로마의 신들은 특히나 로마의 미래와 번영에 큰 관심이 있었다. [11쪽] 아테나는 아테네에, 아프로디테는 아프로디시아스에 관심을 쏟았는데, 이러한 목록은 계속 이어진다. 또한 고대의 신들과 인간들은 서로 가까이 뭉쳐 가족 집단을 형성하는 경향이 있었다[이에 대해서는 다음 장에서 살펴볼 것이다]. 이러한 측면에서 볼 때, 성서 속 신의 "유대적 특성"은 단지 그를 하나의 고대 신으로 특징지을 뿐이다. 동시대의 비-유대인들의 시각에서 볼 때 낯설었던 점은, 이 신이 유대인들의 특정한 신인 동시에 또한 보편적 지고신이라는 강렬한 주장이었다. 바울 역시 이 주장을 긍정했다. 그러나 앞으로 우리가 보게 되겠지만, 후대의 이방인 바울 해석자들은 이 주장을 부정하게 된다.)

성서의 하나님은 이 천지창조 첫 주의 장엄한 고독 속에 오랫동안 머무르지 않았다. 실제로 유대 성서는 다른 초자연적 인격체들로 바글거린다. 인간 여자들과 짝을 지었던 "하나님의 아들들"은 일종의 초인간적 지위를 가진 것처럼 보인다(창 6:1-4; 참고: 욥 1:6). 에녹서에 따르면 그들은 타락한 천사들이며, 그들의 자손은 악한 영들이다.[7] 하나님은 그분 곁에 신적 중간자들을 두셨고(창 3:2; 14:19), 사탄과 대화하기도 하신다(슥 3:1-2; 욥기). 그룹 천사들(시 80:1; 겔 10:20)과 스랍 천사들(사 6:2-6)이 하나님을 시중든다. 하나님은 천사들이

7 Annette Y. Reed는 에녹부터 순교자 유스티누스에 이르는 이 전통의 긴 궤적을 "The Trickery of the Fallen Angels and the Demonic Mimesis of the Divine: Aetiology, Demonology, and Polemics in the Writings of Justin Martyr," *JECS* 12 (2004): 141-71에서 추적한다. 또한 Reed, *Fallen Angels in the History of Judaism and Christianity: The Reception of Enochic Literature* (Cambridge: Cambridge University Press, 2005)를 보라. 이 사상의 계보에 관한 추가적 논의로는 Dale B. Martin, "When Did Angels Become Demons?" *JBL* 129 (2010): 657-77을 보라.

있는 천상의 궁정에서 다스리신다(왕상 22:19; 욥 1:6). 희년서에 따르면 하나님의 임재 앞에 있는 가장 높은 두 계급의 천사들은 할례를 받았으며(희년서 15:27), 하나님과 함께 안식일을 지킨다(2:17-20). 이 모든 신적 존재들은 고양된 초인간적 권세들이다. 하지만 그들은 또한 성서 내러티브 안에서 분명 하나님에게 종속된 존재들이다.

또 다른 초자연적 존재들의 범주, 종속되지 않는 독립적인 범주가 고대 이스라엘 경전에 등장한다. 다른 엘로힘, 곧 다른 "신들"이다. 때로 이스라엘의 신은 이 세력들과 전투를 벌이거나(승리하거나), 그들에게 "심판을 내린다"(출 12:12). 어떤 경우에는 이스라엘의 신이 이 신들을 포로로 잡거나(렘 43:12), 벌하고(렘 46:25), 또 추방하기도 한다(렘 49:3). 이 신들은 종종 기정사실로서 언급된다. 선지자 미가는 이런 말을 남겼다. "모든 민족들이 각기 자신의 신의 이름을 의지하여 걷지만, 우리는 영원토록 우리의 신 여호와의 이름으로 걸으리라"(미 4:5). 시편 기자는 또 이렇게 말한다. "하나님은 신들의 모임 가운데에 서시며 하나님은 그들 가운데에서 재판하시느니라"(시 82:1, 개역개정). 또 어떤 경우에는 이 신들이 이스라엘의 하나님에게 힘으로 압도당하거나(하나님의 "국제적인" 혹은 민족을 초월하는 힘과 권세를 강조하는 시 82:6-8과 같은 본문들), 혹은 이방 민족들이 그 신들의 형상에 경배하는 것 때문에 조롱거리가 되기도 한다(시 95:5; 97:7; 사 44:6-20). 종종 그들은 이스라엘의 신과 대조되어, 열등한 위치를 갖는다. (모세는 출 15:11에서 이렇게 노래한다. "여호와여 신 중에 주와 같은 자가 누구니이까"[개역개정]. 그리고 시 97:7은 이렇게 소리 높인다. "너희 신들아 여호와께 경배할지어다"[개역개정].) [12쪽] 그러나 지금 강조하려는 논점은, 성서의 몇몇 본문은 이 다른 신들의 존재에 대해서 기정사실로 언급한다는 것이다. 즉, 그들은 존재한다.[8]

---

8 고린도전서 8:4-5에서 바울은 다른 신들의 존재를 부정하는 동시에 그 신들에 대해 불평하며 폄하한다. 이 점에서 바울은 그의 중요한 선행자이며 영감의 원천인 제2이사야서를 반향한다(예: 사 45:6). 이 초인간적 세력들을 범주화하면서도 이스라엘 "최고신

성서가 다른 신들을 인정한다는 점에 대해 현대 독자들은 놀랄 수 있다. 고대 유대인들은 "유일신주의자들monotheists"이 아니었던가? 그렇기도 하고 아니기도 하다. 이전 시대 학자들은 성서에 등장하는 다른 신격들의 존재를 담아내기 위한 방편으로 "단일신주의henotheism"라는 용어를 들고 나왔다. 단일신주의란 다른 신들의 존재를 부정하지 않으면서도 오직 한 분의 신만을 경배하는 것을 뜻한다. 반대로 "유일신주의monotheism"는 오직 한 신만 존재한다는 신념을 가리킨다. 단일신주의는 유일신주의로 발전해 나가는 과정 속에서 일종의 이전 단계로 여겨졌다. 결국에 가서는 유일신주의가 득세하게 되었다는 것이다. 이러한 관점에 따르면, 성서는 본질적으로 유일신주의(오직 하나의 신) 텍스트 안에 "더 원시적인" 단계(여러 신들이 있고, 그중 한 신이 최고의 신)의 자취를 보존하고 있는 셈이다.[9]

이처럼 정교한 용어 사용이 갖는 문제는, 그 용어 사용이 고대 세계에서 "유일신주의자들"이 곧 다신주의자들polytheists이었다는 담백한 역사적 관찰을 흐릿하게 만들어 버린다는 점이다. 다시 말하자면, 고대 유대인들과 (후에) 그리스도인들이 이 최고신에게 얼마나 열렬히 충성을 바치든 간에, 그들의 세계관은 여전히 다른 많은 신들을 위한 공간을 가지고 있었다는 것이다.

의 비교 불가능한 힘을 주장"하기 위해 애쓰는 유대 텍스트들의 어휘 및 논쟁적 논리 구조에 대한 고찰을 보라. [187쪽] Emma Wasserman, "'An Idol Is Nothing in the World' (1 Cor 8.4): The Metaphysical Contradictions of 1 Corinthians 8:1–11:1 in the Context of Jewish Idolatry Polemics," in *Portraits of Jesus: Studies in Christology*, ed. Susan E. Meyers (Tübingen: Mohr Siebeck, 2012), 201-27(인용문은 227쪽에서 가져왔다).

9 이 용어상의 질문에 관해서, 그리고 "유일신주의"라는 단어(그리고 개념)를 고대와 관련시켜 사용할 때의 어려움에 관해서는 Michael S. Heiser, "Monotheism, Polytheism, Monolatry, or Henotheism? Toward an Assessment of Divine Plurality in the Hebrew Bible," *Bulletin for Biblical Research* 18 (2008): 1-30; Paula Fredriksen, "Mandatory Retirement: Ideas in the Study of Christian Origins Whose Time Has Come to Go," *SR* 35 (2006): 231-46; Peter Hayman, "Monotheism—a Misused Word in Jewish Studies?" *JJS* 42 (1991): 1-15을 보라.

앞으로 보게 되겠지만, 바울 자신도 이러한 신들에 대해 말하고, 그들의 활동에 대해 불평하며, 그들이 미치는 영향에 탄식하고, 결국에는 그들이 파멸될 것을, 곧 귀환하시는 승리자 그리스도에게 복종하게 될 것을 예견한다. 그럼에도 그 신들의 존재는 기정사실이다. 무려 기원후 5세기에 이르러서도 아우구스티누스는 그의 책 『하나님의 도성City of God』에서 거의 비슷한 방식으로 이야기한다. 아우구스티누스에 따르면, 이교도들과 그리스도인들의 차이는 다른 신격체들의 존재나 권능에 대한 믿음의 차이가 아니다. 그 차이는 바로 이교도들과 그리스도인들이 각각 그 신들을 어떻게 이름 붙이는가에 달려 있다. 그리스도인들은 그 신들을 "마귀들demons"이라고 부르고, 이교도들은 그 마귀들을 "신들gods"이라고 부른다(*City of God* 9.23). 앞으로 또 살펴보게 되겠지만, "신들"과 "마귀들"의 구별은 히브리어 성서가 그리스어로 번역된 이후에 도입된 것이지, 고대 히브리어 문헌 자체에 나오는 구별은 아니다. 고대 세계에서 "유일신주의"는 다신주의의 한 하위개념이었다.[10]

결국, 오늘날 성서 바깥의 전통으로 여겨지는 것들은 이러한 다른 신들

10 교육받은 엘리트와 애국심이 있는 도시 거주민들("크도다, 에베소인들의 아르테미스여!", 행 19:28), 양쪽 모두에게서 나타나는 이교도 유일신주의라는 주제는 최근에 두 권의 훌륭한 학술 선집에서 탐구되었다. *Pagan Monotheism in Late Antiquity*, ed. Polymnia Athanassiadi and Michael Frede (Oxford: Clarendon Press, 1999), 그리고 *One God: Pagan Monotheism in the Roman Empire*, ed. Stephen Mitchell and Peter van Nuffelen (Cambridge: Cambridge University Press, 2010). 후자의 책에 실린 소논문들 중에서는 Christoph Markschies의 "The Price of Monotheism: Some New Observations on a Current Debate about Late Antiquity"(이 글은 고대 종교들에 대한 연구와 연관시켜 이 쟁점을 개념화한다), Angelos Chaniotis의 "Megatheism: The Search for the Almighty God and the Competition of Cults"(이 글은 헤이스 테오스 엔 우라노이*heis theos en ouranōi*, 즉 "하늘에 계신 하나의 신"이라는 주장이 어떻게 단일성singularity이 아니라 우월성superiority에 관한 단언인지에 관하여 다룬다), 그리고 Nicole Belayche의 "*Deus deum … summorum maximus* [Apuleius]: Ritual Expressions of Distinction in the Divine World in the Imperial Period"(이 글은 신들 사이의 위계와 복수성을 다룬다)를 주목해서 보라.

(일탈한 천사들? 천상의 반역자들?)이 어떻게 존재하게 되었는지를 설명해 줌으로써 성서 내러티브에 존재한다고 인식된 공백을 채워준다. 그러나 이 다른 신들이라는 쟁점을 더 자세히 살펴보기 전에, 먼저 우리는 그 신들을 숭앙했던 인간들에 대해 살펴볼 필요가 있다. [13쪽] 이 다른 신들을 숭앙했던 민족들은 어디에서 왔으며, 이들은 이스라엘 및 이스라엘의 신과 어떤 관계가 있는가?

하나님과 인류

창세기 1장에 나오는 천지창조의 날들에 관한 이야기는 창세기 2장에 이르러, 세계의 시작에 대한 또 다른(아마도 더 오래된) 이야기로 갑작스레 넘어간다. 창세기 2장에 따르면 인간 역사는 불순종과 처벌, 분투와 실패의 이야기다. 첫 번째 인간 부부는 하나님의 명령을 거스르고 고통과 고된 노동, 그리고 죽음을 이 세상에 가져왔다(창 2-3장). 인류의 두 번째 세대를 보면 가인이 그의 동생 아벨을 죽였다(창 4:1-13). 열 세대가 지나는 동안 인간의 사악함은 너무도 커지고 또 타락과 폭력이 너무도 횡행하여, 여호와께서는 그들을 창조한 것 자체를 후회하셨다("[여호와께서] 땅 위에 사람 지으셨음을 한탄하사 마음에 근심하시고," 창 6:6[개역개정]). 그리고 창조의 둘째 날에 가두어 놓았던 혼돈의 물(창 1:6-8)을 하나님께서 마침내 터뜨려 버리셨다. 그로써 하나님께서는 오직 한 가족, 곧 "의인이요 당대에 완전한 자"(창 6:9)였던 노아의 가족을 제외하고는 모든 생명을 지상에서 쓸어 없애 버리셨다. 하나님께서 노아에게 말씀하셨다. "내가 홍수를 땅에 일으켜 무릇 생명의 기운이 있는 모든 육체를 천하에서 멸절하리니 땅에 있는 것들이 다 죽으리라. 그러나 너와는 내가 내 언약[브리트brit]을 세우리니"(창 6:17-18, 개역개정; 언약의 조건들에 대해서는 8:21-9:17을 참고하라). 그러자 물이 모든 생명을 집어 삼켰다. "오직 노아와 그와 함께 방주에 있던 자들만 남았더라"(창 7:23, 개역개정).

물이 걷힌 후에, 하나님은 그의 형상대로 지은 창조물인 인류(창 9:6에 다시 언급된다)의 특성 하나를 드러내셨다. "사람의 마음이 계획하는 바가 어려서부터 악함이라"(창 8:21, 개역개정). 하나님은 인류의 도덕적 실패 때문에 모든 생명을 멸절하는 일을 다시는 반복하지 않겠다고 맹세하신 후, 자신과 인류 사이에 맺은 언약을 서로에게 상기시키는 방편으로 하늘에 무지개를 걸어 두셨다(창 9:15-16). 인류는 노아의 세 아들들인 셈, 함, 야벳의 가족들, 그리고 홍수 이후 그들에게서 태어난 자녀들과 증손들로부터 다시 출발했다. 유대 전승에 따르면, 그들은 약 70여 개의 서로 다른 "민족들/열방nations"(히브리어 고임, 그리스어 에트네, 창 10:1-32)을 형성하게 된다. 모든 인류는 아담과 하와로부터 나왔다. 그러나 더 정확히 말하면, 모든 인류는(여기서 세는 바에 따르면 70민족들은) 노아의 후손이다.[11]

창세기 10장의 "열방 목록Table of Nations"과 노아의 중심성은 하나의 근원적인 성서적 개념, 곧 인류가 총체적으로 한 가족이라는 사상을 표현한다. [14쪽] 고임*goyim*, 곧 "열방"이라는 단어는 히브리 성서를 통틀어 여기서 첫 번째로 등장한다. 시조가 되는 세 친족 집단들(셈 계열, 함 계열, 야벳 계열)은 그들의 "혈통과 언어와 땅과 민족"에 따라 일종의 목록으로 제시된다(셈에 관해서는 창 10:31을, 야벳은 10:5, 함은 10:20을 보라). 이 민족적 식별 표지들(친족 집단[공통의 "혈통"], 언어, 그리고 지역["땅"])은 고대 문헌들마다 공통적으로 함께 등장한다. 유명한 예로, 그리스 역사가인 헤로도투스는 "그리스적 특성Greekness"(토 헬레니콘*to hellēnikon*)을 거의 같은 용어들을 통해 정의했다. 그러나 열방 목록에서는 고대의 민족적 식별 표지에 있어서 가장 중요하고 기본적인 요소 중 하나가

11 James M. Scott, *Paul and the Nations: The Old Testament and Jewish Background of Paul's Mission to the Nations with Special Reference to the Destination of Galatians*, WUNT 1, 84 (Tübingen: Mohr Siebeck, 1995)는 이 중요한 성서적 사상에 대한 명료하고 광범위한 입문과 분석을 제공한다. 특히 7쪽에 있는 도식을 보라.

부재한다. 즉, 창세기는 이 민족들이 "그들의 신들에 따라" 나뉘어졌다고 말하지 않는다. 비록 신명기 32:8에는 그 표현이 나오지만 말이다. (저자가 사용한 NRSV성경에서는 신명기 32:8의 구문을 "신들의 수효대로according to the number of the gods"로 번역했다. 개역개정의 경우 "이스라엘 자손의 수효대로"로 되어 있다 - 역주) 열방의 신들은 창세기에 나오는 이 첫 번째 목록화 작업에 들어 있지 않다. 다른 신들은 내러티브의 등장 인물로서는 아직 등장하지 않았다.[12]

지금으로서는 다음과 같이 말해 두는 것만으로 충분할 것이다. 곧 노아에게서 기원한 숱한 민족들을 가리키면서 "온 인류"를 말하는 것은 성서 전체에 걸쳐 울려퍼진다. 그 반향은 예언서들에서(특히 이사야서에서), 제2성전기 후기의 문서들에서(희년서, 쿰란 텍스트들, 시뷜라의 신탁서the Sibylline Oracles), 그리고 요세푸스와 랍비 문헌, 후대의 아람어 탈굼에 이르기까지 나타난다.[13] 바울

---

12 칠십인역 신명기 32:8-9에 나오는 모세의 노래는 실제로 민족적-신학적 정체성 표지를 암시한다. 하나님께서는 에트네*ethnē*를 통치하는 일을 다른 초인간적 세력들(앙겔론 테우*angelōn theou*; 참고: 사해 두루마리, 4QDeut[j]에 나오는 베네이 엘로힘*benei elohim*, "하나님의 아들들")에게 넘겨주시는 한편, 이스라엘은 그분 자신이 직접 통치하시는 것으로 나타난다. 그와 대조적으로, 히브리어 마소라 텍스트는 민족들을 "이스라엘의 아들들"의 통치 아래 할당한다. Richard Bauckham은 유일신주의의 현대적 정의를 따르기 때문에(오직 한 신만이 존재한다는 것), Bauckham에게 있어서 이 본문은 필요 이상으로 해석하기 어려운 본문이 된다. *Jesus and the God of Israel: God Crucified and Other Studies on the New Testament's Christology of Divine Identity* (Grand Rapids, MI: Eerdmans, 2008), 111-14 [=『예수와 이스라엘의 하나님』, 새물결플러스, 2019]을 보라. 이 흥미로운 성서 본문에 관해서는 Wasserman, "'An Idol Is Nothing,'" 207-10에 나오는 논평과 특히 Scott, *Paul and the Nations*, 5-6, 각주 2에 방대하게 언급된 학술 문헌을 참고하라.

13 [188쪽] 다음의 자료들을 보라. 역대상 1:1-2:2; 에스겔 38-39장; 다니엘 11장; 이사야 66:18-20; 희년서 8-9장; 쿰란에서는 1Q *Genesis Apocryphon*과 1QM 2.10-14(the War Scroll); Sibylline Oracles, book 3; Josephus, *AJ* 1.120-147; Ps-Philo, *Biblical Antiquities* 4-5; 후대의 랍비 전승에서는 y. Megilla 71b, b. Yoma 10a; Genesis Rabbah 37.1-8; 열방 목록에 나오는 성서적 이름들을 동시대 로마 속주들과 연결시키는 여러 탈굼들(Scott, *Paul and the Nations*, 53). Scott은 이 모든 자료들을 검토하고 통찰력 있게 논평하였으

역시 이러한 사상을 견지하고, 로마서 11:25-26의 고조되는 논증에서 이 열방의 목록을 암시한다. 이 전통에 따르면 모든 인간 족속들은 되돌아서 노아를 바라본다. 따라서 후대의 유대 전통에서 말하듯, 모든 인간 족속들은 되돌아서 하나님과 맺은 노아의 언약을 바라볼 수 있는 것이다.[14]

하나님과 이스라엘

성서의 신은 신적 명령으로 우주를 창조했다. 그는 노아의 의 때문에 노아를 보존하고(창 6:9), "생육하고 번성하여 땅에 충만"할 수 있는 두 번째 기회를 인류에게 주었다(9:1). 그러나 하나님은 설명되지 않는 하나의 선택에 의해,[15] 오랜 시간에 걸친 하나의 약속을 통해 이스라엘을 창조하셨다.

며, 어떻게 열방 목록이 "세계의 열방 가운데 이스라엘의 위치를 묘사하는 근본적인 방향을 설정해 주고, 현재와 종말론적 미래에 있어서 세계의 지리와 민족 구성을 상상할 수 있는 기반을 제공하는지"에 대한 분석을 실시하였다. Scott, *Paul and the Nations*, 8-56을 보라(인용된 문장은 54쪽에 나온다).

14 종국적으로 랍비들은 신명기 12:30에 대한 메킬타*Mekhilta*에서 "민족들"은 노아의 후손인 반면 이스라엘은 특별히 아브라함(아브라함 자신은 셈의 자손이다), 이삭, 그리고 야곱의 후손이라는 차이점을 명료하게 밝히고 그것을 강조하게 되었다. "노아 율법"(성서에서 끌어온 일곱 가지의 규율로, 이론적으로는 민족들이 지켜야 할 의무가 있는 규율이다)에 대한 랍비들의 개념이 진화한 과정에 관한 가장 최근의 논의로는 Christine E. Hayes, *What's Divine about Divine Law?* (Princeton, NJ: Princeton University Press, 2015), 350-70을 보라. 더 초기의 문헌에 대한 논의는 Paula Fredriksen, "Judaism, the Circumcision of Gentiles, and Apocalyptic Hope: Another Look at Galatians 1 and 2," *JTS* 42 (1991): 535과 각주 8-9을 보라.

15 신명기는 신의 전격적인 사랑에 관해 말한다. 신이 사랑에 빠진 것이다. "여호와께서 너희를 기뻐하시고 너희를 택하심은 너희가 다른 민족보다 수효가 많기 때문이 아니니라. 너희는 오히려 모든 민족 중에 가장 적으니라. 여호와께서 다만 너희를 사랑하심으로 말미암아 …"(신 7:7-8, 개역개정). "하늘과 모든 하늘의 하늘과 땅과 그 위의 만물은 본래 네 하나님 여호와께 속한 것이로되, 여호와께서 오직 네 조상들을 기뻐하시고 그들을 사랑하사 그들의 후손인 너희를 만민 중에서 택하셨음이 오늘과 같으니라. 그러므로 너희는 마음에 할례를 행하고 …"(신 10:14-16, 개역개정). 내가 헤쉐크*heshek*/아가페*agapē* 언어 표현에 주목하도록 도움을 준 Ishay Rosen-Zvi에게 감사를 표한다.

> 여호와께서 아브람에게 이르시되, 너는 너의 고향과 친척과 아버지의 집을 떠나 내가 네게 보여 줄 땅으로 가라. 내가 너로 큰 민족[고이 가돌]을 이루고 네게 복을 주어 네 이름을 창대하게 하리니 너는 복이 될지라. 너를 축복하는 자에게는 내가 복을 내리고 너를 저주하는 자에게는 내가 저주하리니 땅의 모든 족속이 너로 말미암아 복을 얻을 것이라 하신지라. (창 12:1-3, 개역개정)

[15쪽] 아브람이 약속의 땅(성서 내러티브에 따르면 바로 그 땅, 곧 이스라엘 땅)으로 들어가리라는 약속은 자손/"민족구성"의 약속 그리고 지상의 모든 족속들에게 보편적으로 복을 내리신다는 약속과 결부되어 나머지 아브람/아브라함 이야기를 좌우하는 중심축이 된다. 그리고 사실상 이는 창세기 전체 이야기를 좌우하는 중심축이 된다. 이어서 하나님은 아브라함과 더불어 언약을 맺으시고, 그 땅을 다시 약속하시며(15:12-21), 아브라함과 사라가 "많은 민족들/열방"의 시조가 될 것을 예견하셨다(17:5-6, 15-16). 이것을 가리키는 전조로 아브라함과 사라는 이삭을 낳을 것이며, 이삭의 자녀들은 그 땅을 "영원한 기업"으로 물려받을 것이고, 하나님께서는 "그들의 하나님이 되리라"고 말씀하신다(17:8). 아브라함 쪽에서 지켜야 할 것은 "[하나님] 앞에 행하여 완전"하라는 명령을 따르는 것이고(17:1; 참고: 18:19), 집안 모든 남자들에게 할례를 시행하는 것이다. 이 할례는 "나와 너희와 너희 후손 사이에 지킬 … 영원한 언약"이다(17:10-14, 특히 "난 지 팔 일 만에" 할례를 베풀도록 명시하는 17:12을 보라). 아브라함으로부터 이삭을 거쳐 야곱(32:28에서 "이스라엘"이라 명명됨)에 이르기까지, 그리고 야곱의 아들들과 증손자들(이스라엘의 열두 지파의 이름이 그들에게서 기원했다)에 이르

희년서 15장은 하나의 배경 이야기를 제공하며, 이것은 후에 랍비 미드라쉬 안으로 포섭되었다. 아브라함의 가족은 본래 우상을 제작하는 사람들이었는데, 아브라함은 우상숭배를 거절하고 그의 부친의 우상 제조 공방을 파괴한 후 하나님께 부름을 받았다. 레크 르-카*lech le-cha*, "떠나라!"(창 12:1; 희년서 12:1-8, 12-22).

기까지 이 언약은 거듭 확인된다. 요셉은 애굽에서 그의 형제들에게 둘러싸여 죽어가면서, 다음과 같은 하나님의 약속을 상기시킴으로 창세기를 마무리 짓는다. "하나님이 당신들을 돌보시고 당신들을 이 땅에서 인도하여 내사 아브라함과 이삭과 야곱에게 맹세하신 땅에 이르게 하시리라"(50:24). 바울이 로마서에서 "조상들에게 주신 약속"을 말할 때(롬 15:8), 이와 같은 창세기 본문들을 염두에 두고 있었을 것이다.

창세기 이후에 나오는 토라의 나머지 네 책들(출애굽기부터 신명기까지)은 하나님께서 이스라엘 자손들을 (예견된) 고이*goy* 가돌*gadol*, 즉 큰 민족으로 빚어 가시는 단계들을 들려준다. 하나님께서는 큰 이적과 기사들을 통해 그 백성을 바로의 손아귀로부터 해방시키시고, 이집트의 신들과 맞서 싸우시며, 그 백성을 시내 광야로 이끌어 내셨다. 그곳에서 하나님께서는 당신의 계획을 모세에게 계시하셨다.

> 내가 애굽 사람에게 어떻게 행하였음과 내가 어떻게 독수리 날개로 너희를 업어 내게로 인도하였음을 너희가 보았느니라. 세계가 다 내게 속하였나니 너희가 내 말을 잘 듣고 내 언약을 지키면 너희는 모든 민족 중에서 내 소유가 되겠고, 너희가 내게 대하여 제사장 나라가 되며 거룩한 백성이 되리라. 너는 이 말을 이스라엘 자손에게 전할지니라. (출 19:4-6, 개역개정)

이후로 엄청난 분량의 율법 제정이 "모세오경"의 나머지 부분을 채운다. 제의적 및 윤리적 지시 사항, 농업 규례와 가난한 자를 보호하는 법령, 희생제사 규율과 가축을 치는 원칙들, [16쪽] 음식 규례, 성과 관련된 법규, 형법과 재산법, 불법 행위에 관한 법, 정한 것과 부정한 것의 구별, 공동으로 지킬 성일들의 확립, 특히 안식일 준수와 관련된 규례, 성소의 단위와 제사장 복식으로부터 성막의 고리에 이르기까지 모든 것의 세부 사항이 등장한다.

하나님의 계명들은 그분의 토라*torah*를 구성한다. 그분의 토라, 즉 말 그대로 이스라엘을 향한 하나님의 "지시 사항" 혹은 "가르침"은 하나님과 이스라엘 사이에 맺은 언약의 조건을 설정한다.[16] 하나님께서 이러한 실천을 명령하신 이유는 부분적으로, 이스라엘을 다른 민족들로부터 구별하기 위함이었다("너희는 나의 모든 규례와 법도를 지켜 행하라. … 나는 너희를 만민 중에서 구별한 너희의 하나님 여호와이니라," 레 20:22, 24, 개역개정). 그리고 모세에게 주어진 이 계시에는 하나님과 개별적인 이스라엘인 사이의 관계를 회복할 수 있는 규정이 포함되어 있었다. 의도적이든 혹은 비의도적이든 이 언약의 인간 쪽 파트너가 잘못을 저질렀을 때, 그것을 회복할 방안을 포함하고 있는 것이다(예: 레 26:41-42). 더 나아가, 하나님께서는 이스라엘 민족 전체를 위해서 "속죄의 금식," 욤 키푸르 Yom Kippur를 허락하셨다(16:1-34). "이는 너희가 영원히 지킬 규례라. 이스라엘 자손의 모든 죄를 위하여 일 년에 한 번 속죄할 것이니라"(16:34). 요컨대 하나님께서는 영원히 지속될 관계를 창조하셨다.

쌍생아처럼 연결된 배타적, 반형상적인aniconic 경배를 요구하는 명령이 이 신의 언약에 있어서 근본적인 부분이라는 것이 반복적으로 강조된다. 다른 어떤 신도, 어떠한 형상도 허락되지 않는다. (이것이 십계명의 첫 두 계명이다. 출 20:3-5과 신 5:7-8을 보라.) 우리는 이 두 가지 조항에 대해 너무나도 익숙하기 때문에, 이것들이 당시의 역사적 맥락에서 얼마나 이상하게 여겨졌을지를 종종 간과하곤 한다. 온갖 신들이 존재했던 문화 속에서(이스라엘의 신도 이 현실을 부정하진 않는다), 다른 신들을 **배제하고** 오직 한 신만을 섬긴다는 것은 좋게 보면 경솔한 일일 것이고, 나쁘게 보면 그저 불경한 일이었다. 정의상, 어떤 신이든 신이라면 인간보다 더 강한 법이다. 그리고 신들의 집단은 인간이 신을

---

16 예를 들어, 레위기 19장에 주어진 명령의 범위를 보라. 이것은 십계명, 특히 두 번째 돌판의 설명과 확장을 나타낸다.

경시하는 것에 민감한 경향이 있었고, 자신들의 불쾌감을 바로바로 노출시켰다. (그런 신들을 숭배하는 인간들 역시 마찬가지로 민감했다. 앞으로 보게 되겠지만, 후에 그리스어 및 라틴어로 글을 쓴 민속지 저자들ethnographers은 유대인들을 향해 "무신론자"들이라고 불평했다. 즉, 다수의 사람들이 섬기는 신들을 숭앙하는 것을 유대인들이 거부했다는 의미이다.) 그러나 이스라엘의 신은 특히 이 두 가지 사항에 있어서 단호했다. 이스라엘 신의 백성은 형상을 만들어 그 신을 섬기면 안 되고(예: 신 4:15-16), 또한 다른 인간, 새, 혹은 동물의 형상을 만들어 거기에 절해서도 안 된다(4:16-18; 출 32장에 나오는 금송아지 이야기는 그것을 경계하는 이야기의 대표적 예이다.) 사람의 손으로 만들지 않은 대상을 경배하는 것, 예를 들어 자연 현상을 경배하는 것은 어떠한가? [17쪽] 다른 민족들은 별과 행성들을 경배했다. 그러나 이스라엘에게는 그것도 허락되지 않았다(신 4:19). 그뿐이 아니다. 이스라엘 백성이 그 약속된 땅에 들어가게 되면, 그들은 그곳에 거주하는 다른 백성들을 뿌리째 뽑아내야만 했다. 왜냐하면 그 땅의 백성들은 서로 연결된 두 가지 가증스러운 일, 곧 우상 숭배와 영아 살해를 자행했기 때문이다.

> 네 하나님 여호와께서 네가 들어가서 쫓아낼 그 민족들을 네 앞에서 멸절하시고 네가 그 땅을 차지하여 거기에 거주하게 하실 때에, 너는 스스로 삼가 네 앞에서 멸망한 그들의 자취를 밟아 올무에 걸리지 말라. 또 그들의 신을 탐구하여 이르기를 이 민족들은 그 신들을 어떻게 섬겼는고 나도 그와 같이 하겠다 하지 말라. 네 하나님 여호와께는 네가 그와 같이 행하지 못할 것이라. 그들은 여호와께서 꺼리시며 가증히 여기시는 일을 그들의 신들에게 행하여 심지어 자기들의 자녀를 불살라 그들의 신들에게 드렸느니라. (신 12:29-31, 개역개정)

신명기는 복과 저주 목록으로 끝을 맺는다(이스라엘이 언약을 지키면 복을 받고, 지키지 않으면 저주를 받는다. 제멋대로 구는 것에는 징계가, 재헌신에는 자비와 용서가 약속된다). 그렇게 함으로써 다섯 권으로 이루어진 율법서를 종결한다(신 30-33장). 그리고 모세는 세상을 떠난다. 요단강 동편에 선 열두 지파는 이제 그 땅으로 들어가, 아브라함, 이삭, 야곱에게 주어진 하나님의 오래된 약속들을 마침내 실현할 준비가 된 것이다.

왕국과 유배

다윗의 집, 그리고 하나님의 집

가나안 땅에 정착한 후, 서로 다른 지파들은 그 땅 곳곳에 흩어져 있는 서로 다른 여러 제단에서 하나님을 경배했다. 제사장들과 사사들은 제의적, 사회적 삶을 규제했다. 이러한 방식이 여러 세기에 걸쳐 지속되는 동안, 지파들과 부족들의 느슨한 연합체는 결국 단일 군주가 다스리는 왕정 체제로 재편되었다. 먼저는 사울(기원전 1020-1000년경)이, 그 다음에는 다윗(기원전 1000-961년경)이, 그 후에는 다윗의 아들인 솔로몬(기원전 961-922년경)이 다스렸다.

성서 전통의 관점에서 보면 다윗은 살아생전에나 그 이후에나 핵심적인 인물이었다. 다윗은 지파들을 통일하고, 지역의 대적들(블레셋과 같은 민족들)을 패퇴시켰다. 그는 지역 성소들의 운영을 금지시켰고, 정치적, 군사적 힘과 전통적 제의, 양쪽 모두를 자신의 수도 예루살렘으로 집중시켰다. [18쪽] 성서 전통은 이러한 조치들에 대해 양가감정을 표현한다. 한편으로는 왕정이 가져오게 될 몇 가지 미심쩍은 결과들에 대해서, 광야에 있는 이스라엘 지파들에게 경고하는 장면이 등장하며(신 17:14-19; 참고: 삼상 8:10-18), 다른 한편으로는 (동일한 경전을 통해) 다윗과 그의 왕조를 인정하고 지지한다. 이 경전은 하나님께서 직접 다윗 왕을 사랑하셨으며 다윗 계열에서 난 자손들에게 영원한 통치권을 약속했다고 단언한다.

> 여호와가 또 네게[다윗에게] 이르노니 여호와가 너를 위하여 집을 짓고 네 수한이 차서 네 조상들과 함께 누울 때에 내가 네 몸에서 날 네 씨를 네 뒤에 세워 그의 나라를 견고하게 하리라. 그는 내 이름을 위하여 집을 건축할 것이요, 나는 그의 나라 왕위를 영원히 견고하게 하리라. 나는 그에게 아버지가 되고 그는 내게 아들이 되리니, 그가 만일 죄를 범하면 내가 사람의 매와 인생의 채찍으로 징계하려니와, 내가 네 앞에서 물러나게 한 사울에게서 내 은총을 빼앗은 것처럼 그에게서 빼앗지는 아니하리라. 네 집과 네 나라가 내 앞에서 영원히 보전되고 네 왕위가 영원히 견고하리라 하셨다 하라. (삼하 7:11-16, 개역개정)

고대 세계에, 신성divinity은 주로 두 가지 방식으로 지역화되었다. 먼저, 신성은 특정한 장소들과 연결되었다(신성한 숲, 산, 제단, 신전 등). 또한 신성은 특정한 민족들과 결부되었다(앞서 언급한 것처럼 신들의 민족성이라는 개념이 등장한다). 창세기부터 신명기에 이르는 역동적인 이야기는 이스라엘의 신, 그의 백성, 그리고 그 땅 사이를 서로 강하게 접착시키는 관계성을 계속 단언하는 가운데, 신성의 지역화라는 고대 사상을 유대적으로 변주하여 표현한다. 그리고 그 백성이 하나님과 맺는 관계는 자주 가족 혈통의 언어로 표현된다. 출애굽기 4:22에서 하나님께서는 "이스라엘은 내 아들 내 장자라"고 선언하신다. 그리고 이스라엘의 아들됨의 이미지, 따라서 하나님의 "아버지됨"의 이미지는 유대 성서 전체에 걸쳐 지속적으로 등장한다(예: 렘 31:9, 20; 바울도 이스라엘의 아들됨의 개념을 롬 9:4에서 반복한다). 나아가, 하나님은 그의 백성과 더불어 거하시며(다른 신들이 자신의 백성들과 더불어 거하듯), 하나님의 근접성은 이스라엘이 "거룩"(즉, 구별됨)에 전념해야 할 이유이자 의무(의 일부)였다. (바울이 그의 이방인 청중들을 향해 그들의 신들로부터 떠나 자신의 신에게로 돌아서라고 요청할 때 역시 그 이방인들의 "구별됨" 혹은 "거룩"[하기아스모스*hagiasmos*]을 주장하는 것이다.)

그러나 두 집(혈통적/생물학적 가문[다윗의 집]과 성스럽게 봉헌된 성전[하나님의 집])에 관한 메시아적-다윗 계열의 전승은, 이스라엘에게 있어서 신성의 지역성을 표현하는 이 두 가지 방식(민족과 장소)을 더욱 강화시켰다. 하나님은 계속해서 이스라엘의 "아버지"가 되시지만, 또한 그는 특별한 방식으로 다윗 계열 왕들의 아버지가 되신다. [19쪽] 이스라엘 왕의 대관식에서 하나님은 다음과 같이 말씀하신다. "너는 내 아들이라. 오늘 내가 너를 낳았도다"(시 2:7, 개역개정). 또한 시편 기자는 이렇게 노래한다. "내가 내 종 다윗을 찾아내어 나의 거룩한 기름을 그에게 부었도다. … 그가 내게 부르기를 주는 나의 아버지시요 … 하리로다"(시 89:20, 26). 하나님은 사무엘 선지자를 통해 다윗의 아들에 관해 이렇게 말씀하신다. "나는 그에게 아버지가 되리라"(삼하 7:14, 위에 인용되어 있다). 그리고 이스라엘 전통에 따르면 왕들이 기름 부음을 통하여 "대관식"을 치렀기 때문에, 이는 "기름 부음 받은 자"(히브리어 마쉬아흐*mashiach*, 그리스어 크리스토스*christos*), 곧 다윗의 적법한 상속자가 특별한 의미로 하나님의 "아들"임을 의미한다(참고: 롬 1:3). 이 사상은 훗날 기독교에서 오래도록 영향력을 발휘했다.

이와 동일한 사상에 대한 이집트적, 그리스적, 혹은 로마적 표현들과는 다르게, 다윗 계열 왕조의 신적 속성은 문자적으로 신적 혈통을 암시하지는 않았다. 다윗의 자손은 그저 보통의 인간이다. 왕들 개개인은 필멸의 존재이다. 하지만 그들의 **왕위 계승**은 불멸한다. 이 히브리어 텍스트들 가운데 나타나는 메시아의 신적 아들됨은 하나님과의 특별한 관계를 명료하게 표현한다. 그것은 메시아 자신이 독자적으로 하나의 신이라는 것을 의미하지 않았다(이 점에서 파라오, 알렉산더 대왕, 로마 황제들과 차이가 있다). 나사렛 예수에 대한 기억과 예수의 사역 주위로 형성된 메시지는 이 모든 주제들을 활용하고 또한 확장했다. 그리고 결국에는 예수의 메시아적 "아들됨"은 신적 지위를 의미하는 쪽으로 흘러가게 되며, 바울 역시 그 점을 확언하며 명료하게 표현한다. 하지만 이 발전 과정들은 성서 자체와는 다소 거리가 있으며, 제2성전기 후기에 등장한 것이다. 고대의 성서 텍스트들은 흔히 다윗 계열의 혈통과 실제의 신성을 서로 구별하는 것처럼 보인다.

고대의 지역화된 신성의 다른 측면, 곧 다윗의 아들이 짓게 될 하나님의 "집"(즉, 예루살렘 성전)의 신성함은 어떠한가? 유대인들은 이스라엘의 신이 우주 전체의 주님, 다른 모든 신들 중의 신, 그리고 "열방의 하나님도 되신다"고 주장했다(바울 역시 그러하다. 롬 3:29을 보라). 광야에 있던 이스라엘에게 하나님은 "하늘과 모든 하늘의 하늘과 땅과 그 위의 만물은 본래 네 하나님 여호와께 속한 것"이라고 말씀하신다(신 10:14, 개역개정). 하나님은 모든 장소에서 모든 것에 형태를 부여하시며, 그가 계시지 않은 곳은 없다. 그러나 다윗이 이스라엘의 제의를 예루살렘에 확고하게 집중시켰고, 솔로몬이 하르 바이트-아도나이*har bayit-Adonai*("여호와의 집의 산," 사 2:2)에 성전과 제단을 건축하였기 때문에, 하나님은 특히 예루살렘에 그의 미쉬칸*mishkan*, 곧 그가 "거주할 장소"에 "사신다"고 여겨졌다(바울도 이 사상을 반복한다. 롬 9:4을 보라. 그리고 마 23:31에 나오는 예수도 마찬가지다).

[20쪽] 따라서 예루살렘은 세 차례의 연례 절기에 순례해야만 하는 중심지가 되었다(이것은 이스라엘의 광야 체류 기간 동안 맺은 언약의 일부로 도입되었다). 그 세 차례의 절기란 초막절(가을 절기이며, 광야 생활을 기념하는 절기가 되었다), 유월절/무교절(초봄의 절기이며, 애굽에서의 구출을 기념한다), 그리고 칠칠절(늦봄/초여름의 절기이며, 후에 시내산 계시와 연관되었다)이다. 움직이는 성막과 관계된 성서 내러티브 안에 들어 있는 희생 제사에 관한 율법은 이제 이 새로운 제왕적 맥락으로 "옮겨졌다." 성전과 예루살렘, 그곳에 계신 하나님의 임재, 다윗 왕가의 영원한 통치, 다시 말해 다윗의 권위 강화 및 군사적, 정치적 세력 강화와 관련된 이러한 측면들이 이스라엘의 언약 구성 안으로 들어왔다. 예언자들과 시편이 선포하듯, 이 도시와 이 성전 역시 영원히 머물러 있을 것이다.

그러나 다윗의 보좌와 하나님의 성전은 실제로 영원히 머물지 못했다.

역사는 이스라엘의 예언이 너덜거리도록 강타했다. 솔로몬 사후(기원전 922년경?), 그의 왕국은 두 쪽으로 갈라졌다. 하나는 북쪽 지역의 열 지파로 이루어졌으며("이스라엘"), 다른 하나는 남쪽 지역의 두 지파로 이루어졌다("유다"). 그리고 지역적인 제의 장소들이 재등장했으며, 지역의 오래된 토착신들이 다시 한번 수면 위로 떠올랐다. 북왕국의 경우 그로부터 두 세기가 지나지 않아 앗수르의 세력 확장에 무릎을 꿇고 말았다(기원전 722년경). 그 백성 중 일부는 그 땅에서 쫓겨나고 흩어져 앗수르 제국 안에 재정착했다. 이 "잃어버린" 열 지파는 이후 유대인의 기억을 망령처럼 영원히 따라다니게 된다.[17] 앗수르가 바벨론에 의해 무너진 이후, 이 새로운 제국적 권세는 남왕국 유다에게 손을 뻗쳐 통제권을 확립했다. 기원전 586년, 유다는 경솔한 반란에 이어 결국 멸망하고 말았다. 성전은 파괴되었고, 도시는 잿더미가 되었으며, 시드기야 왕은 눈이 멀고 만신창이가 된 채로 많은 백성들과 함께 바벨론으로 끌려갔다(왕하 25:1-12).

점점 떠오르는 바사(페르시아)의 권세 앞에 바벨론이 패하고 나서야, 유배된 유대 지역민들Judean exiles은 고향으로 돌아오는 것이 허락되었다(기원전 538년경; 대하 36:22-23). 귀환한 이들은 성전을 재건했지만, 그것은 그들이 기억하는 솔로몬 성전의 위엄에 비하면 작고 초라할 뿐이었다. 바사 정부의 지시를 받는 총독들과 대제사장들은 이미 소멸된 다윗 계열의 왕들을 대신하여 귀환한 이들을 다스리는 역할을 맡았다. 적지만 꾸준하게 귀향 행렬에 오른 유대 지역민들은 재건을 위하여 엄청난 노력을 기울였다. 이러한 고투에 있

17 예를 들어, 예레미야 31장은 그들의 충만한 회복에 대한 소망을 표현한다(마찬가지로 3:6-12; 16:14-16; 23:3-6; 30:3을 보라). 열 개의 "잃어버린" 지파들과 관련된 전승들, 그리고 바울서신과 복음서들이 이러한 전승들과 공명하는 방식에 관해서는 Jason A. Staples, "What Do the Gentiles Have to Do with 'All Israel'? A Fresh Look at Romans 11:25-27," *JBL* 130 (2011): 371-90을 보라. 사해 두루마리를 포함하여 제2성전기 후기의 자료들에 관해서는 특히 374-78을 보라.

어서, 생생하게 살아 있는 하나의 전통이 그들을 도왔다. 바로, 예언자들의 전통이었다.

예언과 약속

[21쪽] 예언자를 뜻하는 영어 단어 prophet은 그리스어 프로페테스 *prophētēs*에서 기원한다. 그리스어 단어 프로페테스(프로*pro*-라는 접두어는 "for"를 뜻하며, 파나이*phanai*라는 동사는 "말하다"라는 뜻이다)는 신탁을 해석하며 신을 대변하는 사람을 뜻했다. 신에게 가져가는 질문이 주로 미래의 일에 관한 것이었기 때문에, 예언자는 미래의 일어날 일의 향방을 미리 내다보고 모호하게 묘사하는 선견자의 기능을 수행했다. 신은 신탁이 발생하도록 영감을 주며, 예언자는 순례를 온 질문자에게 그 신탁의 내용을 제공했다.[18]

영어 prophet은 히브리어의 로에*ro'e*(선견자)와 나비*nav'i*(대변자), 양쪽 모두에 대한 번역어로 쓰인다. 히브리 예언자들은 하나님의 대변인이었다. 군주 정치제와 더불어 예언자들 자체가 하나의 사회 체제로 확립됨에 따라, 그들은 미래를 예언하는 일뿐만 아니라 현재에 대해 강력하게 논평하는 역할을 수행하게 되었다. 특히 예언자들은 언약에서 떠나 이리저리 헤매는 이스라엘, 곧 형상을 숭배하고 다른 신들의 제의에 참여하며 이스라엘과 이스라엘의 신 사이에 존재하는 배타적 관계를 훼손하는 이스라엘의 왕들과 평민들을 비판했다. 때로 이스라엘이 언약을 위반했다고 여겨진 것은 우리가 제의적이 아니라 윤리적인 영역으로 간주할 만한 내용이기도 했다(예를 들어, 가난한 자들을 속이는 것이나, 취약한 이들을 돌보지 않는 것 등이 있다. 사 4:14-15; 10:1-2을 보라). 그러나

18 그리스 세계에서의 예언 관습에 대해서는 Lisa Maurizio, "Delphic Oracles as Oral Performances: Authenticity and Historical Evidence," *Classical Antiquity* 16 (1997): 308-34과 Hugh Bowden, *Classical Athens and the Delphic Oracle: Divination and Democracy* (Cambridge: Cambridge University Press, 2005)를 보라.

제의와 윤리는 우리에게 있어서 서로 구별된 범주이지, 고대 이스라엘 안에서는 그렇지 않았다. 이 두 영역들 모두 언약을 지키는 조건에 속했다.

현대 학자들이 보기에 예언 문학은 (히브리 성서로 불리는 거대한 모음집에 속해 있는 다른 문학 장르들과 마찬가지로) 전승들이 여러 층으로 기록된 것이다. 예언자들에 관한 문서들과 예언자들에게 저작이 돌려지는 문서들은, 그것들이 (관념적이든 실제로든) 예견하는 사건들 전후에 걸쳐 오랫동안 축적된 말씀 전승, 전설, 경고, 저주, 신탁, 확언, 위로, 환상 및 환상의 수정, 경험들을 담고 있다. 고대의 구전 전승과 사본 문화의 유동성을 고려할 때, 예언들은 계속해서 가다듬어지거나 수정되고, 혹은 현재의 상황들에 맞춰 최신화되었을 것이다. 그리고 그 상황들 중에서 고대 유대인의 예언과 역사에 가장 큰 자국을 남긴 사건은 바로 느부갓네살 치하에서의 유배 경험이었다.

물론 성서 전승의 많은 핵심적 요소들은 바벨론 유배를 경험했던 기원전 586-538년의 기간보다 상당히 앞서 있다. 그러나 바벨론 유배라는 특정한 경험은 그것이 지닌 강렬한 트라우마 때문에 성서 전승을 밝혀주는 중요한 특징이 되었다. [22쪽] 유배는 근본적인 방식으로 이스라엘 정체성에 도전을 가했다. 유배는 언약과 약속, 하나님 백성 됨과 그들의 땅에 관한 근원적 사상들의 뿌리를 위협했고, 예루살렘, 성전, 메시아/다윗 계열의 왕이라는 서로 긴밀히 연결된 개념들을 부정했으며, 이스라엘의 신의 권세, 충실함, 불변성을 의심하도록 만들었다. 먼저 북왕국이 멸망하는 위협이 현실화되고, 이후 남쪽 유다의 멸망이 현실화되자 마치 언약은 취소된 것처럼 보였고, 이스라엘과 이스라엘 신 사이의 협정은 무효가 된 것처럼 보였다.

이때 예언 전통은 사람들로 하여금 다른 각도로 사안을 보도록 촉구했다. 예언 전통은 이스라엘의 신이 이방 신들에게 패배했을 리는 만무하다고 주장했다. 이스라엘의 신은 그의 목적을 위해 열방을 사용했던 것이다. 다시 말해, 자신의 백성을 훈육하고 징계하기 위해 열방을 사용한 것이다. 예언자들은 하나님의 진노가 실로 무시무시한 것이라고 경고했다. 제멋대로 구는 이들에 대한 하나님의 인내가 한계에 달했고, 하나님 자신이 겪는 고통이 엄청났다. 예언자들은 하나님을 대변하며, 엇나간 이스라엘을 향해 충격적인 저주를 겹겹이 쌓아 올렸다. "또 그들[예루살렘 주민들]로 피차 충돌하여 상하게 하되 부자 사이에도 그러하게 할 것이라. 내가 그들을 불쌍히 여기지 아니하며 사랑하지 아니하며 아끼지 아니하고 멸하리라 … 네 원수와 함께 네가 알지 못하는 땅에 이르게 하리니 이는 나의 진노의 맹렬한 불이 [영원히] 너희를 사르려 함이라"(렘 13:14; 15:14, 개역개정). 에스겔은 예루살렘을 집어삼킬 끔찍한 고통을 열거하며 여호와의 분노를 발화한다. "[너희가] 내 율례를 행하지 아니하며 내 규례를 지키지 아니하고 너희를 둘러 있는 이방인들의 규례대로 (행했기 때문에 but have acted according to the ordinances of the nations …; 이 구문에서 저자가 따르는 NRSV의 번역은 개역개정과는 정반대다. 개역개정: "… 행하지 아니하였느니라" - 역주) … 내가 너를 치며 이방인의 목전에서 너에게 벌을 내리되 … 내가 전무후무하게 네게 내릴지라. 그리한즉 네 가운데에서 아버지가 아들을 잡아먹고 아들이 그 아버지를 잡아먹으리라. 내가 벌을 네게 내리고 너희 중에 남은 자를 다 사방에 흩으리라"(겔 5:7-10, 개역개정 수정). 유배의 경험은 오래전 이스라엘이 처음 세워졌던 시절, 그 근원적인 역사에 긴 그림자를 "역방향으로" 드리웠다. 유배 이후의 전승이 이전 시대의 텍스트를 편집했기 때문이다. 이에 따라 모세가 유배에 관해 "말한" 것이 되었다. 만약 백성이 언약의 조항을 참되게 따르지 않으면, 하나님께서는 "너희를 망하게 하시며 멸하시기를 기뻐하시리니, 너희가 들어가 차지할 땅에서 뽑힐 것"(신 28:63, 개역개정)이다.

이 참담한 경고들(그리고 회고적으로 적용된 묘사들)은 예언 담론의 틀을 형성한다. 하지만 이것이 전부는 아니다. 역사가 그 언약을 무효로 돌리는 것처럼 보여도, 예언자들은 또한 하나님과 이스라엘 사이에 존재하는 유대 관계의 영속성, 하나님의 사랑의 불변성과 약속의 확실성을 강렬한 어조로 확언한다.

> [23쪽] 너희의 하나님이 이르시되 너희는 위로하라 내 백성을 위로하라.
> 너희는 예루살렘의 마음에 닿도록 말하며 그것에게 외치라.
> 그 노역의 때가 끝났고 그 죄악이 사함을 받았느니라.
> 그의 모든 죄로 말미암아 여호와의 손에서 벌을 배나 받았느니라 할지니라 하시니라. (사 40:1-2)

> 야곱아 너를 창조하신 여호와께서 지금 말씀하시느니라.
> 이스라엘아 너를 지으신 이가 말씀하시느니라.
> 너는 두려워하지 말라 내가 너를 구속하였고
> 내가 너를 지명하여 불렀나니 너는 내 것이라.
> 네가 물 가운데로 지날 때에 내가 너와 함께 할 것이라.
> 강을 건널 때에 물이 너를 침몰하지 못할 것이며
> 네가 불 가운데로 지날 때에 타지도 아니할 것이요.
> 불꽃이 너를 사르지도 못하리니
> 대저 나는 여호와 네 하나님이요.
> 이스라엘의 거룩한 이요 네 구원자임이라 …
> 두려워하지 말라. 내가 너와 함께 하여 네 자손을 동쪽에서부터 오게 하며
> 서쪽에서부터 너를 모을 것이며
> 내가 북쪽에게 이르기를 내놓으라.
> 남쪽에게 이르기를 가두어 두지 말라.
> 내 아들들을 먼 곳에서 이끌며 내 딸들을 땅 끝에서 오게 하며
> 내 이름으로 불려지는 모든 자

곧 내가 내 영광을 위하여 창조한 자를 오게 하라. 그를 내가 지었고
그를 내가 만들었느니라. (사 43:1-7)

이는 내게 노아의 홍수와 같도다.
내가 다시는 노아의 홍수로
땅 위에 범람하지 못하게 하리라 맹세한 것 같이
내가 네게 노하지 아니하며 너를 책망하지 아니하기로 맹세하였노니,
산들이 떠나며 언덕들은 옮겨질지라도
나의 자비는 네게서 떠나지 아니하며
나의 화평의 언약은 흔들리지 아니하리라.
너를 긍휼히 여기시는 여호와께서 말씀하셨느니라. (사 54:9-10)

고난은 내버리는 것이 아니다. 예언자들은 이를 집요하게 주장했다. 고난은 징계이며, 징계는 곧 이스라엘이 선택받았다는 징표이다. 예언자 아모스는 이렇게 경고했다. "내가 땅의 모든 족속 가운데 너희[이스라엘]만을 알았나니, 그러므로 내가 너희 모든 죄악으로 인해 너희를 징계하리라"(암 3:2[개역개정: "너희 모든 죄악을 너희에게 보응하리라"]). 이스라엘의 고난을 징계로 설정함으로써, 아모스 예언자는 하나님과 이스라엘 사이에 계속되는 관계를 재차 확언한다. 또한 징계는 속량과 관계가 있다. [24쪽] 징계는 이스라엘이 하나님께로 (다시) 돌아가게 하는 것을 목표로 한다. "네가 나를 버렸[으므로] … 네게로 내 손을 펴서 너를 멸하였[노라] … 네가 만일 돌아오면 내가 너를 다시 이끌어 내 앞에 세울 것이며"(렘 15:6, 19).

이러한 방식으로, 유배와 귀환이라는 역사적 경험은 죄/징계, 속량/용서의 도덕적 변증법을 표현하는 예언자적 숙어가 되었다. 회개/하나님께로 돌이킴은 속량/그 땅으로의 귀환으로 이어진다. 모세는 신명기에서 다시 한번

이렇게 "예언"했다. "내가 네게 진술한 모든 복과 저주가 네게 임하므로 네가 네 하나님 여호와로부터 쫓겨간 모든 나라 가운데서 이 일이 마음에서 기억이 나거든, 너와 네 자손이 네 하나님 여호와께로 돌아와 내가 오늘 네게 명령한 것을 온전히 따라 마음을 다하고 뜻을 다하여 여호와의 말씀을 청종하면, 네 하나님 여호와께서 마음을 돌이키시고 너를 긍휼히 여기사 포로에서 돌아오게 하시되 네 하나님 여호와께서 흩으신 그 모든 백성 중에서 너를 모으시리니 … 네 하나님 여호와께서 너를 네 조상들이 차지한 땅으로 돌아오게 하사 네게 다시 그것을 차지하게 하실 것이며"(신 30:1-5, 개역개정).

이러한 전통이 발전함에 따라, 귀향의 의미가 깊어진다. 이를 위해, 앞서 인용된 (포로기 이후 시대의) 신명기 본문은 하나님과 아브라함 사이의 근원적인 언약의 징표인 할례를 도덕적 은유로 사용한다. 곧, 마음의 할례다. "[너의 신] 여호와께서 네 마음과 네 자손의 마음에 할례를 베푸사 너로 마음을 다하며 뜻을 다하여 [너의 신] 여호와를 사랑하게 하사 너로 생명을 얻게 하실 것이며"(신 30:6). 예레미야는 이처럼 깊은 헌신을 두고, 하나님의 토라를 마음에 새기는 것으로 표현한다. 하나님은 이스라엘의 언약을 이러한 방식으로 활성화시키신다. "나는 그들의 하나님이 되고 그들은 내 백성이 될 것이라 … [내가] 다시는 그 죄를 기억하지 아니하리라"(렘 31:33-34). 이사야는 다음과 같이 외친다. "의를 아는 자들아, 마음에 내 토라*torah*가 있는 백성들아, 너희는 내게 듣고 그들의 비방을 두려워하지 말라. 그들의 비방에 놀라지 말라 … 나의 구원(개역개정: 공의)은 영원히 있겠고 나의 구원은 세세에 미치리라"(사 51:7-8).

이러한 위로의 예언들 가운데, 하나님의 집을 회복하는 것과 마찬가지로 다윗의 집을 회복하고자 하는 희망 역시 커졌다. 여호와께서 예레미야를 통해서 말씀하셨다. "날이 [반드시] 이르리라. 그 날 그때에 내가 다윗에게서 한 공의로운 가지가 나게 하리니 그가 이 땅에 정의와 공의를 실행할 것이라 … [25쪽] 이스라엘 집의 왕위에 앉을 사람이 다윗에게 영원히 끊어지지 아니할 것이며, 내 앞에서 번제를 드리며 소제를 사르며 다른 제사를 항상 드릴 레위 사람 제사장들도 끊어지지 아니하리라"(렘 33:14-18, 개역개정; 참고: 23:5). 다윗의 집 및 성전과 제사장 제도와 관련하여 하나님께서 맺으신 언약들은 하나님이 낮과 밤, 하늘과 땅과 맺으셨던 언약들만큼이나 굳건하고 확실하다. 다른 말로 하면, 하나님께서 창조 세계와 맺고 계신 유대 관계 만큼이나 확실하다는 것이다(33:19-26).

이사야는 생각의 범위를 더욱 확장한다. 이사야는 "그 날에 [다윗의 아버지인] 이새의 뿌리에서 한 싹이 [날 것이다]"라고 선포한다(사 11:10; 참고: 롬 15:12). 그는 공의로운 왕이 될 것이며, 사악한 자들을 처단하고, 정의롭게 판결할 것이다. 심지어 늑대와 양, 표범과 염소, 송아지와 사자와 같은 동물들까지도 서로 평화롭게 살게 될 것이다(11:2-8). 그 날에는 "여호와를 아는 지식이 세상에 충만할 것이다"(11:9). 흩어진 이스라엘은 다시 규합될 것이다. 또한 아주 먼 과거의 이들까지도, 곧 모세 시절 이집트에 있던 이들, 수 세기 전 앗수르로 끌려간 지파들까지도 다시 모일 것이다. 그리고 이보다도 더 큰 비전이 등장한다. 고임*goyim*, 즉 다른 민족들까지도 이 다윗 계열의 왕을 찾게 될 것이다(11:10-16; 참고: 27:12-13; 2:2-4). "내가 모든 민족들과 모든 언어들을 모을 것이며, 그들이 와서 나의 영광을 볼 것이다"(66:18; "모든 민족들과 모든 언어들"이라는 표현은 창세기 10장의 열방 목록 전승을 반향한다). 이 모든 백성들, 곧 이스라엘과 열방 양쪽 모두는 "이 산"(예루살렘에 있는 여호와의 집의 산)에 모여, 하나님 자신이 베푸신 잔치 가운데 먹고 마실 것이다(25:6). 하나님은 모든 눈물을 닦으실 것이다(25:8). 하나님은 "사망을 영원히 삼키실 것이다"(25:8). 하나님은 죽은 자들을 일으키실 것이다(26:19).

예언이 발전함에 따라 새로운 주제들이 울려 퍼지기 시작한다. 이를테면, 속량의 개념 자체가 확장된다. 공간적/장소적 이미지에서 도덕적, 종말론적 이미지로 그 개념의 차원이 확장되는 것이다. 노예 상태(이집트 패러다임), 혹은 유배 상태(바벨론 패러다임)로부터의 속량에서, 죄 그리고/또는 죄의 여파(특히 하나님의 진노)로부터의 속량, 그리고 결핍, 전쟁, 사망으로부터의 속량까지 모두 등장한다. 속량의 범위 역시 확장된다. 이스라엘의 일반적인 역사 안에서 이스라엘과 그들의 신 사이의 특정한 관계를 확언하는 것으로 시작했던 범위가(족장들과 맺은 약속들, 율법과 언약들, 메시아/다윗의 왕조, 성전과 그 제의[이러한 독특한 특권들은 수 세기 이후 바울을 통해 칭송된다. 롬 9:4-5을 보라]) 이제는 하나님의 절대적인 권한에 대한 강력한 주장을 통해 확장된다. 즉, 단지 이스라엘의 남은 자만이 그 땅으로 돌아오는 것이 아니다. 열두 지파 전체가 기적적인 방식으로 재규합될 것이다. [26쪽] 단지 이스라엘 열두 지파만이 예루살렘에 모이는 것이 아니다. 70민족들 전체가 예루살렘으로 모이게 될 것이다. 단지 살아있는 자들만 모이는 것이 아니다. 죽은 자들 역시 일어날 것이다("주 여호와께서 이같이 말씀하시기를, [보라] 내 백성들아 내가 너희 무덤을 열고 너희로 거기에서 나오게 하고 이스라엘 땅으로 들어가게 하리라," 겔 37:12, 개역개정). 모든 인류, 즉 이스라엘과 열방 모두가 이스라엘의 신을 인정하게 될 것이다. "모든 혈육이 내 앞에 나아와 예배하리라"(사 66:23, 개역개정).

간단히 말해, 이러한 후기 예언들은 이스라엘의 바벨론 경험(유배와 귀환)을 우주 전체에 투영한다. 이스라엘의 미래의 속량은 또한 열방 전체를 속량할 것이다. 지상의 왕국들이 머지않아 하나님의 왕국에 그 자리를 내어주고 물러날 때, 일반적 역사의 지평은 역사 이후posthistorical, 이상화된 미래의 거대한 전망들 속에 용해된다. 지금 우리는 묵시 종말론의 세계로 진입하고 있는 것이다.

속량에 대한 기대

후에 복음서 안에 수집된 전승들, 곧 나사렛 예수로부터 기원하였고 나사렛 예수에 관해 말하는 전승들과 마찬가지로, 바울의 편지들 또한 이 묵시적 소망이라는 호arc를 따라 찍혀 있는 점들을 표현한다. 이 호는 고전적 의미의 예언자들(이사야, 예레미야, 에스겔)로부터 시작하여, 로마에 대항한 바르 코흐바 반란의 여파까지 뻗어 있다(기원후 132-135년). 이 시기의 묵시적 예언은 당시 정황이 정반대의 사실을 증거하는 것처럼 보임에도 불구하고, 선하시고 전능하신 성서의 신이 실로 역사를 주관하고 계심을 힘주어 강조했다. 만약 돌아가는 상황이 나쁘다면, 그것은 단지 하나님께서 곧 개입하셔서 상황을 바로잡으시기 직전이라는 것을 의미할 뿐이었다.

그렇다면 무엇이 "나빴는가?" 이는 상황을 바라보는 사람의 시각에 달려 있었다. 확실히 알렉산더 대왕(기원전 323년 출생)이 바사/페르시아를 정복했을 때, 역사적으로 유대인들의 지역이었던 땅에 살고 있던 유대인들은 새로운 위기, 곧 "헬레니즘화"Hellenization의 위기를 맞았다. 그리스의 신들, 그리스의 도시 구조, 그리스 문화, 그리스어 등의 모든 요소들이 알렉산더의 승리에 영향을 받은 지역들(갈릴리, 사마리아, 유대 지방을 포함하여)을 휩쓸고 다양한 방식으로 각 지역에 자리잡게 되었다. 이후 알렉산더의 장군들 중 두 명이 알렉산더의 뒤를 이어 각각 왕조를 세웠고(이집트의 프톨레마이오스 왕조와 시리아의 셀류코스 왕조), 이들이 서로 대결 구도에 들어감에 따라 정치적 상황이 변화되고 격양되었다. 이 왕조들은 예루살렘의 제사장 계급 내의 관계들을 양극화시키고 또한 정치적 영향을 끼쳤다. 이러한 상황으로 인해 발생한 결과 중 일부가 예루살렘의 헬레니즘화, [27쪽] 그리고 셀류코스 왕조의 안티오쿠스 에피파네스가 성전 제의를 헬레니즘화하려고 했던 시도였다.[19] 이와 함께 발생한 또 다른 결과는 마카비 일가의 성공적인 반란과, 그 이후 제사장 계열의 하스모니안 일가가 이스라엘의 새로운 통치자로 세워진 사건이었다(기원전 167-37년). 그리고 새로운 상황이 낳은 세 번째 결과는, 이 혼란스러웠던 정세에 대한 다양한 예언적 반응으로 다니엘, 사해 두루마리, 다양한 위경들과 같은 묵시적 문헌들이 꽃피우게 되었다는 사실이다.[20] 이러한 텍스트들의 생산과 텍스트를 남기지 않은 여러 카리스마적 인물들의 활동(세례 요한, 나사렛 예수, 드다, 그 이집트인, 그리고 요세푸스가 집합적으로 "이적 예언자들signs prophets"이라고 부르는 이들)은 이스라엘이 주변 정세에 옴짝달싹 못하게 끼어 있을 동안 계속되었다. 즉, 당시는 로마가 삐걱거리며 공화정에서 제정empire으로 넘어가고, (특히 기원전 37-4년의 헤롯의 통치 기간 이후에) 로마의 패권으로 인해 불확실성이 커지는 시기였다. 또한 (이스라엘이) 로마에 전쟁으로 대항하다 두 차례의 파괴적인 결과를 겪는 상황이었다(기원후 68-73년과 기원후 132-35년[후자는 바르 코흐바의 봉기를 가리킨다]).

우리는 이 문서들의 덩어리로부터 종말의 사건들에 대한 일반적 패턴을 추출할 수 있다. 실제로 이 사건들은 유배와 귀환이라는 더 오래된 예언적

---

19 [189쪽] 헬레니즘화를 위한 이 노력이 마카비1서와 2서에서 제시된 것처럼 "종교적" 박해였는가, 아니면 우선적으로 정치적 연합체를 위한 그리스적 방식이었는가? 고대 세계의 "종교"와 "정치"라는 두 범주를 우리가 유의미하게 구별해 낼 수나 있는가? 역사서술은 그 역사 자체와 마찬가지로 이러한 입장들에 따라 서로 갈린다. John Ma, "Relire les *Institutions des Séleucides* de Bickerman," in *Rome, a City and Its Empire in Perspective: The Impact of the Roman World through Fergus Millar's Research* (Leiden: Brill, 2012), 59-84.

20 이 격동하는 문화적 지형 속에 하나의 일관성 있는 역사적 방향 설정을 위해서 E. P. Sanders, *Judaism: Practice and Belief, 63 BCE–66 CE* (Philadelphia: Trinity Press International, 1992), 3-43을 보라. 풍부한 서지와 더불어 제시된 논의로는 *HJP*, vols. 1-3을 보라.

패러다임을 형성했던 주제들의 확장이라고 할 수 있다. 종말이 오기 전에 의로운 자들은 사악한 자들의 손에 박해를 당할 것이다. 하지만 이후 홀연히 상황이 역전되기 시작할 것이다.[21] 여호와의 날이 올 것인데, 그때에는 천지를 뒤흔드는 대재앙에 의해 세상이 격변할 것이다. 이는 곧 지진, 역병, 정오의 암흑, 떨어지는 별들과 같은 재앙을 말한다. 그리고 선한 세력과 악한 세력 사이에 최후의 전쟁이 벌어진다. 선한 이들의 경우 하나님 자신이 이끄시거나 지휘관격의 천사 혹은 기름 부음 받은 다윗 계열의 왕이 이끌 것이다. 그리고 사악한 이들(이방 왕들, 악한 민족들, 배교한 유대인들[특히 해당 문서의 저자와 다른 견해를 가진 이들])은 패퇴하고 멸망할 것이다. 죽은 자들의 부활, 사악한 자들의 심판, 의로운 자들의 신원과 더불어, 이스라엘은 열두 지파 전체로 다시 규합되어 그 땅으로 돌아갈 것이다. 또한 하나님의 영이 "모든 육체"에게 부어질 것이다(욜 2:28). 속량받은 이들은 예루살렘에 새로 지어진(혹은 새로워진) 성전에 모여들 것이다. 평화가 흔들리지 않게 수립되며, (인간과 신들을 포함하여) 온 세계가 이스라엘의 신을 인정하고 경배할 것이다.[22]

---

21 역사를 종결하는 종말론적 나팔소리와도 같은 "마지막 날들"은 이미 창세기 49:1 칠십인역, 민수기 24:14, 이사야 2:2, 예레미야 23:20, 다니엘 10:14에 나온다. 이것은 바울에게서도 "세대의 끝"(고전 10:11)이라는 표현으로 반복된다(참고: "때가 충만히 찬," 갈 4:4). Annette Steudel은 이 주제에 관해 사해 두루마리를 조망했다, "אחרית הימים in the Texts from Qumran," *Revue de Qumrân* 16 (1993): 225-46.

22 유대 회복 신학의 이 주제들에 대해서는 Sanders, *Jesus and Judaism*, 77, 119, 222-41(예수 자신의 견해를 재구성한다)을 보라. 이러한 매우 비체계적인 전통들에 대한 체계적인 논평으로는 *HJP* 2: 514-46을 보라. 앞으로 우리가 보게 되겠지만, 마지막 날에 신적 영을 부어 주는 것은 바울의 편지들에 두드러지게 등장한다(참고: 사 32:15; 34:16; 44:3-4; 61:1; 겔 11:19; 36:25-27; 37:1-14; 39:29; 욜 2:28-29; 슥 12:10; 1QS 4:21-22; 희년서 1:23-25; 에녹1서 49:3; 솔로몬의 시편 17:37). 그러나 여기 언급된 종말론적 사건들의 목록은 마치 고정된 순서나 일종의 표준적인 작업 목록 같은 것이 있었다는 암시로 받아들여지면 안 된다. 서로 다른 주제들은 서로 다른 텍스트에서 서로 다른 조합으로 나타난다.

이 시나리오에서 고난과 지복이라는 패턴을 빼면, 사실상 고정되어 있는 것은 아무것도 없다. 어떤 문서들은 보편적 부활과 최후 심판에 대해 말하는가 하면, 또 어떤 문서들은 거룩한 이들의 부활에 대해서만 말한다. 어떤 문서들에 따르면, 종말의 도래는 성전이 더럽혀지는 것(이방 우상[단 11:31]; 제사장들의 부정결[CD col. iii-v])에 의해 암시된다. [28쪽] 또 다른 문서들에 따르면, 그 도래는 예루살렘을 둘러싼 이방 군대의 출현으로 암시된다. 어떤 묵시록들은 메시아에게 기름을 붓기 위해 오는 엘리야를 등장시키는 한편, 또 다른 묵시록들은 두 명의 메시아, 즉 제사장적 메시아와 정치적(즉, 다윗 계열의) 메시아를 포함시킨다. 메시아적 인물이 아예 결여된 문서들도 있었고, "인자"로서 도래하는 최종적 구속자를 고대하는 문서들도 있었다.[23] 간단히 말해, 이

23 John J. Collins, *The Scepter and the Star: Messianism in Light of the Dead Sea Scrolls* (New York: Doubleday, 1995)은 메시아적 인물들의 다양성을 검토하여 논평한다. 또한 더 최근의 논의로는 Adela Yarbro Collins and John J. Collins, *King and Messiah as Son of God: Divine, Human, and Angelic Messianic Figures in Biblical and Related Literature* (Grand Rapids, MI: Eerdmans, 2008)를 보라. 사해 두루마리에 나오는 아론 및 다윗의 종말론적 메시아들에 특별히 관심을 기울이는 논의로는 Jan Willem van Henten, "The Hasmonean Period," in *Redemption and Resistance: The Messianic Hopes of Jews and Christians in Antiquity*, ed. Markus Bockmuehl and James Carleton Paget (London: T. & T. Clark, 2009), 15-28을 보라. Matthew Novenson은 이 전통들이 보여주는 "명백한 다양성"을 지적한다("다윗 계열의 메시아"라는 특정한 하위 범주 안에서만 보아도 그렇다). "바울은 죽고 나서 죽은 자들 가운데서 부활하는 다윗 계열의 메시아를 생각했다(롬 1:3-4). 에스라4서 7:28-29은 죽었으나 죽은 자들 가운데서 부활하지는 않는 다윗 계열 메시아를 보여준다. 쿰란의 공동체 규율은 제사장적 메시아의 보조적 인물인 다윗 계열의 메시아를 상정한다(1QS IX, 11). 히브리서는 그 자신이 제사장적 메시아인 다윗 계열의 메시아를 제시한다(히 7:11-17). 바빌로니아 탈무드 산헤드린은 심지어 신적인 영감을 받은 후각으로 판결을 내리는 다윗 계열의 메시아를 그린다(b. Sanh. 93b). 이 모든 텍스트들은 다윗의 가문과 관련된 특정한 성서 본문에 대한 (고대의 받아들여질 만한) 해석들을 나타낸다. 그러나 이것들은 다윗 계열의 메시아에 대한 단일한 모델을 형성하지 않는다." [190쪽] Matthew V. Novenson, "The Messiah ben Abraham in Galatians: A Response to Joel Willitts," *Journal for the Study of Paul and His Letters* 2 (2012): 163-69(인용된 문장은 165쪽에 나온다).

처럼 폭넓은 묵시적 사색들이 제2성전기 후기의 묵시문학을 특징짓는다. 그리고 그 모든 사색들을 한데 묶는 것은 개별 비전들의 세부 사항이 아니라, 그것들로부터 울려 퍼지는 긴급한 소리, 그리고 전달되는 메시지를 특징짓는 확신이었다. 곧 하나님의 왕국이 **가까이 왔다**(는 것이다).

이러한 왕국에서 비-유대인들은 (만일 그들의 자리가 있다면) 어떤 자리를 차지할까?

자료들은 양극단으로 모인다. 부정적인 한쪽 극단에서는 열방이 파괴되거나 패퇴하는 모습, 혹은 어떤 방식으로든 이스라엘에 복속하게 되는 모습이 펼쳐진다. 이방의 왕들은 이스라엘의 발에 묻은 먼지를 핥게 된다(사 49:23; 미 7:16). 이방 도시들은 폐허가 되거나 혹은 이스라엘이 그곳에 살게 된다(사 54:3; 습 2:1-3:8). 하나님께서는 열방과 그들의 우상들을 파괴하실 것이다(미 5:9, 15). "당신의[하나님의] 분노를 일으키시며, 당신의 진노를 쏟으소서. 대적을 파괴하시며, 원수를 소멸시키소서"(집회서 36:1-10[인용된 부분은 NRSV의 36:8-9에 해당함 - 역주]). "이방인들에게 있는 모든 것은 투항하여 넘겨준 바 될 것이다. 망루들은 불타오르며 지면으로부터 완전히 사라지게 될 것이다. 그들은 불의 심판에 던진 바 되어 진노 가운데 사멸할 것이다(에녹1서 91:9). "너희의 원수가 너희를 제압했다. 하지만 너희는 곧 그들의 멸망을 보게 될 것이며, 너희는 그들의 목을 짓밟을 것이다 … 너희를 학대하는 자들은 화 있도다"(바룩서 4:25, 31). "주님의 종들은 그들의 원수들을 내어 쫓을 것이다 … 그리고 그들의 대적들 가운데 닥칠 모든 심판과 저주를 보게 될 것이다"(희년서 23:30). 메시아는 "이방 민족들로 하여금 그의 멍에 아래에서 섬기도록 하실 것이다"(솔로몬의 시편 7:30). "기뻐하라, 유다의 도시들아. 너희의 대문을 열어 두어라. 그리하여 많은 민족들이 그리로 끌려 들어올 것이다. 그들의 왕들이 너희를 섬기리라. 너희의 모든 압제자들이 너희에게 절하리라"(1QM 12:10-13).

다른 한쪽의 긍정적인 극단에서는 열방이 이스라엘의 속량의 파트너로 등장한다. 열방은 예루살렘으로 몰려와 이스라엘과 더불어 야곱의 신을 섬기게 될 것이다(사 2:2-4; 미 4:1). 유대인들이 디아스포라로 흩어져 살던 곳을 떠날 때, 이방인들이 동행할 것이다. "그 날에는 [각 언어를 쓰는 민족들 가운데서 온] 열 명이 유다 사람 하나의 옷자락을 잡을 것이라. 곧 잡고 말하기를 '하나님이 너희와 함께 하심을 들었나니 우리가 너희와 함께 가려 하노라' 하리라"(슥 8:23, 개역개정; "각 언어를 쓰는 민족들"이라는 표현은 창세기 10장의 열방 목록을 반향한다). [29쪽] 혹 민족들은 유배 가운데 있던 이스라엘을 예루살렘으로 데리고 올 것이다(사 49:22-23; 솔로몬의 시편 7:31-41). 그들의 우상들을 묻으면서, "모든 사람이 그들의 시선을 의의 길로 돌릴 것이다"(에녹1서 91:14). "예루살렘은 재건되며 … 온 세계의 민족들이 돌아와 진리 가운데 하나님을 섬길 것이다. 그리고 그들은 모두 자신의 우상들을 버릴 것이다"(토빗서 14:5-6). 이사야가 말하기를, 심지어 어떤 이방인들은 종말론적 성전에서 제사장과 레위인으로서 섬기게 될 것이다(사 66:21). 이것은 실로 충격적인 주장인데, 왜냐하면 이스라엘에서 제사장과 레위인이라는 두 집단의 지위는 순전히 혈통에 의한 것이기 때문이다(즉, 어떤 의례도 일반 이스라엘 사람을 제사장[코헨*cohen*] 혹은 레위인으로 변화시켜 줄 수 없다).[24]

묵시 전통은 "교리"가 아니다. 또한 권위적이며 내적으로 일관성을 갖추어 조직화된 가르침들의 모음도 아니다. 오히려 묵시 전통은 성서적 주제들

---

24 이 텍스트들은 Joachim Jeremias, *Jesus' Promise to the Nations* (London: SCM, 1967), 46-75에 한데 모아 분석되어 있다. 또한 Sanders, *Jesus and Judaism*, 214 및 더 이른 시기 분석이 담긴 E. P. Sanders, *Paul and Palestinian Judaism: A Comparison of Patterns of Religion* (Philadelphia: Fortress, 1977), 329-428 [=『바울과 팔레스타인 유대교』, 알맹e, 2018]을 보라. 그리고 Fredriksen, "Circumcision of Gentiles," 544-48; Terence L. Donaldson, "The 'Curse of the Law' and the Inclusion of the Gentiles: Galatians 3:13-14," *NTS* 32 (1986): 110, 각주 43-50; 그리고 동일한 저자가 더 최근에 발표한 *Judaism and the Gentiles: Jewish Patterns of Universalism (to 135 CE)* (Waco, TX: Baylor University Press, 2007), 499-505에서 개별 텍스트들에 대한 검토가 이루어진 것을 보라.

에 뿌리를 둔 다양하고 다성적인multivocal 사색들을 나타낸다. 그 가운데서도 가장 다양한 입장이 나타나는 사색은 이방인들이 종말에 담당할 역할과 관련된 쟁점이다. 우리가 보았듯이, 어떤 텍스트들은 열방이 완전히 거부될 것이라고 말하는 반면, 또 어떤 텍스트들은 열방이 온전히 포함될 것이라고 말한다. 또 다른 텍스트들—예를 들어 이사야서, 혹은 바울의 편지들의 경우—은 양극단 모두를 표현하면서, 우상 숭배자들에게 쏟아질 하나님의 진노를 예견하는 동시에 그들의 변화, 갱생, 궁극적 속량을 예견한다. 이 묵시 장르를 통제하는 단일한 패러다임은 결코 존재하지 않는다.

흥미롭게도, 나사렛 예수는 하나님 왕국의 임박한 근접성에 철저히 헌신하였음에도, 이 민족적으로 포괄성을 띠는ethnically inclusivist 묵시 전통 갈래에는 참여하지 않았던 것으로 보인다. 적어도 우리에게 전해진 문헌 자료에 따르면 그렇다. 또한 우리가 가진 증거에 의하면, 예수의 청중들 중 많은 사람들이 이교도였던 것도 아니다. 신약의 복음서들은 예수가 그의 선교를 대체로 동료 유대인들에게로만 한정시켰던 것으로 그린다. 마태의 예수는 심지어 그의 제자들의 활동을 전적으로 "이스라엘 집의 잃어버린 양"에게로만 제한한다(마 10:5; 참고: 15:24). 이방인들은 예수의 부활 이후, 마태복음의 그리스도가 복음 메시지의 목표로서 이방인들을 지목하기까지 기다려야만 한다("가서 모든 민족을 제자로 삼아," 마 28:19-20, 개역개정). 누가의 내러티브에 따르면, 베드로가 욥바에서 이교도 백부장에게 세례를 주기 위해서는 하늘로부터 신호가 주어져야만 했다(행 10:1-48). 누가복음은 복음이 이스라엘 너머로 전파될 것을 예견한다(눅 2:30-32에서 시므온이 아기 예수를 안고 "만민 앞에 예비하신 것이요 이방을 비추는 [계시의] 빛"인 하나님의 구원을 찬양하는 장면을 보라. 참고: 눅 24:47, 그리고 바울이 장차 맡을 역할을 말하는 행 9:15을 보라). 그러나 이교도들에게 의도적으로 다가가는 것 자체는 사도행전 11장에 이르러서야 시작된다. 일단 선교가 예루살렘에서 디아스포라의 안디옥까지 퍼져 나간 이후에 말이다.

[30쪽] 그러나 갈라디아인들에게 보낸 바울의 편지에서 증거를 찾을 수 있듯이, 예수의 처형 후 몇 년이 채 지나지 않아 그 복음은 이미 다메섹까지 뻗어나갔다(갈 1:15-17). 다메섹에서의 선교는 이미 이교도들과의 접촉을 포함하고 있던 것으로 보인다. 실제로 예수의 죽음 후 20여 년이 지나지 않아, 그리스도의 이름으로 이방인에게 선교하는 다수의 경쟁적인 선교 활동들이 확립된 것으로 보인다. 바울뿐 아니라 다른 유대인 그리스도-추종자들은 다가오는 왕국의 좋은 소식을 비-유대인들에게 전하고자 애썼다(바울은 이와 관련하여 상당한 분노를 표현한다; 갈라디아서 여러 곳과 고후 11:22-23을 보라; 참고: 빌 3:2-6). 특히 갈라디아서에 나오는 바울의 분노와 논증이 보여주듯이, 디아스포라 이방인들 사이에서 메시아적 메시지가 거둔 성공 자체는, 새로운 운동에 있어서 균열의 씨앗이 되기도 했다. 아주 유대적인 메시지가 비-유대인들 가운데서 거둔 기대 밖의 놀라운 성공이라는 현실에 직면했을 때, 앞으로 어떻게 해야 할지 제대로 아는 사람은 아무도 없었던 것 같다.

이러한 첫 세대의 혼란과 갈등은 역사적 나사렛 예수에 관한 두 가지 추측을 가능케 한다. 첫째, 예수 자신은 이방인들의 포함에 관하여 아무런 가르침도 남기지 않은 것으로 보인다. 또한 예수가 그의 사역 가운데서, 장차 그러한 "활동"outreach을 위한 모델을 제자들에게 만들어 준 것도 아니다. 어쩌면 예수는 하나님에 의해 개시되는 최후의 사건으로서, 이방인들이 하나님 왕국에 들어오게 될 것이라고 가정했는지도 모르겠다(이는 고대의 성서적 패러다임과 일치한다). 어찌 되었든, 이방인들 자체는 예수의 관심사가 아니었던 것으로 보인다.[25] 둘째, 하지만 그럼에도 불구하고 예수 자신이 종말에 민족들

25 유대인들만을 향한 예수의 선교와, 이교도들을 향한 바울의 선교 사이의 구별에 대한 Albert Schweitzer의 논평은 여전히 읽을 가치가 있다. *The Mysticism of Paul the Apostle*, trans. William Montgomery, intro. by Jaroslav Pelikan (Baltimore, MD: Johns Hopkins University Press, 1998), 178-81.

이 이스라엘의 신에게로 돌아올 것에 대한 예측을 어느 시점에서는 암시했을 것이 틀림없다. 왜냐하면 예수 사후에 예수의 추종자들이 이 운동에 대한 이방인들의 관심과 헌신을 마주했을 때, 그들을 선뜻 이 운동 안으로 받아들였기 때문이다(비록 그 방식은 다양했지만 말이다). 다른 말로 하면, 탈-이교적 이교도들ex-pagan pagans로서 이방인들을 포함시키는 것은 복음 메시지 자체의 자연스러운 연장선으로서 발생했던 것으로 보인다.

유대 묵시 전통은 이스라엘의 속량에 초점을 맞추었고, 성서의 신의 도덕적 성품의 진실성과 (더 나아가) 그가 한 약속들의 확실성에 초점을 맞추었다. (로마인들에게 보낸 바울의 편지가 이 점에 있어서 범례가 되는데, 특히 9-11장, 그리고 15:1-13에서 그러하다.) 지금까지 살펴보았듯이, 이스라엘의 속량에 이방인들이 참여하는 것은 종말에 일어날 (것으로 예견된) 사건들에 대한 다양한 예언들과 묘사들 중 하나에 불과하다. 그러나 종국에 기독교로 발전한 이 운동에 있어서, 이방인의 참여는 중대한 이슈로 떠올랐다. 2세기 중엽에 이르면, 몇몇 이방인 그리스도인들은 복음의 선포를 통해 민족들이 이스라엘의 신에게로 돌아오는 것이 곧, 예수가 진실로 새로운, 비-유대적인 이스라엘의 메시아라는 사실을 보여주는 최고의 증거라고 생각하기도 했다.[26] [31쪽]

이 강조점의 변화를 무엇으로 설명할 수 있을까? 이스라엘의 속량에 대한 이야기에서 궁극적으로 민족들이 그렇게 큰 관심의 대상이 된 이유는 무엇일까? 그 답을 얻기 위해서 우리는 히브리어로 된 성서 전통이나 이스라엘 땅에서 유대인들에게만 국한된 사건들(예: 예수의 사역)로부터 시선을 돌려,

26 따라서, *Dialogue with Trypho*에서 유스티누스는 시편 72:17 칠십인역("그의 이름은 영원히 태양 위로 떠오를 것이며, 모든 민족들이 그분 안에서 복을 받을 것이다")를 그리스도로서의 예수의 정체성에 대한 증거로 인용한다. "만약 모든 민족들이 그리스도 안에서 복을 받는다면, 그리고 우리가 모든 민족들 가운데서 나와서 그리스도를 믿는다면, 그분은 실로 그 그리스도이시다 … 따라서 이 그리스도를 보고, 듣고, 이해하고, 그분으로 인해 구원받는 것이 우리[이방인]에게 허락된 것이다." *Trypho* 121.

알렉산더 대왕의 제국 그리고 서쪽 디아스포라에 살면서 그리스어를 사용했던 유대인들을 살펴봐야 한다.

제2장
조국 그리고 모도시

2장 조국 그리고 모도시

[32쪽] 바벨론의 유대 공동체들의 경우, 느부갓네살에 대항한 전쟁에서 예루살렘이 패배한 대가로 떠나게 된 유배로 인해 탄생했다. 반면에 서쪽 디아스포라의 경우에는 그러한 유배 때문에 탄생한 것이 아니었다. 대체로 그곳의 유대인들은 자발적으로 정착했으며, 알렉산더 대왕의 승리로 인해 야기된 마케도니아 디아스포라가 그 원인이 되었다. 알렉산더의 정복 이후, 퇴역 군인들, 상인들, 그리고 식민지 개척자들은 새로운 도시들을 세우거나 혹 오래된 도시들을 재건립했다. 이후 차례차례 여러 무리의 사람들이 이주했는데, 그중에는 유대인들도 있었다.[1]

새로운 정치적 질서는 또한 새로운 문화적 질서를 내포했다. 알렉산더는

---

1 *Aristeas*, 12-27와 Josephus, *A.J.* 12.11-33는 몇몇 유대인들이 프톨레마이오스 시대에 노예로서 이집트에 들어갔고, 또 다른 유대인들은 새로운 헬레니즘 통치자들의 정치적, 문화적 이익에 부역했다는 점을 언급하였다(Josephus, *A.J.* 12.147-53에서 안티오쿠스 왕이 바벨론의 유대인들 2천 가구를 소아시아에 정착시킨 것을 언급하고, *c. Ap* 2.44에서 프톨레마이오스 왕이 자신의 영토 내 전초 기지에 피지배 유대인들을 배치했음을 언급했다).

폴레이스poleis(도시국가polis의 복수형 - 역주)라는 매개체를 곳곳에 전파함으로써 그리스 제의와 그리스 문화를 이식했다. 도시 생활의 핵심 요소들(아고라, 신전, 김나지움, 극장)은 그리스적인 건축술 및 사회적 관습을 국외로 전달했으며, 이는 각 지역의 토착 스타일과 결합하여 혼종적hybrid 헬레니즘의 지역 변이들을 낳았다. 일반 사람들이 쓰는 그리스어 역시 널리 퍼져 나갔다. 고대의 그리스어는 마치 오늘날의 영어와 같은 지위를 갖게 되었고, 지역을 초월하여 서양 세계를 연결해 주는 탁월한 언어적 매개체로서의 역할을 감당했다.[2]

헬레니즘 세계의 보다 새롭고 보다 넓게 확장된 지평은 유대 문화에도 큰 영향을 미쳤다. 기원전 200년경 유대인들은 새로운 언어와 새로운 환경에 깊이 자리를 잡았고, 그에 따라 조상들로부터 물려받은 경전 역시 동일한 변화의 절차를 밟게 되었다. 유대인의 경전 또한 히브리어 및(혹은) 아람어로부터 그리스어로 옮겨지게 된 것이다. 흔히 집합적으로 "칠십인역"Septuagint

2 알렉산더 대왕 시대가 되었을 때(기원전 323년 사망), 서로 경쟁하는 해양 무역상들은 이미 수세기 동안 지중해 세계를 이리저리 누리고 다닌 상태였다. 그러나 알렉산더가 지중해 동부 지역을 정복하였고, 뒤이어 로마가 그리스 문화의 가치를 알아보고 차용하게 된 까닭에(그리고 로마는 자신의 영역을 서쪽으로는 브리타니아까지 확장했다), 새로운 유형의 문화적 일관성이 형성되었다. 그리스 문화를 지중해 서부 지역에 퍼뜨리는 데에 카르타고가 수행했던 역할에 관한 배경 이야기를 극적으로 들려주는 Richard Miles, *Carthage Must Be Destroyed: The Rise and Fall of an Ancient Civilization* (New York: Viking, 2011)를 보라. 알렉산더가 가져온 문화적 결과에 대해서는 Frank W. Walbank, *The Hellenistic World* (Cambridge, MA: Harvard University Press, 1992)를 보라. 도시의 (정치적, 건축적) 구조가 이 문화를 표현해내고 그것을 가능하게 했던 방식들에 관해서는 A. H. M. Jones의 훌륭한 연구인 *The Greek City from Alexander to Justinian* (Oxford: Clarendon Press, 1940)를 보라. 이 서쪽 지역 유대 인구 집단에 대한 나의 논의는 다음의 연구서들에 많은 빚을 지고 있다. [191쪽] John M. G. Barclay, *Jews in the Mediterranean Diaspora: From Alexander to Trajan (323 BCE–117 CE)* (Edinburgh: T. & T. Clark, 1996), Erich S. Gruen, *Heritage and Hellenism: The Reinvention of Jewish Tradition* (Berkeley: University of California Press, 1998), 그리고 동일한 저자의 *Diaspora: Jews amidst Greeks and Romans* (Cambridge, MA: Harvard University Press, 2002). 유관한 일차자료에 대한 아주 자세한 조망으로는 *HJP* 세 권을 보라.

이라고 불리는 이 번역들은 지중해 세계 주변과 그것을 넘어선 지역에까지 수 세기에 걸쳐서 고대 문화에 깊은 영향을 미치게 되었다. 이스라엘의 신이 서양 세계를 정복하게 된 것은 바로 이 칠십인역을 통해서였다.[3]

[33쪽] 바울이 살던 시기에 유대인들은 지중해 동편과 소아시아(오늘날의 터키)의 도시들 도처에 살았다. 또한 유대인들의 거주지는 이집트와 시리아에서, 이탈리아에서(특히 로마), 아프리카의 북부 해안을 따라서(참고: 마카비1서 14:22-23) 발견되기도 한다. 요세푸스는 이교도 지리학자인 스트라본을 인용하여 다음과 같이 말한다. "이 민족은 모든 도시에 도달했다. 사람들이 거주하는 세계에서 [유대인들을] 받아들이지 않은 장소는 찾아보기 어렵다"(*AJ* 14.115). 바울과 같은 시대를 살았고 바울보다 연상인 알렉산드리아의 필론은 이렇게 썼다.

> 유대인들은 그 숫자가 하도 많은 나머지, 단일한 나라가 다 담을 수 없다. 따라서 유대인들은 유럽과 아시아의 가장 부유한 나라들 중 아주 다양한 곳에 정착한다. 유대인들온 기장 높은 신의 성스러운 신전이 있는 거룩한 성[예루살렘]을 자신들의 모도시[메트로폴리스*metropolis*, 즉, 마테르-폴리스*mater-polis*]로 여기는 한편, 그들이 살아가기 위해서 아버지와 조부로부터, 더 나아가 그 이전의 조상들로부터 물려받은 도시들, 곧 그들이 태어나고 자라게 된 도시들을

3 칠십인역 뒤에 자리잡은 사회사와 지성사에 대한 최근의 입문서 두 권으로는 Tessa Rajak, *Translation and Survival: The Greek Bible of the Ancient Jewish Diaspora* (Oxford: Oxford University Press, 2009)와 Timothy Law, *When God Spoke Greek* (New York: Oxford University Press, 2013)이 있다. Timothy Law는 Alison G. Salvesen과 더불어 출간 예정인 *Oxford Handbook of the Septuagint*를 편집하고 있다. 유대인이 아닌 그리스인들에게도 칠십인역이 영향을 끼치게 된 것은 시간이 꽤 흐른 후였다. 여기에 대해서 오래전에 논평한 Arnaldo Momigliano, *Alien Wisdom: The Limits of Hellenization* (Cambridge: Cambridge University Press, 1975), 특히 90-92을 보라. 칠십인역이 널리 퍼지게 된 것은 기독교의 발흥 때문이었다.

자신들의 아버지 나라/조국[파트리스*patris*]으로 여긴다. (*In Flaccum* 46)

이 디아스포라 도시들(필론은 이 도시들을 유대인들이 아버지로부터 물려받은 "유산"이라고 주장한다)은 알렉산더 이래로 그리스적 도시 국가와 유사한 모습을 띠었다. 시민들(즉, 지역의 남성 엘리트)은 민회council(그리스어로 불레*boulē*, 라틴어로 쿠리아*curia*)를 통해서 다스렸고, 그 시민들의 미성년 아들들은 에페베스/청년회로서, 미래의 시민 지도자가 되기 위해 김나지움에서 교육받았다. 사회적, 상업적 삶은 열린 공적 장소인 도시의 아고라를 중심으로 이루어졌으며, 지역 정부의 다른 여러 공적 공간에서는 음악, 수사학, 운동 경기와 관련된 경쟁적인 행사들이 개최되었다. 또한 이 모든 장소들과 다양한 기관들은 신들에게 바친 제단과 신들의 형상을 담고 있었다. 시민적 삶의 핵심요소들로 간주될 수 있는 이러한 장소들은 도시의 두 종류의 주된 구성원들 사이에 규칙적이고 활력이 있으며 꼭 필요한 상호 작용을 촉진시켜야 할 책임이 있었기 때문이다. 바로 시민(들)과 그 도시의 신(들) 사이의 상호 작용 말이다.

이 신들은 고대 도시 구석구석에 거주하면서, 인간들의 시간, 공간, 그리고 사회 관계들을 구조화했다. 신들에게 봉헌된 축제들, 곧 신적 후견인들divine patrons에게 신성하게 바쳐진 절기들과 날들을 경축하는 행위가 도시의 한 해 전체에 걸쳐 퍼져 있었다(신적 후견인에는 하늘에 있는 후견인들 및 [로마 시대에는] 로마제국의 후견인들 양쪽 모두가 포함된다). 이러한 경축은 성스러운 구역 자체는 물론이고 다양한 장소에서 이루어졌다. 따라서 극장이든 원형 극장이든, 스타디움이든 전차 경기장hippodrome이든, 박물관이든 도서관이든 콘서트홀odeon이든 가릴 것 없이 모두 다 제의를 위한 장소인 셈이었다. [34쪽] 가정의 연간 일정 및 가정 내의 공간은 도시의 구조를 축소해 놓은 모습이었다. 가정에서는 부족과 집안의 여러 경축 행사들(결혼, 가부장의 게니우스/정령*genius*[가부장의 지위와 힘을 나타내며, 세대를 뛰어넘어 이어지는 신적 힘]을 기리는 것, 어린이에서 성인으로 넘어가는 통과의례 등)이 이루어졌는데, 그 가운데에서 주재하는 신들과 신령한 조상들을 호명하고 기리곤 했다. 신들은 어디에나 있었다. 단지 시 당국의 공적, 사적 건물들 내부뿐 아니라, 공직을 나타내는 문양, 부대의 깃발military standards, 엄숙한 서약과 계약, 일상적인 축복과 감탄사, 그리고 식자층의 교육 과정을 두루 통틀어 신들이 존재했다. 그리스-로마 도시에 살면서 도시의 신들과 더불어 살지 않는다는 것은 불가능했다.[4]

지중해 도시들 가운데 신들과 인간들은 이와 같은 방식으로 함께 어울려 지냈다. 왜냐하면 고대에는 하늘과 땅 사이의 관계가 상속되었기 때문이다. 고대인들은 태어날 때부터 신들과의 관계 속에 있었다. 제의는 한 민족의 가족적 연계성, 민족 의식, 민족성ethnicity의 한 측면이자 표현 방식이었으며 그 역도 마찬가지로 사실이었다. 즉, 민족성은 제의의 한 표현 방식이었다.[5]

---

4 이 문단은 특히 이 신들이 없는 곳이 없다는 점에 대해 테르툴리아누스가 맹렬히 비난했던 *De spectaculis*와 *De idololatria*의 내용을 활용한 것이다. 후자의 논고에서 테르툴리아누스는 특히 사적인 가족 축제들(16), 공직의 휘장(18), 부대의 깃발(19), 교육(10), 서약, 계약, 그리고 일상적 표현들(20-23)을 자세히 설명한다. 동시대 팔레스타인 랍비들도 이 신들이 시민적 삶에서 차지하는 무게감을 마찬가지로 인식하고 있었다. 미쉬나 *Avodah Zarah* 1.3은 칼렌즈Kalends(동지에서 팔 일이 지난 후에 실시하는 겨울 축제), 사투르날리아Saturnalia(동지가 되기 팔 일 전), 크라타시스kratasis(황제 취임을 기념하는 날들), 황제의 생일, 사망일 등을 "이방인들의 축일"로 언급한다. Fritz Graf, "Roman Festivals in Syria Palaestina," in *The Talmud Yerushalmi and Graeco-Roman Culture*, ed. Peter Schäfer (Tübingen: Mohr Siebeck, 2002), 435-51을 보라. 가정 제의에 대한 추가적 논의로는 Jonathan Z. Smith, "Here, There, and Anywhere," in *Relating Religion: Essays in the Study of Religion* (Chicago: University of Chicago Press, 2004), 323-39과 John Bodel and Saul M. Olyan in *Household and Family Religion in Antiquity* (Malden, MA: Blackwell, 2008)에 수합된 소논문들을 보라. 특히, 가부장의 게니우스에 대한 경배에 관해서는, Michael Peppard, *The Son of God in the Roman World: Divine Sonship in Its Social and Political Context* (Oxford: Oxford University Press, 2011), 39, 43, 63-66, 113-15을 보라.

5 "태어날 때부터 관계된 신들"에 관해서는 Paula Fredriksen, *Augustine and the Jews: A*

성서 자료에 기반한 우리의 현대 어휘는 이러한 신-인간 사이의 관계성을 분명하게 보지 못하게 막는다. 현대 영어에서는 이방인gentiles과 이교도pagans라는 서로 다른 두 단어를 사용하지만, 그 두 번역어 뒤에 자리잡고 있는 성서 그리스어 단어는 단 하나, 타 에트네*ta ethnē*, 곧 "민족들/열방nations"이라는 단어이다(참고: 히브리어 고임*goyim*). 이 이방인과 이교도라는 두 영어 단어는 서로 다른 함의를 지니고 있다. **이방인**은 민족성을 가리키는 표현이지만, 종교적으로는 중립적인 것처럼 보인다. 이 단어로 지칭된 사람은 유대인이 아니다. **이교도**는 특별히 종교와 관련된 것을 가리킨다. 이 단어로 지칭된 사람은 유대교인도 그리스도인도 아니다.

그러나 민족성과 종교 사이의 이런 구별은 고대 지중해 세계에서는 성립하지 않았고, 당시 세계에서는 신들과 인간들이 친족의 관계를 형성하고 있었다. 바울이 살던 시기에는 종교적으로 "중립적"인 민족성이란 존재하지 않았다. 바로 이 때문에, 즉 고대인들이 본질적으로 (그들의) 신들과의 관계 속에 있었기 때문에, 나는 1세기의 에트네, 곧 비-유대인들을 가리킬 때, (종교적으로 중립적인) 민족적 용어 "이방인" 보다는 (종교적으로 특수한) 민족적 용어 "이교도"를 더 자주 사용할 것이다. 나는 "탈-이교적 이교도들ex-pagan pagans"이라는 표현을 통해, 예수 주변으로 형성된 메시아 운동의 첫 세대에 들어오게 된 비-유대인 출신 구성원들을 가리킬 것인데, 이 말은 의도적으로 모순 형

Christian Defense of Jews and Judaism (New York: Doubleday, 2008), 6-15 및 거기에 해당되는 미주에서 내가 했던 이전의 논의를 보라. 이 보편적인 관점 및 그것이 고대 "종교"에 대한 우리의 이해에 가져올 결과에 대해서는 Brent Nongbri, *Before Religion: A History of a Modern Concept* (New Haven, CT: Yale University Press, 2013)를 보라. "민족성"과 "종교" 사이의 상응관계에 대해서 추가적으로 살펴보려면, Irad Malkin, ed., *Ancient Perceptions of Greek Ethnicity* (Washington, DC: Center for Hellenic Studies, Trustees for Harvard University, 2001)에 실린 소논문들을 보라. 그 편서의 저자들 중 많은 이들은 헤로도투스, *Histories,* 8에 나오는 본문에 관심을 기울인다(본서 94쪽에 인용되어 있다).

용어이다. 다소 어색한 이 용어는 그 첫 세대 구성원들이 나타냈던 극단적인 비정상성(사회적, 따라서 종교적인 비정상성)을 강조해준다. 그들은 비-유대인으로서 유대적인 방식으로 유대인의 신에게 배타적인 경배를 드리는 데에 헌신했다.

[35쪽] 우리가 기억해야 할 가장 중요한 점은 하늘과 땅의 연결 고리들이 바로 민족 혹은 "가족"의 혈통을 따라 흘러간다는 점이다. 즉, 특정한 신들은 특정한 에트노스*ethnos*("민족"), 게노스*genos*("인종," "가족," "부족," "혈연집단"), 혹은 겐스*gens*("민족" 혹은 "가족"을 뜻하는 라틴어)와 같은, 시간을 초월하고 세대를 넘어선 친족 집단에게 특정한 관심의 대상이었다. 그리고 그런 집단은 공유된 "혈통"blood이라는 개념에 의해 구성되었다.[6]

이렇게 한데 몰려 있는 개념 덩어리(신들, 가족, 문화, 제의)를 표현해 내는 대표적인 진술을 그리스 역사가 헤로도투스Herodotus(기원전 5세기)의 유명한 한 단락에서 발견할 수 있다. 그 단락에서 헤로도투스는 "그리스인됨Greekness" 즉, 토 헬레니콘*to hellēnikon*을 공유된 혈통(호마이몬*homaimon*), 공유된 언어(호모글로사*homoglōssa*), 공유된 성소들과 희생 제사들(테온 히드뤼마타 코이나 카이 튀시아이 *theōn hidrumata koina kai thusiai*), 그리고 공유된 관습들(에테아 호모트로파*ēthea homotropa*)의 측면에서 정의한다(*Histories* 8.144.2-3). 그로부터 약 오백 년 후, 바울은 로마인들에게 보낸 편지에서 "유대인됨Jewishness"을 대체로 동일한 범주를 사용하여 정의한다. 이스라엘인들은 바울의 쉬게네이스*syngeneis*, "친족들"("공유된 혈통" 용어)이다. 바울은 그들에게 "영광"(독사*doxa*), 언약들(디아테카이

---

6 [192쪽] 물론 이교도pagan라는 단어를 1세기 상황에서 쓰는 것은 시대착오적이다. 왜냐하면 이 단어는 고대 후기에 들어서 이방인 그리스도인들이 비-기독교 동시대인들과 비-유대교 동시대인들로부터 자신들을 구별해 내고, 비-기독교 이방인들이 계속해서 "옛" 신들을 따르고 있다는 점을 강조하기 위해서 만들어 낸 표현이기 때문이다. 이 용어와 개념에 대한 추가적인 논의로는 Christopher P. Jones, "The Fuzziness of 'Paganism,'" *Common Knowledge* 18 (2012): 249-54을 보라.

diathēkai), 율법의 수여(즉, 토라Torah, 노모테시아*nomothesia*), 그리고 "예배"(라트레이아*latreia*)가 있다고 말한다(롬 9:4-5). 여기서 RSV성경의 영어 표현은 정체성을 나타내는 핵심적 표지 중 독사와 라트레이아의 의미를 흐릿하게 만든다. 바울이 "영광"을 가리킬 때 사용한 그리스어 단어 뒤에는 히브리어 카보드*kavod*가 자리잡고 있는데, 이것은 특히 하나님의 영광스러운 임재를 가리키며, 따라서 그 임재의 장소인 예루살렘 성전을 가리키기도 한다. 라트레이아("예배," 혹은 "봉헌")는 히브리어 아보다*avodah*를 가리킨다. 즉, 바울은 경전에서 드러나고 예루살렘 제단 주변에서 거행된 희생 제사를 이스라엘의 특권을 정의하는 요소로 언급하는 것이다. 간단히 말해, 바울이 사용하는 두 단어, 독사와 라트레이아는 헤로도투스의 "성소들과 희생 제사들"에 정확히 일치한다. 그들 사이에 여섯 세기의 격차가 있음에도 불구하고, 이 두 명의 그리스 사상가들은(한 명은 이교도, 한 명은 유대인) 공통적으로 제의를 민족성을 통해 정의하고, 민족성을 제의를 통해 정의했다.[7]

태어날 때부터 신들과의 관계 속에 있었던 인간들은 또한 그들의 신들이 베푸는 호의를 유지하고 보장할 수 있는 절차들과 더불어 태어났다. 모스 마

---

7 언어학적으로 보면, 1세기 유대인들은 대략적으로 그리스어 화자들과 아람어 혹은 히브리어 화자들로 나뉘었다. 따라서 바울은 헤로도투스가 했던 것처럼 "공통의 언어"를 식별 표지로 삼을 수가 없었다(물론 우리가 앞으로 5장에서 보게 될 것처럼, 바울은 히브리어를 하나님과 그의 인간 "아들들" 사이에 공유하고 있는 "유대인의" 언어로서 개념화하기는 한다). 그러나 이 두 본문들은 또한 창세기 10장의 "열방 목록"과 공명하며, 거기서 민족들은 그들의 친족 집단, 언어, 그리고 땅에 따라 나누어진다. 앞서 언급한 것처럼, 창세기 10장은 놀랍게도 "신들"을 민족 식별 표지의 목록에 포함시키지 않는다. 하지만 "민족들의 수효"에 대한 이 사상이 신명기 32:8에서 다시 등장했을 때는, "신들"이 포함된다. 인류는 "하나님의 아들들의 수효에 따라" 민족들로 나누어지는데, 이 아들들이란 곧 하나님의 천상의 궁정에 있는 존재들이다. (칠십인역에서 이들은 "하나님의 사자들," 앙겔로이*angeloi*가 된다.) 바울보다 연상의 동시대인인 필론 역시 민족성("혈연으로 묶인 친족"), 제의, 지역, 관습, 신전을 서로 연결시킨다(*On the Virtues* 102). Scott, *Paul and the Nations*, 95을 보라.

이오룸*Mos maiorum*, 하이 파트리카이 파라도세이스*hai patrikai paradoseis*(이것은 갈 1:15에서 바울이 쓴 표현이다), 파라도세이스 톤 파테론*paradoseis tōn paterōn*, 타 파트리아 에테*ta patria ēthē*, 타 파트리아*ta patria*, 타 파트리아 노미마*ta patria nomima*, 호이 파트리오이 노모이*hoi patrioi nomoi*. 우리가 "종교"라고 생각하는 것과 거의 비슷하게 기능하는 이 모든 용어들은 "조상의 관습"으로 번역된다. [36쪽] 조상으로부터 물려받은 이러한 규칙들은 인간들이 그들의 신들에게 존경과 충성을 보이기 위해서 무엇을 해야 하는지를 묘사하고 규정한다. 현대인들이 생각하는 "믿음belief," 즉 신자 개인이 갖는 어떠한 내적 성향이나 심리적 상태의 진실성, 진정성, 혹은 강렬함을 가리키는 믿음이라는 개념은 이러한 고대 세계관에서 볼 때 낯선 것이었다. 고대인들은 오히려 경의를 표현하는 행동들, 봉헌 제물, 혹은 우리가 "제의"라고 지칭할 만한 행위들에 초점을 맞추었고, 이 행위들은 애정과 존경을 실체화했다. 누군가의 피에타스*pietas*(라틴어) 혹은 유세베이아*eusebeia*(그리스어)는(두 단어 모두 영어에서는 "경건piety"으로 번역된다) 자신이 물려받은 절차들을 주의 깊게 대하고 세심하게 실행에 옮기는 것을 지칭하였다. (신들은 그러한 방식으로 영광을 받는 것에 많이 신경을 썼고, 만약 제물이 부적절할 때에는 자신들의 불만족을 재빨리 사람들에게 나타내는 것이 일반적이었다. 따라서, 유세베이아의 유의어가 포보스*phobos*, "두려움"이라는 것에는 충분한 이유가 있다.) 고대 세계에서 피데스*fides*(라틴어) 혹은 피스티스*pistis*(그리스어)는 "믿음belief"을 의미하지 않았다(믿음은 피데스/피스티스를 번역할 때 자주 쓰이는 현대 번역어이다). 그것은 오히려 "견고함" 혹은 "누구/무엇을 향한 충실함" 혹은 "어떤 것에 대한 확신conviction"에 가까웠다(참고: 히브리어 에무나*emunah*). 자신의 파트리아 에테*patria ēthē*에 대한 피스티스를 가진다는 것은 "조상의 관습을 믿는다"라는 뜻이라기 보다는, 조상의 관습에 확신을 갖는 것(즉, 그 관습이 실제로 신을 기쁘게 한다는 점을 확신하는 것), 그것을 신뢰하는 것, 그리고 그것을 "신실하게" 실행하는 것(즉, 주

의 깊고 정중한 태도로 실행하는 것)을 의미했다.[8]

물려받은 하늘과 땅 사이의 유대 관계는 종종 실제 혈통 관계로서 구성되기도 했다. 즉, 하나의 게노스*genos* 혹은 에트노스*ethnos*의 인간 통치자들이 신의 자녀들로 간주되었던 것이다. 그리스의 신들(특히 제우스)과 신적인 영웅들(여러 곳을 방랑했던 헤라클레스와 같은 이들)은 인간 배우자들과 성관계를 맺은 것으로 잘 알려져 있다. 지배층 가문들이 가진 특권의 일부분은 이렇게 현재의 역사적 시간으로부터 신들과 인간들이 서로 얽혀 있었던 신화와 서사시의 시간으로 거슬러 올라가는, 유서 깊은 혈통에 근거하고 있었다. (프톨레마이오스 왕조는 헤라클레스의 후예이며, 셀류코스 왕조는 아폴로로부터, 카이사르의 가족인 율리아 가문은 아이네아스를 통해 비너스[베누스]와의 연줄을 자랑했다.) 우리가 살펴봤듯이, 더 은유적인 차원에서 다윗 가문의 왕들 역시 하나님의 "아들들"로 표현되었으며, 즉위하기 위해 기름 부음을 받는 날에 "낳아지는" 것으로 묘사되었다(시 2:7).[9]

그러나 신적 혈통은 왕가의 전유물이 아니었다. 도시들의 거주민들 역시 신의 후예일 수 있었으며, 신의 게노스로 이해될 수 있었다. 이러한 도시적 혈통 관계들이 어찌나 현실적으로 상정되었는지, 그 혈통 관계들은 정치적

---

8 앞서 제시한 용어들이 보여주듯이, 제의 자체는 일종의 가족적인 연결로 상정되었다. "로마 세계에서 종교와 민족적 충성은 서로 분리될 수 없었다." Benjamin H. Isaac, *The Invention of Racism in Classical Antiquity* (Princeton, NJ: Princeton University Press, 2004), 500. Teresa Morgan, *Roman Faith and Christian Faith:* Pistis *and* Fides *in the Early Roman Empire and Early Churches* (Oxford: Oxford University Press, 2015)는 로마의 피데스("충성" 혹은 "신실함")에 대한 논의 및 그 개념이 이후의 기독교적 "믿음"의 개념들과 대조되는 방식에 대한 철저하고 흥미로운 논의를 제시했다. 1-26쪽(나중에 유대교 및 기독교 텍스트에서 피스티스와 피데스가 사용된 방식과 관련된 문제 논의); 36-175쪽(로마 맥락); 176-211쪽(칠십인역 안에서 이루어진, 그리고 칠십인역을 통한 개념의 변화)을 보라. 신들에 대한 존중을 로마식으로 거행하는 것을 보다 일반적인 차원에서 다룬 John Scheid, *Quand faire, c'est croire: Les rites sacrificiels des Romains* (Paris: Aubier Flammarion, 2011)을 보라.

9 "신의 아들"로서 옥타비아누스의 지위에 대해서는 Peppard, *Son of God*, 46-48을 보라.

동맹을 창조해내고, 표현하고, 또한 강화하는 역할을 하였다. [37쪽] 헬레니즘 시대와 그 이후 로마 시대의 외교관들은 인간과 신 사이의 먼 연합 관계를 소환하여, 서로 다른 도시에 사는 후손들의 혈통 사이에 공유된 쉬게네이아, 즉 "친족 관계"에 호소하였다. 도시들 사이에 존재하는 현재의 협약을 더 견고하게 하기 위한 호소 방식이었던 것이다. 따라서 개인에게나 혹 더 넓은 범위의 도시 공동체에게나 양쪽 모두에게 있어서, 신들은 제의들과 마찬가지로 사람들의 핏속에 흐르고 있었다. 그리하여 율리아 가문만이 아이네아스의 후예인 것이 아니었다. 마찬가지로 로마 시민 중 일부인 "아이네아스인들Aeneadae" 역시 아이네아스의 후예였다.[10]

유대인의 신은 성관계를 위한 인간 배우자를 취하지 않았다. 따라서 그리스의 신들이 했던 방식처럼 인간 자손들을 남기지 않았다. 그 결과, 헬레니즘 유대인들은 이 외교적인 "친족 관계"를 구성하는 범지중해적 체계를 활용하고자 무던히 애를 써야 했다. 이를테면, 헤라클레스와 결혼했다고 알려진 아브라함의 손녀가 동원되었다. 그러한 연합으로부터 나온, 추정상의 후손 관계가 스파르타와 예루살렘 사이의 쉬게네이아, 곧 "친족 관계"를 수립하는 데에 도움을 주었다. 이것은 마카비 봉기 이후에 새롭게 세워진 하스모니안 왕조에게 있어서 정치적으로 유용한 연결 고리였다.[11]

---

10 신적 혈통의 도시적 구성과 외교관들이 도시들 사이의 협정을 확보하고 안정화시키기 위해서 이 신적 혈통을 활용하였던 방식에 대해서는 다음의 훌륭한 연구서를 보라. Christopher P. Jones, *Kinship Diplomacy in the Ancient World* (Cambridge, MA: Harvard University Press, 1999). Jones는 88쪽에서 "아이네아스인들"로서의 로마인들에 대해 평한다(참고: 행 18:24는 이 도시적/민족적 구성을 활용하여 "게노스*genos*로 알렉산드리아 사람인 … 유대인 아볼로"를 소개한다. 여기서 게노스는 출생지가 아니라 알렉산드리아 시민권을 가리킬 것이다.

11 스파르타 왕은 유대인 대제사장에게 이렇게 알린다. "어떤 문헌을 읽고 나서 우리는 유대인들과 라케다이몬인들[스파르타인들]이 하나의 γένος에 속해 있고 아브라함과의 연결고리를 공유하고 있다는 점을 발견했다"(*AJ* 12.226). [193쪽] 또한 이 συγγένεια는

우리가 앞서 살펴봤듯이, 이스라엘의 신적 아들됨 역시 이스라엘 민족 전체에게 확장되었다(예: 출 4:22: "이스라엘은 내 아들 내 장자라"; 참고: 렘 3:19; 31:9; 31:20; 호 11:1-4; 그 외에도 자주 나온다). 조금 전에 인용했던 로마서 9:4에서 바울 자신도 이 사상을 반복한다. 이 본문에서 바울은 하나님께 받은 이스라엘의 특권들 가운데 휘오테시아*huiothesia*를 언급하는데, RSV성경은 이것을 "아들됨sonship"으로 번역한다. 이 그리스어 용어는 사실 "양자됨adoption"으로 번역될 수 있다. 즉, 아들로 "태어난" 것과 대비되어 아들이 "된" 것을 의미하는 용어라 할 수 있다. 이러한 구별은 신과 인간 사이의 혈통 관계에 대한 동일한 사상을 나타내는 그리스-로마적 개념화 방식에 비추어 볼 때, 의미 있는 차이를 동반한 구별이다. 그러나 앞으로 보게 되겠지만, 바울은 이 사상을 새로운 방식으로 확장하여, 그리스도를 통해 양자됨이 또한 "민족들"에게까지 제공되고 있다고 주장한다. 하지만 바울의 선포에는 중요한 단서가 달려 있었다. 이 이교도들은 하나님의 아들들로 입양되기 위하여 다른 신이 아닌 오직 그 이스라엘의 신만을 경배할 수 있었다(갈 4:5; 롬 8:15).

앞으로 우리는 이교도들이 이스라엘 신의 양자가 된다는 바울의 사상을 더 자세히 살펴볼 것이다. 현 시점에서 강조하고자 하는 점은, 이교도들을 동터오는 유대 묵시 운동 안으로, 민족들과 신(들) 사이의 관계(이 경우에는 이교

마카비1서 12:21과 마카비2서 5:9에도 나타난다. 아브라함의 손녀와 헤라클레스 사이의 결합에 대해서는 *AJ* 1.240-41을 보라. (참고: 스파르타 혈통의 시조인 헤라클레스의 신적 지위는 이 모든 헬레니즘 유대교 텍스트들에서 언급되지 않는다.) 아브라함-헤라클레스 전통에 대한 분석은 Jones, *Kinship Diplomacy*, 72-80; Erich S. Gruen, "Jewish Perspectives on Greek Ethnicity," in *Ancient Perceptions of Greek Ethnicity*, ed. Irad Malkin (Washington, DC: Center for Hellenic Studies, 2001), 347-73(특히 361-64)을 보라. 바울은 아브라함을 "많은 민족들의 아버지"로 보는 이 사상을 로마서 4:11-18, 갈라디아서 3:7-14 등에서 활용할 것이다(참고: 창 17:5). Stanley K. Stowers, *A Rereading of Romans: Justice, Jews, and Gentiles* (New Haven, CT: Yale University Press, 1994), 227-50을 보라.

도 민족들과 이스라엘의 신 사이의 관계) 안으로 편입시키는 아주 특별하고 실로 전례가 없는 이 사례조차도 여전히 가부장적 지중해 가족의 개념, 언어, 구조, 권위에 의존하고 있다는 사실이다.

이교도들 사이에서의 유대인들

[38쪽] 신과 인간 사이의 관계라는 관점에서 볼 때, 고대 로마의 도시들은 가정에 기반을 둔 종교적 기관들로 간주될 수 있다. 혈연으로 맺은 친족 관계인 "가족"은 하늘에서 땅으로 수직적으로 형성되며, 민족들을 그들의 신들과 연합시킨다. "가족"은 또한 수평적으로 형성되며, 시민들을 하나의 게노스*genos*로 묶는다. 개별 오이코스*oikos* 혹은 도무스*domus*의 "미시적" 차원에서도 이러한 신-인간 사이의 연속성이 지배적이었다. 남편의 가정으로 들어가는 새 신부는 그녀의 새로운 조상들과 새로운 신들에 대한 책무를 짊어지게 되었다. "아내가 오직 남편이 존숭하는 신들만을 알고 경배하는 것이 마땅한 일이다"(Plutarch, *Moralia* 140D). 마찬가지로 입양된 아들 역시 그의 새로운 부계 가족의 조상들과 신들에 대한 의무를 짊어지게 된다. 그리고 "거시적" 차원에서, "가족"은 제국 전체를 하나로 묶어주었다. 아우구스투스Augustus는 자신을 제국의 파테르*pater*로 위치시키며, 그의 신성한 측면, 혹은 그의 게니우스/정령*genius*을 섬기는 공적 및 사적 경배 행위를 공고히 했다. 따라서 아우구스투스 황제는 그가 새롭게 다스리게 된 정치적 단위를 하나의 광범위한 "가정household"으로 변모시켰던 것이다.[12]

12 아우구스투스 황제는 스스로를 로마제국의 파테르 파밀리아스*pater familias*의 위치에 올려 놓았다. 아우구스투스가 자기 자신과 로마제국 내의 다른 이들 사이에 가족 관계를 구성함으로써 황제 자신의 게니우스*genius*와 누멘*numen*("신적 힘"을 뜻하며, 테

서쪽 디아스포라의 도시들 가운데 살던 유대인들은 이러한 신-인간 관계의 시민적 그물망 속에 자신들을 끼워 맞추었다. 어떻게 그렇게 했을까? 부분적으로는 각 신들의 민족성에 생긴 변화들이 유대인들에게 도움을 주었다. 유대 경전은 셈족 만신전의 신들, 가나안인들과 블레셋인들의 "다른 신들"에 대한 조롱과 모욕을 겹겹이 쌓아 올렸다. 성서 저자들은 그러한 신들(형상을 통해 경배받는 신들)이 성적 방종과 도착, 살인, 심지어 영아 살해를 조장한다고 매도했다. 솔로몬의 지혜서의 저자(기원전 2세기)와 사도 바울과 같은 몇몇 헬레니즘 유대 저자들도 그와 비슷하게 그리스의 신들을 고발하며, 우상 숭배자들의 도덕적 실패를 조목조목 나열하는 악덕 목록을 생산했다. (갈 5:19-21, 고전 6:9-10, 특히 롬 1:18-32에 나오는 무수한 예를 보라.)

하지만 도시 국가의 로마 시대 버전에서, 그리스 신들은 시민적, 문화적 삶 전반에 체계를 잡아주었다. 이 신들은 문학 정전canon을 형성했던 작품

르툴리아누스는 이것을 다이모니움*daemonium*이라고 격하했다, *Apol.* 32.2)에 대한 경배를 널리 전파한 방식에 관해서는 Peppard, *Son of God*, 60-70을 보라. 입양을 통하여 이루어질 것으로 예상되고 또 실제로 이루어진 만신전 내부의 변화들에 대해서는 같은 책 50-60을 보라. 의례적 유지와 "후손"의 창조에 대해서는 Caroline E. Johnson Hodge, *If Sons, Then Heirs: A Study of Kinship and Ethnicity in the Letters of Paul* (Oxford: Oxford University Press, 2007), 26-36을 보라. Johnson Hodge는 도무스*domus*(로마의 가정)와 더 나아가 로마제국 모두를 "파테르 파밀리아스가 이끄는, 제사를 드리는 친족 집단"으로 훌륭하게 정의했다(27쪽). 신들과 가족들에 대한 추가적 논의로는 Ann E. Hanson, "The Roman Family," in *Life, Death and Entertainment in the Roman Empire*, ed. D. S. Potter and D. J. Mattingly (Ann Arbor: University of Michigan Press, 1999), 19-66을 보라. 신들과 도시들에 대해서는 Richard Buxton, ed., *Oxford Readings in Greek Religion* (New York: Oxford University Press, 2000)을 보라. 신들, 신이 된 통치자들, 그리고 더 큰 규모의 정치적 단위들에 관해서는 Simon R. F. Price, *Rituals and Power: The Roman Imperial Cult in Asia Minor* (Cambridge: Cambridge University Press, 1984)와 Ittai Gradel, *Emperor Worship and Roman Religion* (Oxford: Clarendon Press, 2002)을 보라. 도시적, 제국적 경건에 대해서, 그리고 이 경건이 특히 운동경기 및 다른 봉헌된 경기들과 결합된 방식에 대해서는 David S. Potter, "Entertainers in the Roman Empire," in *Life, Death and Entertainment in the Roman Empire*, 256-325을 보라.

들—무엇보다도 호메로스, 그리고 고전 극작가들, 헬레니즘 시대 문법 학자들과 수사학자들—을 통해서, 파이데이아*paideia*, 고등 교육, 문화를 중재하는 역할을 했다. 또한 이 신들은 과학과 철학 양쪽 모두에 있어서 물리적 우주에 구조를 부여하고 조직화했다. (우리의 행성들은 여전히 이 신들의 이름을 담고 있다.) 칠십인역에서 모세는 그리스어로 다음과 같이 권면한다. "신들을 모욕하지 말라"(출 22:27 칠십인역). [39쪽] 필론은 이 구절에 대해 논평하면서, 이러한 정중함이 평화를 증진시킨다고 말한다. 왜냐하면, "서로의 신들을 모욕하는 것은 언제나 전쟁을 일으키기" 때문이다. 필론은 모세가 그렇게 함으로써 (이방) 통치자들 또한 존중하도록 명했다는 점을 덧붙인다. 그 이방 통치자들은 "시인들에 따르면 신들과 동일한 혈통을 지닌 자들이다"(*Questions and Answers in Exodus* 2.5). 간단히 말하자면, 어떤 헬레니즘 유대인들은, 유대인들이 이웃의 만신전에 어느 정도의 존중을 보이기를 권면했을 뿐만 아니라 심지어 그 행위를 옹호하기까지 했던 것이다.[13]

---

13 "그러나 생명이 없는 것들에게 희망을 거는 그들은 참으로 가련하다. 그들은 인간의 손이 만든 것을 '신'이라고 부[른다]!"(지혜서 13:10, 공동번역). 이러한 이들은 그들의 입문 의례에서 어린아이들을 죽이며 자기 자신을 광란의 도가니로 몰아넣고, 간통으로 자신의 결혼을 더럽히며 그들이 사는 사회를 반역과 살인으로 더럽히고, 거짓을 예언하고 위증하며 거짓말하고 속이고 빼앗는다(14:23-28). 바울은 이러한 열띤 반-이교적 수사를 그의 편지, 로마서 1:18-32에서 반복한다. 특히 성적인 방탕에 대한 고발은 고대 세계의 험담에서 믿을 만한 효과를 주는 장치로 사용되었는데, 이것에 대해서는 Jennifer W. Knust, *Abandoned to Lust: Sexual Slander and Ancient Christianity* (New York: Columbia University Press, 2006)을 보라. 가나안인에게, 그리고 후에 카르타고인에게는 실제로 아동 희생 제사의 풍습이 있었다(Miles, *Carthage Must Be Destroyed*, 68-73). 그러나 아동 희생 제사라는 개념은 로마제국 시대에 상대를 폄하하기 위한 장치로서 사용되었고, 식인 풍습이나 성적 비행(특히 근친상간)에 대한 고발과 결합되었다. 그리고 이교도들은 이러한 혐의를 그리스도인들에게 뒤집어 씌우고, 그리스도인들은 서로에게 이러한 혐의를 씌우게 되었다. [194쪽] 본서 119쪽, 각주 26을 보라. 유스티누스는 이러한 논쟁술을 익혀 유대인들을 겨냥해 사용했다(예: *Trypho* 20, 27, 29, 73, 133).

서쪽 지역의 유대 문화는 그 자체로 헬레니즘을 반영한 형태였다. 이 사실은 칠십인역의 번역에 고스란히 구현되어 있다. 그리스의 신학적, 철학적, 정치적 어휘는 유대인의 신을 새롭게 문학적으로 표현해 내는 것에 긴밀한 영향을 끼쳤다. 야훼YHWH가 그 자신을 모세에게 나타내실 때, 히브리어 에흐예*ehyeh*("나는 - 이다")는 그리스어 호 온*ho ōn*, 즉 "존재자"the Being가 되었다(출 3:14 칠십인역). 하나님의 창조적인 다바르*davar*, 곧 "말씀"은 철학적인 함의가 담긴 로고스*logos*(시 33:6 칠십인역)가 되었다.[14]

칠십인역은 더 미묘하고 설득력 있게 신성의 등급을 나누는 방식을 획득하였다. 즉, 유대인의 신을 분명하게 최고의 신으로 해두는 한편, 여러 신들을 **신으로서** 말할 수 있게 된 것이다. 이 구별은 히브리어에서는 낯선 것이었다. 우리가 살펴보았듯이, 히브리어에서 복수 형태의 엘로힘은 유대인의 신을 가리키거나 혹은 복수의 다른 신들을 가리킬 수 있었다. 칠십인역 출애굽기 22:27(MT: 22:28)에서 번역자들이 히브리어 단어의 모호성을 정확히 이용한 셈이다. 그들은 "하나님[엘로힘*elohim*]을 모욕하지 말라"는 본문을 "신들을[투스 테우스*tous theous*] 모욕하지 말라"라는 문장으로 번역했다(출 22:28, 개역개정: "재판장을 모독하지 말며" - 역주).

칠십인역이 출애굽기 22:28(27)을 옮긴 방식과 필론 및 요세푸스가 그것을 "자유롭게/느슨하게liberal" 해석한 것에 대해서는 Pieter W. van der Horst, "'Thou Shalt Not Revile the Gods': The LXX Translation of Ex. 22:28(27), Its Background and Influence," *Studia Philonica Annual* 5 (1993): 1-8을 보라. 그리스 문화를 유대인들이 선망하고 또 그것을 차용한 것에 관해서는 Erich S. Gruen, *Diaspora: Jews amidst Greeks and Romans* (Cambridge, MA: Harvard University Press, 2002), 213-31; Barclay, *Jews in the Mediterranean Diaspora*, 82-181을 보라.

14 그리스어로의 전환이 성서 텍스트와 핵심적 개념들을 변화시킨 방식에 관한 고전적인 논의로는 C. H. Dodd, *The Bible and the Greeks* (London: Hodder & Stoughton, 1935), 특히 3-95("God," "Law," "Righteousness, Mercy and Truth," "Sin," and "Atonement")을 보라.

마지막으로 칠십인역은 매우 유용하게도, 그리스어 다이모니아*daimonia*, 즉 "마귀들"demons이라는 표현을 획득하였다. 이 존재들은 우주적인 차원의 경사면을 따라 배열된 신성의 순서를 명료하게 표현하는 역할을 할 수 있었다. 그리스어 다이몬*daimon*은 본래 영어 단어에서 마귀demon가 갖는 부정적 함의를 내포하고 있지 않았다. 다이몬은 단지 "더 낮은 등급의 신"을 가리킬 뿐이었다. 그리스 철학-과학적 담론 안에서 "더 낮은"이라는 말은 문자적으로, 공간에 있어 "더 낮은" 곳에 있다는 뜻이었다. 즉, 그러한 신이 (그보다) 더 "위에" 있는 신보다 능력이나 지위가 더 낮다는 뜻만이 아니었다. 다이몬(혹은 그 지소사인 다이모니온*daimonion*)은 또한 우주의 "더 낮은" 공간에 위치해 있었다. 그들의 장소는 땅과 더 가까웠고, 고대의 지도에 따르면 땅은 우주의 정중앙에 위치해 있었다.[15]

---

15 이교의 다이모네스*daimones*는 선할 수도 있고 악할 수도 있었다. 플루타르크Plutarch와 포르피리우스Porphyry에 관해서는 Henry Chadwick, "Oracles of the End in the Conflict of Paganism and Christianity in the Fourth Century," in *Mémorial André-Jean Festugière: Antiquité païënne et chrétienne*, ed. E. Lucchesi and H. D. Saffrey (Geneva: P. Cramer, 1984), 125-29을 보라. 또한 J. B. Rives, "Human Sacrifice among Pagans and Christians," *JRS* 85 (1995): 68-83(특히 80-83쪽); Maijastina Kahlos, *Debate and Dialogue: Christian and Pagan Cultures c. 360–430* (Aldershot, UK: Ashgate, 2007), 172-81을 보라. 오리게네스Origen는 이교도 켈수스Celsus가 하급 신들, 천사들("사자들"), 그리고 악마들demons을 한데 섞은 것에 대해 짜증이 났음이 분명하다. 오리게네스는 이 점에 있어서 이교도와 칠십인역, 그리고 기독교 사이에 어떤 차이가 있는지 분명하게 설명한다. "켈수스는 다이몬들이라는 이름이 사람이라는 이름과는 달리(사람의 경우는 몇몇은 선하고 몇몇은 악하다) 도덕적으로 중립적이지 않다는 점을 제대로 알아채지 못했다. 또한 다이몬들이라는 이름은 신들의 이름처럼 선하지도 않으며, 신들의 이름은 악한 다이몬들에게 적용되면 안 된다는 점 역시 알아채지 못했다 … 다이몬들이라는 이름은 늘 악한 세력들에게만 적용되는 것이다 … 그들은 사람을 엇나가게 만들고 어지럽히며 끌어내린다"(*c. Cel.* 5.5).

지혜서의 저자나 (결국) 사도 바울과 같이 어떤 헬레니즘 유대인들은 다이모니아가 형상을 제의적으로 숭배하는 것과 묶여 있기 때문에, 전적으로 악하다고 여겼다. 우리는 동일한 견해를 유스티누스와 같은 후대의 기독교 저자들에게서도 발견한다. Reed,

본래 이교적인 우주론 체계 안에서, "위/위로"는 "좋은 것"이며, "아래/아래로"는 "나쁜 것"이었다(적어도, 덜 좋은 것이었다). 물질성과 움직임은 열등함을 가리키는 표지였다. 우주의 중심에 있는 변화무쌍한 땅은 "무거운 물질이 가라앉는 곳"이었다. 참으로 "진정한" 것, 형이상학적으로나 도덕적으로나 우월한 것은 땅보다 위쪽에, 달 아래의 지역sublunar realm을 벗어나 그 위쪽에 놓여 있었다. [40쪽] 이런 방식으로 우주를 표현한 지도를 갖고 사고하던 고대인들에게, 달의 영역은 우연, 변화, 운명 등이 지상의 삶을 주관하고 있는 우주의 더 낮은 지역을 구획해주는 것이었다. 달보다 더 위쪽은 그 완전성과 선함에 있어서 상승하는 순서로 정렬된 해와 다섯 행성들(고대에 알려진 다섯 행성들)의 지역이었다. 더 완전하고 더 "선한" 것은 가시적인 우주 공간의 가장 바깥 부분이었다. 그곳은 고정된 별들(항성)과 황도십이궁의 우주적 수레바퀴가 있는 영역이었다. 그 별들의 광휘와 고정성, 안정성은 곧 도덕적, 물질적 우월함을 가리키는 것이었다. 특히 플라톤주의를 따르는 이들이 볼 때, 그 영역 너머에는 비물질성의 세계, 보이지 않는 "영"의 영역, 최고신의 영역이 자리잡고 있었다.[16]

"The Trickery of the Fallen Angels"를 보라. 이교의 신들인 (사악한) 다이몬들/악마들과 피 흘리는 희생 제사 사이의 특정한 연관성에 대해서는 Justin, *2 Apol.* 5; *Trypho* 19, 22, 43 및 여러 본문들을 보라(유대교의 희생 제사를 겨냥한 것이다). 최고신들이 희생 제사를 원하지 않으며 필요로 하지도 않지만 하급신들은 그것을 필요로 한다는 사상은 본래 이교에서 기원한 것이다. 따라서 포르피리우스는 *On Abstinence* 2.27,1-3에서 테오프라스투스Theophrastus를 언급한다. 테오프라스투스에 대한, 그리고 그리스 철학자들의 신학 전반에 대한 추가적인 논의로는 Dale B. Martin, *Inventing Superstition: From the Hippocratics to the Christians* (Cambridge, MA: Harvard University Press, 2004), 21-78을 보라. 땅이 가장 무거운 물질들이 모인 지점을 나타낸다는 논평은 Sallustius, *Concerning the Gods and Universe*, VII에서 나온 것이다. 이 우주적 구조의 종교적 의의에 대해서는 바로 다음에 나오는 두 각주를 참고하라.

16 A. D. Nock은 자신이 펴낸 Sallustius, *Concerning the Gods and the Universe* (Hildesheim: G. Olms, 1966)에서 독자에게 이 우주 개념의 형이상학을 두루 살펴보는 기회를 제

신적인 권능의 정도를 이러한 경사면에 차례차례 배치하는 그리스적 사상은 헬레니즘 유대 신학과 합치했으며 또한 그 신학을 촉진시켰다. 시편 기자는 히브리어로 "고임*goyim*의 엘로힘은 우상들이다"(시 96:5)라고 노래했다. 하지만 그리스어 번역에서 이 구절은 "에트네*ethnē*의 테오이*theoi*는 다이모니아*daimonia*다"라고 표현되었다. 곧 "열방의 [더 낮은] 신들은 마귀들이다"(시 95:5 칠십인역; 참고: 고전 10:20)라는 뜻이다. "우상들"을 "마귀들"로 옮긴 이 번역(혹은 재해석)은 신학적 의의가 있었다. 유대 텍스트들이 끊임없이 가르치듯이, 우상들은 권세들을 사람의 손으로 표현한 것이다. "눈이 있어도 보지 못하며 귀가 있어도 듣지 못하며"(시 115:5-6[개역개정]; 135:16-17). 우상은 벙어리 형상일 뿐이다. 그러나 마귀는 초자연적 권세자의 형상이 아니라 그 권세자 자체, 더 낮은 수준의 신격이다. 아무 인간이나 우상을 파괴하는 것이 가능하다. 그러나 신을 파괴할 수 있는 인간은 없다. 시편 95(96)편의 유대적 번역은 그리스의 신들을 들어 올리는 동시에 강등했다. 이 번역은 그 신들이 단지 우상이 아니라 더 큰 존재들임을 인정하는 동시에, 그 신들을 **다이모니아**

공하며, 거기서 발견되는 여러 중간적 존재들 중 몇몇을 소개한다. [195쪽] 추가적으로, E. R. Dodds, *Pagan and Christian in an Age of Anxiety: Some Aspects of Religious Experience from Marcus Aurelius to Constantine* (Cambridge: Cambridge University Press, 1965), 6-14을 보라. 특히 이 우주 모델과 텍스트 해석의 상관 관계에 대해서는 Fredriksen, *Sin*, 51-58을 보라. 또한 Alan Scott, *Origen and the Life of the Stars: A History of an Idea* (Oxford: Clarendon Press, 1991), 53-172을 보라. 플라톤에 따르면, 지구로 이동하며 지구로부터 다시 이동하는 영혼들은 행성들의 영역을 가로지르게 된다 (*Phaedrus* 248C-E, *Timaeus* 41D-42E). 이 우주적 질서 속에서 더 위로 상승하며 움직일 때 물질은 변화하고 몸들은 더 순도가 높아지는데finer, 이것은 바울이 고린도전서 15:39-42에서 말한 것과 같다. 이 점에 대해서는 Dale B. Martin, *The Corinthian Body* (New Haven, CT: Yale University Press, 1995)을 보라. 특히 부활한 몸이 천체처럼 변화하는 것astral transformation에 대해서는 Martin의 책의 104-36을 보라. 특히 바울서신에 나오는 스토아적 우주론에 관해서는 Troels Engberg-Pedersen, *Cosmology and Self in the Apostle Paul* (Oxford: Oxford University Press, 2010)을 보라. 바울, 프뉴마, "씨," 그리고 별과 같은 몸들에 대해서는 Thiessen, *Gentile Problem*, 129-160을 보라.

로서, 즉 헬레니즘 자체가 마련한 우주적 지도 위에서 유대인의 신에게 종속된 자리에 위치시켰다.

이 신들은 단지 "더 낮은," 즉, 그 장소와 권능에 있어서 덜한 존재들이기만 했던 것이 아니었다. 그들은 다이모니아의 다른 특성들 역시 표현했다. 이를테면, 특정한 민족들, 지역들과 연결되었다(반면에, 이교도들에게나 유대인들에게나 최고신은 보편적이었다). 낮은 신들은 별들, 행성들과 연관되었으며, 또한 물질적인 몸을 지닌 신들이었다. 그들은 호 테오스*ho theos*, 즉 가장 우월한 최고신에게 종속되어 있으며, 심지어 그 최고신에게 의존하고 있었다. 필론은 그의 창세기 주석에서 이러한 사상들의 그물망을 예리하게 포착한다. 필론이 말하기를, 궁창은 "드러나고 보이는 신들이 거하는 가장 거룩한 거처"이다(테온 엠파논 테 카이 아이스테톤*theōn emphanōn te kai aisthētōn*, *De opif.* 7.27, 저자가 인용한 그리스어 구문은 "드러나고 보이는 신들"까지에 해당된다 - 역주). [41쪽] 드러나고 보이는 신들은 보이지 않는 지고신에 비해 "더 낮으며" 그 신에게 종속되어 있다.[17]

물론, 이교도들에게 있어서는(그리고 후대의 일부 이방인 그리스도인들에게는), 유대인의 신도 이와 동일한 다이모니아적 묘사의 대상이 될 수 있었다. 유대인의 신 역시 한 특정한 민족(유다이오이*Ioudaioi*), 한 특정한 장소(유대 땅의 예루살렘)와 연관된 "민족적" 신이었다. 이 신은 성서 내러티브 안에서 그 자신을 변화하는 존재로 인간들에게 나타냈는데, 이는 일리아스*Iliad*와 오딧세이아*Odyssey*의 이야기에서 호메로스의 신들이 스스로를 나타낸 방식과 마찬가지였다. 그리고 기원후 70년 이후, 로마가 유대인의 신의 도시와 성전 그리고 정치적, 군사적 운명을 박살 낸 사건은 그 신이 로마의 신들보다 열등한 존재라

17 별들과 행성들, 이교의 신들, 그리고 우상들을 연결시키는 이러한 유대인의 방식은 마침내 랍비들이 사용한 악쿰*akkum*이라는 용어 안에서 결합되었다. 탈무드 문헌에서 우상 숭배자들을 가리킬 때 사용된 이 단어는 "별들과 행성들을 숭배하는 사람"(에베드 코카빔 브-마짜로트*eved kohkavim v-mazzalot*)의 축약어이다.

는 것을 암시했다.[18]

그러나 유대 신학은 이러한 연결점과 함의에 대해 대체로 저항했다. 70년 이전은 물론이고 그 이후로도 줄곧, 유대인들은 그들의 신의 우월성을 고집해 왔다. 유대 조상들의 전통 안에 있는 두 가지 매우 오래된 특이성이 이러한 유대인의 고집을 강화했고, 그 이중 특이성은 실제로 야훼가 파이데이아*paideia*의 최고신의 유대 버전으로, 다시 말해 헬레니즘식으로 단장하는 과정을 촉진시켰다. 첫째는 유대 전통 안에 오랫동안 존재했던 반형상주의이다. 둘째는 예루살렘 성전에 대한 확고한 집중에서 파생한 결과이다.

---

18 최고신이 예수 그리스도의 아버지라는 점은 많은 이방인 그리스도인들에게는 명백한 일이었지만, 칠십인역에 나타난 신의 정체는 여전히 의심스러운 상태로 남아 있었다. 2세기 중엽, 발렌티누스파 그리스도인들과 마르키온파 그리스도인들은 이 성서의 신을 "하급" 신, 곧 유대인들의 민족적 신이며, 기독교적 계시와는 직접적으로 관련되지 않는 존재로 여겼다. 예를 들어, Ptolemy, *Epistle to Flora* 7.4를 보라. 또한 유대인의 신을 민족적 다이몬으로 여기는 이 동일한 사상을 4세기 후반의 라틴어 텍스트에서 반복하고 있는 예시로는 Augustine, *Against Faustus* 18.2를 보라. 순교자 유스티누스는 이 신이 칠십인역의 내러티브 부분에 나타난다는 점에 근거해서, 그 신이 최고신일 수 없다고 주장했다(예: Justin, *Trypho* 60; *1 Apol.* 63). 본서의 후기 부분에서는 이처럼 서로 다른 기독교 신학적 입장들을 조망할 것이다.

사람들이 패배했을 때 그 사람들의 신들도 패배한 것이라는 사상은 민족들과 신들을 서로 밀접하게 연결시켰던 일반적 방식의 연장선상에 있었다. 우리는 이 사상의 반향을 기독교 변증가들의 글에서 거꾸로 듣게 된다. 이들은 유대인들이 로마에 패배했음에도 불구하고 이스라엘 신이 높은 지위에 있다고 힘써 주장했다. 기독교 저자인 미누키우스 펠릭스Minucius Felix는 회의적인 이교도의 목소리를 흉내내서, "유대인들의 고독하고 가련한 민족성은 그 자신에만 독특하게 해당되는 하나의 신을 섬겼다. 그리고 그 신은 너무도 무력한 나머지 그 신의 민족과 더불어 로마의 신들에게 노예 상태가 되었다"고 전한다. *Octavius* 10.4; 참고: Tertullian, *Apol.* 26.3(참고: 패배한 다른 민족신들에 대해서는 25.14-16). Origen, *Against Celsus* 4.32와 Augustine, *Against Faustus* 15.1(파우스투스)도 보라. 유대인들 역시 자신들이 당한 군사적 패배가 갖는 신학적 함의 때문에 큰 충격을 받았다. Adiel Schremer, "'The Lord Has Forsaken the Land': Radical Explanations of the Military and Political Defeat of the Jews in Tannaitic Literature," *JJS* 59 (2008): 183-200을 보라.

먼저 제의적 반형상주의를 살펴보자. 유대 전통은 오랫동안 이스라엘의 신을 시각적으로 형상화하는 것을 금지해 왔다. "형상 금지"는 시내산 계시의 중요한 부분이었고, 이스라엘의 예배를 다른 민족들의 예배로부터 구별시켜주었다(출 20:4-5). 그러나 지중해 서쪽 지역의 시각 문화에 따르면, 신들은 자주 미적인 측면에서 아름답게 만들어진 인간 조각상들의 모습으로 표현되었고, 실제로 그러한 조각상들 앞에서 경배 활동이 이루어졌다. 그러한 관점에서 볼 때, 형상과 관련된 유대인의 조심성은 이교도들의 눈에 띄지 않을 수 없었다. 실제로, 유대인들은 지성소, 곧 예루살렘 성전의 내실에 "아무것도" 두지 않는 것으로 알려져 있었다(그리스-로마식의 성소였다면 내실에 신의 조각상을 안치했을 것이다). 제의 조각상의 부재의 경우 예전적 차원에서 볼 때는 이상했지만, 철학적으로는 대단히 (재)해석 가능한 특징이었다. 이러한 반형상 원칙은 몇몇 이교도들이 유대인의 신을 형태가 없는, 철저하게 비물질적인 파이데이아의 최고신과 동일시하는 과정을 가능케 했다.[19]

---

19 요세푸스는 이렇게 썼다. "[예루살렘 성전의] 가장 안쪽의 방에는 아무것도 없었다. 그곳은 아무도 접근할 수 없고, 침범할 수 없으며, 아무에게도 보이지 않는 곳이었다. 그곳은 지성소라 불렸다"(*BJ* 5.219). 이교도들은 유대인들의 제의가 갖는 이 독특한 점을 잘 알고 있었다. 바로Varro는 로마인들의 경배 활동을 유대인들의 반형상주의와 대비시키면서 전자를 부정적으로 여겼다(Augustine, *City of God* 4.31에 나온다). [196쪽] 마찬가지로 기원후 1세기 초 역사가 리비우스Livy와 2세기 역사가 카시우스 디오Cassius Dio는 유대인들이 그들의 신에 대한 시각적 묘사를 기피하는 것을 긍정적으로 묘사했다(*GLAJJ* 1.330, No. 133 [Livy]; 2.349-51, No. 406[Cassius Dio]). 하나님의 형상들을 통해 경배하는 것을 금지하는 십계명의 둘째 계명에 관해서는 출애굽기 20:4-6과 신명기 5:8-10을 보라. 필론Philo의 말에 따르면(예: *Leg. All.* 3.36; *Decal.* 64-67; 그리고 다른 여러 곳을 보라), 이러한 반형상주의는 (유대인의) 하나님이 독특하게 지닌 비가시적이고 형태가 없으며 창조되지 않았다는 특성에 잘 부합한다.

유대인들의 반형상주의가 이교도들에게 알려져 있었다는 사실은 우리가 로마서 1:18-32을 어떻게 읽을지에 관한 문제에 직접적인 영향을 끼친다. Matthew Thiessen이 주장하듯이, 이방인 출신의 그리스도-추종자인 청중도, 여기서 바울이 수사적으로 공격하고 있는 대상이 "인류 전반"(즉, 유대인들을 포함한 인류)이 아니라 이교도들이라 유대인들의 두 번째 독특한 점은 제의를 예루살렘에 집중한 것이었다. [42쪽] 비록 기도는 어디서든 드릴 수 있었고, 유대 경전은 디아스포라 어디에서든 칠일 중 하루, 공동체 안에서 낭독될 수 있었지만, 희생 제사 자체는 원칙적으로 다윗 도시의 성전에서만 이루어질 수 있었다. 적어도 한 개의 다른 성전이 존재했다는 사실은(이집트의 레온토폴리스에 있었던 이 성전은 마카비 봉기 이전 시대 제사장 가문을 프톨레마이오스 왕조 편과 셀류코스 왕조 편으로 갈라 놓았던 내부의 혼란을 반영한다) 제의 집중의 중요성을 축소시키지 않았다. 의심의 여지없이 예루살렘에 우선성이 있었으며, 그 우선성은 경전과 전통 양쪽에 소중히 간직되었다. 더 나아가, 성전 구역을 번쩍번쩍하게 재단장했던 헤롯 대왕의 치하에서, 예루살렘은 유대인들의 국제적 순례와 이교도들의 종교 여행에 있어서 명성을 누리는 목적지로 부상했다. 그리고 성전세—성전 제의에 매일 들어가는 비용을 부담하는 목적으로 걷은 자발적 기부금—는 국외에서 널리 징수되어 특별히 예루살렘으로 보내졌다. 이러한 모금액, 그리고 모금액의 목적과 행선지를 로마 당국은 존중해 주었고, 많은 이들은 이것을 널리 퍼져 있는 유대 민족이 수행해야 할 우선적인 의무로 여겼다. 간단히 말해, 유대인의 희생 제사는 예루살렘에 집중되어 있었다.[20]

는 점을 이해했을 것이다. Matthew Thiessen, *Paul and the Gentile Problem*, 47-52를 보라. Thiessen이 반박하고 있는 입장의 가장 최근의 예는 John M. G. Barclay, *Paul and the Gift* (Grand Rapids, MI: Eerdmans, 2015), 462-66 [= 『바울과 선물』 새물결플러스, 2019] 및 여러 곳을 보라. Barclay는 로마서의 이 본문을 인류 전체를 향한 보편적 기소로 이해한다. 본서의 뒷부분에서 우리는 2세기에 서로 다른 이방인 그리스도인들이 칠십인역에서 철학적 의미를 이끌어내고자 애쓰는 가운데 어떻게 최고신의 민족성을 한 번 더 변화시켰는지에 대해 살펴볼 것이다.

20 율법을 듣기 위하여 매주 안식일에 모였던 것에 관해서는 예를 들어 Josephus, *c. Ap.* 2.175; Philo, *De somniis* 2.123, 127 및 *Spec. Laws* 2.62를 보라. 또한 본서 141쪽에서 인용한 사도행전 15:21을 보라. 서쪽 디아스포라의 이러한 회당 환경이 어떻게 그리스적 유대 성서 해석을 촉진시켜서 이교적, 헬레니즘적 교육과의 상호 작용을 이루었는지에 관해서는 William Horbury, "Biblical Interpretation in Greek Jewish Writings," in

이러한 전례 집중의 실질적인 결과는 곧, 이방 도시들에 거주하는 유대인들의 경우 그들이 거주하는 도시에서는 그들의 신(이스라엘의 신)에게 희생제사를 드리지 않았다는 점이다. 디아스포라 유대인들은 공동체를 이루었고 심지어 지역의 특정 장소("기도처"[프로슈케*proseuchē*], 혹은 "회당")에서 모이기도 했지만, 이러한 공동체 거점은 희생 제사를 위한 장소가 아니었다. 또한 그런 거점이 제의 조각상을 보유하고 있었던 것도 아니었다. 이와 같은 실천—좀 더 정확히 말하자면, 형상 앞에 제물을 드리는 거의 보편적인 실천의 부재—과 공적인 이교 제의에 참석하기를 회피하는 그들의 태도는, 디아스포라 유대인들이 1세기 로마제국 안에서 눈에 띄는 그리고 유일한 비-희생제의적 인구 집단이라는 것을 의미했다. 그 결과, 이교도 관찰자들은 종종 유대인들을 아세베이아*asebeia*의 혐의로, 다시 말해 이교의 신들에게 "불경건"하다는 명목으로 규탄했다. 그러나 동일한 이유로 타키투스Tacitus처럼 유대인에게 냉담했던 외부인조차도 다음과 같은 점을 인정할 수 있었다. 그가 말하길, 유대인들은 멘테 솔라*mente sola*의 경배("오직 정신만"을 경배), 희생 제물도 형상도 없는 경배를 통해서 지고신에게 경의를 표현한다는 것이다.[21]

The New Cambridge History of the Bible, vol. 1: *From the Beginnings to 600*, ed. James Carleton Paget and Joachim Schaper (Cambridge: Cambridge University Press, 2013), 289-320을 보라. Schürer-Vermes는 "유대 제의의 엄격한 중앙화라는 측면에서 볼 때, 레온토폴리스Leontopolis에 있던 유대 성전의 존재는 놀라운 현상이었다"고 말했다. *HJP* 3:145(참고: 이집트에 있었던 이 성전과 기원전 2세기 중엽의 정치적 혼란 속에 이 성전이 탄생하게 된 것에 대한 요세푸스의 묘사로는 *BJ* 7.423-32를 보라). 또한 *HJP* 3:47-48, 145-47을 보라. 예루살렘 성전과 헤롯의 건축 기획, 그리고 그것이 국제적인 관심을 끌었던 것에 대해서는 Sanders, *Practice and Belief*, 47-169을 보라. 샌더스의 추정에 따르면(127쪽), 성전 구역은 약 사십만 명의 순례자들을 수용할 수 있었다. 성전세에 관해서는 같은 책 82-74쪽을 보라. 또한 Lee I. Levine, *Jerusalem: Its Sanctity and Centrality to Judaism, Christianity, and Islam* (New York: Continuum, 1999), 137을 보라.

21 타키투스는 이렇게 말한다. "유대인들은 오직 한 신, 그것도 오직 정신mind으로만 존재하는 신을 상정한다. 그리고 유대인들은 썩을 재료들을 사용해서 인간의 모습으로

그리하여, 문헌적인 차원과 철학적인 차원에서(따라서 신학적인 차원에서도),

신의 표상을 만드는 이들을 가리켜 불경건하다고 생각한다. 유대인들에게 있어서 그 지고하고 영원한 존재는 표상이 불가능하며 끝이 없는 존재이다. 따라서 그들은 그들의 도시들에 신상을 두지 않으며, 그들의 신전들에도 신상이 없음은 말할 것도 없다." Tacitus, *History* V.5.5,4. 타키투스가 "신전들"(템플라)이라는 말을 통해 의미했던 바는 아마도 회당들이었을 것이다(*GLAJJ* 2.25, No. 281). 그리고 타키투스는 이어서 유대인들은 그 결과 카이사르에게 경의를 표하는 것도 하지 않았다고 언급한다. 2세기 중엽, 오리게네스는 유대인의 신학적 주장들에 대한 이와 같은 이교도들의 묵인에 대해서 논평을 남겼다. "우리의 신앙의 도와 관계없는 사람들까지도 가장 높은 신을 '히브리인들의 하나님'이라고 부른다"(*c. Cel.* 5.50). 마찬가지로, 약 한 세기 후에 율리아누스 황제(그 자신은 정통 기독교에서 "고전적" 이교주의로 개종하였다) 역시 가장 높은 신을 유대인의 신과 동일시하였다. 율리아누스는 예루살렘에 성전을 재건하고 싶다고 유대인 신민들에게 알리면서, "나의 모든 열정을 가장 높은 신[휩시스투 테우*hypsistou theou*]의 성전을 재건하는 데에 쏟겠다"고 약속했다(*Ep. et leg.* No. 134 [Bidez/Cumont]). [197쪽] 나는 후기에서 이 최고신의 민족성이라는 쟁점을 다시 논의할 것이다. 또한 Paula Fredriksen, "How Jewish Is God? Divine Ethnicity in Paul's Theology"를 보라.

2세기 기독교의 비판자였던 이교도 켈수스는 유대인의 반형상주의를 하늘을 경배하는 것으로 혼동했으며, 이 비일관성을 지적하면서 유대인들을 조롱했다(즉, 전반적으로 하늘을 경배하면서도 천체들에 신성을 돌리기를 거부한다는 점을 지적함), *c. Cel.* 5.6. 유대인들을 철학자들의 민족으로 여기는 인식이 이교도들 사이에 널리 퍼져 있었다는 점에 대해서는 Peter Schäfer, *Judeophobia: Attitudes toward the Jews in the Ancient World* (Cambridge, MA: Harvard University Press, 1997); John G. Gager, *The Origins of Anti-Semitism: Attitudes toward Judaism in Pagan and Christian Antiquity* (New York: Oxford University Press, 1983); Louis H. Feldman, *Jew and Gentile in the Ancient World: Attitudes and Interactions from Alexander to Justinian* (Princeton, NJ: Princeton University Press, 1993), 201-32을 보라. 그렇게 흠모하는 자세로 바라봤던 이교도들(테오프라스투스Theophrastus, 메가스테네스Megasthenes, 스톨리Stoli의 클레아르쿠스Clearchus, 서머나Smyrna의 헤르미푸스Hermippus, 루카누스Lucanus의 오켈루스Ocellus)을 호명하는 것은 헬레니즘 유대교를 다루는 모든 논의에 등장한다. 파편적인 자료의 경우, *GLAJJ*에서 찾아볼 수 있다. 이교도 피타고라스주의자인 아파메아Apamea의 누메니우스Numenius가 이렇게 물었던 것은 유명하다. "플라톤이란 결국 그리스어로 말하는 모세가 아니면 무엇이겠는가?" 이 격언은 헬레니즘 유대인들이 열렬하게 구축했고, 나중에는 교부들이 반복했던 인식, 곧 그리스인들이 올바로 깨달은 게 있다면(특히 철학에 있어서) 실제로 그것은 그들이 유대인들의 가르침에서 끌어온 것이라는 인식에 긍정적인 신호를 보낸다. 누메니우스에 대해서는 *GLAJJ* 2.206-11, Nos.

당시의 교육받은 유대인들은 그들 자신과 조상의 전통을, 신들이 북적거리던 그리스-로마 도시 안으로 끼워 넣을 수 있었다. 하지만 사회적인 측면은 어떠했을까? 유대인들이 단지 지적으로만 아니라 그 행동 양식에 있어서도 더 넓은 그리스-로마적 환경 안에 적응했다는 것을 보여주는 증거는 무엇인가?

[43쪽] 이 질문에 대해서는 문헌 자료뿐 아니라 파피루스와 비문들inscriptions이 희미한 대답을 제공해 준다. 부정적인 대답의 측면에서(즉, 유대인들이 보다 넓은 사회에 참여하지 않았다는 대답), 우리는 격노한 이교도 저자들이 남긴 수많은 논평들을 가지고 있다. 이 저자들은 유대인들의 아세베이아("불경건," 곧 다수가 섬기는 신들에게 경의를 표하기를 거부했다는 뜻), 아믹시아*amixia*("분리"), 미소크세니아*misoxenia*("나그네를 미워함," 곧, 유대인이 비-유대인을 미워한다는 뜻), 그리고 미스안트로피아*misanthropia*에 대해 신랄하게 언급했다. 관찰자들은 일주일 중 하루는 일상적인 활동을 삼가는 유대인들의 모습을 보고, 유대인들이 "게으르다"고 불평했다. 유대인들이 돼지고기 먹기를 거부한 것은 적어도 괴팍해 보였을 것이다. 유대인의 반형상주의는 이교도들로 하여금 유대인들이 오직 하늘 혹 어쩌면 구름만을 경배한다고 추측하게 만들었다. 외부인의 견해에 따르면 유대인 남성의 할례는 구역질 나는 자기 신체 훼손 행위였으며, 그러한 관습은 조롱거리가 될 뿐이었다.[22]

363a-e를 보라. 또한 Gruen, *Diaspora*, 213-31을 보라. 이 동전의 뒷면에 관해서는, 즉, 디아스포라 유대인들이 이교 제의에 참여하지 않음으로써 불경건의 잘못을 저질렀다는 인식에 대해서는 바로 다음의 각주를 보라.

22 이러한 모욕은 다음의 책에 수집 및 분류되어 있다. Schäfer, *Judeophobia*, 66-81(음식 관련 풍습), 82-92(안식일, 즉 게으름과 연결됨), 93-105(할례). Feldman, *Jew and Gentile*은 대중의 편견(107-22)과 식자층의 편견(123-76)으로 그 모욕들을 분류한다. 유대인의 할례를 "신체 훼손"이자 "부끄러운 신체적 기형"으로 바라보는 이방인의 시각에 대해서는 Origen, *Commentary on Romans* 2.13, 27-29을 보라. 유대인들과 그들의 신 모두가 반사회적으로 여겨졌다(아코이노네토스*akoinōnētos*; 다시금 누메니우스

우리는 이러한 외부인의 견해들을 어떻게 평가해야 하는가? 한편으로, 그 견해들은 어느 정도 당시 상황을 설득력 있게 기술해 주는 것 같다. 예를 들어 안식일 준수는 서로 다른 유대인들에 의해 아무리 다양하게 해석되고 실천되었다 할지라도 그만큼 충분히 널리 퍼져 있었기 때문에, 서로 다른 시대와 (지중해 전역의) 서로 다른 장소로부터 온 그리스 및 로마 민속지 저자들 ethnographers 모두 유대인의 안식일 준수에 대해 논평을 남길 수 있었다. 고대의 도시 사회에서 시간은 7일 단위로 계산되지 않았다. 따라서 일상적 활동을 그처럼 정기적으로 멈추는 행위는 분명 눈에 띄었을 것이다. 로마의 유대인들이 안식일 준수에 그토록 매진했기 때문에, 아우구스투스는 유대인들이 안식일 때문에 정상적인 곡물 배급을 못 받는다면 다른 날에 배급을 받아가도 된다고 결정을 내리기까지 했다. 소아시아 도시들의 다양한 유대인구 집단들은 조상의 관습을 포기하지 않아도 되는 날(들)에 상거래를 하거나 재판에 출두할 수 있도록 하기 위해 양해를 구하는 협상을 시도했다. 또한 이교도들 그리고 그리스도인들을 포함한 외부인들이 그들의 공동체에서 "유대화"Judaized된 이들(즉, 일부 유대 관습을 자발적으로 선택하고 거기에 맞춘 이들)을 비판할 때, 안식일 준수가 고발 목록에 포함되었다.[23]

Numenius를 보라; *GLAJJ* 2.214, No. 367). 유대인의 아믹시아*amixia*에 대한 고대의 고발에 관한 논의로는 특히 Isaac, *Invention of Racism*, 450-54을 보라. 유대인의 "무신론"에 대해서는 같은 책 460쪽을 보라(특히 개종자와 관련해서 보라. 이것은 앞으로 더 자세히 논할 것이다). 요세푸스는 *c. Ap.* 2.148에서 유대인이 불경건하고 인간을 혐오한다는 고발에 대응한다. 유대인이 구름을 숭배한다는 것과 관련해서는 Juvenal, *Sat.* 14.97(참고: *c. Cel.* 5.6[하늘 숭배])을 보라.

23 "디아스포라 유대인들이 경축한 모든 축일들 가운데에서, 사회적 차원에서 본다면 안식일이 단연코 가장 중요했다. 왜냐하면 안식일 준수는 너무도 규칙적이었고, 너무도 눈에 띄었으며, 너무도 사회적으로 문제적이어서 … 개인적인 관계뿐 아니라 재정적, 법적, 정치적 관계에도 영향을 끼쳤기 때문이다." Barclay, *Jews in the Mediterranean Diaspora*, 440. 필론은 *Legatio* 158에서 로마에 사는 유대인들의 곡물 배급 문제에 대해 아우구스투스가 관대했음을 언급한다. 요세푸스는 *AJ* 14권에서 소아시아 유대인들

남성 할례는 비록 고대의 다른 민족들에게서도 행해지긴 했지만, 특별히 유대인들과 연관되었다. 그 정도가 어느 정도인가 하면, 아펠라*Apella*(아*a* 펠라*pella*, 곧 "[성기 끝의] 피부가 없는")라는 이름은 유대인들에 관한 우스갯소리를 하는 빌미를 제공하기도 했던 것이다. 이러한 신체 조건은 유대인 남성들이 더 넓은 문화권 안에 더 활발하게 참여할 때 역설적으로 더 분명하게 드러나곤 했다. 예컨대 김나지움의 청년 회원ephebes으로 활동하거나 경기에 나가는 운동선수로 활동할 때 말이다(그러한 활동들 자체가 신들에게 바쳐지는 활동들이기도 했다. 마카비1서 1:14-15을 보라). [44쪽] 예를 들어, 기원전 1세기 이집트에서 기원한 파피루스 단편은 한 운동선수가 "유대인의 짐Jewish load"(즉, 할례)을 지고 있다고 암시한다. 이 남자가 달리기 경주에서 보이는 훌륭한 기량은 그가 그리스적인 활동에 얼마나 매진했는지를 보여 주지만, 또 한편으로 바로 그 활동이 그의 유대적 정체성을 공적으로 강조해 준다. 따라서 할례는 실제로 하나의 민족적 "식별 표지"로 작용했다. 그와 동시에, 우리가 가진 고대 증거에서 할례가 두드러진다는 사실은 유대인의 아믹시아*amixia*, 즉 유대인들이 다른 이들과 섞이지 않았다는 고발이 사실이 아님을 분명하게 보여준다.[24]

이 안식일 준수를 보호하기 위해 취한 여러 방식들에 대해 논의한다(참고: 성전의 재산과 관련하여 이오니아의 유대인들에 대해서는 16.27과 45를 보라). 이교도들의 안식일 준수에 대해서 요세푸스는 이렇게 말한다. "일곱째 날에 일하지 않는 우리의 관습이 퍼지지 않은 도시나 민족[*ethnos*]은, 그리스인 중에서든 야만인 중에서든, 단 하나도 없다"(*c. Ap.* 2.282). [198쪽] 안식일을 지키는 이교도들에 대해 다른 이교도들이 불만을 표현한 것의 예로는 Juvenal, *Sat.* 14.105; Plutarch, *De superstitione* 3과 8, *GLAJJ* 1.549, Nos. 255와 256을 보라. 훗날에 이방인 그리스도인들과 안식일에 관해서는 다음을 보라. Origen, *In Lev. Hom.* 5.8; *Sel. In Exod.* 12.46; 크리소스토무스Chrysostom가 유대인들에 대항해서*contra Iudaeos*(실제로는, 유대화하는 그리스도인들을 대항해서) 안디옥에서 했던 여덟 개의 유명한 설교를 보라. Augustine, *Ep.* 54.2,3.

24 필론은 "할례는 대부분의 사람들에게 터무니없는 것으로 여겨진다"고 말한다(*Spec. Laws* 1.1.1-2). 로마의 유머humor와 유대인의 포피(혹은 포피의 부재)에 관해서는 Feldman, *Jew and Gentile*, 155-56를 보라. Feldman은 나이비우스Naevius의 희극(507,

그렇다면 우리가 가진 고대 자료에 나타나는 유대인들에 대한 이러한 언급을 어떻게 바라봐야 하는가? 다음과 같은 사실들을 기억할 필요가 있다. 일단, 단순한 차이점은 어쩔 수 없는 현실이고, 그 자체는 보편적으로 인정되었다. 서로 다른 신들이 그들과 연계된 다양한 인간들과 조우하는 것이 일상인, 다민족(으로 이루어진) 제국에서, 그리고 모든 종류의 신들이 존재한다고 여겨지는 문화 속에서, 민족적 관습의 다양성—식습관, 의례, 달력, 하늘과 땅 사이의 관계를 다루는 의전 절차 등—은 그저 당연한 현실이었다. 아테나고라스Athenagoras가 말하기를, "서로 다른 민족들은 서로 다른 관습을 가지고 있으며, 아무리 그 관습이 이상해 보일지라도, 아무도 법에 의해서나 혹은 처벌의 두려움 때문에 조상으로부터 물려받은 관습을 따르는 일에 있어 훼방을 받아서는 안 된다"(*Legatio* 1). 2세기 이교도 지식인 켈수스Celsus는 다음과 같은 관찰 논평을 내어 놓았다. 유대인들은 "매우 특이한 경배 활동을 하지만, 적어도 전통적이기라도 하다. 왜냐하면 모든 에트노스*ethnos*는 각

각주 75의 논의를 보라), 호라티우스Horatius(*Satires* 1.9.70과 1.5.100), 페르시우스Persius(*Saturae* 5.184; *GLAJJ* 1.436, No. 190), 페트로니우스Petronius(*Satyricon* 68.8; *GLAJJ* 1.442, No. 193)의 구절들을 언급한다. 마카비1서는 김나지움에서 훈련하면서 일부러 "포피를 만들려는," 즉 외과적 수술을 통해 할례의 흔적을 지우려고 애쓰는(역할례epispasm) 유대인들에 대한 이야기로 포문을 연다(마카비1서 1:11-15). 유대인 운동선수들(따라서, 신들에게 봉헌된 행사의 참가자들)에 대해서는 Allen Kerkeslager, "'Maintaining Jewish Identity in the Greek Gymnasium: A Jewish Load' in *CPJ* 3.519 (= P. Schub. 37 = P. Berol. 13406)," *JSJ* 28 (1997): 12-33에서 논의된 파피루스를 보라. 비문에 등장하는 유대인 운동선수들에 대한 추가적 논의로는 Paul R. Trebilco, "The Christian and Jewish Eumeneian Formula," in *Negotiating Diaspora: Jewish Strategies in the Roman Empire*, ed. John M. G. Barclay (London: T. & T. Clark, 2004), 80, 각주 86을 보라. 유대인 운동선수, 검투사, 관중에 대해서는 Zeev Weiss, *Public Spectacles in Roman and Late Antique Palestine* (Cambridge, MA: Harvard University Press, 2014), 195-226을 보라. 비문 증거 및 문헌 증거에 관해서는 Margaret H. Williams, *The Jews among the Greeks and Romans: A Diasporan Sourcebook* (Baltimore, MD: Johns Hopkins University Press, 1998), 114-17을 보라.

기 자신들의 조상들이 물려준 전통을 공경하기 때문이다"(*c. Cel.* 5.25). 지중해 문화의 모든 집단에게 있어서, 고대성과 민족성은 그 집단이 존중받을 자격과 정체성을 측정하는 두 가지 요소였다. 그렇다면, 존중받을 만한지의 기준에서 볼 때, 유대인들은 공적 제의를 피하는 것만 아니라면 다른 모든 이들과 다를 바가 없었다.

또한 유대인들의 차이성과 동일성의 질문과 관련하여 두 가지 다른 고려 사항을 저울질해 보아야 한다. 첫째는 "식자층"의 산물인 고전 시대 민속지들ethnographies의 특성이고, 둘째는 비문과 파피루스 자료에 눈에 잘 띄지 않게 보존되어 있는 사회적 지표이다.

외부인들의 습관, 관습, 행동 양식을 보면서 그리스 저자들과 훗날 로마 저자들이 감탄과 존경을 표현한 경우는 드물었으며, 유대인들에 대한 그들의 언급을 제대로 평가하기 위해서는, 각 저자들이 유대인 외에 다른 "이국적 타자들"에 대해서 무엇이라고 말하는지를 유심히 살펴보는 것이 중요하다. 이집트인들과 켈트인들, 페르시아인들, 파르티아인들, 게르만인들, 페니키아인들과 시리아인들, 갈리아인들과 심지어 (훗날 라틴 저자들의 견해 속) 그리스인들과 같은 모든 집단들은 민족적 모욕, 교차 문화적 차원에서 생색내기, 그리고 부당한 암시의 대상이 되었다. [45쪽] 그리스인들은 자신들이 남성적이며 미덕이 있다고 여기는 한편, 그들의 대적 페르시아인들은 "유약하고" 여성적이며 노예처럼 비굴하다고 여겼다. 후에 제국의 중심이 서쪽으로 이동함에 따라, "굳건한" 로마인들은 이러한 "유약한" 특성을 그리스인들에게 갖다 붙였다. 그들에 따르면, 여러 종류의 이국적 타자들(예컨대 페니키아인들, 혹은 유대인들 혹은 게르만인들)은 인신 제사를 드렸고 종종 식인을 하기도 했다. 또한 이집트인들은 유대인들과 마찬가지로 음식에 대해 끝도 없이 까탈스럽게 굴었다. 이집트인들은 기만적이고, 소심했으며, 그러면서도 오만했다. 그들은 페니키아인들처럼 탐욕스러웠으며, 그리스인들처럼(후에 로마인들의 시각에서 볼 때) 방탕했다. (그리고 이집트의 동물 숭배는 거의 모든 이들을 불안하게 만들었다.) 갈리아인들 역시 탐욕스러웠다. 페니키아인들은 정직하지 못하고 일구이언하는 이들이었다. 게르만인들은 육체적으로는 튼튼하지만 지적으로 약했다. 이러한 목록은 계속해서 이어진다.[25]

반사회적인 행동들(성적 방종이나 식인 풍습이 단골 목록이다)은 특히 외부인들에게 돌려지는 특징이었다. 그리스-로마 저자들은 자신들의 문화 속에 존재하는 문명화된 사회성을 이상화하고, 그러한 이상적 모습이 타자들에게도 존재함을 대담하게 부정함으로써, 자신들의 이상적 모습을 더욱 날카롭게 부각시켰다. (결국, 기원후 2세기가 되었을 때, 이교도들은 이방인 그리스도인들이 그와 같은 행동을 저지른다고 규탄하게 되었고, 서로 경쟁하는 이방인 교회들 역시 서로를 향해 그와 같이 규탄하였다.) 우리는 고대 유대인들이 극도로 반사회적인 행동을 보였다는 고발을 합리적 의심과 함께 살펴보아야 한다. 그러한 고발은 신뢰할 만한 사회적 묘사를 제공해 주지 않고, 오히려 이 식자층의 이교도 저자들이 그들의 사회적 세계 안에서 무엇을 가장 가치 있게 여겼는지를 역으로 측정해 볼 수 있는 방편을 제공해 준다. 민속지에 나오는 모욕적 언급이 다른 어떤 집단보다도 유대인들에 대해 많이 남아 있는 이유는, 역사의 우연 때문이다. 반-유대적 자료는 다른 여러 논쟁적 목적을 위해서 후대의 이방인 그리스도인들을 통해 보존되고 재사용되었던 것이다. 하지만 그 모욕들 자체는 공통의 문화적 자산이었다. 한 역사학자가 적절하게 논평하였듯이, 고대의 인종적/민족적 정형

25 민족적 차이, 인종적 우월함과 열등함, 계보적으로 고정되어 물려받는 도덕적 특성들 등의 쟁점 전체에 관해서는 Isaac, *Invention of Racism*을 보라. Isaac은 이 담론이 어떤 민족을 타겟으로 삼는지에 따라 분류한다. 그리스인들이 동방 사람들에 대해 말한 것(4장), 로마인들이 동방 사람들과(5장) 그리스 사람들(9장)에 대해 말한 것, 그리고 고전 시대 민족지 저자들이 페니키아인들, 카르타고인들, 시리아인들(6장), 이집트인들(7장), 파르티아인들 및 페르시아인들(8장), 갈리아인들(11장), 게르만인들(12장), 유대인들(13장)에 관해 말한 것으로 분류하는 것이다. 또한 다음 각주를 보라.

화의 세계에서는 심지어 고정관념들까지 정형화되어 있었다.[26]

더 나아가, 비문들은 유대인의 자기 격리에 대한 고발들에 배치되는 증

26 Gideon Bohak의 훌륭한 논평은 다음의 소논문에서 찾아볼 수 있다. "The Ibis and the Jewish Question: Ancient 'Anti-Semitism' in Historical Context," in *Jews and Gentiles in the Holy Land in the Days of the Second Temple, the Mishnah and the Talmud: A Collection of Articles* (Jerusalem: Yad Ben-Zvi Press, 2003), 27-43(인용된 문장은 43쪽에 있다). 특히 유대인들이 식인 풍습이 있다고 비난하는 반-유대적 고발에 관해서는 Pieter W. van der Horst, "The Myth of Jewish Cannibalism: A Chapter in the History of Antisemitism," in *Studies in Ancient Judaism and Early Christianity* (Leiden: Brill, 2014), 173-87을 보라. 그리스도인들에 대한 이교도들의 중상모략에 대해서는 Tertullian, *Apol.* 8.1-5; cf. Pliny, *Ep.* 10.96, 2와 7, 그리고 Isaac, *Invention of Racism*, 485을 보라. 유스티누스Justin는 이교도들 및 다른 이방인 그리스도인 분파들의 "비도덕적이고 불경건한 의례들"에 대해 암시한다(*Trypho* 35). [199쪽] 두 세기 이상이 지난 후, 아우구스티누스는 마니교도들의 도덕적 사악함에 관해 넌지시 암시하게 된다(*c. Fortunatum* 2-3). 본래 이교도들이 사용한 반-유대적인 민족 정형화 전략을 후에 그리스도인들이 보존하고 전수하게 된 점에 대해서는 Isaac, *Invention of Racism*, 441을 보라. 마지막으로, 궁극적인 반사회적 행동 양식으로 간주되는 인신제사에 대해서는 Rives, "Human Sacrifice"와 van der Horst, "Jewish Cannibalism"을 보라.

유대인들이 유럽 도시 게토들에 강제로 격리되어 살아야 했던 시대로부터 500년이 지났고, 홀로코스트 이후 북미와 이스라엘의 여러 하레디haredi 유대인 분파들이 스스로를 격리했던 시대를 거쳐 온 우리는 이제 그 이교도들의 비난을 다시 읽는다. 유대인들이 분리주의적이라고 손가락질했던 이교도들의 비난을 현대 역사학자들이 종종 액면 그대로 받아들일 때가 있다. 그리고 이 역사학자들은 유대인의 "정통주의"와 그와 반대되는 "동화주의"의 대조라는 현대적 구성을 고대 유대인들에게 역으로 투사한다. 이것은 역사기술상의historiographical 문제이다. 나는 우리가 가진 여러 고대 증거들이 보여주는 풍부한 다양성을 신속하게 훑어보는 작업을 통해서, 다음과 같은 점을 입증할 수 있기를 희망한다. 역사적으로 볼 때 "정통/정통주의orthodoxy"를 표시할 방법은 없으며(수사적인 방식 외에는 말이다. 즉, 정통이란 "나의 의견"이다), 민족적 특수성(민족됨; 과거에 대한 내러티브들; 식습관; 특정한 땅과의 연결성; 경배에 관해 조상으로부터 물려받은 절차들; 언어)은 초기 로마제국의 도시들 안에서 이루어진 간민족적인 사회 활동들(따라서 "종교" 활동들)과 필수적으로 공존했다는 점 말이다. 이 쟁점에 대한 적절한 논평으로는 다음을 보라. Gidi Bohak, "Ethnic Continuity in the Jewish Diaspora in Antiquity," in *Jews in the Hellenistic and Roman Cities*, ed. John R. Bartlett (London: Routledge, 2002), 175-92(특히 183-85).

거를 보여주고, 이교의 신들을 회피하는 티 없이 깨끗한 유대인들을 상상하는 일부 현대 역사학자들의 상상에 배치되는 증거를 제공한다. 예를 들어, 모스키온Moschion의 아들 모스코스Moschos는 꿈속에 나타난 두 명의 지역 신들로부터, 그의 노예를 해방하라는 명령을 받는다. 그리고 모스코스는 자신이 그 신들의 명령에 순종하였음을 증거하는 비문을 그 신들의 신전에 남긴다. 이 행위는 "변절하여 이교주의paganism나 종교혼합주의syncretism로 빠져버린" 행동이었는가? [46쪽] 그 비문에서 모스코스는 자신을 그저 유다이오스*Ioudaios*, 한 명의 "유대인"으로 간주한다. 다시 말하지만, 고대에는 "한 신," 혹은 "지고신," 혹은 오직 "우리의 신"만을 경배한다고 해서, 그것이 다른 신들의 존재를 의심하는 것을 의미하지 않았다. 다만, 다른 신들에 대한 의무를 다르게 설정한다는 것을 의미할 뿐이었다. 신의 직접적 명령에 순종하는 방식으로 한 신에게 존중을 표시하는 것은 의심의 여지없이 상식적인 행동이었다. 어떤 신도 인간에 비하면 더 강력하기 때문이다. 그러나 모스코스가 지역의 신들에게 순종할 때, 자기 조상의 신을 섬기는 것과 동일한 방식으로 경배했을까? 왜 우리는 그렇게 생각할까?[27]

마찬가지로, 다른 비문들도 유대인들이 제의적으로 그 세계에 뿌리내리고 있음을 보여주는 산발적 기록을 보존하고 있다. 유대인들이 그들의 신에게 감사를 표시하는 비문들이 이집트에서 발견되었는데, 이 비문들은 놀랍게도 판Pan 신의 신전에서 발견된 것이다. 이 유대인들과 그들이 남긴 비문들은 거기에서 과연 무엇을 하고 있었는가? 안티필로스Antiphilos의 아들 예수Jesus와 엘르아살의 아들 엘르아살Eleazar은 1세기 구레네의 청년회ephebate 명단에서 발견된 이름들이다. 이들은 청년 회원으로서, 즉 성인 시민이 되기

---

27 이 비문의 텍스트는 *HJP* 3:65를 보라. 138쪽에서 Fergus Millar는 "이교주의 혹은 혼합주의로의 변절"이라고 못을 박아버린다. 참고: 아르타파노스Artapanus와 고대의 "정통" 유대교에 관한 Feldman의 입장은 아래의 각주 32번을 보라.

위해 훈련을 받고 있는 자들로서, 그들의 도시를 주관하는 신들에게 경의를 표하는 시민적 활동에 참석했을 것이다. 실제로 그들의 이름을 기록하고 있는 석비 자체는 김나지움의 신들인 헤라클레스Heracles와 헤르메스Hermes에게 바쳐졌다. 이 석비에 나오는 예수와 엘르아살은 어떻게 그 상황을 타개해 나갔을까? 우리는 알 길이 없다. 우리가 알고, 또 알 수 있는 유일한 사실은 그저 이 비문이 우리에게 말해 주는 사실뿐이다. 즉, 이 두 젊은이들은 그들 도시의 삶에 적극적인 참여자가 되기 위해 훈련을 받았고, 도시 자체는 하나의 (이교의) 종교적 기관이었다는 사실 말이다. 예수와 엘르아살이라는 이름이 보여주는 민족적 특수성만이 그들이 유대인이었음을 알려 준다. 완전히 그리스식 이름을 사용했던 유대인들의 경우는 우리가 가진 증거에서 아예 구별이 되지 않는다. 아마도(우리가 확실히 알 수는 없지만) 이 청년회는 다른 유대인 시민들의 아들들도 포함하고 있었을 것이다.[28]

한편, 시민권은 유대인들에게 있어서 여러 걱정거리를 안겨주는 이슈였을 수 있다. 시민으로 산다는 것은 곧 그 시의 신들과 연결되어야 한다는 점,

28 유대인의 신에게 감사를 돌리는 이 두 개의 유대 비문은 판Pan 신의 신전에 놓여 있다. 이 두 비문에 관해서는 Irina Levinskaya, *The Book of Acts in Its Diaspora Setting* (Grand Rapids, MI: Eerdmans, 1996), 94-95을 보라. *HJP* 3:58은 이 비문들의 텍스트를 제시하면서, 두 비문 모두 "신의 이름을 언급하지 않은 채로 '그 신'에게 감사를 돌리는데, 그 신이 판인지 야훼인지는 그들에게 크게 중요치 않았던 것처럼 보인다"고 논평했다. 그러나 각 비문의 봉헌사는 그 비문을 세운 기증자가 유다이오스*Ioudaios*라는 점을 적시하고(그리고 신을 가리키는 명사 앞에 정관사가 붙어서 호 테오스*ho theos*가 된 것은 내가 보기에 그 신, 즉 최고신을 가리킨다), 이것을 통해 그들의 민족성뿐 아니라 그들이 섬기는 신의 민족성까지 가리킨다 (Levinskaya는 95쪽에서 이 점을 올바르게 지적했다). 청년회 멤버인 예수와 엘르아살에 관해서는 Barclay, *Jews in the Mediterranean Diaspora*, 234-35을 보라. 거기서 Barclay는 유대인들의 시민권을 암시하는 다른 비문들도 논의한다. 또한 소아시아 공동체들 안에서의 유대인 시민들에 대한 논의 및 그들의 신분이 그들로 하여금 이교의 신들과 관계를 맺도록 한 방식에 대해서는 Paul R. Trebilco, *Jewish Communities in Asia Minor* (Cambridge: Cambridge University Press, 1991), 172-85을 보라.

곧 시민으로서 참여하는 경배 행위에 일상적으로 연결되어야 한다는 점을 의미했기 때문이다. 아피온Apion은 기원후 39년의 소요 가운데 이렇게 불평했다. "만약 유대인들이 알렉산드리아의 시민이 되기를 원한다면, 왜 그들은 알렉산드리아의 신들에게 경의를 표하지 않는가?" 다시 말하지만, 우리는 유대인 개개인들이 시민으로서, 심지어 시의회의 회원으로서 그들의 시민적 의무를 조상의 신에 대한 의무와 어떤 방식으로 조화시켰는지에 대해서는 알 길이 없다. 여러 비문과 문헌 자료의 증거에 비추어 볼 때, 우리가 말할 수 있는 것은 유대인들이 어떤 방식으로든 그 작업을 해냈다는 것이다. (아마도 2세기 초에 쓰인 것으로 보이는 사도행전은 바울이 다소[21:39]와 로마[22:22-29], 양쪽 도시의 시민이라는 사실을 아무런 변명 없이 전한다.) [47쪽] 실제로 어떻게 실행했을지, 그리고 어떤 식으로 임기응변을 했을지는 분명 도시마다 개인마다 차이를 보였을 것이다. 필론과 그의 조카인 티베리우스 율리우스 알렉산더Tiberius Julius Alexander의 경우를 잠시 생각해 보면, 심지어 같은 도시에 살고 같은 가문에 속한 개인들조차도 서로 다른 방식을 취할 수 있었다는 것을 알 수 있다. 결국, 기원후 200년경에 이르렀을 때에는 유대인들을 공적 제의에서 면제해 주는 일반적인 원칙이 제국의 법으로 인정된(혹은 아마도 확립된) 것으로 보인다. 세베루스Severus와 카라칼라Caracalla는 "유대인들의 미신*superstitio*에 어긋나는" 의무들을 유대인들에게 지우지 않고도 유대인들이 공직을 맡을 수 있도록 허가해 주었다(*Digest* 50.2.3.3).[29]

---

29 아피온의 불평에 대해서는 Josephus, *c. Ap.* 2.65를 보라. 소아시아 도시들에서 나온 비슷한 불평들에 대해서는 *AJ* 12.125-26을 보라. 거기서는 이교도 이오니아인들이 시민들을 쉉게네이스syngeneis, 즉 동일한 신들을 경배하는 "친족"으로 표현한다. 요세푸스가 보존한 법의 역사를 조망하는 논의로는 Miriam Pucci Ben Zeev, *Jewish Rights in the Roman World: The Greek and Roman Documents Quoted by Josephus Flavius* (Tübingen: Mohr Siebeck, 1998)를 보라. 필론의 조카인 티베리우스에 대해서는 *AJ* 20.100(티베리우스는 자신의 파트리아 에테*patria ēthē*를 따르지 않았다)과 Barclay, *Jews in the*

이교도들이 사용하는 어구들과 성스러운 달력이 유대인들의 비문에 나타나는 것 역시 넓은 문화적 안전지대의 존재를 시사한다. "D.M."—디스 마니부스*dis manibus*, 즉 "저승의 신들에게"라는 어구는 유대인들의 무덤에서도 발견되는 흔한 장례 비문 관습이다. 제우스Zeus(하늘), 헬리오스Helios(태양), 가이아Gaia(땅)와 같은 그리스 만신전의 주된 신들의 경우 흔히 증인 선서를 하는 일에 호출되었고, 유대적 문맥을 암시하는 비문들 가운데서도 나타난다. 이교의 신들은 유대인들의 집과 심지어 회당의 모자이크 바닥에도 등장한다. 기원후 1세기 중엽, 스트라본의 아들 포토스Pothos의 비문은 "가장 높으신, 전능하고 찬양받으실 신에게"라는 말로 시작된다. 포토스는 그가 "집에서 기른 여자 노예 크뤼사Chrysa"를 해방하여, 그녀를 "프로슈케*proseuchē*"("기도처," 유대 공동체가 모이던 곳을 가리키는 흔한 용어)에서 봉헌한다는 내용을 기록하고 있다. 또한 포토스는 이 일의 증인으로 제우스, 헬리오스, 게*Gē*라는 세 신을 호출한다는 내용을 비문 마지막 줄에 새겨 두었다. 글뤼콘Glykon이라는 인물의 기부금에 대해 증언하는 또 다른 비문은 "무교절"과 "오순절"(즉, 샤부오트Shavuot)과 같은 유대 절기들을 이야기하면서, "넷째 달의 칼렌즈Kalends(라틴어 칼렌다이*Kalendae* - 역주)"를 언급하는데, 이것은 로마의 새해인 1월 1일에 이루어지는 신성한 경축 행사를 가리킨다.[30]

Mediterranean Diaspora, 105f을 보라. [200쪽] 유대인 시의회 의원들을 언급하는 비문들에 대한 추가적 논의로는 Trebilco, "Eumeneian Formula," 79-80을 보라. 유스티니아누스 법전Digest에 나오는 법률 텍스트는 Amnon Linder, ed. and trans., *The Jews in Roman Imperial Legislation* (Detroit, MI: Wayne State University Press, 1987), No. 2에 번역과 더불어 논의된다. 거기에 따르면 수페르스티티오*superstitio*는 "낯선 제의foreign cult"로 이해되어야만 한다.

30 유대인들과 "D.M" 비문들에 대해서는 Ross S. Kraemer, "Jewish Tuna and Christian Fish: Identifying Religious Affiliation in Epigraphic Sources," *HTR* 84 (1991): 141-62과 Leonard V. Rutgers, "*Dis Manibus* in Jewish Inscriptions from Rome," in *Jews in Late Ancient Rome: Evidence of Cultural Interaction in the Roman Diaspora* (Leiden: Brill,

더 나아가 비문과 문헌 자료 모두에서, 유대인들은 극장, 전차 경기장, 콘서트 홀과 같은 문화적 활동을 위한 장소뿐 아니라(혹은 문화적 행사를 위한 장소인 동시에) 제의를 위한 장소이기도 한 곳에 나타나곤 한다. (바울이 편지들 가운데 운동 경기들을 언급하는 것은 그의 회중이 그러한 활동에 익숙했다는 것을 암시할 뿐만 아니라 바울 자신도 그것에 익숙했음을 시사한다. 그 익숙함이 수사적인 차원의 익숙함이든, 혹은 실제의 경험이든 말이다.) 유대인들은 그 장소들 가운데 이루어지는 공연을 관람하였고 또 실제로

1995), 269-72; Erwin R. Goodenough, *Jewish Symbols in the Greco-Roman Period*, 13 vols., Bollingen Series 37 (New York: Pantheon Books, 1953-1968), 2:137-40을 보라. 보스포루스Bosphorus에서 발견된 노예 해방 비문들은 J.-B. Frey, *CIJ* 1, Nos. 683, 684, 690에서 찾아볼 수 있고, Lee I. Levine, *The Ancient Synagogue: The First Thousand Years* (New Haven, CT: Yale University Press, 2000), 114 및 각주에서 논평 및 참고 문헌을 찾아볼 수 있다. 특히 포토스Pothos 비문에 대해서는 Levinskaya, *Acts*, 111-16을 보면 되고, 비문의 텍스트 전체는 239쪽에 있다(포토스는 이교도 출신 동조자였다는 견해). 참고: Levine, *Ancient Synagogue*, 113-23(114쪽: 포토스는 유대인이었다는 견해). 비문의 저자의 민족이 무엇이든 간에, 그것이 가진 해석적 모호함은 더 크고 중요한 논점을 확인해준다. 민족적 "경계"는 순찰대가 지키고 있던 경계가 아니었다.

청년회 회원, 시의회 의원, 그리고 이교도 군대의 장교들의 역할을 수행했던 유대인들에 대한 추가적 논의로는 Williams, *Jews among the Greeks and Romans*, 107-31을 보라. 이교의 경배 활동에 유대인들이 자금을 지원한 것에 대해서는 *HJP* 3:25(디오니소스 축제를 니케타스Niketas가 후원한 것)를 보라. 이교도의 활동을 헤롯이 후하게 후원한 것에 관해서는 Josephus, *AJ* 16.136-49를 보라. Fredriksen, "Judaizing," 232-52에 나온 논의를 보라(특히 236쪽 이하). 글뤼콘Glykon의 기부에 대해서는 Walter Ameling, *Inscriptiones Judaicae Orientis*, vol. 2: Kleinasien, ed. Martin Hengel and Peter Schäfer (Tübingen: Mohr Siebeck, 2004), No. 196, 414-22을 보라. 글뤼콘이 유대인이었을까? 혹은 (어쩌면) 유대적인 것에 동조했던 이방인이었을까? 양쪽 모두 개연성이 있다(같은 책 422쪽). 이 모호성의 쟁점에 대한 더 긴 고찰로는 Philip A. Harland, "Acculturation and Identity in the Diaspora: A Jewish Family and 'Pagan' Guilds at Hierapolis," in *The Religious History of the Roman Empire: Pagans, Jews, and Christians*, ed. J. A. North and S. R. F. Price (Oxford: Oxford University Press, 2011), 385-418을 보라. 명심해야 할 주된 논점은 이것이다. 고전 시대 민족지 기록자들의 불평에도 불구하고, 디아스포라 유대인들은 사회에서 겉돌았던 것도 아니고, 지역의 신들과 전적으로 무관하게 살았던 것도 아니다.

활동하기도 했다. 또한 전쟁과 관련된 기량은 단지 군사적 커리어를 가진 남자들에게만 국한되지 않았다. 우리는 유대인 검투사들에 대한 증거도 가지고 있는데, 그 검투사들의 직업적 활동은 로마 황제를 숭배하는 제의와 특히 연관을 맺고 있었을 것이다.[31]

[48쪽] 마지막으로, 헬레니즘 유대인들이 생산해 낸 엄청난 양의 문헌들은 더 넓은 이교 사회 안에서 유대인이 차지했던 위치를 재구성하는 시도에 있어서 중요한 고려 사항이다. 이 문헌들의 상당수는 후대의 기독교 교부들의 저작들 안에 보존되었다. 이 교부들은 유대교가(그리고 기독교 안에서 자신들의 분파가) 관련된 모든 측면에 있어서—특히 그 고대성에 있어서—이교보다 우월하다는 자신들의 주장을 입증하기 위하여 유대인의 문헌들에 호소했다. 더 오래된 것이 더 좋은 것으로 여겨졌던 문화권 안에서, 식자층 유대인들 및 훗날 이방인 그리스도인들은 유대 전통에 우선권이 있음을 주장했다. 따라서, 이집트에 살던 유대인 아르타파노스Artapanus는 주류 문화의 기원이 되는 참된 원천은 바로 유대인 영웅들이라고 주장했다. 요셉은 이집트의 신전들을 세웠고, 모세는 오르페우스Orpheus에게 음악을, 이집트에게는 동물 숭배를 전수해 주었다. 식자층 유대인들이 생산한 위작들은 "이교도" 시뷜라들sibyls이 이교의 제의보다 유대인의 제의가 우월하다는 내용을 호메로스식의 6보격 시행Homeric hexameters으로 노래하는 모습을 담아냈다. 역사

31 이교도가 여가 활동을 즐기는 장소들에 관중으로든 혹은 참가자로든 출현한 유대인들에 대한 가장 근래의 논의로는 Weiss, *Public Spectacles*를 보라. 일차자료 비문들, 그리고 필론, 성난 교부들, 성난 랍비들에게서 가져온 문헌 증거에 대해서는 특히 207쪽과 그에 해당하는 미주를 보라. 또한 나온 지 조금 된 소논문인 Peder Borgen, "'Yes,' 'No,' 'How Far?': The Participation of Jews and Christians in Pagan Cults," in *Paul in His Hellenistic Context*, ed. Troels Engberg-Pedersen (Edinburgh: T. & T. Clark, 1994), 30-59도 보라. 테르툴리아누스는 *De spectaculis*, *De idololatria* 및 *Apologeticus*에서 도시의 활동들과 축제들의 제의적 측면에 대해 생생한 묘사를 남겼다.

소설들은 이교도 왕들이 유대인의 지혜를 찾아 나서는 모습을 묘사했다. 고전 교육 과정의 대표적 작가인 아이스퀼로스Aeschylus, 소포클레스Sophocles, 에우리피데스Euripides는 유대적인 구절들을 "생산했는데," 결과적으로 그들은 이교도의 파이데이아*paideia*의 근원적인 측면들을 유대인들과 그들의 신에게로 돌리게 된 셈이었다. 간단히 말해, 유대인들이 이러한 고전 작가들과 전통들을 다루고 매진했다는 사실, 김나지움 교육의 가치들과 그 권위자들에게 매진했다는 사실은 우리가 비문, 고고학적 발견, 역사적 문헌들로부터 이미 알게 된 사실을 문학적인 측면에서 재진술해준다. 유대인들은 디아스포라 도처 그들이 거주했던 도시들 안에서, 철저히 그 안에서 살았던 것이다.[32]

---

32 [201쪽] 아르타파노스Artapanus의 글들은 유세비우스Eusebius의 *Praeparatio evangelica* 9권에 실려 있는 발췌문들을 통해 우리에게 알려져 있다. 아르타파노스에 관해서는 Barclay, *Jews in the Mediterranean Diaspora*, 127-32을 보라. Feldman은 요셉과 모세가 이집트 및 그리스 문화를 세웠다고 말하는 아르타파노스의 주장을 근거로 들어, 아르타파노스가 "율법을 준수하는 유대인"이었을 수는 없다고 생각한다(*Jew and Gentile*, 208). 반면에 Barclay는 아르타파노스를 "자랑스러워하는 이집트인이자 자의식이 강한 유대인"으로 본다(132쪽; 참고: "정통"과 "일탈"을 구분하는 시대착오적 논의를 반대하는 Barclay의 83-102쪽도 보라). Barclay는 아르타파노스가 하나님God과 신들gods을 구별 없이 부르는 방식에 주목하면서, 이렇게 논평한다. "유대인이지만, 아르타파노스는 유일신주의자이면서 동시에 다신주의자였다"(132쪽). 그러나 그와 정확하게 똑같은 내용을 필론, 바울, 그리고 (이교도이든 유대인이든 혹은 심지어 그리스도인이든) 사실상 고대의 어떤 유일신주의자에게도 적용시켜 말할 수 있다. 그리스의 문화적 정전에 철저하게 익숙했던 헬레니즘 유대인 저자 아리스토불루스Aristobulus는 유대 사상이 그리스인들의 사상보다 시간적으로 앞서며 더 우월하다는 내용을 길게 주장했다. 그에 따르면, 그리스인들은 철학자이든 시인이든 모두 모세로부터 진리를 가져온 것이다. (분명, 이 문화적 표절을 저지른 이들은 칠십인역이 등장하기 한참 전에 이미 오경의 그리스어 번역을 가지고 있었던 것이다. Eusebius, *Praep. Evang.* 12.1; 참고: *Aristeas*, 312-16.) 그리스 문인이나 혹은 이교의 선견자로 위장한 헬레니즘 유대인들에 관해서는 *HJP* 3:618-54와 654-700을 보라. 그들의 "뻔뻔한 발명"의 진가를 논하는 Gruen, *Diaspora*, 213-31을 보라. 디아스포라 유대 공동체들이 그 환경에 문화적, 사회적으로 뿌리내리고 있다는 점에 대한 추가적 논의로는 Pieter W. van der

이 마지막 관찰 결과는 (또 다른 경로를 통해서) 우리를 이 장의 첫 부분에서 언급했던 필론의 인용구로 되돌아가게 만든다. 필론은 유대인들이 거주한 디아스포라 도시들을 "조국fatherland"으로 부르고, 예루살렘을 "모도시mother city"라고 부름으로써, 현대의 "이중 충성심"이라는 이슈의 고대 버전을 증언하고 있는 것이 아니다. 오히려 필론의 표현 방식은 그리스어 성서의 어휘를 반향한다. 그 그리스어 성서는 기원전 3세기와 2세기경 헬레니즘 유대 번역자들의 감수성과 시민적 삶에 뿌리내린 특성을 울려냈다.

느부갓네살의 예루살렘 정복으로 인해 생긴 결과를 가리킬 때 히브리어 성서는 "유배"라는 측면에서 그것을 언급한다. 즉, 이스라엘 땅에서 축출당함, 혹은 강제로 분리됨을 의미한다. 그에 상응할 만한 그리스어 용어는 디아스포라*diaspora*, "흩어짐"인데, 이 단어는 명사 형태와 동사 형태("흩어지다") 모두가 칠십인역에 등장한다(예: 창 49:6; 레 26:33; 신 28:25; 렘 41:17; 욜 3:2). 하지만 필론은 알렉산드리아를 그의 파트리스*patris*라고 언급하며 또 다른 개념을 활용하는데, 곧 고향 땅에서 **자발적으로** 떠나 이주한 인구 집단을 가리키는 개념을 활용하였다. [49쪽] 이는 그리스의 식민지 개척 모델로부터 끌어온 것이었다. 필론은 같은 단락의 다음 문장에서 이렇게 말을 이어간다. "그들은 이 도시들이 설립되던 바로 그때에 이 [도시들] 중 몇몇 안으로 들어왔다. 도시 설립자들에게 호의를 베풀기 위해서 아포이키아*apoikia*를 파송한 것이다"(*In Flaccum* 46). 여기서 핵심은 아포이키아, 곧 "식민지 이민단colony"이다.

아포이키아이*apoikiai*(아포이키아의 복수형 - 역주)는 칠십인역의 역사서 부분에 자주 등장하는데, 거기서 이 단어의 뜻은 "해외에 있는 (유대인) 공동체들"이라는 의미이다. 그리스인들이 사람들로 미어 터지던 모도시로부터 출발했

Horst, "The Jews of Ancient Phrygia" and "Judaism in Asia Minor," in *Studies in Ancient Judaism and Early Christianity* (Leiden: Brill, 2014), 134-60을 보라.

듯이, (필론이 말하기를) 유다이오이*Ioudaioi* 역시 예루살렘으로부터 출발했다. 다른 말로 하면, 필론은(그리고 필론보다 한참 이전에 칠십인역 번역자들은) 서쪽 지역으로 유대인들이 "흩어진 것"을 자발적 이주로 여겼던 것이다. 왕성한 번식력으로 인해—즉 인구가 엄청나게 늘어났기 때문에—또한 어떤 의미에서 보면 풍족하게 살았기 때문에, 유대인들은 이스라엘 땅 바깥에 "식민지들"을 설립할 수 있었다. 필론은 그렇게 함으로써 유대인들이 그들의 신과 그들의 모도시 예루살렘에 있는 성전에 계속해서 충성을 바치게 되었다고 주장한다. 펠로폰네소스의 도시들에서 온 식민지 개척자들이 시킬리아(시칠리아)의 새로운 장소들에 정착한 후에도 계속해서 본래 도시들을 향해 충성을 보였던 것과 유사하게 말이다. 다른 말로 하면, 보다 오래된 성서 텍스트의 히브리어 어휘는 "유배"로 인해 살던 곳에서 내쫓기고 소외를 경험하게 되었다는 개념을 보존하고 있었다. 반면, 새롭게 그리스어로 옮겨진 성서의 어휘가 보여주듯이, 서쪽의 헬레니즘 유대인 인구 집단들은 아주 다른 경험을 했던 것이다. 이들은 만족스럽게 뿌리를 내려 자신들의 파트리스에 정착했으며, 어디에서나 고향과 같은 편안함을 누리게 되었다.[33]

---

33 내 묘사는 Sarah Pearce, "Jerusalem as 'Mother-City' in the Writings of Philo of Alexandria," in *Negotiating Diaspora: Jewish Strategies in the Roman Empire*, ed. John M. G. Barclay (London: T. & T. Clark, 2004), 19-36라는 훌륭한 소논문에 기초해 있다. 칠십인역에서 아포이키아*apoikia*의 사용에 대해서는 같은 책 33쪽을 보라. 거기서는 Joseph M. Mélèze-Modrzejewski, "How to Be a Jew in Hellenistic Egypt?" in *Diasporas in Antiquity*, ed. Shaye J. D. Cohen and Ernest S. Frerichs (Atlanta, GA: Scholars Press, 1993), 65-91이라는 소논문을 활용하고 있다. 그리스어를 말하는 유대인들이 살았던 장소와 관련하여 시민권이 갖는 복잡성에 대해서는 Bohak, "Ethnic Continuity"를 보라. Bohak은 필론으로부터 가져온 이 본문을 182쪽에서 논한다. Cynthia Baker는 필론으로부터 온 이 동일한 본문을 사용하는 가운데, 다수의 유대 "민족성들"에 관해 이야기함으로써 논의의 방향을 돌려놓고, 이 집단 정체성 구성에 있어서 "피"보다 "장소와 언어(서로 다른 유대인 거주 도시들 다수에서)를 중요시"했다. Cynthia Baker, "From Every Nation under Heaven."

유대인들 사이에서의 이교도들

상호침투현상은 양방향으로 이루어진다. 고대 유대인들이 이교도 사회에서 눈에 띄었고, 이교도의 장소들 가운데 활동적으로 다녔으며, 이웃(사람)은 물론 그 이웃의 신들과도 섞여 살았다. 이와 동일한 결론을 이교도들에 대해서도 내릴 수 있을까? 이교도들이 눈에 띌 정도로 유대인의 장소들 가운데 활동하며 다녔을까? 이교도들이 그러한 장소들 가운데 유대인들 그리고 유대인들의 신과 어느 정도 교류했을까?

성전

기원후 66년 이전에 예루살렘에 왔던 이교도들을 상상해 보자. 헤롯 대왕 치하에 예루살렘 성전은 로마 세계의 빼어난 건축물 중 하나로 자리매김하게 되었다. 헤롯은 성스러운 옛 구역들을 35에이커(1에이커는 약 1,200평) 가량 확장했고, 그것을 둘레 0.9마일(1마일은 약 1.6km) 정도에 달하는 거대한 벽으로 둘러쌌는데, 그 벽은 오늘날에도 볼 수 있다. [50쪽] 이 확장된 건축물의 핵심인 성소 내부에는 지성소가 있었는데, 이것은 "모든 이들에게 있어서 범접할 수 없고, 침범할 수 없고, 보일 수 없는"(Josephus, *BJ* 5.219) 곳이자, 이스라엘 신이 땅 위에 거하는 처소였다(참고: 마 23:19). 이 성소를 둘러싸고 있으며 단계식 크기로 배열되어 있던 중첩된 뜰에는, 먼저 제사장들이 사용할 목적으로 마련된 구역들이 있었고(그곳에서 실제 희생 제사와 제사드릴 동물을 잡는 행위가 이루어졌다), 그 다음에는 이스라엘 남자들을 위한 구역, 그 다음에는 이스라엘 여자들을 위한 구역이 있었다. 하지만 이와 같이 특별히 유대인들만을 위한 영역을 둘러싸고 있으며, 성전 전체 구역에서 가장 넓은 공간을 차지하고 있던

것은 민족들의 뜰the Court of the Nations이었다(*c. Ap.* 2.103).[34]

제1성전기에 비-유대인들은 그들의 봉헌물을 가지고 와 제사를 드릴 수 있었던 것으로 보인다. 예를 들어, 민수기 15:14-16을 보라. 거기서 비-유대인을 가리키는 히브리어 단어인 게르*ger*는 그리스어로 넘어오면서 프로셀뤼토스*prosēlytos*로 번역되었다. 결국, 영어 단어 "proselyte"는 유대인의 조상 관습을 자발적으로 온전히 받아들이는 외부인을 가리키게 되었다. 우리가 사용하는 용어로 말하자면, "개종자convert"인 것이다. 그러나 본래 이 단어는 히브리어 게르와 마찬가지로, 재류외인resident alien 혹은 나그네, 즉 자기 자신의 땅이 아닌 다른 곳에 사는 비-토착민을 가리키는 말이었다. (히브리인들은 이집트에서 게림*gerim*이었다[게림은 게르의 복수 - 역주]. 레위기 19:34을 보라. 신명기 15장은 이스라엘 땅에 사는 비-유대인들, 게르 하-가르*ger ha-gar*를 언급한다.) 그러나 제2성전과 더불어, 이미 헬레니즘 시대에는(기원전 3세기 후반/2세기 초반), 제단에의 접근이 더욱 제한된 것으로 보인다. 그리하여 헤롯이 건축 공사를 착수했을 무렵에 이르러서는 게노스*genos* 혹은 에트노스*ethnos*가 제단에 어느 정도로 가까이 접근할 수 있는지에 대한 기준들이 제대로 자리를 잡았고 집행되었다. 이방인의 뜰의 안쪽 가장자리의 경계가 난간balustrade에 의해 표시되었고, 거기에는 "외국인"(알로게네스*allogenēs*, 문자적으로는 "다른 민족")은 그 이상으로 넘어오면 안 된다는 경고가 새겨져 있었다(참고: *BJ* 5.194, 알로퓔로스*allophylos*; 그리고 *AJ* 15.417, 알로에트네*alloethnē*). 비-유대인들은 예물을 가져올 수 있었고, 누군가 그들을 대신해서 제사를 드리게 할 수 있었다(바로 아우구스투스가 그러한 방식을 취했다). 그러나 성전의 바깥뜰을 방문하는 이교도들 스스로가 희생 제사를 드릴 수는 없었다.[35]

---

34 Sanders는 성전의 내부 구조의 상세한 내용을 설명한다. Sanders, *Practice and Belief*, 55-72. 또한 보다 큰 그림을 살펴보기 위해서는 Levine, *Jerusalem*, 219-60을 보라.

35 게르*ger*에서 프로셀뤼토스*prosēlytos*로의 전환, 따라서 "재류외인"에서 "개종자"로

이처럼 성스러운 구역에서 누가 어디에 설 수 있는가에 대한 사회적 단계 구분은 곧 의례적 단계 구분을 표현하였다. 성전의 봉헌된 여러 뜰은 정결법이 현재 어떻게 해석되고 있는지를 공간적으로 표현해 내었다. 외부인들은 제사가 실제 진행되는 곳으로부터 가장 먼 곳에, 즉 성스러운 영역 바깥에 위치했다. 그보다 더 안쪽으로 가까이 올 수 있었던 것은 유대인 여자들이고, 그보다 더 안쪽에는 유대인 남자들이 위치했다. 이 유대인 남자들의 뜰은 제사장들의 영역을 표시하는 낮은 난간이 있는 곳에서 끝났다. [51쪽] 그 지점과 성소 사이에는 제단이 위치해 있었고, 그곳에서 실제로 희생 제사가 진행되었는데, 이는 오직 제사장들에게만 허락된 공간이었다. 헤롯은 성전을 아름답게 보수하는 사업을 기획하면서, 제사장들을 석공으로 훈련시키는 데까지 나아갔다. 하지만 희생 제사보다 돌을 쪼는 일로 더 바쁜 와중에도, 제사장들만이 성전의 안쪽 뜰에 접근할 수 있었다는 사실에는 변함이

의 전환은 Matthew Thiessen, "Revisiting the προσηλυτos in the LXX," *JBL* 132 (2013): 333-50에서 그 과정을 추적한 바 있다. 나중에 우리가 고대의 "개종"에 대해 고찰할 때, 이 쟁점을 다시 다루게 될 것이다. 소렉*soreg*(성전 뜰에서 이교도의 공간의 구분)에 대해서는 Sanders, *Practice and Belief*, 61; Elias J. Bickerman, "The Warning Inscriptions of Herod's Temple," *JQR*, n.s. 37 (1947): 387-405; 그리고 Stephen R. Llewelyn and Dionysia van Beek, "Reading the Temple Warning as a Greek Visitor," *JSJ* 42 (2011): 1-22을 보라. [202쪽] Bickerman이 말하듯이, 그러한 제한 사항들은 다른 성소들에서도 찾아볼 수 있었다. 또 다른 관광 명소인 델로스Delos의 경우, 창립자의 사당shrine은 델로스 사람이 아닌 크세노스*xenos*(외지인/외국인 - 역주)에게는 출입이 금지되어 있었다. 우리/그들로 나누는 지중해 세계 제의의 측면을 탐구한 글로는 Christiane Sourvinou-Inwood, "Further Aspects of *Polis* Religion," in *Oxford Readings in Greek Religion*, ed. Richard Buxton (New York: Oxford University Press, 2000), 38-55을 보라(특히 델로스에 대해서는 50을 보라). 필론은 성전에서 매일 드리는 번제의 비용을 아우구스투스가 댔다고 말한다(*Legatio* 157). 요세푸스는 마르쿠스 아그리파Marcus Agrippa가 바친 헤카톰베hecatomb(100마리의 황소!)에 대해 이야기한다(*AJ* 16.14). 이교도의 예루살렘 제의 참여 문제 전반에 대해서는 *HJP* 2:309-13을 보라.

없다(*AJ* 15.390).[36]

고대의 모든 정결 규례는—이교도의 것이든 유대인의 것이든 간에—경배자들이 신적인 분/신적인 곳the divine에 접근하는 것을 준비하고 가능하게 하는 의례적 절차를 규정한다. 신과 인간이 교류하는 구역은, 항상까지는 아니어도 흔히 제단 주변이었고, 따라서 희생 제사와 관련이 있는 구역이었다. (모든 제사들이 동물을 포함한 것은 아니었다. 다른 것들 특히 포도주, 곡식, 기름 역시 제사에 사용될 수 있었다. 그러나 피를 흘리는 희생 제사가 가장 정교한 제의 방식으로 발전하는 경향이 있었다.) 물을 사용하는 의례들, 성행위를 삼가는 것과/또는 특정 음식을 삼가는 것, 금식, 특정한 경계적*liminal* 시점을 준수하는 것, 특정한 의류를 입거나 입지 않는 것과 같은 행동들은 정화purification와 관련된 고대의(그리고 보편적인) 테크닉을 나타낸다.[37]

---

36 물론 성전에서의 역할을 고려할 때, 다른 누구보다 제사장들에게 정결 규례가 많이 적용되었다. 정결이 어떻게 후기 제2성전기 유대교에서 중요한 역할을 차지했는가(그리고 어떻게 현대 역사학자들이 이것을 [잘못] 해석했는가)에 대한 폭넓은 논의로는 E. P. Sanders, *Jewish Law from Jesus to the Mishnah: Five Studies* (London: SCM, 1990), 131-254; Jonathan Klawans, *Impurity and Sin in Ancient Judaism* (Oxford: Oxford University Press, 2000); and Klawans, *Purity, Sacrifice and the Temple: Symbolism and Supersessionism in the Study of Ancient Judaism* (Oxford: Oxford University Press, 2006)을 보라.

37 신들에게는 조심스럽게 접근해야 했고, 정화는(그 의전 절차는 흔히 신이 계시한 것이었다) 경배 활동에 참여하는 사람이 신들과의 만남을 준비하는 데 있어서 중요하고 필수적인 요소였다. 정결 규례들의 개념과 어떻게 정결 규례들이 각 문화를 빚었는지에 대한 논의로는 Mary Douglas, *Purity and Danger: An Analysis of the Concept of Pollution and Taboo* (London: Routledge, 2002)를 보라. 특히 유대적 정결에 대해서는 J. Milgrom, *Leviticus 1–16: A New Translation with Introduction and Commentary* (New York: Doubleday, 1991)와 Jacob Neusner, "The Idea of Purity in Ancient Judaism," *JAAR* 43 (1975): 15-26을 보라. Sanders는 다음의 책에서 바울의 생애를 둘러싼 시대에 이러한 규정들이 어떠했는지를 검토했다. Sanders, *Jewish Law*, 29-41, 131-254(바리새인들 - 바울 포함), 258-71(디아스포라 공동체), 151(성서적 정화에 관한 도표)을 보라. 또한 *HJP* 2:475-78과 555-90(특히 이 규정들의 적용을 발전시키고 확장했던 에

정결과 관련된 유대인들의 절차들은 특히 레위기(11-15장)와 민수기(19장)에 모여 있다. 이 절차들은 두 가지의 이항으로 이루어진 구별을 통해서 하나님의 제단을 향한 접근을 통제한다. 첫 번째 이항대립은 "정결함/부정결함 pure/impure," 혹은 "깨끗함/깨끗하지 않음clean/unclean"(히브리어로 타호르*tahor*/타메*tameh*; 그리스어로는 카타로스*katharos*/아카타로스*akatharos*)의 구별이다. 또 한 가지는 거룩함/속됨holy/profane의 구별, 혹은 (더 쉬운 현대말로는) "특별"하거나 "분리된" 것과, "일상적"이거나 "속된" 것 사이의 구별이다(히브리어에서는 카도쉬*kadosh*와 홀*chol*의 대조; 그리스어에서는 하기오스*hagios*와 베벨로스*bebēlos*[칠십인역의 경우]의 대조, 혹은 이후에 하기오스와 코이노스*koinos*의 대조). 오직 정결한 동시에 거룩한 것(거룩하다는 것은 "특별한," 즉 특별히 어떤 목적만을 위해 따로 떼어 놓았다는 것을 의미한다)만이 하나님께 바쳐질 수 있었다. 그리고 제물을 가져오는 사람 역시 정결한 상태에 있어야만 했다.[38]

세네파)을 보라. 이교도 절차로는 Robin Lane Fox, *Pagans and Christians* (New York: Viking, 1987), 83, 347, 543; Robert Parker, *Miasma: Pollution and Purification in Early Greek Religion* (Oxford: Clarendon Press, 1983); 그리고 Petra Rösch and Udo Simon, eds., *How Purity Is Made* (Wiesbaden: Harrassowitz Verlag, 2012)에 모여 있는 소논문들을 보라. 추가적으로 Jennifer Wright Knust and Zsuzsanna Várhelyi, eds., *Ancient Mediterranean Sacrifice* (New York: Oxford University Press, 2011)에 실려 있는, 희생제사에 대한 이교적, 유대교적, 기독교적 관념들에 관한 소논문들을 보라.

38 "정결"(타호르/카타로스)과 "거룩"(카도쉬/하기오스)은 서로 구별되는 개념이다. 그러나 그리스어 코이노스("일상적/속된"[이것은 본래 하기오스의 반의어다 - 역주])는 몇몇 헬레니즘 유대 텍스트에서 카타로스의 반의어로 기능하기 시작했다. 예컨대 마카비1서 1:62에서 사람들은 "깨끗하지 않은," 혹은 "부정결한" 음식을 먹기 거부한다[마카비1서 1:62에서는 코이노스가 사용됨 - 역주]. 로마서 14:14; 마가복음 7:2, 5; 사도행전 10:14-15도 보라. 또 본서의 5장을 보라. 고대의 정결 개념(여기에 따르면, 선함/악함이 정결/부정결에 직접적으로 연결되지 않았다)이 야기한 윤리적 복잡성에 대해서, 그리고 결과적으로 나타나게 된 이교도의 정결 규정 윤리화 과정에 대해서는 Angelos Chaniotis, "Greek Ritual Purity: From Automatisms to Moral Distinctions," in *How Purity Is Made*, 123-39을 보라.

성서에 나오는 이러한 정결/부정결의 이항대립은 무엇보다도 학자들이 "의례적ritual(제의적)" 부정결이라고 부르는 영역을 가리킨다. 의례적 부정결은 상당한 전염성이 있는 상태로서, 몇몇 정상적(그리고 비자발적) 신체 활동(예를 들어, 사정, 월경, 출산 등), 혹은 오염시킬 수 있는 특정한 물질 또는 대상들(시체와 같은 것)과의 접촉으로 인해 발생하는 것이었다. 이러한 의례적 부정결의 상태는 사실상 피할 수 없었고, 거의 모두에게 해당될 수 있었으며, 무엇보다도 일시적인 것이었다. **의례적 부정결은 그 사람의 도덕적 상태와 관련된 의미를 전혀 갖고 있지 않았다.** 부정한 사람, 예컨대 방금 시체를 매장한 사람이 그 매장 행위로 인해 죄인이 되는 것은 아니었다. (오히려, 죽은 자를 매장하는 일은 중요한 의무였다.) 대부분의 사람들은 대부분의 시간 동안 이러한 종류의 부정결 상태에 있었다. [52쪽] 다른 말로 하면, 정결/부정결은 수시로 변할 수 있는 상태였으며, 사람들은 그 상태에 들어갈 수도 있었고 그 상태에서 빠져나올 수도 있었다. 이러한 대부분의 부정결 형태에 이어지는 주된 결과는, 성전에 갈 때 제한적으로만 접근할 수 있게 된다는 점이었다. 씻고 기다리는 것, 때때로 몇몇 특정한 제사를 드리는 체계를 의미하는 정화purification는 그러한 종류의 부정결을 깨끗하게 해 주었다.

성서의 두 번째 이항대립인 거룩함/속됨, 혹은 분리된 것/일상적인 것 사이의 대조 역시 마찬가지다. 하나님을 예배할 때 쓰이도록 의도된 "거룩한" 상태는 "일상적인" 혹은 "속된profane"(어원상, 프로*pro*는 "이전의," 파네스*fanes*는 "제단"을 뜻한다) 상태로 변할 수 있었다. 이를테면, 제단의 돌을 자르는 철제 도구는 제단을 거룩한 사용에 적합하지 않도록 만들 수 있었다(출 20:22-25). 마찬가지로, 제사에 사용될 온전한 동물 역시 흠 있게 변할 수 있었다. 반대로 평범한 것이 "거룩하게" 될 수도 있었다. 이는 일상적 용도로부터 구별되어 하나님께만 바쳐졌다는 것을 의미한다. 이를테면, 온전한 동물을 제물로 드릴

때, 예배자는 그 동물이 카도쉬("거룩한, 분리된"; 참고: 막 7:11)하다고 선언했다.[39]

이러한 성서적 정결 규례는 1세기 예루살렘 성전 구역 안에서 실제 이교도들의 물리적 위치를 설명하는 데 어떠한 도움을 주는가? 이교도들은 그 자체로 "부정"하기 때문에 가장 바깥쪽 뜰만 접근할 수 있도록 제한이 되었던 것일까?

어떤 학자들은 "아니다"라고 대답하고, 다른 학자들은 "그렇다"고 대답한다. 첫 번째 그룹에 속해 있는 학자들은 의례적 부정결이 사실상 이교도들에게는 상관이 없는 범주라는 점을 지적한다. 성서와 후대의 랍비 해석 모두는 오직 이스라엘만이 정결법의 다스림을 받는다는 입장을 견지한다. 다른 말로 하면, 오직 유대인들만이 특별히 유대적인 부정결의 상태에 처할 수 있었던 것이다. 유대인의 체계 안에서 볼 때, 이교도들은 레위기적인 부정결의 상태에 처할 수도 없었고 또 그 상태를 누군가에게 옮길 수도 없었다. (예를 들어, 유대인의 시체는 다른 유대인에게 매우 높은 수준의 부정결을 옮길 수 있었다. 하지만, 이교도는 시체를 접한다고 해서 부정결하게 될 우려가 없었다. 또한 후대의 랍비 해석에 따르면 이교도의 시체가 유대인을 부정결하게 만들 수도 없었다.) 이러한 견해는 다음과 같은 사실을 시사한다. 유대인들과 다르게 이교도들은 성전 산에 오르기 위해서 성서적으로 규정된 의례적 정화 행위를 수행할 필요가 없었다. 그러한 행위는 그들에게 있어서 고려할 가치가 없는 것이었다. 정결 규례들은 토라 법령의 핵심적인 부분이었고, 토라는 오직 이스라엘에게만 독특하게 적용되는 특권이자 의무였다(다시금 로마서 9:4-5의 바울의 말을 생각해보라). 그러므로 이교도들은 토라의 의무를 지지 않았고 또한 토라의 범주에 따라 조직화되지도 않았다.[40]

---

39 [203쪽] 비슷하게, 유대인 신랑은 자신의 신부를 카도쉬 리*kadosh li*, "나에게 성별된 이," 즉, 그를 위해 다른 모두로부터 구별된 사람이라고 부른다. 성서에 나오는 성별과 봉헌 절차들에 관한 초기 랍비들의 논평은 *Sifra, parasha* B, 4를 보라.

40 Sanders, *Practice and Belief*, 72-76을 보라. 또한 다음 각주에 인용된 참고 문헌을 보라.

그렇다면 이교도들은 어째서 제단으로부터 멀리 떨어져 있어야 했던 것일까? 이교도들이 민족들의 뜰에만 위치했다는 것은 이교도들에게만 특별히 적용되는, 다른 종류의 전염의 위험 때문이 아니었을까? [53쪽] 여기서 다시 학자들의 견해가 갈린다. 성서의 법령은 오직 이스라엘에게만 향한다. 그러나 성서 내러티브의 한 지점에서 하나님은 모세에게 다음과 같이 경고하신다. 이는 곧 이스라엘이 하나님께서 그 땅에서 쫓아내 버리신 다른 민족들처럼 행동하면 안 된다는 것이었다. "너희는 이 모든 일로[근친상간, 간음, 의례적 영아살해] 스스로 더럽히지 말라. 내가 너희 앞에서 쫓아내는 족속들이 이 모든 일로 말미암아 더러워졌고, 그 땅도 더러워졌으므로 … 그 땅도 스스로 그 주민을 토하여 내느니라"(레 18:24-25, 개역개정). 여기서 비-유대인들("내가 너희 앞에서 쫓아내는 족속들")이 갖게 되는 "부정결"은 "죄"를 나타내는 도덕적 은유로 기능하는 것처럼 보인다. 레위기적인 부정결과 다르게, 이러한 종류의 오염, 곧 도덕적 부정결은 비자발적인 것이 아니라 자발적인 것이며(죄인은 이같이 금지된 방식으로 행동하기를 선택한다), 따라서 피할 수 있는 것이었다(이 점 역시 대부분의 레위기 부정결과 차이가 난다).[41]

---

41 성적 행동들을 죄라고 표현하는 것은 레위기 18:1-30; 20:10-21을 보라. 의례적 죄(우상 숭배, 제의적 영아살해, 마술)에 관해서는 레위기 20:1-5; 신명기 7:25과 12:29-31을 보라. 도덕적 실수 혹은 흠결로서의 "부정결"에 대해서는 특히 Adolf Büchler, "The Levitical Impurity of the Gentile in Palestine before the Year 70," *JQR* 17 (1926): 1-81; Jonathan Klawans, "Notions of Gentile Impurity in Ancient Judaism," *AJS Review* 20 (1995): 285-312에 나오는 철저한 논의; 그리고 Christine E. Hayes, *Gentile Impurities and Jewish Identities: Intermarriage and Conversion from the Bible to the Talmud* (Oxford: Oxford University Press, 2002)(특히 6장)를 보라.

이방인의 부정결에 대한 Büchler, Klawans, Hayes 계열의 해석은 신중한 주장을 펼친 다음의 소논문들에 의해 도전을 받았다. Vered Noam, "Another Look at the Rabbinic Conception of Gentiles from the Perspective of Impurity Laws," in *Judaea-Palaestina, Babylon and Rome: Jews in Antiquity, ed. Benjamin Isaac and Yuval Shahar* (Tübingen: Mohr Siebeck, 2012), 89-110; "'The Gentileness of the Gentiles': Two Approaches to the

하지만 도덕적 부정결이 과연 전염성이 있으며, 의례적으로 오염시키는 힘이 있는가? 유대인의 세계관에서 우상 숭배와 관련이 있다고 여겨지는, 이러한 의미의 도덕적 부정결이 과연 이교도들에게만 해당되는가? 후대의 일부 헬레니즘 유대인 저자들은 그렇게 생각했던 것처럼 보인다. 그 저자들은 "죄의 목록"을 만들어서, 이와 같이 정죄받은 가나안인의 행동 양식을 동시대의 그리스-로마인들에게 적용시켰다. 바울이 이러한 종류의 반-이교도적antipagan 민족적 고정관념화/정형화의 대표적 사례를 보여준다. 즉, 바울은 갈라디아에 있는 그의 (이방인) 공동체들에게 다음과 같이 설교한다. "육체의 일은 분명하니 곧 포르네이아*porneia*와 아카타르시아*akatharsia*와 … 이돌로라트리아*idōlolatria*(음행과 더러운 것[그 외에는 명시되지 않음]과 … 우상 숭배)다"(갈 5:19-20). 바울은 고린도에 있는 그의 공동체 사람들에게도 경고한다. "음행하는 자들이나 우상 숭배자, 강도나 술주정뱅이와 사귐을 갖지 말라"(고전 5:10-11). 우상 숭배자들, 음행하는 자들, 간음하는 자들, 성적으로 부적절한 행동을 하는 이들은 "하나님의 나라를 유업으로 받지 못하리라. 너희 중에 이와 같은 자들이 있더니"(고전 6:9-11). 바울은 로마의 "탈-이교적ex-pagan" 이교도들에

Impurity of Non-Jews," in *Halakhah in Light of Epigraphy*, ed. Albert I. Baumgarten et al. (Göttingen: Vandenhoeck & Ruprecht, 2011), 27-41; Saul M. Olyan, "Purity Ideology in Ezra-Nehemiah as a Tool to Reconstitute the Community," *JSJ* 35 (2004): 1-16.

텍스트는 다양하고 주장은 복잡하다. 실제 헤롯 성전이 기능했던 방식과 후대의 랍비들이 그 기능이 그러했을 것이라고 추정한 것 사이의 관계 역시 복잡하다. 그러나 이교도들이 성전을 둘러싼 광장에 회집할 수 있었다는, 이 부정할 수 없는 역사적 사실 때문에 나는 Büchler, Klawans, Hayes 계열의 해석에 동의하는 쪽으로 마음이 기운다. 만약 대부분의 유대인들 생각에(혹은 그게 예루살렘 제사장들만의 생각이었을지라도) 이교도들이 일종의 전염성 있는 부정결을 지녔다고 가정한다면, 유대인들은 성전 단지의 가장 큰 광장을 가로질러 걸어갈 수 없었을 것이다. 허나 그들은 유대인들의 구역으로 가기 위해서 그 광장을 늘 가로지르곤 했던 것이다. 제2성전기 후기의 몇몇 유대인들은 Noam과 Olyan이 재구성한 견해를 실제로 가졌을 수도 있다. 그러나 성전 자체는 분명 다른 방식으로 운영되었다.

게, 우상을 숭배하는 자들은 모든 종류의 사악함으로 가득 차 있는 자들이라고 말한다(그리고 그는 이러한 사악함이 정확히 어떤 것을 의미하는지 그 세부 사항을 이야기한다. 이를테면, 살인, 음행, "부자연스러운" 성행위와 같은 것들이다. 롬 1:18-31을 보라). 그렇다면, 이교도들의 우상 숭배 전통 때문에, 어쩌면 유대인들은(혹은 적어도 바울과 같은 몇몇 유대인들은) 이교도들을 가리켜 어떤 면에선 내재적으로 "부정결하다"고 여겼을지도 모르겠다.[42]

42 고린도의 그리스도-추종자들이 자주 매춘부를 가까이하는 것을 바울이 통렬하게 비난할 때, 그는 분명 오염과 성전 절차라는 측면에서 생각했던 것 같다. 고린도전서 6:13-19을 보라(성령의 전인 몸은 예루살렘 성전과 마찬가지로 포르네이아*porneia*를 위해 존재하지 않는다, 고전 6:19). 사도행전 10:28은 비-유대인들이 아카타로이*akatharoi*("부정결한")하고 코이노이*koinoi*("일상적/속된")하기 때문에 베드로가 고넬료에게 가는 것을 주저하는 것으로 묘사한다(이는 혼란스런 묘사이다). 그렇게 비-유대인과 관계를 맺는 것은 유대인들에게 "위법"(아테미토스*athemitos*)하다는 것이다. 이 문장 때문에, 수없이 많은 수의 학부생들과 (심지어 안타깝게도) 상당수의 신약 전문가들이, 고대 유대인들이 원칙적으로 비-유대인들과 관계 맺기를 꺼렸으며, 그 이유는 유대 율법이 그것을 금지했기 때문이라는 견해를 고수하고 있다. 예컨대 Philip F. Esler, *Conflict and Identity in Romans: The Social Setting of Paul's Letter* (Minneapolis, MN: Fortress, 2003), 101; N. T. Wright, *Paul and the Faithfulness of God* (Minneapolis, MN: Fortress, 2013) [=『바울과 하나님의 신실하심』, CH북스, 2015]의 여러 부분을 보라. [204쪽] 이 견해는 앞서 우리가 이교도의 장소들에 출현했던 유대인들에 관해 살펴본 모든 일차자료의 증거에 위배될 뿐 아니라, 사도행전에 나오는 누가 자신의 내러티브와도 상반된다(행 8:27-36; 빌립은 에디오피아인과 마차를 나눠 타는 데에 아무런 문제가 없었다. 그리고 "신-경외자들god-fearers"[즉, 유대 관습 일부를 자발적으로 수용한 이교도들]은 누가가 그리는 디아스포라 회당들에 다수 출현한다: 행 10:2, 22; 13:16, 26, 43, 50; 14:1; 16:14; 17:1-4; 18:7). 사도행전 10장에 나오는 베드로의 환상에 대한 신선하고 일관성 있는 해석으로는 Matthew Thiessen, *Contesting Conversion: Genealogy, Circumcision, and Identity in Ancient Judaism and Christianity* (New York: Oxford University Press, 2011), 124-41을 보라. 또한 E. P. Sanders, "Jewish Association with Gentiles and Galatians 2:11-14," in *The Conversation Continues: Studies in Paul and John in Honor of J. Louis Martyn*, ed. Robert T. Fortna and Beverly R. Gaventa (Nashville, TN: Abingdon Press, 1990), 170-88을 보라. 유대인들의 장소에 나타난 이교도들에 대해서는 앞으로 더 논의할 것이다.

여기서 헤롯이 지은 성전 복합 건물 단지의 건축 양식은 앞선 질문을 더욱 흥미롭고 복잡하게 만든다. 사람들이 그 안에서 도보로 통행했던 발자취의 패턴은 이방인들의 부정결에 관하여 널리 퍼진 견해와 반대 방향을 지지하는 것처럼 보인다. 유대인들이 정결 문제에 가장 크게 신경써야 했던 바로 그때—즉, 성전으로 갈 때 [54쪽]—그들은 민족들의 뜰을 가로질러 자유롭게 걸어가 오염의 두려움 없이 자신들의 구역으로 향했던 것이다. 레위기적인 부정결은 전염성이 있었다. 유대인은 다른 부정결한 유대인과 스치기만 해도 이차적으로 부정결한 상태에 빠질 수 있었다. 만일 정말로 "이방인의 부정결"이라는 일반적인 범주가 있었다 치더라도, 그것은 분명 전염성이 없었으며, 접촉에 의해 옮겨지는 것이 아니었을 것이다. 그렇다면 그것은 유대인의 부정결에 비해 훨씬 덜 치명적이었을 것이다. 이보다 더 중요한 것은, 전염성이 없는 아카타르시아*akatharsia*는 성전이 운영되는 데 있어서 실질적으로 아무런 중요성도 갖지 않았을 것이라는 점이다. 그렇다면 왜 이처럼 다양한 수준의 공간적 분리가 필요했던 것일까?

"이방인의 부정결"에 대한 일반화된 이론은 제2성전기 후기 이교도들이 성전 구역에 존재하는 것이 어째서 허용되면서 또한 제한되었는지에 관한 질문에 대해 어떤 분명한 대답도 제공해 주지 못하는 것처럼 보인다. 우리는 나중에 이 질문을 다시 살펴볼 것이다. 이 질문에 대한 답은 바울의 편지들에서 놀랄 만한 정도로 충분하게 발견되는 것처럼 보이기 때문이다. 다만, 헤롯 성전의 중요한 건축 양식적 특징인, 넓고 아름다운 민족들의 뜰을 기억하자. 앞으로 살펴보게 되겠지만, 그것은 우리에게 바울 복음의 핵심 요소를 이해하는 방편을 제공할 것이다.

회당

물론 이교도들은 유대인의 신을 만나러 예루살렘으로 여행을 떠날 필요가 없었다. 유대인들은 로마제국 곳곳에 흩어져 살았다. 따라서 이교도들은 그 유대인들과 더불어 살며 다양한 방식으로 유대 공동체들 가운데 참여할 수 있었다.

이러한 참여의 가장 극단적인 차원은 이교도가 유다이오스*Ioudaios*가 "되기로" 선택했을 때, 즉 현대인들이 "개종conversion"이라고 부르는 과정을 밟았을 때 일어났다. 그러한 결정은 고대 신들의 민족적 착근성ethnic embeddedness을 고려해 볼 때, 거의 이치에 맞지 않는 일이었다. 다시 말해, 당시 사람들이 상식적인 차원에서 "혈통"과 민족됨(따라서 사회적 정체성)과 조상의 관습(따라서 경건) 등을 이해했던 바에 정면으로 역행하는 일이었다. 자신이 섬기는 신(들) 외에 다른 신들에게도 경의를 표하는 것은 고대 지중해 세계에서 일반적인 모습이었고, 그것은 이교도들은 물론이고 (우리가 봐왔듯이) 유대인들에게도 마찬가지였다. 그러나 하나의 낯선 신에게 **배타적으로** 헌신을 하기로 작정하는 것(이것은 기독교 이전 시대에는 오직 유대교에서만 독특하게 발견되었던 현상이다)은 자신의 민족을 맞바꾸는 것과 마찬가지였다. 이교도가 유대인이 "되는" 것은 사실상 그의 과거를 바꾸고, 조상으로부터 내려오는 가계도를 새로 작성하며, 그 자신이 부계로 물려받을 인간적 유산과 신적 유산 모두로부터 스스로를 끊어 내는 행위였다. [55쪽] 앞으로 우리는 이전에는 외부인이었지만 이제는 완전한 헌신을 결단한 개종자들을 가리키는 범주, 곧 특별한 종류의 "유대인들"인 프로셀뤼토이*proselytoi*를 좀 더 고찰해 볼 것이다. 그리고 특별히 우리가 사도 바울의 삶과 사역을 살펴보는 가운데 이 고찰을 실천할 것이다. 지금으로서는 단순히 이렇게만 언급하려 한다. 실제로 그런 개종자들이 존재했으며, 그들이 디아스포라 회당 공동체(들)의 일부를 구성하고 있었다.[43]

43 이교도들이 유대인이 "되는 것"에 관한 모든 일반화는 젠더 이슈를 둘러싼 부분에서

유대인들은 그들의 공동체를 히에론*hieron*, 프로슈케*proseuchē*, 폴리튜마*politeuma*, 콜레기움*collegium*, 쉬노도스*synodos*, 티아소스*thiasos*, 에클레시아*ekklēsia*, 쉬나고게*synagōgē*와 같은 여러 가지 이름으로 불렀다. 그 회중들은 사회적 중심이자 "유대 민족의 독서마당ethnic reading houses"의 역할을 수행했다. 다시 말해, 적어도 7일 중 하루에 모여서 그들 조상의 전통 가운데 물려받은 가르침에 귀를 기울이는 장소였던 것이다. 예루살렘에서 발견된 1세기 그리스어 비문의 표현에 따르면, 회당은 "율법을 낭독하고 계명을 가르치는" 일을 위한 장소를 제공했다. 사도행전에서 야고보는 이렇게 말한다. "이는 예로부터 각 성에서 모세를 전하는 자가 있어 안식일마다 회당에서 그 글을 읽음이라"(행 15:21).[44]

벽에 부딪치고 만다. 고대에는 여자들이 자신의 남편들의 조상 관습을 따르는 것이 흔히 기대되는 바였다. 따라서 내가 추정하기로는, 이교도 여자가 유대인 남자와 결혼했을 때, 여자가 남편의 관습을 따랐을 것이며, 유대인 여자가 이교도 남자와 결혼했을 때도, 여자가 남편의 관습을 따랐을 것이다. 이 점에 대해서는 Cohen, *Beginnings of Jewishness*, 169-70을 보라. 개종자가 된 이교도 남자들은 할례라는 관문을 넘어야 했는데, 이것은 문화적으로 볼 때 극도로 염려스러운 쟁점이었다.

44 Anders Runesson, Donald D. Binder, and Birger Olsson, *The Ancient Synagogue from its Origins to 200 C.E.: A Source Book* (Leiden: Brill, 2008), 328에 나오는 회당 용어 목록을 보라.

> "베테누스Vettenus의 아들인 테오도토스Theodotos, 회당의 제사장이자 지도자이고, 회당의 지도자의 아들이며, 회당의 지도자의 손자인 그 테오도토스가 율법 낭독과 계명 교육을 위해 회당 건물을 지었고, 외부에서 온 이들의 필요를 채워 주기 위해 객실과 다락방과 급수시설을 세웠는데, 이 [회당]은 그의 조상들과 장로들과 시몬 가문이 설립한 것이다." (*CIJ* 2, No. 1404. 텍스트와 번역은 Runesson et al., No. 26, 52-54)

예루살렘에서 발굴된 이 1세기 그리스어 비문은 3대째 제사장격인 아르케쉬나고고스*archēsynagōgos*(회당 관리)를 맡은 인물이 성전 꽤 가까이에 회당을 설립한 것을 기념한다. 이 건물은 그리스어를 말하는 유대인 순례자들을 위한 숙소 및 토라 낭독 경청을 위한 공간을 제공했다. "민족적인 낭독의 집"으로서의 회당에 대해서는 Frances

회당은 또한 다른 많은 실질적 기능을 수행했다. 이를테면, 회당은 예루살렘으로 보내게 될 성전세를 걷는 기지 역할과 다른 종류의 기금들을 보관하는 재정고 역할을 담당했다. 회당은 또한 성스러운 두루마리들과 공동체의 기록들을 보관하고, 절기, 금식일, 축일을 표시하는 달력들을 보존하는 곳이었다. 회당은 지역에서 이루어지는 사업을 후원하고, 유대인 여행객들에게 보호처를 제공하며, 이교도들의 신전들과 마찬가지로 구성원들이 봉헌된 명판이나 기념비를 세우며, 노예를 풀어주는 관습을 실행하고 기록하는 등의 일을 하는 장소이기도 했다. 그리고 누군가 두드러지는 자선 활동을 했을 때 공적인 비문을 세워 그것을 기리는 일도 했다.[45]

기부를 기념하는 비문들은 유대 공동체에 관여했던 또 다른 그룹의 사람들을 살펴볼 수 있는 단서를 제공한다. 회당을 후원했던 이들 중 일부는 이교도들이었다. 프리기아Phrygia의 아크모니아Acmonia로부터 우리는 바울

Young, *Biblical Exegesis and the Formation of Christian Culture* (Cambridge: Cambridge University Press, 1997), 13을 보라. 이러한 공동체 조직들이 편재해 있었다는 점에 대해서는 Gruen, *Diaspora*, 105-32; Levine, *Ancient Synagogue*(특히 다양한 호칭들에 대해서는 121 이하); *HJP* 2:423-54(또한 찾아보기의 여러 항목에 관해서는 3.2:996-97)을 보라.

45 문헌 및 비명학적 자료로는 Runesson et al.을 보라. 회당의 기능과 직책들에 관해서는 Williams, *Jews among the Greeks and Romans*, 33-48을 보라. 이 공동체 조직들은 많은 측면에서 도시의 이교도 조합들associations과 닮아 있었다. 이에 대해서는 Philip A. Harland, *Associations, Synagogues and Congregations: Claiming a Place in Ancient Mediterranean Society* (Minneapolis, MN: Fortress, 2003)를 보라. [205쪽] 테오도토스의 비문은 일종의 호스텔로서의 회당의 역할을 가리킨다. Fergus Millar는 적어도 4세기 로마에서 회당은 책을 빌려주는 도서관 역할도 했음을 언급한다(Jerome, *Ep.* 36.1을 보라). Fergus Millar, "The Jews of the Graeco-Roman Diaspora between Paganism and Christianity," in *The Jews among Pagans and Christians in the Roman Empire*, ed. Judith Lieu, John North, and Tessa Rajak (London: Routledge, 1992), 97-123(특히 115). 장례 비문들은 만약 무덤이 훼손될 시에 "거룩한 조합" 혹은 "가장 성스러운 보고treasury"에 벌금을 내야 한다는 점을 언급한다(예: *CIJ* 2, No. 791). 이러한 비문들의 모음으로는 Williams, *Jews among the Greeks and Romans*, 129-30("Tomb Protection")을 보라.

과 동시대 사람인 율리아 세베라Julia Severa라는 사람을 알게 된다. 율리아는 로마의 귀족이면서 동시에 황제 숭배 제의의 여사제이기도 했는데, 그녀는 또한 아크모니아의 유대인들을 위해 오이코스*oikos*("집," 여기서는 회당을 뜻한다)를 지어 주었다. 두 세기 후, 또 다른 비문에 따르면 부유한 로마 여인, 카피톨리나Capitolina가 테오세베스*theosebēs*("신-경외자god-fearer")로 식별된다. 이 카피톨리나는 카리아Caria의 트랄레스Tralles에 있는 회당의 내부를 새롭게 단장해 주었다. 율리아와 마찬가지로 카피톨리나 역시 유서 깊은 이교도 가문 출신이었다. 카피톨리나의 아버지는 아시아 총독이었으며, 그녀의 남편은 로마 원로원 회원이자 제우스Zeus 라라시오스Larasios의 종신 사제였다. 근처 아프로디시아스Aphrodisias에서는 4세기나 5세기경으로 그 연대가 추정되는 유대 비문이 발견되었는데, 그 비문은 후원자들을 소속 관계에 따라 목록화하고 있다. [56쪽] 몇몇 기부자들은 유대식 이름을 가지고 태어난 유대인들이고(테오도토스Theodotos, 유다스Judas, 예수Jesus), 다른 몇몇 이들은 "자발적" 유대인들, 즉 "개종자들"(예: 프로셀뤼토스*prosēlytos* 사무엘)이었다. 또 다른 이들(50명인데, 그중에서 아홉 명은 시의회 구성원들이었다)은 "신-경외자들"(테오세베이스*theosebeis*[테오세베스의 복수형 - 역주])이라고 불린다.[46]

앞서 언급한 것처럼, "두려움"과 "경건"은 동의어였다. (고대 세계에서 전반적

---

46 *IJO* 2:348-55, No. 168(율리아); 140-43, No. 27(카피톨리나); 71-112, No. 14(아프로디시아스)를 보라. 아프로디시아스 비문을 출판한 최초 편집자들인 Joyce Reynolds와 Robert Tannenbaum은 그 비문의 연대를 3세기로 추정했다(Joyce Reynolds and Robert Tannenbaum, *Jews and God-Fearers at Aphrodisias: Greek Inscriptions with Commentary* [Cambridge: Cambridge Philological Society, 1987). 4세기, 혹은 5세기로 연대를 측정하는 입장으로는 Angelos Chaniotis, "The Jews of Aphrodisias: New Evidence and Old Problems," *Scripta Classica Israelica* 21 (2002): 209-42을 보라. 이렇게 연대를 후대로 측정할 경우, 비문에 언급된 후원자들 중 몇몇이 그리스도인들이었을지도 모른다는 해석적 가능성이 생긴다. 또한, 이 시기가 되면 유대교로의 개종이 제국의 법에 의해 금지되었으며, 이 비문은 그 법의 위반을 공적으로 선언하는 셈이다.

으로 신들의 기질이 어떠했는지를 감안한다면, 이 본능적인 동치는 현명한 일이었다.) 그리고 현대적 용례에서처럼("그녀는 경건한 여성이다") 고대의 용례에서도 신-경외자/테오세베스*theosebēs*라는 말은 단순히 "경건하다"라는 의미였을 수 있다. 율리아나 카피톨리나 혹은 아프로디시아스의 기부자들을 기리는 비문에서 나오는 것과 같은 종류의 간-민족적 활동을 암시하지 않은 채로, 단순히 "경건하다"라는 의미를 가질 수도 있었다. 테오세베이스가 등장하는 또 다른 경우(장례와 봉헌 기념비, 노예를 풀어주는 것을 기념하는 비석, 극장의 비문)를 살펴보면, "신-경외자들"의 민족 구성이 모호하고 논쟁의 여지가 있어 보일 수 있다. 학자들은 이들의 민족 구성을 잘못 이해할 가능성에 대해 정당한 우려를 표출한다. 다른 말로 하면, 비문에 나오는 "신-경외자들"이라는 표현은 적극적으로 "민족의 경계를 넘는" 이교도들, 곧 이교도로서 유대 공동체 및 유대 조상들의 관습("종교")에 (다양하게) 참여하는 이방인들에게만 적용되는 표현이 아닌 것이다. 그 표현은 이교도나 유대인, 혹은 (종국적으로) 그리스도인 할 것 없이 그저 "경건한"이라는 의미로 적용될 수 있었다.[47]

---

47 예를 들어, 노예 해방 기록을 담은 엘피아스Elpias 비문을 둘러싼 해석적 논쟁을 보라(*IJO* 1:279-83, BS7). *IJO*의 편집자들은 테스 쉬나고게스 톤 유다이온 카이 테온 세본*tēs synagōgēs tōn Ioudaiōn kai theon sebōn*을 "유대인들과 신-경외자들의 회당"으로 번역했다. Runesson이 공저한 책에서는 그 구절이 "유대인들의 회당, 그리고 [엘피아스가] 하나님을 두려워한다"를 의미하는 것으로 보았다(Runesson et al., *Ancient Synagogue*, 159). Stephen Mitchell, "Further Thoughts on the Cult of Theos Hypsistos," *One God*, 193-94에서는 *IJO*의 해석인 "신-경외자들의of the god-fearers"라는 구문을 채택했다. Mitchell의 소논문은 테오세베이스*theosebeis*의 해석이라는 쟁점 전반에 대한 훌륭한 논의를 담고 있다(167-208). 또한 Levinskaya, *Acts*, 51-116을 보라. 이 문제들 때문에 나타난 한 가지 반응은, Ross S. Kraemer가 촉구하는 것처럼 그 용어 자체를 아예 쓰지 말자는 깐깐한 입장이다. Ross S. Kraemer, "Giving Up the Godfearers," *JAJ* 5 (2014): 61-87(특히 63-82을 보라. 거기서 그녀는 비명학적, 문헌적 증거의 많은 부분을 검토하고 문제시한다). 이렇게 용어 사용을 포기하자는 제안에 대한 나의 반대 입장으로는 Paula Fredriksen, "If It Looks Like a Duck, and It Quacks Like a Duck …: On Not Giving Up the Godfearers," in *A Most Reliable Witness: Essays in Honor of*

우리가 가진 고대 증거가 말하는 "신-경외자"가 어떤 종류의 신을 두려워하는 사람인지, 즉 단순히 경건한 사람인지, 혹은 [약간의] 유대적인 활동을 하는 이교도인지, 역사학자로서 우리가 알 수 있는 때는 과연 언제인가? 늘 그렇듯이, 서로 다른 해석적 논증들 사이에 완전한 합의가 이루어질 것을 기대하지 말고, 각각의 사례를 비평적으로 고찰해야 한다. 때로 비문의, 혹은 (특히) 주술적 문구의 민족성—따라서, 그 비문/주문의 "종교적" 경향성—을 파악하는 것은 쉽지 않다. 이처럼 파악하기 힘든 사례는 더 크고 중요한 한 가지 사실을 확증해준다. 즉, 서로 다른 민족들은 종종 피차간 섞이고, 또 서로에게서 배우곤 했다는 것이다. 그리고 때로(예컨대 율리아 세베라의 경우처럼) 비문은 "신-경외자"라는 용어를 전혀 사용하지 않고서도 이교도들이 유대인들의 사업에 참여하였다는 점을 묘사할 수 있다.[48]

비문이 가진 모호성을 고려할 때, 그러한 이교도들을 어떻게 불러야 할까? 용어에 관한 점에 있어서, 문헌적 증거는 덜 어려워 보인다. 로마의 풍자

Ross Shepard Kraemer, ed. Susan Ashbrook Harvey et al. (Providence, RI: Brown Judaic Studies, 2015), 25-34을 보라.

48 "마술"은 간-민족적/"종교적" 공유를 위한 좋은 기회인데, 이는 (부분적으로) 마술의 목표가 너무도 극명하게 실용적이기 때문이다. 오리게네스는 족장들의 이름들이 "하나님의 이름과 결부되었을 때 너무도 강력하기 때문에, '아브라함의 신, 이삭의 신, 야곱의 신'과 같은 공식이 유대 민족 구성원들뿐 아니라 … 마술과 주문을 사용하는 거의 모든 이들에 의해 사용된다"는 점을 언급한다(*c. Cel.* 4.33). 주문들의 "민족성"을 식별하기 어렵다는 점에 대해서는 추가적으로 Joseph Emanuel Sanzo, "'For Our Lord Was Pursued by the Jew …': The (Ab)Use of the Motif of 'Jewish' Violence against Jesus on a Greek Amulet (P. Heid. 1101)," in *One in Christ Jesus: Essays on Early Christianity and "All That Jazz" in Honor of S. Scott Bartchy*, ed. David Lertis Matson and K. C. Richardson (Eugene, OR: Pickwick Publications, 2014), 86-98을 보라. [206쪽] 최근에 Mika Ahuvia는 바벨론의 여신들에게 자신의 주문이 이뤄지도록 도와 달라고 요청하는 한 유대인 여성 전문가에 관한 흥미로운 사례를 탐구했다. Mika Ahuvia, "Israel among the Angels: A Study of Angels in Jewish Texts from the Fourth to Eighth Century CE" (Ph.D. diss., Princeton University, 2014), 171-78을 보라.

작가 유베날리우스Juvenal는 잘 알려진 그의 시poem에서 유대적 관습을 따르는 어떤 이교도를 조롱한다. "안식일을 두려워하는 아버지*metuens sabbata pater*"로 묘사된 그 이교도는 돼지고기 먹기를 그만두었고, "매번 7일째 되는 날이 되면 나태하게 지내는 것"으로 그려진다(*Sat.* 14.96-106). [57쪽] 요세푸스는 네로의 배우자인 포파이아 사비나Poppaea Sabina를 테오세베스*theosebēs*("신-경외자")로 묘사한다. 그녀는 이교도이지만 유대인들의 대의명분을 동정하고 공감했기 때문이다(*AJ* 20.195). 잘 알려진 것처럼, 사도행전(2세기 초)에 등장하는 디아스포라 회당들에는 안식일에 세보메노이*sebomenoi*와 포부메노이 톤 테온*phoboumenoi ton theon*("하나님을 두려워하는 이들")으로 가득하다. 이 텍스트는 그러한 그룹을 대개 유다이오이*Ioudaioi*("유대인들")나 프로셀뤼토이*prosēlytoi*("개종자들")로부터 구별한다. 요세푸스는 예루살렘 성전의 엄청난 부를 묘사하면서, 소아시아와 유럽의 세보메노이("두려워하는 이들")가 어떤 기여를 했는지 언급한다. 그리고 몇 세기 후에도, 이와 동일한 현상—즉, 이교도들이 이교도로서 자발적으로 유대인 및 유대적 관습과 관계를 맺는 현상—이 여전히 "신-경외자"라는 명칭으로 랍비 문헌(이레이 샤마임*yirei shamayim*, "하늘을 두려워하는 이들")과 교부 문헌(테오세베이스) 모두에 등장한다. 그렇다면, 비문은 아니더라도 문헌 자료에서는—항상까지는 아니지만 흔히—"[신을] 경외하는"이라는 말이 주로 유대인 및 유대적 특성, 그리고 유대인의 신과 어느 정도 관계를 맺는 이교도를 가리키는 것처럼 보인다.[49]

49 유베날리우스의 "안식일을 두려워하는 이Sabbath-fearer"에 대한 자세한 논의로는 *GLAJJ* 2:102-7, No. 301과 *HJP* 3:150-76을 보라. 사도행전에는 세보메노이 프로셀뤼토이*sebomenoi prosēlytoi*("경건한 개종자들"pious proselytes or devout converts, 13:42 RSV)를 언급하는 한 대목이 있다. 그 구절 외에는 사도행전 텍스트의 경우, 유대인들, 개종자들, 그리고 "신-경외자들"을 구별한다(예: 10:2, 22; 13:16; 16:14 등). 이레이 샤마임*yirei shamayim*에 대한 랍비 문헌의 증거와 거기에 대한 논의는 *GLAJJ*(Stern의 논평)와 Feldman, *Jew and Gentile*, 353-56을 보라. 후대의 교부 저자들은 이런 이교도들

고대 문헌에 등장하는 또 다른 용어가 그러한 현상—즉, 일반적으로 유대인이 할 만한 일을 비-유대인이 하는 것—을 가리키는데, 그것은 바로 "유대화하다Judaizing"라는 용어이다. 요세푸스도 이 단어를 사용한다. 유다이존테스*Ioudaizontes*("유대화하는 자들Judaizers")는 시리아의 각 도시마다 존재했다(*BJ* 2.463). 이들은 (몇몇) 유대적 관습들을 눈에 띄게 채택했다. 요세푸스는 다른 대목에서 이와 유사한 행동—유대인들의 관습을 이교도가 채택하는 것—에 관해 말하는데, 거기서는 이 특정한 동사를 사용하지 않고 말한다. 다메섹에 있는 (이방인) 부인들 대다수는 "유대인의 트레스케이아*thrēskeia*["종교적 실천"]에 넘어갔다"(*BJ* 2.560). 안디옥의 유대인들은 언제나 대규모의 그리스인들을 자신들의 트레스케이아로 이끌어 들여서, 그들을 "(어떤 의미에서) 자신들[유대인들]의 일부로 만들었다"(*BJ* 7.45). 따라서 어쩌면 우리는 (몇몇) 유대적 방식을 취하여 행동하는 이교도들을 가리킬 때, "신을 두려워하다"라는 표현보다 오히려 "유대화하다"라는 표현을 써야 하지 않을까?

지시어 선택에 걸려 있는 문제는 무엇인가? 부분적으로, 용어 선택의 어려움은 고대 증거의 모호성보다는 우리의 현대 용어가 가진 함의에서 기인한다. 유대적 관습을 자발적으로 따르는 이교도를 묘사함에 있어서 "두려워하다"라는 말은 "종교적" 이유, 즉 경건을 암시한다. 같은 현상을 지칭하는

의 행동에 대해 다음과 같이 언급(혹은 불평)한다. 유스티누스는 그의 대화 가운데서 트리포로 하여금, 유대 관습을 지키지 않는 이방인 그리스도인들과 유대 관습을 지키는 포부메노이 톤 테온*phoboumenoi ton theon* 사이를 구분하도록 한다(Justin, *Trypho* 10.2). 몇몇 이교도들은 안식일과 유월절을 지키지만, 자신들의 전통적인 제단에서 경배했다(Tertullian, *To the Nations* 1.13.3-4). 자신을 테오세베이스*theosebeis*라고 부르는 페니키아와 팔레스타인에 있는 남자들은 유대인과 그리스인(즉, 이교도)의 관습 양쪽을 대중없이 따랐다(Cyril of Alexandria, *On Worship in Spirit and Truth*, 3.92. 93). "반쪽 유대인"은 회당과 이교의 사당 사이를 재빨리 오간다. 유대인들은 그 이교 신들을 섬기는 것이 잘못되었다고 그에게 말해 주어야 한다(Commodian, *Instructions* 1.24.11, 37.10).

다른 용어인 "유대화하다"는 말은 다시 민족성에 주목하게 만든다. 이 용어는 덜 "종교적"으로 보이며, 보다 정치적인, 혹 (어쩌면) 문화적인 혹 사회적으로 보이는 동기나 활동을 암시한다. 그러나 바울은 겉으로 볼 때 "종교적"으로 보이는 문맥—안디옥의 에클레시아 안에서 원칙의 문제로 베드로와 맞선 것에 대한 바울의 보도—에서 경건의 용어가 아니라 민족성의 용어를 사용하였다. [58쪽] 유대인들은 "이교도처럼"(에트니코스ἐθνικῶς) 행동할 수 있고, 이교도들은 "유대인처럼"(유다이코스Ἰουδαικῶς) 행동할 수 있다. 바울은 그리스도를 따르는 탈-이교적 이교도들은 "유대화하도록Judaize(유다이제인Ἰουδαΐζειν)" 요구받아서는 안 된다고 주장한다(갈 2:14). 안디옥에서 부상한 문제는 음식 및(혹은) 먹는 행위에 관한 문제였던 것으로 보인다. 현재 바울의 보도의 틀을 제공하는 문제는 갈라디아의 탈-이교적 이교도들이 할례를 받고 그리스도-추종자인 채로 유대교로 "개종"해야 하는지(참고: 갈 5:3)의 문제였던 것으로 보인다. 바울은 여기서 무엇에 대해 말하고 있는가? "종교"인가? "사회적 관습"인가? 아니면 "민족성"인가?

이러한 질문을 제기하는 것은 이미 답을 내포하고 있다. 바울은 이 모든 범주를 동시에 말하고 있다. 바울 시대에는 이 범주들이 서로 긴밀하게 상응했기 때문이다. 다른 말로 하면, 21세기 서구인들이 "종교," "민족성," "전통적인 행동 양식"(예컨대, 식습관, 친목, 생애 주기에 따른 기념 행사) 사이에 긋는 구분선은, 바울의 시대와 우리 시대 사이의 거리 및 차이가 얼마나 큰지를 가늠하게 해 준다. 이러한 차이는 번역의 복잡성 때문에 더욱 심각해졌다. 계몽주의 이후 서구 문화는 "종교"를 개인적, 사적, 그리고 대체로 명제적(우리는 특정한 존재를 "믿는다"believe in, 혹은 특정한 명제를 "믿는다"believe that), 즉 정신적 작용으로 정의한다. 이것은 하늘과 땅 사이에 존재하는 고대의 상응점을 제대로 보지 못하도록 우리의 눈을 가린다. 고대에는 민족들과 신들이 함께 묶였고, 땅과 하늘의 연결점을 표현하는 것은 곧 **행위**([주로] "생각"이 아니라)였다.

고대에는 자기와 다른 게노스*genos* 혹은 에트노스*ethnos*와 관계를 맺는 것이, 그 게노스의 신(들)과 어느 정도 관계를 맺는다는 것을 의미할 수 있었다. 이러한 교차민족적 활동은 특정한 언어적 형태를 발생시켰는데, 그것은 곧 그 민족 집단의 이름을 따와서 "동사화"verbing하는 것, 즉 해당 민족을 가리키는 "민족적" 명사에 특정한 부정사 어미infinitive ending(-이제인-ίζειν)를 덧붙이는 것이었다. 앞서 우리는 바울이 갈라디아서 2:14에서 바로 이것을 하고 있음을 살펴보았다. 바울은 베드로와 맞서는 가운데, "어떻게 그대는 이방인들로 하여금 유대화하라고 요구할 수 있소?"라고 물었다. 오직 외부인만이 다른 집단의 내부적 특징이 되는 (몇몇) 행동 양식을 의도적으로 차용할 수 있었다. 유대인들은 "유대화"할 수 없었다. 오직 비-유대인만이 "유대화"할 수 있었다. 오직 비-그리스인만이 (몇몇) 그리스적 행동 양식들을 차용하여 "헬라화"할 수 있었다. 비-그리스인이 헬라화하는 것은 곧 그리스인 및 그리스인의 신들 모두와 사회적 관계를 맺고 상호 작용하는 것을 포함했다. (예수와 엘르아살은 헤라클레스와 헤르메스의 신성한 후견 아래에 있는 김나지움에서 교육을 받았다. 수 세기 이후 랍비 가말리엘은 로마식 공중 목욕탕을 이용하면서, 아프로디테가 그곳에 있는 것을 합리화해야 했다.) [59쪽] 비-페르시아인이 "페르시아화Persianize"(메디제인Μηδίζειν)한다는 표현이 우리에게는 사회적, 종교적, 정치적, 문화적인 것으로 다양하게 세분화할 수 있는 행동 양식들을 (한데 취하는 것을) 가리키지만, 당시 그리스인에게는 한 마디로 압축되어 그저 "페르시아적Persian"인 것을 의미할 뿐이었다.[50]

---

50 이 점에 대해서는 Nongbri, *Before Religion*, 46-50에 있는 논평을 보라. 더 이른 시기에 특히 "유대화"에 대해 논의된 내용은 Cohen, *Beginnings of Jewishness*, 185-92; Steve Mason, "Jews, Judeans"를 보라. *Avodah Zara* 3,4에 나온 유명한 일화에는 랍비 가말리엘이 악코/프톨레마이스에 있는 아프로디테의 목욕탕을 이용하는 것에 대해 이교도 프로클로스Proklos가 이의를 제기하는 내용이 나온다. 이 일화에 대해서는 Paula Fredriksen and Oded Irshai, "'Include Me Out': Tertullian, the Rabbis, and the Graeco-

따라서, 이교도들이 유대인 이웃들의 회당 활동과 연관될 때, 정도의 차이는 있지만 그들은 유대인의 신과도 관계를 맺었던 것이다. 우리가 가진 증거가 제시하는 행동들의 다양한 범위만큼이나 그들의 동기 역시 다양했다. 전문적 치유자들이나 마술에 능숙한 이들은 유대 경전이 자신들의 언어로 크게 낭독되는 것에 귀를 기울였다. 그들에게 있어서 그 이야기들은 강력한 신을 소환하는 데 쓰일 중요한 정보를 제공해 주었다. 또 다른 이교도들은 유대인들의 축일들과 금식일들을 함께 기념했다. 유베날리우스의 풍자시에 나오는 아버지와 같은 또 다른 이교도들은 개인적으로 유대 율법을 일정 부분 준수하기로 결정했다. 특히 안식일 준수와 돼지고기 취식을 피하는 것이 가장 빈번하게 언급된다. 또 다른 이들은(율리아 세베라, 사도행전 10장에 나오는 백부장 고넬료, 카피톨리나, 아프로디시아스Aphrodisias의 신을 두려워하는 아홉 명의 마을 의회 의원들 등) 뚜렷한 후견 활동을 통하여 지역의 유대 공동체들에 대한 존중을 표현했으며, 유대인의 신에게도 영예를 돌렸다. 그리고 이 모든 이들은 그들이 본래 가지고 태어난 제의들에도 계속해서 참여했다.

역사적 사실을 확인하는 목적에 있어서는, 이처럼 서로 다른 사람들의 동기가 무엇이었는지는 그다지 중요하지 않다. 그들이 실제로 어떤 행동을 했는지가 더 중요하다. 다르게 표현해 보자면, 비문과 문헌 증거에 따르면, 이들은 "유대화하는 자들Judaizers"(요세푸스가 언급한 시리아의 이교도들처럼), 혹은 "신-경외자들"(아프로디시아스의 마을 의원들처럼), 혹은 단순하게 유대인들과 관계를 맺은 이교도들(율리아 세베라처럼)로 규정될 수 있다. 우리는 역사학자들로서 어떤 용어든 우리가 선택한 용어를 사용할 수 있다. 그렇게 명명한 것을 정당하게 뒷받침해 줄 간민족간interethnic 활동의 증거를 가지고 있다면 말이

Roman City," in *Identité à travers l'éthique: Nouvelles perspectives sur la formation des identités collectives dans le monde gréco-romain*, ed. K. Berthelot, R. Naiweld, and D. Stoekl ben Ezra (Turnhout, Belgium: Brepols, 2015), 117-32(특히 126-27)을 보라.

다. "유대화하는 자들"과 "신-경외자들"은 기능적으로 동의어이다. 제3의 방식으로 표현해 본다면, 율리아 세베라는 카피톨리나와 비교했을 때 "신-경외자"라고 불리기에 조금도 부족함이 없다. 비록 카피톨리나의 비문만이 실제로 그 용어를 사용하고 있지만 말이다. 그리고 양쪽 모두가 유대 공동체들을 적극적으로 후원함으로 "유대화"했다고—곧 "유대인들과 관련된" 일(회당 건물을 짓거나 보수하는 일)을 하면서 동시에 이교도로서 남아 있으면서 비-유대적 신들을 섬기는 일에 적극적이고 공적으로 참여했다고—묘사될 수 있다. 유대적인 일에 대한 그들의 참여는 자발적이었으며 또한 임기응변적이었다. 그렇지만 이교도들은 유대인이 아니었기 때문에, 그들이 (일부) 유대 전통을 준수하는 행위는 유대인의 율법에 의해 통제를 받지 않았다.[51]

[60쪽] 그들의 유대인 이웃들의 입장에서 보든, 그들 자신의 입장에서 보든, 이처럼 유대인에게 관심이 있었던 이교도들은 유대인들의 모임에 빈번히, 그리고 자유롭게 참여할 수 있었다. 또한 그들은 어떤 유대적인 실천이나 전통, 관습도 그들이 원한다면 취사하여 채택할 수 있었고, 그러면서도 본래 그들의 제의에 제한 없이 계속해서 참여할 수도 있었다. 다수의 문화는 종교적으로 포용력이 있었다. 그런 가운데 유대인들의 입장에서는, 그들과 가까운 외부인들을 격려하여 지역의 유대 공동체에 적극적으로 존경을 표

51 1세기 알렉산드리아의 필론은 유대인들과 더불어 칠십인역의 번역을 기념하는 "수많은 다른 이들"에 관해 말한다(*Life of Moses* 2.41-42). 400여 년 후, 요하네스 크리소스토무스John Chrysostom는 그의 이방인 그리스도인들이 유대인 이웃들과 더불어 연회를 즐기고 금식하는 것에 대해 불평했던 것으로 잘 알려져 있다(*Against the Judaizing Christians*). 이 이교도/이방인 인구 집단과 그들이 고대 시대 내내 유대인 공동체들에 다양하게 참여했던 것에 대한 추가적 논의로는 Bernd Wander, *Gottesfürchtige und Sympathisanten: Studien zum heidnischen Umfeld von Diasporasynagogen* (Tübingen: Mohr Siebeck, 1998); Feldman, *Jew and Gentile*, 483-501; Trebilco, *Jewish Communities*, 145-66; J. H. W. G. Liebeschuetz, "The Influence of Judaism among Non-Jews in the Imperial Period," *JJS* 52 (2001): 235-52(특히 240-41)을 보라.

시하고 후원을 하도록 유도할 만한 충분한 근거와 이유가 있었다. 마지막으로, 유대인들 역시 정도의 차이는 다양했지만 그럼에도 이교도들의 활동에 참여하곤 했다. 특히 운동선수이거나 배우, 그리고/혹은 시민인 경우에는 더더욱 그러했다. 이 모든 면에서, 지중해 서쪽 지역의 회당은 김나지움과 극장, 전차경기장, 콘서트장, 공중목욕탕과 같은 반열에 서서, 그리스-로마 도시 문화의 또 다른 기관으로 자리매김했다.[52]

52 예를 들어, John Gager, *Jewish Lives of the Apostle Paul* (New York: Columbia University Press, 2015), 53-86("Let's Meet Downtown in the Synagogue")을 보라.

제3장

바울: 선교와 박해

3장 바울: 선교와 박해

바울은 누구였으며, 우리는 그것을 어떻게 알 수 있는가?

[61쪽] 바울의 텍스트적 고향은 그리스어로 된 유대 경전이었다. 바울의 사회적 고향(그리고 결국 바울의 사도적 활동의 무대가 된 곳)은 다민족적, 다종교적인 그리스-로마 도시였다. 바울이 디아스포라 회당에 출입했을 시절, 유대교에 관심을 가졌던 이교도들과 몇몇 개종자들 역시 그 회당에 운집한 이들 가운데 있었을 것이다. 바울이 달리기 경주를 관람했을 때, 이교도들은 물론이고 유대인들도 관람객으로서만이 아니라 경주에 참가하는 선수로서 그 자리에 있었을 것이다. 또한 바울이 밤하늘을 올려다 볼 때나 도시의 거리를 걸을 때, 혹은 그가 사랑하는 성스러운 텍스트 중 하나를 들여다 볼 때, 그는 열방의 신들을 마주쳤을 것이다. 바울이 사도로 부름받기 전이든 그 후이든(이때는 더욱 명시적으로), 바울의 활동은 다음의 세 인구집단을 중심으로 하는 삼각구

도로 움직였다. 이는 곧, 동료 유대인들, 유대인들과 가까이 있는 이교도들, 그리고 이교의 신들이다.

이처럼 신들과 인간들이 섞여 있는 일반적 도시 상황과 차이가 나는 중요한 예외 사례가 하나 있었다. 바로 예루살렘인데, 이곳에 거주하는 인구집단은 압도적으로 유대인들이었으며, 이곳의 공공 건축물에는 이방 신들의 묘사를 잘 포함시키려 하지 않았다. 우리가 알고 있듯이 바울은 이 예루살렘을 방문한 적이 있다(갈 1:18; 2:1). 하지만 그가 예루살렘에 살았던 적이 있었을까? 거기서 바울은 유대 지혜자 가말리엘 문하에서 수학했을까? 사도행전에 따르면 그렇다(행 22:3; 참고: 7:58; 8:1). 그러나 그것이 정말 사실이라면, 바울 자신이 그곳에 대해 침묵하는 것을 설명하기 어렵다. 바울은 박해자로 살았던 자신의 과거를 회상하면서 스데반에 대해서는 결코 아무런 언급도 하지 않았으며, 유대인으로서 자신의 자격 조건에 대하여 자랑할 때도 가말리엘에 대해서는 아무런 언급도 하지 않았다(고전 15:9; 갈 1:13; 빌 3:6). 더욱이 바울은 그가 사도로 부르심을 받은 후에 예루살렘으로 올라가지 **않았다**는 점과, 그가 그 이후로도 일정 기간 동안 유대에 있는 그리스도 회중에게 "얼굴로는" 알려져 있지 **않았다**는 점을 말한다. [62쪽] 이와 대조적으로 사도행전은 바울이 부활하신 그리스도를 만난 경험 직후에 예루살렘으로 (돌아)가서 원조 사도들과 관계를 맺었다고 기술한다(행 9:26-29).

더 나아가 오직 누가만이 바울의 히브리식 이름("사울")을 언급하고, 그의 고향 도시(다소)와 로마 시민권, 그리고 그가 회당들 가운데 설교하며 선교했다는 것을 언급한다. 이러한 사안들 중 그 어느 것도 바울 자신의 편지에는 나타나지 않는다. 마지막으로, 사도행전의 묘사는 바울이 부활하신 그리스도를 처음 마주쳤던 경험의 특성에 대해, 바울 자신이 묘사하는 것과 배치된다. 사도행전의 경우 눈이 멀어버린 바울에게 나타난 청각적 신현을 전면에 내세운다(행 9:3-8; 참고: 22:6-11; 26:9-18). 반면, 바울 본인이 강조하는 것은 정확히 말하면 시각적 현상이다(고전 15:8; 참고: 9:1). 그렇다면 우리는 누가가 얼마만큼 의 역사적 자료(바울의 편지들을 포함해서)를 가지고 작업했으며, 사도행전의 이야기 중 얼마만큼이 누가 본인의 창작인지, 혹은 당시 발전 중이었던 전승에서 끌어온 것인지에 대해서 궁금증을 갖게 된다. 나는 사도행전의 묘사 중 어떤 측면들은 우리가 바울을 재구성하는 과정에 사용될 수 있을 정도로 역사적인 신뢰성이 있다는 점을 강조할 것이다. 하지만 역사적 바울 사도를 찾기 위한 탐구에 있어서 바울 본인의 편지들이 우선순위를 가져야만 한다. 우리의 작업은 바로 그 편지들(데살로니가전서, 고린도전서, 고린도후서, 빌립보서, 빌레몬서, 갈라디아서, 그리고 로마서)에 주로 의존할 것이다.[1]

---

1 [207쪽] 바울 생애에 대한 우리의 지식에 존재하는 구멍들을 메우기 위하여 사도행전을 사용하는 문제에 관해서는 다음의 고전적인 논의를 보라. John Knox, *Chapters in a Life of Paul* (New York: Abingdon-Cokesbury Press, 1950), 특히 13-73. 나의 견해는 다음의 글을 보라. Paula Fredriksen, "Paul and Augustine: Conversion Narratives, Orthodox Traditions, and the Retrospective Self," *JTS* 37 (1986): 3-34. 특히 5-20쪽과 4쪽 각주 5번에 인용된 참고 문헌을 보라. 본서는 바울의 이방인 청중들 중 많은 사람들(그들은 바울 복음의 유대적 요소 및 메시지와 친숙했다)이 디아스포라 회당 공동체들 주변에 형성되었던, 신-경외자 이교도들의 무리에서 기원했으리라는 점을 주장한다. 이 인구학적 추론과 자신은 회당의 치리 매질을 다섯 차례 받았다는 바울의 보도를 고려할 때, 나는 누가가 제시하는 일반적인 인상(바울이 디아스포라 회당의 간도시적 네트워크를 경유해서 사역했다는 점)을 신뢰하는 쪽으로 마음이 기운다. 또한 Johannes Munck, *Paul and the Salvation of Mankind*, trans. Frank Clarke (Richmond, VA: John Knox Press, 1959), 78-81, 202("사도행전은 바울의 편지들과 모순되지 않는 부분에서는 역사적 자료로 사용될 수 있다")을 보라.

이 견해에 반대하며, 바울이 이교도들을 접촉한 것이 그때 그때 임시로 이루어졌다고 주장하는 입장으로는 Ronald F. Hock, *The Social Context of Paul's Ministry: Tentmaking and Apostleship* (Minneapolis, MN: Fortress, 1980)을 보라. 이것에 대한 지지는 가장 최근에 E. P. Sanders, *Paul: The Apostle's Life, Letters and Thought* (Minneapolis, MN: Fortress, 2015), 111-18에서 나타난다(비록 Sanders가 116에서 "신을 두려워하는god-fearing" 것과 "우상 숭배를 포기하는" 것을 같은 의미로 혼동한 것이 안타깝지만 말이다. 신을 두려워하는 이들은 일반적으로 자신의 전통적 제의를 계속 수행했으며, 그들 자신의 만신전에 이스라엘의 신을 추가했다). 더 나아가, 바울 공동체들의 성서 이해의 바울의 편지들은 진정한 의미의 편지들이다. 그 편지들은 고대의 편지들이며, 그리스-로마적 편지들이다. 우리는 방금 언급한 세 측면을 각각 염두에 두어야 한다.

바울은 정돈된 신학적 논설이나 내러티브로 된 역사서술을 남기지 않았다. 바울이 남긴 것은 진짜 편지들이며(그중에서 극소수만이 살아 남아서 우리에게 전해졌다), 상호 간 익숙했던 맥락 속에서 일어난 특정한 사건들에 의해 촉발된, 특정한 이슈와 문제를 가진 특정한 공동체들(빌레몬서의 경우는 개인)을 향한 의사소통이다. 수신자들에게는 익숙했을 맥락의 상당 부분이 우리에게는 소실되어 버렸다. 우리는 그 맥락을 재구성하는 수단으로서 오직 편지들만을 가지고 있을 뿐이다. 바울이 그의 공동체들에 의해 제기된 문제에 응답하고

정도에 이의를 제기하는 Christopher D. Stanley, *Arguing with Scripture: The Rhetoric of Quotations in the Letters of Paul* (New York: T. & T. Clark, 2004)을 보라. Meeks(*First Urban Christians*)도 바울의 에클레시아이가 사회적으로나 구조적으로 회당 공동체들과 대체로 무관했다는 입장을 취했다(80-81). 앞으로 나는 두 집단 사이의 분리가 비록 이른 시기이긴 해도 점진적이며, "우연한" 일이었을 뿐이고, 도시의 더 큰 유대인 및 이교도 인구 집단들 사이의 (종교적, 그리고 정치적) 관계들과 함수 관계에 있었다고 주장할 것이다. 그러나 디아스포라 회당들은 초창기에 이 메시아 운동의 전파에 있어서 모판 역할을 수행했다.

바울 연대기와 바울서신의 편집비평적 복잡성에 대한 최근의 두 가지 논의는 Gregory Tatum, *New Chapters in the Life of Paul: The Relative Chronology of his Career* (Washington, DC: Catholic Biblical Association of America, 2006)와 J. Albert Harrill, *Paul the Apostle: His Life and Legacy in Their Roman Context* (Cambridge: Cambridge University Press, 2012), 특히 97-101(사도행전의 사용에 관해)과 Appendix 2 (고린도후서의 본문상의 문제에 관해)를 보라. Douglas A. Campbell, *Framing Paul: An Epistolary Biography* (Grand Rapids, MI: Eerdmans, 2014)은 데살로니가후서, 에베소서, 골로새서를 바울 진정서신에 포함시켜 새로운 연대기를 제시하는데, 나는 여기에 동의하지 않는다. 삽입 본문들과 관련된 질문들은 어느 주석서에서나 다루어질 것이다(로마서의 결말, 특히 16장이라든가, 고린도전서 14:34, 그리고 데살로니가전서 2:13-16 등의 삽입과 관련해서 나는 여전히 Birger A. Pearson, "1 Thessalonians 2:13-16: A Deutero-Pauline Interpolation," *HTR* 64 [1971]: 79-94에 동의한다).

있는 것처럼 보일 때—예컨대, 데살로니가인들이 그리스도의 재림 이전에 미리 죽은 동료 신자들의 죽음에 대해 염려하는 것(살전 4:13); 고린도인들이 올바른 성적 관계가 무엇인지 확신이 없는 것(고전 7장); 혹은 우상에게 바쳐진 고기를 어떤 상태로 봐야 할지의 문제(고전 8장, 10장) 등—그나마 우리가 확실한 기반에 서게 된다. 그러나 이름이 언급되지 않은 대적자들에게 바울이 공격을 퍼붓고 있을 때, 그의 가르침을 약화시키는 가르침을 전파하는 그리스도의 다른 사도들에 대항하여 바울이 자신의 공동체와 뜨거운 논쟁을 벌일 때, 우리는 더욱 신중을 기해야만 한다. [63쪽] 바울의 과열된 수사로부터 이와 같은 여러 경쟁자들에 대한 일관적이고 호의적인 인상을 추출해 내는 것은 상당히 어려운 일이다.[2] 마지막으로, 이러한 텍스트들은 진짜 편지들이기 때문에, 이 편지들은 바울과 그의 공동체들 사이에 계속되는 접촉을 전제하고 있다. 우리가 가지고 있는 것은 그들의 의사소통 과정 전체의 작은 한 조각일 뿐이며, 그 조각 중에서도 우리가 가진 것은 그들 사이의 대화 중 바울의 입장을 보여주는 조각뿐이다. 결과적으로 우리는 오직 바울 편에서만 이야기를 듣게 된다.

바울의 편지들이 오래되었다는 사실 역시 그 편지들의 물질적인 상태에 영향을 끼친다. 바울은 아마 1세기 중반 어느 시기에 이르러 자신의 필사자에게 편지들을 구술했을 것이다. 우리는 바울이 살았던 시기로 거슬러 올라갈 수 있는 사본을 가지고 있지 않다. 본래 바울의 그리스어는 단어들 사이에 띄어쓰기나 구두점이 없이 기록되었을 것이다. 띄어쓰기나 구두점은 모두 후대의 표기법이다. 따라서 바울의 편지들을 어떻게 번역할지의 문제를 다루기 이전에도, 우리가 오늘날 바울의 그리스어 문장들을 그저 읽어 나가

2 [208쪽] 특히 John M. G. Barclay, "Mirror-Reading a Polemical Letter: Galatians as a Test Case," *JSNT* 31 (1987): 73-93에 나온 유용한 비판을 보라.

는 것, 즉 절을 끊어 읽거나 그의 생각들을 연결시켜 나가는 작업은 이미 많은 해석적 결정에 의존하고 있는 셈이다. 바울의 편지들이 얼마나 널리 필사되고 회람되었을지에 대한 사안은 방금 다룬 문제를 더욱 복잡하게 만든다. 수 세기 동안의 사본 전승 과정 가운데 우연하게 발생한 변화나, 때로 의도적으로 생긴 변화는 서기관이 필사를 해 나갈 때마다 본문 안으로 들어왔다. 그 결과 수많은 이문/이독이 발생했으며, 이에 따라 바울이 본래 무엇을, 어떻게 말했는지에 대해 다소 불확실성이 생겼다. 또한 편지들 자체의 전달 과정에서 때때로 혼동이 발생했던 것으로 보인다. 대부분의 학자들은 빌립보서의 현재 본문을 두고 적어도 두 편지들이 함께 묶여 편집된 것으로 간주하며, 고린도후서의 편집 문제—두 개의 편지인가? 아니면 세 개인가?—역시 여전히 골칫거리로 남아 있다.[3] 간단히 말하면, 우리가 현재 가지고 있는 바울의 편지들은 바울의 필사자가 거의 열아홉 세기 전에 기록했던 것을 단지 불완전하게 반영하고 있을 따름이다.

마지막으로, 바울의 편지들은 그리스-로마 수사의 사례들이다. 우리가 바울의 편지를 해석하려고 시도할 때, 바울이 청중들을 가르치고 설득하기 위해 사용했던 고대의 서신 스타일과 수사적 장치들의 관습이 충분히 고려되어야 한다. 특히 바울의 디아트리베(실례를 들어 논증하기, 곧 청중을 가르치기 위해 상상 속의 대화자와 논의하는 형식으로 짜여진 대화를 특징으로 하는 고대의 수사 형태 - 역주)와 프로소포포이이아προσωποποιία("극중 인물로 말하기speech in character," 즉 다른 누군가의 "목소리"나 페르소나를 수사적으로 도입하여 화자의 논증을 선명하게 만드는 것) 사용에 주목하며 해석해야 한다. 더 포괄적으로 말하자면, 바울의 가르침 특히 그가 사도

3 이 점에 대해서는 Margaret M. Mitchell, "Paul's Letter to Corinth: The Interpretive Intertwining of Literary and Historical Reconstruction," in *Urban Religion in Roman Corinth: Interdisciplinary Approaches*, ed. Daniel N. Showalter and Steven J. Friesen (Cambridge, MA: Harvard University Press, 2005), 307-38을 보라.

적 경쟁 관계에 있던 이들에 대한 불만을 표출하는 바울서신의 특정한 측면들을 평가할 때, 일반적으로 그리스-로마 수사 문화에 내재한 상호 적대적 관습에 대해 염두에 두어야 한다. [64쪽] 고대 수사의 목표와 주된 목적은 설득이지 상대방의 입장에 대한 정확한 묘사가 아니다. 고대의 수사는 연사가 말로 논쟁할 때 어떻게 이길 수 있는지를 가르쳤다. 만약 그 승리가 교묘한 과장에 의해 성취될 수 있다면, 그것은 잘한 일이며 또한 좋은 일이었다. 수사를 배우는 학생들은 바로 그러한 일을 수행하기 위해 훈련을 받았다.[4]

그런 면에서 바울은 괜찮은 교육을 받았다고 할 수 있다. 바울은 자신의 확신에 대해 열정적이었으며, 또한 맹렬히 싸우는 (또한 그렇게 훈련을 받은) 말싸움꾼이었다. 바울의 공동체, 특히 그의 대적들에 대한 바울 자신의 견해를 재구성하려 할 때, 우리는 이 모든 것을 염두에 두어야 한다.

유대인 형성

"영"과 "육"은 바울이 자주 애용하는 단어들의 짝이다. "영"은 긍정적인

4 포괄적인 입문서로는 Stanley K. Stowers, *Letter Writing in Greco-Roman Antiquity* (Philadelphia: Westminster, 1989)를 보라. 바울의 로마서가 어떻게 수사적으로 빚어져 있는지에 대해서는 Stowers, *Rereading of Romans*, 16-21, 292-93 및 찾아보기에서 "극중 인물로 말하기speech-in-character"와 관련된 항목들을 보라. 갈라디아서의 수사에 대해서는 Hermeneia 시리즈에 포함된 H. D. Betz의 주석서를 보라. 고대 수사의 대립적 관습에 대한 더 일반적 논의로는 Margaret M. Mitchell, "Patristic Rhetoric on Allegory: Origen and Eustathius Put 1 Samuel 28 on Trial," *JR* 85 (2005): 414-45을 보라. 바울의 교육 및 수사적 훈련의 수준(이 수준에 대한 학자들의 추정은 극단 사이를 오간다)에 대해서는 Ryan S. Schellenberg, *Rethinking Paul's Rhetorical Education: Comparative Rhetoric and 2 Corinthians 10–13* (Atlanta, GA: Society of Biblical Literature, 2013)을 보라. 이 책은 여러 주장들을 검토하며 최소주의적 입장에 안착한다.

무엇인가를 암시하고(예컨대, 바울의 복음, 혹은 "그리스도 안에" 있음이 가져다주는 혜택 등), "육"은 항상까지는 아니지만 자주 부정적인 무엇인가를 암시한다(예컨대, 바울의 경쟁 상대들의 견해, 우상 숭배 및 우상 숭배와 결부된 죄악들, 그리고 보다 일반적으로, 부정적인 도덕적 힘 등).

이러한 육과 영 사이의 대조가 빌립보서 3장의 구조를 이룬다. 바울은 "주 안에서 기뻐하라"(빌 3:1)는 앞 절로부터 급격하게 전환하여 그의 공동체에게 "개들"과 "육체를 상하게 하는 자들"(3:2)을 조심하라고 갑작스럽게 경고한다(이들은 아마도 이방인들에게 할례를 촉구하는 복음을 전했던, 그리스도의 다른 메신저들일 것이다). 바울은 그의 공동체에게, "영으로 하나님을 섬기고 그리스도 예수 안에서 자랑하며 육체를 신뢰하지 않는 우리가 곧 할례파다"(3:3)라고 분명하게 단언한다. 그러고 나서 자기 자신을 이렇게 묘사한다.

> 비록 나 역시 육체를 신뢰할 만함에도 불구하고 말입니다. 만약 누구든지 자신이 육체를 신뢰한다고 생각한다면, 나로 말할 것 같으면 더욱 그러합니다. 태어난 지 팔 일째 될 때 할례를 받고, 이스라엘 민족[게노스*genos*]에서 나왔으며, 베냐민 지파 출신이고, 히브리인 부모에게 태어난 히브리인이며, 율법으로는 바리새인이고 열심으로는 에클레시아를 박해했으며, 율법과 관련된 의로는 흠이 없는 자입니다. (빌 3:4-6)

갈라디아에서 할례를 주장하던 사도들로 인하여 바울은 자신의 과거에 대한 비슷한 언급을 하게 된다. 그때 바울은 다시금 "열심"과 "박해"를 결합한다. "여러분은 내가 유다이스모스*Ioudaïsmos*에 있을 때 가졌던 과거의 행동에 대해 이미 들었습니다. 내가 어떻게 하나님의 회중을 극도로[카트 휘페르볼렌*kath' huperbolēn*; 참고: RSV성경은 폭력적으로violently라고 옮긴다] 박해하고 공격했는지 말입니다. [65쪽] 그리고 나는 내 자신의 민족[게노스]

가운데 다른 많은 동시대인들보다 유다이스모스에 있어서 훨씬 더 앞서 나갔습니다. 왜냐하면 나는 내 조상의 전통에 무척이나 열심이 있었기 때문입니다"(갈 1:13-14; 참고: 고전 15:9).[5] 갈라디아서 말미에서 바울은 "할례"를 "박해"와 결부시킨다. "형제들이여, 만약 내가 여전히 할례를 선포한다면, 내가 왜 여전히 박해를 받겠습니까?"(갈 5:11). 그러고 나서 바울은 할례를 주장하는 경쟁 사도들에 맞서 박해라는 주제를 또다시 소환한다. "할례받도록 여러분을 강요하는 자들은 바로 육체의 측면에서 잘 보이고 싶은 자들입니다. 그리하여 그들 자신이 그리스도의 십자가로 인해 박해받지 않고자 하는 것입니다"(6:12).

이러한 소수의 본문들로부터 무엇을 이끌어 낼 수 있을까? 그리스도 안에 있는 이방인들은 왜 할례를 받고자 했던 것인가? 일부 유대인이 비-유대인들에게 할례를 촉구했던 것은 어떤 동기 때문이었는가(그리스도-추종자들 중에서 바울의 경쟁자들이 이와 같이 촉구했고, 바울 역시 그리스도를 만나기 전이든 혹은 그리스도를 만난 후이든 한때 그러했던 것으로 보인다)? 그리고 바울이 직접 저지르기도 하고 또 나중에는 받기도 한 "박해"란 정확히 무슨 뜻인가?

때로 이교도 외부자들은 그저 유대교에 관심을 가진 방문자 정도에 그치지 않고 심지어 그 이상을 원했다. 그들은 때로 이스라엘의 언약 백성과 이스라엘의 신에게 더 강하게 연결되는 일을 추구했다. 그리고 그들의 지위를 외부인에서 내부인으로 바꾸기를 추구했다. 이러한 전환을 표현하는 현

---

5 유다이스모스*Ioudaïsmos*라는 용어는 번역자들을 괴롭힌다. RSV성경은 "유대교 Judaism"라는 번역어를 택했고, 그리하여 다수의 문제점들을 포함하고 있는데, 그중에 특히 바울이 하나의 종교("유대교")를 떠나 다른 종교("기독교")를 택했다는 인상을 준다는 문제가 있다. Nongbri, *Before Religion*, 49ff. 및 미주; Mason, "Jews, Judaeans," 457-512; Novenson, "Paul's Former Occupation," 24-39; and Thiessen, *Paul and the Gentile Problem*, 37-41(특히 그 단어를 이방인의 "유대화"와 연관시키는 Mason의 견해를 적용하고 있다)을 보라.

대적 용어인 "개종/회심conversion"은 바울의 시대에 잘 들어맞지 않는데, 왜냐하면 바울 시대에는 개인의 친족 집단(게노스이든 에트노스이든)이 경건의 기반을 마련하는 동시에 경건을 표현해 냈기 때문이다. 고대 민족성의 본질주의essentialism를 고려할 때(예컨대 바울은 자신과 베드로 모두 퓌세이*physei*에 따르면["본질상으로"] 유대인이라고 주장한다[갈 2:15]), 어떻게 이교도가 유대인이 "될" 수 있는가?

이것은 어떤 유대인들에게 있어서는 불가능한 일이었다. 이교도는 유대인이 될 수 없었다.[6] 이 입장은 고대에 규범적으로 존재했던 가족과 제의 사이의 연결을 중시하고, 그 연결이 계보와 "혈통"을 실제로 구성한다는 실재론적 사고방식에 우선순위를 두었다. 이러한 입장은 또한 유대 전통 안에서 제사장적 기준을 민족 전체에 확장하여 적용하는 혁신적 움직임을 나타내는데, 이는 포로기 이후의 문헌인 에스라서(기원전 5세기)에 나타나는 견해이다. 제사장(코헨*cohen*)이나 레위인의 부족적 지위는 상속되었으며 어떠한 의례 행위도 제사장이 아닌 사람을—즉, 평범한 이스라엘인을—제사장으로

6 할례를 통한 개종이라는 포괄적inclusive 유대 전통의 존재는 이미 오랫동안 학계에 잘 알려져 있다. 예를 들어, Fredriksen, "Judaism, the Circumcision of Gentiles," 535-39; Cohen, *Beginnings of Jewishness*, 198-238; Gary G. Porton, *The Stranger within Your Gates: Converts and Conversion in Rabbinic Judaism* (Chicago: University of Chicago Press, 1994)을 보라. 그러나 Matthew Thiessen은 최근의 몇몇 연구물에서, 그에 반대되는 유대 전통의 입장, 즉 (적어도 남자의 경우) 유대 민족에 들어오는 것을 허락하지 않는 입장에 주의를 기울여야 한다는 점을 중요하게 지적했다. Matthew Thiessen, *Contesting Conversion*; "Paul's Argument against Gentile Circumcision in Romans 2:17-29," *NovT* 56 (2014): 373-91; *Paul and the Gentile Problem*; "Paul's So-Called Jew and Lawless Lawkeeping," in *The So-Called Jew in Paul's Letter to the Romans*, ed. R. Rodriguez and M. Thiessen (Minneapolis, MN: Fortress, 2016), 59-84을 보라. Thiessen은 Hayes, *Gentile Impurities*에 소개된 계보적 정결에 대한 여러 견해들을 발전시킨다. 인간이 자신의 천상적 충성 대상celestial allegiances을 재조정한다는 의미를 가리키기 위해 "개종"이란 단어를 사용하는 문제점에 대한 추가적 논의로는 Zeba A. Crook, *Reconceptualising Conversion: Patronage, Loyalty, and Conversion in the Religions of the Ancient Mediterranean* (Berlin: Walter de Gruyter, 2004)을 보라.

만들 수 없었다. 마찬가지로 어떠한 의례 행위도 비-유대인을 유대인으로 만들 수 없었다. 에스라는 이러한 논리를 확장하여 비-유대인과의 결혼을 반대했다. “거룩하거나holy” “구별된separate” 이스라엘의 씨는 이스라엘 안에만 머물러야 하며, “속되거나profane” “구별됨 없는common” 이방인의 씨와 섞여서는 안 되었다(스 9:1-2).

[66쪽] 바울 시대에 접어들어, 쿰란 공동체는 이 논증을 더욱 확장하여 이스라엘 내부의 결혼 문제까지 포함시켰다. 제사장들은 평범한 이스라엘인과 결혼할 수 없었고, 이스라엘인은 게림*gerim*(게르의 복수형 - 역주), 곧 이스라엘을 따르는 외국인들과 결혼할 수 없었다. 여기 사용된 단어 게르*ger*는 랍비들에게 있어서 프로셀뤼토스*prosēlytos*/“개종자”를 가리키는 용어와 동일한 기능을 수행하게 되는데, 더 후기의 랍비들에게 있어서 이러한 개종자는 “모든 면에 있어서” 이스라엘인이 된 자다(b. Yeb. 47b).[7] 그러나 쿰란 공동체의 분파적 시각에서 볼 때, 게르는 영원히 외부인으로 남았다(“아마도 [개념상] 성소에 대한 접근과 공동체 안으로 혼인해 들어오는 양쪽 모두의 측면에서” 외부인임을 의미할 것이다).[8] 창세기를 재서술하는 희년서는 이 공동체에게 중요한 위치를 차지했는데, 이 희년서는 팔 일보다 더 늦은 시기에 행해지는 모든 할례는 사람을 언약 안으로 들어오게 하지 못한다고 강조한다(희년서 14:24-26; 참고: 창 17:12-14). 신적 계획에 따라 이방인들은 타락한 영들에게 미혹당해 휩쓸려 다니게 되며, 결

7 개종에 대한 랍비들의 견해에 대한 논의로는 *HJP* 3:175과 각주 93-101을 보라. 또한 랍비 문헌에 나오는 개종 의식에 대해서는 Cohen, *Beginnings of Jewishness*, 198-238; Porton, *The Stranger*를 보라. [209쪽] 새로 입회하는 이들을 포괄적으로 맞이하는 태도에 대한 더 이른 시기의 추가적인 자료로는 필론, *De virt*. 20.103; 요세푸스, *c. Ap*. 2.210, 261; 또한 *BJ* 2.388(아그리파 2세가 아디아베네의 통치자들을 호모퓔로이*homophyloi*라고 지칭한다); 유딧서 14:10(“이스라엘 집에 합류한” 아키오르Achior); 그리고 Justin, *Trypho* 122에 나오는 탄식을 보라.

8 Hayes, *Divine Law*, 142-43(인용된 부분은 134, 각주 8에 나온다).

코 이스라엘의 일부가 될 수 없었다(15:30).[9]

이처럼 엄격한 분파적 입장은 제2성전기 후기의 주도적 입장은 아니었다. 이때에는 남녀 외국인들이 이스라엘 민족으로 들어오던 때이다. 이교 여자들의 경우—우리가 가진 그리스-로마 문화권의 증거 자료에서는 거의 눈에 띄지 않는다—이스라엘 민족 안으로 들어오는 일반적인 방식은 결혼을 통해서였던 것으로 보인다. 이것은 또한 성서적 패러다임이기도 했는데, 대표적으로 다윗의 증조모인 모압 사람 룻의 이야기를 들 수 있다. 고대 로마 시대에 한 여성이 유대인 남편을 맞이하여 유대인됨Jewishness 안으로 "결혼해 들어가는" 것은 당시 널리 퍼진 사회적 관습을 따르는 일이었다. 아내는 남편 집안과 연계된 신(들)을 받아들였다. 그러한 결합에서 태어난 아이는 아버지의 사회적 정체성을 물려받곤 했다(이것은 다시금 성서적 패러다임에서 주도적인 형태였다. 후에 랍비들의 견해는 달랐다). 유대인 아버지와 이방인 어머니에게서 태어난 아이는 유대인이었다. 이방인 아버지와 유대인 어머니에게서 태어난 아이가 비-유대인인 것과 마찬가지로 말이다. (이 때문에, 바울이 디모데[그의 아버지는 이방인이었다]로 하여금 할례받게 했던 행 16:1-3의 이야기는 주석가들을 혼란스럽게 했다.) 그러나 사실 우리는 1세기 상황에서 이교 여성이 결혼의 테두리 바깥에서, 유대적 실천을 받아들이는 것 외에 어떻게 유대인이 "되었는지" 알지 못한다.[10]

---

9 쿰란 장서에서 희년서 사본이 열한 개 발견되었는데, 이것은 희년서가 이 공동체에게 중요한 텍스트였음을 말해주는 증거이다. 유대 정체성의 계보적 패러다임이 어떻게 외부인들의 합류라는 개념에 불리하게 작용하는지에 대해서는 Thiessen, *Contesting Conversion*, 67-86(희년서), 89-94(에녹1서 85-90장의 "동물 묵시록Animal Apocalypse")을 보라.

10 [유대적 실천을 받아들인] 아디아베네의 헬레네Helene의 경우를 보라(*AJ* 20.34). 유대인이 되는 이방인 여자들에 대해서는 Cohen, *Beginnings of Jewishness*, 169-71을 보라. 그리고 랍비 사상에 나오는 "모계 원칙"이라는 연관된 이슈에 대해서는 263-307을 보라. 사도행전에 나온 "디모데의" 유대성에 대해서 Cohen은 반대표를 던진다(363-77). 플루타르크는 *Moralia* 140D에서 이런 의견을 표명한다. "모름지기 아내가 자신의 남

이교 남성의 경우는 상황이 달랐다. 헬레니즘 시대 저자들과 그 이후의 로마 시대 유대인, 이교도, 기독교 저자들은 모두 유대인 남자와, 이교에서 빠져나와 새롭게 유대인이 된 남자 모두에게 있어서 그 정체성을 나타내는 제1의 표지로 할례를 꼽았다. 타키투스Tacitus는 태어날 때부터 유대인이었던 이들과, 자발적으로 유대인이 된 이들 모두 할례를 통하여 그 정체성이 표시된다고 언급했다(키르쿰키데레 게니탈리아*circumcidere genitalia*, *Hist*. V.5.5,2). [67쪽] 유베날리우스Juvenal는 동일한 사실을 다른 방식으로 표현했다. 만약 그 아버지가 안식일을 지키고(메투엔스 사바타*metuens sabbata*), 하늘을 경배하고, 돼지고기를 삼가게 되면, 그 아들들도 결국 할례를 받고 "모세가 그의 수수께끼 같은 두루마리에 적어 건네준 법"을 숭상하게 된다는 것이다. 즉, 유베날리우스는 유대화하는 아버지의 아들들이 결국엔 할례를 통해 "개종"하게 된다는 점을 불평하고 있는 것이다(*Sat*. 14.96-102; 그러나 유베날리우스에게는 "개종"에 해당하는 단어가 없었다는 점을 기억할 필요가 있다. 대신 그는 그들이 로마나스 레게스*romanas leges*를 버리고 이질적인 법, 곧 모세의 이우스*ius*를 따른다고 표현했다. Il. 100-102). 요세푸스는 아디아베네Adiabene의 왕실 이야기를 진하면서 동일한 점을 또 다른 방식으로 표현했다. 할례는 이자테스Izates 왕을 그의 (이교도) 신하들의 눈에 유대인으로, 즉 "이질적 관습들(크세논 에톤*xenōn ethōn*)"에 헌신한 자로 만들어 버릴 수 있다. 결과적으로, 이자테스의 어머니인 헬레네Helene나 유대 상인인 아나니아스Ananias 모두 이자테스가 할례받는 것을 만류했다(*AJ* 20.38-41; 참고: 47). 할

편이 존중하는 신들만을 경배하고 그 신들만을 아는 것이 적절한 일이다." 이러한 사회적 현실은 헤롯이 자신의 집안에 결혼을 통해 들어온 타민족 남자들에게 유대 관습을 준수하도록 강요했던 것을 더 놀라운 일로 만들어 준다(*AJ* 16.226). 심지어 바울도 그리스도-추종자인 아내가 가정 제의라는 측면에서 자신의 이교도 남편에게 어쩔 수 없이 복종하는 현실을 용인할 준비가 되어 있었다. 중요한 소논문인 Caroline E. Johnson Hodge, "'Married to an Unbeliever': Households, Hierarchies and Holiness in 1 Corinthians 7:12-16," *HTR* 103 (2010): 1-25을 보라.

례는 유대인들의 이우스*ius* 혹은 에테*ēthē*에 대한 헌신을 수반했으며, 남자 개종자와 우호적 이교도를 구별해 주는 표지였다.[11]

바울 역시 갈라디아 공동체들에게 "누구든 할례를 받는 자는 율법 전체를 지킬 의무를 갖는다"(갈 5:3)라면서 경고하며 동일한 지적을 하는 것처럼 보인다. 그런데 여기서 "율법 전체를 지킨다"는 것은 무엇을 의미하는가? 누구의 해석을 따라서 지킨다는 것인가? 제2성전기 후기에 존재했던 유대적 실천이 매우 다양했다는 점을 고려할 때, 여기서 잠시 멈추어 숙고해 볼 가치가 있다. 이를테면, 필론은 알렉산드리아에 있는 유대 알레고리주의자들의 비밀스런 공동체에 대해 불평을 남긴 것으로 잘 알려져 있다. 이 공동체원들은 몸에 할례를 받는 것이 더 참되고 더 높은 의미, 곧 성적인 자기 절제를 가리키는 하나의 상징에 불과하다고 여겼다. 그런데 영적 진리를 이미 포착했고 거기에 따라 살아갈 수 있다면, 그 영적 진리의 상징에 불과한 육체적 절차를 왜 굳이 수행해야 하는 것인가?

필론은 할례의 더 높은 의미를 말하는 알레고리주의자들의 해석에는 찬성했지만, 그들이 그 해석으로부터 이끌어 낸 행동 양식은 거부했다. 필론의 주장에 따르면, 참된 철학자는 계명을 이해할 뿐만 아니라 그 계명을 행하는 자이다. 필론은 "만약 우리가 이러한" 관습을 "실제로 지키고 준수한다면, 이 상징들이 가리키는 바에 대해 더욱 또렷한 이해를 얻을 수 있을 것"이라고 말했다(*On the Migration of Abraham* 16.89–93). 필론에게 있어서 유대인됨Jewishness—필론이 보기에 이것은 참된 철학이다—은 삶의 방식이지, 그저 사고

---

11 할례에 대한 더 오래된 이차문헌에 대한 검토와 유대 자료 및 이교 자료에서 찾을 수 있는 일차문헌에 관해서는 Fredriksen, "Judaism, the Circumcision of Gentiles," 536, 각주 11–12을 보라. 또한 Cohen, *Beginnings of Jewishness*, 39–49, 140–74을 보라. 가장 최근의 것으로는 Thiessen, *Contesting Conversion*, 245의 찾아보기에서 "할례"와 관련된 항목들을 보라.

하는 방식에 지나지 않는 것이 결코 아니었다. 필론이 반감을 느끼고 있는 상황 자체가 당시의 경건한 유대인들 중 일부가 조상들의 율법과 관습을 더 영적으로 이해한다는 명목으로 할례를 그만두었을 수도 있는 가능성을 시사한다. [68쪽] 만일 일부 유대인들이 그들의 아들들에게조차 할례를 행하지 않았다면, 또 다른 유대인들은 이교도 개종자에게 할례를 행할 필요를 느끼지 못했을지도 모른다.[12]

---

12 이 질문에 대해서는 Neil J. McEleny, "Conversion, Circumcision and the Law," *NTS* 20 (1974): 319-41에 나오는 주장과 Peder Borgen, "Observations on the Theme 'Paul and Philo': Paul's Preaching of Circumcision in Galatia (Gal. 5:11) and Debates on Circumcision in Philo," in *Die paulinische Literatur und Theologie*, ed. Sigfred Pedersen (Aarhus, Denmark: Aros, 1980), 85-102에 나오는 주장을 보라(특히 할례를 선택에 맡기는 것에 대해서는 85-89을 보라). 이것은 John Nolland, "Uncircumcised Proselytes?" *JSJ* 12 (1981): 173-94에서 반박되었다.

로마서는 할례를 반대하는 입장을 지지하도록, 따라서 결과적으로 유대 정체성을 재정의하는 식으로 흔히 이해되곤 한다. "참된 할례"는 내적이며, "참된 유대인"이 되는 것은 영의 문제, 곧 육신이 아니라 마음에 율법을 둘 수 있는가의 문제라는 것이다(롬 2:1-29). RSV성경의 로마서 2장 번역에 대한 비판으로는 Thiessen, *Gentile Problem*, 54-68 및 "Paul's So-Called Jew and Lawless Lawkeeping," 59-83에서 더 다듬어지고 강화된 내용을 보라. 반-할례적 해석을 지지하는 논증에 따르면, 바울은 필론의 알레고리주의자들처럼 율법의 영적 의미를 이해함으로써 이방인들을 위해(그리고 암시적으로는, 유대인들을 위해서도) 율법의 육신적 실천과 결별했다. 이스라엘의 신에 대한 이방인들의 영적 충성은 그 이방인들을 "이스라엘"로, 곧 "하나님의 이스라엘"(갈 6:16)로 만들기에 충분했다. [210쪽] 사람들은 거의 2천 년 동안 바울을 이런 방식으로 읽어왔다. 이러한 읽기 방식을 최근에 표현해 낸 사례로는 Barclay, *Paul and the Gift*, 470-71이 있는데, 거기에서 Barclay는 로마서 2장의 "마음의 할례"가 육신의 할례를 급진적으로 상대화한다고 해석했다. 또한 Barclay의 더 이전 시기의 소논문인 "Paul and Philo on Circumcision: Romans 2.25-9 in Social and Cultural Context," *NTS* 44 (1998): 536-56을 보라. 이 해석의 상당 부분은 바울이 로마서 2장에서 호명하는 수사적인 "너/당신"을 우리가 어떻게 읽을 것인지에 달려 있다. 이 점에 있어서 특히 Runar M. Thorsteinsson, *Paul's Interlocutor in Romans 2: Function and Identity in the Context of Ancient Epistolography* (Stockholm: Almqvist and Wiksell, 2003)를 보라. Barclay는 논증을 거치지 않고 Thorsteinsson의 해석을 기각해 버린다(*Paul and the Gift*, 469, 각주 51). 본서가 진행되는 동안, 우리는 이 모든 쟁점들을 다시 살펴보게 될 것이다.

개종자 할례와 관련된 이슈에 있어서 개별 유대 공동체들에게 어느 정도의 자유가 주어졌든지 간에, 이교도 남성이 이스라엘의 신에게 배타적으로 헌신함과 더불어 할례를 받는 것은 관찰자 입장에 있던 이교도들이 보기에 가장 분명한 기준이었으며, 따라서 가장 적대적인 비판의 계기가 되었다. 개종 현상에 화가 난 애국적patriotic 이교도들은, 개종자가 가족과 조상의 관습, 그리고 조상의 신들을 저버렸다며 불평했다. 타키투스는 바로 이러한 불평을 언급한다. 개종자들이 가장 먼저 배우는 것은 "그들의 신들을 경멸하고 그들의 나라(파트리아*patria*)를 저버리며, 그들의 부모, 자녀, 형제를 신경 쓰지 않는 것"이다(*Hist*. V. 5.1, 2). 이 비판적인 이교도들이 보기에 유대화하기Judaizing의 문제는 (단지) 그것이 유대적이라는(따라서 이질적이라는) 점에 있지 않고,

---

요세푸스가 이자테스Izates 왕 및 아디아베네Adiabene 왕가에 대해 들려주는 이야기 역시 할례와 관련된 상황을 복잡하게 만든다(*AJ* 20.17-48과 96). 카락스 스파시누Charax Spasini(Spasinu)에 있는 이자테스 가문의 여자들은 아나니아스Ananias라는 이름의 유대인 상인과의 접촉을 통해 유대 관습에 헌신하게 되었다. 이 이야기는 그들이 단지 우호적 이교도들인지 아니면 완전한 "개종자"인지 밝혀주지 못한다. 이와는 별개로, 아디아베네에 있는 이자테스의 모친인 헬레네Helene 역시 유대 관습과 율법을 받아들인다. 이자테스 본인은 유대인이 되기 위해서 할례를 받고자 하는 정도까지 "넘어가기로"(메타테스타이*metathesthai*) 작정했다(20.38). 이자테스가 이방 민족을 따르고 자신의 왕국을 소홀히 하게 됨으로써 발생할 잠재적 결과들 때문에 경각심이 든 헬레네는 그것에 반대한다(20.39). 그리고 아나니아스는 이자테스가 할례를 단념하도록 조언한다. 이자테스가 하나님을 두려워한다면(세베인*sebein*; *AJ* 20.41), 그것으로 충분하다(무엇에 대해 충분한 것인가?). 아디아베네에 체류하는 또 다른 유대인인 엘르아살Eleazar(*AJ* 20.43)이 들어와서, 이자테스가 유대인의 노모스*nomos*를 읽는 것을 보고, 그가 할례받는 데까지 철저하게 그것을 준수하지 않는다고 꾸짖는다(*AJ* 20.44-45). 이 이야기는 이자테스가 한 의사를 불러 할례를 받고, 유대인이 되는 것으로 끝난다(여기서의 중요한 점은, 할례를 받기 전까지는 이자테스가 유대인으로 간주되지 않았다는 것이다). 이자테스와 바울에 대해서는 Mark D. Nanos, "The Question of Conceptualization: Qualifying Paul's Position on Circumcision in Dialogue with Josephus's Advisors to King Izates," in *Paul within Judaism: Restoring the First-Century Context to the Apostle*, ed. Mark D. Nanos and Magnus Zetterholm (Minneapolis, MN: Fortress, 2015), 105-52을 보라.

그것이 결국 유대교/유대주의Juda*ism*로 이어질 수 있다는 점에 있었다. 그리고 신-경외자의 상태와는 달리, (자발적) 유대교/유대주의의 문제는 개종자들의 경우 그들이 물려받은 의무를 이행하는 것을 배제해 버리면서, 그러한 이질적인 법을 따른다는 점이었다.[13]

이와 같은 급진적인 참여는 유대인들의 제의적 배타주의로 인하여, 단지 개종자의 인간적인 가족 관계를 소외시킬 뿐 아니라, 그의 "초-인간적"인 가족 관계, 즉 태생과 혈통으로 인해 그와 연결되어 있던 신들까지도 소외시키는 결과를 가져왔다. 제의의 부재는 신들을 노하게 만들었으며, 노한 신들은 그들의 불만족을 지진, 홍수, 가뭄, 난파, 폭풍, 질병 등으로 표출했다. 이 목록은 신들의 진노를 나타내는 보편적인 레퍼토리였다. (고대 세계에서 제의를 제대로 수행하는 것은 오늘날 범주로 따지자면 아마도 국방 예산에 포함될 것이다.[14]) 그럼에도 불구하고 때로 이교도 남성들은 할례를 받고, 이스라엘의 신에게 배타적인 헌신을 하기로 결단했다. 비록 적대적인 반응의 정도 차이는 있었지만, 개종자의 결단은 그 시대 대부분의 이교도들에게 용인되었던 것으로 보인다.[15] 그러나

13 필론은 "새로 들어오는 이들"이 "그들이 나고 자란 조상 관습[τὰ πάτρια]을 포기"한다는 점에 대해 칭찬한다(*Spec. Laws* 1.309; 참고: 1.52). 따라서 필론은 이교도들이 유대화에 관해 비판하는 지점들을 반대 측면에서 확인해 준다.

14 Robin Lane Fox는 이렇게 논평한다. "브리튼에서 시리아에 이르기까지, 이교 제의들은 신들을 공경하는 것을 목표로 하고, 신들이 소홀히 대접받아 진노하게 되어 발생할지 모를 불운을 피하는 것을 목표로 했다. 이교도의 경배 활동에 대한 설명 중에서 신들의 불확실한 진노와 거기에 대한 인간들의 두려움을 축소하는 설명은 빈 깡통뿐인 설명이다." *Pagans and Christians*, 39. 추가로, 신들의 사회적 맥락에 대해서는 그 책의 2장을, 제의에 대해서는 3장을 보라. 로마의 경건은 애국주의와 결합되었는데, 전통적 제의를 올바르게 시행하는 것은 "종교의 측면에서 중요할 뿐 아니라 국가의 안녕이라는 점에서 중요하기 때문이다." Cicero, *De legibus* 1.12.30. 이 견해를 나타내는 로마인들의 많은 표현 방식들을 인용한 Isaac, *Invention of Racism*, 467과 각주 121-27번을 보라. 또한 아래의 각주 62번을 보라.

15 도미티아누스 황제는 이 마지못한 용인이라는 일반적 상황 속에서 하나의 주목할 만한 예외를 나타낸다. [211쪽] 도미티아누스는 "무신론"이라는 죄목으로, 즉 "유대인

신들을 소외시키는 것은 당시 실제적인 위험들을 수반하였고, 이는 바울도 잘 알고 있었다.

심지어 유대인들 스스로도 이러한 제의적 배타주의를 다양한 방식으로 실행에 옮겼다. 특히 우리가 가진 비문들이 증거하듯이, 서쪽 디아스포라의 일부 유대인들의 경우 자신들의 정체성을 유다이오이*Ioudaioi*로 주장하면서도 동시에 다른 신들에게 경의를 표하는 것(비록 온전한 의미에서 공적 제의에 참여하는 것은 아니었다고 해도)에 대해 거리낌이 없었다. 이 두 가지가 충돌한다는 어떠한 낌새도 보이지 않는다.[16] "유일신주의monotheism"와 "다신주의polytheism" 사이에 날카로운 구분선을 긋는 것에 익숙한 우리가, 어쩌면 고대의 행위자들 위에 현대적인 구분을 뒤집어 씌우는 잘못을 저지르고 있는지도 모르겠다. [69쪽] 고대의 행위자들에게는 신성이란 증감하는 정도에 따라 다양하게 존재하는 것이며, 이질적인 신들에게 어느 정도의 경의를 표하는 것은 자신의 신에 대한 주된 충성에 손상을 가하지 않았다.

다른 말로 하면, 공적으로 이루어지는 희생 제사에 적극적으로 참여하는 것은 유대인으로 태어난 이나 유대교로 개종한 이 모두에게 의문의 여지 없이 문제적으로 여겨졌겠지만(적대적인 이교도들이 언급했던 것을 생각해 보라), 제의 활동이 이루어지는 자리에 참석해 있는 것, 그리고 그 신들에게 바쳐진 고기를

의 관습"을 향한 반역적인 충성 때문에 자신의 신들을 거부하게 되었다는 죄목으로 로마 귀족계층의 몇몇 구성원들을 처형했다. Dio, *Roman History* 67.14.1-2. 특히 귀족들은 신들에 대한 시민적 의무, 따라서 종교적 의무를 지니고 있었다. 사회적으로 덜 높은 자리에 있던 이들은 이 점에 있어서 더 자유로웠다. Peter Lampe, *From Paul to Valentinus: Christians at Rome in the First Two Centuries*, trans. Michael Steinhauser (Minneapolis, MN: Fortress, 2003), 198-205은 플라비우스 클레멘스Flavius Clemens, 도미틸라Domitilla, 그리고 이름이 언급되지 않은 다른 이들이 단죄 받았던 것이 유대화 때문이 아니라 그리스도인이 된 것 때문이라고 추측한다. 그러나 람페의 재구성은 부분적으로 Eusebius, *EH* 3.18.4에 나오는 후대의 이야기를 기반으로 한다.

16 이 비문들 중 일부는 앞서 2장에서 논의되었다.

먹는 문제와 관련된 유연성은 아마도 당연하게 받아들여지는 규범이었을 공산이 크다. 실제로 바울 자신도 상당한 정도의 관대함을 보였다. 바울은 고린도전서 8장에서 우상을 향한 희생 제사에 관하여 이방인 출신 그리스도-추종자들에게 편지를 쓰면서, 과거에 우상을 섬기던 이들이 그와 같이 우상에게 바쳐진 음식에 대해 여전히 염려하고 있는 모습에 대해서 언급한다. 만약 그들이 그 음식을 먹으면 그들의 양심은 더럽혀질 수 있다. 그 음식을 먹으면서 필시 그들은 음식과 관련된 신과의 진정한 교류에 참여하는 것처럼 느낄 것이다(고전 8:7-8). 바울은 그의 공동체에게 이렇게 조언한다. 만약 어떤 "연약한 형제"가 이 사안에 있어서 "실족"하게 된다면(아마도 그러한 "형제"가 우상에 의해 표현되는 신적 존재가 단지 다이모니온*daimonion*이 아니라 하나의 신이라고까지 생각하게 되는 것을 의미할 것이다, 8:9-13), 신전에서 먹지 말라. 그리고 공적 제의에는 아예 참여하지 말라(10:14-22). 그러나 만약 사적인 저녁식사 자리라면, 자유롭게 먹으라. 공동체 구성원 중 다른 누군가가 그 자리에 함께 있고 또한 그가 음식의 상태에 대해서 염려하고 있지 않는 한 말이다. 만약 누군가 그 자리에 함께 있고 음식의 상태에 대해 염려하고 있다면, 자신을 위해서가 아니라 바로 그 사람을 위해서, 음식을 먹지 말라(10:27-30). 바울은 이 가르침을 로마서 14:20-21에서 요약한다. "음식으로 말미암아 하나님의 사업을 무너지게 하지 말라 … 고기도 먹지 아니하고 포도주도 마시지 아니하고 무엇이든지 네 형제로 거리끼게 하는 일을 아니함이 아름다우니라"(롬 14:20-21, 개역개정). 우리가 다 아는 것처럼, 바울이 고린도와 로마에 있는, 그리스도를 따르는 이방인들에게 조언하는 가운데 이 문제에 관해 보인 유연성은 디아스포라 유대인에게 늘 존재했던 관습을 반영한다. 즉, 먹는 행위로 인해 공동체 내의 누군가를 소외시키는 결과를 가져오는 게 아니라면, 가서 먹으라(는 것이었다). 디아스포라 유대인들은 그리스도를 따르는 이교도들이 이 문제와 씨름하기 한참

전부터 이미 이 문제를 처리해야 했던 것이다.[17]

할례를 전파하기?

어떤 학자들은 이교도가 유대인이 "되는" 사례가 잘 입증된다는 점을 가리키면서, 유대인들이 이방인을 향한 **선교 활동**을 적극적으로 추진했다고 주장했다. 이들의 주장에 따르면, 후기 제2성전기 유대교는 선교적 종교였다.

---

17 학계의 이차적 논의의 대부분은 우상과 관련된 음식과의 접촉에 예민하게 반응하는 이 "약한" 형제들을 (고린도에서든 로마에서든) 유대인 그리스도-추종자들로 간주한다. 나는 바울의 편지들이 고린도와 로마 양쪽 공동체들에서 탈-이교적 그리스도-추종자들을 향해 말하고 있다고 여긴다(나는 앞으로 이 입장을 더 상세히 주장할 것이다). 그리고 나는 그러한 것을 먹는(혹은 마시는) 일이 그들의 예전 신들과의 실제적 교류를 가능하게 한다고 느꼈던 이들이, 다름 아닌 바울의 탈-이교적 이교도들(즉, 유대화하는 이방인 그리스도-추종자들)이라고 여긴다. 유대인들이 카쉬루트kashrut를 따르는 것에 이 쟁점들이 연결되어 있다고 보는 입장의 최근 사례는 Barclay, *Paul and the Gift*, 511(또한 갈라디아서 2:11-14의 안디옥 사건을 재구성하는 다림줄로 쓰인다, 365-70)이다. 반대로, 로마서 14장을 오직 이방인 그리스도-추종자들과만 관계된 것으로 여기는 Thorsteinsson, *Paul's Interlocutor*, 92-97을 보라. 또한 비록 미쉬나(*Avodah Zara* 2:3)가 이교 신전에서 나온 고기를 분명히 금지하기는 하지만, 그 가르침은 (a) 특히 랍비적이며, (b) 팔레스타인적이며, (c) 기원전 3세기 초의 것이다. 반면 바울은(자신이 바리새인이며 유다이스모스에 열성이 있었다는 주장이 무슨 뜻이든 간에) 1세기 중반, 서쪽 디아스포라 토박이로 살았다. 실천 방식은 가지각색이었고, 디아스포라 도시들은 유대인들이 유연하고 다양하게 실천할 수 있는 기회들을 제공했던 것이 분명하다. 이 점에 대해서는 Anders Runesson, "Entering a Synagogue with Paul: First-Century Torah Observance," in *Torah Ethics and Early Christian Identity*, ed. Susan J. Wendel and David M. Miller (Grand Rapids, MI: Eerdmans, 2016), 11-26을 보라. 특히 음식에 관한 유연성에 대해서는 E. P. Sanders, *Jewish Law from Jesus to the Mishnah* (Philadelphia: Trinity Press International, 1990), 281을 보라. 또한 David Rudolph, "Paul and the Food Laws: A Reassessment of Romans 14.14, 20," in *Paul the Jew*, ed. Boccaccini and Segovia, 151-81을 보라.

[70쪽] 때로는 고대의 유대인 인구가 (추정상으로) 폭증했던 것을 설명하기 위해서 이러한 선교 활동이 짐작되기도 했다. 이 인구 증가가 너무나도 광범위했기 때문에, 오직 공격적 개종 활동만이 그 숫자를 설명해 줄 수 있다고 본 것이다. 또 어떤 학자들은 유대 선교 활동이 헬레니즘 유대교 문학의 맥락을 제공해 준다고 보았다. 그리스어로 된 유대 문학이 풍부했던 것은 이교도들을 끌어들이기 위한 유대인들의 노력을 증언한다는 것이다. 또 다른 학자들은 이후에 유대인들에 대항하는*contra Iudaeos* 그리스도인들의 수사와 신학이 등장하게 된 까닭을 유대 선교 활동 속에서 찾는다. 즉, 유대인들을 향한 그리스도인들의 신랄한 독설은 두 공동체들 간의 (추정상의) 선교적 경쟁이 치열했음을 가리킨다는 것이다. 마지막으로, 유대 선교 활동은 신약성서에 나오는 두 문장, 곧 마태복음 23:15(단 한 명의 개종자를 얻기 위해 바리새인들이 산과 물을 건넌다는 것)과 갈라디아서 5:11(바울이 한때 할례를 전파했다는 것)을 해석하는 사회적 맥락을 제공해 줄 수 있다.[18]

---

18 앞으로 이어질 몇 개의 문단은 내가 쓴 "What 'Parting of the Ways'? Jews, Gentiles, and the Ancient Mediterranean City," in *The Ways That Never Parted: Jews and Christians in Late Antiquity and the Early Middle Ages*, ed. Adam H. Becker and Annette Yoshiko Reed (Tübingen: Mohr Siebeck, 2003), 48-56에 나오는 내용을 되풀이하고 압축한 것이다. 유대 선교 활동의 존재를 제안했던 20세기 전반기의 위대한 학자들 세 명 및 그들의 저서는 다음과 같다. James Parkes, *The Conflict of the Church and the Synagogue: A Study in the Origins of Antisemitism* (London: Soncino, 1934); Bernhard Blumenkranz, *Die Judenpredigt Augustins: Ein Beitrag zur Geschichte der jüdisch-christlichen Beziehungen in den ersten Jahrhunderten* (Basel: Helbing & Lichtenhahn, 1946); and Marcel Simon, *Verus Israël: Études sur les relations entre Chrétiens et Juifs dans l'empire romain (135–425)* (Paris: E. de Boccard, 1948). [212쪽] 기원후 70년 성전 파괴 이후 유대교가 폐기 상태나 다름없게 되었다는 Harnack의 묘사("Die Altercatio Simonis Iudaei et Theophili Christiani nebst Untersuchungen über die antijüdische Polemik in der alten Kirche," in *Texte und Untersuchungen zur Geschichte der altchristlichen Literatur*, ed. Oscar von Gebhardt and Adolf Harnack, vol. 1.3.1 [Leipzig, 1883], 1-136))에 반대하여, 이 후대의 세 학자들은 강인하고 자신감 넘치는 유대 공동체들이 이교도들을 향해 정

이교도를 유대인으로 만들려 하는 유대 선교 활동의 존재를 옹호하는 첫 번째 논증은 기원전 586년(제1성전의 파괴)과 기원후 50년 사이의 500여 년 간의 기간 동안 유대인 전체 숫자가 15만 명에서 거의 "4-8백만 명"까지 폭증했다는 추정에 근거하고 있다. 이러한 추정상의 수치는 필론, 요세푸스, 바르 헤브라이우스Bar Hebraeus(클라우디우스Claudius 황제 재임 시절의 유대인 숫자에 대해서 이야기한 13세기 연대기 기록자)에 나오는 산발적인 언급들로부터 추측해낸 것이다. 어떤 방식의 재구성이든 간에 이 논증은 결국 인구 숫자에 의존할 수밖에 없다는 위험성을 지니고 있다. 우리는 유대인이든 혹은 고대의 다른 어떤 민족 그룹이든 간에, 그러한 주장을 입증할 만큼 충분히 고대의 인구 구성에 대해 알지 못하며 또한 알 수도 없다. 더 나아가, 우리는 고대의 이교도들 중 얼마만큼의 숫자가, 유대인이 조상 때로부터 이어받은 관습을 완전히 그들의 것으로 취했는지(즉, "개종했는지") 알지 못하며 또한 알 수도 없다. 역설적으로 데이터가 부재한다는 사실로 인하여 일부 학자들은 이처럼 큰 숫자를 상정하게 되었다. 그리고 앞으로 보게 되겠지만, 우리가 디아스포라에서

력적으로 선교 활동을 펼치는 모습을 재구성해냈다. 이 역사서술에 관한 검토로는 Fredriksen, *Augustine and the Jews*, xv-xviii과 385-87의 미주 4-8을 보라. 이 질문 전체에 대한 역사서술을 철저하게 검토한 글로는 Rainer Riesner, "A Pre-Christian Jewish Mission?" in *The Mission of the Early Church to Jews and Gentiles*, ed. J. Ådna and H. Kvalbein (Tübingen: Mohr Siebeck, 2000), 211-50을 보라.

마태복음 23:15과 갈라디아서 5:11의 역사적 맥락으로서 실제 유대 선교 활동에 대해서는 John G. Gager, *Reinventing Paul* (Oxford: Oxford University Press, 2000)을 보라. 특히 다메섹 사건 이전의 바울이 이교도를 유대인으로 바꾸어 놓기 위해 선교를 했다는 증거로 갈라디아서 5:11을 바라보는 견해로는 Terence L. Donaldson, *Paul and the Gentiles: Remapping the Apostle's Convictional World* (Minneapolis, MN: Fortress 1997), 275-84을 보라. Donaldson의 좀 더 최근의 글로는, "Paul within Judaism: A Critical Evaluation from a 'New Perspective' Perspective," in Nanos and Zetterholm, *Paul within Judaism*, 299, 각주 39(Thiessen, *Gentile Problem*, 37-41쪽에서 언급됨)을 보라. 본서의 3장은 그러한 재구성들을 반박한다.

초기 예수 운동의 선교 활동이 초래했던 사회적 결과들을 살펴볼 때, 유대교로 개종한 사람들의 숫자가 어마어마하게 많았을 가능성은 그다지 높아 보이지 않는다.[19]

유대 선교 활동의 존재를 회의적으로 보는 논증은 청중에 대한 가정에 근거한다. 정말로 비-유대인들이 유대인들의 위대함에 관해 그리스어로 쓰여진 글을 즐겨 읽었을까? 홍보를 위한 유대인들의 활동을 충분히 유의미하게 만들 정도로, 유대인들의 글에 대한 취향을 가진 비-유대인 독자층이 있었을까? 어쩌면 몇몇 사람들은 그랬을지도 모른다. 하지만 이러한 종류의 변증 문학의 가장 큰 소비자층은 그리스어를 말하는 유대인들 자신이었을 가능성이 가장 크다. 다른 말로 하면, 헬레니즘 유대 문헌들—새로 쓴 성서 이야기들, 유대인들의 우수성에 대한 주장들, [71쪽] 유대 경전의 상고성을 이교도들이 경외했다는 것을 확언하는 쟁쟁한 증언들, 유대인들의 배움의 수월성과 유대인 두뇌의 탁월성에 대한 주장들 등—은 무엇보다도 헬레니즘 유대인들 자신의 정체성에 대한 자부심을 표현하고 있다. 우리는 이러한

19 Louis Feldman은 유대 선교 활동이라는 개념에 대한 자신의 변호를 그가 "인구학적 증거"라고 부르는 것을 통해 뒷받침한다(이른바 유대인 인구의 급증). Louis Feldman, *Jew and Gentile*, 293과 555-56. Feldman이 설명하기를, 오직 공격적인 개종 작업만이 그러한 급증을 설명할 수 있다. 이 "숫자들"에 대한 비판으로는 James Carleton Paget, "Jewish Proselytism at the Time of Christian Origins: Chimera or Reality?" *JSNT* 18 (1996): 65-103(특히 70을 보라). 그의 소논문은 역사서술상의 논란을 훑어볼 수 있는 로드맵을 제공한다. 또한 Leonard V. Rutgers, *The Hidden Heritage of Diaspora Judaism: Essays on Jewish Cultural Identity in the Roman World* (Louvain: Peeters, 1998), 200-205을 보라. 고대 인구 집단에 대한 논증을 "숫자들"과 인구 통계에 의존하려는 모든 시도가 가진 위험성에 대해서는 Roger S. Bagnall and Bruce W. Frier, *The Demography of Roman Egypt* (Cambridge: Cambridge University Press, 1994), 53-57(서지를 포함해서)을 보라. 또한 Brian McGing, "Population and Proselytism: How Many Jews Were There in the Ancient World?" in *Jews in the Hellenistic and Roman Cities*, ed. John R. Bartlett (London: Routledge, 2002), 88-106을 보라.

문헌들을 가리켜, 이교도를 유대인으로 바꾸어 놓으려는 조직화된 노력이 문헌적으로 잔존하는 증거라고 생각할 이유가 없다. 이 문헌들과 관련하여 더 개연성이 높은(그리고 보다 인과관계를 잘 설명해주는) 사회적 맥락은 바로 헬레니즘 유대인들 집단 그 자체이다.[20]

그렇다면 유대인들에 맞서는*adversus Iudaeos* 후대 기독교가 보여준 독설의 잔혹성과 편재성에 대해서는 어떻게 생각해야 할까? 이러한 독설은 당시 제한적인 이교도 시장을 놓고 지속되는 맹렬한 경쟁이 그리스도인들과 유대인들 사이에 이루어졌음을 전제하는 것이 아닌가? 이처럼 해로운 전통이 등장하고 유지된 데에는 여러 요인이 뒤섞여 있지만, 특히 후대의 이방 기독교가 헬레니즘 유대 자료들—먼저는 칠십인역 그리고 또한 바울의 편지들과 이후에 등장한 복음서들—에 의존하고 있었다는 점이 (이 전통의 탄생에) 유의미하게 기여하였다. 이러한 유대 문헌들 안에 유대인들에 대한 불만은 넘쳐난다. 모세는 이스라엘의 뻣뻣한 목과 돌과 같은 마음에 대해 개탄했다. 예언자들은 고집스런 유대인들의 행습을 고발했다. 예수는 자신의 동포들(바리새인, 사두개인, 제사장, 이외에도 구체적으로 표현되지 않은 다른 사람들)과 끊임없이 논쟁을 벌였다. 바울은 자신과 마찬가지로 유대인인 동료 사도들을 맹렬하게 공격했다. ("그들이 히브리인이냐? 나도 그러하다. 그들이 이스라엘인이냐? 나도 그러하다. 그들이 아브라함의 후손이냐? 나도 그러하다. 그들이 그리스도의 일꾼이냐? 나는 더욱 그러하다!"[고후 11:22-23])

물론 이러한 불만과 불평들은 본래 유대인들 간에 이루어졌던 것이었다. 그러나 2세기의 이방(인) 맥락에 접어들면서 이러한 유대인 간의 비판은 반

---

20 Johannes Munck는 이렇게 평한다. "이 [헬레니즘] 유대 문헌의 타겟층은 자신들의 종교적 공동체 내부에 있었다. 그 청중은 교육받은 유대인들이었으며, 그 목적은 … 조상의 종교에 그들이 확신을 갖도록 만드는 것이었다." Johannes Munck, *Paul and the Salvation of Mankind*, 267-68.

aniti-유대적 비판으로 탈바꿈하였고, 이것은 이교도들 중에서 잠재적 개종자를 둘러싼 경쟁이 아니라, 유대 경전에 대한 "소유권"과 "이스라엘"이라는 이름이 누구에게 인정되는가를 둘러싼 실제 경쟁 구도에 의해 (부분적으로) 촉발되었다. 이방인 그리스도인들은 실제로 동시대 유대인들에 대항하여 독설의 무기를 장착하도록 훈련되었다. 유스티누스Justin의 *Dialogue with Trypho*는 경전에 나오는 독설의 재활용을 잘 보여주는 사례이다. 그러나 2세기부터, 그리고 특히 4세기 이후로 이방인 그리스도인들은 이 독설을 다른 이방인 그리스도인 라이벌을 겨냥해서도 사용하게 되었다(실제로 유스티누스가 그의 대화에서 그러했던 것처럼 말이다).[21] 이 이방인 간의 말싸움 속에서 주된 개전 이유는 바로 기독교적 다양성("이단")이었으며, 주된 타겟은 다른 이방인 그리스도인들이었다. 이때 선택된 수사적 총알은 다름 아닌 반-유대주의였다. 그들은 유대 문헌들(후에 결국 신약New Testament이라는 이름으로 묶이게 된 문헌들, 그리고 유대 경전들Jewish scriptures 그 자체)에 나타나는, 유대인과 유대교에 관하여 부정적으로 정형화된 모습을 그대로 가지고 왔다. 그리고 가장 악랄한 반-유대적 수사를 자신과 다른 교리적 노선에 있는 동료 이방인 그리스도인들에게 쏟아부었다. [72쪽] 그들의 라이벌은 "유대인과 다름없었고," "유대인과 마찬가지로 악했으며," "유대인보다 더 심한" 것으로 묘사되었다.[22]

---

21 유스티누스는 자신의 그룹을 제외한 이방인 교회들의 구성원들을 "무신론자들, 불경건하고 불의하며 죄악되며, 예수를 고백하는 자들이라는 허울만 가지고 있다"고 간주한다. "그럼에도 그들은 자신을 '그리스도인'이라 칭한다! … 몇몇은 마르키온파로 불리며, 몇몇은 발렌티누스파이고, … 다른 이들은 또 다른 이름으로 불린다"(*Trypho* 35). 유스티누스의 공동체가 바로 성서를 참되게 붙들고 있는 자들이란 점에 대해서는 *Trypho* 29를 보라. 유스티누스 자신의 교회를 "참 이스라엘"로 보는 것은 *Trypho* 123을 보라.

22 [213쪽] 유대인들을 겨냥한 그리스도인들의 악담의 주된 형태를 낳았던 2세기 이방인 그리스도인들인 발렌티누스파, 마르키온파, 그리고 유스티누스의 그룹 사이의 경쟁에 관해서는 Fredriksen, *Augustine and the Jews*, 41-78, 그리고 더 이른 시기의 중요

이와 같은 방식으로 후대의 이방 그리스도인들은 (본래) 유대인들 간 이루어졌던 논쟁적 수사를 자신들의 것으로 삼으면서, 자신들의 견해에 권위를 부여하거나 논증을 뒷받침하고 또 그들 자신의 투쟁을 표현할 틀을 마련하기 위해 성서 텍스트를 사용했다. 그리고 (이방인 그리스도인) 대적들을 "바리새인들" 혹은 "유다들Judases"이라고 명명함으로써, 수사적으로 자신들을 바울이나 예수의 위치에 올려 놓았다. 기묘하게도, 기독교의 수사적 차원의 "유대인들"(이 "유대인"은 기독교에서 상존하는 대형antitype이다)이 과도하게 발전하게 된 것은 다름 아닌 후대의 기독교 내부의 다양성 때문으로 보인다. 이러한 갈등에 비추어 볼 때, 유대적 선교 활동과 기독교적 선교 활동이 서로 경쟁적인 홍보 활동을 펼쳤다는 이론은, 개연성이 떨어질 뿐만 아니라 유대인들을 향해 오랜 기간 지속된 독설을 설명하는 데에 있어서도 불필요하다.[23]

앞서 언급한 두 구절, 곧 마태복음과 갈라디아서에 나오는 구절들을 설명해야 할 필요성이 여전히 남아 있다. 그것을 설명하기 위해서는 유대 선교

한 소논문인 David P. Efroymson, "The Patristic Connection," in *Anti-Semitism and the Foundations of Christianity*, ed. Alan T. Davis (New York: Paulist Press, 1979), 98-117을 보라. 유대인들의 분파적 문헌들이 이방인들의 반-유대적 문헌들로 변화된 방식에 대해서는 John W. Marshall, "Apocalypticism and Anti-Semitism: Inner-Group Resources for Inter-Group Conflicts," in *Apocalypticism, Anti-Semitism and the Historical Jesus: Subtexts in Criticism*, ed. John S. Kloppenborg with John W. Marshall (London: T. & T. Clark, 2005), 68-82을 보라.

23 그리스도인들의 반-유대적 수사와 신학은 콘스탄티누스의 개종 이후 수십 년 동안 또 한 차례의 열성적인 발전의 시기를 맞이했다. 카톨리카*catholica*/보편적인 교회 내부의 차이에 대한 인식, 심지어 그런 차이가 발생한 원인은 제국이 스스로를 강화하는 작업 때문일 수 있다. 그리고 여기서 "유대인들"은 다시 한번 혐오스러운 거짓 기독교 내부자를 뜻하는 말로 통하게 된다. Fredriksen, *Augustine and the Jews*, 290-324; 또한 Paula Fredriksen, "Jewish Romans, Christian Romans, and the Post-Roman West: The Social Correlates of the contra Iudaeos Tradition," in *Conflict and Religious Conversation in Latin Christendom: Studies in Honour of Ora Limor*, ed. Israel Jacob Yuval and Ram Ben-Shalom (Turnhout, Belgium: Brepols, 2014), 17-38.

활동을 상정해야만 하는가? 마태복음에 관하여 역사학자들은 이와 다른 방식으로 추측을 펼쳐 왔다. 어쩌면 마태가 의미한 바는 유대인들 내부의 "선교"일지도 모른다. 곧, 한 분파의 구성원이 다른 유대인들로 하여금 자신의 분파에 입회하도록 설득하는 노력을 가리키는 것이 아닐까? 그러나 우리에게 알려진 다른 모든 맥락에서 볼 때, 프로셀뤼토스*prosēlytos*는 비-유대인이었다가 유대인들에게로 들어오는 사람을 가리킨다. 그렇다면 어쩌면 지역의 바리새인들(마태가 못마땅해하지만)이 마태의 그룹이 펼치는 선교 활동에 대한 임의적인 대응의 일환으로 그들 자신의 선교 활동을 시작했던 것은 아닐까? 다시 말하지만 우리는 정확히 알 수 없다. 하지만 마지막에 언급한 보다 온건한 제안, 즉 다른 유대인 그룹의 전도 활동에 대한 지역적이고 즉흥적인 대응으로서의 유대 선교 활동을 상정하는 것이, 로마제국 전체를 대상으로 하는 조직화된 유대 선교 활동이 상시 존재했음을 상정하는 것보다 훨씬 더 개연성이 있어 보인다.[24]

그렇다면 갈라디아서 5:11에 대해서는 어떻게 생각해야 할까? "내가 지금까지[에티*eti*] 할례를 전한다면 어찌하여 지금까지[에티*eti*] 박해를 받으리요?"(갈 5:11, 개역개정) 바울이 과거에 전파했던 것을 들은 청중은 이교도일 수밖에 없다. 유대인들에게는 할례가 "전파"될 필요성이 없었을 것이다(할례는 이미 그들의 경전에 선포되어 있다).[25] 민족이 섞여 있는 맥락에서 "할례를 전파하는

24 마태복음 23:15이 유대인들 내부의 선교 활동을 암시한다는 주장으로는 Martin Goodman, *Mission and Conversion: Proselytizing in the Religious History of the Roman Empire* (Oxford: Clarendon Press, 1994), 73을 보라. 유대 바리새인들이 (지역적으로) 그리스도인들의 선교 활동에 대응했다는 제안으로는 Edouard Will and Claude Orrieux, *"Prosélytisme juif"? Histoire d'une erreur* (Paris: Les Belles Lettres, 1992)를 보라. Donaldson이 다음과 같이 평한 것은 적절하다. "이 짧은 구절은 그 사이즈에 맞지 않는 영향력을 남겼다." Donaldson, *Judaism and the Gentiles*, 413.

25 개인적으로 주고받은 서신에서, Larry Hurtado는 바울이 이전에 실제로 유대교 내부의 선교사로 활동했었으리라는 점을 나에게 시사했다. "바울은 그가 '유다이스모스

것"은 외부인들이 안으로 들어오도록 적극적으로 권유하는 것을 암시한다. 따라서 어떤 학자들은 이전에 바울이 그런 종류의 선교사—어쩌면 특히 바리새적 선교사(참고: 마 23:15)—였다고 추정해 왔다.[26] 이 이슈에 관하여 우리는 해석학적 순환에 둘러싸여 있는 것 같다. [73쪽] 즉, 바울의 말은 유대 선교 활동의 존재에 의해서만 설명될 수 있으며, 또한 바울의 말을 설명하기 위해서 유대 선교 활동의 존재가 반드시 상정되어야만 하는 해석적 순환 속에 있는 것이다.

이에 대한 출구가 하나 있는데, 그것은 바로 이 문맥에서 바울이 한 말의 두 번째 부분, 곧 박해에 대한 언급에 주목하는 것이다. 이 "박해"는 무엇인가? 박해를 실시한 주체는 누구인가? 그리고 개종자 할례를 옹호하는지 혹은 옹호하지 않는지가 어째서 박해를 초래하는가? 이처럼 더 넓은 범위의 질문들은 잠시 후에 다룰 것이다.

일단 지금까지의 내용을 요약해 보자. 유대 공동체들, 특히 디아스포라에 있는 (어떤? 일부의? 대부분의?) 유대 공동체들은 "개종자들"을 받아들였는가? 거기에 대해서는 의심의 여지가 없다. 그러나 프로셀뤼토이*prosēlytoi*를 받아

Ioudaïsmos'에 있었던 과거의 활동을 언급하는데(갈 1:13), 나는 이것을 바울이 바리새인으로서 다른 유대인들 가운데 토라 준수를 적극적으로 홍보하고 다녔다는 뜻으로 받아들인다. 디아스포라 환경에서 (여러 방식으로) 토라 준수를 제대로 해내지 못한 많은 유대인들, 혹은 더 엄격한 바리새인에게는 용납되지 않을 방식으로 이교도의 삶을 수용한 유대인들이 있었을 가능성이 높다. 예를 들어, 내가 보기에는 자기 아들에게 할례를 행하지 않았던 유대인들이 있었을 것 같기도 하다. 따라서 (마치 뉴욕시의 미츠바 승합차들처럼) 바울은 그러한 이들 가운데서 유대인다움을 고취하는 일에 참여했을 수 있는 것이다." 이는 가능한 해석이다. 비록 이러한 해석은 할례를 받는 이방인들의 문제에 초점을 두고 있는 갈라디아서 1장의 문맥과 어색한 조화를 이루긴 하지만 말이다.

26 바울이 그리스도 현현을 보기 이전에도 이미 이방인들을 향한 선교사였다는 추측에 대해서는 Thiessen, *Gentile Problem*, 37-41 (Donaldson을 따른다)을 보라. 또한 아래 각주 37번을 보라.

들이는 것과, 그들에게 개종하라고 적극적으로 청하는 것은 서로 다른 차원의 문제이다.[27] 유대인 쪽에서 살펴보자면, 일단 그러한 선교 활동의 존재를 뒷받침해 줄 만한 내적인 증거가 발견되지 않았다. 유대인 선교사의 이름이 단 하나도 발견되지 않았고, 또한 어떤 선교적 절차도 추정되지 않고 있다.[28] 우리는 적어도 랍비들—랍비들은 범주, 경계 형성과 유지, 그리고 할라카적 정확성에 가장 관심을 기울인 고대의 유대인들이다—로부터 올바른 선교 활동을 위한 규정이나 법적 논의를 발견할 것을 기대할지 모른다. 하지만 실제로는 아무것도 발견되지 않는다.[29] 만약 정말로 이교도의 개종과 같은 유대교로의 급진적인 참여가 실제적이고 조직화된 유대 선교 활동의 결과였다면, 우리는 그것이 당시 어떻게 진행되었는지에 대해 더 나은 이해를 보였어야 한다. 따라서 실상 이교도들이 유대교에 관심을 가지게 된 것은 오히려 (요세푸스의 이야기에 나오는 아디아베네Adiabene의 왕궁에 있던 아나니아스Ananias와 엘르아살 Eleazar 같은) 개인들에 의한 자유롭고freelance, 비전문가적이며, 비제도적인 노력의 결과이거나, 혹은 디아스포라 회당 공동체들을 통한 구조화되지 않

27 이 차이는 앞선 질문에 관한 역사서술을 검토하는 Riesner의 글에서 집요하게 강조되는 논점이다. Riesner, "Pre-Christian Missions?"

28 아나니아스와 엘르아살은 둘 다 프리랜서였던 것 같다. 그들 사이의 존재하는 차이점은 유대인들에게 정해져 있는 "선교" 절차나 정책이 존재하지 않았음을 입증해 준다.

29 [214쪽] 훨씬 후대의 랍비 텍스트들은 개종이 이방인의 주도로 이루어진다는 점을 암시한다. "이러한 때에 한 사람이 개종하고자 찾아올 때, 그는 이런 질문을 받는다. '그대의 동기는 무엇입니까? 그대는 이스라엘이 여전히 괴로워하고 고통받고 짓밟히고 있음을 압니까 …?' 만약 그가 '나도 압니다'라고 대답한다면, 그는 곧 받아들여진다"(b. Yeb 47a). 그러나 다음을 참고하라. Marc Hirshman, "Rabbinic Universalism in the Second and Third Centuries," *HTR* 93 (2000): 101-15. Hirshman은 초기 랍비 텍스트들 가운데 이방인의 토라 참여에 대해 열린 태도를 취하는 몇몇 본문들을 가리키며, 그것들이 "선교적 전망"의 증거라고 한다(102, 112, 114쪽). 하지만 Hirshman이 그것을 입증하는 것은 아니며, 실제 이루어진 선교 활동에 대한 증거도 제시하지 않는다.

은 접촉의 파생 작용인 것처럼 보인다.[30] 마지막으로, 바울의 편지들, 특히 갈라디아서의 증거를 놓고 보자면, 할례를 통해 이교도를 유대인으로 만드는 (그리스도-추종자들의) 선교라는 문제를 직면하였을 때, 그 문제를 어떻게 해야 할지 정확히 아는 사람은 아무도 없었다. 우리는 곧 이 점을 자세히 살펴볼 것이다.

종말론적 이방인

마지막으로 두 가지의 고려 사항—하나는 역사적historical 고려 사항, 다

30 George Foot Moore는 다음과 같이 말한다. "참된 종교가 미래에 갖게 될 보편성에 대한 믿음, 즉 '주님께서 온 땅에서 왕으로 다스리시는' 시대의 도래는 이방인들의 개종을 위한 노력으로 이어졌고 … 유대교를 지중해 세계의 첫 번째 거대한 선교적 종교로 만들었다. **그러나 유대교가 선교적 종교라고 불릴 때, 그 표현에는 한 가지 차이점이 있음을 반드시 이해해야 한다.** 유대인들은 선교사들을 파송하지 않았다 … 그들은 모든 큰 중심지들과 셀 수 없는 작은 도시들에 정착했다 … 그들의 종교적 영향력은 주로 회당들을 통해 행사되었다. 회당들은 유대인들이 자신들을 위해 세운 것이지만, 유대인들의 예식에 관심이나 호기심을 가지고 이끌려 오는 모든 이들에게 열려 있었다." George Foot Moore, *Judaism in the First Centuries of the Christian Era: The Age of the Tannaim*, 3 vols. (Cambridge, MA: Harvard University Press, 1927-30), 이 인용문은 1:323-24에 나온다(강조 표시는 나의 것이다).

지중해 세계의 이교주의와 마찬가지로, 유대인의 공동체 활동과 경축 행위의 상당 부분은 야외에서 이루어졌고, 또한 관심 있는 외부인들을 끌어들이고 수용할 수 있었다. Philo, *Life of Moses* 2.41-42(유대인들과 이교도들이 파로스pharos에서 칠십인역의 번역을 경축하기 위한 "간-신앙적" 야외 모임picnic에서 한데 어울린다); Tertullian, *On Fasting* 16(금식일에 야외에서, 바다 근처에서 예배하는 유대인들); Chrysostom, *Against the Judaizers* 2.3(로쉬 하샤나Rosh haShanah에 춤을 추며 그리스도인들의 관심을 끄는 유대인들); 같은 책 7.1(이웃의 수콧sukkot/초막들을 방문함), 1.4(욤 키푸르Yom Kippur에 광장을 맨발로 가로질러 걸어감). 또한 다음을 참고하라: *CTh* 16.8.18(부림절의 공적 경축).

른 하나는 역사서술적historiographical 고려 사항—이 바울과 이교도 할례, 그리고 선교 활동에 대한 우리의 의문에 조금 더 빛을 비추어줄 수 있을 것이다. 첫 번째는 종말에 이방인들이 맞이할 궁극적인 운명에 대한 유대인들의 상상과 관련이 있는데, 이러한 주제는 성서 텍스트들, 그리고 묵시적 혹은 메시아적 전통들 안에서 부상했으며 결국 그들—텍스트들과 전통들—안에 역으로 투사된 주제라고 할 수 있다. 우리가 앞서 살펴봤듯이, 이와 같은 주제들은 시대, 장소, 장르 면에서 그 범위가 아주 다양한 문헌들 가운데 나타나며, [74쪽] 모두 이스라엘의 신이 절대적 주권을 확고히 주장하면서 시간에 종지부를 찍을 것이라는 사상을 중심으로 그 방향이 설정되어 있다. 그러나 묵시적 희망에 대한 경전의 증언은 이와 같은 상상이 고대 유대인들 및 그들과 관계를 맺은 다양한 이방인들의 일상생활에 미미하게라도 영향을 끼쳤는지, 혹은 어느 정도로 끼쳤는지에 대해 아무런 정보도 제공해 주지 않는다.[31] 예를 들어서 우리는 이스라엘을 향해 열방의 빛이 되라는 예언적 선언이나, 이스라엘의 신이 온 우주의 신이라는 예언적 선언으로부터, 선교적 노력에 참여하는 헬레니즘 유대인의 사회적 실재에 대한 정보를 얻어 낼 수 없다. 아니 오히려 그 반대다. 이러한 전통들은 바울을 포함하여 묵시적 사상을 가진 유대인들이, 대부분의 이교도들을 우상 숭배로부터 멈추게 하려면 무엇이 필요하다고 생각했을지를 증언해 줄 수 있다. 무엇이 필요한가? 다름 아닌 종말에 있을 하나님의 결정적인 자기 계시이다.

이방인들을 하나님의 왕국으로 받아들이는 포용적인 종말론 전통은 결국 이교도들을 디아스포라 회당으로 받아들이는 유대인의 일상 속 포용적

31 다음을 참고하라. John P. Dickson, *Mission-Commitment in Ancient Judaism and in the Pauline Communities: The Shape, Extent and Background of Early Christian Mission* (Tübingen: Mohr Siebeck, 2003), 1-84. Dickson은 종말론적 포함에 대한 희망 및 우상 숭배에 대한 유대인의 비판을 "선교적 사고방식"으로 이해한다.

관습과 별 차이가 없어 보인다. 하지만 중요한 차이가 하나 있는데, 그 차이는 디아스포라 예수 운동을 더욱 두드러지게 만들어 준다. 회당의 프로셀뤼토이*prosēlytoi*는 더 이상 이교도들이 아니었다. 그들은 "특이한 유형"의 유대인들이었다.[32] 하지만 회당의 신-경외자들이나 유대화하는 자들, 혹은 우호적 이교도들은 적극적으로 (이교 의식에) 참여하는 이교도들로 남아 있었던 것으로 보인다. 그들은 자신들의 신들을 계속해서 섬기면서, 고유한 만신전에 이스라엘의 신을 추가했던 것이다. 그러나 그 왕국의 이교도들은 하나의 특별한, 순전히 이론적인 범주였다. 그들은 탈-이교적 이교도들ex-pagan pagans, 혹은 (우리가 쓰는 두 영어 단어로 재량을 발휘해 보자면) 탈-이교적 이방인들ex-pagan gentiles이었다. 신-경외자들과 마찬가지로 이 종말론적 이교도들은 그들의 고유한 민족성을 유지할 것이다. 하지만 신-경외자들과는 달리, 이 이교도들은 더 이상 그들 고유의 신들을 섬기지 않을 것이다. 한편, 유대교 개종자들과 마찬가지로 이 이교도들은 전적으로 이스라엘의 신만을 섬길 것이다. 하지만 개종자들과 달리, 이 이교도들은 그들 자신의 민족성을 유지할 것이다. 같은 내용을 달리 말해 보자면, 이 이교도들은 유대인이 조상때로부터 물려받은 관습의 상당 부분을 따르지 않을 것이다(예컨대, 남성의 할례).[33]

---

32 Cohen, *Beginnings of Jewishness*, 162.

33 Terence Donaldson은 "신-경외자들"을 적극적으로 [이교 의식에 참여하는] 이교도로 정의하는 것에 이의를 제기하며, "그러한 많은 이들이 다신적 경배 활동을 그만두었다는 것을 가리키는 상당한 증거"가 존재한다고 단언한다. 그러나 그는 자신의 의견을 뒷받침하는 두 가지 예시만을 제시할 뿐이다. 하나는 유베날리우스의 풍자시에 나오는, "오직 구름만을 경배하는" 가상의 아버지이고(*Sat.* 14.96), 또 다른 하나는 할례 이전 단계의 이자테스 왕이다(*AJ* 20.34-38; "Paul within Judaism," 295). 그러나 같은 문단에서 Donaldson 본인이 인정하듯이, 대규모의 비명학적 증거는 "상당한 범위의 다양성을 반영한다." 아무리 많은 증거가 있어도 Donaldson의 입장이 완전히 틀렸다는 점(즉, 신-경외자인 이교도 남자가 할례를 거치지 않고 이스라엘의 신에게 배타적 헌신을 바친 경우가 전혀 존재하지 않았다는 결론)을 증명해낼 수는 없지만, 마찬가지로 Donaldson이 제시한 두 가지의 예시가 많은 신-경외자들이 그렇게 배타적 헌신을 했

마지막 논점은 반복하여 강조할 만하다. 예견된 우상들의 파괴는 종말에 성서의 종말론적 이교도들이 유대교로 "개종"할 것을, 그리하여 유대인들이 "될" 것을 암시하지 않았다. 우리가 살펴보았듯이, 일상적인 상황에서 그와 같은 충성의 이전 과정은 유대인들의 조상 관습을 상당 부분 받아들일 것을, 특히 남자의 경우 할례를 포함하고 있었다. 하지만 묵시적 텍스트들은 그러한 주장을 하지 않는다. [75쪽] 오히려, 이 환시적인 텍스트들이 말하는 바는, 마지막 때에 종말론적 이교도들이 이스라엘과 **더불어 참여**join with Israel 한다는 것이지, 그들이 이스라엘로 **들어오는 것**join Israel이 아니다. 마찬가지로, 바울은 로마서 15:9-12의 연쇄적 성서 인용 단락을 이렇게 마무리 짓는다. ἔθνη는 하나님의 자비로 말미암아 하나님께 영광을 돌린다. ἔθνη는 하나님의 백성(곧 이스라엘)과 **더불어** 기뻐한다. ἔθνη는 하나님을 찬양한다. ἔθνη는 다가오는 "이새의 뿌리," 즉, 다윗 계열의 메시아, 그리스도(참고: 1:3)에 의해 통치된다. ἔθνη는 그 메시아에게 희망을 둔다. 이와 같은 구상 가운데에서 타 에트네*ta ethnē*("열방")는 종말론적 마지막 때일지라도 여전히 이스라엘과 구별된 존재로 남아 있다. 다른 말로 하면, 이방인들은 이스라엘의 속량에 포함되지만, 그럼에도 **이방인으로서** 포함되는 것이다. 또 다른 방식으로 표현해 보자면, **이 포함은 "개종"이 아니다.**

일반적인 번역어들은 이 점을 불분명하게 만든다. 이러한 텍스트들이 선포하는 바는, 하나님께서 이스라엘을 속량하실 때, 열방은 그들이 형상으로 섬기던 하급 신들로부터 **돌아서서** 이스라엘의 신에게로 **돌아오게** 될 것이라

다는 것을 보여주는 "상당한 증거"가 되는 것도 아니다. [215쪽] 그리고 이자테스는 통치자로서 하나의 특이한, 따라서 예외적인 경우를 제시한다(본서 168-169쪽, 각주 12을 보라). 따라서 나는 아래의 논의에서 검토한 비명학적, 문헌적 자료로부터 추출해 낸 나의 일반화된 결론을 고수한다. 즉, 신-경외자들은 우호적 이교도들로서, 이스라엘의 신을 그들의 토종 만신전에 추가한 이들이며(이들이거나), 그들의 제의 활동을 계속하는 가운데 유대인들의 활동을 후원한 이들이다.

는 점이다. 이 전환은 그리스어 텍스트에 쓰인 에피스트레포*epistrephō*라는 단어로 표현된다. 하나님께서는 열방을 향해 "내게로 **돌아오라!**[에피스트레파테]"고 외친다(사 45:22 칠십인역). "모든 열방이 두려움 가운데 주 하나님께로 **돌아오리라**[에피스트렙수신*epistrepsousin*] … 그리고 그들의 우상을 묻으리라"(토빗서 14:6). 바울은 데살로니가에 있는 그의 이교도 공동체에게 다음과 같이 말한다. "너희는 우상으로부터 하나님께로 **돌아와서**[에페스트렙사테*epestrepsate*] 참되고 살아 있는 신을 경배하며 하늘로부터 그의 아들을 기다리게 되었다"(살전 1:9-10). 그러나 에피스트레포가 라틴어로 넘어오면서 콘웨르토*converto*가 되었고, 콘웨르토는 다시 영어에서 "개종하다convert"가 되었다. 그리하여 RSV성경은 사도행전 15:3에서 이 단어를 부정확하게도 개종conversion으로 번역한 것이다. 그 구절에 나오는 "이방인들의 **개종**"은 사실 "이방인들의 **돌아옴**turning"으로 옮겨져야 한다(행 15:19, RSV성경을 참고하라. 거기서는 "하나님께로 돌아서는 이방인들"이라고 바르게 옮겼다). 그리고 RSV성경은 스바냐 3:8-13, 스가랴 8:20-23, 토빗서 14:6 등의 텍스트들이 모두 종말론적 포함이 아니라 종말론적 "개종"에 대해 말한다고 그릇된 설명을 부가했다.

유대인들이 종말에 이방인들의 "개종"을 기대했다는 추정상의 전승을 뒷받침하기 위해 때로 이사야 56:3-7이 잘못 인용되기도 한다. 하지만 이 이사야 본문은 **현재** 유대 공동체로 들어오는 이들의 종말론적 운명에 대해서 말하고 있다. 즉, 종말이 오기 전 확정되지 않은 어느 시점에 유대인이 "된," 이교도 출신 사람들을 가리키는 것이다. 이사야서의 예언자는 이러한 사람들이 본래의 이스라엘과 더불어 종말론적 회집에 함께 하게 될 것이라는 확신을 심어준다. "여호와께 **연합한**has joined 이방인은 … **나의 안식일을 지키며** … **나의 언약을 굳게 잡는** 고자들에게는 … 내가 [그들에게] 영원한 이름을 줄 [것이며] … 여호와와 연합[한] 이방인마다 내가 곧 그들을 나의 성산으로 인도[**할 것이다**]"(사 56:3-7, 개역개정). 이 예언적 본문은 종말이 오기 전에 이미 유

대인이 "된" 이방인들이 태생부터 유대인이었던 이들과 함께 모이게 될 것이라고 선포한다.[34]

[76쪽] 다른 말로 하면, 이 이사야의 본문에서 예언자는 현재의 "자발적인" 유대인들은 이미 이스라엘의 일부로 "간주된다"는 점을 증언한다. 반면에 열방은 종말의 순간까지, 혹은 심지어 그 이후에도 열방으로서 남아 있을 것이다. 이스라엘의 열두 지파 전체가 유배로부터 돌아와 모이게 되면, **바로 그 시점에**—즉, 그 전이 아니라—열방은(성서의 셈법에 따르면 모두 70, 혹은 72 족속이다) 우상을 버리게 될 것이다. 이방인들은 **이방인으로서** 구원을 받는다. 그들은 종말론적인 차원에서 유대인이 "되는" 것이 **아니다**.[35] 이 전승이 예견하는 바에 따르면, 이교도들은 종말의 때에 "돌아서게" 될 것이지, "개종하게" 되는 것은 아니다. 간단히 말해, "돌아섬"은 "개종"이 **아니다**.

이 환시적인 텍스트들을 살펴보는 목적은, 고대 유대인들이 이교도를 유

34 이 주장에 관해서는(히브리어 및 그리스어로 된 텍스트들과 더불어), Fredriksen, "Judaism, the Circumcision of Gentiles," 545과 각주 39을 보라.

35 다른 많은 쟁점에서도 그러하듯이 이 쟁점에 대한 단 하나의 "성서적 교리" 같은 것은 없다는 점을 Donaldson은 올바르게 논평한다(Donaldson, "Paul within Judaism," 287; *Judaism and the Gentiles*에서 더 자세히 입증되어 있다). 바울처럼, 이사야는 종말론적 심판과 열방의 배제에 관해서도 말한다. 그리고 간헐적으로 종말 예언들은 이방인들이 유대 관습을 일부 받아들이게 될 것을 내다본다. 스가랴 14:16은 종말론적 이방인들이 매년 초막절을 지키게 될 것을 내다본다. 이사야 66:21은 그들 중 몇몇이 종말 성전에서 제사장과 레위인으로 봉사하게 될 것을 고대한다. 그러나 로마서 15:9-12에 나오는 바울의 성구 선집이 보여주듯이, 속량 받은 이방인들은 이방인으로 남아 있으며, 이방인인 채로 구원받는다. 칠십인역 이사야서가 로마서에 나오는 바울의 전망을 근본적으로 빚어낸 방식에 관해서는 특히 Wagner, *Heralds*를 보라. 또한 이방인의 개종이 아니라 이방인의 포함이라는 동일한 논점에 관해서는 다음을 보라. Schweitzer, *Mysticism of Paul*, 186; Nils Alstrup Dahl, "The Story of Abraham in Luke-Acts," in *Studies in Luke-Acts: Essays Presented in Honor of Paul Schubert*, ed. Leander E. Keck and J. Louis Martyn (Nashville, TN: Abingdon Press, 1966), 151("이방인들은 이방인으로서 구원받는다").

대인으로 바꾸어 놓기 위해 선교 활동을 개시했다는 현대적인 주장으로부터, 그 텍스트들을 분리시키고자 하는 데에 있다. 그러한 선교 활동에 대한 유일하게 확실한 증거는 1세기 중엽 갈라디아에서 바울의 사도적 적대자들이 했던 선교 활동이다. 허나 그 유일한 사례가 보여주는 선교 활동의 동기는 예수 운동 자체 내부의 역학 관계에서 기인했다. 그 선교 활동은 표준적이고 널리 퍼져 있는 유대적 관습을 반영하고 있지 않다. 우리는 다음 장에서 이 역학 관계를 좀 더 자세히 살펴보게 될 것이다.

보다 일반적으로 말하자면, 종말에 관해 생각하느라 애썼던 유대인들, 즉 이교도들의 관습을 문제시했던 유대인들이, 이스라엘의 신이 모든 인류가 맞이할 궁극적인 종교적 운명을 나타냈다는 사상에 몰두했다고 해서, 그것 자체가 "선교 활동"에 대한 어떤 일반적인 정책을 탄생시키거나 뒷받침했던 것은 아니다. 왜냐하면 앞서 언급한 텍스트들이 선언하듯이, 이방인들은 종말의 때가 와도 여전히 이방인으로 머무를 것이기 때문이다. 하나님 자신이 이 "이방인 문제"를 해결하실 것이며, 그 일은 오직 종말에만 가능한 것이다. 그렇다면 "이방인 문제"를 해결하기 위해 일상 속에서 애쓴다는 것이—혹 심지어 그것을 문제라고 인식하는 일이—과연 무슨 의미가 있겠는가?[36]

다른 말로 하면, 묵시적 유대교의 여러 형태들을 제외하면, 이교도로서의 이방인들은 긴급한 "문제"나 "질문거리"가 아니었다. 하루하루의 일상 속에서 한 민족이 자신들과 독특한 관계를 맺고 있는 신(들)을 갖는다는 것은 그저 당연한 일이었다. 성서의 틀 안에서 볼 때, 열방이 "하급" 신들과 다이모니아*daimonia*를 섬기는 것은 계시, 선택, 언약에 대한 성서적 개념이 역으로 나타난 현상이나 다름없었다. 열방에게는 그들의 신들이 있으며, 이스라엘

36 이것은 바울이 묵시적 그리스도에게로 전향하기 전에 이미 이방인들을 대상으로 한 선교 활동을 수행할 동기를 가지고 있었다고 (내가) 상상하기 힘든 이유들 중 하나이다. 다음에 나오는 각주도 보라.

에게도 그들의 (더 크고 더 나은) 신이 있었다. 세상의 종말에 하나님께서 직접 이 이교도들을, 그리고 아마 그들의 신들까지도(참고: 시 97:7; 빌 2:10; 롬 8:21, 38-39) 그분 자신에게로 돌려 놓으실 것이다. 그리고 그렇게 하실 때조차도, 하나님께서는 열방을 에트네*ethnē*인 채로 자신에게로 돌리시는 것이다. [77쪽] 다른 말로 하면, 묵시적 인구 구성은 일상적인 인구 구성을 반영하게 될 것이다. 유대인과 이방인들, 이스라엘 그리고 열방이다.

이교도들을 향한 유대 선교 활동이라는 개념에 대한(혹은 그 개념을 반박하는) 이와 같은 역사적인historical 논점들은 역사서술적historiographical 논점 하나를 강화한다. 즉, 선교 활동이라는 개념이 고대의 신들과 민족들 사이 그리고 친족과 제의 사이의 정상적이고 규범적인 연결성을, 혼란스럽고 애매하게 만들어 버린다는 것이다. 사람들은 으레 자신의 신들에 대한 의무적 관계를 지니고 태어났으며, 유대 묵시적 맥락을 제외하고는 이러한 상황에 어떠한 명시적인 긴급성도 따라 붙지 않는다. 고대 유대인들 대부분은 하나님께서 "이 모든 이교도들"—무엇보다 이 이교도들은 인류 대부분을 구성한다—을 어떻게 처리하실 것인지 숙고하면서 시간을 보내지 않았다. 종말이 다가온다는 신념, 바로 그것만이 이교주의를 급진적으로 문제시하게 된 것이다. 이 신념을 가진 이들을 제외하면 그저 열방에게는 열방의 신들이 있으며 이스라엘에게는 이스라엘의 신이 있을 따름이었다.[37]

---

37 Terence L. Donaldson이 두 권의 중요한 저작인 *Paul and the Gentiles*와 *Judaism and the Gentiles*, 그리고 다른 저술에서도 빈번하게 주장하는 바에 따르면, 바울은 다메섹 사건 전이나 후 양쪽 모두의 시기에 늘 이방인들을 개종하는 데에 열정적으로 헌신했다. 바울은 이방인들이 그 왕국이 오기 전에 하나님께로 돌아와야만 그 이방인들이 "구원"(그 왕국에 포함되는 것) 받을 수 있다고 생각했다는 것이다(*Paul and the Gentiles*, 78, 149, 187-307; 이것은 "Paul within Judaism," 289-93, 299-301, 특히 각주 39번에서 반복된다). 내 생각에 이 제안에는 여러 가지 문제점들이 있다. 첫째로, 그러한 신념(즉, 이교도들이 종말 이전 어떤 시점에 이교도이기를 그만두어야만 "구원"을 받을 수 있다는 생각)은 고대 유대 텍스트 어디에서도 발견되지 않는다. 오히려 반대로, 이사야서, 스

사회적으로 경계가 모호해진 신-경외자들의 경우에도 마찬가지로, 이스라엘의 신에게 배타적으로 충성을 다해야 한다는 압박이 유대교에 우호적인 그 이교도들에게 가해지지 않았음이 분명하다. (나중에 그리스도인 관찰자들은 바로 이 점을 근거로 들어 유대인들을 책망하게 된다.[38]) 마지막으로 짚고 넘어갈 것은, 우리가 "개종"이라고 부르는 것은 고대에 너무도 이례적인 일이어서, 바울 시대의 고대인들에게는 그것을 지칭하는 단어조차 존재하지 않았다는 점이다. 따라서 자신과는 이질적인 법 체계 안으로 들어가고 자신의 조상으로부터 내려온 에테*ēthē*에 대한 충성을 저버린다는 의미에서의 전환 과정을 개념화하는 단어는 없었다.[39] 그리고 만일 "개종"이란 것 자체가 이상한 개념이었

가랴서, 토빗서 등에서 살펴보았듯이, 이교도들의 "돌아옴"은 이스라엘의 회합과 시기를 같이한다. 더 나아가, 바울 자신도 전제하고 있는 고대 "종교들"의 일반적인 민족성은(예: 유대인은 퓌세이*physei*, 즉 "본성적으로by nature" 유대인이다[갈 2:15; RSV성경은 "나면서부터by birth"라고 번역했다]; 이방인들은 이스라엘이라는 나무에 파라 퓌신*para physin*, "본성을 거슬러against nature" 접붙임을 받는다[롬 11:24]), 이방인을 유대인으로 바꾸어 놓기 위한 유대인의 선교 활동이 존재했다는 증거의 부재를 함께 고려할 때, Donaldson의 재구성에 불리하게 작용한다. 마지막으로, 묵시적 사고방식의 영역을 제외하고는, 다메섹 사건 이전의 바울에게 있어서 그러한 선교 활동에 대한 긴급성이 있었다고 설명하기가 어렵다.

38 [216쪽] 코모디아누스Commodian는 유대인들이 전통 이교 제단과 회당 사이를 오가는 메디우스 유다이우스*medius Iudaeus*/반쪽 유대인을 바꾸어 놓기 위해 적극적으로 노력하지 **않는**다는 점을 비판한다("그들은[유대인들은] 신들을 섬기는 것이 과연 옳은 일인지 당신에게 말해 주어야 마땅하다." *Instructions* 1.37, 10). 그리고 크리소스토무스는 유대인들을 향한 가장 혹독한 말을 담은 설교에서조차, 유대인들이 그러한 적극적 "활동outreach"을 했다는 점 때문에 유대인들을 욕한 적이 없다.

39 Shaye Cohen, *Beginnings of Jewishness*의 4장("From Ethnos to Ethnos-Religion," 109-39)은 마카비 시대를 유다이스모스가 민족적 지표에서 민족-"종교적" 지표로 변화한 시점으로 본다. 즉, 외부인(유다이오이*Ioudaioi*가 아닌 이들)도 공동체에 합류할 수 있게 된 것이다. "하스모니안 시대는 종교적 개종이라는 개념이 처음으로 나타난 때다. 유대인들의 하나님을 믿고 그 율법을 따름으로써, 이방인은 유대인이 될 수 있다"(137). 나는 이러한 묘사가 과연 사실인지 의문이 든다. 먼저, 고대에는 모든 신들이 존재했고, 모든 인간들은(아마도 가장 의심 많은 철학자들을 제외하고는) 신들의 존재

다면, 선교 활동을 통한 대규모의 개종이라는 개념은 더더욱 이상하게 여겨졌을 것이다.

증인, 저항, 그리고 "박해"

그렇다면, "선교"라는 개념의 발전 과정이 부재한 상태에서 예수의 죽음 이후 얼마 지나지 않아 퍼지게 된 새로운 운동, 곧 디아스포라 유대인들에게로—그리고 그로부터 머지않아 이교도 청중에게로—향한 이 운동의 확산을 어떻게 설명해야 하는가?

그 왕국이 곧 도착할 것이라는 강렬한 기대감은 예수 자신의 가르침에 동기를 부여했다. 예수의 제자들은 예수의 이 확신을 공유했다. 예수가 선포한 복된 소식에 대한 그들의 신뢰는 예수의 십자가 처형에 따른 참담한 실망감에 의해 아마 급격하게 도전을 받게 되었을 것이다. 그와 마찬가지로 부활 이후의 현현은 다시 급격하게 그 복된 소식에 대한 재확신을 심어주었을 것이다. 제자들이 생각하기에 메시아 시대의 주된 약속 중 두 가지—죽은 자의 부활과 의인의 신원—가 처형당한 그들의 지도자를 통해 실현되었다. [78쪽] 그리스도의 현현이 계속되었고, 그 횟수가 늘어났다(고전 15:4-7; 마 28장;

가 사실임을 알았다(즉 그것을 "믿었다"). 어떤 신(들)에게 경의를 표할 것이며 어떻게 그것을 할 것인지가 문제였을 따름이다. 둘째로, 하늘과 땅 사이의 관계를 일반적으로 주관하는 가족적 구조를 고려해 볼 때, 모든 민족들은 "민족-종교들"이나 다름없었다(이것은 서로 다른 집단들 사이의 외교적 관계[고대의 친족-외교]를 협상하고 유지하기 위해 신에 대한 담론이 사용되었던 이유다). 외부인들은 보통 다른 이들의 신들에게 경의를 표하는 데에 합류했다(다시금 외교는 가장 주된 이유다). 유대인들의 특정한 "민족-종교"를 돋보이게 만들어 주었던 것은 유대인들의 제의적 배타성 원칙이었다. 그러나 "민족-종교"는 지중해 세계의 신과 인간 사이의 관계 전반을 특징짓는다.

눅 24:13-51; 요 20:15-21:19; 행 1:1-11). 예루살렘에서 재규합한 예수의 제자들은 공동체로 모여 기다렸다.

그들은 무엇을 기다린 것인가? 우리가 의존하는 사료들은 모두 이러한 사건들로부터 몇십 년 후에 기록된 것이며, 당연히 시간의 흐름이라는 압력에 의해 그 형태가 새로 빚어진 것들이다. 우리 수중에 있는 가장 이른 시기의 문서인 바울의 편지들과 마가복음에서, 우리는 승리자 예수의 귀환에 대한 기대와 결합된 그 왕국의 결정적 도래에 대한 강렬한 기대를 발견한다. 천상의 나팔 소리와 함께 천군 천사를 이끌고 개선장군과 같은 모습으로 귀환하는 예수는 악의 세력을 물리치고 죽은 자들을 일으키며 그가 택한 이들을 모을 것이다. 다른 말로 하면, 예수는 정복하는 메시아로서 돌아올 것이다.[40]

그런데 그 일이 왜 그렇게 오래 걸리는가? 1세기 중엽, 바울은 그 왕국의 지연을 이교도들을 복음으로 향하게 하는 차원에서 설명했다. 오직 이교도들의 "충만한 수"가 차야만 "시온에서 구속자가 오실 것이며" 최종적인 사건들이 펼쳐질 것이다(롬 11:25-32). 기원후 70년 이후 어느 시점에, 마가는 명백해 보이는 그 왕국의 지연을 두 세대two-generation라는 시간적 틀을 구성함으로써 설명했다. 예수의 동시대인들로 구성된 죄악되고 음란한 세대는 그 왕국이 도래한다는 표적을 받기에 합당하지 않았다(막 8:38). 오직 의로운 세대, 마가의 세대만이 그 표적을 받게 될 것인데, 그것은 곧 예루살렘의 성전이 로마에 의해 파괴되는 것을 가리킨다(막 13:1-4, 26). 마가는 그의 공동체에게 성전 파괴의 묵시적 의의가 다음과 같다고 재차 확신을 심어주었다. 즉, 성전 파괴는 승리한 인자로서 오시는 예수의 재림이 가까웠고, 따라서 종말과

40 예를 들어, 재림 시 예수의 모습이 데살로니가전서 4:13-18과 마가복음 13:26-27(참고: 단 7:13-14)에 매우 비슷하게 나타나는 방식을 참고하라.

속량이 다가옴을 가리킨다는 것이다.[41]

75년경의 마가로부터 50년경의 바울에게로, 그리고 30년경의 예루살렘에까지 역방향으로 궤적을 추적할 수 있을까? 바울이 로마서를 쓰기 전까지 약 20년이 넘는 기간 동안, 예수의 본래 제자들은 부활하신 그리스도의 계속되는 현현에도 불구하고 어째서 그 왕국이 여전히 도착하지 않고 있는지에 대해 자신들과 공동체에게 설명했을 것이다(행 1:6을 보라. "그들이[제자들이] 모였을 때에 예수께 여쭈어 이르되 주께서 이스라엘 나라를 회복하심이 이 때니이까 하니"[개역개정]). 우리는 예루살렘에 다시 모여 집단을 이룬 이 초기의 예수 추종자들이 무엇을 기다리고 있었는지, 위 자료들로부터 추정할 수 있다. [79쪽] 그들은 그 왕국의 도래인, 결정적이고 최종적인 그리스도의 현현을 기다리고 있었던 것이다. 치유, 예언, 축귀와 같이 성령이 행하시는 권능이 그들의 희망을 지탱했을 것이다.[42] 기대감이 고조됨에 따라 그들의 숫자 역시 증가했을 것이다(예수의 처형 이후 돌아온 유대 순례 명절, 곧 샤부오트*Shavuot*/오순절 무렵과 그 이후를 배경으로 하고 있는 행 2:41-47을 보라).

그리고 여전히 아무 일도 일어나지 않았다. 도대체 무엇이 잘못된 것인가?

제자들은 예수의 선교에 대한 그들의 경험에 근거하여 하나의 답변을 내놓았다. 예수는 다가오는 그 왕국을 위해 이스라엘을 준비시키려고, 갈릴리와 유대 지역의 유대인 마을들, 그리고 예루살렘에 좋은 소식을 전했다. 예수에게 헌신한 추종자들은 그의 사역을 이어 나가기 위해서, 그 복음을 갈

---

41 마가복음이 두-세대 틀 안에서(내러티브의 배경인 30년대와 마가의 동시대인들이 살고 있던 70년대 이후) 작동하는 방식과, 성전의 파괴가 마가의 세대에게 도래하는 인자의 귀환을 알리는 신호(즉, 그리스도의 다가오는 파루시아를 가리키는 표지)의 역할을 수행하는 방식에 대해서는 Fredriksen, *From Jesus to Christ*, 48-52, 178-87을 보라.

42 공관복음에 따르면, 가장 초기의 제자들은 예수 십자가형 이전 시기의 초기 선교 활동 가운데 여러 가지 카리스마타/은사들을 수행했다(본서 333쪽, 각주 33을 보라).

릴리와 유대 지역 바깥으로 끌고 나가 디아스포라에 흩어져 있는 이스라엘에게까지 전해야 한다는 생각에 이르렀다. 더 큰 범위의 이스라엘이 준비가 되었을 때에야 최종적 사건들이 일어날 수 있다는 것이었다.

최초의 공동체가 본래의 지역적 범위를 넘어서서 여러 유대인들에게 좋은 소식을 전파하는 열정적인 활동에 돌입한 것이 바로 이 시점이었다. ("그 왕국이 가까이 왔다. 회개하라!") 사도들은 예루살렘에서 시작하여 해안 평야로, 룻다로, 욥바로, 가이사랴로 향하면서, 지중해 세계를 둘러싸고 있는 유대 공동체들의 네트워크를 따라 움직였으며, 임박한 속량(그리고 그것은 이제 메시아 예수의 임박한 귀환과 결합되었다)을 위해 이스라엘을 준비시키는 예수의 사역을 이어 나갔다. 그리고 그들이 욥바와 가이사랴 같이 인종적으로 뒤섞인 도시들이나 안디옥과 다메섹과 같은 디아스포라 도시들로 나아갈 때, 이 갈릴리와 예루살렘 출신의 사도들은 그 도시들의 유대 회당들 가운데 이교도들도 함께 있는 것을 뜻밖에 발견하게 되었을 것이다.

예수의 십자가 처형 이후 기껏해야 몇 년이 채 지나지 않아, 사도들은 하나님의 왕국의 임박한 도래(이제 곧 귀환할 메시아가 그것을 가능케 할 것이다)에 대한 메시지를 열성적으로 선포하면서 다메섹에 있는 바울의 회당 공동체 안으로 들어오게 되었다. 우리가 바울의 편지들과 사도행전에 나오는 후대의 묘사를 일반화할 수 있다면, 그 사도들은 아마도 회당이라는 맥락 안에서 그들의 메시지를 선포하고 성서를 해석하며 청중들과 논쟁하고 카리스마적인 치유, 축귀와 더불어 자신들의 권위를 나타낼 기회들을 발견했을 것이다.

또한 이 디아스포라 회당이라는 배경 안에는 신-경외자로서 유대인들과 자발적으로 관계를 맺고 있었던 이교도들이 있었을 것이다. 이러한 이교도들의 존재는 복음의 확산에 새로운 요소를 도입하게 되었다. [80쪽] (내 생각에) 그 요소는 실질적인 사안으로서 처음에는 사도들을 놀라게 했을 것이다. 아마도 갈릴리와 유대의 시골 지역에는 이교도들이 별로 없었을 것이다. 예수는 일차적으로 유대의 촌락들에서 가르쳤다. 하지만 예수는 예루살렘에서도 가르쳤는데, 특히 순례객들이 방문하는 명절 기간에는 그곳에 두 부류의 중요한 이교도 그룹이 있었다. 한 그룹은 로마 총독과 3천 명의 주둔군이었고, 또 다른 그룹은 성전을 방문하러 온 이교도 순례객들이었다. 하지만 이교도들 자체는 예수나 예수의 제자들이 집중하거나 (상당한 정도로) 교류했던 인구 집단이 아니었다. 그러나 이제 복음이 지리적으로 더 넓은 세계로 뻗어나가면서, 또한 그들의 사회적 세계 역시 확장되었다.[43]

다음으로는 무슨 일이 일어났는가? 이 우호적 이교도들pagan sympathizers 중 일부는 그 왕국이 다가왔다는 좋은 소식에 긍정적으로 반응했을 것이다. 그러나 우상 숭배에 적극적으로 참여하는 이교도들이 복음 회중의 일원이 되는 것은 사도들에게는 상상조차 할 수 없는 일이었다. 그렇다면 이 이교도들은 그들의 고유한 신들을 위한 제의를 포기하고, 그 대신 오직 이스라엘의 신에게만 충성을 맹세함으로써, 복음 메시지에 대한 그들의 수용과 헌신을 실제적으로 나타내야 했다. 그런데 이 이교도들의 뜻밖의 반응 때문에 다시금 사도들은 그 왕국이 진실로 가까이 왔나는 자신들의 확신을 더욱 굳히게 되었다. 이사야가 오래전에 예언했듯이, 열방은 우상으로부터 돌아서서 "참되고 살아 계신 신"(살전 1:9)에게로 돌아오고 있는 중이었던 것이다. 이러한 확신을 가진 이들로 구성된 작은 회중(그 에클레시아*ekklēsia*)은 예루살렘의 최초

43 마가복음의 수로보니게 여인은 치유를 위해 예수를 찾는다(막 7:24-30). 예수는 데가볼리 지방에서의 여정 가운데 거라사 광인을 만난다(막 5:1-20). 양쪽 모두의 경우, 예수는 "그 왕국을 전파"하지 않는다. 안디바 지역에 속하는 가버나움의 백부장은 아마도 유대인으로 이해되어야 할 것이다(마 8:5-13/눅 7:1-10). 복음서 이야기에 나오는, 예수가 마주쳤던 이교도들 중 가장 중요한 이는 물론 빌라도인데, 그 역시 예수가 노력을 기울인 대상이 아니었다. Schweitzer는 예수가 이방인들에게 설교하지 "않았다"는 것을 단지 기회의 여부 문제가 아니라 종말론적 원칙의 문제로 추측했다. 예수의 "종말론적 보편주의는 이방인들 가운데 선교하는 것을 금했다." 이는 예언적 패러다임에 따르면 유대인들이 먼저 부름을 받아야 하기 때문이었다. *Mysticism of Paul*, 178-83.

의 공동체로부터 온 사도들, 지역의 유대인들, 그리고 지역의 유대화하는Judaizing 이방인들로 구성된 혼합 집단이었으며, 처음에는 더 큰 규모의 회당 공동체 안에 조직된 작은 모임이었을 것이다. 그들은 더 큰 유대 공동체 안에서 매주 기도를 드리고 경전에 귀를 기울이기 위하여 회당에 매주 모였으며, 또한 기도, 예언, 경전 해석, 음식 나눔을 위해서 따로 자신들의 모임을 가졌다. 그러는 가운데 그들은 그 왕국이 가까이 왔다는 소식을 점점 더 커지는 확신과 함께 선포하였다. 그들의 은사와 회중이 가졌던 친밀한 연대는 그들이 살고 있는 시대가 바로 마지막 때라는 생각을 더욱 확신시켜 주었다.[44]

그런데 왜 바울과 다메섹 지역에 있는 다른 회당 권세자들은 이러한 예수 그룹을 "박해"했던 것일까? 그리고 우리가 "박해"라는 단어를 사용할 때 그것은 무슨 의미인가? 이에 대한 답을 찾기 위해 우리는 다시 바울이 갈라디아인들에게 쓴 편지를 살펴봐야 한다. 갈라디아서는 복음이 확산되는 가운데 네 가지 서로 구별되는 순간들이 있었음을 어렴풋이 보여준다. (1) 바울과 (아마도) 다메섹의 회당 권세자들이 그들 가운데 형성된 이 새로운 집단에게 부정적이고 적대적으로 반응했던 것(기원후 33년경? 갈 1:12-16을 보라); [81쪽] (2) 이방인들이 이 운동에 참여할 때 부과될 의무 사항에 관하여 예루살렘에서 중요한 결정이 내려짐(기원후 49년경? 갈 2:1-10을 보라); (3) 안디옥의 에클레시아 안에서 팔레스타인 유대인들, 디아스포라 유대인들, 안디옥의 이방인들 사이의 밀접한

44 나는 이 에클레시아이[에클레시아의 복수형 - 역주](곧, 떠돌아다니는 유대 사도들, 지역의 유대인들, 그리고 그리스도-추종자가 된 신-경외자들로 구성된 작은 집합체)의 구성원들이 회당에 계속 다녔다고 가정한다. [217쪽] 회당 출입을 그만둘 이유가 어디 있었겠는가? 무엇보다도 회당은 이스라엘의 신에게 공동체적으로 기도할 수 있는 장소였고, 또한 경전의 말씀을 들을 수 있는 곳이었다. 만약 이 사람들이 회당에서 이미 빠져나왔다고 한다면, 바울이 다른 이들을 "박해"하고 후에 자신도 "박해"를 받았던 것을 설명하기 어려워진다.

상호 작용으로 인하여 초래된 혼란들; 그리고 (4) 그리스도를 따르는 이방인들에게 할례를 행해야 한다고 주장하는 다른 사도들이 갈라디아에 도착함으로써 바울의 권위에 가해진 도전인데, 이 마지막 사안은 바울이 편지를 쓰게 된 직접적인 계기가 되었다(기원후 50년대 중반?).

50년대 중반의 이 위기는 바울의 것과는 다른 복음을 선포했던 다른 사도들이 바울 공동체의 이방인 남자들에게 (개종자) 할례를 촉구함으로써, 사실상 그들을 유대인으로 "만들려" 했기 때문에 발생했다(갈 1:6 및 여러 구절들을 보라; 참고: 5:2-4). 바울은 자신의 현재 주장, 곧, 할례를 행하는 이들의 도전에 반박하기 위해 펼치는 그의 주장을 뒷받침하기 위해서 앞서 언급한 (이른 시기의) 세 가지 에피소드를 언급한다. 그 결과로 바울은 마치 할례 및 할례에 대한 그의 원칙적인 반대가 다메섹, 예루살렘, 안디옥 모두에서 공통적으로 중심 이슈였던 것처럼 보이도록 편지를 구성한 것이다.[45] 바울은 이런 방식을 통해, 마치 그가 처음 신적인 계시를 받았던 순간부터(1:12, 16) 지금까지 항상 갈라디아 도전자들의 입장과 반대의 입장에 서 있었던 것처럼 주장할 수 있었다.

우리는 바울의 적대적 묘사를 제외하고는 그들에 대해서 아무것도 제대로 알지 못한다. 그들은 급진적인 유대주의자들, 곧 할례에 헌신한 이방인 출신 그리스도-추종자들이었을까? 혹 그들은 야고보가 이끄는 예루살렘 교회를 대표하는 "보수적인" 유대인 사도들이었을까(갈 2:12을 보라)? 어쩌면 그들은 이 새로운 운동에 속한, 그리스어를 말하는 유대인 출신 구성원들, 곧 "헬레니스트/헬라주의자Hellenists"였을지도 모른다. 즉, 이교도이면서 이 공동체와 관계를 맺는 이들을 완전히 유대교로 "개종"시킴으로써 에클레시아

45 E. P. Sanders, *Paul, the Law, and the Jewish People* (Philadelphia: Fortress, 1983), 174 [=『바울, 율법, 유대인』, 감은사, 2021]을 보라.

내부의 이방인 멤버십을 합법화하고자 했던 헬레니즘 유대인들이었을 수 있다는 것이다. 이에 대한 각양각색의 식별 작업이 지금까지도 시도되고 있다.[46] 바울이 갈라디아서 서두에 "조상들의 전통에 대한 열성(열심)"을 단호하게 강조하는 것과 그가 과거에 에클레시아를 박해했던 경험을 소환하는 것, 그리고 유다이스모스에서 그가 (과거에) 월등했다는 점을 강조하는 것을 미루어 볼 때, 내가 추측하기로 바울의 이 대적자들은 사실상 바울의 쌍둥이와 같은 인물들이었을 것이다(빌 3:2와 고후 11장에 언급된 이들처럼). 즉, 십자가에 못 박혔으며 귀환하게 될 메시아의 복음을 이교도들에게 전달하고 있었던, 그리스도 운동에 속한 유대인 사도들이었을 것이다. 바울은 조상 때로부터 내려온 유대 관습들에 대한 그의 열성을 강조함으로써(갈 1:14; 빌 3:5) 그의 대적자들과의 논쟁에서 우위를 점유하고자 한다. 그 대적자들은 스스로를 유대 전통에 열성적인 자들이라고 생각하는가? 그들의 열성은 바울의 열성에 비하면 아무것도 아니다! [82쪽] 다시 말하면, 바울이 여기서 자랑스럽게 알리는 "열성"은 그가 과거에 에클레시아를 "박해"했던 동기와 주로 관련이 되는 것이 아니다. 오히려 그 열성은 바울의 "열성적인" 경쟁자들이 가한 현재의 도전에 관해서 말하고 있다.[47]

---

46 갈라디아에서 가르쳤던, 할례를 시행하던 이 사도들은 누구인가? 그들이 그냥 유대인이었다고 보는 견해로부터, 그리스도-추종자인 유대인 선교사들이라고 보는 견해(이것은 내가 추정하는 바이다), 그리고 유대화하는 이방인들로 보는 견해까지 다양하다. 어떤 주석서를 펴 보아도 이 선택지들에 대한 검토가 나올 것이다. 또한 *The Galatians Debate: Contemporary Issues in Rhetorical and Historical Interpretation* (Peabody, MA: Hendrickson Publishers, 2002), 321-433에서 Mark D. Nanos가 수합해 놓은 다양한 견해들을 보라.

47 또한 Barclay, "Mirror-Reading," 78을 보라. "바울이 갈라디아서 1-2장에서 펼쳐 놓은 긴 자기변호가 몇 가지 특정한 혐의들에 대한 답변이 아니라 단지 그의 개인적인 자격 증명에 관한 거의 부수적 이야기일 가능성을 우리는 인정해야만 한다."

그리스도 현현 이전의 바울 자신을 "열성적(열심)"이라고 묘사하는 것 때문에, 몇몇 학자들은 그의 말이 성서에 나오는 비느하스(민 25:6-15)에 대한 미묘한 암시라고 여

그런데 바울이 디오그모스*diōgmos*, 곧 "박해"라는 말로 의미했던 바는 무

긴다. 하나님께서는 율법에 대한 비느하스의 맹렬한 "열심"을 칭찬하셨다. 그리고 이 "암시"(실제로 암시가 맞는가?)는 다른 이들에 대한 바울 자신의 박해 활동을 이해하기 위한 맥락과 동기를 제공하는 역할을 한다. 유대 민족의 종교적 온전함을 위협하고 있다고 여겨지는 (그리스도-추종자들로서의) 동료 유대인들에 대항해서, 바울은 비느하스처럼 맹렬하게 반응했던 것이다. Terence L. Donaldson, "Zealot and Convert: The Origin of Paul's Christ-Torah Antithesis," *Catholic Biblical Quarterly* 51 (1989): 655-82; Torrey Seland, *Establishment Violence in Philo and Luke: A Study of Non-Conformity to the Torah and Jewish Vigilante Reactions* (Leiden: Brill, 1995)를 보라. 나는 이 주장이 단지 하나의 단어("열성적인zealous")로부터 구성된 추정상의 암시라는 아주 미약한 증거로부터 재구성한 산더미 같은 추측에 대롱대롱 매달려 있다고 생각한다(이 암시는 단지 해석자의 머릿속에만 존재할 뿐이다). 바울과 열심, 그리고 바리새주의에 대한 보다 차분한 생각으로는 Sanders, *Paul: Life, Letters and Thought*, 76-82을 보라.

내가 지금껏 번역하기를 꺼려온 유다이스모스*Ioudaïsmos*라는 단어 역시 역사적 재구성을 복잡하게 만드는 요소다. RSV성경은 그것을 "유대교Judaism"라고 옮겼는데, 이것은 익숙한 이항대립들과 그 이항대립들이 함축하는 "사회사"를 소환한다. 곧, 율법/복음, 유대인/이방인, 그리고 결국 경쟁적인 종교적 교리의 추상화된 실체인 유대교/기독교의 대립을 환기하는 것이다. 이런 시각에 따르면, 바울이 "할례를 전파했다"(갈 5:11)는 것과 그의 조상 관습에 대한 열성("유다이스모스에 있을 때"의 바울의 삶, 갈 1:14; 빌 3:6)은 두 가지로 분석될 수 있다. 바울이 강화된 형태의 유대교를 그 자신의 민족에게 전하면서 자기보다 덜 엄격하게 율법을 준수하는 이들을 "박해"했거나, 아니면 바울이 열정적으로 이방인들에게 선교 활동을 하면서 그들을 (엄격하게 율법을 준수하는) 유대인들로 바꾸기를 추구했을 것이다.

유다이스모스는 "초기 유대교 및 기독교 문헌에서 드물게 나타나는 단어이며, 그 문헌 밖에서는 존재하지 않는다"(Thiessen, *Gentile Problem*, 38). 이 단어는 마카비2서에서 처음 등장하는데, 거기서 이 단어는 헬레니스모스*Hellenismos*에 대한 일종의 반대말의 역할을 한다(참고: 마카비2서 2:21; 8:1; 14:38). [218쪽] 헬레니스모스와 유다이스모스 양쪽 모두, 그 언어적 표현은 우리가 "삶의 길"이라고 부를 수 있는 광범위한 행동 양식들(언어적, 문화적, 종교적, 정치적인 행동 양식들[마지막 세 가지는 긴밀하게 묶인 의미의 연속체로 존재한다])을 포괄한다. 이 경우에는 특히 그리스적 삶의 방식에 대항한 유대 지역민적 삶의 방식을 나타낸다. Novenson의 말처럼 마카비2서의 서사적 맥락 속에서 유다이스모스는 정치적 기획, 곧 "헬레니즘을 거부하는 유대인들의 행동"을 암시하기도 한다. "모든 유대인들이 유다이스모스를 행했던 것은 아닌데, 왜냐하면 유다이스모스는 조상의 종교를 가리키는 말이 아니라 정치적 운동, 행동주의activism의 기획을 가리키는 말이기 때문이다." Novenson, "Paul's Former Occupation in *Ioudaïsmos*," 34. 여기서 Novenson은 Elias J. Bickerman, *The God of the Maccabees:*

엇이었는가? 사도행전에 등장하는 바울에게 있어서, "박해"는 처형을 의미했다. 사울은 스데반의 죽음에 동의했다. 또한 사울은 "위협과 살기가 등등하여"(행 8:1; 9:1, 개역개정) 다메섹을 향해 떠났다. 하지만 고린도후서에서 자신이 사도로서 감내해야 했던 고난의 목록을 제시할 때, 바울의 보도는 사뭇 다른 방향을 가리킨다. 바울은 다른 유대인 사도들에게 (다시 한번) 맹렬한 노를 퍼부으면서("그런 사람들은 거짓 사도요 속이는 일꾼이니 자기를 그리스도의 사도로 가장하는 자들이니라"[고후 11:13, 개역개정]), 유대인으로서의 자격 요건과 사도로서의 자격 요건을 되새겨본다. 이 맥락에서 바울은 사도로서의 자신의 소명에 포함되어 있었던 고난들에 대해 다음과 같이 언급한다.

> 유대인들에게 사십에서 하나 감한 매를 다섯 번 맞았으며 세 번 태장으로 맞고 한 번 돌로 맞고 세 번 파선하고 일 주야를 깊은 바다에서 지냈으며 여러 번 여행하면서 강의 위험과 강도의 위험과 동족의 위험과 이방인의 위험과 시내의 위험과 광야의 위험과 바다의 위험과 거짓 형제 중의 위험을 당하고 또 수고하며 애쓰고 …. (고후 11:24-27)

더 나아가 그는 이렇게 말한다.

Studies on the Meaning and Origin of the Maccabean Revolt, trans. Horst R. Moehring (Leiden: Brill, 1979)를 언급한다. Donaldson과 비슷하게 Thiessen은 갈라디아서 1:14의 유다이스모스를 바울이 예수 운동을 알기 전에 이미 이방인들을 향한 유대화 선교 활동에 참여했다는 의미로 이해한다. Novenson은 이 단어가 유대인들에 의해 실행된 유대 정체성 강화 작업을 의미한다고 주장한다. 내 생각에는, 이 단어를 통해 바울은 단지 조상 관습에 대한 그의 해석대로 사는 삶에 있어서 보인 탁월함을 가리키고 있다. 유대인에게든 이교도에게든, 누군가를 향한 활동outreach이 이 단어에 암시되어 있지도 않고, 그것이 필요한 것도 아니다.

그러므로 내가 그리스도를 위하여 약한 것들과 능욕과 궁핍과 박해와 곤고를 기뻐하노니. (고후 12:10)

여기서 39번의 매질에 대해 바울이 언급한 것은, 다메섹 회당 에클레시아의 일원이었던 다른 유대인들을 향해서, 이전에 그가 유대인으로서 행했던 일들이 정확히 무엇이었는지를 해석할 수 있는 단서를 제공해 주는 듯하다. "39번의 매질"은 무엇보다도 **유대인들 내부에서** 실시되는 치리disciplinary 관습이었다. 만약 사도로서의 바울이 그의 사도 활동 가운데 이러한 처벌을 "다섯 차례" 받았다면, 아마도 이전에 다메섹에서 그가 자신의 회당 공동체 내에서 권위를 가진 인물로서 다른 이들에게 행했던 유대식 처벌이 바로 이 매질이었을 것이다. 이것이 강조하는 바는, 에클레시아 안에서 바울에 의해 이러한 치리를 당했던 그 구성원들은 오직 유대인들이었을 수밖에 없다는 점이다. "처벌이란 그 처벌의 대상이 공동체 안에 포함되어 있음을 시사한다punishment implies inclusion"(39번의 매질은 신명기 25:1-3에서 특별히 이스라엘을 위해 주어진 법규로부터 기원한다). 어떠한 경우에도, 지역의 회당이 지역의 이방인들을 법적으로 처벌할 권한을 갖고 있지 않았다.[48]

---

48 Sanders, *Paul, the Law, and the Jewish People*, 192. 1세기 디아스포라 사회 환경의 현실적인 상황과 개연성 있게 부합하는 방식으로 바울의 본문을 해석하는 어려움에 관한 논의 전체를 보라(186-92). Anthony Ernest Harvey, "Forty Strokes Save One: Social Aspects of Judaizing and Apostasy," in *Alternative Approaches to New Testament Study*, ed. Anthony Ernest Harvey (London: SPCK, 1985), 79-96(특히 80-81과 92-93)도 아주 비슷하다.

나는 약간의 역사적 불가지론을 장려하는 Sanders의 태도(188)가 솔직하고 현실적이며, 또한 나 자신을 포함한 학문적 논평가들 사이에 매우 드문 모습이라고 생각한다. 이 까닭에, 나는 "사십에서 하나 감한 매," 마아코트 아르바임*ma'akot arba'im*을 마땅히 해야 되었던 것 이상으로 더 명료하게 해석하고자 애쓰는 가운데, 후대 랍비 문헌에 나오는 처벌인 마아코트 마르두트*ma'akot mardut*(재량에 의한 매질)를 끌고 들어왔던 이전의 나의 잘못을 인정한다(예를 들어 *From Jesus to Christ*, 145; "Judaism, the

[83쪽] 39차례의 매질을 이전에 바울이 실시했고 후에는 본인이 받았으리라는 점을 이해하는 것은 또한 우리가 갈라디아서 1:13에 나오는 카트 휘페르볼렌*kath' hyperbolēn*을 어떻게 번역할 것인지에 대한 기반을 제공해준다. RSV성경은 이 구문을 "난폭하게"라고 옮겼는데, 아마도 이것은 사도행전에 나오는 누가의 원색적인 상황 묘사의 영향을 받은 번역일 것이다. 이 구문을 더 낫게 번역해 보자면, "최대치로" 혹은 "최고도로"라고 옮길 수 있다. 즉, 39번의 매질은 최대치의 숫자를 의미하는 것이다. 다른 말로 하면, 바울은 허락되는 한 최대치의 매질을 가하는 처벌을 관장하거나, 심지어 개인적으로 직접 그것을 집행했으며, 또한 후에 사도로서 동일한 숫자의 매질 처벌을 다섯 번이나 받게 된 것이다.[49]

Circumcision of Gentiles," 549과 각주 50번, 그리고 다른 부분들을 보라). 간단히 말해, 후대의 랍비 관습을 1세기의 디아스포라 맥락으로 거꾸로 투사하기에는 너무 위험성이 높다. 그리고 충분한 증거가 없는 부분에 있어서는 명료함에 대한 욕구를 포기하고 역사에 대한 겸허한 자세를 취해야 한다. 부재하는 증거에 대해 우리는 오직 추정할 뿐이며, 나는 현재 내가 붙잡고 있는 추정에 대해 설명하고 변호할 것이다. (내가 모범으로 삼는, 존경스러울 정도로 솔직담백한 Sanders, *PLJP*, 189 상단을 보라.) 바울을 치리했던 이 다양한 디아스포라 회당 공동체들은 일종의 원-랍비적proto-rabbinic 특권을 주장했을까? 그들은 신명기 25:3과 같은 성서 텍스트를 가지고 임시변통으로 행동했던 것일까? (사십에서 하나 감한 매는 할라카적, 즉 랍비적 규정이다. 하지만 이 관습은 분명 랍비들보다 앞서 존재했던 것이 분명하다.) 바울은 사법적 처벌을 받았고, 거기에 복종했지만, 어떤 위반 사항(들) 때문에 처벌받았는지는 우리가 알 길이 없다. 비록 내 추정 사항을 앞으로 제시할 것이기는 하지만 말이다. 또한 Martin Goodman, "The Persecution of Paul by Diaspora Jews," in *The Beginnings of Christianity*, ed. Jack Pastor and Menachem Mor (Jerusalem: Yad Ben-Zvi Press, 2005), 379-87에 나오는 논평을 보라. 내 지식의 한계점을 내 스스로 수용할 수 있도록 도와준 Larry Hurtado, Oded Irshai, Avraham Isaacs, Jay Pomrenze, 그리고 특히 Ishay Rosen-Zvi에게 감사의 말을 전한다.

49 [219쪽] 다시금, 추측할 수밖에 없다. 미쉬나 Makkot 3의 맥락에서 "사십에서 하나 감한 매"라는 숫자는 법적으로 명시된 사항이며, 체벌받는 사람의 신체 조건에 따라 조정될 수 있었다. 랍비 이전 시대의 자료로 우리가 바울과 함께 활용하는 자료인 요세푸스는 "사십에서 하나 감한" 매를 자선적 기부의 율법을 어긴 자에 대한 "공적인 매질"

그런데 도대체 무슨 까닭으로 그러한 처벌이 이루어진 것인가? 예수의 십자가 처형 직후 몇 년이 채 지나지 않은 시절의 다메섹 회당 공동체와, 20여 년 이상이 흐른 후 바울에게 동일한 처벌을 집행했던(우리가 그 이유는 잘 모르지만) 다른 디아스포라 회당 공동체들 모두와 관련되어 있는 상황은 과연 무엇인가?

(1) 몇몇 학자들은 이 새로운 운동의 핵심 메시지인 **십자가에 못 박힌** 메시아에 대한 선포가 일부 혹은 모든 유대인들에게 깊이 모욕적이었기 때문이라고 추측한다. 갈라디아서 3:13에서 바울은 신명기 21:23을 인용한다. "나무에 달린 자마다 저주 아래에 있는 자라"(갈 3:13, 개역개정). 고대 유대인들은 "나무에 달리다"라는 말을 십자가형을 가리키는 것으로 보았다(예컨대 11Q Temple 64.6-13을 보라). 이러한 학자들의 재구성에 따르면, 초기의 케리그마는 경건한 유대인들에게는 어디서든 모욕적이었는데, 왜냐하면 범죄자처럼 십자가에 못 박힌 것으로 알려진 메시아는 곧 "율법에 의해 저주받은" 방식으로 죽은 것으로 여겨질 수 있었기 때문이다. 이 때문에 유대인들은 십자가에 못 박힌 메시아에 대한 메시지로 의해 걸려 넘어질 수밖에 없었다(참고: 고전 1:23). 어떻게 메시아가 "하나님께 저주받을" 수 있는가?

이러한 이해 방식은 역사적 재구성으로서 그것이 가진 모든 문제들에도 불구하고, 신약학계에서 사라지지 않고 끈덕지게 남아 있는 고정 관념 중 하나이다. 무엇보다, 신명기에 언급된 나무에 매달기는 처형의 방식(즉, 매달아서 죽이기)을 가리키는 것이 아니라, 처형된 범죄자의 시신을 사후에 전시하는 방식을 가리킨다. 즉, 범죄자의 죽음을 공적으로 내보이는 방식인 것이다. 물론 1세기 무렵에는 "나무에 매달기"라는 표현이 실제로 "십자가형"을 의

로 이야기한다(*AJ* 4.238). 이것이 시사하는 바는 1세기와 디아스포라의 맥락에서 볼 때, 이러한 처벌을 받을 만하다고 인정된 혐의들은 해석의 여지가 많았다는 점이다.

미하는 일이 가능해졌다(위에 인용된 11QTemple의 경우처럼). 하지만 십자가형이라는 사실 그 자체로 곧 "저주받은" 죽음을 의미했다는 확신은 갈라디아서 3장에 나오는 바울의 성난 본문에 대한 해석을 제외하고는 어느 곳에서도 발견되지 않는다. 실제로 다른 유대 텍스트들은 그 반대의 증거를 제공한다. 사울 왕과 그의 아들 요나단의 시신이 매달렸던 것을 예로 들어보자(삼하 21:12). 그들의 시신이 매달렸다는 사실이 곧 특별한 저주 아래에서 죽음을 맞이했음을 의미한다는 것은 어디에서도 발견되지 않는다. [84쪽] 우리가 살펴보는 시대와 더 가까운 시대로 시선을 옮겨보면, 요세푸스는 800명의 바리새인들이 알렉산더 얀나이우스Alexander Janneus 치하에서 십자가형을 당했던 것(*AJ* 13.380)과 갈릴리인 유다Judah의 아들들이 로마에 의해 십자가형을 당했던 것(*AJ* 20.102), 헤롯 사후에 발생한 문제 때문에 로마 사절 와루스Varus가 유대에서 2천 명의 유대인들을 처형했던 것(*BJ* 2.75; *AJ* 17.295), 그리고 포위된 예루살렘에서 탈출하는 수천 명의 피난민들을 티투스Titus의 군대가 십자가형에 처했던 것(*BJ* 5.449-51)을 보도한다. 하지만 요세푸스는 그 어디에서도 다른 어떤 유대인들이 십자가형을 당해 죽은 유대인들을 가리켜 신적인 저주 아래에서 죽은 자들로 여겼다고 말하지 않는다. 다른 말로 하면, 죽은 이의 시체를 처리하는 방식은 신적인 의도에 대하여 아무런 증거도 제공하지 않는다. 마지막으로 언급하고 싶은 것은, 이교도인 로마 사람에게는 십자가에 못 박힌 유대인이 실제로 범죄자로 간주될 수 있었던 반면(호미넴 녹시움 에트 크루켐 에이우스*hominem noxium et crucem eius*["그 범죄자와 그의 십자가" - 역주]), 다른 1세기 유대인들에게 있어서는 그렇게 처형당한 이는 아마도 희생자로(쓰러진 영웅까지는 아니더라도) 보였을 것이라는 점이다.[50]

---

50 마지막 인용문은 Minucius Felix, *Octavius* 29.2에서 왔으며, 이교도의 정서를 반향한다. 로마의 "범죄자들"이 로마의 피지배 족속들에 의해서 영웅으로 인식되었다는 점에 대해서는 S. G. F. Brandon, *Jesus and the Zealots: A Study of the Political Factor in*

간단히 말해서, 1세기(혹은 그 이후의) 유대교는 십자가에 달린 이가 십자가에 달렸다는 사실 자체만으로 "하나님께 저주받은 자"로 간주하지 않았으며, 그렇게 간주했던 유대인들이 실제로 존재했다는 증거 역시 전혀 없다. "십자가형"을 "저주"로 보는 해석이 기원하게 된 본래의 맥락과 원천은 제2성전기 후기의 유대교가 아니라 바로 바울의 편지이며, 구체적으로 갈라디아서 3:10-14에서 바울이 엮어내고 있는 "복"과 "저주"의 수사적인 교차배열법이다. 갈라디아서의 이 본문에서 바울이 만들어낸 간략하면서도 독창적인 주석적 연결고리(아브라함/복, 율법/저주, 그리스도/율법, 저주/복)는 십자가형에 관하여 유대인들이 항상 가지고 있었던 견해로까지 단순히 일반화되어서는 안 되며 그렇게 될 수도 없다.[51] 십자가에 달린 메시아에 대한 메시지가 그

Primitive Christianity (Manchester: Manchester University Press, 1967), 145에서 다음과 같이 언급된 것을 보라. "십자가는 기독교에서 구원을 나타내는 상징으로 변모하기 이전에는 열심당의 희생을 나타내는 상징이었다." 십자가형에 대한 유대인들의 태도에 관한 Martin Hengel의 논의도 참고하라. Martin Hengel, *Crucifixion in the Ancient World and the Folly of the Message of the Cross* (Philadelphia: Fortress, 1977), 84-90 외 여러 부분들을 보라.

51 "[갈 3:13]의 대답이 등장한 까닭은 논증을 '이방인들'로부터 '복'으로, 그리고 그 반대말인 '저주'로 이끌어가는 표제어들*Stichworte* 때문이다. 따라서 갈라디아서 3:13은 논증의 핵심이 아니고, 어떻게 저주(3:10)를 벗겨낼 수 있는지 설명하는 가운데 부수적인 위치를 차지할 뿐이다." Sanders, *PLJP*, 25. Larry Hurtado는 다름 아닌 "죽은" 메시아라는 개념이 추문의 핵심이었을 수 있다고 내게 말했다("기름 부음 받은 자"인데 죽은 인물은 이미 다니엘 9:24-25과 에스라4서 7:28-29에 나오기는 하지만 말이다). 뿐만 아니라, 예루살렘 에클레시아의 율법을 준수하는 구성원들은 십자가에 달린 메시아를 선포하는 가운데 인지부조화의 문제를 겪지 않았던 것이 분명하다. 또한 그 도시의 더 큰 범위의 시민들이 그들을 그러한 선포 때문에 "박해"했던 것도 아니다. 대체로, 그 공동체는 제1차 봉기가 일어날 때까지 예루살렘 안에서 로마인들이나 다른 유대인들에게 방해받지 않고 평화롭게 살았다. 오호라, 십자가형으로 죽임을 당한 메시아("그냥 죽음이 아니라 저주받고 불미스러운 처형"[갈 3:13; 5:11])가 1세기 유대인들에게 충격적이었으리라는 견해가 여전히 끄떡없이 건재하니 어찌하랴! Barclay, *Paul and the Gift*, 386을 보라. 또한 Andrew Chester, "The Christ of Paul," in *Redemption and Resistance: The Messianic Hopes of Jews and Christians in Antiquity*, ed. Markus

죽음의 방식 때문에 유대인들에게 (적극적이며 공격적으로) 거리낌을 제공했다는 견해는 이제 신약학계에서 퇴출되어야 마땅하다.

(2) 바울이 기원후 33년경 다메섹 에클레시아에 있던 유대인들을 매질로 치리하는 일에 참여했던 그 밖의 이유는 무엇인가? 이것은 이후에 바울이 동일한 방식의 처벌을 받았던 이유를 밝히는 데에 어떠한 단서를 제공하는가? 또 다른 학자들의 제안에 따르면 그 이유는 바로 율법을 범한 죄legal offense 때문이었다. 이 주장에 따르면, 떠돌아다니는 사도들(종종 사도행전의 "헬라파"와 연결된다)은 율법 준수에 있어서 이미 느슨한 입장에 있었고, 그들이 머무는 회당에서 "죄인"으로 간주되어 불쾌감을 주었을 것이다. 점입가경으로—사실상 율법 준수 정도를 가리키는 척도이기도 하다—이 사도들은 "부정한" 이방인들과 어울리고 그들과 함께 식사를 하거나 기도를 하기도 했다. 먼저 할례를 통하여 유대인이 "되라"는 요구 없이 말이다. 그리고 바울 자신이 후에 왜 "박해"받게 되었는지를 설명하는 데에 이와 동일한 재구성이 사용된다. [85쪽] 이방인들과 어울리는 바울의 사회적 실천은 회당 유대교의 "민족적 틀을 깨부수었고," 에클레시아의 새로운 사회적 실체는 "디아스포라 회당의 경계선을 넘었으며," "그의 동화되는 실천과 느슨한(혹은 적어도 비일관적인) 율법 준수 때문에, 바울은 회당에서 의혹을 사거나 반대를 경험했으며, 심지어 처벌을 당하기도 했다."[52]

Bockmuehl and James Carleton Paget (London: T. & T. Clark, 2009), 120을 보라.

52 이 마지막 인용문들은 Barclay, *Jews in the Mediterranean Diaspora*, 393에서 왔다. 예루살렘의 헬라파Hellenists가 율법 준수에 있어서 느슨했다는 묘사는 Martin Hengel, *Between Jesus and Paul: Studies in the Earliest History of Christianity* (London: SCM, 1983) 및 더 이른 시기의 저술인 *Acts and the History of Earliest Christianity* (London: SCM, 1979)에 단골로 등장한다. 또한 John G. Gager, "Some Notes on Paul's Conversion," *NTS* 27 (1981): 697-704(특히 700)에서도 마찬가지이다. 율법을 제대로 준수하지 않는 이 헬레니즘 유대인들이 바로 다메섹에 있던 바울의 공동체에 도달했던 사도들이라고 상정된다. 바울은 처음에 그 사도들을 "박해"했으며, 후에는 그 자신

방금 언급한 재구성은 가장 이른 시기의 복음 메시지가 유대적 실천과 원칙적으로 어떤 식으로든 양립 불가능하다는 점을 전제한다. 에클레시아가 이방인에게 할례를 요구하지 않고 그들을 받아들였다는 사실은 이러한 양립 불가능성에 대한 주된 증거이며, 동시에 그 사실은 50년대 중반의 갈라디아와 33년경의 다메섹 사이에 인과관계를 만들어낸다. 그러나 우리가 이미 살펴보았듯이 이교도들은 성전 복합 단지 내부의 가장 큰 구역에서 이미 환영 받는 존재였다. 예수 운동이 도입되기 이전부터 이미 이교도들은 디아스포라 회당의 삶에 참여하고 있었으며, 그러한 참여가—이방인 출신 그리스도인들과 함께—이후로도 수세기 동안 지속되었다. 디아스포라 회당들은 콘스탄티누스 이후의 시대가 될 때까지, 유대인들과 이방인들이 서로 무난하게 섞여 어울리는 장소의 역할을 했고, 이는 그 회당들이 속해 있는 도시 자체의 상황과 마찬가지였다. 새롭게 구성된 작은 규모의 에클레시아 내부에서 할례받지 않은 이방인들과 섞여 있는 모습 그 자체는, 바울이 에클레시아를 "박해"하도록 만든 동기 혹은 다른 유대인들로 하여금 바울을 "박해"하도록 자극한 동기가 될 수 없다. 그러한 이방인들은 이미 회당에 출몰하고 있었다. 그것이 기정 사실이라면, 어째서 (더 조그만 규모의) 에클레시아 안에서 이방인들이 자리를 차지하고 역할을 맡는 것이 문제가 되겠는가?[53]

이 바로 그 사도들과 같이 되었다.

53 에클레시아에 이방인들이 구성원으로 들어와 있는 것, 십자가형을 당한 메시아라는 추문, 더 이상 율법에 따라 살지 않는 것, 바울이 초창기에 가졌던 적개심의 정체를 밝히기 위한 이러한 "설명들"은 바울 자신의 선교, 메시지, 그리고 훗날 그가 당하게 된 박해를 묘사하는 데에도 투영된다. 이러한 설명들은 후대의 주류 이방인 기독교의 신학적 원리를 구체화한 것이다. 앞서 살펴보았듯이, 이교도로서의 이방인들은 이미 회당의 삶에 참여하고 있었다. 십자가형을 당한 메시아라는 것은 개연성이 떨어져 보이는 메시지였을 수 있지만, 그것 자체가 종교적으로 모욕적인 것은 아니었다. [220쪽] 그리고 곧 살펴보게 되겠지만, 바울 자신이 율법을 준수하지 않았다고 생각할 이유가 거의 없다. 덧붙여, 지금도 그러하듯이 그때에도(즉, 고대에도) 유대 관습의 다양성은

(3) "율법에 대한 느슨한, 혹 적어도 비일관적인 형태의 준수"가 바울이 타인을 박해했으며 또한 후에 자신이 박해를 당하게 된 이유라고 주장하는 것은, 유대적 실천이 어디서나 늘 일관되었고 지역을 초월한 표준이 존재했다는 점을 전제하는 것이다. 그러나 이러한 전제는 이스라엘 땅 자체에서나, 혹은 디아스포라—이곳에서는 지역적 다양성과 가변성이 유대인들의 삶의 방식을 특징지었다—에서나, 초기 로마제국 시대의 맥락에서 볼 때 들어맞지 않는 전제다. "초기의 [유대] 그리스도인들의 박해라는 주제와 씨름하는 유대교 역사가가 당면한 문제는, 이 시대의 유대교가 가진 [유대적] 다원성에 대한 넘치는 증거들이다." 유대 지역 자체만 놓고 봐도, 사두개인들은 바리새인들과 여러 중대한 의견 차이를 보였고, 또한 바리새인들은 율법의 해석을 놓고 서로 간에도 의견 차이를 보였다. 그리고 사해 공동체는 사두개인들과 바리새인들 모두를 저주했다. 암메 하-아레츠*amme ha-aretz*로 불리는 이들이 보였던 율법 준수의 정도는 식자층들이 보기에 경멸스러운 수준이었다. 하지만 이처럼 매우 중요한 차이들과 신학적, 실천적 논쟁에도 불구하고, 결코 난폭한 반대나 사법적 처벌로는 이어지지 않았다.[54]

예외가 아니라 일반적인 것이었다. 또한 다음에 나올 각주를 참고하라.

54 인용문은 Martin Goodacre의 훌륭한 소논문, "Persecution of Paul," 381에서 온 것이다. 위에 제시된 나의 논증은 Goodacre에게 직접적으로 빚지고 있다. 1세기 유대 지역 유대교의 내적 다양성에 대해서는, Josephus, *AJ* 17.41과 18.12-15(사두개인, 바리새인, 에세네파. 이들은 하이레이세스*haireises*, "학파들"로 묘사된다)를 보라. 풍부한 서지와 더불어 나오는 논의로는 *HJP*, vol 2("세 철학 학파들")와 vol. 3(디아스포라)를 보라. 간단명료한 개괄로는 Sanders, *Historical Figure of Jesus*, 33-48을 보라. 물론 바울의 편지들은 새롭고 규모가 작은 예수 운동의 첫 세대 안에 실천에 있어서 격렬한 불일치가 있었음을 증언해 준다. 심지어 복음서들은 서로 나란히 존재했던 두 개의 소규모 토착 집단들, 즉 세례 요한 그룹과 나사렛 예수 그룹 사이에도 행동 양식의 차이점이 있었음을 증언한다(예: 먹고 마시고 금식하는 것에 대해서는 마태복음 11:18-19/누가복음 7:33을 보라. 요한의 제자들은 금식했으나 예수의 제자들은 금식하지 않았던 것에 대해서는 마가복음 2:18 및 병행본문을 보라. 참고: 먹기 전에 손을 정화하는 것을 둘러

[86쪽] 마찬가지로, 디아스포라에 살던 유대인들의 행동 양식 역시 아주 다양했다. 비문들, 이교도들 및 후에 이방인 그리스도인들이 유대인들에 관해 남긴 논평들, 헬레니즘 유대교의 문헌 자료들을 모두 종합해 볼 때, 우리가 가진 모든 데이터는 유대인들의 율법 준수와 실천이 아주 넓은 범위의 다양성을 지니고 있었음을 증언한다. 간단히 말해, 서로 간에 차이가 존재한다는 단순한 사실만으로는 "소송거리"가 되지 않았고, 그럴 수 있었던 적도 전혀 없다. 디아스포라 유대인들은 자신들의 공동체에 자발적으로 속해 있었다. 만약 지역의 종교 권세자들이 회당의 어떤 구성원이 저지른 것으로 판단되는 (종교적 실천과 관련된) 위반 사항 때문에 매질을 가하고자 했다면, 그 잘못을 저지른 사람은 그저 그 공동체에서 발을 뺄 수도 있었다.[55] 더욱이 본국에서조차 다양성이 있었다면, 디아스포라 환경에서는 훨씬 더 큰 다양성이 있었을 것이라는 점은 의심의 여지가 없다.

마지막으로, 율법을 범한 문제로 인해서 "박해"가 있었다는 추측은 "율법 준수"—유대인들의 조상 때로부터 내려온 실천에 따라 살아가는 것—가 기독교적 "믿음"과 본질적으로 양립 불가능하다는 유구한 이방 기독교 신학적 입장에 기초하고 있다. 그리고 비-유대인들에게 전파되었던 바울의 소위 율법 없는 복음Law-free gospel이 새로운 운동의 창립 멤버 세대에 속한 그리스도-안의-유대인들Jews-in-Christ의 행동 양식을 위한 표준까지도 설정했다

싼 논쟁에 대해서는 마가복음 7:1-6 및 병행본문을 보라). 그리고 마태복음 7:21-23이 증언하듯이, 1세기가 끝날 무렵이 되었을 때, 다양한 형태의 그리스도-추종자들 사이의 차이점은 매우 격양된 감정으로 차 있었다. 마태복음 기자는 자신의 견해의 정당성이 종말론적으로 입증되는 한편 다른 이들의 견해는 영원히 부인될 것을 고대한다(귀환한 그리스도는 [저자 외에] 그리스도를 따르는 다른 이들에게 이렇게 말할 것이다. "나는 너희들을 안 적이 없다. 너희 악을 행하는 자들아, 물러나라"[마 7:23]).

55 Harvey의 입장도 마찬가지이다. "이제, (적어도 디아스포라에서) 유대 법정의 사법권은 오직 그 사법권이 기꺼이 인정되는 영역까지만 미칠 수 있었다는 점을 인식하는 것이 중요하다." Harvey, "Forty Strokes Save One," 80(강조 표시는 나의 것이다).

고 보는 것이다. 본 연구는 이 두 가지 전제 모두에 반대한다. 양극화의 경향을 띤 바울의 수사를 역사적 사실에 대한 묘사로 착각하면 안 된다. 무엇보다, 바울의 이방인들을 위한 바울의 복음조차도 그 이방인들이 근본적이고 배타적인 유대적 실천 두 가지를 받아들였다는 점을 내포하고 있다. 곧, 오직 이스라엘의 신에게만 충성을 다하는 것, 그리고 이교의 제의를 피하는 것이다. 고대인들과 현대인들 모두 그와 같은 행동 양식들을 가리켜 "유대화 Judaizing"라고 표현한다. 또한 바울의 편지들이 흔히 그리스도를 추종하는 이방인들을 향해(내 생각에는 오직 이방인들만을 향해) 전달되었던 반면, 바울이 유대인들에게 무엇이라고 말했을지, 과연 더 이상 유대 전승을 지키지 말아야 한다는 식의 말을 (바울이 유대인들에게) 했을지에 대한 증거를 우리는 가지고 있지 않다. 앞으로 보게 되겠지만, 율법에 대한 바울의 많은 진술들은 율법을 하나의 특권과 가치로, 이스라엘에게 구별되어 주어진 신적인 선물로, 심지어 예수를 메시아로 인정하기 위한 통로로 간주하기도 한다(예: 롬 3:1; 7:12; 9:5; 10:4). 그리스도를 따르는 유대인들은 2세기가 되어도 여전히 그들의 조상 때로부터 전해진 관습에 따라 살았다(Justin, *Trypho* 47). 그렇다면 바울을 포함해서 1세기의 유대인 세대가 그와는 다르게 살았으리라고 가정할 까닭이 무엇이겠는가?

바울은 갈라디아서의 마지막 부분에 이르러 그가 할례를 전하지 않는다는 것—내 생각에는 유대인들이 아니라 이방인들에게 할례를 전하지 않는다는 의미다—을 드러내면서, 그것이 자신이 박해받는 이유와 관련되어 있다는 암시를 준다. [87쪽] "내가 지금까지 할례를 전한다면 어찌하여 지금까지 박해를 받으리요"(갈 5:11, 개역개정). **바울이 지금 누구에게 박해를 받는지에 대해서 말하지 않는다는 점을 주목하라.** 또한 바울은 갈라디아에서의 사도적 경쟁자들이 그리스도를 따르는 이방인들에게 할례를 행함으로써 박해를 피하려 한다는 점을 암시한다. "[그들이] 억지로 너희에게 할례를 받게 함은 그들이 그리스도의 십자가로 말미암아 박해를 면하려 함뿐이라"(갈 6:12, 개역개정). 다시금, 누가 이 박해를 하는지에 대해서는 명시되어 있지 않다는 점에 주목하라.

바울이 감내해야 했던 "박해"를 두고, 유대인들이 내부적으로 치리를 위해 실시하는 매질에만 국한시키는 한, 그리고 이러한 논란의 원인을 오직 유대인들의 조상 관습의 실천에만 국한시키는 한, 우리는 바울을 박해한 이들의 정체성을 유대인에게만 국한시키게 되고 또한 바울의 박해(그가 행한 박해와 그가 받은 박해 모두)의 원인을 유대 공동체의 내부적 이슈에만 국한시키게 된다. 하지만 바울은 회당에서 당한 폭력 그 이상을 고린도후서 11장의 고난 목록에서 언급한다. 바울은 세 차례나 태장으로 맞았는데(고후 11:25), 이는 곧 로마 당국자들에게도 "박해"를 당했던 것이다. 바울은 한 차례 돌로도 맞았는데, 이는 아마도 군중에 의해 당했을 것이다. 불리하게 작용하는 바람, 날씨, 바다에서의 상황—이것들은 하급 신들의 영역이다—은 바울의 선교에 장애가 되었다(11:25-26). 바울은 "동족의 위험과 이방인의 위험"(로마인들이 아닌 이교도들을 가리키는가?)을 당했고, 또한 "거짓 형제"로 인한 위험을 당했다(11:26; 참고: 갈라디아서 곳곳을 보라).

이 모든 "박해자들"은 누구인가? 이들과 바울의 회당 박해자들 사이에 공통점이 있는가? 왜 모두들 하나같이 바울을 못 잡아먹어 안달인가? 어째서 서로 다른 이 박해자들은 할례를 전파하지 않는 자들만을 좇아다니며 박해하는가?

바울의 사회적 세계 전체를 염두에 둘 때에만 이 모든 질문에 대한 대답이 가능해진다. 즉, 단지 유대인들의 사회적 세계뿐 아니라 이교도들의—따라서 이교도들의 신들을 포함한—사회적 세계를 고려해야 한다는 것이다. 초기 예수 운동이 디아스포라로 첫 발을 내딛게 되고, 여러 민족들과 조우한 순간, 이 운동의 구성원들은 또한 그 민족들의 신들과도 조우하게 되었다. 디아스포라 회당에는 이교도들과 관련되어 이미 전통이 유구하고 또 사회적으로 안정된 관습이 존재했다. 곧, 우호적 이교도들sympathizers이 그들의 고유한 제의들을 지속하면서도 이스라엘의 신과 관계를 맺을 수 있는 활동 범위가 허락된 것이다. 다른 말로 하면, 신-경외자 이교도들은 그들이 본래 속한 인간계의 가족 및 신적 가족, 모두를 노하게 만드는 위험을 감수하려 하지 않았다.

그러나 이방인들이 에클레시아에 참여하면서 상황은 다르게 흘러갔다. 먼저—그리고 가장 중대하게도—사도들은 지역 회당이 했던 것보다 진입 장벽을 더 높게 잡았다. 에클레시아에 가입하는 (남자) 이교도들은 더 이상 그들의 본래 신들에게 희생 제사를 드릴 수 없게 되었다.[56] 바울은 고린도에 있는 그의 이방인 공동체에게 다음과 같이 말한다. "비록 … 많은 신과 많은 주가 있으나 … 그러나 **우리에게는** 한 하나님 곧 아버지가 계시[고] … 또한 한 주 예수 그리스도께서 계시니"(고전 8:5-6). [88쪽] 만약 한 "형제"—즉, 세례를 받은, 그리스도를 따르는 이방인—가 계속해서 우상을 섬긴다면, 다른 이들은 그 형제와 더 이상 사귐을 가지면 안 된다(5:11). "너희가 그때에는 하나님을 알지 못하여 본질상 [신들이] 아닌 자들에게 종 노릇 하였더니"(갈 4:8, 개역개정). "그런즉 내 사랑하는 자들아"—다시금 고린도인들에게 말한다—"우상 숭배하는 일을 피하라"(고전 10:14, 개역개정). 바울은 데살로니가에 있는 그의 이방인 신자들에게도 이렇게 말한다. "너희는 우상을 버리고 하나님께로 돌아와서 참되고 살아 계신 신을 섬기고 있다"(살전 1:9).

열방이 "돌아서는/돌아오는turning" 이미지는 상당히 예언자적인 표현 방식이며, 바울과 사도행전 15장 모두에서 나타난다. 우리가 살펴보았듯이,

56 바울이 공적 제의에 대해 생각했다는 점은, 그가 주로 남자들에 관해 말하고 있음을 암시한다. 그리스도를 따르는 여자들의 남편이 여전히 이교도로 남아 있는 경우, 이 여자들에 대해 바울이 기대하는 바는 훨씬 유연하고 신중했다. Johnson Hodge, "Married to an Unbeliever"를 보라.

이것은 예언서와 중간기 문서들 가운데 다양하게 보존된 유대 묵시 전통에 기원을 둔다. 이 본문들이 말하기를, 종말이 오면 열방은 자신들이 섬기던 고유한 신들로부터 돌아서서 그 형상들을 파괴하고 이스라엘의 신에게로 돌아오게 될 것이다. 다른 말로 하면, 유대 묵시 전통은 자신들의 우상을 버리고 이스라엘의 신에게 배타적으로 헌신하려고 돌아오는 이교도들, 그러나 (다른) 유대적 조상 관습들, 즉 "율법the Law"(할례, 음식법, 안식일 등)을 수행하지 않는 이교도들의 모습을 텍스트상으로 보여준다. 이러한 "종말론적 이방인들"은 오랫동안 상상 속에서 존재해 온 구성물이며, 그들이 이스라엘의 신에게 바치는 배타적 헌신은 종말에 나타날 것으로 예상되는 사건들 중 하나이다. 그리고 예수 운동이 디아스포라에 자리잡게 된 후에는, 이러한 종말론적인 이방인들의 존재가 사회적 실재가 되기 시작했다.

예수 운동이 이교도 신-경외자들을 마주치게 되었던 가장 초창기부터 첫 사도들이 "이방인 정책"을 임시변통으로 마련했을 때 영향을 미쳤던 것이 바로 열방을 포함한 비전을 제시하는 묵시 전통이다. 바울이 예루살렘에 왔을 때, 야고보, 베드로, 요한은 이 "정책"을 재확인해 주었다(갈 2:1-10). 이 정책은 바울의 선교와는 독립적으로 세워진 이방인 에클레시아이[에클레시아의 복수형 - 역주]—다메섹 공동체나 후에 로마 공동체 등—에서도 이미 작동하고 있었다. 이 유대인 사도들은 이스라엘의 신에게 전적으로 헌신한 이방인들을 메시아 공동체 안으로 환영하여 맞아들였다. 이 유대인 사도들은 하나님의 시간표 안에서 지금이 몇 시인지를 알았다. 그들은 그리스도의 부활과 재림 사이의 (아마도) 짧은 휴지기 동안(고전 15장) 전력 질주하는 가운데, 본래 가지고 있었던 종말론적 신념을 새로운 이방인 구성원들의 영적인 행동 양식을 통해 재확인했던 것이다. 이 탈-이교적 이교도들은 복음 메시지에 대한 강력한 확증이었다. 그 왕국이 진실로 가까이 왔음이 분명했던 것이다.

[89쪽] 그러나 신들이 반격을 가했다. 하급 신들, 아르콘테스 투 아이오

노스 투투*archontes tou aiōnos toutou*, 우주적인 "이 세대의 통치자들"은 바울의 신의 아들을 못 박았다(고전 2:8). 그리고 이제 그들은 바울과 그리스도를 따르는 바울의 이방인들을 박해하고 괴롭힌다. 그리하여 이들 모두가 그리스도의 고난에 참여하게 되었다. 테오스 투 아이오노스 투투*theos tou aiōnos toutou*, 곧 "이 세대의 신"은 바울의 메시지를 거부했던 이들의 생각을 어둡게 만든 장본인이다(고후 4:4). 바울은 이 신들이 적대감을 가지고 있음을 인정하면서도 또한 그 신들을 경멸적으로 대했다. 무엇보다도 그들의 권세는 이미 꺾였고, 귀환하시는 그리스도에 의해 그 권세는 곧 정복될 것이며, 그들은 그리스도에게 복종하게 될 것이었다(빌 2:10). 바울은 그의 회중 구성원들이 이전에 경배했던 그 존재들은 "본질상 신들"이 아니었으며, 두려움이나 경배를 받기에 합당하지 않은 우주의 조무래기들, 곧 스토이케이아*stoicheia*에 지나지 않는다고 말한다(갈 4:8-9). 사실 이 신들은 단순히 다이모니아*daimonia*, 종속된 신들, "마귀들"이다(고전 10:20-21; 거기서 시편 95:5 칠십인역을 암시한다). 하지만 곧이어 바울은 이 우주적 권세들(모든 아르케*archē*와 모든 엑수시아*exousia*와 모든 뒤나미스*dynamis*)조차도 이스라엘의 신을 인정하게 될 것이라고 가르친다. 귀환하시는 그리스도는 그들을 격퇴하고 아버지의 나라를 확고히 수립하실 것이다(고전 15:24-27). 종말의 때, 곧 파루시아*Parousia*에 이 초인간적인 존재들은 어디에 있든 간에—땅보다 위에 있든, 땅에 있든, 혹은 땅 아래에 있든—"예수 그리스도를 주라 시인하여 하나님 아버지께 영광을 돌리게" 될 것이다(빌 2:11). 그리스도의 재림은 죽은 자들을 일으키고 산 자들을 변화시키는 것 외에도(고전 15:23, 51-54), 고대인들의 우주가 전면적으로 붕괴되는 결과를 가져올 것이라고 바울은 전적으로 확신했다.[57] 그 왕국의 도래에 앞서 한층 더 단축된

57 악마적인 우주적 세력으로 ἀρχή를 정의하는 것으로는 *BAGD*에 나오는 해당 단어의 3(c)의 정의를 보라. 또한 δύναμις의 5번 정의, ἐξουσία의 5(b), 그리고 στοιχεῖα의 2번 정의를 보라(참고: 에베소서 6:12에 나오는 "정사와 권세"). 바울이 다른 신들을 언급하

이 시간 동안(롬 13:11), "그리스도 안에" 있는 이들은 이 신들의 진노를 참아내고, 때를 기다리기만 하면 되는 것이다.

유대적인 예수 운동은 여기에 관심을 보이며 찾아온 이교도들에게 하나의 타협 불가능한 조건을 제시했는데, 그것은 그 이교도들이 이전에 하던 전통적 경배를 완전히 그만두는 것이었다. 이 조건은 그들이 섬기던 신들이 왜 진노했는지를 잘 설명해 준다. 또한 그 신들의 진노는 바울이 어째서 처음에 예수 운동을 박해했으며, 또 바울이 예수 운동에 가입한 이후로 왜 그 자신 역시—유대인에게, 이교도들에게(그리스인/로마인 할 것 없이), 그리고 하급의 우주적 신들에게—박해를 당하게 되었는지를 설명해 준다. 우리는 2세기와 3세기에 일어난 현상, 표면적으로는 상관없어 보이는 현상인 탈-이교적 그리스도인들에 대한 이교도들의 박해를 간략히 살펴볼 때, 이 1세기의 상황을 더 분명하게 이해할 수 있다.

고대인들은 신들을 물려받았다. 사람들은 태어날 때부터 특정한 신들, 즉 가족의 신들, 도시가 섬기는 신들, 그리고 (특별한 경우) 제국의 신들에 대한 의무를 가지고 태어났다. 만약 이 이교도들이 그리스도-추종자가 되어서 그들의 신들에게 제의를 통해 경배를 돌리던 행위를 그만두게 되면, 그들은 하늘을 등한시하고 그들의 도시를 위태롭게 만들 위험을 각오해야 했다. [90

는 많은 부분들에 관해서는 James D. G. Dunn, *The Theology of the Apostle Paul* (Grand Rapids, MI: Eerdmans, 1998), 33-38, 104-10을 보라. 이 하급 신들의 계보에 관한 추가적 논의로는, Martin, "When Did Angels Become Demons?"를 보라. 최근에 John Goodrich는 바울이 이 용어들을 통해 의도한 대상은 단지 우주적 세력들뿐 아니라 현재 지상의 정치적 세력들이기도 하다고 (내가 생각하기에 개연성 높게) 주장했다. John K. Goodrich, "After Destroying Every Rule, Authority, and Power: Paul, Apocalyptic, and Politics in 1 Corinthians," in *Paul and the Apocalyptic Imagination*, ed. Ben C. Blackwell, John K. Goodrich, and Jason Maston (Minneapolis, MN: Fortress, 2016), 275-95. 로마서 13:1-7에 나오는 바울의 유명한 정치적 정적주의 본문(거기서 바울은 분명 지상의 권세자들을 염두에 두고 있다) 역시 13:11에서 종말론적으로 해소된다.

쪽] 이러한 사실은 왜 콘스탄티누스 이전의 수많은 순교자 이야기들이, 경의를 표하는 절차에 순응하도록 권유하는 재판정에서의 요구를 담고 있는지 설명해준다. 여기서 중요한 것은 "믿음"이 아니다. 초인간적인 권세들의 존재에 대해서는 누구나 알고 있었다. 중요한 것은 공적으로 경의를 표하는 행위이다. "힐라리아누스Hilarianus는 이렇게 말했다: '황제들의 안녕을 위하여 제사를 바쳐라.' '나는 그리하지 않겠소'"(*Perpetua* 6.3). "총독이 물었다. '희생 제사를 바치겠는가?' '아니오.' 다시 총독이 말했다. '희생 제사를 바쳐라.' '나는 그리하지 않겠소.' '너는 허공을 섬기는가? 그러면 허공에 대고 희생 제사를 바쳐라!' '아니오.'"(*Pionius* 19). "'우리 주님이신 황제의 정령genius에 대고 맹세하라.' '나는 이 세상의 황제를 인정하지 않소'"(*Scillitan Martyrs* 5-6).[58]

기독교 운동에 들어온 이 이교도들이 희생 제사를 그쳤고 따라서 그들의 신들에게 경의를 표하는 것을 거부했기 때문에, 티베르강이 범람하거나 반대로 나일강이 범람하지 않게 되었으며, 땅이 움직이거나 하늘이 움직이지 않게 되었다(Tertullian, *Apology* 40.2.2). "그리스도인들 때문에 비가 내리지

58 순교를 "담론적 실천discursive practice"(즉, 정체성을 확증해 주는 기독교 서사들)으로 간주하는 것이 현재 역사학계에서 지배적이다. 순교 이야기에 나오는 사건들의 역사성 문제, 박해에 대한 로마 쪽의 증거의 부재는 "법적인 박해와 기소에 대한 역사적 서사는 되살려 낼 수 없다는 점을 의미한다." Candida R. Moss, *Ancient Christian Martyrdom: Diverse Practices, Theologies, and Traditions* (New Haven, CT: Yale University Press, 2012), 12. [221쪽] 또한 역사적 및 역사서술적 문제에 대한 훌륭한 비평적 입문으로, 1-22쪽에 있는 Moss의 논평을 보라. 기원후 247년경, 알렉산드리아의 오리게네스는 순교당한 그리스도인들의 숫자는 "쉽게 세어볼 수 있다"고 주장했다(*c. Cel.* 3.8). 실제 그리스도인들에 대한 이교도의 박해 일화가 얼마나 적던 간에, 순교 문학에서 증폭된 순교라는 사상은 고대의 기독교 정체성 구성에 있어서 지배적이었다. 이 점에 대해서는 Judith M. Lieu, *Image and Reality: The Jews in the World of the Christians in the Second Century* (Edinburgh: T. & T. Clark, 1996)에서 "순교자들 martyrs" 및 "박해persecution"라는 단어들을 찾아보라.

않게 되었다!"(Augustine, *City of God* 2.3). 신들의 진노는 큰 혼란을 초래할 수 있었다. 신들은 홍수나 기근, 가뭄과 질병으로 사람들을 쳤다. 신들은 지진으로 도시들을 폭삭 무너뜨리거나 외국 군대가 침입하도록 만들 수 있었다. 이 때문에 기원후 250년 이전에 지역 단위에서 이루어졌던 비조직적인 박해, 그리고 "3세기의 위기"로 불리는 시기 동안 이따금씩 있었던 제국 단위의 박해는 주로 이방인 출신 그리스도인들에게 제의적으로 순응하도록 강요하는 것이었다. 이들이 새롭게 채택한 종교적 실천과 선호가 무엇이든 간에, 그들의 가족이나 이웃, 도시의 당국자들이 보기에 그 사람들은 여전히 도시와 제국의 신들을 향한 의무를 가지고 있었다. 이 이방인 그리스도인들은 곧 **일탈적인 이교도**였기 때문에 그러한 제의적 순응에의 강요를 당했던 것이다. 이 유례없는 박해의 밑바닥에는 그야말로 전통적인 경건, 곧 신들에 대한 두려움이 동기로 자리잡고 있었다.[59]

이교도가 유대인이 "되는 것"은, 신들에게 제사를 지내지 않게 된다는 측면에서 그리스도-추종자가 되는 것과 원칙적으로는 같은 결과를 가지고

---

59 예를 들어 특히 Goodman, "Persecution of Paul"을 보라. David Potter는 이렇게 평한다. "인간들이 바랄 수 있는 최상의 것은 그들이 신들의 기분을 좋게 유지할 수 있는 것이었다." David S. Potter, "Roman Religion: Ideas and Actions," in Potter and Mattingly, *Life, Death and Entertainment*, 113-67(특히 134). 제의는 신들의 자존심을 달래주는 데 효과가 있었다. 디아스포라에서 유대인 및 이교도들에게 그리스도를 전하는 초기의 유대인 사도들은, 신들을 향한 인간의 의무에 대한 깊고 지속적이며 상식적인 이해 방식과 충돌했다.

우리가 살펴보는 시기에서 한 세기 후, 이교도들뿐 아니라 이방인 그리스도인들도 신들의 진노가 제의를 소홀히 한 결과로 발생하였다는 점을 인식하고 있었으며, 이 때문에 그리스도인들은 자신들을 향한 박해를 일으킨 주범으로 (악한 다이모네스로서) 이 신들을 탓했다. Reed, "Fallen Angels." 디오클레티아누스 치하에 시작된 "대박해"(기원후 303-311년)의 근본 원인이 신들의 분노라고 이해했던 견해에 대해서는 Elizabeth DePalma Digeser, *A Threat to Public Piety: Christians, Platonists, and the Great Persecution* (Ithaca, NY: Cornell University Press, 2012)을 보라. "The Persecution of Christians"에 나오는 재구성도 참고하라.

있었고 또 분개를 초래할 수도 있었지만, 그럼에도 용인되었다. 왜냐하면 유대교 자체는 도시의 익숙한 풍경의 일부였기 때문이다. 또한 유대교는 존경 받는 제의의 두 가지 기준, 곧 고대성과 조상 전통이라는 측면을 지닌 것으로 널리 인정받았다. 이방인들을 유대인으로 만들려는 대규모의 유대 선교 활동은 존재하지 않았고, 이방인에서 유대인으로 넘어오기를 선택하는 숫자도 많지 않았다. 왜냐하면 (특히) "신-경외자들"이라는 범주의 넓은 안전지대가 있었기 때문이다. 유대인이 되는 것을 선택한 상대적으로 소수의 이교도 남자들, 곧 유대교와의 극도의 연결성을 추구한 이들은 대체로 자유롭게 그 선택을 할 수 있었다. 주류 문화는—비록 그러한 전환에 대한 분개의 정도는 다 달랐지만—그러한 전환에 대해서 오랫동안 용인해 왔다. [91쪽] 그리고 그 전환 과정의 일부로서 할례를 받아야 한다는 것도 잘 알려져 있었다.

나는 바로 이 사실이 바울이 갈라디아서에서 "할례를 전하는 것"은 박해를 수반하지 않는다고 말했던 것의 맥락을 제공해 준다고 생각한다. 즉, 바울이 의미했던 바는 할례를 전하는 자들은 **로마 당국자들이나 다른 이교도들로부터**, 곧 바울이 고린도후서 11장에 열거했던 어려움을 초래했던 주체들로부터 박해를 받지 않는다는 것이다.[60] 사도행전은 바울이 고린도후서에서 암시했던 종류의 적대적 반응에 대한 선명하고 개연성 있는 모습을 제공해 준다. 순회하는 사도들이 머문 회당으로부터 거부당할 때마다, 그들은 성난 이교도들에 의해서 마을에서 쫓겨나거나 혹 때로는 치안을 유지하려는 로마

60 바울의 말의 의미에 대한 또 다른 재구성으로는 Anders Runesson, "Inventing Christian Identity: Paul, Ignatius, and Theodosius I," in *Exploring Early Christian Identity*, ed. Bengt Holmberg (Tübingen: Mohr Siebeck, 2008), 특히 80-84을 보라. 이 재구성도 바울이 헌신하고 있던 일들에 민족적 특수성이 있다는 점을 진지하게 다룬다.

당국자들로부터 처벌을 당하기도 했다.[61] 주류 문화의 관점에서 볼 때, 에클레시아가 이교도들에게 "할례를 전하는 것"은 단순히 유대인 개종자들을 만드는 것과 다름없게 보였을 것이다. 그와 반대로, 할례를 전하지 않으면서 이교도들에게 전통적인 경배 행위를 그만두라고 요구하는 것은 일탈적인 이교도들을 생산하는 것이었다. 그리고 일탈적인 이교도들은 하늘과 땅 사이의 평화 협정entente cordiale에, 그리고 신들의 평화*pax deorum*가 가져다 주는 안정성과 안보에 균열을 일으킬 위험성을 안고 있다.[62]

그들의 일탈 행위는 단지 도시만이 아니라 그리스도를 추종하는 그 이

---

61 사도행전 13:50; 14:2, 4-6, 19; 16:20-24; 17:5-9; 18:12-17(고린도에서 갈리오 앞에서 일어난 일); 19:23-41(에베소의 소동)을 보라. 바울이 유대인들, 이방인들, 로마인들로부터 다양하게 당한 화를 묘사하는 본문들(고후 4:8-9; 6:4-5; 11:24-26) 및 마가복음 13:6, 11을 참고하라. 그리스도-안의-이방인들을 그들에게 고유한 민족적/도시적 제의들로부터 분리시켜 버리는 30년대와 40년대의 이 유례없고 균열을 초래하는 정책은 가장 초기의 사도들이 가졌던 묵시적 사고방식(그리고 그들의 시간 개념)이 어느 정도였는지 측정할 수 있는 잣대를 제공해 준다.

62 하늘이 도시들의(그리고 특별히, 제국의) 안녕을 주관한다는 생각은 콘스탄티누스 이후 시대에도 그대로 이어졌다. 비록 그 하늘의 소속이 바뀌었고, 팍스 데오룸*pax deorum*/신들의 평화가 팍스 데이*pax dei*/신의 평화에 그 자리를 내어 주었지만 말이다. 테오도시우스 2세는 이교도들, 사마리아인들, 유대인들에게 대항하여 법령을 제정하면서 이렇게 말한다(*NTh* 3; 기원후 438년). "왜 봄이 그 익숙한 매력을 잃어버렸는가? 왜 여름이 추수할 것이 없으며 노동하는 농부들을 잃어버렸는가? … 자연이 그 자신의 법칙을 어긴 것이 아니라면, 왜 이 모든 것들이 불경건을 벌하는가?" 그가 429년에 3차 에큐메니컬 공의회를 소집했던 것에, "교회의 상태가 하나님을 공경하며 제국의 안위에 기여하도록" 하는 목적이 있었음을 참고하라. [222쪽] *Acta consiliorum oecumenicorum* I.1, 1, 114. Wolf Liebeschuetz가 올바르게 논평하듯이, "[이 로마제국 후기의 종교적 법 제정의] 기본적인 개념은 기독교적이기보다는 로마적이었다. 콘스탄티누스는 그의 선임자들이 그러했듯이 팍스 데오룸을 유지하기 원했다. 그러나 그는 그것을 유지하기 위한 새로운 신과 새로운 [의례적] 절차를 고려했던 것이다." Wolf Liebeschuetz, *Continuity and Change in Roman Religion* (New York: Oxford University Press, 1979), 292. 일탈적인 종교 실천은 그것이 어떻게 정의되든 간에 신적 진노를 초래할 위험이 있었다.

교도 자신에게 있어서도 사회적 균열을 초래했다. 존경받을 만함, 고대성, 조상 대대로 이어진 전통과 같은 기준들에 비추어 볼 때—특히 초창기 1세기 중엽의—복음 운동이란 이교도들에게 있어서 그야말로 아무것도 아닌 것이었다nothing.[63] (물론 다른 유대인들에게 있어서 에클레시아는 그저 하나의 내부적인, 즉 분파적인 선택지였다.) 초기의 사도들은 이교도들에게 할례를 통한 유대교와의 완전한 (혹은 민족적인) 연결성을 요구하지 않으면서도 그들에게 고유했던 제의들을 완전히 그만두라고 요구하였다. 그럼으로써 이 사도들은 그리스도를 경외하는 이교도들을 사회적으로나 종교적으로나 일종의 무인지대로 몰아넣은 것이다. 이 점에 대해서는 사도들이나 이 이방인들 양쪽 모두 그렇게 많이 우려하지는 않았을 것이다. 무엇보다, 그리스도가 곧 돌아오셔서 그간의 세대들을 영광스럽게 정리하실 것이며, 우주와 그 안의 모든 것을 그분의 신성한 아버지께 복종시키실 것이다. 그러나 이 디아스포라 도시들에 살던 다수의 이교도들은 앞서 언급한 일탈 행위에 대해 우려했다. 신들의 진노가 공공의 복지를 산산조각 낼 수 있었다. 중요한 것은 조상 때로부터 내려오는 의무사항이지 특정한 믿음이 아니었다. 곧, 무엇을 생각하느냐가 아니라 무엇을 하느냐가 중요했다.

그러므로, 이 새로운 운동의 첫 몇십 년 동안, 노파심에 빠져있던 당국자들에게 디아스포라 유대인 사도들이 타겟이 되었던 것은—바울이 세 차례

---

63 "그들이 유대인도 이교도도 아니기 때문에 그들은 고립되었고, 인식 가능한 사회적 정체성이 결여되어 있었다." Sanders, "Paul's Jewishness," 67(또한 각주 26을 보라). 같은 이유로, 이들을 가리키는 유대적 용어도 없다. 그들은 희망사항이 아닌 실제의 사회적 범주 중 아무 데에도 들어맞지 않았다. 바울은 그들은 하기오이*hagioi*("거룩해진" 혹은 "구별된" 이들)라고 부르거나 혹은 에트네*ethnē*("이교도"와 "이방인" 양쪽 모두로 번역된다)라고 불렀다(이것이 그들을 있는 그대로 표현해준다). Paula Fredriksen, "Judaizing the Nations: The Ritual Demands of Paul's Gospel," *NTS* 56 (2010): 242-44, 247-50; 참고: Johnson Hodge, *If Sons, Then Heirs*, 43-66, 202, 각주 1을 보라.

태장을 당한 것은 로마식의 처벌이었다(고후 11:25)—그 사도들이 이교도들로 하여금 조상의 관습을 그만두도록 이끌어서 이교도들의 염려를 증폭시켰기 때문이다. [92쪽] 이것은 이전에 유대 회당들이 신-경외자들에게 결코 요구하지 않았던 부분이다. 이와 동일한 이유에서—즉, 초기 운동이 놀라우리만치 성공적으로, 이교도들을 이스라엘의 신에 대한 배타적 경배로 이끌었던 것—디아스포라의 지역 회당들은 순회하는 유대인 사도들에게 치리의 매질을 가했던 것이다. 당시 상황을 불안정하게 만들고 분노를 야기하는 메시지가 회당에서 흘러나온다는 이야기가 퍼지게 되면, 각 도시의 지역 주민들의 불안감과 분노가 유대 공동체로 향할 수도 있는 것이었다. 신들과 사이가 멀어지는 것은 도시를 위기로 몰아넣는 일이다.[64] 그리고 다수의 이교도들과 사이가 멀어지는 것은 디아스포라의 회당을 위기로 몰아넣는 일이다. 특히 그 위기를 초래했던 행동—즉, 이스라엘의 신에게 배타적으로 헌신하는 것—이 유대인들과 너무나 보편적으로 또 독특하게 연결될 수 있는 행동이었기 때문이다.[65]

---

64 로마 역사학자들은 기독교 역사학자들에 비해서 이 사실을 좀 더 쉽게 알아채는 것 같다. 예를 들어 다음을 보라. Timothy D. Barnes, "Legislation against the Christians," *JRS* 58 (1968): 32-50; Fergus Millar, "The Imperial Cult and the Persecutions," in *Le culte des souverains dans l'empire romain*, ed. Elias J. Bickerman and Willem de Boer (Vandœuvres-Genève: Fondations Hardt, 1973), 145-65; Lane Fox, *Pagans and Christians*, 419-34.

65 "만약 바울의 개종자들이 … [회당과 분리된] 공동체들에 합류했던 것이라면, 유대 당국자들은 그들을 마주칠 필요조차도 없었을 것이다. 바울의 동료 유대인들에게 있어서 문제는 다음의 두 가지였다. 이방인들이 기독교로 개종한 것에 대해서 개종하지 않은 이방인들[나는 그들을 "이교도"라고 부르겠다], 특히 (시민적) 로마 당국자들이 보일 것으로 예상되는 적대적인 반응, 그리고 바울이 자신을 유대인으로 묘사했기 때문에 **그의 행동에 대한 책임이 유대인들에게 돌아갈 가능성**이 바로 그것이다. 이교도 다신주의자들의 관점에서 볼 때, [전통적인 신들을 향한] 이러한 태도는 이해할 수 없고, 모욕적이며, 전통적인 신들을 소외시킬 수 있기 때문에 위험했으며 불충한 일이었다." Goodman, "Persecution of Paul," 384-85(강조 표시는 내가 한 것이다).

"디아스포라 유대 공동체들의 안위는 무엇보다도 다수를 이루는 이방인들이 시민으로서 영위하는 삶—특히 종교적인 측면에서의 삶—에 유대인들이 훼방을 놓지 말아야 한다는 것에 달려 있었다."[66] 그리고 바울이 당한 고난의 목록이 암시하듯이, 일단 그러한 훼방이 발생했다고 인식되면, 지역의 시민들뿐만 아니라 로마의 사법 권력 역시 관심을 가지고 개입했다(고후 11:25-26). 조금 다른 측면이기는 하지만 그럼에도 분명 관련이 있는, 로마와 지역 이교도들의 반-유대적 적개심의 결과에 대해서도 잠시 생각해 보자. 즉, 제1차 봉기의 결과로 이교도와 유대인이 섞여 있는 도시에 발생한 사상자의 숫자에 대해서 생각해 보자는 말이다. 가이사랴에서는 2만 명의 유대인들이 죽임을 당했다. 프톨레마이스에서는 2천 명이 죽임을 당했는데, 이것은 공동체 전체 숫자였다. 바울의 본고장이라 할 수 있는 다메섹에서는 약 1만명에서 1만 8천 명 정도의 유대인들이 죽임을 당했다. 38-41년에 알렉산드리아에서 일어난 격변과 40년, 66년, 70년에 안디옥에서 일어난 격변 역시 지역에 거주하는 유대 공동체들이 다른 주민들의 맹렬한 적개심에 취약하게 노출될 수 있었다는 점을 증언한다. 특히 로마 당국자들과도 사이가 멀어졌을 때에는 더욱 그러했다.[67] 로마 및 이교도 이웃들과의 사이가 멀어지는 것은 하늘을 멀리하는 것과 마찬가지로, 유대인들에게 상당히 가혹한 결과를 가져왔다.

66 Goodman, "Persecution of Paul," 385.

67 이 숫자들은 요세푸스의 글에 나오는 것이며, 따라서 일반적인 주의사항이 그대로 적용된다. 가이사랴에서의 학살에 대해서는 *BJ* 2.457; 7.361-362; 프톨레마이스에서 일어난 것은 2.477; 다메섹은 2.559-61; 참고: 7.367("시리아에 있는 도시 중 유대인 거주자들을 죽이지 않은 곳은 하나도 없다") 및 7.368을 보라. 이 텍스트들은 가자Gaza, 안테돈Anthedon, 아스글론Ascalon, 히푸스Hippus, 가라다Garada, 스키토폴리스Scythopolis에서 다른 폭력 사건 발발로 인한 사상자 숫자를 제시한다. *HJP* 2:85-183. 더 이른 시기에 알렉산드리아에서 일어났던 반-유대 폭동에 대해서는 Philo, *In Flaccum*과 *Legatio ad Gaium*; Josephus, *AJ* 18.257을 보라.

인간들뿐만 아니라 신들까지 포함해서, 바울의 세계에 존재했던 모든 사회적 주체들을 우리가 염두에 두지 않는 한, 우리는 "박해"(바울이 했던 박해와 바울이 당했던 박해 모두)에 대한 바울의 보도를 오해할 수밖에 없다. 신적인 주체들은 바울의 선교에 선명하게 등장한다. 그 신적인 주체들은 바울이 살아가는 매일매일의 삶 안에서 능동적인 (때로는 공격적인) 실재였고, 그 신들과 관련된 사람들 가운데에서 펼쳐지는 그의 사역을 늘 끈질기게 따라다녔다. 복음 전파로 인하여 자신들의 가족과 도시가 혼란스러워진(또한 그들이 보기에 위험에 처하게 된) 이교도들—로마인이든 그리스인이든—에게 있어서, 이 신적인 주체들은 실제적인 고려 사항인 동시에 점점 커지는 염려거리이기도 했다. 또한 신적인 주체들은 최후의 묵시적 전투의 때에 있어 핵심 인물들이기도 했다. [93쪽] 그때 그들은 개선장군처럼 귀환하시는 그리스도에 의해 궁극적으로 패배할 것이며 또한 이스라엘의 신에게 복종하게 될 것이다(고전 15:24-26; 롬 8:18-30; 빌 2:10).

그러나 이 선포와 파루시아 사이의 시간이 점차 길어질수록, 이 운동에 속한 사람들 사이의 사회적 문제들 역시 커져갔다. 계속해서 시간이 흘러가는 동안, 그리스도를 믿는 유대인들과 이방인들이 섞여 있는 공동체의 구성원들은 서로 어떻게 관계를 맺어야 했는가? 탈-이교적 이교도들이 이 메시아적 에클레시아이 속에 더 큰 사회적 안정성과 더불어 통합되는 것은 어떠한 방법을 통해서 이루어져야 하며, 또한 어떻게 이루어질 수 있는가? 특히 점점 더 증가하는 이방인들의 비중을 고려할 때, 이스라엘에 대한 선교는 어떤 방식으로 전개될 수 있는 것인가?

1세기 중엽, 이러한 질문들은 바울과 같은 이들에게 크게 다가왔다. 바울은 답을 찾기 위해서 "기둥 같은 이들," 곧 바울 이전에 사도가 된 이들에게로 향했다. 바울은 디아스포라에서 순회를 마치면서 설립자격인 그 에클레시아the founding *ekklēsia*의 조언을 구하고자 마음먹었다. 바울은 그의 선교지를 떠나 "그 집," 곧 하나님의 집이 있는 도시로 여행을 떠났다. 다시 말해, 예루살렘으로 올라간 것이다.

제4장
바울과 율법

4장 바울과 율법

복음과 이방인 할례

[94쪽] 디아스포라에 있는 이스라엘을 향한 복음 선교는 맨 처음 단계부터 이미 우호적 이교도들에게 할례를 요구하지 않은 채로 그들을 흡수했었다. 그 이방인들이 이 운동에 처음 가담했을 때는 부수적인 존재로 간주되었을 공산이 크다. 초창기 선교의 목표는 무엇보다도 이스라엘에게 복된 소식을 전달하는 것이었다. 그런데 이 운동의 묵시적 메시지에 대해 이교도들은 긍정적으로 반응했고 이는 초기 사도들의 허를 찔렀을 가능성이 크다. 예상 밖의 상황에 대해서 아무런 계획도 준비되어 있지 않았던 것이다.[1] 하지만

1 사도행전 10장은 신-경외자인 고넬료에게 세례를 베푸는 것을 베드로가 불편하게 여기는 모습을 보여주는, 의도적으로 구성된 내러티브를 제공한다. 필연적으로, 누가의 고대 청중은 로마 장교인 고넬료를 적극적으로 이교도로 남아있는 인물로 이해했을 것이다. [223쪽] 한편, 사도행전 11:20-22에 담긴 갑작스러운 장면 전환에서는 "섞인

이 이방인들을 이방인으로서 에클레시아에 받아들이는 것은 지역의 관습, 곧 유대화하는 이교도들을 유대 공동체 안에 받아들이는 디아스포라 회당의 일상적 관습과 일치하는 것이었다(약간의 필요한 변화를 가한다면*mutatis mutandis* 말이다). 또한 그것은 디아스포라 공동체에는 일반적으로 조직화된 선교가 부재했다는 사실과도 일치하였다. 마지막으로 이방인들을 이방인으로서 받아들이는 것은 이 새로운 운동이 가지고 있는 (성서적으로 빚어진) 묵시적 신념과 일치하는 것이었다. 거짓된 신들로부터 자유롭게 된 이교도들은 "종말론적 이방인들," 즉 탈-이교적 이교도로서 하나님의 왕국에 들어가게 된다. 그들의 포함됨은 이제 그리스도의 귀환 그리고 임박한 이스라엘의 속량과 연결되어 있다.

그렇다면 바울이 갈라디아서 2장에서 묘사한 상황을 설명하는 데 있어서 일상적인 실천이나 예언적인 전통 모두는 도움을 주지 못한다. 바울이 예루살렘에 처음 방문하고 나서 14년이 지난 후, 즉 바울이 처음 부름을 받고 그리스도 운동에 가담하게 된 지 17년이 지난 후, 바울은 한 "계시"에 의해 예루살렘에 돌아가게 되었다(갈 1:11-18; 2:1-2; 따라서 아마 기원후 49년경일까?). [95쪽] 바울은 "유력한 자들"—아마도 베드로/"게바," 야고보, 그리고 요한[참고 2:9]을 의미할 것이다—앞에 자신이 열방에게 전하는 복음을 제시하고자 했다. "그리하여 내가 달음질하는 것이나 달음질한 것이 헛되지 않게 하려

그룹에게의 복음 전파"라는 안디옥에서의 상황을 조사하기 위해 바나바가 예루살렘으로부터 파송되는 것을 묘사한다. 고넬료 사건과 대조적으로, 사도행전의 더 앞부분을 보면, 빌립은 에디오피아 내시에게 세례를 베푸는 것에 아무런 문제를 느끼지 못했다는 점이 나타난다. 비록 누가가 그를 "개종자"로 언급하지 않지만, 어쩌면 이 에디오피아 내시는 유대인 개종자로 이해되어야 할 것이다. (내가 보기에는, 에디오피아 내시는 신-경외자로 "읽힌다." 행 8:26-39.) 어찌 되었든 세계 선교를 시작하라고 제자들에게 명령하는 사도행전 1:8의 예수의 지침에도 불구하고, 이교도들을 향한 원칙을 동반한 활동outreach은 11:20에 이를 때까지 등장하지 않는다.

함이라"(2:2). 갈라디아서에서 이 시점에 이르기까지(2:3) 바울은 그가 앞서 무엇을 말했는지, 혹은 왜 지금 그것을 문제 삼는지에 대해서 자세히 밝히지 않았다. 그 대신 흥미롭게도 바울은 예루살렘 리더들이 자신의 동료인 디도가 "그리스인이었음에도 불구하고"(2:3, 즉, 디도는 이방인이었다) 그에게 할례를 요구하지 않았다는 점을 보도한다. 그러나 이 이슈가 애초에 무슨 까닭에 등장했던 것인가?

갈라디아서에서 이 시점에 이르기까지 바울이 전한 이야기로부터 디도에 관해 우리가 알 수 있는 것은, 그가 안디옥에서 바울과 바나바와 더불어 왔다는 것, 그가 유대인이 아니라는 것, 그리고 아마도 그 역시 사도로서의 역할을 수행했으리라는 점이 전부이다(갈 2:1-3; 디도에 대해 바울이 다른 곳에서 언급한 것으로부터, 그가 예루살렘으로 보내는 연보를 조직하는 일 가운데 중요한 역할을 했다는 것을 또한 알 수 있다.)[2] 바울이 그 앞에서 증언해야 했던 "유력한 기둥들"은 모두 갈릴리 출신 유대인들이었다. 따라서 그들은 아마 민족적으로 섞여 있는 디아스포라 회당의 인원 구성에 대해서 익숙하지 않았을 것이다. 그들은 모두 다른 유대인들에 대한 선교에 특별히 전념하고 있었다(2:7-9). 그렇다면 (어쩌면) 이방인이 이 운동 내에서 중요한 리더십의 역할을 맡고 있는 것이 그들에게는 불편한 일이었을 것이다. 어쩌면 이것은 이 운동이 이스라엘에게 설득력 있게 호소하는 데에 있어서 잠재적 걸림돌이 될 수도 있겠다는 생각으로 그들을 강타했을 수도 있다. 어쩌면 이런 이유 때문에 그들은 디도가 유대인이 "되기를" 제안했을 수도 있다. 그들의 동기가 무엇이든 간에—갈라디아서는 이 질문에 대해서 완전히 침묵한다—바울은 그러한 생각이 완전히 기각되었다는 점을 별다른 설명 없이 고수한다(2:3).

2 이교도 에클레시아이로부터 예루살렘 공동체를 위한 연보를 모으는 일에 디도가 수행한 역할에 대해서는 고린도후서 2:13; 7:6, 13, 14; 8:6, 16, 23; 12:18을 보라.

바로 이 지점이 지난 후, 그리스도를 따르는 다른 유대인들(바울은 그들을 "거짓 형제들"이라고 부른다, 갈 2:4)이 개입하기 시작했다. 그들의 입장에 대한 바울의 격렬한 논평은 아마도 그들이 할례를 주장했음을 암시한다. 특별히 디도에게 그러한 것인지, 아니면 보다 일반적으로, 다시 말해 이방인들이 에클레시아에 참여할 수 있는 기준으로서 할례를 주장한 것인지는 불분명하다. 다만 바울은 그들이 "우리를 종으로 삼으려" 시도했다고만 말할 뿐이다(갈 2:4). ("히브리인 부모에게 태어난 히브리인"인 바울 자신은 이미 오래전에, 태어난 지 팔 일 만에 할례를 받았다[빌 3:5]. 바울이 여기 갈 2:4에서 1인칭 복수를 사용하는 것은 그의 이방인 청중과 수사적으로 동일시되려는 전략을 나타낸다.) 왜 이 운동 속 다른 구성원들은 그와 같은 제안을 들고 나왔던 것인지, 그리고 그들의 제안이 정확히 무엇이었는지에 대해서 바울은 침묵할 따름이다.

어찌 되었든 이 "기둥들"은 그들의 제안을 다시 한번 거부한다(갈 2:6-10). 대신 바울에 따르면 그들은, 바울이 "무할례자에게(즉, 이방인에게) 복음 전함을 맡은 것"이 "베드로가 할례자에게(즉, 유대인에게) 복음 전함을 맡은 것"과 같다는 점을 인정했다(7-8절). [96쪽] 바울, 바나바, 그리고 기둥들은 모두 이 역할 분담에 동의했다. 바울과 바나바는 열방에게로(타 에트네*ta ethnē*), 그들은 할례자들에게로(9절) 향하게 되었으며, 디아스포라 이방인 선교가 예루살렘에 있는 예수 공동체 물질적 후원에 기여해야 한다는 요청이 따라붙었다("이것은 나도 본래부터 힘써 행하여 왔노라," 2:10). 디도가 개종자 할례를 받아야 할지에 대한 문제는 완전히 해결된 것처럼 보인다.

그런 후에 바울의 이 편지는 베드로가 안디옥에 머무를 때 일어났던 일로 넘어간다. 처음에 베드로는 안디옥 에클레시아에서 민족적으로 뒤섞인 무리와 함께 먹었지만,[3] 이후에 베드로는 그 식사 모임에서 발을 뺐다. 바울

3 어떤 종류의 식사가 여기서 고려 사항이었는가? 단순히 공동체의 식사 친교였을까, 아니면 특별히 성만찬이었을까? 갈라디아서에 대한 어느 주석서이든 이런 선택지들

이 투스 에크 페리토메스*tous ek peritomēs*로 지칭하는 "어떤 이들"(2:11-12)이 야고보로부터 와서 안디옥에 도착하자 그와 같이 태도를 바꾼 것이다. RSV성경은 이 구절을 "할례당the circumcision party"이라고 번역하여, 개종자 할례가 이들이 취한 일종의 "이방인 정책"이었음을 암시한다. 그러나 본문 자체는 단순히 "할례의[혹은, 할례로부터 온from] 사람들"이라고 표현할 뿐이며, 이들이 "유대인들"임을 나타낼 뿐이다. 그 구절이 바로 앞에서 두 번이나 쓰였으며, 바로 뒤에서도 "나머지 유대인들"(호이 로이포이 유다이오이*hoi loipoi Ioudaioi*, 2:13)에 대해서 말하고 있는 것처럼 말이다. 어찌 되었든, 여기서 당면한 쟁점은 공동체 식사와 관련되어 있지("야고보에게서 온 어떤 이들이 이르기 전에 게바가 이방인과 함께 먹[었다]"[갈 2:12]), 할례 자체와는 관련이 없다.[4]

이 지점에서 바울은 베드로의 위선에 대해 자신이 책망했다고 말한다. 야고보에게서 온 이들이 도착하기 전까지 베드로는 "이교도처럼"(에트니코스 *ethnikōs*) 살고 "유대인처럼"(유다이코스*Ioudaïkōs*) 살지 않았다. 그러나 야고보에게서 온 이들이 도착한 이후로 베드로는 이교도 출신 그리스도-추종자들이 "유대화"하도록(유다이제인*Ioudaïzein*, 2:14) "강요"하려 했다.

무엇이 문제였는가? 이방인들, 즉 무할례자들과 먹는 것이 문제였는가? 비록 이 일화가 자주 그런 방식으로 이해되긴 하지만, 두 가지 이유 때문에 "무할례"가 문제였을 가능성은 없어 보인다. 첫째로 예수 운동은 이 일이 있기 오래전에 이미 이방인들을 포용했다. 이방인들이 그들의 전통적인 신들

을 따져볼 것이다. 또한 Magnus Zetterholm, *The Formation of Christianity in Antioch: A Social-Scientific Approach to the Separation between Judaism and Christianity* (London: Routledge, 2003), 129-77을 보라.

4 야고보에게서 온 남자들이 "할례를 주장하는 파당"이 아니라 단순히 (그리스도를 추종하는) "유대인들"이었다고 보는 비슷한 해석으로는, Francis Watson, *Paul, Judaism, and the Gentiles: Beyond the New Perspective,* rev. ed. (Minneapolis, MN: Eerdmans, 2007), 106과 각주 16을 보라.

에게 바치는 제의를 단념했다는 조건하에서 말이다. 둘째로 야고보, 베드로, 요한은 이미 예루살렘에서 이방인 선교의 원칙에 동의했다(2:7-10). 이 예루살렘 사도들이 이방인의 어떤 (추정상의) "부정결"에 관해 문제 삼고 있었다고 추측하는 학자들은 다음의 사실을 더욱 고려해야 한다. **만약 그러한 부정결의 근원이 우상 숭배라면, 그리스도를 따르는 이방인들은 이미 그들의 신들을 포기했기 때문에 더 이상 오염원의 "전달자"가 아니다.** 다음 장에서 "이방인 부정결"의 질문으로 다시 돌아와 길게 논의할 것이지만, [97쪽] 독자들은 **적극적으로** 이교도 생활을 했던 이방인들조차도 예루살렘의 성전 구역들과 디아스포라의 다양한 회당 공동체들에서 환영받았다는 점을 기억해야 한다. 이방인들과 가까이 있는 것 자체는—특히 이 이방인들이 그들의 고유한 신들과 절연했다면—거의 문제가 될 수 없었다.[5]

그럼에도 많은 학자들은 야고보의 사람들이 할례를 강요했다는 것을 쟁점으로 여긴다. 이 학자들의 주장에 따르면, 안디옥에서 그리스도를 따르는 이방인들이 할례를 받지 않았기 때문에, 야고보의 사람들은 그들과 식사를 할 수 없었다. 베드로, (그리고 결국) 바나바, 다른 (아마도 안디옥 토박이인) 유대인들 역시 마찬가지였다. 이러한 상황은 예루살렘에서 맺은 협약(2:7-10)을 야고보가 근본적으로 위반했다는 것을 의미할 것이다. 하지만 바울은 어디에서도 그러한 이야기를 암시조차 하지 않는다. 더 나아가, 바울은 그의 선교 내내 예루살렘을 위한 "연보 활동"을 후원했는데(2:10; 참고: 고전 16:1-4; 고후 8-9장; 롬 15:25-29), 이것은 바울과 야고보가 계속해서 긍정적인 협력 관계를 유지했다는 것을 암시한다. 마지막으로, 바울이 야고보와 이방인 할례라는 쟁점을 놓고 논쟁을 벌였다면, 우리는 갈라디아서이든 다른 곳에서든 그 논쟁에 대한 증거를 발견할 수 있어야 한다. 하지만 바울은 그러한 증거를 전혀 언급하지

5 이방인의 부정결이라는 개념에 대한 논의는 본서 136-137쪽을 보라.

않는다. 간단히 말해, 야고보나 야고보에게서 온 이들이 할례를 주장했다면, 그것은 예루살렘과 바울 사이의 완전한 결별로 이어졌을 것이다. 그러나 그러한 관계 단절에 대한 증거는 발견되지 않는다. 특히—아주 의미심장하게도—갈라디아서 안에서조차 그 증거는 발견되지 않는다.

그렇다면 안디옥에서의 상황—야고보의 사람들에게서 부정적인 반응을 일으키고 또 그 때문에 베드로와 "나머지 유대인들"이 "발을 빼도록" 만들었던 상황—은 도대체 무엇이었을까? 누가 함께 먹었는지(유대인 그리스도-추종자와 이방인 그리스도-추종자가 뒤섞임)가 문제가 아니라면, 우리에게는 두 가지의 다른 가능성이 있다. 하나는 그들이 무엇을 먹었는가의 질문이며, 또 하나는 어디에서 그것을 먹었는가의 질문이다. 혹 어쩌면 이 두 가지 요인이 맞물려 있었을 수도 있다. 아마도 문제가 될 만한 식사 장소는 이방인 구성원의 집이었을 것이다. 예루살렘 사도들이 그리스도를 따르는 이방인들의 가정에서 물러난 것은, 이방 신들의 형상이 그려져 있는 장소에서 만나는 것을 그들이 불편하게 여겼음을 나타낸다. 만약 그 식사를 주최한 (여성) 이방인이 "믿지 않는 자와 결혼"한 여자였다면(고전 7:12-13), 위 가능성은 특별히 더 높다.[6] 만약 무엇을 먹었는지가 쟁점이었다면, 음식, 혹은 더 가능성이 높기로는 포도주에서 그 문제가 발생했을 것이다. (고기는 매우 비쌌고, 도시의 주요 축제와 부유한 자들의 연회 자리를 제외하고는 제공되는 일이 드물었다. 그와 대조적으로, 포도주는 어디에서나 찾아볼 수 있었다.)[7] 야고보의 사람들은 에클레시아가 이방인의 가정에서 모이는 것을 불

6 Johnson Hodge는 신들로 가득한 그리스-로마 가정이라는 생생한 "그림"을 제공한다 (Johnson Hodge, "Married to an Unbeliever," 5-9). 더 나아가, 그녀가 추정하는 바에 따르면, 바울은 집주인이 비신자인 가정에 있는 노예들이나 아내들이 "노예 주인[이나 남편]의 신들을 계속해서 경배할 것을" 예상하고 있다. "그들에게 무슨 선택권이 있었겠는가?" 17, 각주 63을 보라. 참고: 베드로전서 3:1과 3:6에 대해서는 24, 각주 88을 보라.

7 방문 중인 이 예루살렘인들에게 있어서 포도주의 "이방인적 특성"이 쟁점이었을까?

편하게 여겼다. [98쪽] 그리고 이러한 야고보의 사람들의 입장을 베드로가 지지한 까닭에, 바울은 베드로가 "유대화"한다고 책망했다.

다른 말로 하면, 바울이 의도적으로 그 사건을 수사적 틀로 표현하였음에도 불구하고, 갈라디아서 2장에 보도된 안디옥에서의 "유대화"는 이방인 구성원들에게 할례를 촉구하는 것과는 아무런 상관이 없었다. 그리고 아마도 모든 문제는 이교도들의 가정을 피함으로써(혹은 피하는 것이나) 이교도들의 포도주를 피하는 것과 관련이 있었을 것이다. 우상에게 바쳐진 음식에 대해 바울이 (곤경 속에서도) 침착한 태도로 대처했던 것을 상기해 볼 때, 우리는 그것이 바로 "야고보에게서 온 사람들"에게 문젯거리였음을 추측할 수 있다. 본래 베드로는 가정에서의(비록 이방인의 가정일지라도) 사적인 상황에서 먹고 마시는 것과 관련된 디아스포라 유대인의 관습을 따랐다. 그것이 공동체의 다른 구성원들을 실족하게 만들지 않는 선에서 말이다(참고: 고전 8, 10장; 그리고 롬 14장). 그러나 야고보의 사람들이 와서는 실족하였다. 그들은 그러한 식사에 참여하기를 거부했고, 결국 베드로 자신도 물러났다. 어째서였을까?

다시금, 베드로가 유대인을 향한 선교에 집중했던 것과 예루살렘 사도들의 디아스포라 환경에서 느낀 불편함을 결합해서 생각해 보면, 그들의 행동이 충분히 분명하게 설명된다. 야고보의 사람들이 보기에, 신들의 형상이 포함되어 있는 이교도의 집에서 음식과 포도주를 섭취하는 것은 이방인의 참여와

흥미로운 소논문인 Sacha Stern, "Compulsive Libationers: Non-Jews and Wine in Early Rabbinic Sources," *JJS* 64 (2013): 19-44을 보라. 참고: *Paul and the Gift*, 365-87에 나오는 Barclay의 최근의 논증을 보라. Barclay는 "그리스도 사건" 이후 토라 전반[내가 상상하기로는, 특히 음식법과 관련해서]의 가치가 전복되었음을, 바울과는 달리 베드로가 인지하지 못했다는 점이 안디옥에서의 근본적인 문제였다고 본다(참고: 토라는 "폐지된 통화"와 같다[383]; "토라의 권위는 허물어졌다"[385], 강조 표시는 Barclay의 것이다). Barclay의 이 입장이 로마서 3:31에 나오는 바울의 진술("우리가 이 믿음으로 율법을 전복하느냐? 반대로, 우리는 율법을 굳게 세운다!")을 무의미하게 만들지 않을 재간이 있을지 나는 잘 모르겠다.

관련하여 보다 많이, 준비된 것 이상으로 양보하는 것을 의미했다. 또한—그리고 당연하게도—그들은 그러한 행동이 유대인을 향한 선교를 훼손할 수 있다고 느꼈다. (주어진 증거에 따르면, 그들의 상황 판단은 부정확했다. 바울 및 초창기의 베드로가 보여주듯이, 많은 유대인들은 그러한 상황에 개의치 않았다.) 야고보의 사람들은 베드로가 할례자들을 향한 사도로서 가지고 있었던 책임을 들먹이면서, 베드로 역시 이 식사 관행을 그만두도록 설득했다.[8]

바울의 분노는 야고보의 사람들과 베드로가 식사에 참여하지 않았다는 것 때문에 일어난 게 아니었다. 사실 그들이 취한 행동은 고린도와 로마의 신자들에게 바울 본인이 했던 조언이었다. 바울의 분노가 솟구친 까닭은 베드로가 물러나서 거기에서 자신을 분리시켰기 때문이었다(갈 2:12). 쟁점이 된 사안은 그들이 사회적으로 어울렸다는 것이 아니었다. 그리스도를 따르는 이방인들은 그리스도를 따르는 유대인들과 함께 먹을 수 있었다. 문제는 바로 그 식사가 이루어진 장소, 더 나아가 섭취되는 음식의 상태였다. 바울의 관점에서 볼 때 보다 더 심각한 것은, 예루살렘에서 온 방문자들과 베드로의 권위가 결합되고, 안디옥 에클레시아에 있던 지역 유대인 구성원들(심지어 바나바까지)도 거기에 동참함으로써, 바울 자신이 가지고 있던 권위의 기반이 손상되었다는 점이었다. 이제부터는 민족적으로 뒤섞여 있는 공동체의 구성원들이 함께 식사할 때 오직 유대 가정에서만 모일 수 있게 되었다. [99쪽] 모든 공동체 식사를 원칙적으로 유대인의 가정으로 옮긴 것은 베드로가 이전에 "이교도처럼" 살았다는 점을 언급하며 격노하여 베드로를 책망했을 때 바울이 의미했던 바가 무엇인지를 설명해준다. 이전까지 베드로는 이방인의 가정에서 열리는 식사에 참여했다. 베드로가 안디옥의 이방인 구성원들

8 Munck, *Paul and the Salvation of Mankind*, 107과 Sanders, *PLJP*, 19에 나오는 비슷한 추측을 보라.

을 "유대화"하도록 강요한 것과 관련해서, 바울의 단어 선택은 그의 수사적 과장의 정도를 보여준다. 최악의 경우, 베드로는 "물러남"으로써 이방인들을 "강요"했다는 점에서 수동-공격적이었다.

바울의 장황한 비난이 갈라디아서 2:13-21에서 계속되면서, 바울의 수사는 열기를 뿜어내고, 이로 인해 어떤 지점에서 바울의 연설의 틀이 과거(그가 베드로를 책망했던 과거)로부터 현재(편지를 쓰게 된 동기를 제공한 현재의 위기에 대해서 갈라디아 이방인들에게 다시 말하기 시작한 현재)로 옮겨가는지가 불투명하게 된다. "다른 복음을 전하는" 다른 사도들이 바울 공동체들 안으로 침투했다(갈 1:6-9). 이들의 메시지는 어떤 면에서 바울의 것과 다른가? 바울은 그 차이에 대해서 오직 편지의 끝에 가서야 분명하게 설명한다. 무엇보다 분명한 점은, 그의 경쟁자들은 개종자 할례를 옹호했다는 것이다(5:2-3; 참고: 6:12).

그러나 이 두 가지 복음들 사이의 구별을 실제로 언급하기 전에, 바울은 먼저 그의 회중을 질책했다("어리석도다 갈라디아 사람들아 … 누가 너희를 꾀더냐," 3:1). 맥박처럼 뛰는 이항대립의 구조가 바울의 독설을 빚는다. 율법/신실함(2:15-17), 영/육신(3:3), 복/저주(3:10-14), 율법/약속(3:21-22), 노예들/아들들 (따라서) 상속자들(4:3-7), 노예/자유(4:21-31; 5:1)가 그 이항대립들이다.[9] 신실함, 영, 복, 언약, 아들들, 상속, 자유와 같은 긍정적인 용어들이 바울의 복음을 묘사한다. 알레고리적으로, 이 복음은 유대 경전에 아브라함의 아내(사라)에 의해 표현된다. 사라는 이삭의 어머니인데, 그 이삭의 신분은 하나님 자녀의 약속을 상속받는 아들의 신분이며(4:26-28), 이는 바울의 복음에 충실하게 머무는 갈라디아인들에게도 해당된다. 노예, 육체, 행위들, 저주, 그리고 할례라는 부정적인 용어들은 바울의 경쟁자들의 복음을 가리키는 암호이다(알레고리적으로

9 Watson은 바울의 수사를 빚어내는 이 이항으로 이루어진 용어들의 목록을 훌륭하게 제시한다. Watson, *Paul, Judaism and the Gentiles*, 97-98.

하갈을 통해 표현된다. 4:22-25). 바울이 단언하기를, 그들의 메시지는 심지어 그리스도 안에 있는 구원까지도 약화시킨다("보라 나 바울은 너희에게 말하노니 너희가 만일 할례를 받으면 그리스도께서 너희에게 아무 유익이 없으리라," 5:2). 그들이 정확히 누구이든—그들은 이방인 개종자들 자신인가? 디아스포라나 예루살렘에서 온 유대인 그리스도-추종자들인가?[10]—이 다른 사도들은(갈 2:4에서 비난받은 "거짓 형제들"이나 빌 3:2에서 욕먹은 "개들과 몸을 상해하는 자들"의 입장과 비슷하게) 메시아 운동에 투신한 이방인들은 유대인이 "되어야" 한다고 생각하고 있다. [100쪽] 다른 말로 하면, 바울은 갈라디아서에서 그의 알레고리적인 논쟁을 사용하여 유대교 자체를 겨냥(2세기 이래로 지금까지도 이렇게 해석되고 있다)한 게 아니라, 다른 형태의 그리스도-선교를 겨냥하여 공격한 것이다.[11]

19세기 F. C. 바우어Baur는 할례를 주창하는 다양한 시도들이 모두 다 예루살렘에서 조직된 반-바울파 운동에 속한다고 주장했다. 이 해석적 입장은 소위 튀빙겐 학파(의 것으)로 불리는데 오늘날에는 따르는 사람이 거의 없다.[12]

---

10 Munck는 이 경쟁자들을 유대화하는 이방 그리스도인들로 간주한다. Munck, *Paul and the Salvation of Mankind*, 87-134. 또한 Lloyd Gaston, *Paul and the Torah* (Vancouver: University of British Columbia Press, 1987)와 Gager, *Origins of Anti-Semitism*을 보라. 대조적으로, Hans Dieter Betz는 *Galatians: A Commentary on Paul's Letter to the Churches in Galatia* (Philadelphia: Fortress, 1979)에서 그 경쟁자들을 유대인들로 간주한다. [224쪽] 나의 논의는 그들이 바울처럼 이교도들에게로 향하는 다른 유대인 그리스도-추종자 사도들이라는 점을 전제한다.

11 마르키온은 갈라디아서가 "유대교에 맞서는" 바울의 "으뜸가는 편지"라고 생각했으며, 테르툴리아누스는 마르키온을 반박하는 다섯 권의 책이라는 맥락에도 불구하고 그 점에서 마르키온에게 동의했다(아마 이를 악물고 그랬을 것이다)(Tertullian, *Adversus Marcionem* 5.2). 이 논증이 재탕되어 나오는 최근의 책으로는 내가 알기로 N. T. Wright, *Paul and the Faithfulness of God*(바울은 율법이 저주이며 언제나 저주였다는 점을 깨닫는다[1,032-37])과 Barclay, *Paul and the Gift*(바울은 그리스도 안에서 율법이 무효화되었다는 점과 율법에 따라 사는 삶은 세상의 스토이케이아에 대한 종속과 동일한 범주에 있다는 점을 깨닫는다[409])가 있다.

12 튀빙겐 학파에 대한 Munck의 분석을 보라. Munck, *Paul and the Salvation of Mankind*,

사실, 우리는 조직되지 않고 이질적이었을 이 다른 (다양한) 사도들이 누구였는지 알지 못한다. 우리가 확실히 아는 것이라고는 바울이 그들을 자신의 선교의 직접적인 위협으로 여겼다는 것뿐이다. (그들은 스스로를 전혀 바울의 "대적자"로 여기지 않았을 수도 있다.) 하지만 우리의 논의에 있어서는, 그들이 특별히 누구였는지 밝히는 문제는 그들 모두가 어떤 입장을 옹호했는지의 문제보다 덜 중요하다. 이것이 바로 우리의 질문과 연결된다. 이방인들을 향한 유대적인 할례 선교 활동에 대해 유일하게 분명한 증거를 제공하는 것은 왜 디아스포라의 예수 운동 밖에 없을까? 그들의 동기가 무엇이었을까? 1세기 중엽, 왜 그들은 갑자기, 그리고 분명한 모습으로 나타났던 것일까?

많은 주석가들은 이 할례를 주장하는 이들 가운데서 일종의 (추정상의) 전통적인 유대인의 견해, 즉 이방인들이 구원받기 위해서는—다시 말해, 하나님의 왕국에 포함되기 위해서는—토라를 준수해야 한다는 견해를 발견해 왔다.[13] 이 학자들이 이러한 해석을 들고 나온 데에는, 이교도들이 시대의 끝에 이스라엘의 신에게로 "돌아온다turning"는 예언자들의 비전을 그들의 "개종converting"으로 오독한 탓도 있다. 종말론적 이방인들에 대한 이 유대 전

69-86. 또한 Magnus Zetterholm, *Approaches to Paul: A Student's Guide to Recent Scholarship* (Minneapolis, MN: Fortress, 2009), 33-40을 보라. Benjamin White는 *Remembering Paul* (Oxford: Oxford University Press, 2014), 20-33에서 Baur의 역사서술을 19세기 독일의 지성적 맥락에 위치시킨다. John Gager는 가는 도시마다 이 운동 내부에 존재했던 동일한 반대자들(그들은 할례파이다)에게 쫓겨 다녔던 바울의 모습을 제시한다. Gager, *Who Made Early Christianity? The Jewish Lives of the Apostle Paul* (New York: Columbia University Press, 2015), 25-28. 나는 바울의 경쟁자들이 지역 경계를 넘어 늘 같은 정체성을 유지했다는 확신이 그다지 들지 않는다.

13 예를 들어, Hermeneia 시리즈에 있는 H. D. Betz의 갈라디아서 주석 82, Bengt Holmberg, *Paul and Power: The Structure of Authority in the Primitive Church as Reflected in the Pauline Epistles* (Lund: Liber Läromedel/Gleerup, 1978), 18-32를 보라. 이 주장에 대한 검토로는 Sanders, *PLJP*, 17-27과 더 최근의 자료인 Sanders, *Paul: Life, Letters and Thought*, 475-574을 보라.

통들에 대해서, 그리고 우호적 이교도들을 환영하는(즉, 그들을 개종시키기 위한 선교 활동을 진행하기보다는) 디아스포라 회당의 관행에 대해서 지금까지 살펴본 바를 고려해보면, 실상은 그러한 주석가들의 해석과 반대의 상황이었음을 알 수 있다. 1세기 중엽이 되기 전, 바울의 편지들의 증거를 토대로 볼 때—즉, 부활 이후의 선교가 시작되고 나서 거의 20년 동안—이 메시아적 공동체들은 개종자 할례를 (남자) 이방인들의 입회 자격 요건으로 요구했던 적이 전혀 없었던 것으로 보인다. 그렇다면, 할례를 주장하는 이들은 전통주의자이기는커녕 오히려 놀랄 만큼의 참신한 일을 이 신생 유대 메시아 분파 안에서(더 나아가 유대교 안에서) 실행하고 있었던 것이다.[14]

우리가 그들의 동기를 이해하기를 원한다면(그 동기는 다양했을 수 있다), 1세기 중엽 예수 운동에 독특하게 해당되는 상황들이라는 더 넓은 역사적 맥락 안에서 추측을 제기해야 한다. 예수가 죽음을 맞이한 30년경과 바울이 예루살렘에서 두 번째 회합을 가졌던 49년경(갈 2:1) 사이에 무엇이 달라졌는가? [101쪽] 왜 예루살렘에서 "유력한 이들"까지도 처음에는 디도에게 할례를 행하는 문제를 두고 숙고했는가(2:3)? 어째서 "거짓 형제들"에 대한 내용이 논의에 끼어들게 되었는가(2:4)? 몇 년이 지난 어느 시점, 왜 어떤 사도들은 갈라디아에 있는 바울의 이방인 회중들에게 할례를 전파하기 시작했는가? 할례를 주장하는 이들은 무엇 때문에 빌립보에 있는 그리스도 회중에까지 닿게 된 것인가(빌 3:2-9)?

우리의 질문에 대한 답은 이러한 시행들의 연대적 순서 안에 숨어 있다. 바울이 계시에 의해 자극을 받아서 예루살렘의 기둥과 같은 이들 앞에 자신의 이방인 복음을 제시하고자 했던 시절(기원후 49년경? 갈 1:18; 2:1-2), 그는 임박

14 따라서, Munck가 오래전에 논평했듯이, 이방인들을 향한 선교는 그리스도 운동과 제2성전기 유대교, 양쪽 모두 안에서 뒤늦게 등장한 참신한 사안이었다. Munck, *Paul and Salvation*, 207, 265("이방인들을 향한 선교가 시작된 것은 기독교와 더불어서였다").

한 종말을 거의 한 세대 동안이나 줄곧 전파해 왔던 이 운동의 구성원이었다. 예루살렘의 공동체 안에는, 심지어 어쩌면 그 "거짓" 형제들 가운데에는, 나사렛 예수 생전에 그를 따랐던 이들이 포함되어 있을 수도 있다. 따라서 이들은 그러한 종말에 대한 신념을 더 오랫동안 가지고 살았던 셈이다. 만약 예수의 처형이 이 소망을 산산조각 냈다면, 예수의 부활에 대한 그들의 경험은 그 소망을 다시 소생시켰다. 그리고 그 왕국이 계속해서 지체되자, 그들 중 몇몇은 사도가 되었고, 그 메시지를 예루살렘 밖의 이스라엘에게 전달하기 시작했으며, 이제 그 왕국의 도래를 예수의 영광스러운 메시아적 귀환에 대한 기대감과 연결시켰다.[15]

해변가 도시들(욥바, 가이사랴) 안에, 그리고 디아스포라 안에 민족적으로 뒤섞인 공동체들 가운데에서, 이 사도들은 예수의 예언적 시간표를 확증해 줄 또 다른 정황을 발견했다. 즉, 회당 공동체들과 가까운 관계를 유지하던 이교도들이, 이사야가 그러하리라고 예언했던 것처럼, 그들의 우상들을 버리고 복음을 받아들이게 된 것이다. 사도들은 그 이방인들이 배타적으로 이스라엘의 신에게만 경배하기로 한 헌신을 계속해서 유지한다는 전제하에, 그 예외적 존재들을 환영하여 들였다. 그러나 종말이 가까이 왔다는 이 예기치 못한 확증에도 불구하고, 그 왕국은 여전히 오지 않았다.

시간의 종말을 기대할 때, 시간은 질질 늘어진다. 다른 말로 하면, 모든

15 우리는 이 연결 고리를 이미 바울의 편지들에서 본다. 거기서 그리스도의 귀환은 그 왕국의 수립과 함께 온다(고린도전서 15장은 가장 자세한 묘사이다). 참고: 마가복음 13:26-31에서 종말론적 사건들은 성전 파괴(13:2-3)를 뒤따라서 일어난다. "초림"시에 메시아적이지 않았던 인물에게, 고전적인 다윗 계열의 메시아로 특징지어지는 가까운 미래의 모습을 덧입히게 된 (진화해 나가는) 전통에 관해서는 Paula Fredriksen, "'Are You a Virgin?' Biblical Exegesis and the Invention of Tradition," in *Jesus and Brian: Exploring the Historical Jesus and His Times via Monty Python's "Life of Brian,"* ed. Joan E. Taylor (London: Bloomsbury, 2015), 151-65을 보라.

묵시적 예언들은 필연적으로 반감기가 짧은 경향이 있다. 지정된 날짜가 사실이 아닌 것으로 판명되고, 종말이 손가락 사이로 빠져나가 희미해짐에 따라서, 예언 자체도 약화된다. 만약 예언이 재해석되지 않으면, 그 예언은 전적으로 신뢰를 잃게 될 위험에 처한다. 따라서 시기들이 다시 계산된다. 결코 도착하지 않지만, 성취의 날은 계속해서 곧 닥칠 것처럼 보인다. 그러나 계속해서 확장되는 이 중간 상태 속에서, 그 메시지에 투신한 이들은 크고 임박한 변화에 대한 그들의 투신을 유지하는 동시에 계속해서 앞으로 나아가야 했고, 삶을 영위하면서 그날그날의 안정성을 유지하기 위한 방안을 반드시 찾아야 했다.[16]

[102쪽] 1세기 중엽에 다다른 그리스도 공동체들이 이미 경험했던 일련의 사건들, 우리가 가진 증거 안에 여전히 보이는 지점들을 한번 상상해보라. 예수와 그의 추종자들이 명절을 지키러 올라갔던 기원후 30년 유월절 무렵에 그 왕국이 예루살렘에 도래하지 않았다면, 그 왕국은 분명 예수의 부

16 세계의 임박한 종말과 그 왕국의 도래에 대한 믿음은 역설적이게도 기독교 전통에서 가장 생명력이 긴 사안들 중 하나이다. 기독교 역사의 첫 4세기 동안 천년 왕국에 대한 기대의 성쇠에 관해서는 Paula Fredriksen, "Apocalypse and Redemption in Early Christianity: From John of Patmos to Augustine of Hippo," *Vigiliae Christianae* 45 (1991): 151-83을 보라. [225쪽] 서방 기독교에서 천년 왕국의 날짜 재계산이 거듭 끈질기게 이루어졌다는 점에 대해서는 Richard A. Landes, "Lest the Millennium Be Fulfilled: Apocalyptic Expectations and the Pattern of Western Chronography 100-800 CE," in *The Use and Abuse of Eschatology in the Middle Ages*, ed. Werner Verbeke, Daniel Verhelst, and Andries Welkenhuysen (Louvain: Leuven University Press, 1988), 137-211와 더 최근의 것으로(20세기까지로 범위를 넓힌), Landes, *Heaven on Earth: The Varieties of Millennial Experience* (New York: Oxford University Press, 2011)를 보라. 사려 깊은 반대 의견으로는 Ben Witherington, *Jesus, Paul, and the End of the World* (Downers Grove, IL: InterVarsity Press, 1992), 22-35과 미주(258-61)를 보라. Witherington은 바울이 "곧soon"이라고 말했을 때 "지금 당장right away"을 의미하지는 않았다고 주장한다. 다른 말로 하면, 그리스도의 임박한 귀환이 바울의 편지들과 가장 이른 시기의 운동을 특징짓지 않는다는 것이다.

활에 뒤이어 곧 도래할 것이다.[17] 유월절이 아니라면, 분명 오순절/샤부오트 Shavuot 무렵에는 올 것이다(사도행전 1-2장에 암시적으로 나타난다). 그것도 아니라면? 그러면 그 메시지가 디아스포라로 옮겨가고 나면 곧 올 것이다(33년경?). 아직도 아닌가? 그러면 이교도들의 많은 숫자가 복음을 통해 이스라엘의 신에게로 돌아오는 상황 속에서, 어느 때든—마치 "밤의 도적 같이"(살전 5:2)—올 것이다(33-49년경?). 그것도 아닌가? 그러면 언제인가? 어쩌면 이교 민족들의 "충만한 숫자"가 그리스도 회중들 안으로 들어오게 될 때일 것이다(56년경? 이것은 롬 11:25-29에 나오는 바울의 견해다). 혹 어쩌면 디아스포라에 있는 "잃어버린" 열 지파가 육신을 따른 이스라엘Israel-according-to-the-flesh과 재결합하게 될 때일 수도 있다(어쩌면 이것이 할례를 주장하며 바울과 경쟁하는 이들의 견해일 것이다).

실제로 2세기 초반이 되자, 일부 지친 내부자들이 "주께서 강림하신다는 약속이 어디 있느냐?"라고 탄식하기 시작했다. "조상들이 잔 후로부터 만물이 처음 창조될 때와 같이 그냥 있다"(벧후 3:4). 베드로후서를 쓴 이 기독교 저자는, 그들의 조바심 뒤에는 한 가닥 희망이 숨겨져 있다고 청중들을 안심시킨다. "베드로"가 주장하기를, 그러한 의심 자체가 "말세"가 이르렀다는 증거이다(3:3).

1세기 중엽—이때는 예루살렘에서의 당파적 회합이 있었고, 할례주의적 선교가 갈라디아를 향했으며, (그리고 더 일반적으로 말하자면) 바울의 편지들이 기록된 시기이다—초기 그리스도-추종자들은 모두 애초에 그들이 가졌던 기대감이 성취되지 않았음을 깨달았을 것이다. 예수는 돌아오지 않았다. 죽은 자들이 일으킴을 받지 않았다. 이 시대의 악한 권세는 격퇴되지 않았다. 이스라엘은 다시 모이지 않았다. 세상은 여전히 우상을 섬긴다. 그 왕국은 오

17 예수의 십자가형 이전일지, 아니면 예수 추종자들 일부의 부활 체험의 빛에 비추어 볼 때, 십자가형에서 얼마 지나지 않은 시점일지에 대해서는 Fredriksen, *Jesus of Nazareth*, 235-66을 보라.

지 않았다. 더 심각한 문제는, 전통적인 예언자적 시나리오가 엇나갔다는 점이다(물론, 십자가에 달리고 일으킴을 받고 귀환하게 될 메시아를 선포함에 있어서, 케리그마는 이미 예언자적 시나리오에서 벗어났다). 일부 이교도들이 그들의 신들과 절연하고 계속해서 이 운동에 다수로 가담하고 있지만, 유대 공동체들을 향한 선교는 좌초된 것처럼 보였다(롬 9장의 여러 곳을 보라). 예측하지 못한 이 상황을 어떻게 이해할 수 있을까? 이러한 현실에 직면한 그리스도의 흩어진 공동체들이 어떻게 유앙겔리온*euangelion*에 계속해서 소망을 두고, 어떻게 예수가 진실로 메시아였다는 그들의 확신을 붙잡으며, [103쪽] 어떻게 예수의 부활이 시대의 변화의 시작, 보편적 부활의 첫 열매, 개선장군과 같은 귀환의 근접성, 하급 신들의 패퇴, 그리고 종말의 가까움과 같은 것들의 신호라는 점을 신뢰할 수 있겠는가?

우리는 예루살렘을 향한 두 번째 여행에 대한 바울의 간략한 회고 안에서 계속되는 하나님 왕국의 지연과, 디아스포라 이스라엘에서 증가하는 무관심 혹은 (어쩌면) 적대감이라는 이중의 실망에 대한 다양한 응답을 발견한다. 예루살렘의 유대 그리스도 추종자들의 한 집단은—바울의 추정에 따르면 그들은 "거짓 형제들"이다—이 운동에 들어온 이방인들이 할례를 받음으로써 이스라엘에 공식적으로 연합되어야 한다고 주장하기 시작했다(갈 2:4). 우리는 이 사태를 바라보는 바울의 관점만을 알 수 있기 때문에, 그들의 행동의 이유가 무엇이었는지에 대해서는 추측할 수밖에 없다. 어쩌면 그들은 하나님 왕국의 지연과 이스라엘의 준비되어 있지 않은 상태가 악화되는 것 사이에 인과관계를 제시했을지도 모른다. 어쩌면(터무니 없지 않게도) 그들은 예수 운동 내에서 이방인들이 점점 두드러지는 것을 이스라엘이 복음에 저항하게 된 한 요인으로 보았을 수도 있다. 어쩌면 그들은 그리스도를 따르는 모든 이방인들의 할례를 염두에 둔 것이 아니라 디도처럼 디아스포라 공동체 내에서 눈에 띄는 지도적 위치에 있던 이들의 할례를 염두에 두었을 수도 있다. 만약 유대인들에게 접근해야 한다면, 복음의 대변인들 역시 유대인인 편이 나았다. 만약 디도가 할례를 받았다면 그는 유대인이 되었을 것이다. 예수 운동의 우선 순위가 이스라엘에게 돌아가야 한다는 신념을 뒷받침하기 위해서, 이 그리스도-추종자들은 예수의 선교와 가르침 그 이상을(그리고 예수 이전에 성서에 나왔던 예언적 종말론의 표현들 그 이상을) 살펴볼 필요가 없었다. 그들이 내세운 근거가 무엇이었든 간에, 그들의 동기와 목표는 의심의 여지없이 복음 전파를 확고히 보장하는 것이었다.

그러나 그들의 제안은 거절당했다. 바울 외에도 다른 유대인들 역시, 이방인들을 유대인으로 바꾸어 놓는 형태의 이방인 선교에 대한 생각을 거부했다. 이방인을 유대인으로 바꾸는 선교에 반대한 이들 중 일부를 우리는 알고 있다. 바로 야고보, 베드로, 요한, 바나바이다(갈 2:7-9). 그들은 그러한 선교가 지나치게 새롭다고 여겼던 것일까? 전반적으로 성공할 가능성이 너무 낮다고 판단한 것일까? 종말이 가까이 왔음을 생각할 때, 현실성이 없었던 것일까? 제의의 민족적 착근성ethnic embeddedness을 고려할 때, 터무니없는 것이었을까? 또다시 바울이 침묵하기 때문에 우리는 그 이유를 알 수 없다. 우리가 아는 것은 그 결정이 가져온 결과다. 그 왕국의 지연으로 인해 복음 메시지에 압박감이 발생했음에도 불구하고, 유대 묵시 전통의 오래되고 포괄적인 비전은 유효했다. 이교도들은 그 왕국으로 받아들여질 것이며, 남은 시간 동안(이 사도들은 모두 그 시간을 짧게 여겼다) 그들은 에클레시아에 받아들여질 것이고, 그에 대한 유일한 조건은 이스라엘의 신에게로 "돌아오는" 것이었다(충분히 어려운 요구 조건이었다). [104쪽] 이것은 그들이 더 이상 우상을 섬길 수 없음을 의미했다. 그러나 또한 할례받지 않는다는 것을 의미하기도 했다. 종말이 올 때까지, 그리고 종말을 지나는 중에도, 그리스도-안의-이방인들gentiles-in-Christ은 이방인으로 머물러야 했다(롬 15:9-12; 16:26-27을 보라).

하지만 예루살렘 공동체의 "기둥들"의 특권과 권위조차도 일부 디아스포라 그리스도-추종자들이 복음의 메시지를 할례 촉구와 결합하는 것을 막기에는 역부족이었다. 바울의 편지들에서 보듯이, 1세기 중엽이 되었을 무렵 복수의 디아스포라 선교 활동들은 바로 이 쟁점을 둘러싼 채로 예수 운동을 분열시키고 있었다. 이 다른 사도들이 생각하고 있었던 것은 무엇일까?

갈라디아서에 나오는 바울의 격양된 적대감 때문에, 그가 인지한 대적자의 입장을 재구성하는 것은 상당히 까다로운 일이다. 바울은 그의 공동체들에게 그 사도들은 오직 육체의 모양을 내려할 뿐이고, 그저 그리스도의 십자가로 인해 "박해"당하는 것을 피하려는 것뿐이라고 말한다(갈 6:12). 만약 바울의 고발이 조금이라도 현실을 반영한다면, 그 사도들이 피하고자 애쓴 "박해"란, 사회적으로 볼 때 비정상인 그리스도-추종자 이교도들 때문에 회당 공동체가 그들에게 가하는 압력을 말하는 것일 수도 있다. 혹은 어쩌면 그들은 탈-이교적 이교도들이 당하게 될 일을 모면하게 해주려 했던 것일 수도 있다. 그 이교도들이 그들의 신들에 대한 공적 제의를 그만두겠다고 맹세하는 것은 하늘과 땅 사이의 관계를 불안정하게 만들며, 따라서 모두—즉, 그 사도들과 그들의 이교도들, 회당, 더 큰 규모의 도시 사회—를 위험에 빠뜨릴 수 있었다(본서 215-216쪽의 논의를 보라). 유대인의 사회적 정체성을 온전히 자신의 것으로 삼는 것—즉, 남성에게 있어서는 할례를 의미한다—은 이미 알려져 있었으며 비교적 익숙한 현상이었다. 이 그리스도를 따르는 이교도들이 유대인이 "되려" 했더라면, 적어도 그리스-로마 도시의 더 큰 종교적 생태계 속에서 안전한 자리를 얻었을 것이다. 그리고 그들은 더 직접적으로 이스라엘의 신의 보호 아래로 옮겨졌을 것이다. 다른 말로 하면, 할례는 그것이 촉발할 수 있는 사회적 차원의 원성(적의)이 어떻든지 간에, 이교도들의 분노(인간들의 분노이든 신들의 분노이든)를 막아 주었을 것이다.

혹은 어쩌면 그 사도들 중 일부는 이스라엘이 복음에 응답하는 것을 그 왕국으로 이어지는 핵심 사건으로 여겨 우선시했을 수 있다. 따라서 그들은 열방 가운데서 "이스라엘"을 꽤 문자적으로 찾아내고자 했을 수 있다. 물론 유대 민족 전체가 "이스라엘"이라고 지칭될 수 있지만, 여기서 말하는 이스라엘이란 특히 성서에서 북쪽의 열 지파, 곧 기원전 722년에 앗수르에 의해 정복되고 흩어진 이들을 가리키는 용어이다. 그런 후, 바벨론 유배에도 불구하고, 세 지파—유다, 베냐민, 레위—를 대표하는 이들이 남쪽, 즉 "유대Judea"라 불리는 곳에 남게 되었다. [105쪽] 호세아 선지자에 따르면 북쪽의 경우는 "민족들 가운데 섞였다"(쉬나나미그뉘미*sunanamignumi*, 호 7:8 칠십인역). "이스라엘," 즉 북쪽에 있는 이들은 "삼켜졌고, 그들은 이제 열방 가운데 있다"(타 에트네*ta ethnē*, 호 8:8 칠십인역). 그렇다면 어쩌면 바울이 대적한 사도들은 (이방인) 할례를 에클레시아에 들어오는 조건으로 내세우면서, 이스라엘 총회의 복원을 염두에 두고 있었던 것일 수도 있다. 온 이스라엘이 메시아의 메시지를 통해 다시 모이게 되면, 마침내 그 왕국이 도래할 수 있었다(참고: 롬 11:26).[18]

바울은 그 사도들이 붙잡았던 원리가 무엇이었는지, 혹 그들이 무엇에 전념했는지에 대해서는 거의 정보를 제공하지 않기 때문에, 우리는 그저 추측만을 할 수 있을 뿐이다. 하지만 갈라디아서에서 바울이 아브라함에게 세심하게 주의를 기울이는 모습은, 그 경쟁자들이 아브라함에 관해 해석한 부분을 바울이 지금 반박하고 있는 것임을 시사한다. 창세기에서 아브라함은 이스라엘의 근원적 족장에 해당한다. 성서는 하나님께서 왜 아브라함을 부르셨는지 그 이유를 말하지 않았다. 하지만 바울 시대가 되었을 때, 제2성전기 후기의 성서 해석은 그 뒷이야기를 제공했다. 아브라함의 가족은 우상을

18 열 개의 "잃어버린" 지파들이 "열방 가운데 흩어졌다"는 이해는 Staples의 독창적인 제안으로부터 끌어온 것이다. Staples, "What Do the Gentiles Have to Do with 'All Israel'?" 이 소논문에서 Staples는 이러한 사상이 바울의 이방인 선교를 고무하는 역할을 했다고 주장했다(378-90). 나는 이러한 이해 방식을 1세기 중엽, 바울의 대적인 할례주의자들의 동기가 무엇이었을지 추측하기 위해 사용한다.

섬겼으며 심지어 우상을 만들기도 했다. 아브라함은 그러한 우상 숭배가 거짓되었음을 깨닫고, 참된 하나님, 곧 창조주께 기도했다(희년서 11:17). 그러자 그 창조주는 아브라함을 불러 "너는 네 가족과 나라와 민족을 떠나 내가 네게 보여줄 땅으로 가라"(창 12:1; 참고: 희년서 12:23)고 명령했다. 아브라함은 처음부터 하나님을 경배하는 사람으로서 이 여정을 시작했던 게 아니었다. 아브라함은 하나님을 경배하는 사람이 **되었다**. 간단히 말해, 아브라함은 참된 "개종자convert"의 모델이었다.[19]

창세기 12장에서 아브라함과 하나님 사이의 관계가 시작되며, 거기에는 하나님의 부르심, 그 땅에 대한 맹세, 그리고 아브라함을 통해 "모든 민족이 복을 받으리라"는 약속이 들어 있었다(창 12:1-3). 창세기 15장에서 하나님은 아브라함에게 셀 수 없이 많은 후손이 있으리라고 약속하신다. "하늘을 보고 별을 세어보라 … 너의 스페르마*sperma*("씨")가 이와 같으리라"(15:5). 그리고 창세기 17장에서 마침내 하나님은 아브라함이 많은 민족들(에트네*ethnē*)의 아버지가 될 것이라고 약속하시며, 아브라함의 할례와 "대대로" 그의 가족의 모든 남자들의 할례를 요구하신다(17:12). 아브라함의 할례가 있고 나서야,

---

19 아브라함은 필론과 랍비들 양편 모두에게 있어서 개종자의 모델이었다. Philo, *On the Virtues* 20.102-4; 참고: *Spec. Laws* 1.9.51-55; *Mekhilta de-Rabbi Ishmael*, Nezikin 18. 그리고 Thiessen, *Gentile Problem*, 27-32에 나오는 논의를 보라. 개인적인 서신 교환에서 Larry Hurtado는 내게 이렇게 말했다. "내가 생각하기에 핵심 본문은 집회서 44:19-21이다. 이 본문은 아브라함이 토라를 지켰으며, '그의 육신으로 언약을 세웠고,' '그래서' 하나님께서 그를 축복하셨다고 강조한다. 이 집회서의 순서에 주목하라. 바울은 그것을 뒤집는다. 바울은 창세기 내러티브에서는 복/약속이 먼저 나오고 그 다음에 언약과 할례가 뒤이어 나온다는 순서를 영리하게 인용했다. 간단히 말해, 내가 볼 때 바울의 논증은 집회서 본문과 비슷하게 주장하는 사람들에 대한 직접적인 대답으로 이해할 때 가장 잘 설명된다." 아브라함이라는 인물에 대한 이 해석을 추가적으로 살펴보려면, George W. E. Nickelsburg, "Abraham the Convert: A Jewish Tradition and Its Use by the Apostle Paul," in *Biblical Figures outside the Bible*, ed. Michael E. Stone and Theodore A. Bergren (Harrisburg, PA: Trinity Press International, 1998), 151-75을 보라.

하나님께서 약속하신 상속자 이삭이 사라 뱃속에 잉태되어 태어나게 되었다. 그리고 이삭은 태어난 지 팔 일이 되었을 때 언약의 인침을 받았다(21:1-14; 17:12은 팔 일째 할례를 실행할 것을 명시했다).

갈라디아의 다른 사도들의 복음은 아브라함이 창세기 17장에서 보여준 신실한 순종의 사례를 내세우며, 바울 그룹의 이방인들에게도 할례를 촉구했던 것일까? [106쪽] 그 사도들은 그들의 주장을 꽤 잘 입증할 수 있었을 것이다. 아브라함의 점진적인 발전에 관한 이야기에서 아브라함이 우상 숭배를 그만둔 것은 그저 시작점이었을 뿐이었고(희년서 11장), 이는 바울의 그리스도를 따르는 이방인들이 현재 머물고 있는 단계와 동일했다. 그러나 아브라함과 하나님 사이의 언약에 관한 이야기의 그림 전체는 창세기 12장에서 17장까지 전체를 포괄하며, 따라서 하나님의 할례 명령까지를 포함한다. 아마도 그 사도들은 바울의 이방인들 역시 아브라함의 선례를 따라 언약에 들어오고 아브라함의 스페르마, 곧 그의 후손에게 약속된 속량 안에 포함되어야 한다고 주장했을지도 모른다. 복음은 이 많은 민족들/에트네를 유대인으로 변화시킴으로써, 그들을 아브라함의 후손이 받을 속량, 곧 귀환하는 그리스도가 제공할 속량 안으로 완전히 담아 넣는 것이었다.

이러한 몇몇 논증은, 바울 자신이 동일한 성서 이야기를 갈라디아 공동체들에게 다시 들려주며 그 사도들과 반대 방향에서 강조했던 점을 설명하는 데에 분명 도움이 될 것이다. 바울은 오히려 창세기 15장과 아브라함의 피스티스*pistis*, 곧 하나님의 약속에 대한 아브라함의 "충성" 혹은 "신뢰"에 집중한다. 아브라함이 "의롭게 된" 것은 그의 할례를 통해서가 아니라 바로 이 피스티스를 통해서였다(갈 3:6은 합 2:4을 인용한다. 곧 이 구절에 대해 설명할 것이다). 바울은 갈라디아인들 역시 그의 사역을 통해서 이미 "의롭게 되었다고," 즉 의롭게 행하는 삶이 프뉴마적으로 가능해졌다고 주장한다. 바울은 그 증거로 그들이 이미 성령을 받았음을 지적한다. 그렇다면 무엇 때문에 그들에게

"율법의 행위들"이 필요하겠는가(3:2-4)?[20]

그뿐만 아니라, 바울은 하나님께서 아브라함에게 약속하셨던 스페르마는 아브라함의 많은 후손들—이것은 단수로 표현된 집합 명사 "씨"를 일반적으로 이해하는 방식이다—이 아니라 그리스도 자신을 의미했다(갈 3:16)는 점을 이어서 언급한다. 따라서 바울은 이방인이 그리스도를 통해 이스라엘의 속량에 포함되리라는 것이 시내산 사건보다 이미 수백 년 앞서서 아브라함에게 약속되었다는 점을 역설하는 것이다(3:17). 그리고 바울이 이어 말하듯, 할례가 아닌 그리스도를 통해 이방인들이 얻는 혜택은 그저 아브라함의 아들들이 된다는 것만이 아니다. 그들은 하나님의 약속에 대한 그들 자신의 피스티스—변함 없는 신뢰—로 하나님의 아들들도 된다(3:26-29. 아들이면 상속자이고, 곧 하나님 왕국의 상속자이다. 참고: 4:5-7, 이방인들은 아들로 입양되었다). 그렇다면 이방인들은 이삭과 같이 약속의 자녀이지, 바울 경쟁자의 복음을 받은 이들과 같이 노예 하갈의 아들들이 아니다.[21]

바울이 갈라디아서 5:11에서 언급하듯이, 만약 그 자신 역시 한때 동일한 이방인 할례 메시지를 전한 적이 있었다는 점을 특별히 고려해 본다면, 바울은 어째서 지금은 이방인 할례에 그토록 반대하는가? 그리스도의 유익을 취소할 정도로 이방인의 할례가 끔찍했던 이유는 무엇인가(5:2)? [107쪽] 바울의 선 넘는 표현 방식과 거친 논증을 다 따라가기는 어렵다. 그러한 까닭에, 갈라디아서는 그러한 질문들 전체를 밝혀 주기보다는 오히려 격양시킨다.

---

20 갈라디아의 그리스도-안의-이방인들이 이미 그리스도의 영을 받았다는 증거는 경험적이다. 그들은 단지 우상으로부터 돌아섰을 뿐 아니라, 또한 뒤나메이스*dynameis*, "능력의 행위들," 혹은 "기적들"을 행할 수 있다(갈 3:5).

21 바울은 자기가 하갈-사라 이야기를 사용하는 방식을 "알레고리화하는 것"(알레고루메나*allēgoroumena*)이라고 부른다(갈 4:24). 이 본문을 그리스도-안의-선교 활동의 두 유형을 특징짓는, 내부자들 사이의 논쟁으로 보는 견해로는 Thiessen, *Gentile Problem*, 87-91을 보라.

이방인 할례라는 쟁점에 대한 바울의 생각을 이해하기 위해서는 아마도 바울이 좀 더 차분했던 순간으로 눈길을 돌리는 편이 나을지도 모르겠다.

그러한 순간 중 하나가 바로 바울이 고린도에 있는 그의 공동체를 향해 이야기했던 때이다. 고린도에 있는 그리스도 공동체의 어떤 남자들은 바울이 그곳에 방문하기 전에 이미 할례를 받았다. 그들은 태생적으로 유대인이었을까? 아니면 선택해서 유대인이 되었을까? 이에 대한 우리의 해석은 바울이 할례에 관해 이야기하는 것을 우리가 어떻게 읽는가에 달려 있다.

> 이미 할례자로서 [복음으로] 부르심을 받은 자가 있느냐? 수술을 통해 그의 할례를 지우면 안 된다. 무할례자로서[문자적으로, "포피를 가지고"] 부르심을 받은 자가 있느냐? 그가 할례를 받도록 해서는 안 된다. 할례도 아무것도 아니요 포피도 아무것도 아니다. 중요한 것은 하나님의 계명을 지키는 것이다. 모든 이는 그가 부르심 받은 그대로 머물러야 한다. (고전 7:18-20)

분명 바울은 할례가 실제로 이스라엘이 받은 계명임을 알고 있었다. 다른 곳에서 바울은 율법의 수여와 함께, 아브라함, 이삭, 야곱과 하나님이 맺으신 언약 및 그들에게 주어진 약속들을—자신의 민족에 상존하고 자신의 민족을 정의하며 자신의 민족에게 신적으로 수여된—특권으로 간주한다(롬 3:1-2을 보면, 유대인의 할례에는 큰 유익이 있다. 9:4-5을 보면, 육신에 따른 이스라엘의 특권에 할례가 들어 있다. 참고: 11:29에 따르면, 이스라엘을 향한 하나님의 선물과 부르심은 "취소될 수 없다"). 실제로, "조상들"에게 주어진 이 약속들은 그리스도 안에 있는 구원이 세워지는 토대를 형성한다(롬 15:8). 더 나아가, 바울은 자신이 출생 후 팔 일째에 할례받았음을 자랑한다(빌 3:5). 따라서 바울에게 있어서 유대인의 할례는 중요했으며, (또한 그가 믿기로) 이스라엘과 이스라엘의 신에게도 매우 중요했다. 그렇지

않다면 로마서 3장, 9-11장, 15장은 설명이 불가능하다.[22]

그렇다면 고린도전서의 이 본문에서 바울이 이스라엘에게 주어진 하나님의 계명에 관해 말하고 있을 가능성은 없다. 바울이 한 말의 의미는 할례냐 포피냐 하는 것이 비-이스라엘, 즉 이방인들에게는 특히나 중요하지 않다는 뜻임이 분명하다. (그 단락 전체, 곧 고린도전서 7장은 전적으로 이방인에 관한 쟁점을 다루고 있다.) 따라서 여기서 언급된, "이미 할례(받은)자"로서 바울 복음을 받은 이들은 유대인으로 태어난 이들이 아니라, 이방인 개종자였음이 틀림없다. 그러나 바울은 할례가 중요치 않다는 선언을 헷갈리게도, 이 이방인 그리스도-추종자들이 (그럼에도) "하나님의 계명들을 지키는 것"과 연결시킨다. 하나님의 계명들이 곧 유대 율법을 이룬다. 그러면 이방인들 역시 유대 율법을, 즉 하나님의 율법을 지켜야 하는 게 아닌가? [108쪽] 이방인들에게 있어서 율법은 "저주"인가(갈 3:13), 아니면 의무인가(갈 5:14; 고전 7:19; 참고: 롬 13:8-10)? 이방인과 관련해서, 바울이 말하는 "율법"은 무슨 의미인가?

"율법 없는" 선교와 "율법 없는" 사도?

율법이라는 말이 갖는 수사적 값valence은 바울의 편지들마다 상당히 다

22 같은 이유로, 바울이 "할례도 아무것도 아니요, 포피도 아무것도 아니며, 다만 새 창조가 중요하다"(갈 6:15)라고 말하는 갈라디아서에서, 그는 유대인들을 첫째로 가리키고 그 다음에, 둘째로 이방인들을 가리키는 것이 아니다. 오히려 바울은 할례는 (그리스도의 빛에 비추어 볼 때) 이방인들에게 무관한 쟁점이라고 말하는 것이다. 다시 말하지만, 이방인들은 편지의 수신자들인 동시에 수사적 초점이다. [226쪽] 추가적으로, William S. Campbell, "'As Having and Not Having': Paul, Circumcision, and Indifferent Things in 1 Corinthians 7.17-32a," *Unity and Diversity in Christ: Interpreting Paul in Context: Collected Essays* (Eugene, OR: Wipf and Stock Publishers, 2013), 106-26을 보라.

양하다. 때로 율법은 순전히 그리고 강력하게 부정적이다. 율법은 저주고(갈 3:10), 종살이의 형태이며(갈 4장의 여러 곳을 보라), 죄, 육신, 사망의 매개다(롬 7장). 그러나 율법은 때로 매우 긍정적이다. 율법은 하나님께서 이스라엘에게 수여하신 영속적 특권들 중 하나이다(롬 9:4). 율법은 이방인 그리스도-추종자들에게 있어서 공동체 사랑의 척도이며, 올바른 공동체 생활의 표준이다(롬 13:8-9; 고전 7:19). 율법은 그리스도에게 향하는 길이다(롬 10:4). 신실함 혹은 견고함(피스티스*pistis*)은 율법을 굳게 세운다(롬 3:31). "율법은 거룩하고 계명도 거룩하고 의로우며 선하도다"(롬 7:12, 개역개정). 바울은 한 본문에서 아무도 하나님 앞에서 율법으로 의롭게 될(디카이우타이*dikaioutai*) 수 없다고 말한다(갈 3:11). 하지만 다른 본문에서 그는 자신이 바로 그런 의의 측면에서(디카이오쉬네 엔 노모이*dikaiosynē en nomōi*, "율법의 의"[개역개정]) 흠이 없다고 말한다(빌 3:6).

겉보기에는 서로 일치하지 않는 이런 본문들을 보면서 어떻게 일관된 의미를 찾아낼 수 있을까? 적어도 2세기 이후로, 이방인으로 구성된 형태의 기독교는 율법에 관한 바울의 긍정적 진술은 축소하고 부정적 진술은 강조하는 방식을 통해 신학적 일관성을 확보해 왔다. 그렇게 이방인 그리스도-추종자들에게 개종자 할례를 촉구하는 다른 사도들을 향한 바울의 비난은, 유대인들을 향한 비난으로, 그리고 유대교 전반에 대한 비난으로 그 초점이 옮겨져 해석되었다. 이러한 해석을 통해 바울은 국수주의적("육신적") 유대교에 맞서 보편주의적("영적")인 기독교를 옹호한 인물로 떠오르게 되었다. 열심 있는 바리새인 바울은 그리스도에게 오기 위해 율법과 결별한 자가 되었다. 또한 그가 이전에 헌신했던 행위-의works-righteousness, 곧 생명력을 앗아가는 행위적인 의 추구에 맞서 이제는 은혜의 설교자, 믿음으로 말미암은 의의 설교자가 된 것이다. 더 이상 율법 준수자가 아닌 바울은, 역사상 가장 유명한 개종자로, 일종의 명예 이방인 그리스도인으로(그 용어가 등장하기 전에), 그리고 그와 동시에 탈-유대인 혹은 반-유대인의 모습으로 나타나게 되었다. 물론 지금도 여전히 이렇게 주장하는 학자들이 있다. 그들의 주장에 따르면 바울은 역사상 첫 기독교 신학자이며, 그가 이전에 충성을 다했던 협소한 유다이스모스*Ioudaïsmos*를 대체하거나 혹 삼켜버리는 새로운 믿음을 설파한 인물이다.[23]

[109쪽] 제국의 정통 교회—312년 이후 콘스탄티누스가 후원했던, 그리고 395년 이후에 테오도시우스Theodosian 왕가의 황제들이 주도적으로 이끌었던 형태의 교회 갈래—는 부분적으로 유대인들의 조상 관습 실천에 대한 반대를 통해서 자기 정체성을 형성했다. 그리스도인들이 유대화하는 것은 유대교로의 개종과 마찬가지로 범죄 취급을 받았다.[24] 후기 로마 사회에서 점점 더 주변화되었던 유대인들은 도시의 주교들이 부채질하고 지시했던 지역 단위의 폭력적 사태에 의해 희생되었고, 유대인들에 맞서서*adversus Iudaeos* 전개된 교부 신학의 악의적인 수사에 의해 언제나 악당 취급을 받게 되었다.[25] 반-유대인으로서의 바울의 이미지가 굳어진 것은 바로 이러한 상

23 이 논점(즉, 기독교 신학자가 된 바울이 그의 과거의 민족적[따라서 종교적] 충성을 부인하는 것이 그의 새로운 존재 방식의 일부이다)에 대한 최근의 진술들로는 다음을 보라. Love L. Sechrest, *A Former Jew: Paul and the Dialectics of Race* (Edinburgh: T. & T. Clark, 2009); Wright, *Paul and the Faithfulness of God* (그러나 이 견해는 바울에 대한 [그리고 그 점과 관련해서, 예수에 대한] Wright의 모든 저술에서 반복된다); Barclay, *Paul and the Gift*.

24 *CTh* 16.8.19(409년의 한 법령)는 이방인 신-경외자를 비난한다. *CTh* 16.9.5는 만약 어떤 유대인이 그리스도인을 유대교로 개종시키는 일을 조장했을 경우, 그 유대인을 유배와 재산 몰수에 처한다고 명시한다. Linder, *Jews in Roman Imperial Legislation*은 코덱스 테오도시아누스Codex Theodosianus의 16권에 나오는 유대인들과 관련된 모든 법령을 수집하고, 논평을 덧붙인다. 현장의 상황에 대한 최근의 한 추정으로는 John G. Gager, "Who Did What to Whom? Physical Violence between Jews and Christians in Late Antiquity," in *A Most Reliable Witness: Essays in Honor of Ross Shepard Kraemer*, ed. Susan Ashbrook Harvey et al. (Providence, RI: Brown Judaic Studies, 2015), 35-48을 보라.

25 콘스탄티누스 이후 유대계 로마인들의 법적 지위와 관련해 일어난, 기독교화의 큰 변

황들 가운데에서였다.[26] "이신칭의/믿음으로 말미암은 의justification by faith"(가톨릭 교도들의 성례적인 "행위들"에 대비된 개념)라는 슬로건은 개신교 종교 개혁을 거치면서 강화되고 수사적으로 재무장되어서("유대인들," 특히 "바리새인들"은 이 새로운 개혁 운동의 대적인 로마 가톨릭을 가리키는 암호가 되었다), 르네상스 개신교도들의 성서학계에 깊숙하게 내장된 원리가 되었다. 이러한 바울—반-유대적, 반-의례적, 반-토라적 바울—은 여전히 학문적인 출판물 가운데 계속해서 넘쳐나는데, 이것은 특히 그러한 바울의 모습이 신학적으로 유용하기 때문이다. 참으로, 이 신학적 유용성은(서양 기독교 세계Western Christendom의 지적 계보 및 사회적 계보를 고려할 때, 이것은 우연이 아니다) 때로 성공적인 역사적 재구성의 한 기준으

화Christianizing sea-change에 대해서는 Amnon Linder, "The Legal Status of the Jews in the Roman Empire," in *The Cambridge History of Judaism*, vol. 4: *The Late Roman-Rabbinic Period*, ed. Steven T. Katz (Cambridge: Cambridge University Press, 2006), 128-73을 보라. 같은 4권에서, 주교적 이념, 제국의 정치, 혼재된 도시 인구 집단 사이의 심화되는 상호 작용에 대해서는 Paula Fredriksen and Oded Irshai, "Christian Anti-Judaism: Polemics and Policies," 977-1,034(특히 998-1,007쪽)을 보라. 또한 P. Fredriksen, "Jewish Romans, Christian Romans, and the Post-Roman West: The Social Correlates of the *contra Iudaeos* Tradition," in *Conflict and Religious Conversation in Latin Christendom: Studies in Honour of Ora Limor*, ed. Israel Yuval and Ram Ben-Shalom (Turnhout, Belgium: Brepols, 2014), 17-38을 보라.

26 두 가지의 주목할 만한 예외 사항은 알렉산드리아의 오리게네스(185-254)와 히포의 아우구스티누스(354-430)다(이들은 각각 콘스탄티누스의 기독교 개종 시점 이전과 이후에 위치한다). 두 신학자 모두, 예수의 본래의 제자들은 물론이고 바울 역시 계속해서 유대 조상 관습을 따라 살았다고 주장했다. 오리게네스의 논증은 주로 그의 로마서 주석에 나오며, 아우구스티누스는 히에로니무스Jerome에 맞서서 그 점을 주장했다(*Ep.* 82.2, 8-15[바울 및 다른 유대 사도들에 대해], 82.2, 19[예수 자신의 율법 준수에 대해]). 이 주장들은 아우구스티누스의 반-마니교적 대작인 *Against Faustus*에 통합되어 있다. Paula Fredriksen, "Lawless or Lawful? Origen and Augustine on Paul and the Law," in *Law and Lawlessness in Early Judaism and Christianity: Essays from the Oxford Manfred Lautenschläger Colloquium 2015*, ed. D. Lincicum, R. Sheridan, and C. Stang (Tübingen: Mohr Siebeck, 2018), 그리고 Fredriksen, *Augustine and the Jews*, 298-319을 보라.

로까지 추켜세워지기도 했다.[27]

우리가 바울 및 이교도를 향한 바울의 메시지를 다시 1세기 중엽의 묵시적인 유대 맥락으로 되돌려 놓는다면 어떻게 될까? 새로운 그리스도 운동에 합류한 이후에도 자신의 조상 전통에 개인적으로 계속해서 참여하는 바울의 모습을 우리는 어떻게 상상해볼 수 있을까? 바울은 그리스도를 따르는 이방인들로 구성된 공동체에게 유대 율법에 대해서 어떻게 행동하도록 조언했을까?

* * *

"율법 없는"이라는 수식어는 전통적인 유대 관습에 대한 바울의 개인적인 거부 및 이방인들을 향한 바울의 핵심적 메시지를 묘사하는 데 흔히 사용되는 표현이다. 그 구문은 역사적으로 유용해 보이는데, 왜냐하면 바울의 이방인 선교를 특징짓는 바로 그 특성을 간편하게 가리키는 데 도움을 주기 때문이다. 이는 곧, 할례에 반대하기, "율법의 행위들"(안식일, 식습관, 그리고 특히 할례)에 반대하기, 토라에 반대하기, 그리고 "유대인의 민족적 자긍심"에 반대하기를 뜻한다. 한 성서학자가 표현했듯이, 바울과 그의 공동체들에게 있어서 계시의 기준은(그리고 구원의 기준은) "민족이 아니라 은혜grace, not race"였다.[28] [110쪽] 그리고 이 해석은 다음과 같이 계속 이어진다. 바울은 그 메시

27 신학적 유용성과 역사적 재구성에 관한 Barclay의 사색으로는 *Paul and the Gift*, 7, 350, 573을 보라.

28 [227쪽] 은혜grace/민족race을 대비시키는 인상적인 어구는 N. T. Wright, *The Climax of the Covenant: Christ and the Law in Pauline Theology* (Minneapolis, MN: Fortress, 1993), 247에서 온 것이다. 바울이 "민족적 차이"를 지우기 위해 힘썼다는 견해는 John Barclay, Daniel Boyarin, James D. G. Dunn, Richard Hays, Alan F. Segal, 그리고 Wright와 같이 서로 다른 학자들의 연구를 한데 묶어준다는 점에서, 바울 학계의 광범위한 영

지를 단지 홍보했던 것뿐만 아니라 또한 그것을 체화했다. 부활하신 그리스도의 계시 이후 바울 자신은 "율법 없는" 존재, 율법에 대해 죽은 자가 되었다(갈 2:19).

유대 조상들의 관습을 바울이 개인적으로 거부했다고 보는 이 견해의 생명력은 놀랍도록 길다. 이것은 가장 초기의 교부 신학으로부터 현대 및 포스트모던 신학에 이르기까지 이어져 왔으며, 새 관점 학자들과 "두 언약" 관점"Two-Covenant" Perspective의 학자들을 한데 묶어준다. 각자의 해석적 틀이 얼마나 다양한지에 관계없이, 이 학자들 모두는 바울이 이방인 선교를 추구하는 가운데 "조상들의 전통"을 준수하기를 그만두었다는 견해를 고수한다.[29]

역에 걸친 복음이다. 반대 논증(즉, 이방인의 할례에 대한 바울의 저항은 오히려 κατὰ σάρκα[육신에 따른] 민족적 차이를 보존한다는 주장)으로는 다음을 보라. Johnson Hodge, *If Sons, Then Heirs*; Fredriksen, "Judaizing the Nations"; Kathy Ehrensperger, *Paul at the Crossroads of Cultures: Theologizing in the Space Between* (London: Bloomsbury T. & T. Clark, 2013), 특히 105-39; 그리고 Campbell, *Unity and Diversity in Christ*에 모여 있는 소논문들을 보라.

29 마르키온Marcion부터 테르툴리아누스Tertullian를 거쳐 히에로니무스Jerome와 그 너머에 이르기까지, 교부 저자들에게 있어서 바울의 개종은 유대 율법과의 절연을 통해 정의된다. 이 지형에 대한 개괄로는(특히 그것이 로마서 9-11장의 해석과 관련되는 점에서), Karl Hermann Schelkle, *Paulus, Lehrer der Väter: Die altkirchliche Auslegung von Römer 1–11* (Düsseldorf: Patmos Verlag, 1956)을 보라. 많은 현대 학자들은 여전히 교부 계열의 해석을 따른다. 바울 자신이 유대 관습을 개인적으로 부인했다는 점에 대해서는 Sanders, *Paul and Palestinian Judaism*, 500(그리스도에게로 돌아서는 가운데, 바울은 실질적으로 율법으로부터 돌아섰다); Dunn, *Theology of Paul* 및 *Paul and the Mosaic Law: The Third Durham-Tübingen Research Symposium on Earliest Christianity and Judaism (Durham, September, 1994)* (Tübingen: Mohr Siebeck, 1996)에 그가 편집해 놓은 소논문들; 그리고 위의 각주 22번에 인용해 놓은 참고 문헌을 보라. 존더벡 *Sonderweg* 학자들은 비록 토라에 대한 바울의 부정적인 언급이 오직 이방인들과 관련되며 어디서도 유대인들과 관련되지 않는다는 점을 주장하면서도, 바울 자신은 더 이상 율법 준수자가 아니었다고 주장한다. 예를 들어 다음을 보라. Gaston, *Paul and the Torah*, 76-79; Gager, *Reinventing Paul*, 86; 참고: Stowers, *Rereading of Romans*, 156,

마지막으로 언급할 점은, "기독교"를 "율법 없음"과 동일시하는 견해—이것은 4세기 후반 로마제국의 법에 의해 틀이 잡히고 공식화된 것이다—가 거꾸로 1세기로 투사되어, 부활 후 그리스도 운동의 가장 이른 시기에 관한 역사를 설명하는 데 사용되었다는 것이다. 사도행전이 말하는 것과 같은, 헬라파와 히브리파의 분열은 어째서 발생했는가? 헬라파(특히 스데반에 의해 대표되는)가 아마도 토라 준수에 있어서 느슨한 태도를 가졌기 때문일 것이다. 어째서 바울은 다메섹의 에클레시아를 박해했는가(갈 1:13)? 이 에클레시아의 유대인 구성원들이 할례받지 않은 이방인들과 너무 가까이 섞였고, 이것은 율법에 대한 그 유대인들의 느슨한 태도를 가리키는 지표였기 때문이었다. 그리고 어째서 바울은 회당과 관계된 처벌을 행사했을 뿐 아니라 결국 나중에 그 처벌의 대상이 되었을까("사십에서 하나 감한 매를 다섯 번 맞았으며," 고후 11:24)? 왜냐하면 바울의 "개종conversion" 이전에 다른 이들이 보인 그러한 느슨함이 바울을 불쾌하고 격분하게 만들었듯이, 이제 바울의 율법 없는 태도가 디아스포라 회당 공동체들을 불쾌하게 만들거나 격분하게 만들었기 때문이다. 사도apostle 바울은 곧 변절자apostate 바울이었다.[30]

유대인(그것이 헬라파든, 다메섹에서 바울의 "박해" 대상이 되었던 이들이든, 후에 바울 자신이든 간에)의 율법 없음에 대한 이 모든 추정은, 이방인 그리스도-추종자들의 율법 없음으로부터 얻은 추론들에 의존한다. 많은 학자들이 보기에, 이방인들의 에클레시아에 참여하는 것은 곧 복음을 전하는 유대인 선포자들 자신도 토라 준수를 그만두었음을 암시했다.

329.

30 Alan F. Segal, *Paul the Convert: The Apostolate and Apostasy of Saul the Pharisee* (New Haven, CT: Yale University Press, 1990), 205. 이 상상의 시나리오는 이 운동의 역사를 재구성하는 Martin Hengel의 저술에 반복적으로 등장하는 주제leitmotif다(예: *Between Jesus and Paul*).

그러나 이 추론은 두 가지 측면에서 잘못되었다. 첫 번째는, 민족적으로 섞인 유대인의 단체들 가운데 유대인의 율법 없음에 대한 오해고, 두 번째는 민족적으로 섞인 그리스도를 따르는 단체들 가운데 이방인의 율법 없음에 대한 오해다.

[111쪽] 먼저, 학자들이 추론한 유대인의 "율법 없음"에 대해 살펴보자. 우리는 유대인의 여러 단체들, 즉 예루살렘 성전, 디아스포라의 숱한 회당들, 그리고 (예컨대) 안디옥과 다메섹에 있는 민족적으로 섞인 에클레시아이와 같은 곳에서 이방인들을 발견한다. 하지만 성전 구역에서의 이교도의 존재는 거기에 모인 유대인들의 토라 준수 정도에 대해 아무것도 말해주지 않는다. 또한 디아스포라 회당에서의 이교도의 존재는 그 회당 유대인들의 토라 준수 정도에 대해 아무것도 말해주지 않는다. (이 사안과 관련해서 정반대의 사회적 상황, 즉 김나지움, 공연장, 극장, 시의회 등과 같은 이교도의 장소에 유대인이 들어와 있는 것은 그 유대인들의 전통 준수가 얼마나 유대적이었는지에 대해 아무것도 말해주지 않는다.) 마찬가지로, 초기 에클레시아이 안의 이교도의 존재는 유대인 사도들 및 거기 있는 다른 유대인 그리스도-추종자들의 토라 준수 정도에 대해 아무것도 말해주지 않는다.[31] 마지막으로, 지금이나 그때나, 유대인의 전통을 실현하고 해석하는 다양한 형태의 모습들을 일괄적으로 측정할 수 있는 유대적 실천의 단일하고 보편적인 표준이란 결코 존재하지 않는다.[32]

---

31 너무도 자주, 이 유대인 사도들은 토라 준수에 대해 느슨한 태도를 취했던 것으로 단순히 상정되는데, 이것은 나사렛 예수 자신이 율법을 반대해서 가르쳤다는 전제 때문이다. 이러한 추정은 특히 갈라디아서 2:11-12에 묘사된 논증을 고려할 때, 좌초하고 만다. 만약 역사적 예수가 실로 음식법을 거슬러 가르쳤었다면(마가복음 7:14ff는 여기서 강제로 동원된다), 예수 자신의 추종자들은 그 가르침에 대해 아무것도 알지 못했던 것처럼 보인다. 예수와 율법이라는 문제에 관해서는 특히 John P. Meier, *Law and Love*, vol. 4 of *A Marginal Jew: Rethinking the Historical Jesus* (New Haven, CT: Yale University Press, 2009)를 보라.

32 유대 관습의 다양성에 관한 가장 최근의 논의로는 Karin Hedner Zetterholm, "The

여기서 조금 다른 질문이 떠오른다. 만약 더 큰 디아스포라 회당 공동체들이 관심을 보이는 이교도들을 그토록 자주 수용했다면, 유대인들의 작은 하위 집단이 그와 정확히 똑같은 일을 하는 것에 대해 회당 공동체들이 (아마도) 분개하게 된 까닭은 무엇인가? 특히 에클레시아의 이교도들이 율법의 측면에서 더욱 "코쉐르kosher"의 상태였음을 감안하면 말이다.

어떻게 더욱 "코쉐르" 상태였는가? 그리스도를 따르는 이교도들에게 요구되었던 것은 정확히 무엇이었는가? 바울에 따르면 세 가지다. (1) 첫 번째이자 가장 중요한 것은, 더 이상 다른 하급 신들(다이모니아*daimonia*; 스토이케이아 *stoicheia*; "이 세대의 신," 고후 4:4)에게 라트레이아λατρεία를 바치면 안 된다는 것이다. 이 이교도들은 그들에게 고유했던 신들을 버리고, 오직 바울의 신, 이스라엘의 신만을 배타적으로 경배해야 했다. 이것은 디아스포라 회당이 (훨씬 적게) 요구했던 것보다 훨씬 더 급진적 형태의 유대화 방안이었다. (2) 민족성을 "바꾸는 것," 즉 유대인이 "되는 것"(남성의 경우, 할례를 받아 유대인이 되는 것)이 금지되었다. 이 에트네*ethnē*는 비록 한 가지 차이를 지닌 에트네이긴 하지만 그럼에도 정확히 에트네로서 머물러야 했다. 그 까닭은 (3) 성령을 받고 나서, 이 이방인들은 하기오이*hagioi*, 즉 "거룩한," "축성된," 혹은 "따로 구별된" 에트네로서, 정확히 "율법"에 묘사된 것과 같은 공동체 행동 양식의 기준에 따라 살아야 했기 때문이다(율법을 행하는 것에 대해서는 갈 5:14; 고전 7:19; 롬 2:13, 25-27을 보라; 특히 십계명을 가리키는 롬 13:8-10; 이방인의 축성에 관련해서는 롬 15:16을 보라). [112쪽] 이것은 성전이나 회당에서 요구된 적 없는 급진적 형태의 유대화 작업의 또 다른 예다. 이제 이방인의 멤버십에 대한 위의 판단 기준들 각각을 차례대로 살펴보자.

Question of Assumptions: Torah Observance in the First Century," in Nanos and Zetterholm, *Paul within Judaism*, 79-103을 보라. 유대 관습의 내부적 다양성에 대한 추가적 논의로는 Goodman, "The Persecution of Paul by Diaspora Jews"를 보라.

여러 신들과 한 분 하나님

양극화를 초래하는 갈라디아서 속 바울의 수사는 그의 복음이 어느 정도까지 유대화하는Judaizing 복음이었는지를 알아보지 못하도록 가려버린다. 바울의 복음 역시 유대화하는 복음이라는 점이 바울의 동시대인들에게는 쉽게 인식되었을 것이다.[33] "유대화하는 것Judaize"은 일반적으로 외부인이 (몇몇) 유대적 관습을 취하는 것을 가리켰다. (이것은 신축성 있는 용어였기 때문에, 바울은 자신의 수사적 목적을 위해 갈라디아서에서 그 표현을 상당히 잡아 늘일 수 있었다. [바울이] 발을 뺀 베드로가 지역 에클레시아의 이방인들을 "유대화"하도록 "강요"했다고 고발할 때, 바울은 분명 베드로가 물러난 것이 곧 그 이방인들로 하여금 오직 유대인들의 가정에서만 공동체 식사를 하도록 압박을 가했다고 생각했음이 분명하다[갈 2:14], 본서 235쪽을 보라.)

행동 양식을 차등화해 본다면, 유대화하는 것은 아마도 이교도가 자신의 고유한 만신전에 이스라엘의 신을 추가하는 것에서 시작해서, 그 이교도가 할례를 받는 데까지 나아감으로써 유대 전통에 완전히 헌신하게 되는 것까지 다양한 등급이 존재했다. 바울은 이 두 선택지 모두를 비난했다. 계속해서 다이모니아를 경배하는 것은 용납될 수 없는 행동이었다("만약 자신을 '형제'라고 부르면서 그가 우상을 섬긴다면, 그와 어울리지 말라," 고전 5:11; 참고: 10:14-22). 그리고 바울에게 개종자의 할례 역시도 용납될 수 없었다(할례를 받는 자는 그것으로 말미암아 "그리스도에게서 끊어진다," 갈 5:4).

그러나 이방인들의 행동 양식과 관련해 이방인들에게 전해진 바울의 핵심 메시지는 "할례를 받지 말라!"가 아니었다. 핵심은 "더 이상 하급 신들에게 라트레이아를 바치지 말라!"였다. 바울의 이교도들은 오직 유대인의 신만

33 Barclay는 다음과 같이 타당하게 논평한다. "바울과 그의 대적자들은 많은 부분에서 동의하기도 했을 것이다. 그러나 그 동의하는 지점들은 바울의 논쟁적 수사의 양극화하는 효과 때문에 수면 아래로 가라앉고 만다." Barclay, "Mirror-Reading a Polemical Letter," 78.

을 엄격하게 섬겨야 했다. 그들은 유대인의 경배 활동이 전달하는 의무 사항들, 곧 유대 율법의 첫 번째 목록, 시내산 십계명의 첫 두 조항, 나 외에 다른 신을 두지 말라, 우상을 만들지 말라(출 20:1-4; 신 5:6-8)는 지시 사항에 그들의 새로운 종교적 행동 양식을 (완전히) 맞추어야 했다. 이러한 측면에서—강력한 지역의 신들에게 공적으로 경의를 표하는 행동을 삼가면서—바울의 이방인들은 할례를 받지 않았음에도 "마치" 그들이 유대인들인 것처럼 행동해야 했다. 급진적이고 배타적으로 이스라엘의 신에게 연결되면서, 바울의 에트네는 이교도와 유대인 모두가 "독특하게 유대적인 것"으로 두루 인정한 바로 그 행동 양식을 공적으로 취해야 했다. 즉, 바울의 이방인들은 유대화되었다(그 용어가 동시대에 정의되는 일반적인 의미에 따르면 그렇다).[34]

민족적 구별

[113쪽] 신약학자들은 종종 할례에 대한 바울의 입장을 복음 메시지의 대담한 신령화spiritualizing 및 보편화로 간주한다. 그들이 보기에 베드로, 야

---

34 [228쪽] 만약 사회적으로 이례적인 탈-이교적 이교도들이라는 인구 집단을 표현함에 있어서 그리스도인/기독교적Christian이라는 용어는 그 시대착오적 왜곡 때문에 사용을 삼가야 한다면, 어떤 다른 용어를 사용할 수 있을까? Caroline E. Johnson Hodge, "The Question of Identity: Gentiles as Gentiles—but Also Not—in Pauline Communities," in Nanos and Zetterholm, *Paul within Judaism*, 153-74; Joshua D. Garroway, *Paul's Gentile-Jews: Neither Jew nor Gentile, but Both* (New York: Palgrave Macmillan, 2012)를 보라. 이 사람들을 "그리스도인들"이라 지칭하는 것과 관련된 시대착오의 문제에 대해서는 본서 271쪽, 각주 43을 보라. 그러나 심지어 바울의 선교라는 맥락에서도 "유대화하는 것"은 "외부적etic" 관점이 아니다(본서 148-149쪽을 보라). 이것은 John M. G. Barclay, *Pauline Churches and Diaspora Jews* (Tübingen: Mohr Siebeck, 2011), 18, 각주 48과 반대 입장이다. 이교의 우상 숭배에 대한 바울의 맹렬한 질책에 대해서, 그리고 바울이 유대 율법 전통에 지고 있는 빚에 대해서는 Peter J. Tomson, *Paul and the Jewish Law: Halakha in the Letters of the Apostle to the Gentiles* (Assen, Netherlands: Van Gorcum, 1990), 특히 187-220을 보라.

고보, 그리고 할례를 주장하는 사도들은 "배타주의자"이고 "지나치게 유대적"이며, "구식" 패러다임에 갇혀 있고, 좁게 생각하며, 바울의 폭넓은 시야에 미치지 못한다. 반대로 할례에 맞선 가르침을 전하는 바울은, "민족적 차이"의 표지를 지워버리는 가운데 확장적으로 사고했다.

하지만 바울은 그의 편지 어디에서도 유대인들이 그들의 아들들에게 할례를 행하는 것에 대해 말한 적이 없다(그리고 거기에 대해 반대한 적은 더더욱 없다). 그리고 바울은 할례자가 무할례자로 돌아가는 수술을 받는 것을 명시적으로 반대했다(마카비1서 1:15은 수술을 통해 "포피를 만드는 것"을 조롱했다. 참고: 고전 7:18, 메 에피스파스토*mē epispasthō*).[35] 바울은 **이방인들을 위한** 할례에 반대했지, 유대인들을 위한 할례에 반대한 것이 아니다.[36] 유대인의 할례에 관해 바울은 아무런 의견도 표명하지 않았는데, 이는 아마도 바울이 유대인의 할례를 당연한 것으로 간주했기 때문일 가능성이 가장 높다. 자신들의 조상 관습을 존중하는 유대인들은 아들이 태어난 지 팔 일만에 할례를 행했다(참고: 빌 3:5). 만약 이스

35 이미 2세기 초반에 접어들었을 때 바울은 이와 같이 잘못 해석되었다. 즉, 바울이 **유대인들을 상대로** 유대교에 반대하는 가르침을 전했다고 여겨진 것이다. 예를 들어, 사도행전 21:21(누가는 이러한 혐의를 부인한다)을 보라. 에베소서의 저자에 대해서, 그리고 제2바울서신 저자로서 에베소서 저자가, 바울이 유지했던 민족적 구분을 무너뜨려 버린 방식에 대해서는 J. Albert Harrill, "Ethnic Fluidity in Ephesians," *NTS* 60 (2014): 379-402을 보라.

36 Barclay는 "더 이상 할례를 전파하지 않는다"(갈 5:11)라는 바울의 진술을 듣도록 의도된 청중이 유대인들이었다고 주장한다(예: Barclay, "Paul and the Hidden Circumcision of the Heart," *Pauline Churches and Diaspora Jews*; 갈라디아서의 이 구절에 대해서는 73을 보라). 기독교 신학자 바울은 유대적 정체성을 "급진적으로 재정의"했고, 육신의 할례가 이방인들은 물론이고 유대인들에게도 중요치 않다고 생각했다는 것이 Barclay의 주장이다(같은 글, 68-79; 참고: 이것은 *Paul and the Gift*에서 반복되는 주제다). Barclay의 바울은 더 나아가 일종의 폐지된 통화를 나타내기 위해 토라를 사용한다(*Paul and the Gift*, 383). 토라의 권위는 "무너졌으며"(385), Barclay의 바울은 이스라엘의 정체성을 의식적으로 재고한다. Barclay의 바울은 Wright의 바울과 마찬가지로 기독교 신학자다.

라엘이 이스라엘로 남아있어야 한다면(그리하여 이방인들과 더불어 기뻐한다면, 롬 15:10), 이스라엘이 그들에게 속량을 가져다주는 신과 맺은 언약을 실행하는 것을 어째서 그만두겠는가? 더 나아가, 바울은 시간이 급격히 단축되었다는 개념을 가지고 있었기에, 다음 세대에 관해 생각할 이유가 별로 없었다. 고린도전서 7:14에 나오는 간략한 언급—이교도 출신 부모 중 한 명만이 그리스도-추종자인 가족들의 상태에 관한 언급—을 제외하고는, 바울은 그 어디서도 어린이에 관하여 말하지 않는다.[37] 마지막으로, 바울의 현존하는 편지들 모두가 오직 이방인 회중들에게만 향하고 있다는 사실은, 유대인들이 실천하는 유대적 관습에 관해 바울이 무엇이라 말하는지 우리가 들을 기회가 없다는 것을 의미한다.

질문을 뒤집어 보자. 에클레시아 내부에 있는 그리스도를 따르는 유대인들이(다른 이들 못지 않게 바울 역시) 유대 조상 관습을 유대적으로 준수하기를 그만둘 이유가 어디 있겠는가? 우리가 역사적으로 회고하면서 "가장 초기의 기독교earliest Christianity"라고 간주하는 것이 당시에는(그리스도-추종자들은 당시 세대가 역사의 마지막 세대라고 확신했다) 유대교의 한 분파였다. 단연코 바울을 포함하여, 이 유대인들은 그리스도-추종자로서 유대인의 신을 계속해서 경배했고, 유대 경전을 사용했으며, 이스라엘의 신이 기름 부은 그 아들이 그 신의 왕국을 확립하고자 올 것이라는 유대적 메시지를 선포했다. 그리고 그 왕국은

37 Judith M. Gundry는 2016년에 몬트리얼에서 열린 SNTS 연례학술대회에서 한 소논문을 발표했는데, 거기서 그녀는 바울이 고린도의 그리스도-추종자들에게 생식을 위한 성관계를 피해야 한다고 권면한 까닭이 무엇일지, 그것을 뒷받침하는 이유를 이렇게 제안했다. "생식을 위한 성관계에는 상속자를 얻고 자신의 가계 및 가족에 대한 기억을 공고히 하는 목적이 있었기에, 이것은 사람들 사이에 불화를 일으켰다. 따라서 생식을 위한 성관계는 포기되어야만 했다." "Becoming 'One Flesh' and the Politics of Procreation: 1 Corinthians 7.29B and the Corinthian *Schismata*"; 인용문은 논문 원고 35쪽에서 따온 것이다. 아직 출판되지 않은 그 원고를 인용할 수 있도록 허락해 준 저자 Gundry에게 감사를 표한다.

이방인들뿐 아니라 이스라엘, 곧 하나님께서 율법을 통해 따로 구별하신 백성으로 정의되는 그 이스라엘(예: 레 20:22-24) 역시 포함할 것이다. [114쪽] 그렇다면 이 그리스도를 따르는 유대인들이 그들의 메시아의 개선장군과 같은 귀환을 기다리는 가운데 조상 전통(할례를 포함)에 따라 살기를 그만둘 이유가 어디 있겠는가?[38]

더 나아가 이교도 그리스도-추종자들이 할례를 받으면 안 된다는 바울의 강력한 주장은 사실상 "이스라엘"과 "열방"을 가르는, 곧 육신에 따른*kata sarka* 구별을 다시금 뚜렷하게 되새겨준다. 오직 이스라엘만이(예수 운동 안에 있

38 고린도전서 9:20-22은 때로 반대의 결론에 대한 증거로 인용된다. "유대인들에게 내가 유대인과 같이 된 것은 유대인들을 얻고자 함이요 율법 아래에 있는 자들에게는 내가 율법 아래에 있지 아니하나 율법 아래에 있는 자 같이 된 것은 율법 아래에 있는 자들을 얻고자 함이요 율법 없는 자에게는 내가 하나님께는 율법 없는 자가 아니요 도리어 그리스도의 율법 아래에 있는 자이나 율법 없는 자와 같이 된 것은 율법 없는 자들을 얻고자 함이라 … 내가 여러 사람에게 여러 모습이 [되었다]"(고전 9:20-22, 개역개정). 이 구절들에 대한 나의 해석은 본서 372쪽을 참고하라. 아우구스티누스는 히에로니무스와의 서신 교환에서(기원후 373년경), 바울이 (단지 전략적으로가 아니라) 평생 동안 토라 준수 유대인으로 계속 신실하게 살았다는 견해를 고수하는데, 아우구스티누스의 그 말은 여기에서 되풀이할 가치가 있다.

> [229쪽] 만약 바울이 유대인들을 얻기 위한 목적으로 유대인인 척을 했기 때문에 이 사크라멘타*sacramenta*[유대 의례를 가리키는 아우구스티누스의 용어다]를 준수한 것이었다면, 왜 그는 마찬가지로 이방인들을 얻기 위한 목적으로 이방인들과 더불어 이방 희생 제사를 지내지는 않았을까(바울이 율법 없는 자들을 위하여 율법 없는 자처럼 되었다고 말했던 것을 생각해보라)? 바울은 유대인인 척을 했던 게 아니라 태생적 유대인으로서 행동했다. 그리고 바울이 이 모든 것을 말한 것은 그 자신의 참모습이 아닌 다른 누군가인 척을 하며 거짓으로 속이려는 것이 아니었다. 바울은 이렇게 하는 것이 이 사람들을 자비롭게 도와줄 수 있으리라 생각했기 때문에 그리했던 것이다. (Augustine to Jerome, *Letter* 40.4.6)

따라서 아우구스티누스의 결론에 따르면, 고린도전서 9장의 이 본문은 바울의 긍휼과 진실성 양쪽 모두를 증언한다. "유대인처럼" 되는 것과 "이방인처럼" 되는 것은 유대인이나 이방인인 "척"을 하는 것이 아니었다.

든 밖에 있든) 육신의 할례에 의해 대표되고 예시되는 (그들의 신과 맺은) 언약적 관계에 참여한다. 이 육신의 할례는 마음의 할례를 표현하고, 고취하며, 강화시킨다(예: 레 12:4; 26:41; 신 10:16; 30:6). 일반적으로 이교도들은 언약적인 육신의 할례든 마음의 할례든 받지 않았다(물론 이 논평은 로마서 2장을 고려하면서 더 신중하게 탐구될 필요가 있다). 그리스도를 따르는 이교도들의 경우 결국에는 "마음의 할례"를 받게 될 것이다. 하지만 그들은 여전히 육신의 할례를 받지 않는다do not(혹은 바울의 말을 따르자면, 그들은 육신의 할례를 받지 말아야 한다should not). 간단히 말하자면, 유대인과 그리스인, 남자와 여자, 노예와 자유인은 모두 "그리스도 예수 안에서", 즉 카타 프뉴마*kata pneuma*/"영 안에서in spirit"(조금 후에 우리는 이 사상을 살펴볼 것이다) "하나"일 수 있다. 그러나 카타 사르카*kata sarka*/육신을 따라서, 그들은 모두 사회적으로나 민족적으로 구별된 존재로 남아 있다. 혹은 바울을 인용해 보자면, 유대인들은 "본질상"(퓌세이*physei*, 갈 2:15) 이방인들과 구별된다.

따라서 우리는 바울이 이스라엘과 민족들 사이의 구별을 강화했지, 그 어디서도 그것을 지우지 않았음을 본다. 또한 바울은 "이스라엘"을 재정의해서 그것이 그리스도-추종자들을 의미하도록(그리고 오직 그것만을 의미하도록) 하지 않았다.[39] 흥미롭게도, 바울의 수사는 여러 "민족들"이 서로 간에 갖고 있는 구별을 지워버린다. 유대 경전에서 고임*goyim*/에트네*ethnē*는 다양하게 분

39 오랫동안 많은(전부는 아니지만) 주석가들은 갈라디아서 6:16("이 규율에 따라 걷는 모든 이들과 하나님의 이스라엘에게 평화와 자비가 있을지어다," καὶ ὅσοι τῷ κανόνι τούτῳ στοιχήσουσιν, εἰρήνη ἐπ᾽ αὐτοὺς καὶ ἔλεος καὶ ἐπὶ τὸν Ἰσραὴλ τοῦ θεοῦ)이 민족적 이스라엘이 아니라 기독교 교회를 가리킨다고 해석해 왔다. 이러한 해석을 반대하는 가장 최근의 논의로는 다음의 소논문을 보라. Susan Grove Eastman, "Israel and the Mercy of God: A Re-reading of Galatians 6.16 and Romans 9-11," *NTS* 56 (2010): 367-95. 또한 Krister Stendahl, *Final Account: Paul's Letter to the Romans* (Minneapolis, MN: Fortress, 1995), 5, 40을 보라.

화되어 있다. 애굽 사람, 블레셋 사람, 가나안 사람, 암몬 사람, 모압 사람, 에돔 사람(예: 신 23:4-8)이 등장한다. 반면에 바울의 담론 안에서 에트네는 이러한 방식으로, 즉 민족적으로 특정한 친족 집단으로 나뉘지 않는다(물론 로마서 1:14에서 바울이 "모든 이방인"을 포괄하는 말로서 "그리스인"과 "야만인"을 구별하여 말한 적이 한 차례 있기는 하다). 오히려, 바울의 에트네는 "포피를 가진" 우상 숭배자들(만약 이 운동의 외부인이라면) 혹은 "포피를 가진" 탈-우상 숭배자들(만약 이 운동의 내부인이라면)로 이루어진, 서로 간에 구별이 없는 집단을 의미하는 말로 기능한다.

바울에게 있어서 이스라엘을 제외한 모든 인류는 에트네다. 이 날카롭게 이분법적인 이스라엘/에트네의 이항대립은 성서에 나오는 다양한 여러 "민족들"로부터, 후대 랍비들이 생각하는 개인화된 고이*goy*(비-유대인 남성)로, 유대인들의 민족 담론이 전이되는 발전 과정을 표시한다.[40] [115쪽] 바울의 이분법적인 민족 수사는 어디에서 왔는가? 이는 바울의 자료로서 기능했던, 묵시 종말론을 담은 예언자 전통으로부터 끌어온 것이다. 우리는 고대 세계의 민족성을 정의해 주며 또한 한 쌍으로서 인간들의 민족성에 상응하는 또 다른 측면에 초점을 맞춤으로써 이것을 더 분명히 식별할 수 있을 것이다. 즉, 이제 인간들의 민족성이 아니라 신들의 민족성을 살펴보려고 한다.

우리는 민족 식별 표지들—민족들, 땅들, 언어들, 신들—이 어떻게 민족됨(유대인이든 이교도든 간에)에 관한 고대의 담론을 형성했는지 이미 살펴본 바 있다(본서 94-95쪽을 보라). 유대인의 경전 안에서 체계를 제공하는 이 원리들의 틀은 태곳적에 형성된 것으로 나타난다. 창세기 10장은 노아의 후손이 어떻게 "그들의 땅과 언어와 가족과 민족대로" 이어져 내려오고 흩어졌는지를

40 이 점에 대해서, 그리고 어떻게 바울의 편지들이 발전 중인 유대적 담론 선상에 있었는지에 대해서는 다음 두 편의 중요한 소논문을 보라. Ishay Rosen-Zvi and Adi Ophir, "Goy: Toward a Genealogy," *Diné Israel* 28 (2011): 69-112과 "Paul and the Invention of the Gentiles," *JQR* 105 (2015): 1-41.

이야기한다(창 10:5, 20, 31-32). 신명기 32:8에서는 "신들"(혹은 적어도 초인간적인 세력들)이 그 목록에 합류하는데, 이 구절은 그 태곳적 순간을 인간의 사회적 시간 안에서 지칭한다. "하나님께서 민족들에게 몫을 분배하실 때, 그분께서 인류를 나누실 때, 그분은 신들의 수효에 따라 민족들의 경계를 정하셨다"(신 32:8).[41]

유대인의 전통에서 이스라엘의 신은 신성의 정점에 위치한다. 다른 엘로힘*elohim*(신들 - 역주)은 이스라엘의 신에게 절한다. 이스라엘의 신만이 홀로 가장 뛰어나다. 그러나 이스라엘의 신의 보편성은 민족적인 형태로 굴절된다. 이 신은 다른 모든 민족들 가운데 이스라엘을 선택하고 토라*torah*, 곧 "가르침"을 줌으로써 그들을 따로 구별한다. 이스라엘의 신은 이스라엘의 족장들과 선지자들에게 히브리어로 말씀한다. 그는 이스라엘의 "아버지," 이스라엘 다윗 계열의 왕들의 아버지이다. 또한 그는 안식일을 지키며, 두 무리의 할례받은 천사들이 그를 수행한다. 지상에서 그의 거처는 예루살렘의 성전이며, 또한 예루살렘의 성전 주변으로 그의 왕국이 임할 것이다. 그는 이스라엘의 택정함의 근원이며, 또한 이스라엘이 가진 언약의 신적 파트너이다. 간단히 말해, 유대 전통에 따르면, 이스라엘의 신 자체가 "유대적"이다.[42]

---

41 이는 신명기 32:8에 대한 NRSV성경의 번역을 따른 것이다. 베네이 엘로힘*benei elohim*("하나님의 아들들," 4QDeutj), 베네이 이스라엘*benei Israel*(MT), 앙겔로이 *angeloi*(LXX) 사이에 용어가 미끄러지는 현상에 대해서는 본서 58쪽과 각주를 보라.

42 하나님의 안식일 준수에 대해서 희년서에 나오는 천사는 모세에게 이렇게 말한다. "그분은[하나님은] 우리에게 안식일이라는 큰 표적을 주셔서, 우리가 육일 동안 일하고 칠일 째에는 일을 쉬고 안식일을 지키도록 하셨다. 그리고 그분께서는 우리에게, 곧 모든 임재의 천사들과 모든 성화의 천사들이라는 두 위대한 종류의 천사들에게 말씀하셔서—이 천사들 역시 할례를 받았다(희년서 15:27)—우리[천사들]가 그분과 함께 하늘에서와 땅에서 안식일을 지키도록 하신 것이다. 그리고 그분께서 우리에게 말씀하셨다. '보라. 내가 나를 위해서 모든 민족들 가운데 한 민족을 구별할 것이다. 그들은 또한 안식일을 지킬 것이다. 그리고 나는 나 자신을 위해 그들을 거룩하게 하며, 그들에게 복을 주고 … 그들은 나의 백성이 되며 나는 그들의 신이 될 것이다. 그리고 나는 내

예언적 종말론의 렌즈를 통해 굴절되어 나타나는 이 신적 민족성은 세 가지 상호 연결된 사상을 드러내고 강조한다. 첫째, 오직 이스라엘만이 하나님을 "알았다." 둘째, 다른 민족들은 하나님을 알지 못했다. 셋째, 종말이 되면, 이 민족들 역시 하나님을 알게 될 것이다. 다른 말로 하면, 하나님의 민족성에 대한 집요한 강조에도 불구하고, 유대 경전은 그들의 종교적 문화에 독특하게 내재된, 다음과 같은 더 큰 주장을 힘주어 말하는 것이다. 곧 이스라엘의 신은 **또한** 다른 민족 집단들의 신이기도 하다. 바울이 로마서 3:29에서 말하듯, "에트네*ethnē*의 신도 되신다." **그러나 대체로 민족들은 이것을 종말이 되어야만 알게 될 것이다.** [116쪽] 이러한 점에 비추어 볼 때, 그 왕국의 수립은 상당히 문자적인 의미에서 유대인의 신이 민족 경계를 넘어서는 궁극적인 행위를 가리킨다.

민족의 경계를 넘어서는 하나님의 역사가 이미 예언되었고, 사도들은 그 역사가 예수의 부활과 재림 사이 격렬한 공백 기간interregnum 동안 일어나기 시작했다고 확신했다. 종말론이 일상 안으로 침입하면서, 다른 민족들이 (민족적으로 특수한) 이스라엘의 신의 율법(들)과 어떤 관계를 맺어야 할지에 관한 질문을 더욱 복잡하게 만들었다. 우리는 곧 이 쟁점을 다룰 것이다. 여기서 유념해야 할 점은, 이사야에게나 바울에게나 **묵시적 기대감의 음조가 더 강렬**

가 본 모든 이들 가운데서 야곱의 씨를 택했다. 나는 그들을 내 장자로 기록해 두었으며, 나를 위해 그들을 영원히 거룩하게 하였다. 그리고 나는 그들에게 안식일을 알릴 것이다"(희년서 2:17-20). 추가적으로 Kugel, "4Q369 'Prayer of Enosh,'" 특히 123-26을 보라. 민족적 정체성의 표지들로서 실천, 장소, 언어, 그리고 가족 관계에 대해서는 본서 2장을 보라. "유대적" 언어로서의 히브리어에 대한 강조는 아마도 칠십인역에 관한 헬레니즘 유대 전설에서 칠십인역에 애타게 권위를 부여하려는 노력이 등장한 까닭을 설명해 줄 것이다. 앞으로 보게 되겠지만, 바울 역시 글롯사*glōssa*를 민족적 지표의 하나로 꼽는다. 신들의 민족성에 대한 추가적 논의로는 앞으로 나올 나의 소논문인 "How Jewish Is God?"을 보라(해당 논문은 본서가 출판된 이후 2018년에 *JBL* 137, no. 1에 게재되었다 - 역주)

해질수록, 이스라엘과 민족들 사이의 대조 역시 더 커진다는 것이다. 왜 그럴까? 그러한 전통들 안에서 민족들이 갖는 내러티브적 기능은 바로 이스라엘이 아닌 이들, 즉 하나님을 몰랐고 하나님을 모르는 다른 모든 백성을 대표하는 것이기 때문이다. 종말론적 구속은 (하나님을 아는) 이스라엘과 (종말까지 하나님을 모르는) 다른 모든 이들 사이의 뚜렷한 대조를 강조하고 강화한다. 조금 다르게 표현해 보자면, 우리와 그들 사이의 날카로운 구별은 신학적 경계선을 따라 그려지며, 따라서 민족적 경계선을 따라서도 그려진다. 이사야 66:18-20에서 창세기 10장의 열방 목록이 반향된 것을 생각해 보라.

> 뭇 나라와 언어가 다른 민족들을 모으리니 그들이 와서 나의 영광을 볼 것이며 … 내가 … 그들 가운데에서 도피한 자를 … 나의 명성을 듣지도 못하고 나의 영광을 보지도 못한 먼 섬들로 보내리니 그들이 나의 영광을 뭇 나라에 전파하리라. 나 여호와가 말하노라 … 그들이 너희 모든 형제를 뭇 나라에서 나의 성산 예루살렘으로 … 여호와께 예물로 드릴 것이요." (사 66:18-20, 개역개정)

이스라엘과 열방 사이의 민족적-신학적 차이, 곧 열방은 참된 신을 모른다는 차이는, 다른 모든 에트네*ethnē*를 하나의 구분 없는 우상 숭배자들의 덩어리로 묶어 버리는 요소이다. 이사야에게서나 바울에게서나, 종말에는 이 날카로운 이분법이 신학적으로 해소될 것이지만, 민족적으로 해소되지는 않을 것이다. 이스라엘은 이스라엘로, 열방은 열방으로 남아 있게 된다(참고: 사 11:10; 롬 15:10). 바울은 자신이 아주 마지막 시기에 살고 있음을 확신했고, 그에 못지않게 에트네*ethnē*를 이스라엘 신을 예배하는 자리로 끌어 오는 자신의 역할의 중요성에 대해 확신했으며, 민족적 차이를 이사야가 했던 것보다 더 많이 강조하며 이분법을 강화했다.

하지만 바울이 처한 상황은 또한 그가 사용한 성서 자료들의 상황과 달랐다. [117쪽] 바울의 선교는—그리고 로마에 처음 공동체를 세운 이(그게 누구든)와 같이 다른 이들의 선교는—묵시적 종말이 오기에 앞서 "종말론적 이방인들"을 이미 탄생시켰다. 따라서 민족적 이분법을 사용하는 바울의 담론은 스스로에게 난제를 안겨주었다. 우리에게 그렇듯이, 바울에게도 에클레시아의 비-유대인이자 탈-우상 숭배자들을 지칭할 마땅한 용어가 없었다. 이들은 "개종자"/프로셀뤼토이*prosēlytoi*가 아니다. 1세기 중엽에 이 이교도들이 "개종"할 수 있는 유일한 선택지는 유대교인데, 이는 바울이 극도로 거부했던 개념이었다. 그렇다고 그들이 유대 회당과 관계를 맺으면서도 여전히 그들의 신들을 섬기는 부류인 "신-경외자들"—적어도 바울은 이렇게 되어서는 안 된다고 화를 내었다—이었던 것도 아니었다. 또한 그렇다고 그들이 "그리스도인"인 것도 아닌데, 이 용어는(그리고 그 개념은) 당시에 아직 존재하지 않았기 때문이다.[43] 그렇다면 이 사람들을 뭐라고 부르는 것이 적절할까? 바

43 [230쪽] 이 운동의 첫 세대와 관련해서 "그리스도인/기독교적Christian"이라는 용어를 사용할 때 발생하는 시대착오의 오류에 대해서는 William Arnal, "The Collection and Synthesis of 'Tradition' and the Second-Century Invention of Christianity," *Method and Theory in the Study of Religion* 23 (2011): 193-215을 보라. Runesson, "Inventing Christian Identity," 및 추가적으로 더 발전된 논의를 담고 있는 같은 저자의 "The Question of Terminology: The Architecture of Contemporary Discussions on Paul," in Nanos and Zetterholm, *Paul within Judaism*, 53-78; John W. Marshall, "Misunderstanding the New Paul: Marcion's Transformation of the Sonderzeit Paul," *JECS* 20 (2012): 1-29을 보라. Marshall은 6쪽에서 이렇게 논평한다.

> 바울을 해석할 때 "기독교"라는 범주를 사용하는 것에는 근본적으로 문제가 있다. 이 용어의 사용은 [후대의] 바울 위경인 목회서신들이 했던 것과 같은 방식으로 바울의 글들을 변화시켜 버리는 영향력을 행사한다. 바울의 글들을 "기독교"의 사례로 읽음으로 인하여, 이 새로운, 후대의 종교가 이미 그의 편지들에 존재하는 것처럼 역으로 투사되며, 바울의 종말론적 신념의 위력이 무디어지고, 이방인들을 향해 말하는 바울의 구체성이 지워지고 만다. "기독교"라는 용어의 이러한 효과는 로마서 11:26을 읽을 때 대체로 왜곡을 초래한다. 그 구절에 나오는 바울의 신념('온 이스라엘'이 구원을 받으리라)을 인계받아 기독교화하거나 혹은 그저 그 신념을 근절

울은 여기서 갈팡질팡한다. 그들은 탈-이교도들/탈-이방인들이지만("너희가 에트네*ethnē*였을 때 …" 고전 12:2), 또한 여전히 이교도들/이방인들이다("에트네*ethnē*인 너희들에게 이제 말하노라" 롬 11:13). 때로 바울은 그들을 하기오이*hagioi*, 곧 "거룩한," 혹은 "구별된" 이들이라고 부른다. 또 어떤 때는 그들을 아델포이*adelphoi*, 곧 형제들이라고 부르기도 한다.[44] 그러나 만일 우리가 로마서의 마지막 장들을 (어떤 의미에서) 바울의 최후의 말로 본다면, 에트네*ethnē*라는 용어가 곧 바울이 선택한 용어라 할 수 있다(15:8-12, 16-18, 27; 16:4, 에클레시아이 톤 에트논*ekklēsiai tōn ethnōn*; 16:26).[45]

해버리는 것이다.

가장 최근의, 가장 긴 연구서들 가운데 두 권이 각기 바울을 묘사함에 있어서 바울의 선명한 종말론을 전혀 염두에 두지 않고 있다는 점을 언급할 필요가 있다. 이 두 권은 Wright(2013년, 총 1,660쪽)와 Barclay(2015년, 총 656쪽)의 책이며, 이들은 바울을 유대교를 거부하는 기독교 신학자로 주장한다. Wright는 바울이 임박한 종말의 측면에서 생각했다는 점을 단도직입적으로 부정하며, 학계에서 자신과 다르게 생각하는 학자들, 즉 Wright 자신이 생각하는 파루시아의 비묵시적 구성에 동의하지 않은 이들을 가리켜 "경문 띠를 넓게 하며 옷술을 길게 한" 이들이라고 조롱한다(위선자들? 바리새인들? 혹은 "유대인들"이라고 조롱하는 것인가?). (*Paul and the Faithfulness of God*, 165). Barclay는 "묵시(적)"이라는 용어를 오로지 다른 학자들(D. A. Campbell, Ernst Käsemann, Louis Martyn)이 사용하는 용어로 여긴다. 이 용어는 Barclay 자신의 견해를 표현하는 데 어디에서도 사용되지 않는다. 놀랍지 않게도, Wright와 Barclay 두 학자들 모두 앞서 인용한 Marshall의 문단에 정확히 들어맞는다. 즉, 바울의 편지들을 "기독교"의 사례로 보는 가운데, 이 학자들은 종말론을 바울의 편지를 빚는 중요한 요소로서 제대로 고려하지 못한다. 또한 그들은 바울이 이방인에게뿐 아니라 유대인에게도 자신의 신학을 전하고 있다고 여긴다. 그들의 결론에 따르면 구원받는 이스라엘(롬 11:25-26)은 기독교적인 이스라엘이다. 또한 Christopher Zoccali, "'And So All Israel Will Be Saved': Competing Interpretations of Romans 11.26 in Pauline Scholarship," *JSNT* 30 (2008): 289-318을 보라.

44 하기오이*hagioi*는 성전 이미지 표현과 레위기에 나오는 희생 제사 절차와 관련된 표현을 불러 일으킨다. 아델포이*adelphoi*는 혈통, 친족, 상속과 관련된 표현이다. 우리는 이 연상 관계들 모두를 5장에서 살펴볼 것이다.

45 Joshua Garroway는 이 사람들을 가리키는 바울의 용어로 "이방인 - 유대인들Gentile-

다시 말하자면, 신들과 민족들이 서로 친연 집단을 이루는, 고대 지중해 세계의 일반적이고 규범적이었던 신들의 민족적 착근성을 고려할 때, 바울은 하나의 역설을 확언한 셈이다. 그리스도 안에서 그들 자신의 신들로부터 돌아서게 된 민족들은 이스라엘의 신을 유대적인 방식으로 경배해야 하지만(다른 신이나 형상은 안 된다), 그럼에도 그들은 여전히 비-이스라엘이다. 따라서 그들에게는 유대 율법에 대한 의무가 없다. 그럼에도 바울은 그들에게 의무가 있다고도 주장한다.

율법, 에트네, 그리고 "이신칭의"

바울의 그리스도-안의-에트네*ethnē*-in-Christ는 오직 이스라엘의 신에게만 경배를 드리는 일에 전적으로 헌신하고 우상 숭배를 피해야 한다는 차원에서 유대화해야 한다는 요구를 받지만, 그것이 전부는 아니다. 바울에 따르면, 그들은 또한 서로에게 올바르게 대함으로써 율법을 성취해야 한다.

유대인이 유대인에 관하여 이상화하는 방식으로 설정해 놓은 윤리적 지침을 그의 공동체들도 준수하며 살도록 바울이 권면할 때(이 기준들 중 다수는 이

Jews"을 사용하자고 제안한다. 그들의 혼성적 민족 - 종교적 지위를 고려할 때(이스라엘 메시아의 신에 대한 피스티스*pistis*로 이 이방인들은 이스라엘에 접붙임을 받았다, 롬 11:17-24), 이렇게 하이픈으로 연결한 용어가 적절하다는 것이 그의 주장이다. 그러나 내가 볼 때, 바울의 올리브나무 은유는 이스라엘과 에트네 사이의 구분을 지워버리지 않는다. [231쪽] 바울은 그 구별을 고집하며, 심지어 앞서 76쪽에서 인용된 로마서 말미에(15:9-12) 그들 모두에게 공통된 구속을 노래할 때조차 그들은 여전히 서로 구별된다. (파라 퓌신*para physin*, "본성을 거슬러" 접붙임받은 "야생" 가지들은 "야생"으로 남아 있다.) 이 이방인들은 아브라함/그리스도를 통해 실제로 하나님의 입양된 아들들이 된다become(갈 4장). 하지만 유대인들은 족장들과 동일한 게노스*genos*에 속해 있음을 통해, 아브라함, 이삭, 야곱의 혈통적 후손임을 통해(롬 9:4-5) "본성상" 유대인이다(갈 2:15). 그리고 그리스도와 관계없이, 유대인들은 이미 하나님의 아들들로 간주된다(롬 9:4). 이방인들과 유대인들이라는 두 집단은 종말론적으로 결합되지만, 그럼에도 그들은 구별된다. 참고: Garroway, *Paul's Gentile-Jews*.

교도 도덕가들도 공유하고 있었다), 바울은 가급적 에둘러 말한다. 일부일처제, 결혼 관계 안에서 성적인 자기 절제, 공동체 사랑, 공동체 자치, 가난한 자들 돕기(특히 예루살렘을 위한 연보와 관련해서 언급된다)와 같은 사안들이 바울의 권면 가운데 울려 퍼지고 있다. [118쪽] 바울은 다른 곳에서 사회적이고 윤리적인 지침을 납득시키기 위해 명시적으로 토라를 인용한다. 예컨대 금송아지와 관련된 이스라엘의 경험은, 우상 숭배와 포르네이아*porneia*(고전 10:6-14)의 위험성에 관해 고린도인들에게 주어진 경고였다. 곡식을 밟아 떠는 소의 입에 망을 씌우지 말라는 모세의 가르침 안에는 순회하는 사도들을 공동체적으로 후원해야 한다는 메시지가 암호화되어 있다(고전 9:8-11). 이웃 사랑과 관련하여 레위기에 나오는 하나님의 지시는 에트네*ethnē*가 "온 율법"을 성취하도록 돕는다(갈 5:14; 참고: 롬 13:10). 공동체 안에서 여성들은 침묵해야 하며 "율법에(도) 이른 것 같이" 복종해야 한다(고전 14:34). 마지막으로 바울은 그리스도-추종자들이 율법의 두 번째 목록에 등장하는 계명들을 존중할 것을 단도직입적이고 날카롭게 촉구한다. 즉, 간음, 살인, 도둑질, 탐내는 것이 금지된다. 곧 이웃 사랑은 율법을 성취한다(롬 13:8, 10; 참고: 갈 5:14; 고전 7:19).

우리가 이미 살펴보았듯이, 바울이 율법의 두 번째 목록을 언급하는 것은 그를 세례 요한 및 예수의 메시지와 연결시킨다. 세례 요한과 예수는 유대인들에게 회개하고 임박한 종말을 준비하며 토라로 돌아와야 한다고 촉구했다. 그리고 요세푸스와 신약 복음서들 모두에 따르면, 십계명은 세례 요한과 예수의 사역 가운데 상당히 두드러지는 요소였다.[46] 요한과 예수에 관련된 이 그리스어로 된 전승들을 살펴보면, 시내산에서 받은 열 가지의 "계명들"은 "경건"(εὐσέβεια, 하나님을 향한 행동)과 "정의"/"의"(δικαιοσύνη, 사람들을 향한 행동)라는 두 단어 안에 함축되어 있다.

46 요한, 예수, 바울 사이의 이 공통된 요소에 관해서는 Fredriksen, *Sin*, 6-49을 보라.

유세베이아*Eusebeia*/하나님을 향한 경건	디카이오쉬네*Dikaiosynē*/다른 사람들을 향한 정의
1. 다른 신들을 섬기지 말라	6. 살인하지 말라
2. 새긴 형상(우상)을 섬기지 말라	7. 간음하지 말라
3. 하나님의 이름을 오용하지 말라	8. 도둑질하지 말라
4. 안식일을 지키라	9. 거짓말하지 말라
5. 부모를 공경하라	10. 탐내지 말라

바울은 그리스도를 추종하는 이방인들을 향해 말하면서 첫째 목록의 첫째 계명과 둘째 계명을 끌어온다. 그리고 둘째 목록에서는 특히 여섯째, 일곱째, 여덟째, 그리고 열째 계명을 언급한다. 물론 바울은 로마서 13:9에서(거기에서 이 목록이 나타난다) 율법의 나머지 모든 부분("그 외에 다른 계명")도 들먹이기는 하지만 말이다. 우리가 살펴보았듯이 바울은 다른 곳에서 "온 율법의 성취"로서의 이웃 사랑에 관해 말하며 레위기 19:18을 인용한다. 토라에 기초한 바울의 지침이 소위 "도덕법ethnical law"과 "제의법[의례법]ritual law" 사이를 가르는 선을 따라가고 있지 않다는 점에도 주목하라. [119쪽] 둘째 목록의 계명들이 사회적 정의에 대한 관심을 담고 있는 것은 사실이지만, "경배"—그리고 특히 형상을 새겨 만들지 말라는 것이나 그것 앞에 제물을 바치지 말라는 것—는 오늘날 현대인들이 의례적 행동이라 지칭할 만한 것이다.[47] 바울은 양쪽 모두를 수행하도록 권고한다. 바울에게 있어서는 어떤 사람이 경배하는 방식과 그가 어떤 신을 경배하는가의 문제는 (그가) 어떻게 행동하는가의 문제와 직접적인 연장선상에 있다(바울은 이 논점을 로마서 1:18-32에 나오는 우상 숭배 정죄 단락에서 명시적으로 밝힌다). 그것은 또한 우상에 대한 경배가 "모

47 Fredriksen, "Judaizing the Nations"는 바울의 탈-이교적 이교도들을 향한 가르침의 의례적 측면을 강조한다. Fredriksen, "The Question of Worship: Gods, Pagans, and the Redemption of Israel," in Nanos and Zetterholm, *Paul within Judaism*, 175-202을 보라.

든 불의"로 이어지는 방식이기도 하다(29절).

토라에 대한 바울의 긍정적인 언급들을 이렇게 간단히 살펴보는 것만으로도, 바울의 선교를 "율법 없는" 선교로 특징짓는 것이 얼마나 부정확한지 알 수 있다. 하지만 그보다 더 중요한 것은, 이방인들의 율법 준수에 대한 바울의 긍정적인 태도가, 율법에 관한 바울의 표현들 속 핵심적 단어군 하나를 해석하는 데에도 도움을 준다는 사실이다. 즉, 디카이오쉬네*dikaiosynē*("정의/의")라는 단어와 그 단어가 피스티스*pistis*(이것은 너무도 자주 "믿음" 혹은 "신념"으로 번역된다)와 맺는 관계를 해석하는 데에 도움을 준다. 우리는 이 단어들과, 단어들이 환기하는 개념군을 바울의 선교 정황 속에 재위치 시키기 위해 최선을 다하고자 한다.

바울이 그의 이방인들을 그들의 신들에 대한 경배로부터 불러내어 이스라엘의 신에게 배타적으로 헌신하도록 만들었을 때, 그 사람들은 그들에게 고유한 신과 고유한 조상 율법으로 되돌아왔던returning 것이 아니다(이것은 μετάνοια, "회개"의 유대적 의미이다). 그들은 이스라엘의 신에게 처음으로 향했던turning to 것이다(ἐπιστρέφω가 여러 형태로 등장한다. 예컨대 살전 1:9을 보라: "너희는 우상으로부터 하나님께로 향하여[에페스트렙사테*epestrépsate*] 살아 계시고 참되신 하나님을 섬기게 되었다"). 바울은 고린도에 있는 그의 공동체에게 다음과 같이 편지를 썼다. "실로 많은 신들과 많은 주들이 있지만, 우리에게는 한 하나님, 곧 아버지가 계시고 … 한 주님 예수 그리스도가 계신다"(고전 8:5-6).

물론 바울과 바울의 이교도 회중들은 이 하급 신들의 분노와 반발에 대처해야 했다. 그리스도의 죽음과 부활 안으로 잠겨 들어감을 통해 그들에게 전달된 거룩한 프뉴마πνεῦμα("영")가 기운을 북돋아주었다(롬 8:9-17). 이 헌신된 이교도들은 바울처럼 성령에 의해 예언을 말하고 방언을 하고 치유하고 영들을 분별할 수 있게 되었으며(고전 12:1-11), 이 은사들을 통해 묵시적 신념의 타당성을 확증받게 되었다. 그들은 피스티스πίστις("신뢰," "견고함")로 그리스도의 임박한 재림, 적대적 세력에 대한 그분의 승리, 산 자와 죽은 자의 변화, 그리고 창조세계(아마도 그들이 이전에 섬기던 신들을 포함할 것이다; 빌 2:10-11; 롬 8:22)의 속량을 기다리게 되었다. [120쪽] 성서는 하나님께서 디카이오이 타 에트네 에크 피스테오스δικαιοῖ τὰ ἔθνη ἐκ πίστεως 하실 것(갈 3:8: "이방인들을 믿음으로 의롭다 하실 것")을 미리 내다보았고, 이제 그리스도를 통하여 정말로 그렇게 하셨다. 남아 있는 짧은 시간 동안, 그리스도 안에 있는ἐν Χριστῷ 이 이교도들은 그리스도에 대한 그들의 피스티스πίστις에 의해(그리고 그것을 통해), 또한 그들에게 주입된 하나님의(혹은 그리스도의) 프뉴마πνεῦμα를 통해, 율법을 성취할 수 있게 되고, 율법을 따라 공동체 생활을 영위할 수 있게 되었다(예: 갈 5:13-25). 이 영으로 채워진 이방인들은 비록 "율법 아래" 있지는 않지만(갈 5:18), 이제 율법을 성취할 수 있다. 그들은 디카이오텐테스 에크 피스테오스δικαιωθέντες ἐκ πίστεως(롬 5:1)가 되었다. 바울이 이 구절로 의미한 바는 무엇인가?

고대 그리스어 본문은 피스티스와 디카이오쉬네(여기에서처럼 명사 형태일 때와 동사 형태일 때 모두)의 미묘한 의미 구성(해석)에 기초하고 있는 반면, 우리의 현대 단어들은 다른 함의를 갖고 있기 때문에 제대로 된 번역이 어렵다. 예를 들어, 피스티스의 역어인 "믿음faith"이라는 단어는 적어도 테르툴리아누스(크레도 퀴아 압수르둠credo quia absurdum[불합리하기 때문에 믿는다 - 역주])부터 시작해서 키에르케고르에 이르는 기나긴 기독교 문화사의 프리즘을 거치지 않을 수 없다. 이 단어는 진정성, 성실성, 혹은 "믿음belief"의 강렬함에 이르기까지 모든 종류의 심리적, 내적 상태를 암시하게 되었다. 그러나 우리가 앞서 언급하였듯이 고대에 피스티스πίστις와 그것에 상응하는 라틴어 피데스*fides*는 "견고함," "확신," 혹은 "충성"이라는 뜻을 내포했다. 로마서 1:5에서 바울 역시 피스티스를 "순종"과 결부시킨다. 바울의 사도직은 복음에 대한 "'헌신'의 순종"으로 이교도들을 이끄는 것이었다. ("믿음의 순종obedience of faith"라는 번역과 비교해 보라. RSV성경에서 한 것처럼 "'그the' 믿음의 순종"으로 번역하면 안 되는데, 왜냐하면 그리스어 본문에는 정관사가 없기 때문이다.) 바울은 로마에 있는 그리스도를 따르는 이교도들에게 이렇게 말한다. "구원은 우리가 에피스튜사멘ἐπιστεύσαμεν했을 때보다 이제 우리에게 더 가까이 있다"(롬 13:11). 일반적인 현대어 번역은 이 문장을 "우리가 처음 믿었을 때보다"라고 번역한다. 하지만 바울의 어조와 의미에 더 가까운 번역은 다음과 같을 것이다. "구원은 우리가 처음 **확신을 가졌을 때보다**than it was when we first became convinced 이제 우리에게 더 가까이 있다"(참고: 롬 13:11, RSV성경을 보라).[48]

디카이오쉬네*dikaiosynē* 그리고 이 단어와 관련된 동사의 형태들은 현대어로 번역하는 작업에 더 큰 어려움을 주는데, 이는 그 작업에 요구되는 정확성이 현대어에는 결여되어 있기 때문이다.[49] 이 단어를 가리키는 현대어는 "칭의justification"/"의롭다 칭함받다being justified"와 "의righteousness"/"의롭게 되다being made righteous" 사이에서 종종 갈팡질팡한다. 이러한 번역들은 너무도 자주 중세 후기의(그리고 특히 루터식의) 경건에 담긴 법정적 신학화의 망령을 소환시킨다. 이에 따르면, 죄인의 죄에도 불구하고 하나님은 선물로서(즉, 은혜를 통해) 그 죄인을 "의롭게"하신다(루터식의 시믈 유스투스 에트 페카토르simul iustus et peccator, "의인인 동시에 죄인"). [121쪽] 이 해석에 따르면, 그 죄인은 그리스도에 대한 그의 "믿음"에 의해, 그 믿음을 통해, 혹은 복음에 대한 그의 믿음을 통해 "의롭다 칭함받고"/"의롭게 되고," 그리하여 "행위들"에 의해서와 대조되는 "믿음"을 통해서 구원을 얻는다. 이러한 해석은 늘 개인 및 그 개

---

48 이교 저자들, 칠십인역 번역자들, 바울이 이 용어들을 사용하는 방식의 연속성 및 대조되는 점들에 대해서는 Morgan, *Roman Faith and Christian Faith*, 212-306을 보라.

49 Sanders는 바울의 디카이오쉬네δικαιοσύνη 및 그와 유사한 단어들을 영어로 번역할 때의 문제점에 대해서 길게 고찰한다. Sanders, *Paul: A Very Short Introduction* (Oxford: Oxford University Press, 1991), 52-90(특히 54-55)을 보라. 본문에서 나는 Sanders의 어색한 신조어인 "righteoused"를 받아들여 사용한다. Sanders가 제시한 이유들 때문에, 이 "righteoused"라는 용어를 "의롭다고 칭함 받다justified"라는 표현보다 더 선호한다.

인의 정죄/죄로부터 구원/은혜로의 이전transition에 강조점을 둔다. 그리하여 "토라Torah"는 "그리스도"의 대척점에, "율법"은 "은혜"의 대척점에, "유대교"는 "기독교"의 대척점에 서게 된다.[50]

우리가 핵심 용어들을 다시 1세기 중엽의 맥락 속에 되돌려 놓게 되면, 유대교를 기독교의 반대 개념으로 바라보았던 서양의 기나긴 문화적, 신학적 관습에 따른 대립항들은 소멸하게 된다. 바울에게 있어서, 디카이오쉬네는 공동체적 관계 속에 있다. 그 용어는 율법의 둘째 목록과 공명하며, 따라서 하나님께서 명하시고 확립하신, 사회 정의를 실현하는 공동체 맥락 속에서의 개인의 행동 양식에 대한 견해들과 공명한다. 바울이 "칭의"/"의롭게 되다," 그리고 "믿음"과 같은 용어를 사용할 때의 의미를 가장 잘 살려내려면 십계명, 특히 그 법의 둘째 목록을 염두에 둔 채로 번역과 해석을 수행해야 한다.

바울의 이교도들이 바울의 메시지가 전해준 좋은 소식을 굳건하게 따랐을 때(RSV성경은 "복음을 믿었다believed in the gospel"고 표현한다), 그들은 자신들의 신들을 섬기는 것을 그만두게 되었고 이스라엘의 신의 아들을 통해 그 이스라엘의 신에게 전적으로 헌신하게 되었다(피스튜오πιστεύω["굳건하다to be steadfast"]를 둘러싼 개념들의 집합). 그들은 하나님에 의해, 하나님을 향해 올바른 관계가 정립되었고, 마찬가지로 서로를 향해 올바르게 행동함으로써 서로 간의 올바른 관계가 프뉴마적으로 가능하게 되었다. 그들은 "하나님을 모르는 에트네 ἔθνη와 같지 않다"(살전 4:5; 참고: "전형적으로 이교도적"인 나쁜 행동 양식에 대해서는 롬 1:18-32와 13:13-14). 복음에 대한 그들의 피스티스πίστις는(그리스도께서 죽으셨고, 일으킴을

50 1963년에 나온 Krister Stendahl의 고전적인 소논문, "Paul and the Introspective Conscience of the West," *Harvard Theological Review* 56 (1963): 199-215은 이러한 개인적 "칭의"라는 해석에 반기를 들기 위해 등장했다. Käsemann의 저술은 Stendahl의 신학적 대척점에 서 있다. *Final Account*를 마무리 짓는 Stendahl의 언급을 보라(76).

받았으며, 곧 다시 오실 것에 대한 확신) 이 탈-이교적 이교도들을 "선물로서as a gift"(카리티χάριτι, "은혜로"), 즉 그리스도를 통한 하나님의 종말론적 명령을 통하여 옳게 만들었다. 따라서, 그들은 이제 "율법을 성취"할 수 있게 되었고, 특히 디카이오쉬네, "서로를 향한 정의/의"라는 율법의 둘째 목록을 성취할 수 있게 되었다.

따라서, 그리스도를 따르는 이교도들이 이제는 버린 육체의 죄들을 바울이 검토하고(롬 13:13-14) 임박한 종말에 관해 긴급하게 말하는(롬 13:11-12) 바로 그 본문에서, 그는 또한 율법의 둘째 목록의 계명들을 열거한다(13:9-10). "의로워진" 이교도들, 곧 영으로 채워진 이들은 그에 따라 "하나님과 화평을 누리며"(5:1), 그분과 "화목"하게 되었고, 그리하여 다가오는 하나님의 "진노"로부터 건짐을 받았다(5:9-11; 참고: 살전 1:4-5, 9-10; 고후 5:18-21). [122쪽] 그들에게는 그리스도를 향한, 그리스도를 통한, 다가오는 하나님 왕국의 복음을 향한, 그리고 그 복음에 대한, 굳센 헌신과 신뢰가 있다. 이 헌신과 신뢰는 영으로 채워진 탈-이교적 이방인들이 이제 공동체 안에서 서로를 향해 "올바르게" 행동하는 것을 가능케 한다. 이것이 바로 바울이 디카이오텐테스 에크 피스테오스δικαιωθέντες ἐκ πίστεως(RSV성경에서는 "믿음으로 의롭다 하심을 받는다justified by faith"고 번역함)라고 말했을 때 의미했던 바이다.

율법의 저주

바울은 율법을 칭송하고, 율법의 명령을 자랑스러워하며, 율법의 특권에 대해 기뻐하고, 하나님과 동료 그리스도-추종자들을 향한 행동이 율법의 기준에 맞춰지도록 그의 이방인 공동체들에게 권고한다. 그러므로, 바울 자신이나 바울의 선교, 혹은 그의 에클레시아이 중 어느 것에도 단순히 "율법 없는"이라는 수식어를 붙일 수 없다. 하지만 이러한 경우에, 율법에 대한 바울의 모든 부정적 진술들은 어떻게 이해해야 하는가?

이 질문을 제기하는 것은 또 다른 해석학적 수렁으로 뛰어드는 것을 의미한다. 율법에 대한 바울의 부정적 진술들은 오랫동안 그야말로 유대교 자체를 향한 바울의 정죄로 이해되어 왔다. 그 이유가 율법에 대한 유대인의 이해 자체가 아마도 영적으로 생기를 잃었거나 지금까지도 생기를 잃은 상태이기 때문이든(반율법주의적antilegalist 해석), 혹은 유대인들이 유대 율법을 지키는 것이 "자만심"과 민족적 분리주의로 그들을 이끌었기 때문이든(소위 바울을 바라보는 새 관점과 연결되는 반-민족성anti-ethnicity 해석) 간에 말이다.[51]

어떤 학자들은 이 민족성의 이슈에 초점을 맞추고 그것을 거꾸로 돌려서, 바울 자신의 정체성이 아닌(따라서, 유대 율법에 대한 바울의 부정적 진술들을 유대 전통에 대한 바울의 정죄로 이해하는 것 대신) 바울의 수신자들의 정체성에 관심을 기울여 왔다. 바울이 편지를 보낸 회중들 모두는 주로(완전히까지는 아니더라도) 그리스도를 따르는 탈-이교적 이교도들로 구성되어 있었다. 데살로니가에서도(얼마 전에 우상에게서 하나님께로 돌아온 이들로 구성된 집단[살전 1:9]), 고린도에서도(그리스도를 따르는 이교도들과 에클레시아 밖의 이교도들 사이의 친밀한 관계에 대해 상당한 관심을 보이는 편지), 갈라디아에서도(이곳의 구성원들은 "이전에는 하나님을 알지 못했다"[4:8]; 또한, 오직 비-유대인만이 성인 할례의 대상이 될 수 있었음을 기억하라), 빌립보에서도(비슷한 쟁점이 빌 3:2에 등장한다), 마지막으로 로마에서도(로마의 회중은 바울이 직접 세우지 않았고 아직 방문하지도 않은 상태이다) 그러했다(1:6, 13; 11:13을 보면 그들은 특히 에트네로 호명된다). **그렇다면, 바울이 그의 편지들 안에서 율법에 대해 부정적으로 말할 때, 그는 특히 이방인들에 관한 측면에서 말하고 있는 것이지, 유대인들에 관한 측면에서 말하고 있는 것**

51 이 입장들 모두에 대한 신중한 비판으로는 Thiessen, *Gentile Problem*, 4-7("Judaism and the Quagmire of Pauline Studies")을 보라.

이 아니다.[52]

[123쪽] 앞서 언급한 해석들 중 어느 것에 있어서도, 로마서 7:7-25이 특히나 문제 투성이의 본문으로 여겨진다. 바울 스스로도 아직 잘 모르는 공동체를 향해 쓴 편지인 로마서 속 이 부분에서, 바울은 육신, 사망, 죄의 노예 됨이 포함된 수사적 명부rhetorical roster의 틀 속에 율법을 집어 넣는다. 이 본문 속 "나"(그리스도 이전의 유대인 죄인인가? 그리스도 이전의 이교도 죄인인가? 사도로 부름받기 전의 바울 자신의 모습인가? 아니면 부름받은 이후의 바울인가?)는 계명을 지킬 수 없고 죄의 권세에서 벗어날 수 없는 자신의 무능력함을 탄식한다. 한편으로 화자는 율법의 선함을 옹호한다. "율법은 거룩하고, 계명도 거룩하고 정의롭고 선하다"(롬 7:12). "율법은 영적이다. 하지만 나는 죄 아래 팔려 육신적이다"(7:14). "만약 내가 원치 않는 것을 하면, 나는 율법이 선하다는 사실에 동의하는 것이다"(7:16). 그러나 그와 동시에, 화자는 율법이 죄의 노예 됨이라는 큰 문제의 일부라는 점(즉, 해결책의 일부가 아니다)을 강조하는 것처럼 보인다("율법이 없으면 죄도 죽은 것이다," 7:8). 아니면, 바울은 두 가지 다른 "법들"에 대해서 말하고 있는 것일까? 즉, 하나는 그가 그의 정신mind으로 섬기는 하나님의 법이고, 또 다른 하나는 그가 육신으로 섬기는 "죄의 법"인가(7:25)?

---

52 20세기 중반, 스칸디나비아 반도 출신의 세 명의 학자들, Johannes Munck, Nils Dahl, Krister Stendahl은 바울의 청중이 이방인이라는 점을 역설했다. 이 주장은 Lloyd Gaston, John Gager, 그리고 특히 로마서와 관련해서 Stanley Stowers에 의해 수용되고 강조되었다. Gaston, Gager, Stowers는 바울이 서로 다른 두 가지 방식의 구원(유대인을 위해서는 토라, 이방인을 위해서는 그리스도)을 의미했다는 해석을 제시했다(소위 존더벡*Sonderweg* 해석). 더 최근 들어, 이 주장은 다른 각도로 굴절되어서 Matthew Thiessen과 Christine Hayes의 저술에서 진척을 이루었다. 우리에게 전해진 바울의 편지들 가운데서 바울은 이방인들만을, 오직 이방인들만을 청중으로 삼아서 말한다는 사실을, 임박한 종말론에 대한 바울의 철저한 신념과 더불어 바울서신을 해석하는 필수적 출발점으로 간주해야 한다는 나의 주장은 오늘날 이러한 논의들에 의해 정당성을 입증받는다.

이 본문에서 “나”를 어떤 인물로 바라보는가는 우리가 나머지 본문들을 읽는 방식에 직접적으로 영향을 미친다. 바울은 자기 자신에 대해서 말하고 있는가? 만약 그렇게 보는 쪽으로 우리의 마음이 쏠린다면, 우리는 또한 바울 스스로가 유대 전승을 훌륭하게 준수하고 헌신해 왔다고 언급하는 다른 본문들도 고려해야 한다. 바울은 난 지 팔 일 만에 할례를 받았고(그 자신이 아니라 부모의 덕이지만!), 성서 해석의 방향성에 있어서는 바리새인이었으며, 디카이오쉬넨 텐 엔 노모이*dikaiosynēn tēn en nomōi*, 즉 “율법에 기반한 올바른 행동”이라는 측면에서 “흠이 없고”(빌 3:4-6), “조상들의 전통에 대해 극도로 열성적이고,” 유난히 앞서 있었다(갈 1:14). 이것은 분명 강건한 양심에서 울려 나오는 목소리이지, “율법 아래”에서 병약해지고 도덕적으로 마비된 인물의 목소리가 아니다.[53]

---

53 Werner Georg Kümmel, *Römer 7 und das Bild des Menschen im Neuen Testament* (Munich: Kaiser, 1974; 초판: 1929), 139-160은 로마서 7장의 “나”를 개종 이전의 바울 자신에 대한 묘사로 이해하는 것에 대해 철저하게 반대 주장을 펼쳤다. Munck는 Kümmel의 입장을 기반으로 삼아, “개종”이라는 용어를 아예 사용하지 말고, 바울 자신의 표현 방식대로 (예언자적) “소명”을 받았다는 표현을 택해야 한다고 강력히 권고했다. [232쪽] *Paul and Salvation*, 11-35. Munck의 논점은 Stendahl, “Paul and the Introspective Conscience of the West”(그의 중요한 1963년 소논문의 중판reprint)에서 받아들여지고 널리 알려졌다. Stendahl은 아우구스티누스와 루터가 이러한 로마서 7장의 오독에 기여했다는 점을 지적했다.

로마서 7장을 사도 바울 자신과 동일시하고, 그럼으로써 바울이 율법에서 그리스도로 “개종”했다는 점을 전면에 내세우는 해석적 유산을 후대에게 물려주게 된 것은, 펠라기우스 논쟁의 맥락에서 등장한 후기 아우구스티누스의 바울 해석이었다(*Contra ii epistulas Pelagianorum* 1.8, 13-14와 *De predestinatione sanctorum* 1.2,4). Fredriksen, “Paul and Augustine”을 보라. 바울 해석에 있어서 아우구스티누스-루터적인 감수성에 대한 최근의 변호로는 Barclay, *Paul and the Gift*, 85-116을 보라(Barclay는 “은혜”의 여러 구성 방식들을 강조한다). 로마서 7장의 화자를 바울 자신과 동일시하는 최근의 논증으로는 Watson, *Paul, Judaism, and the Gentiles*, 290, 그리고 Hayes, *Divine Law*, 153-56을 보라(Hayes의 주장에 따르면, 바울은 율법을 이방인들에게 덜 매력적으로 보이게 만들기 위하여 전략적으로 이렇게 말한 것이다).

그렇다면 바울이 말하는 "나"는 누구인가? 로마서에서 밝힌 독자들의 정체성을 고려해 볼 때(1:6[바울의 사도직은 "너희를 포함하여 모든 이교도들/이방인들/민족들"을 향한 것이다]과 11:13["이제, 이교도/이방인인 너희들을 향해 말하노라"]에 나오는 에트네), 7장 속 바울의 1인칭 대명사도 이방인들을 향해 있을 것이다. 이러한 장치, 프로소포포이이아προσωποποιία, 혹은 "극중 인물로 말하기speech in character"는 고대에 흔한 수사적 기법이었다. 이는 화자가 가상의 인물이 생각하는 바를 제시함으로써, 화자 자신의 논점(들)을 더욱 강화하거나 더욱 자세히 묘사하는 기법을 말한다.[54] [124쪽] 다른 말로 하면, 이 본문에서 바울의 "나"는 바울의 청중을 대표하는 한 인물의 목소리를 수사적으로 흉내내는 기능을 하는 것이다. 즉, 이 "나"는 유대 조상 관습을 따라 살기 위해 분투하는 비-유대인을 가리킨다.

이와 같이 고대에 잘 알려진 극화 방식에 비추어 로마서 7장을 읽는 것은 본문을 이전과는 완전히 다르게 이해하도록 돕는다. 로마서 7장은 유대 율법의 불가능한 요구에 맞닥뜨린 한 개인(바울이든 혹은 다른 사람이든)의 내적 혼란을 심리적으로 묘사하거나, 혹은 인간의 보편적 상황(도덕적 마비는 오직 은혜를 통해서만, 즉 그리스도에 대한 믿음을 통해서만 해소될 수 있다)을 요약적으로 제시하는 진술이 아니다. 로마서 7장은 무엇보다도 이방인의 도덕적 분투, 구체적으로는 극기self-mastery와 자제self-control와 관련된 도덕적 분투에 대해서 직접적으

54 이것이 고대의 해석가들이(아우구스티누스 초기의 로마서 주석들 중 하나를 포함해서) 로마서 7장을 읽었던 방식이다(*Propp.* 41.1-46.7). 또한 Fredriksen, "Conversion Narratives," 20-26; Stowers, *Rereading of Romans*, 16-41을 보라. 이 편지 전체가 명시적으로, 오로지 이방인 그리스도-추종자들을 향해서 말하고 있다는 점에 대해서는 특히 Thorsteinsson, *Paul's Interlocutor in Romans 2*을 보라. 그리고 내재된 이방인 독자의 관점에서 로마서 전체를 탐구하는 소논문들을 모아 놓은 *The So-Called Jew in Paul's Letter to the Romans*, ed. Rafael Rodriquez and Matthew Thiessen (Minneapolis, MN: Fortress, 2016)을 보라. 이 편서의 첫 번째 장(7-37)에서 Thiessen은 Thorsteinsson의 논증을 깔끔하게 요약해 놓았다.

로 말하고 있다.[55] 혼란스러운 이 본문에서 바울의 논점은 유대 율법의 계명대로 사는 것이 일반적으로 불가능하다는 것을 탄식하는 것이 아니라(특히, 바울 자신은 이 점에 있어서 충분히 성공적이었다[빌 3:6]), 그리스도를 따르지 않는 이방인이 율법의 계명대로 살려고 노력하는 것이 헛됨을 탄식하는 것이다. 바울이 주장하기를, 이방인들은 (일부) 유대 율법을 성취할 수 있고 또 그렇게 해야 한다. 그러나 바울이 이 본문 및 다른 곳에서도 강조하듯이, 이방인들은 오직 그리스도를 통해서(롬 7:25), 혹은 하나님과 그리스도의 영을 통해서만(8:1-11) 그것을 수행할 수 있는 능력을 얻는다.

그런데 바울은 왜 그리스도와 떨어져 있는 이방인들이 도덕적으로 그토록 어려움을 겪는다고 생각한 것일까? 여기서 우리는 한 걸음 물러서서, 바울의 가장 부정적 논평을 이끌어낸 두 가지 다른 주제들을 살펴볼 필요가 있다. 즉, 일반적인 차원에서 이교도들의 행동 양식, 그리고 이교도의 행동 양식과 관련된 측면에서의 유대 율법이라는 두 주제를 살펴보아야 한다.

바울이 활용하는 대다수의 성서 전통 및 성서 이후의 전통에 따르면 이교도들은 "죄인"이다(Ἡμεῖς φύσει Ἰουδαῖοι καὶ οὐκ ἐξ ἐθνῶν ἁμαρτωλοί[갈 2:15]; 또한 이 구절은 이방인들이 "본성상" 죄인이라는 의미를 함축하는 것으로도 읽을 수 있다). 유대인의 반이교도antipagan 수사는 이교도의 행동 양식을 묘사할 때 다소 선정적이고 상세한 묘사를 제공한다. 이교도들은 "육체의 행위들"에 탐닉하는 것으로 악명이 높은데, 그 육체의 행위들은 "음행과 더러운 것과 호색과 우상 숭배와 주술과 원수 맺는 것과 분쟁과 시기와 분냄과 당 짓는 것과 분열함과 이단

55 로마서 7장 및 그 본문이 극기라는 이방인 문제를 다루는 가운데 Euripides, *Medea* 1,007-80과 공명한다는 점에 대해서는 Stowers, *Rereading of Romans*, 258-84을 보라. 극기/자제와 도덕 철학 주제에 대한 추가적 논의로는, Emma Wasserman, *The Death of the Soul in Romans 7: Sin, Death, and the Law in Light of Hellenistic Moral Psychology* (Tübingen: Mohr Siebeck, 2008)을 보라.

과 투기와 술 취함과 방탕함"이다(갈 5:19-21). 바울의 메시지를 받기 이전의 고린도는 "음행하는 자나 우상 숭배하는 자나 간음하는 자나 [성적 착취자나 여자 같은 남자나] 도적이나 탐욕을 부리는 자나 술 취하는 자나 모욕하는 자나 속여 빼앗는 자"로 바글거렸다("너희 중에 이와 같은 자들이 있었다!" 고전 6:9-11).[56] 이교도의 "어둠의 행위들"은 방탕, 술 취함, 호색, 다툼, 시기를 포함하고 있었다(롬 13:12-13). [125쪽] 자신들의 삶의 방식을 추구하도록 내버려진 이교도들은 정욕과 부끄러운 성적 행위로 스스로를 더럽혔다. 타락한 생각, 악의적인 삶의 길, 폭력적인 사회, 병든 가족들의 모습이 나타났다(롬 1:18-32). 이 모든 사회적, 성적 죄악들은 더 깊고 중한 잘못 하나가 다양한 방식으로 표면에 나타난 것이었다. 그 근본적인 잘못은 곧, 그 이교도들이 창조주(유대인의 신)를 경배하는 대신 별과 행성, 사람이 만든 형상을 섬긴 것이었다. "그들이 마음에 하나님 두기를 싫어하매 하나님께서 그들을 그 상실한 마음대로 내버려 두사 합당하지 못한 일을 하게 하셨으니"(롬 1:28, 개역개정). 즉, 이방인의 근본적인 문제는 우상 숭배였다. 거기에서부터 다른 모든 문제가 뒤따라 등장한 것이었다.[57]

---

56 아르세노코이테스*arsenokoitēs*(나는 이 단어를 "성적 착취자"로 옮긴다)와 말라코스 *malakos*(여자 같은, 혹은 "부드러운" 남성)를 어떻게 번역할 것인가? 이 용어가 함께 사용될 때, 남성 동성애의 능동적인 쪽과 수동적인 쪽을 가리키는가(Sanders, *Paul: A Very Short Introduction*, 128-33)? 아니면 과도한 몸치장과 더불어 일종의 착취를 가리키는가(Dale B. Martin, *Sex and the Single Savior: Gender and Sexuality in Biblical Interpretation* [Louisville, KY: Westminster John Knox Press, 2006], 37-50)? 나도 확실히 잘 모르겠다. 하지만 위에서 제시한 것은 내가 할 수 있는 최선의 추측이다.

57 기원전 1세기 어간, (알렉산드리아 출신의?) 솔로몬의 지혜서 저자는 이렇게 꾸짖는다. "그러나 생명이 없는 것들에게 희망을 거는 그들은 참으로 가련하다. 그들은 인간의 손이 만든 것을 ['신들']이라고 [부른다]"(지혜서 13:10, 공동번역; 참고: 영아살해, 환락, 간음, 살인, 위증에 대해서는 14:23-28). 특히 로마서 1:18-32의 긴 고발에서, 바울은 지혜서의 주제들을 반복하고 심화한다. 여기서 우리는 성서에 나오는 오래된 반-가나안적 논쟁술이 재활용되는 것을 본다(반-가나안적 논쟁술에서, 우상 숭

하지만 도덕적으로 선한 이방인이라는 것이 존재할 수 있을까? 헬레니즘 시대부터 후대 랍비 시대에 이르기까지, 다양한 고대 유대인 사상가들은 도덕적으로 선한 이방인이 있을 수 있다고 생각했다. 그들의 논의 안에서, 이방인의 도덕적 선함은 다음과 같은 형태로 나타날 수 있었다. 이를테면, 그 이방인이 유대인의 신을 지고신으로 인정하는 것, 유대인의 조상 관습을 일부 채택하고 받아들이는 것, 유대인들의 가르침, 곧 도덕적이고 철학적인 탁월성을 사모하는 것, 혹은 단순히 유대인의 율법을 따라 사는 것 등이다(롬 2:26-29에서 바울이 진술했듯이 말이다). 다른 말로 하면, "선한 이방인"이라는 유대인의 개념은 우리가 "유대화"라고 부르는 표현과 긍정적으로 상응한다.[58]

배는 어김없이 악한 성행위와 살인으로 이어진다). [233쪽] 여느 민족적 정형화와 마찬가지로, 유대인의 반-이교적 수사에서 "이방인들"은 유대인들의 정체성을 공고히 해주는 역할로 활용된다. 그들은 이러한 방식으로 행동하지만, 우리들은 그렇지 않다(는 식으로 활용된다). 헬레니즘 유대 문헌에서 이러한 악덕 목록을 검토한 것으로는 Ernst Käsemann, *Commentary on Romans*, trans. and ed. Geoffrey W. Bromiley (Grand Rapids, MI: Eerdmans, 1980), 49f을 보라. 바울의 편지들과 관련해서는 특히 Sanders, *PLJP*, "porneia" 항목을 보라. 또한 John T. Fitzgerald가 덕/악덕 목록에 대해 쓴, *ABD* 6:857-59에 실린 글을 보라. 로마서 1:18-32이 지혜서와 공명하며 바울이 명시적으로 우상 숭배를 언급함에도 불구하고, Barclay는 로마서 1:18-32을 유대인과 이교도 모두를 포함한 인류 전체를 가리키는 것으로 여긴다. Barclay, *Paul and the Gift*, 461-66.

58 Shaye J. D. Cohen, "Respect for Judaism by Gentiles in the Writings of Josephus," *HTR* 80 (1987): 409-30을 보라. Cohen, "Crossing the Boundary and Becoming a Jew"에서 그는 유대적인 것들에 대한 이방인들의 참여/지지 혹은 관심을 일곱 가지 단계로 구분한다(최종적으로 개종이 포함된다). *Beginnings of Jewishness*, 140-62 및 거기 언급된 헬레니즘 및 랍비 자료들, 양쪽 모두를 아우르는 풍성한 일차자료를 보라. 랍비들의 "노아 율법Noachide laws"으로 굳어지게 된 이 전통들은 이방인의 의를 재는 척도로서 우상 숭배의 포기를 포함한다(b. Sanh. 56b; AvZar 8(9):4-6). Jub 7.20ff.; 사도행전 15:20에 나오는 "야고보"의 결의 내용을 참고하라. 이방인의 의에 대해서는 Sanders, *PPJ*, 206-12에 나오는 논의와, 그것이 더 발전되어 나오는 *Jesus and Judaism*, 212-21을 보라. 또한 *HJP* 3:150-79, 그리고 포괄적으로, David Novak, *The Image of the Non-Jew in Judaism: An Historical and Constructive Study of the Noahide Laws*, Toronto Studies in Theology 14 (New York: Mellen Press, 1983)를 보라. Donaldson은 그의 신중한 연구

바로 이 점에서—즉, 선하다고 할 수 있는 이방인은 오직 유대화하는 이방인 뿐이다—바울은 **아주 독특한 입장**을 취했기에 눈에 띈다. 우리가 앞서 살펴보았듯이, 바울에게 있어서 그리스도 안의 이방인은 유대화를 **해야만 한다**. 그것도 아주 급진적으로 유대화해야 한다. 즉, 그 이방인은 오직 유대인의 신만을 경배해야 한다. 그는 다른 하급 신들을 섬기는 행위를 그만두어야 한다. 그는 에클레시아 안에서 여러 가지 방식으로 "율법을 성취"해야 한다. 그러나 바울이 로마서 7장에서 말하듯이, 그리스도 **바깥에서** 유대화하려는 이방인은 유대화에 **성공할 수 없다**. 즉, 그 이방인은 아무리 노력해도 **유대화가 가능하지 않다**. 그러한 이방인에게 있어서 율법은 그가 얼마나 또 어떤 방식으로 죄를 짓는지를 가리켜주는 역할을 할 뿐이다. 그는 원하는대로 또 아는대로 **행할 수 없다**. 율법은 바른길을 가리키지만, 그는 따라갈 수 없다. 괴로움을 겪는 로마서 7장의 "나"는 유대화하려는 이교도, 곧 그리스도 **바깥에서** 율법을 성취하려는 이교도다.[59] 그가 이 어려움을 극복하는 것은 오직 그리스도 **안에서**, 그의 피스티스*pistis*를 통해, 즉 그리스도를 향한 신뢰와 충성을 통해서만 **가능하다**. (왜 그러하며 어떻게 그러한지는 마지막 장에서 살펴볼 것이다.) 로마서 7장의 수사에서 유대화하는 이교도는 이렇게 탄식한다. "오호라 나는 곤고한 사람이로다 이 사망의 몸에서 누가 나를 건져내랴." 하지만 그는 또 외친다. "우리 주 예수 그리스도로 말미암아 하나님께 감사하리로다"(롬 7:24-25,

---

를 다음과 같은 논평으로 마무리 짓는다. "쉽게 말해, 비-유대인의 종교적 신분(현재이든 혹은 미래의 신분이든)에 대한 통일된 견해는 없었다. 다양성의 정도가 현저하다." *Judaism and the Gentiles*, 512.

59 "기록된 율법과 할례"를 가지고 있는, 이 (성공적이지 못하게) 유대화하는 이방인은 "율법이 요구하는 것을 본성적으로 행하는" 이방인들과 비교된다. 다른 말로 하면, 로마서 2:26-28은 유대인을 그리스도를 따르는 이방인과 비교하는 것이 아니라, 자의식을 가지고 유대화하는 이방인을 본성적으로 유대화하는 이교도와 비교하는 것이다(후자는 Donaldson의 범주에 따르면 "윤리적 유일신주의자들"인가? *Judaism and the Gentiles*, 493-98).

개역개정).

[126쪽] 로마서 7장의 탄식이 그리스도 바깥에서 유대화하려다가 실패하고 율법 아래에서 시들어가는 이방인의 경험을 나타낸다는 것을 참조점으로 삼으면, 이제 우리는 율법에 대한 바울의 다른 모든 긍정적인 진술을 무시하거나 기각하거나 깎아내리지 않고서도 바울의 부정적 진술을 이해할 수 있게 된다. 바울은 이방인들의 유대화를, 즉 그들이 (어느 정도) 유대적인 방식으로 행동하기를 원한다. 바울은 그리스도 안의 이방인들이 유대인처럼 행동하기를, 특히 제의적이고 윤리적인 행동 양식에 있어서 유대적 방식으로 행동하기를 촉구한다. 그러나 그리스도 바깥에서 유대화하려는 이방인들은 필연적으로 죄를 지을 수밖에 없다고 바울은 경고한다. 율법에 대한 바울의 부정적 진술은—바울이 "그리스도 안에"라고 정의하는 방식이 아닌—다른 방식으로 이방인들이 율법의 명령에 따라 살려는 시도를 하지 못하도록 막기 위해 고안된 것이다.

바울은 누구를 향해 말하고 있는가? 바울이 승인한 방식 외에 다른 방식으로 유대화하려는 유혹을 받은 이방인 청중은 누구인가? 유대 전통의 계명들에 노출되고, (어쩌면 이미) 그것들 중 일부에 따라 살기 시작했으면서도, 여전히 자신들의 신들을 적극적으로 섬기는 행위를 지속했던 이교도들을 바울은 고대 세계의 어느 장소에서 만날 수 있었을까? "크리스토스*christos*," 곧 그 메시아로 시작해서, 호 테오스*ho theos*—바로 그 신the god—즉, 이스라엘의 신에 이르기까지—또한 하나님의 왕국, 다윗의 자손, 육신의 부활, 경전, 언약들과 더불어 아브라함, 모세, 율법, 선지자, 그리고 예루살렘, 성전, 제의에 이르기까지—이 모든 유대적 개념들에 관한 바울의 말을 이해할 정도로 충분한 "성서적 문해력"을 지니고 있던 이교도들을 바울은 어디에서 발견할 수 있었을까?

물론 그 답은 바로 "디아스포라 회당에서"이다. 바울은 이미 유대교에 관심이 있었던 외부자들, 곧 "신-경외자들"의 구역으로부터 자신의 이교도들을 모집했다.[60] 이들은 하나의 인구 집단으로서 양쪽 모두의 기준에 들어맞았다. 이전에 적극적으로 "우상 숭배자"였던 이 이교도들은 성서의 개념들과 이미지에 충분히 익숙했기 때문에, 바울은 이들에게 설교를 하거나 편지를 쓰면서 자신이 독백을 하는 것이 아니라는 점을 확신할 수 있었다.[61] 또한 하나의 인구 집단으로서 이들은 할례를 심도 깊게 다루는 논증을 공감적인 태도로 경청할 가능성이 높은 이교도들을 대변한다. 그 논증이 회당의 교사들에게서 비롯된 것이든(어쩌면 이전에 다메섹에서의 바울 자신도 여기에 포함되었을 수 있다[갈 5:11]), 아니면 메시아의 임박한 귀환과 유대인의 신의 왕국의 도래를 선포했던 순회 사도들(바울 및 바울이 자신의 대적자로 고려했던 이들)에게서 비롯된 것이든 말이다. [127쪽] 그리고 이렇게 회당에 연계된 이교도들을 바울이 선교 대상으로 삼았다는 점은, 그가 거듭 (우려에 찬?) 유대 당국자들로부터 태장 치리를 받았다는 사실을 설명해 준다(고후 11:24).

1세기 중엽, 자신의 공동체들을 향한, 율법에 관한 바울의 부정적 진술에는 그리스도를 따르는 이교도들을 그의 방식이 아닌 다른 어떤 방식으로도 유대

60 예를 들어 Munck, *Paul and Salvation*, 120; Watson, *Paul, Judaism, and the Gentiles*, 70-74; Wagner, *Heralds*, 35을 보라. 물론 이러한 재구성은 사도행전에 제시된 그림에 상응한다. 누가는 이교도들이 유대적 장소에 출현한다고 일관되게 기록하면서도, 그 이교도들이 그들의 신들과 계속 관계를 맺고 있다는 언급을 용의주도하게 누락시킨다(행 13:16, 26; 14:1; 17:4, 12; 18:4). 바울이 디아스포라 회당을 통해서 유대적 사상에 친숙한 이교도들에게 접근할 수 있었다는 나의 추측은 사도행전에 의해 뒷받침되지만, 그렇다고 사도행전 때문에 내가 그러한 추측을 하게 된 것은 아니다. (혹은, Munck가 말하듯이, "사도행전의 증거는 바울의 편지들과 모순되지 않는 부분에서는 역사적 자료로 사용될 수 있다." 같은 책, 120; 또한 78-81.) 바울이 회당과는 상관없이 이방인들을 접촉했다는 견해로는, Hock와 Sanders의 저술을 보라(본서 3장의 각주 1에 인용되어 있다).

61 이것은 바울의 편지들이 종종 오해되지 않았다고 말하는 것은 아니다. "왜냐하면 그 안에는 이해하기 어려운 것들이 더러 있기 때문이다"(벧후 3:16).

화하지 못하도록 설득하기 위한 의도가 담겨 있었다. 바울에게 있어서 가장 큰 걸림돌—따라서 바울의 가장 독한 비판의 대상—은 바로 바울 자신과 같은 유대인 사도들, 곧 귀환하는 하나님의 메시아에 의해 개시될 그 왕국의 도래를 (특히) 이방인에게 선포하고 있는 유대인 사도들이었다.[62] 어쩌면 그들 중 몇몇(갈 2:4-5에 나오는 "거짓 형제들"과 같은 이들)은 사도라면(디도를 포함해서) 모름지기 모두 다 유대인들이어야 한다고(태생적으로든 개종에 의해서든) 생각했을 수도 있다. 바울은 이러한 생각을 "노예적"이라고 일축했다. 어쩌면 그들 중 몇몇(야고보가 안디옥에 보낸 사람들과 같은 이들)은 우상에게 바쳐졌을 수도 있는 음식을 먹고 마시는 것을 피하기 위해서, 혹은 먹고 마시는 행위가 우상들 앞에서 이루어지는 것을 피하기 위해서, 그리스도를 추종하는 회중들이 유대인의 가정에서만 모여야 한다고 생각했을 수도 있다. 바울은 그것이 "억지로 유대화하는 것"과 다름없다며 반대했다(갈 2:12-14). 실제로 그리스도 안에 있는 일부 사도들은 할례를 선포하기도 했다.

바울의 가장 격렬한 분노를 초래했던 것은 바로 이 성인 개종자 할례에 대한 옹호였다. 왜 그럴까? "옛 관점"이든 "새 관점"이든 간에, 대부분의 신학적 주석가들의 경우, 바울이 "은혜"에 대비되는 의미에서의 "행위들"에 반대했다고 주장하거나(근본적으로, "기독교"에 대비시켜 "유대교"에 반대한 것이다), 혹은 새롭고 포괄적이고 보편적인 인류에 대비되는 의미에서의 민족적 국수주의(즉, 유대성)에 반대했다고 주장해 왔다. 이러한 견해에 따르면, 할례는 율법의 행위들(의 최고의 사례로서) 전체를 대표하거나 "유대인의 민족적 자긍심"의 원

62 고린도후서 11:1-23을 보라. 우리는 이 사도들의 "다른 복음"의 내용에 대해서 아무것도 알지 못한다. [234쪽] 그러나 그들은 그리스도 안에 있는 속량에 대한 복된 소식(그들이 그 메시지를 어떻게 해석하든지 간에)을 전파하는 데 헌신했을 뿐 아니라 바울의 민족적 정체성도 공유하고 있었다.

천 전체를 대표하는 것이다.[63] 보다 최근에, 존더벡*Sonderweg* 학자들은 바울이 두 가지 서로 다른 구원의 길에 몰두했다고 주장했다. 곧 유대인에게는 토라가, 이방인에게는 그리스도가 구원의 길이다. 따라서 이스라엘의 메시아로서의 예수의 의의는 축소된다. 유대인들에게는 이미 토라가 있기 때문에 그들은 그리스도를 필요로 하지 않는다. 이 견해에 따르면, 바울이 할례에 반대했던 까닭은 이방인들에게는 그것이 필요하지 않기 때문이었다. 이방인들은(그리고 오직 이방인들만이) 그리스도 안에서 구원을 받았다.[64]

그들의 다양한 신학적, 역사적 복잡성이 어떠하든 간에, 이방인 할례에 관한 바울의 강경한 입장을 풀이하는 이러한 설명들은 대체로 "종교"에 대한 현대적 개념에 상당 부분 의존하고 있다. 이 현대적 개념은 종교를 주로 "구원"에 대한 관심에 의해 추동된 믿음의 체계로서 정의한다. [128쪽] 다른

63 이 학자들의 해석들, 곧 "반-율법주의적" 해석(더 전통적인, 소위 루터교적 읽기; Barrett, Bornkamm, Käsemann 등)과 "반-민족중심주의적" 해석(새 관점; Dunn, Wright, Hays 등)에 대한 검토로는 Thiessen, *Gentile Problem*, 4-7을 보라.

64 이 해석은 Lloyd Gaston(*Paul and the Torah*)과 John Gager(*Origins of Anti-Semitism*과 *Reinventing Paul*), 두 사람과 가장 많이 연관된다. 나는 이 두 학자들의 저술로부터 많은 것을 배웠고, 그로부터 많은 것을 취하지만, 그들을 완전히 따를 수는 없다. 첫째로, 다윗의 아들 메시아인 그리스도가 이스라엘에게 아무런 가치가 없다는 것은 절대 불가능하다. 둘째로, 바울은 이방인들은 물론이고 유대인들도 "죄 아래" 있다고 말했으며(롬 3:9-20), 피스티스*pistis*의 모델인 아브라함의 복은 "무할례자"뿐 아니라 "할례자"에게도 선언되었다(4:1-9). 하나님의 종말론적 대변자인 그리스도는 우주 전체를 속량하며, 이스라엘은 분명 거기의 한 부분이다(8-15장). 그리스도의 파루시아는 죽은 자들의 부활과 동시에 일어나는데, 거기에는 분명 유대인들이 포함된다. 그리고 바울 자신은 유대인들을 향한 야고보, 베드로, 요한의 선교를 지지했으며, 이것은 만약 바울 자신이 존더벡 사상가였다면 말이 안 되는 일일 것이다.

내가 볼 때, 율법이 이방인들에게 미치는 부정적인 영향에 바울이 집중했던 것은 그리스도께서 열방뿐 아니라 이스라엘을 속량하러 오신다는 바울의 확신(롬 15:8-9)을 약화시키지 않는다. 또한 Novenson, *Christ among the Messiahs*, 25ff. 및 Pamela M. Eisenbaum, *Paul Was Not a Christian: The Real Message of a Misunderstood Apostle* (New York: HarperOne, 2009), 250-55에 나오는 신중한 논평들을 보라.

말로 하면, 후대의 기독교의 모습이 거꾸로 기독교가 탄생한 사회적 환경을 이해하는 용어를 설정해 버린 형국이다.[65]

방법론과 관련된 이러한 문제점을 민감하게 바라보는 다른 학자들은 바울이 몰두했던 사안을 바울 자신의 시대, 장소, 문헌에 고유하게 나타난 용어들로 명료하게 설명하려 노력해 왔다. 고대에는 "가족"(즉, 친족 및 민족 집단)이 수직적(하늘과 땅 사이의 관계)인 동시에 수평적(사람 간, 그리고 세대에 걸친 관계)으로 설정되었다. 이러한 틀에서 보면, 혈통과 계보에 대한 바울의 관심사가 전면에 드러난다.[66] 계보라는 쟁점의 틀에서 보면, 바울이 특히 할례에 대해 갖고 있던 문제는 급진적으로 재설정될 수 있다(그리고 최근에는 그렇게 재설정되어 왔다). 바울이 개종자 할례에 반대했던 까닭은 (그가) 이교도들은 유대인이 되면 안 된다고should not 생각해서가 아니라, 이교도들은 유대인이 될 수 없다고could not 생각했기 때문이다.[67]

어떠한 의례적 행동도 혈과 육을 변화시킬 수 없다. 이것은 에스라, 희년서, 그리고 사해 두루마리 중 일부(예를 들어, 4QFl i.3-4와 4QMMT)와 같은 유대

---

65 "종교"와 "구원"이라는 개념들을 통해 사고한 까닭에 발생한 바울 학계의 복잡한 문제들에 대해서는, Brent Nongbri, "The Concept of Religion and the Study of the Apostle Paul," *JJMJS* 2 (2015): 1-26에 나오는 논평을 보라. "종교"라는 개념을 고대에 적용하는 문제에 대한 보다 전반적인 논의로는 Nongbri가 쓴 보다 이전의 단행본인 *Before Religion* (2013) 외에도 다음의 소논문들을 보라. William Arnal, "What Branches Grow out of the Stony Rubbish? Christian Origins and the Study of Religion," *SR* 39 (2010): 549-72과 그에 대한 답변인 Annette Y. Reed, "Christian Origins and Religious Studies," *SR* 44 (2015): 307-19을 보라.

66 특히 토대가 되는 연구인 Johnson Hodge, *If Sons, Then Heirs*, 그리고 동일한 쟁점을 더 최근에 다룬 "The Question of Identity"를 보라.

67 이러한 닫혀 있는 민족 계보closed-ethnic genealogies 논증들, 특히 바울과 관련해서는 Christine E. Hayes, *Gentile Impurities* (2002)와 *Divine Law* (2015)를 보라. 사도행전과 관련해서는 Matthew Thiessen, *Contesting Conversion* (2011), 그리고 바울과 관련해서는 *Paul and the Gentile Problem* (2016)을 보라.

텍스트들에 영향을 끼쳤던, 현실주의적인 계보적 사고이다.[68] 이러한 해석에 기초하여, 바울은 이방인들에게 유대 율법에 대해 부정적으로 말하면서, 할례를 옹호하는 사도들을 따르려는 유혹으로부터 이방인들을 되돌려놓으려 애를 쓴 것이다. 왜냐하면 바울은 할례에는 아무런 효과도 없다고 여겼기 때문이다. 바울은 신적인 법과 인간적인 법을 대조시키는 헬레니즘적 범주를 동원하여 그의 청중을 향한 설득 작업의 틀을 구성한다. 이러한 수사에 따르면, 신적인 법은 기록되지 않고, 보편적이고, 이성적이고, 불변한다. 대조적으로 인간적인 법은 기록되었고, 특수하며(즉, 특정한 도시 혹은 민족에게 국한된다), 상황 의존적이다(시간에 걸쳐 바뀔 수 있다). 토라가 인간적인 법의 특성들을 가졌다고(즉, 신적인 법의 특성들이 아니라) 묘사함으로써, 바울은 의도적으로, 그리고 전략적인 이유로, 그의 이방인 청중에게 유대 율법의 가치를 낮춰서 이야기한다.

> 바울은 이삭의 혈통을 따른 씨에게만 국한된 법으로 모세 율법의 배타적 속성을 보존할 방법을 찾아야만 했다. 모욕을 야기하지 않으면서도 그렇게 할 방법을 찾아야 했는데, 왜냐하면 바울은 이방인의 포함이 다가오는 그 왕국의 조건이라고 믿었기 때문이다 … 바울은 모세 율법이 신적인 법이라는 고전적 이해 방식과 거리를 두고, 인간적인 … 법과 관련된 고전적인 담론에 모세 율법을 연결시켰다. 그는 인간적인 … 법처럼, 이 특수적인 모세 율법은 본성에 반대된다고 주장했다. 율법은 생명력이 없고, 노예 됨, 죄, 그리고 사망을 불러온다. 그것은 덕성을 보장하지 않는다 … 바울의 수사가 향하는 결론은 모세 율법은 혈통적으로 정의된 한 특수한 민족을 위하여 기록된 법이라는 것이다. [129쪽] 바울이 그리스-로마의 양가성 담론에 의해 영향을 받은 수사를 채택하고 그

---

68 Hayes, *Divine Law*, 143.

수사의 혜택을 톡톡히 본 것은, 그가 그의 이방인 청중에게 율법을 확언하는 동시에 평가 절하해야 했기 때문이며, 그의 이방인들이 이스라엘이 되지 않으면서도 이스라엘과 더불어 참여하기를 원했기 때문이다.[69]

혹은, 어쩌면 바울은 꼭 필요한 언약적 할례는 오직 남자 아이가 태어난 지 팔 일째에 받는 할례에서만 가능하다는 생각에 몰두했을지도 모른다(빌 3:5을 보라). 이 입장은 언약적 할례를 특히 유대인에게만 국한시킨다. 바울은 창세기 17:14의 그리스어 본문을 염두에 두고 있었을지도 모르겠다. "그리고 할례받지 않은 남자, 즉 팔 일째에 포피의 살에 할례를 받지 않은 이의 영혼은 그의 백성에서 끊어질 것이다. 왜냐하면 그는 내 언약을 어겼기 때문이다"(칠십인역; 참고: 희년서 15:25-26). 마소라 본문에는 "팔 일째"라는 구절이 없고, 따라서 다른 시점에 할례를 받을 가능성과, 비-유대인 성인이 이스라엘로

69 Hayes, *Divine Law*, 162-63. 나는 이 논증의 표면적인 부분에 동의하지 않는다. 바울은 그의 이방인들에게, 자신이 율법 아래에서 실제로 의를 성취했다고 말한다(빌 3:6; Hayes는 이 구절을 고려하지 않는다). [235쪽] 또한 이러한 해석 이론을 따르면, 우리는 근본적으로 바울이 실제로 의도하지 않은 바를 바울이 (그의 이방인들에게) 말했다는 입장을 취하게 된다(왜냐하면 바울 자신은 개인적으로 율법을 가치 있다고 여겼기 때문이다). 마지막으로, 나는 각주 42번에 있는 Hayes의 표현에 대해 의문을 제기한다. 내가 볼 때, 바울은 이방인들이 (심지어 "영적으로"라도) 이스라엘의 일부가 될 수 있다고 생각한 적이 전혀 없다. 반대로, 이방인들의 민족적 지위는 그들이 "입양을 통해 아들들"이 된 후까지도 존속한다. 그러나 Hayes가 이후에 이어가는 내용은 의문의 여지없이 옳다. 바울의 부정적 수사가 "**그의 청중을 위한 전략적인 조정**"이었다면(164, 강조 표시는 원문의 것이다), 그것의 부정적 위력은 그 뒤로도 유대인들을 대항한 후대의 신학에 이르기까지 오래도록 살아 남았을 것이다. 그 신학에서는 이방인 그리스도인들이 율법의 "특수주의"와 그것을 표현해내는 "육신적" 유대 관습을 비난했다. 고대 저술을 현대에 해석하면서 "민족적 사유방식"을 그대로 울려낸 까닭에 생긴 결과들에 대해서는, Denise K. Buell, "God's Own People: Spectres of Race, Ethnicity and Gender in Early Christian Studies," *Prejudice and Christian Beginnings*, 159-190을 보라.

들어오는 의례로서의 할례의 가능성을 열어 두고 있다.[70] 헬레니즘 시대와 로마 시대에 디아스포라와 (칠십인역의 표현에도 불구하고) 이스라엘 땅에서는 할례를 입문 의례로 바라보는 견해가 갖는 포괄적 힘이 주도적 위치에 있었다.

이러한 구성에 따르면, 바울은 더 엄격하고 혈통적으로 제한적인 견해—그리고 이것이 소수파의 견해임을 꼭 말해 두어야겠다—와 궤를 같이 하며, 할례가 그리스도-추종자이든 아니든 간에 성인 이방인 남자에게 아무런 가치가 없다는 입장을 취한다. 개종자 할례는 성인 이방인 남자를 이스라엘의 언약 안으로 인도하지 못한다. 마치 이스마엘이 13세에 받은 할례가 그를 이스라엘의 언약 안으로 끌어들이지 못했던 것과 마찬가지다(갈 4:21-31; 롬 9:7). "[만약] 네가 율법을 행하면 할례가 유익하나 만일 율법을 범하면 네 할례는 무할례가 되느니라"(롬 2:25, 개역개정). 바울이 이것을 로마서에서 말했을 때, 그는 유대화하는 이방인에게 말하고 있었던 것이며, 특별히 팔 일째의 할례에 대한 율법을 염두에 두고 있었던 것이다. 유대화하는 이방인, 곧 분명히 생후 팔 일보다는 더 나이를 먹었음에도 할례를 받는 이는 "할례 율법"을 존중하려고 노력했음에도 불구하고 결과적으로 그 율법을 범하게 된다. 이미 팔 일보다 더 나이를 먹었기 때문이다. 그렇다면 그에게는 할례가 무할례로 여겨진다.[71] 할례에도 불구하고 그 이교도는 여전히 이교도이며, 여전히 아브라

70 칠십인역, 사마리아 오경, 희년서의 고대성을 고려할 때, "팔 일째에"라는 표현이 담긴 (형태의) 창세기 17:14 히브리어 텍스트가 마소라 텍스트 이전 단계인 헬레니즘 시대에 유포되어 있었을 가능성이 있다. Matthew Thiessen, "The Text of Genesis 17:14," *JBL* 128 (2009): 625-42에 나오는 신중한 연구를 보라. 이 텍스트상의 논점들을 깊이 숙고할 필요는 없는데, 왜냐하면 디아스포라 유대인 공동체들은 후기의 랍비 공동체들 못지 않게 개종자 할례를 행했던 것이 분명하기 때문이다. "이미 마음을 굳힌 독자들은 자신의 견해가 어떤 것이든 간에, 그것을 뒷받침하는 증거를 둘 중 어느 텍스트에서나 발견할 수 있다." 나의 초창기 원고를 비평적으로 읽는 가운데 이 논평을 강조해 준 익명의 동료에게 감사를 전한다.

71 Thiessen, *Paul and the Gentile Problem*, 19-101은 이 해석을 명료하고 확신 있게 주

함, 이삭, 야곱의 언약 바깥에 있고, (따라서) 여전히 육체와 죄와 사망을 섬기는 덫에 걸려 있으며(롬 7장), 여전히 우주의 스토이케이아*stoicheia*에게 노예로 붙잡혀 있다(갈 4:9-10).[72] [130쪽] 바울이 주장하기를, 이방인들이 아브라함에게 약속된 복에 참여할 수 있는 유일한 길은 그리스도를 통해서, 따라서 영을 통해서다. 육체를 통해서, 할례를 통해서가 아니다.

* * *

바울은 율법에 대해 긍정적인 동시에 부정적으로 말한다. 우리는 바울이 열정적으로 승인하는 것(예컨대, 이방인들이 율법의 계명을 지키는 것) 그리고 바울이

장한다. 이 견해는 나에게 너무도 새로워서, 나는 아직도 그것을 곱씹어 보는 중이다. Thiessen의 견해가 가져온 여러 흥미로운 결과 중 하나는, 그 견해가 갈라디아서 5:3("할례를 받는 모든 남자는 율법 전체를 지킬 의무가 있다")에 흔히 부여된 의미를 바꾸어 놓는 방식이다. 바울은 지금 개종자가 취해야 할 행동 양식상의 원칙을 진술하는 것이 아니라, 할례에 대한 "율법 전체"(즉, 할례는 생후 팔 일째에 행해야 한다는 것)가 요청된다고 말하고 있는 것이다(같은 책, 91f.를 보라).

72 Barclay를 참고하라. 그는 갈라디아서 4:9-10에서 바울이 토라 준수와 할례를 스토이케이아*stoicheia*에 대한 경배와 연결시킨다고 해석한다(내가 보기에 이것은 개연성이 떨어진다). Barclay, *Paul and the Gift*, 408-9. 바울의 지시 대상들이 누구인지, 무엇인지에 관해 복잡하게 얽힌 문제도 갈라디아서에서 바울의 사상을 추적하는 작업을 한층 더 어렵게 만든다(바울이 "우리"라고 말할 때, 누구를 떠올리고 있는가? 바울이 말하는 "너"는 누구인가? 유대인들? 그리스도를 따르는 유대인들? 그리스도를 따르는 탈-이교도들? 이제 할례자들의 논증에 설득되어 버린 그리스도를 따르는 탈-이교도들?). 나는 이 편지에서 바울의 "우리" 사용이 보통 수사적으로 자기 자신과 그의 이방인 청중을 동일시하는 방법이라고 전제한다(예: "그리하여 우리가 아들들로서의 입양을 받기 위해서"[갈 4:5]라는 말은 오직 이방인들과만 연결될 수 있다. 왜냐하면 바울에 따르면, 민족적 이스라엘은 그리스도와 관계없이도 이미 "아들됨"을 가지고 있기 때문이다[롬 9:4]). 이 동일한 이슈에 대한 또 다른 고찰로는 Andrew A. Das, *Paul and the Stories of Israel: Grand Thematic Narratives in Galatians* (Minneapolis, MN: Fortress, 2016), 33-63을 보라.

반대하거나 심지어 정죄하기까지 하는 것(예컨대, 이방인이 할례를 받는 것)과 관련된 다양한 주제들을 면밀히 살펴보았다. 어떤 해석이든지 간에, 바울의 진술이 어떤 청중을 향하는가의 문제는 언제나 기본적인 지향점으로 고려되어야 한다. 현존하는 바울의 편지들 전부는 이방인을 향하고 있다. 이것이 의미하는 바는, 바울이 율법에 대해 무엇이라 말하든 간에, 그는 그것을 무엇보다도 이방인들과 관련해서 말한다는 사실이다. 나아가 이것은 율법이 모든 사람들에게 저주가 아니라(사실, 율법은 이스라엘에게 하나님께서 주신 특권이다[롬 9:4]), 그리스도 바깥에서 율법의 요구에 따라 살 수 없는 이방인들에게 있어서만 저주라는 점을 의미한다(왜냐하면 그들이 율법의 요구에 따라 사는 것이 가능하려면 그리스도의 프뉴마*pneuma*가 필요하기 때문이다). 따라서, 바울이 율법 준수에 반대하며 말할 때, 그는 이방인의 유대화를 자신의 방식이 아닌 다른 방식으로 해석하는 것을 반대하고 있는 것이지, 유대인의 토라 준수에 대해 반대하는 것이 아니다. 그리고 바울이 할례에 반대하며 말할 때, 그는 이방인의 할례를 반대하는 것이지 유대인의 할례를 반대하는 것이 아니다. 간단히 말해, 바울은 이런 특수한 방식으로, (몇몇 형태의) 유대화Juda*izing*를 거부하는 것이지, (전체 형태의) 유대교Juda*ism*를 거부하는 것이 아니다.

그러나 앞서 우리가 살펴보았듯이, 바울은 또한 그리스도-안의-이방인들과 관련하여 율법에 대해 긍정적으로 말하기도 한다. 성령에 의해, 그리스도를 통해 능력을 받은 이방인들은 율법이 요구하는 바를 이행할 수 있으며, 실제로 바울은 그들에게 율법의 명령에 따라 살도록 촉구한다. "신실함faithfulness을 통해 올바르게 됨being righteoused"은 그러한 성취를 가능하게 한다. 이러한 의미에서 "율법"과 "신실함"은 상호보완적이고 협력적이지, 경쟁적이거나 상반된 개념이 아니다. 요약하자면, (이러한 배경에서) 부정적인 것뿐 아니라 긍정적인 것을 포함하는 율법에 관한 표현 방식들 모두가 바울의 편지 안에 울려 퍼지고 있다.

그러나 그렇다고 바울의 사상적 폭이 이 두 가지 표현 방식으로만 국한되는 것은 아니다. 바울이 또한 어디서든지 굉장히 긴급함을 가지고 말했다는 것도 중요하다. 바울은 **바로 지금이라고, 곧이라고** 선포한다. 이 연구를 추동했던 이 질문을 이제 다루게 될 것이다. 바울의 긴급성은 어디에서 온 것일까? 그 긴급성과 관련해서, 어째서 바울은 그토록 날카롭게 그의 관심을 이방인에게 집중시켰던 것일까? 그리고 이방인들은 "온 이스라엘"의 속량과 무슨 관계가 있는 것일까(롬 11:26)?

제5장

그리스도와 왕국

5장 그리스도와 왕국

[131쪽] 우리가 주의 말씀으로 너희에게 이것을 말하노니 주께서 강림하실 때까지 우리 살아 남아 있는 자도 "자는 자"보다 결코 앞서지 못하리라. 주께서 호령과 천사장의 소리와 하나님의 나팔 소리로 친히 하늘로부터 강림하시리니 그리스도 안에서 죽은 자들이 먼저 일어나고 그 후에 우리 살아 남은 자들도 그들과 함께 구름 속으로 끌어 올려 공중에서 주를 영접하게 하시리니 그리하여 우리가 항상 주와 함께 있으리라. 그러므로 이러한 말로 서로 위로하라.

데살로니가전서 4:15–18 (개역개정, 강조 표시와 따옴표는 추가)

주께서 가까우시니라.

빌립보서 4:5 (개역개정)

그때가 단축하여진 고로 … 이 세상의 외형은 지나감이니라.

고린도전서 7:29–31 (개역개정)

이런 일은 … 말세를 만난 우리를 깨우치기 위하여 기록되었느니라.

고린도전서 10:11 (개역개정)

보라 내가 너희에게 비밀을 말하노니 우리가 다 "잠 잘 것"이 아니요 … 다 변화되리니, 나팔 소리가 나매 죽은 자들이 썩지 아니할 것으로 다시 살아나고 우리도 변화되리라.

고린도전서 15:51-52 (개역개정)

[132쪽] 지금은 은혜 받을 만한 때요, 보라 지금은 구원의 날이로다.

고린도후서 6:2 (개역개정)

또한 너희가 이 시기를 알거니와 자다가 깰 때가 벌써 되었으니 이는 이제 우리의 구원이 처음 믿을 때보다 가까웠음이라. 밤이 깊고 낮이 가까웠다.

로마서 13:11-12 (개역개정 수정)

처음부터(즉, 첫 번째 편지인 데살로니가전서부터) 마지막까지(즉, 로마서까지), 바울은 그리스도께서 곧 돌아오시고, 역사를 구속하시며, 죽은 자들을 일으키시고, 그분의 아버지의 왕국을 수립하실 것을 확신했다.[1] 살아남은 우리는 변화될 것이며, 구원은 우리에게 더욱 가까이 있다. 바울 자신은 그리스도의 개선장군과 같은 귀환과 그 왕국의 도래를 볼 때까지 살게 되리라고 기대했다. 비전을 통해 전달된 그리스도의 부활이 바울로 하여금 종말의 가까움을 확신하게 했다(고전 15:8, 12). 그리스도께서 부활하셨다는 것은 보편적 부활이 가까

1 [236쪽] Schweitzer, *Mysticism of Paul*, 52-65 및 여러 부분에서 이미 주장된 논점이다. "바울의 첫 편지부터 마지막 편지에 이르기까지, 바울의 사상은 언제나 한결같이 예수의 임박한 귀환에 대한 기대감에 사로잡혀 있었다"(52).

이 왔다는 것을 의미할 수밖에 없었다(참고: 롬 1:4). 그리스도께서는 모든 죽은 자들의 부활의 "첫 열매"가 되셨다(고전 15:20). 이 유일무이한 사건이 본질적으로 갖는 의의는, 그 사건이 최종적이고 공동체적인 사건을 즉시 수반하리라는 점이었다(15:12-15). 바울에게 있어서, 그리스도의 부활은 정확히 말해서 "유일무이한" 사건이 아니었다. 그것은 하나님 왕국의 수립으로 끝나게 될 일련의 종말론적 사건들 중 첫 번째 사건이었다.

종말이 가까움이라는 주제가 바울의 목회적 조언(의 내용)을 구성한다. 데살로니가 에클레시아의 일부 구성원들은 그리스도의 귀환 이전에 죽었고, 이 사실은 살아남은 구성원들을 놀라게 했다. 이것은 또한 우리에게 그들의(그리고 바울의) 시간 개념이 어떠했는지를 알려주는 지표이다. 데살로니가 에클레시아 구성원들이 "하나님의 아들, 하나님께서 죽은 자들 가운데서 살리신 이, 곧 다가올 진노에서 우리를 건질 예수를 하늘로부터 기다리는" 동안(살전 1:10), 바울은 그들을 위로하고자 편지를 썼다. 또한 바울은 최종적 사건들이 어떻게 펼쳐질지 그들에게 묘사해 주고자 편지를 썼다(살전 4:15-18, 위에 인용되어 있다). 이와 동시에 그 사건들이 아주 가까이 있다는 점을 재차 확신시켜주고자 편지를 썼다. 이 편지의 수신자들 역시 재림 시에 살아남아 있을 것이다. "너희의 온 영과 혼과 몸이 우리 주 예수 그리스도께서 강림하실 때에 흠 없게 보전되기를 원하노라"(살전 5:23, 개역개정; 참고: 고전 11:30, 파루시아 이전에 성도들이 죽는 사례는 아마도 처벌의 결과이며, 따라서 예외적이었을 것이다). 종말이 얼마나 가까이 왔던지, 바울은 고린도에 있는 이방인들에게 만약 할 수 있으면 성적 행위를 아예 그만두라고까지 가르칠 수 있었고, 그것은 지나친 조언이 아니었다. [133쪽] 미혼자는 미혼자로 머물러야 했다. 기혼자는 가능하면 그들이 마치 결혼하지 않은 것처럼 살아야 했다. 그러면서도 이혼하려 해서는 안 되었다(고전 7:1-38). 바울은 고린도에 있는 그의 회중을 향해서, "말세는 바로 우리에게 임했다"고 말하고, 따라서 그들은 귀신을 섬겨서는 안 된다고 말한다(고전 10:11; 참고: 우상 숭배에 반대하여 말하는 6-22절 맥락 전체를 보라). 바울은 로마인들에게, "평화의 하나님께서 곧 사탄을 너희 발 아래 부수어 버리실 것이다"라고 말한다(이 그리스어 문장에서 "곧"에 해당하는 엔 탁세이*en taxei*가, 강조를 받는 문장 끝에 위치해 있다, 롬 16:20).

예수는 메시아다. 그는 일으킴을 받았고, 따라서 곧 돌아올 것이다. 그의 귀환과 더불어 죽은 자들 역시 일으킴을 받을 것이며, 또한 하나님의 왕국이 수립될 것이다. 후에 신약성서에 들어오게 된 이 편지들을 구술하는 시점에 이르기까지, 바울은 이 메시지를 (주로) 이교도들에게 앞서 약 20여 년 동안 전파해 왔다. 그 시간 동안 바울을 지탱했던 것은 무엇이었을까? 그리고 이 종말론적 확신은 바울의 이방인 선교를 어떻게 설명해주는가?

다윗의 아들, 그리스도 제1부: 에스카톤/종말

갈라디아의 할례주의자들을 향한 선제타격을 담은 편지의 서두에서, 바울은 자신의 복음이 인간에게서 기원하지 않았고(οὐκ ἔστιν κατὰ ἄνθρωπον, 갈 1:11), 예수 그리스도의 계시로 온 것이라고 선언한다(1:12; 나는 여기서 예수 그리스도의 계시라는 구문을 목적격적 속격으로 간주한다. 즉, 예수가 바울에게 계시되었다; 참고: 1:16, 하나님께서 그의 아들을 바울에게 계시했다).[2] 바울이 계속해서, 하나님께서 이 계시를 보이셨고, 그리하여 자신은 "열방 가운데 그를[그리스도를] 전하게 되었다"(1:16)고 말한다. 하지만 고린도전서 15:3-11에서 바울은 그가 복음의 핵심("그리스도

---

2 갈라디아서에서 바울은 그가 사도적 소명을 받기 전에 "하나님의 회중[개역개정: 하나님의 교회]을 심하게 박해했고 그것을 파괴하고자 애썼다"(갈 1:13)고 강하게 단언하는데, 이는 바울 자신이 완전히 독립적이었다는 주장을 다소 약화시킨다. 다메섹에 있는 이 초기 회중(에클레시아)이 바울에게 유앙겔리온을 처음 전달해 준 것이 분명하다.

께서 우리의 죄들을 위해 죽으셨고 … 삼 일째에 일으키심을 받았으며 … 나타나셨다")을 그 이전에 사도 된 이들로부터 전달받았음을 분명히 말한다. "나는 내가 또한 가장 중요하게 전달받은 것을 너희에게[고린도인들에게] 전해주었다"(고전 15:3-5).

이 두 진술은 상호보완적이지, 모순되는 것이 아니다. 바울은 최초에는 케리그마의 핵심적 내용을 이미 그 운동 안에 있던 이들로부터 전달받을 수밖에 없었을 것이다. 즉, 예수의 십자가형 이후 몇 년이 지나지 않아 다메섹에서 바울 자신의 회당에서 마주쳤던(그리고 맞섰던) 유대 사도들 말이다(참고: 갈 1:17, "나는 다시 다메섹으로 돌아갔다"). 그리고 예수의 십자가형, 죽음, 부활, 임박한 귀환에 대한 메시지는 예수가 호 크리스토스ὁ χριστός, 바로 그 메시아라는 확언과 결합되었을 것이다. [134쪽] 예수가 메시아라는 인식은 바울에게 매우 중요했다. 바울 저작의 논란이 없는 일곱 개의 편지 속에서 그 단어는 무려 269번이나 반복된다.

어떻게 방랑하는 카리스마적 퇴마사이자 예언자를 "메시아"로 간주하게 되었는지는 신약학계를 당혹시키는 오랜 질문들 중 하나이다. 제2성전기 후기에는 여러 가지 메시아 패러다임이 확산 중에 있었다. 쿰란 장서 자체만 보더라도 다윗 계열의 종말론적 전사, 완전한 제사장, 최종적 예언자, 그리고 보좌에 오른 천상의 구속자 등이 등장한다. 그러나 예수는 이것들 중 어느 것에도 들어맞지 않는다. 역사학자들은 예수의 십자가형 장면에서 그를 "유대인의 왕"이라고 불렀던 것에 기반해서, 예수를 메시아로 인식하는 것이 그의 죽음 이전에 이미 존재했다고 추론한다(물론 그의 죽음의 시점으로부터 아주 오래전에 확립된 인식은 아니더라도 말이다). 복음서 기자들에 따르면, 예수가 메시아로서 공적으로 칭송된 유일한 순간은—혹은 적어도 메시아적 주제들과 그가 공적으로 연결된 순간은—그의 십자가형 일주일 전, 곧 예수가 유월절을 위해 다른 순례자들과 더불어 예루살렘에 입성했을 때였다. "다윗의 아들에게 호산나! 주의 이름으로 오시는 이는 복되도다!"(마 21:9). "우리 아버지 다윗의 다가오는 왕국은 복되도다!"(막 11:10). "주의 이름으로 오시는 왕은 복되도다!"(눅 19:38). "주의 이름으로 오시는 이, 이스라엘의 왕은 복되도다!(요 12:13). 이 구절들 가운데 역사적 사건의 반향이 담겨있을까? 이러한 대중적 칭송을 받는 토착인을 로마가 좋게 보았을 리는 없다.[3]

메시아적 패러다임이 다양했다는 사실 때문에 자료들 가운데 가장 널리 발견되는 형태인 제왕적 메시아, 곧 다윗의 아들의 중요성을 간과해서는 안 된다. 기원전 1세기경의 위명서 솔로몬의 시편의 저자는 이렇게 기도한다. "보십시오 주님. 그리고 당신께서 택하신 때[즉, 종말]에 그들을 위해 그들의 왕, 다윗의 아들을 일으켜 주십시오. 그리고 그에게 힘을 더하셔서, 불의한 통치자들을 박살내 주십시오 … 그들의 왕은 주 메시아(크리스토스 퀴리오스 *christos kurios*)가 될 것입니다"(17:21-32). 이 종말론적 군주는 그의 먼 조상인 다윗 왕의 용맹스러움과 덕을 재현할 것이다. 묵시 텍스트들을 보면 그가 하나님의 대적들을 물리치고 외국 군대를 궤멸시키는 모습으로 등장한다. 그는 정의를 실현할 것이며, 회복된 이스라엘을 다스리고, 예루살렘을 재건할 것이며, 또한 하나님의 성전에서 경배하는 이방 민족들을 다스리고, 끝없는 평화를 수립할 것이다.

바울은 이미 복음으로 가르침을 받은 공동체들에게 편지들을 썼다. "바울 사도와 그의 교회들 모두 이미 예수의 메시아됨은 확신했다. [135쪽] 그

---

3 Collins의 *The Scepter and Star*는 다음과 같은 논평을 담고 있다. "이스라엘의 적들을 멸절하고 끝없는 평화의 시대를 수립할 전사이자 왕으로서, 다윗 계열의 메시아는 기원전에서 기원후로 넘어가던 무렵 유대 메시아주의의 핵심을 구성했다"(68). 참고: 천상의 구속자라는 흐릿한 인물에 관해서는 136-53을 보라. 또한 Collins는 이른바 예수의 개선 입성Triumphal Entry이 아마도 로마에 의해 처형당하는 계기가 되었으리라고 추측한다(204-7). 개선 입성이 예수를 메시아로 인식하는 것과 어떤 관계가 있었는지, 그리고 이에 따라 빌라도가 예수에 관해 어떤 행보를 취했는지에 대한 나의 재구성으로는 *Jesus of Nazareth*, 235-59을 보라.

의 편지들을 보면 그와는 다른 것들이 쟁점이었다."[4] 바울은 예수를 다양한 방식으로 "그리스도"라고 지칭한다. 아주 가끔, 바울은 그것을 직함처럼titular 사용한다(호 크리스토스*ho Christos*, "그 그리스도," 예: 롬 9:5). 더 많은 경우에, 그 단어를 정관사 없이 사용하거나 혹은 "예수"라는 이름과 결합하여 사용한다. 이 그리스도라는 호칭이 워낙 빈번하고, 또 자주 일상적으로 설명 없이 사용되기 때문에, 오랫동안 학자들은 크리스토스*Christos*라는 단어가 바울의 편지들 안에서 "메시아적인" 내용을 담아내지 않고, 단순히 고유명사로 기능한다고 주장했다. 이제 이러한 주장은 더 최근의 연구에 의해 밀려났다. 더 최근의 연구에 따르면 바울에 있어서 "그리스도"는 경칭honorific의 역할을 수행한다. "경칭은 보통 군사적 업적이나 권력의 위치에 취임한 것과 연관되어 취하거나 혹은 그런 이에게 수여되었다." 크리스토스는 이 명명법 범주에 들어맞는다.[5]

바울은 자신의 선배들처럼 이 크리스토스라는 경칭을 예수에게 돌렸다. 바울의 편지들과 대략 비슷한 시기의 텍스트들에서 크리스토스는 종말의 다윗 계열의 전사 및 통치자를 의미하는 경우가 가장 흔했다. 바울의 편지들과 이후에 등장한 복음서들 모두에서 눈에 띄는 전통들 역시, 예수를 그러한 종말의 구속적 인물로 제시한다. 그는 천사들과 더불어 귀환하고, 그가 택한 이들을 모으기 위해 영광의 구름을 타고 오며, 권능으로 그 왕국을 도래하게 할 것이다.[6]

---

4 Novenson, *Christ among the Messiahs*, 103.

5 기존의 논증을 무너뜨린 데에는 Novenson의 명료한 연구(Novenson, *Christ among the Messiahs*)의 공이 크다. 경칭에 관해 내가 인용한 문장은 Novenson의 책, 95에서 왔다.

6 하늘로부터 귀환하는 그리스도의 강하(살전 4:13-18), 주의 날이 "밤의 도둑"처럼 다가온다는 바울의 경고(5:1-4), 그리고 최종적 사건들의 순서에 대한 바울의 묘사(고전 15:22-26)를 마가복음 8:31과 13장에 나오는 묵시적 인자 본문들과 비교해 보라. 또한 복음서 자료들과 바울 사이에 공유하고 있는 묵시적 전통들(어쩌면 그 일부는 나

예수를 이렇게 최종적인 다윗 계열의 메시아로 인식하기 시작하게 만든 사건들의 순서에 관해서는 추측만이 가능할 뿐이다. 갈릴리와 유대에서 유대인들을 대상으로 한 선교 기간 동안, 예수는 도래하는 왕국에 대해 말했고, 스스로를 그 왕국의 권위 있는 예언자로 제시했다. 예루살렘에서 그의 마지막 유월절에 앞서, 군중들—이미 예수의 추종자들이었든지, 혹은 그의 메시지에 휩쓸린 순례자들이었든지 간에—은 "다가오는 우리 아버지 다윗의 왕국"에 환호를 보냈고, 예수를 그 왕국의 전조로 여겼다. 그로부터 얼마 지나지 않아 예수는 빌라도에게 체포되고 "유대인의 왕"으로서 십자가에 달려 죽었다. "유대인의 왕"이라는 칭호는 분명 제왕적, 따라서 다윗 계열의 울림을 갖는다. 그리고 또다시 얼마 지나지 않아 예수는 죽은 자들 가운데 일으킴을 받아 점점 더 많은 숫자의 사도들과 추종자들에게 재차 "보이게" 되었다(고전 15:3-7).

부활 체험이 그들에게 있어서 예수를 메시아로 인식하게 된 이유는 아니었을 것이다. 죽은 후에 살아나며 다시 돌아올 크리스토스에 대한 전통은 이 새로운 운동이 그러한 전통을 만들어 내기 전에는 존재하지 않았다. 하지만 그 부활은 분명 추종자들에게 예수의 예언을 확인해 주었다. 즉, 그 왕국이 가까이 왔음이 틀림없었다. 더 전통적인 시나리오—먼저 개선장군과 같은 메시아가 있고 나서, 공동체적 부활과 같은 다른 종말의 사건들이 따른다—에 가해진 이 예기치 않은 혼란은 예수의 제자들이 독창적 재해석을 수행하는 계기를 제공했다. [136쪽] 그들은 정말로 그 왕국이 오고 있다고 믿었다. 그러나 그 왕국은 재림 시에 최종적 메시아로서 기능하는 이, 곧 그 왕

사렛 예수 자신에게로 거슬러 올라갈 것이다)에 대한 분석으로는 Fredriksen, *Jesus of Nazareth*, 78-89을 보라. 예수의 다윗 계열 메시아 직임의 소급적인retrospective 구성에 관해서는 Fredriksen, "Are You a Virgin?"을 보라.

국의 선봉에 선 부활한 예수와 함께 올 것이다.[7]

다시 말해, 예수에게 최초로 메시아적 지위를 돌린 것은 그의 죽음 이전에 일어났음이 분명하다. 그래야만이 십자가형에서 그에게 돌려진 "유대인의 왕"이라는 칭호가 설명이 가능하기 때문이다. 죽은 이들 가운데서 부활한 그의 환시를 경험한 추종자들이, 예수를 메시아로 여기는 것은 반드시 두 단계의 확인 과정을 필요로 했다. 첫 번째 단계는 부활한 예수가 몇몇 엄선된 내부자들에게 나타나는 것이었다(바울의 주장에 따르면, 바울 자신도 그 안에 포함되어 있다[고전 15:5-8]). 두 번째 단계는 그의 파루시아 때, 하나님의 왕국과 더불어 권능 가운데 예수가 공적으로 나타나는 것이었다.

1세기 중반에 이르렀을 때, 이 "내부자들"이 예수를 메시아로 여기는 인식이 이미 굳게 확립되었다. 바울은 어디서나 예수를 "그리스도"로 불렀다. 하지만 바울이 예수를 명시적으로 **다윗 계열**의 메시아로 지칭한 것은 단 두 번뿐이었고, 두 번 모두 로마서에 나온다(롬 1:3; 15:12). 로마서의 첫 부분과 마지막 부분에 나오는 두 사례는 일종의 메시아적 **수미상관**inclusio을 형성한다. 바울은 두 차례 모두, 예수를 다윗 계열 메시아로 인식하는 것과, 열방을 향한 자신의 선교를 직접적으로 연결시킨다. "바울 … 사도로 부름을 받고 … [하나님의] 아들에 관한 복음을 위해서 [구별되었으며] … [하나님의 아들은] 육신으로는 다윗에게서 왔고 … [우리가 은혜와 사도직을 받은 것은] …

---

7 Dahl은 그의 고전적인 소논문 "The Crucified Messiah,"에서 예수의 비메시아적인 공적 사역과 그의 십자가형 이후 추종자들이 십자가형 자체와 더불어 그를 메시아로 칭송했던 것 사이의 간극을 좁힌다. *The Crucified Messiah, and Other Essays* (Minneapolis, MN: Augsburg Publishing House, 1974), 38. Israel Knohl은 예수보다 한 세대 전에 에세네파 교사였던 므나헴Menachem이란 사람이 고통받고 죽는 메시아라는 모델을 만들었다는 견해를 제시했다. 그러나 그의 논증의 상당 부분은 Cave 4에서 나온, 해진 파편들에 존재하는 공백들lacunae을 어떻게 메울 것인지에 달려 있다. 지금까지 그의 재구성은 대부분의 학자들을 설득하지는 못했다. Israel Knohl, *The Messiah before Jesus* (Berkeley: University of California Press, 2000).

모든 이교도들/이방인들/열방 가운데서, 곧 너희를 포함한 민족들 가운데서 … 신실함의 순종을 이루기 위해서다"(롬 1:1-6). 이와 같이 로마서의 첫 문장에서 바울은 자신을 소개하고 있다. 그리고 그 편지의 말미에 다다라서 이사야 11:10을 인용하며 끝을 맺는다. "이새의 뿌리, 곧 이방인들을 다스리기 위해 일어날 분이 올 것이며, 이방인들은 그분 안에 소망을 둘 것이다"(15:12; 16:26도 참고하라: 예언자들의 글을 통해 드러난 신비는 이제 "모든 민족에게 알려졌다").[8]

바울의 가장 근본적인 자기 인식은 "열방을 향한 사도"였다. 그가 갈라디아서에서 선포하듯이, 하나님께서 그를 모태에서부터 따로 세우신 것은 바로 이 목적 때문이었다(갈 1:15-16; 바울은 거기에서 의도적으로 렘 1:4-5을 반향한다. 사 49:1-6과 롬 1:1, 6도 참고하라). 바울이 직접 세우지 않은 공동체를 향해 보낸 편지(즉, 로마서)가 남아 있다는 것은 우리에게 있어서 행운이다. 그러한 공동체에게 자신을 소개하는 까닭에, 바울은 그의 복음과 선교를 현존하는 그의 다른 편지에서 했던 것보다 더 자세히 풀어낼 수밖에 없었다. 로마서의 메시아적 틀이 보여주듯이 바울은 그가 이 마지막 때에 하늘로부터 받은 사명, 곧 이방인들을 참된 신을 경배하는 길로 이끌어 들이는 그의 사역을, 예수를 다윗 왕가의 자손으로 선포하는 것과 직접적으로 연결시킨다. [137쪽] 그렇다면 바울 사도를 이해하기 위해 우리는 그의 기독론Christology을 이해할 필요가 있다.

나는 **기독론**이라는 말을 조심스럽게 사용한다. 이 말은 신학에서 정식으로 사용하는 용어인데 반해, 그리스도에 대한 바울의 정의 및 임박한 우주의

---

8 다윗 모티프가 로마서를 앞뒤로 묶고 있다는 것, 그리고 그 틀이 이방인 선교에 대한 바울의 이해에 미치는 영향에 관해서는 Fredriksen, *Jesus of Nazareth*, 125-37을 보라. 또한 Matthew V. Novenson, "The Jewish Messiahs, the Pauline Christ, and the Gentile Question," *JBL* 128 (2009): 373-89을 보라. Novenson 이전의 글로는 Christopher C. Whitsett, "Son of God, Seed of David: Paul's Messianic Exegesis in Romans 2 [sic]:3-4," *JBL* 119 (2000): 661-81을 보라.

속량에 있어서 그리스도의 역할에 대한 바울의 견해는 그의 메시아적, 카리스마적 성서 주해에 의존하는 것이지,[9] 체계적인 교의나 교리에 의존하는 것이 아니기 때문이다. 바울은 성령론, 성육신, 구원론, 신론 등을 서로 연결시켜 조직화하는 것에는 그다지 신경을 쓰지 않았다. 마찬가지로 바울에게 훗날 교회 공의회들, 특히 니케아 공의회(그리스도를 "온전한 하나님"으로 믿는 교리와 더불어)나 칼케돈 공의회(그리스도의 인성과 신성이라는 "두 본성"에 대한 관심과 더불어)의 입장을 따를 의무가 있었던 것도 아니다. 바울은 1세기 중반의 유대인이었고, 카리스마적, 묵시적 환시자visionary였다. 바로 이 맥락 안에 바울의 메시아/크리스토스에 대한 정의가 세워져야 한다.

그러나 바울의 편지에서 두 군데의 특정한 부분은 훗날 이 4세기와 5세기 교회가 제정한 기독론을 무리 없이 지지하는 것처럼 보인다. 첫 번째 본문은 그리스도의 "신성"에 대한 것으로, 빌립보서 2:6-11에 나오는 소위 기독론적 찬가이다.[10] 두 번째 본문은 그리스도의 "두 본성"에 대한 것으로, 로마서 1:3-4과 연관이 있다. 이 본문들 각각을 면밀히 살펴볼 필요가 있다.

먼저 빌립보서를 보자. 본문은 다음과 같이 번역된다.

---

9 이 점에 대해서는 고전적인 연구인 Donald H. Juel, *Messianic Exegesis: Christological Interpretations of the Old Testament in Early Christianity* (Philadelphia: Fortress, 1988)를 보라. [237쪽] 또한 Novenson, *Christ among the Messiahs*, 136-73을 보라.

10 학자들이 합의한 바에 따르면, 이 찬가는 바울 이전의 전승을 나타낸다. 나는 거기에 대해 확신이 없다. 하지만 만약 바울이 이전의 전승을 활용하기로 선택한 게 맞다면, 그 전승은 새로운 맥락에도 관련성이 있어야만 한다. 이것은 로마서 1:3-4에 관해서도 마찬가지다. 이 역시 흔히 바울 이전 전승으로 간주되지만, 앞으로 우리가 보게 될 것처럼, 이 본문은 핵심적인 "바울적" 주제들과 깊이 공명한다. 혹은 Novenson이 논평한 것처럼, "바울 이전의 전승들은 일단 바울에 의해 사용된 후로 기능적으로는 바울적 전승이 되었으며, 따라서 그것들이 위치한 바울 텍스트 내부에서 의미 있는 부분으로 해석되어야 한다." Novenson, "Jewish Messiahs," 370, 주 56.

[… 그리스도 예수], (6절) 그는 근본 하나님의 본체시나 하나님과 동등됨을 취할 것으로 여기지 아니하시고 (7절) 오히려 자기를 비워 종의 형체를 가지사 사람들과 같이 되셨고 (8절) 사람의 모양으로 나타나사 자기를 낮추시고 죽기까지 복종하셨으니 곧 십자가에 죽으심이라. (9절) 이러므로 하나님이 그를 지극히 높여 모든 이름 위에 뛰어난 이름을 주사 (10절) 하늘에 있는 자들과 땅에 있는 자들과 땅 아래에 있는 자들로 모든 무릎을 예수의 이름에 꿇게 하시고 (11절) 모든 입으로 예수 그리스도를 주라 시인하여 하나님 아버지께 영광을 돌리게 하셨느니라.

… Christ Jesus (6) who, though he was in the form of God, did not count equality with God a thing to be grasped, (7) but emptied himself, taking the form of a slave, being born in human likeness. (8) And being found in human form, he humbled himself, becoming obedient to the point of death, even death on a cross; (9) on account of which, God highly exalted him and gave to him the name above every name, (10) so that at the name of Jesus every knee should bend, whether in heaven or on earth or below the earth, (11) and every tongue should acknowledge that Jesus Christ is Lord, to the glory of God the Father.

위 인용문은 RSV성경을 따른 것이다(한국어 번역으로는 개역개정을 인용함 - 역주). 이렇게 번역된 본문을 읽고, 또한 "하나님God"의 첫 글자를 대문자로 표현하여 성서에 나오는 최고신의 고유명사로 표현하는 관습에 익숙한 독자라면, 교회가 기원후 325년 니케아 공의회에서 확립된 교리에 도달하기까지 왜 그리 오래 걸렸는지 궁금해할 것이다. 여기서 그리스도는 하나님과 동일한 "형체form"로(그게 무슨 뜻이든지 간에) 표현된다.[11] 그는 "하나님과 동등됨"을

11 이 난해한 본문에 나오는 단어인 모르페의 의미들에 관하여, 가능한 가장 명료한 해설은 M. Bockmuehl, *The Epistle to the Philippians* (London: A. & C. Black, 1997), 126-29

취하는 것으로부터 물러섰다(그것을 취하는 것이 하나의 가능한 선택지였음을 암시한다). 그리고 그는 성서의 신이 지닌 호칭title/이름name인 "주Lord"로까지 승격된다. [138쪽] 이 구절들은 분명 두 명의 거의 동등한, 혹은 철저하게 동일시되는 신들에 대한 비전을 드러내는 것처럼 보인다.[12] 바울은 여기서 "유일신주의자monotheist" 유대인으로서가 아니라 특별히 "이신주의자ditheist" 그리스도인으로서 말하고 있는 것처럼 보인다.

그러나 그리스어 본문은 앞선 번역의 표현과 일치하지 않는다. 빌립보서 2:6에 따르면, 예수는 "바로 그 [높으신] 하나님the [high] God의 형체"가 아니라, "[한] 신[a] god의 형체"로 존재했다. 예수는 하나님 아버지와 동등됨을 거절했던 것이 아니라, "신적 지위," 혹은 바울의 단어 선택에 더 가깝게 말해 보자면, "[한] 신"과의 동등됨을 거절했다. 그러나 그와 대조적으로, 9절에서 예수를 높이 들어올린 신은 바로 그 높으신 신(호 테오스*ho theos*, 그 신the god), 곧 11절에서 "하나님 아버지God the Father"로 일컬어지는 그 신이다. 영어 번역에서는 관습적으로 모든 절에서 God의 첫 글자 G를 대문자로 표기하지만, 이것은 바울의 그리스어 문장을 제대로 알아보지 못하도록 가려버린

에서 찾아볼 수 있다. 이 "찬가" 전체에 대한 그의 해설은 같은 책 114-48을 보라.

12 Richard Bauckham은 고대 유대 사상을 엄격하게 "유일신주의"(오직 하나의 신만이 존재한다는 현대적 의미)로 간주하면서, 빌립보서의 본문이 이러한 유형의 급진적인 동일시, 곧 "신약 기독론의 가장 심오한 통찰" 중 하나를 확립하는 것으로 읽는다. 그에 따르면 이 통찰이 신학적으로 적절하게 활용되기 위해서는 마르틴 루터의 시대가 올 때까지 기다려야 했다. *Jesus and the God of Israel* (Grand Rapids, MI: Eerdmans, 2009), 59. 그의 논의 전체를 보려면, 1-17(초기 유대교 유일신주의), 18-31("기독론적 유일신주의"), 37-45(특히 빌립보서 2:6-11에 대해서)을 보라. 신적 동일시에 대한 이런 유형의 주장을 문제시하는 최근의 글로는 M. W. Martin, "ἁρπαγμὸς Revisited: A Philological Reexamination of the New Testament's 'Most Difficult Word,'" *JBL* 135 (2016): 175-94을 보라. 참고: H. Talbert의 고전적 소논문인 "The Problem of Pre-existence in Philippians 2.6-11," *JBL* 86 (1967): 141-53에서는 이 구절들이 실제로 인간 그리스도에 관해 말한다고 주장한다.

다. 바울은 여기서 신성의 정도를 구분한다. 예수는 "하나님God"이 아니다.[13] 나라면 바울이 말한 것을 다음과 같이 번역하겠다.

그리스도 예수는 신적 형체god-form로 존재했지만, 신적 지위god-status(혹은, "한 신과 동등하게 되는 것")를 자신이 빼앗아 가질 것으로 여기지 않았다. 되려, 그는 자신을 비워, 노예의 형체를 취하여 사람과 같은 모습으로 태어났다. 그리고 사람의 형체로 나타난 그는 자신을 낮춰서 죽음에 이르기까지 순종했는데, 곧 십자가의 죽음에 이르기까지 그리했다. 이것 때문에 하나님은 그를 지극히 높이 들어올려 그에게 모든 이름 위에 있는 이름을 주었고, 그리하여 예수의 이름 앞에 모든 무릎—하늘의 존재든, 지상의 존재든, 지하의 존재든, 누구의 무릎이든 간에—이 꿇도록 하였으며, 모든 입술이 예수 그리스도를 주라고(혹은 주 예수는 그리스도라고) 고백하여 하나님 아버지께 영광이 되게 하였다.

---

13 빌립보서 2:5-11 본문 전체는 다음과 같다. (5) τοῦτο φρονεῖτε ἐν ὑμῖν ὃ καὶ ἐν Χριστῷ Ἰησοῦ, (6) ὃς ἐν μορφῇ θεοῦ ὑπάρχων οὐχ ἁρπαγμὸν ἡγήσατο τὸ εἶναι ἴσα θεῷ, (7) ἀλλ᾽ ἑαυτὸν ἐκένωσεν μορφὴν δούλου λαβών, ἐν ὁμοιώματι ἀνθρώπων γενόμενος· καὶ σχήματι εὑρεθεὶς ὡς ἄνθρωπος (8) ἐταπείνωσεν ἑαυτὸν γενόμενος ὑπήκοος μέχρι θανάτου, θανάτου δὲ σταυροῦ. (9) διὸ καὶ ὁ θεὸς αὐτὸν ὑπερύψωσεν καὶ ἐχαρίσατο αὐτῷ τὸ ὄνομα τὸ ὑπὲρ πᾶν ὄνομα, (10) ἵνα ἐν τῷ ὀνόματι Ἰησοῦ πᾶν γόνυ κάμψῃ ἐπουρανίων καὶ ἐπιγείων καὶ καταχθονίων (11) καὶ πᾶσα γλῶσσα ἐξομολογήσηται ὅτι κύριος Ἰησοῦς Χριστὸς εἰς δόξαν θεοῦ πατρός.

마찬가지로 로마서 9:5은 호 크리스토스*ho Christos*(9:5a)를 호 테오스*ho theos*(9:5b)와 연결시키는 방식으로 읽을 수 있다(내 생각에 이것은 개연성이 떨어진다). 나는 9:5의 두 절clauses을 두 문장sentences으로 이해한다[즉, … τὸ κατὰ σάρκα, ὁ ὢν …에서 σάρκα와 ὁ 사이를 완전히 끊어서 별개의 문장으로 읽는다는 말이다 - 역주]. 사르카*sarka*와 호*ho* 사이에 있는 짧은 휴지기는 메시아를 "이스라엘 게노스*genos*" 출신으로 특징짓는 바울의 묘사가 끝났음을 알린다. 그 이후에 나오는 결론 문장(9:5b)은 성서의 최고신을 찬송하는 송영이다(참고: 롬 11:36; 16:27, 하나님은 그리스도와 구별되며, 16:27에서는 그리스도보다 우월한 존재로 나온다). 이 빌립보서 본문에서 "한 신a god의 형태로 있었던" 그리스도에 대한 추가적인 논의로는 Camille Focant, "La portée de la formule τὸ εἶναι ἴσα θεῷ en Ph 2.6," *NTS* 62 (2016): 278-288(특히 285)을 보라.

예수는 신적 지위를 지니고 있었지만, 그것을 붙잡기를 거절했다. 하나님 아버지는 그를 높이 들어올렸다. 여기서 신성의 정도에 있어서 혼동의 여지는 없다. 바울의 조심스러운 표현 역시 주목해 보라. 바울은 예수가(예수 역시) 한 신이었다고 말하지 않고, 예수가 한 신의 "형체로in the form" 있었다고 말한다. 바울은 어디에서도 예수를 테오스*theos*("신")라고 묘사하지 않으며, 심지어 앙겔로스*angelos*("메신저," 혹은 특별히 연결된 맥락을 고려해 보면, "천사"라는 의미)라고 부르지도 않는다.[14] 오히려 바울이 다른 곳에서도 주장하듯이, 예수는 안트로포스*anthrōpos*, 즉 한 인간이다. 비록 그가 엑스 우라누*ex ouranou*, "하늘에서 온" 인간이기는 하지만 말이다(고전 15:48). 천상적, 혹은 신적 인간에 관한 고대의 사상에 대해서는 이후에 살펴볼 것이다.

그렇다면 "주"/퀴리오스*kurios*라는 이름—이것은 칠십인역에서 흔히 하나님을 지칭하는 용어다—을 예수에게 수여한 것은 어떻게 봐야 하는가?[15]

---

14 제2성전기 유대교에서 "메시아" 및 그러한 다른 "주된 행위자"로 등장하는 인물들(신적 속성들, 중요한 천사들 등)의 역할에 대해서, [238쪽] 특히 이들이 심판과 구원이라는 야훼의 종말론적 행위들과 관련된다는 점에 대해서는, Hurtado, *One God, One Lord*, 41-92을 보라. 또한 같은 저자의 "Monotheism, Principal Angels, and the Background of Christology," *Oxford Handbook of the Dead Sea Scrolls*, ed. T. H. Lim and John J. Collins (Oxford: Oxford University Press, 2010), 546-64을 보라. 바울로부터 한 세기가 지난 후, 순교자 유스티누스는 이 세 용어들(크리스토스*christos*, [헤테로스*heteros*] 테오스*theos*, 앙겔로스*angelos*)을 예수의 특징을 묘사할 때 거리낌 없이 사용한다. *1 Apol*. 63; *Trypho* 52. 또한 본서의 후기를 보라.

15 칠십인역 이사야 45:23에서는 하나님께 "모든 무릎이 꿇게 될 것이다"고 말한다. 바울이 이 구절을 가리키거나 사용할 때(빌 2:10; 롬 14:11), 그는 파루시아 때 승리하신 그리스도께서 나타나시는 결과로서 하나님을 향한 무릎 꿇음이 일어날 것이라고 상상했다. 그러나 예수를 "주"로 부르는 것은 독특한 신성을 증언하는 것이 아니다. 바울이 그의 고린도 회중에게 말하듯이, "많은 신들과 많은 주들"이 있다. 바울은 그 용어들을 통해 다른 초인간적 세력들을 의미한 것이다. 내가 조금 후에 주장하겠지만, 예수의 "주되심"은 무엇보다도 종말론적-메시아적 명칭이지, 신적 명칭으로 기능하는 것이 아니다.

Larry Hurtado는 그의 중요한 책인 *Lord Jesus Christ* (Grand Rapids, MI: Eerdmans,

이것은 니케아적 사고를 뒷문으로 들어오게 하는 것이 아닌가? 칠십인역에

2003) [=『주 예수 그리스도』, 새물결플러스, 2010]에서 초창기의 실천(이 그리스도 회중들이 예수를 경배한 방식은 이전에는 유대인 그룹들 내부에서 최고신에게만 적용될 수 있는 것이었다)을 기반으로, 예수의 독특하게 고양된 신성에 관한 주장이 그 당시에 생성되는 중이었다는 주장을 펼쳤다. "간단히 말해, 이것과 병행하는 사례를 이 시기의 유대 전통 내의 다른 어떤 집단에서도 찾을 수 없다"(143). 이 진술은 사실이다. 그러나 나는 그것이 증거의 부재에 기반한 주장이라고 생각한다. 우리는 성전 밖에서 고대 유대인들의 전례 행위가 어떻게 이루어졌는지 거의 알지 못한다. 회당에서는 율법을 듣는 것 외에 어떤 활동이 이루어졌는가? 기도? 유대인들의 회합 장소가 때로 프로슈케*proseuchē*("기도의 집")라고 불린 것을 고려할 때, 아마도 그럴 것이다. 그 외에 또 뭐가 있을까? 이교 만신전의 하급신들을 호명하는 방식으로 끝난 기념 비문과 관련되어 있었던 노예 해방 의식은 어떤 종류의 회당 전례를 통해 표현이 되었을까? 한 유대인 전문가가 천상 여행을 하면서 태양에게 절하고 그를 "주"라고 불렀을 때(퀴리에*Kuriē*; *Sefer ha-Razim* 4.61-63; 3세기의 유대 마술 텍스트), 그 유대인 전문가는 어떤 종류의 절을 전례적으로 행했을까? 유대적 축귀 행위는 전례적으로 어떻게 진행되었을까? 마지막으로, 기도와 관련된 표현이 나옴에도 불구하고, 바울은 신자들이 예수에게 실제로 희생 제사를 드리는 것을 옹호한 적이 없다(희생 제사는 이교도에게나 유대인들에게나 신성을 가리키는 가장 중요한 전례적 표지였다). 이 마지막 논점에 대해서는 James M. McGrath, *The Only True God: Early Christian Monotheism in Its Jewish Context* (Urbana: University of Illinois Press, 2009), 54을 보라.

기독론적 맥락에서 유대 마술을 언급하다 보면, 또 다른 질문이 떠오른다. 에클레시아가 모인 자리에서, 칠십인역의 그리스어 가운데 몇몇 부분은 어떻게 들렸을까? 공동체의 의례라는 맥락에서 볼 때, 실로 '주님으로서의 예수'는 칠십인역에 나오는 '주님으로서의 하나님'이라는 개념을 기반으로 하여 등장한다. 특히 "구원을 받기 위해 주의 이름을 부르는" 공동체의 경건 실천이라는 측면에서 볼 때 그렇다. 예를 들어, 바울은 고린도전서 1:2("우리 주 예수 그리스도의 이름을 부르는")에서 그러한 실천을 가리킨다. 로마서 10:9-13에서 "예수는 주님"(10:9)이며, 그의 이름이 불리고(10:12), 곧이어 바울은 칠십인역 요엘 3:5(MT 2:32)에서 나온 언명을 인용한다("누구든지 주의 이름을 부르는 자는 구원을 받으리라," 10:13). 그러나 여기서 나는 퀴리오스*kurios*로부터 에피칼루마이*epikaloumai*("부르다"), 곧 에피칼레오*epikaleo* 동사의 중간태 형태로 시선을 돌리고자 한다. [239쪽] 이 동사는 또 다른 매우 흔한 의례적 맥락을 지니고 있다. 바로 마술이라는 맥락이다. 흔히 마술 지침서에서 마술 전문가 혹은 탄원자는 신을 자신에게로 내려오게 하여 그 신과 인간 사이의 효과적인 접촉을 확립하기 위해 그 신의 이름을 "부른다." 예를 들어, *PGM* VII.601; XII.67, 216; IV.987 (호루스Horus-하르포크라테스Harpocrates); XIII.1018 (이오Io); XIII.618 (사라피스Sarapis); V.187 (헤르메스Hermes); V.469 (제우스Zeus)를 보라. 나는 이 *PGM* 참고 문헌들을 알려 준 나의

서 퀴리오스는 실제로 하나님을 가리키는 흔한 표현이다. [139쪽] 하지만 일상의 그리스어에서 퀴리오스는 사회적으로 높은 위치에 있는 누구에게나, 그가 인간이든 신적 존재이든 상관없이 붙일 수 있는 표현 방식이었다. 이것이 내가 마지막 줄에서 괄호 안에 대안적인 번역을 추가한 이유이며, 두 가지 모두 바울의 구문 사용 방식에 충실한 번역이라 할 수 있다. 우주적인 차원에서 인정받는 것(혹은 인정받게 될 것)은 종말론적, 제왕적 메시아(크리스토스, 또는 아마도 "주 메시아")로서 예수의 고양된 지위이다.[16]

바울은 이와 같이 예수가 우주적으로 인정받는 사건이 어떻게 발생할 것이라고 생각했는가? 만약 빌립보서가 우리가 가진 유일한 바울서신이었

동료 Joseph Sanzo에게 감사의 말을 전한다. 바울이 고린도전서 12장에서 열거하는 카리스마타/은사들(언변, 치유, 기적 행위, 예언, 영들의 분별, 방언, 통역)은 예수의 영을 "불러 내려와서calling down" 발생하게 된 결과를 가리킨다. 따라서, 퀴리오스의 제의적 사용은 적어도 이중의 맥락을 지니고 있다. 즉, 성서적 반향실의 맥락뿐 아니라 지중해 세계의 공통적인 절원adjuration 절차의 맥락인 것이다. 바울의 우주를 가득 채우고 있던 모든 신들, 주들, 마귀들demons의 존재를 고려할 때, 나는 Hurtado가 했던 것처럼 이 수행적 발화들로부터 깔끔한 "이위일체적" 신학을 추론해 내기가 주저된다.

16 Bert Harrill은 퀴리오스*kurios*라는 용어의 중요성을 "과도하게 강조하는 것over-hearing"에 대해 경고한다. "바울이 예수를 주라고 부르는 것은 로마 황제가 최고의 주라는 생각에 도전하고 궁극적으로는 그것을 전복하는 게 아닌가? 여기에 대한 내 대답은 이 용어의 고대 맥락을 가리킨다. '주'는 고대 지중해 세계의 모든 신들에게 공통된 호칭이었고, 로마 황제 숭배에만 독특하게 사용된 것이 아니었다 … 더구나, 근본적으로 위계질서적인 로마 사회에서 퀴리오스라는 단어에는 노예가 주인에게, 평민이 귀족에게, 군인이 지휘관에게 말하는 일상적 대화에서 쓰이는 일상적 용례가 있었고, 이것은 심지어 신약성서에도 묘사되어 있다(눅 7:6-8). 사실상 모든 고대인들은 사회적으로 자신보다 높은 이에게 이런 방식으로 말했다 … 이 용어는 황제만을 구체적으로 가리키는 것이 아니라, 사회 상류층과 신들, 양쪽 모두에게 존경을 표시하는 흔한 호칭이었다 … 바울의 편지들은 로마의 제국주의적 사고의 논리를 전복하는 게 아니라, 그 사고방식의 한 사례를 제공해 준다." Harrill, *Paul the Apostle*, 88. Harrill의 논평은 Dahl이 60년도 더 전에 지적했던 부분, 곧 퀴리오스가 그리스도에게 적용되었을 때, 그것은 신적 지위를 시사하기보다는 제왕적, 다윗 계열의 지위를 시사한다는 논점에 힘을 실어준다. 아래의 각주 31을 보라.

다면, 우리는 그 본문이 "그리스도의 승천"(즉, 예수가 일으킴을 받았을 때/높아졌을 때, 예수의 부활에 뒤따르는 사건, 빌 2:9; 참고: 행 1:9-11) 시에 그가 인정받게 된다는 대답을 암시한다고 읽을 수 있다. 실제로 많은 주석가들이 빌립보서의 본문을 그와 같이 읽는다. 즉, 빌립보서가 하강과 상승, 두 단계로 이루어진 사이클을 묘사한다고 보는 것이다.[17]

하지만 우리는 모든 "무릎들"의 특별한 지위에 대해서도 주의를 기울여야 한다. 그 안에는 지상에 거하는 인간들과 마귀들뿐 아니라, 천상의 존재들과 지하의 존재들도 포함된다. 바울은 지구 중심적인 우주 곧 프톨레마이오스적인 우주에 살았고, 빌립보서 본문에서 예수의 메시아적 지위가 **우주적으로** 인정받는 것에 대해 말한다. 바울이 말하는 방식은 그가 데살로니가전서 4장, 고린도전서 15장, 그리고 로마서 8장에서 말하는 방식과 유사하다. 이 편지들을 함께 놓고 보면, 바울이 빌립보서 2:9에 나오는 최종적인 결말을 어떻게 상상했는지 알 수 있다. 종말론적(즉, 최종적) 메시아로서 그리스도의 지위가 우주적으로 인정받는 것은 오직 그의 파루시아 때에, 곧 그의 재림 때에 일어나게 될 것이다. 예수는 십자가의 순종적인 죽음 때문에 자신의 부활의 시점에(혹은, 그것을 통해) 일으킴을 받았지만, 예수의 지위가 **우주적으로** 확언받고 하나님 아버지께 영광을 돌리는 것은 그가 주 메시아, 승리한 종말론적 그리스도로서 개선장군 같이 귀환하는 것에 달려 있다고 바울은 말한다.

우리는 이것을 특히 고린도전서 15장에서 분명하게 볼 수 있다.[18] 바울은

---

17 단일한 하강-상승 사이클에 대한 강조 및 퀴리오스*kurios*와 크리스토스*Christos* 사이의 대조가 함께 나오는 단 하나의 예로 "Christ of Paul," 119에 나오는 Chester의 논평을 보라. 나는 바울에게 있어서 두 용어가 동의어로 기능한다는 점을 주장할 것이다.

18 "메시아"가 이 구절들에 등장하지 않지만, 그 단어는 바로 앞 구절들에 네 차례나 등장한다. Novenson이 결론을 내리듯이, "예수의 다윗 계열 메시아됨은 고린도전서 15:20-28의 요점이 아니다. 그러나 그것은 그 본문의 논증에 있어서 자명한 부분이다."

그리스도의 부활이 필연적이고 직접적으로 보편적인 부활을 포함한다는 것을 회중이 이해하도록 촉구했다. 그런 직후에 바울은 이렇게 말한다.

> (20절) 그러나 이제 그리스도께서 죽은 자 가운데서 다시 살아나사 잠자는 자들의 첫 열매가 되셨도다. (21절) 사망이 한 사람으로 말미암았으니 죽은 자의 부활도 한 사람으로 말미암는도다. (22절) 아담 안에서 모든 사람이 죽은 것 같이 그리스도 안에서 모든 사람이 삶을 얻으리라. (23절) 그러나 각각 자기 차례대로 되리니 먼저는 첫 열매인 그리스도요 다음에는 그가 강림하실 때에 그리스도에게 속한 자요 (24절) 그 후에는 마지막이니 그가 모든 통치[아르케*archē*]와 모든 권세[엑수시아*exousia*]와 능력[뒤나미스*dynamis*]을 멸하시고 나라를 아버지 하나님께 바칠 때라. [140쪽] (25절) 그가 "모든 원수를 그 발 아래에 둘 때까지"[시 109:1 칠십인역] 반드시 왕 노릇 하시리니 (26절) 맨 나중에 멸망 받을 원수는 사망이니라. (27절) "만물을 그의 발 아래에 두셨다 하셨으니"[시 8:7]. (고전 15:20-27; 개역개정)

"통치," "권세," "능력"은 마치 지상의 통치 세력을 말하는 것처럼 들린다. 그러나 고대에는 이 단어들이 또한 우주적인 "통치 세력들," 즉 적대적인 초인간적 세력들의 영역을 의미하기도 했다(참고: 고전 8:5-6에 나오는 "많은 신들과 많은 주들"과 고후 4:4에 나오는 "이 세상의 신").[19] 아르콘테스 투 아이오노스 투투*archontes tou aiōnos toutou*(고전 2:8)도 마찬가지다. 곧 "이 세대의 통치자들"(만약 이 구절을 통해 바울이 로마 권세가 아니라 하늘의 권세들을 의미했다면)은 바울의 신의 아들을 못 박았다. 귀환하는 그리스도는 이 초인간적 존재들을 정복하실 것이다(참

Novenson, *Christ among the Messiahs*, 146.

19 이 종속적인 신적 존재들에 대한 *BAGD*의 정의로는, 본서 215쪽, 각주 57을 보라.

고: 롬 8:38, 천사들, 권세자들, 능력들; 또한 엡 6:12을 참고하라).[20] 이 존재들은 이방 민족들을 다스리는 천상의 세력들이며, 따라서 그 민족들은 그들을 경배했다.[21] 이들은 또한 빌립보서 속 종말론적 주 메시아로서의 예수를 인정하며 그들의 초인간적 무릎을 "꿇게 될" 것이다.

그리스도가 귀환하실 때까지 바울과 그의 회중들은 그러한 세력들에 맞서서 고군분투한다. 하지만 그리스도가 권능 가운데 나타나시고 죽은 자들의 부활을 종말에 이루시면, 그 세력들 역시 복종하게 될 것이다. 따라서 빌립보서 2장은 실제로 네 단계로 이루어진 사이클을 암시하거나 혹은 전제하고 있다. 그 네 단계란 강하("사람의 형체로"), 상승/높아지심(예수 자신의 부활에 뒤따라서), 다시 강하(아마도 파루시아 때에, 땅 위와 땅에 그리고 땅 아래 있는 자들을 복종시키기 위해), 그리고 절대적으로 인정받음(모두가 예수의 이름에 절하고 그를 크리스토스로 인정하여 하나님 아버지께 영광을 돌림)으로 이루어진다.

빌립보서 2장은 주 메시아, 종말론적 구속자로서의 예수가 최종적이고 우주적으로 인정받는 것을 찬미한다. 그리고 바울은 빌립보서 3:20-21에서 이 주제로 되돌아간다. 그리스도가 귀환하셔서 속량 받은 이들의 몸을 변화시킬 때, 그리스도의 권능은 "모든 것을 그분 자신에게 복종시키게" 할 것이다. 고린도전서 15장은 특별히 다윗의 두 시편, 곧 칠십인역 시편 109편(제왕 등극 시편)과 시편 8편을 사용하여 그리스도의 종말론적 활동의 틀을 구성한다.[22] 그리고 이 군사적 정복의 언어는 데살로니가전서 4장에서 우주적 전사

---

20 이 종말론적-메시아적 본문이 다니엘 7:27과 공명하는 점에 대해서는 Novenson, *Christ among the Messiahs*, 143-46을 보라.

21 신명기 32:8-9에 대해서는 Wagner, *Heralds*, 225, 각주 25을 보라. 하나님께서는 이스라엘을 자신의 것으로 갖고 계시지만, 다른 민족들의 경우는 천상의 궁정에서 분배하신다. 이 이야기는 집회서 17:17과 희년서 15:30-32을 반향한다(이 영들은 민족들이 "길을 잃게" 한다).

22 Novenson, *Christ among the Messiahs*, 146.

로 (다시)나타날 예수의 모습과도 공명한다. 그는 호령과 천상의 나팔 소리와 천사장의 소리와 더불어 내려오실 것이다(참고: "인자 같은" 이에 관해서 말하는 단 7:13-14). [141쪽] 예수의 초림 시에 십자가에서의 죽음은 보다 친숙한 유대 메시아 전통에 동요를 가져왔을 것이다(이 메시지는 "유대인에게는 거리끼는 것"이다, 고전 1:23). 그러나 그가 귀환하여 시대에 마침표를 찍을 때, 예수는 전사-메시아—다윗의 메시아적 아들—가 돌아오는 방식, 곧, 정복하고, 승리하고, 권능으로 그 왕국을 확립하는 모습으로 귀환할 것이다.

다윗의 아들, 그리스도 제2부: 로마서

로마서 1:3-4의 일반적인 독해(그리고 번역)는 앞서 설명한 해석과 반대 방향을 향한다. 이 본문은 오랫동안 "두 본성" 기독론을 지지하는 것으로 여겨져 왔고, 그러한 해석에 따르면 바울은 예수를 인간적인 측면과 신적 측면이라는 두 가지 틀에 담아내는 것처럼 보인다. 바울의 가장 유명한 편지라고도 할 수 있는 로마서를 시작하는 부분에서, 바울은 분명 "다윗의 아들"을 약함 및 필멸성("육신")과 관련시키고, 이 다윗 계열의 아들됨을 능력 가운데 신적 아들됨과 대조한다.[23] RSV성경에 따르면 이 본문은 다음과 같다(한국어 번역은 개역개정을 인용함 - 역주).

---

23 Nathan Carl Johnson은 "Romans 1:3-4: Beyond Antithetical Parallelism," *JBL* 136.2 (2017), 467-90에서 이 구절들의 해석사 및 다른 제2성전기 후기의 텍스트들의 선례들을 명료하게 검토하고 동시에 풍성한 서지 정보를 제공한다. [240쪽] Johnson은 다른 경로를 통해 진행하지만, 내가 여기서 주장하는 것과 동일한 결론에 도달한다. 즉, "다윗의 씨와 하나님의 아들은 동의어"라는 것이다(출간 예정 원고의 2쪽). 출판 이전의 텍스트를 읽을 수 있도록 친절하게 공유해 준 점에 대해 Johnson에게 감사의 말을 전한다.

(1절) 예수 그리스도의 종 바울은 사도로 부르심을 받아 하나님의 복음을 위하여 택정함을 입었으니 (2절) 이 복음은 하나님이 선지자들을 통하여 그의 아들에 관하여 성경에 미리 약속하신 것이라. (3절) 그의 아들에 관하여 말하면 육신으로는 다윗의 혈통에서 나셨고 (4절) 성결의 영으로는 죽은 자들 가운데서 부활하사 능력으로 하나님의 아들로 선포되셨으니 곧 우리 주 예수 그리스도시니라.

(1) Paul, a servant of Jesus Christ, called to be an apostle, set apart for the gospel of God, (2) which he promised beforehand through his prophets in the holy scriptures, (3) the gospel concerning his Son, who was descended from David according to the flesh, (4) and designated Son of God in power according to the spirit of holiness by his resurrection from the dead, Jesus Christ our Lord.

대조는 육신과 영뿐 아니라 다윗의 아들(인간 예수?)과 하나님의 아들(신적 예수?) 사이에도 이루어진다. 또한 이 번역은 예수 자신의 개인적 부활에 강조점을 둔다. 그 개인적 부활이 바로 예수가 신적인 아들로 "지정된," "임명된," 혹은 "선포된" 방식이다.

예수가 "하나님의 아들"로 선포되었다는 것이 어떤 의의를 갖는지에 대해서는 잠시 후에 좀 더 설명할 것이다. 여기서 나는 RSV성경이 본문을 잘못 번역했으며, 그로써 어떻게 "능력 가운데 하나님의 아들"로서의 예수의 정체성이 드러나는 순간을 잘못된 위치에 두게 되었는지를 지적하고 싶다. (RSV성경의 번역에도 불구하고) 바울이 말한 바에 따르면, "능력 가운데 하나님의 아들"로서 예수의 정체성의 나타남은 예수의 부활 때에, 혹은 예수의 부활에 의해 일어난 것이 아니다. 예수 자신의 부활이라는 그 신적 행동은 오직 선별된 소수, 곧 "형제들"과 사도들로 이루어진 작은 집단—바울 자신도 거기에 들어간다고 스스로 주장한다—에게만, 십자가형이 있고 나서 얼마 후에 계시되었다(고전 15:5-9). [142쪽] 오히려 여기에서든 그의 편지의 다른 곳에서든 간에 바울의 그리스어 표현을 따르면, 그리스도께서 권능으로 나타나시는 것—공적으로, 우주 전체에—은 보편적인 부활과 연결되어 있고, 따라서 종말에 있을 그 왕국의 도래와 연결되어 있다.

영어로 이 본문을 도식화하여 나타내면 다음과 같다.

Paul the slave of Christ Jesus,

called [to be an] apostle

separated for the good news of God

[the good news] which he promised beforehand through his prophets

in the holy writings concerning his son

the one born by the seed of David according to the flesh

the one appointed son of God in power according to the spirit of

holiness by the resurrection of the dead

Jesus Christ our lord.[24]

바울, 예수 그리스도의 종,

[한] 사도로 부름받고

---

24 "바울, 예수 그리스도의 종, 사도로 부름받고, 하나님의 복된 소식을 위해 구별된 자 … [그의 아들에 관해]." 이와 연결된 그리스어 텍스트는 아래와 같다.

περὶ τοῦ υἱοῦ αὐτοῦ

τοῦ γενομένου <u>ἐκ σπέρματος Δαυὶδ</u> κατὰ σάρκα,

τοῦ ὁρισθέντος υἱοῦ θεοῦ ἐν δυνάμει κατὰ πνεῦμα ἁγιωσύνης

<u>ἐξ ἀναστάσεως νεκρῶν</u>,

Ἰησοῦ Χριστοῦ τοῦ κυρίου ἡμῶν

하나님의 복된 소식을 위해 구별된 자,

[그 복된 소식이란] 하나님께서 전에 자신의 선지자들을 통해 약속하셨던 것
즉, 거룩한 문서들에서 그의 아들에 관해 약속하신 것인데,

육신으로는 다윗의 씨에 의해 태어난 분이고
성결의 영으로는 죽은 자들의 부활에 의해 권능 중에 하나님의
아들로 임명된 분,

예수 그리스도 우리 주님이다.

평행 구조를 더 확실하게 인식하기 위해서 재배열해 보면 다음과 같다.

그의 아들에 관한 복된 소식

육신으로는	다윗의 씨에 의해	태어난 분
성결의 영으로는	죽은 자들의 부활에 의해	권능 중에 하나님의 아들로 임명된 분

다시 말해, 육신flesh은 다윗 계열의 혈통적 후손을 표현하고(롬 9:5을 보라), 영spirit은 종말에 있을 죽은 자들의 부활에 의한 종말론적 메시아로서의 임명—이것은 아주 공적인 사건이며, 바울 및 다른 이들이 여전히 기다리는 것이었다—을 표현한다. (고전 15:5-8에 언급된 이들과 같은) 특별한 내부자들은 그 왕국이, 그리고 보편적 부활이 가까웠음을 알았다. 그들은 부활한 그리스도를 보았기 때문이다. 그러나 바울이 다른 곳에서 예수의 부활 현현을 언급하는 이유는 예수의 신적 지위를 주장하기 위함이 아니었다. 그 대신 바울은 이 선별되고 택함받은 내부자들의 공동체("이스라엘인"?), 곧 현재 은혜로 택함받은 "남은 자"(롬 11:5)에게 지금이 하나님의 시간표에서 어느 때인지를 알려주고자 한 것이었다.

로마서 1:4을 "예수 자신의 부활"을 가리키는 구절로 읽는 것이 표준적인 해석이 되어 왔다.[25] 하지만 이는 바울의 그리스어 문장이 의미하는 바가 아니다. 영어에서처럼 그리스어는 단어들 사이의 관계를 확립하기 위해 전치사를 사용한다. 바울은 부활에 해당하는 용어, 아나스타시스*anastasis* 뒤에 "죽은 자들의"에 해당하는 복수 속격 명사를 붙인다. 만약 바울이 다른 본문들에서 말하는 것처럼 로마서 1:4에서도 "죽은 자들로부터의 부활"을 말하고 싶었다면, (다른 본문들처럼) 여기서도 "-부터"에 해당하는 전치사 에크*ek*를 사용했을 것이다.

[143쪽] 우리는 그 두 가지의 표현 방식이 고린도전서 15:12-21에서 서로 가까이 등장하는 것을 볼 수 있다.

> (12절) 그리스도께서 죽은 자들로부터[ἐκ νεκρῶν] 다시 살아나셨다 전파되었거늘 너희 중에서 어떤 사람들은 어찌하여 죽은 자들의 부활[ἀνάστασις νεκρῶν]이 없다 하느냐. (13절) 만일 죽은 자들의 부활[ἀνάστασις νεκρῶν]이 없으면 그리스도도 다시 살아나지 못하셨으리라 … (20절) 그러나 이제 그리스도께서 죽은 자들로부터[ἐκ νεκρῶν] 다시 살아나사 잠자는 자들의 첫 열매가 되셨도다.

---

25 신학적 의제를 내세우는 것으로 간주될 수 없는 Bart Ehrman과 같은 저자들조차도 그렇게 말한다. 로마서 1:3-4에 관해서 *How Jesus Became God* (New York: HarperOne, 2014), 218-25 [=『예수는 어떻게 신이 되었나』, 갈라파고스, 2015]을 보라(그리고, 빌립보서의 "두 단계 사이클" 해석에 관해서 말하는 254-66도 참고하라). 비슷하게, Chester, "Christ of Paul," 111도 결과적으로 (내가 볼 때는) 이 본문의 "메시아"와 "주" 사이를 과도하게 구별한다. 엑스 아나스타세오스 네크론*ex anastaseōs nekrōn*을 "죽은 자들로부터 그의 부활"로 오역한 역사는 마르틴 루터의 "von den Toten"까지 거슬러 올라간다. 또한 S. H. Hooke, "The Translation of Romans 1:4," *NTS* 9 (1963): 370-71에 언급된 예시들을 보라. 또한 Robert Jewett, *Romans: A Commentary* (Minneapolis, MN: Fortress, 2007), 105에 나오는 논평을 보라("문자적 번역보다 덜한 것을 제시할 이유가 없다").

(21절) 사망이 한 사람을 통해 [왔으니] 죽은 자들의 부활[ἀνάστασις νεκρῶν]도 한 사람을 통해 [왔다? 올 것이다?] (개역개정을 부분적으로 수정)

앞서 언급한 로마서 구절들에 대한 나의 해석은 지금으로부터 17세기 전에 살았던 히포의 아우구스티누스Augustine가 시도했던 해석이다. 아우구스티누스의 라틴어 성서 속 로마서 1:4은 그리스어 본문을 잘 살려냈다. ἐξ ἀναστάσεως νεκρῶν라는 구문이 아우구스티누스의 성서에는 *ex resurrectione mortuorum*, "죽은 자들의 부활에 의해"라고 되어 있다. 바울의 로마서에 대한 미완성 주석서인 *Epistulae ad Romanos inchoate expositio*(기원후 394/95년)에서 아우구스티누스는 오늘날 RSV성경 번역으로 대표될 만한 해석에 반대하는 주장을 펼친다. "더구나, 바울은 그리스도께서 죽은 자들로부터 그 자신이 부활하신 것에 의해[*ex resurrectione a mortuis*] 예정된 것이라고 주장하는 게 아니라, 죽은 자들의 부활에 의해[*ex resurrectione mortuorum*] 예정된 것이라고 주장한다. [그리스도] 자신의 부활은 어떻게 그가 하나님의 아들인지를 보여주지 않는다. 왜냐하면 다른 사람들 역시 죽은 자들 가운데서 일으킴을 받을 것이기 때문이다. … 그러나 그리스도는 모든 죽은 자들[*omnium mortuorum*]의 부활에 의해 하나님의 아들로 임명되셨던 것이다"(*Inch. Exp.* 5.11). 즉, 종말의 보편적 부활을 말한다.[26]

26 바울의 이 구절들에는 에크*ek*가 없지만, 이런 잘못된 번역의 탄생을 막기엔 역부족이었다. 로마서 1:4은 RSV성경이 존재하지 않는 전치사를 추가하는 유일한 사례이다. 아래의 다른 사례들을 생각해 보라.

> 또한 죽은 자들의 부활[ἡ ἀνάστασις τῶν νεκρῶν]도 [그와] 같다. (고전 15:42)

> … 나는 그리스도를 얻고 … 그와 그의 부활의 능력을 알기 위해 모든 것들을 쓰레기로 여긴다 … 그리하여 어찌 되었든 내가 죽은 자들로부터의 부활에[εἰς τὴν ἀνάστασιν τὴν ἐκ νεκρῶν] 도달하기 위해서이다. (빌 3:8-11)

다른 말로 하면, 로마서를 여는 이 구절들은 데살로니가전서 4장, 빌립보서 2장, 고린도전서 15장, 그리고 로마서 8장에 나오는 "영웅적" 메시아 본문들, 곧 정복하는 메시아의 귀환을 묘사하는 본문들에 비추어 해석되어야 한다. 모든 죽은 자들의 부활—따라서, 그리스도의 제왕적이고 군사적이며 영광스러운 재림, 그의 파루시아—은 우주 전체가(빌립보서에 나오는 모든 "무릎들") 경의를 표하며 복종하게 되는 사건을 일으키는 계기가 되며, 또한 하나님의 아들 메시아의 승리에 힘입어 하나님의 왕국을 수립한다. 그러므로 이 메시아는 하나님의 아들인 동시에 다윗 집안의 종말론적 자손이다.

그렇다면 이제 하나님의 아들, 다윗의 아들, 주님이라는 바울의 용어 사용을 새롭게 생각해 볼 때가 되었다. [144쪽] 어떤 학자들은 초기의 고기독론—예수의 독특한 신성, 그의 "선재"—에 몰두한 나머지, "성육신한" 그리스도("지상의" 예수, 육신에 따른*kata sarka* 다윗의 아들; 롬 9:5 참고)와 영원한 그리스도(하나님의 선재한 아들이며, 그의 부활은 특별한 지위를 가리키거나 드러냈다)를 날카롭게 대조하였다.[27] 이러한 이해 방식에 따른 관점에서 보면, "다윗의 아들"과 "하나님의

어떤 이들은 말한다. "세례 요한이 죽은 자들로부터[ἐκ νεκρῶν] 일으킴을 받은 것이다." (막 6:14)

이에 대해 [하나님께서] [그리스도를] 죽은 자들로부터 일으키심으로써[ἀναστήσας αὐτὸν ἐκ νεκρῶν] 모든 이들에게 확신을 주셨다. 이제 그들이 죽은 자들의 부활[ἀνάστασιν νεκρῶν]에 관해 듣고, 일부는 조롱하며 … (행 17:31-32).

형제들이여, 나는 바리새인이요 바리새인의 아들이오. 그리고 나는 소망과 죽은 자들의 부활[ἀναστάσεως νεκρῶν]에 관련된 일로 재판을 받고 있는 것이라오. (행 23:6)

27 고대의 주석가들에게 이것은 사실이었고(예: Augustine, *Inch. Exp.* 4.6-5.8), (몇몇) 현대 주석가들에게도 마찬가지이다. 예를 들어 다음을 보라. Dunn, *Theology of Paul*, 242-44; A. Hultgren, *Paul's Letter to the Romans* (Grand Rapids, MI: Eerdmans, 2011), 49.

아들"은 서로 다른 두 가지의, 양립할 수 없는 부계 혈통을 가리킨다. "주님"은 구약에서 종종 하나님을 가리켰기 때문에, 바울의 편지들에서 예수를 가리키는 데 사용된 "주님"이라는 용어는, 하나의 급진적인 "이위일체론"을 보여준다. 즉, 하나님의 독특하게 유일한 신적 아들로서의 예수가 갖는 특별한 위치를 보여주는 것이다.[28]

바울에게 고기독론high Christology이 있었음은 사실이다. 바울의 예수는 인간의 형상으로 나타나기 전에 신적 형태로 존재했다(빌 2:6). 예수는 "그 자신을 통해 만물이 나고 그를 통해 우리도 존재하게 된," 우주적 행위자이다(고전 8:6). 그러나 비록 바울의 예수가 "하늘에서" 오기는 하지만, 그럼에도 바울은 이 천상의 예수를 안트로포스*anthrōpos*, 즉 "인간"으로 분명히 인식한다(고전 15:48). 현대인들이 "인성"과 "신성"이라는 범주들을 분명하게 구분하는 것을 고려해 볼 때, 이 점에 있어서 바울의 유연성은 다소 혼란스럽거나 모순적으로, 혹은 사실상 칼케돈주의자처럼 보일 수도 있다. 하지만 바울은 하늘에서 땅까지 이르는 범위 속에서 신성을 등급에 따라 구성하는 것이 너무나 친숙한 문화 속에서 살았다. 이 문화 속에서는 가부장paterfamilias—개별 가문이든 혹은 제국 전체의 수장이든—이 그의 게니우스*genius*, 즉 그의 신령한 측면에 관하여 경배를 받았다. 또한 별들과 행성들이 몸을 입은 신적인 지적 존재들로 여겨졌으며, 콘스탄티누스 황제 시절이 한참 지난 후까지도 신적 존재로서의 황제에게 제의가 바쳐졌다. 이러한 증거들을 볼 때, 1세기이든 그 이후이든, 이교도들에게 있어서든 유대인들에게 있어서든 혹은

28 [241쪽] Dunn, *Theology of Paul*, 242-60은 로마서 9:5로, 그리고 바울이 예수를 "하나님"으로 여겼는지(혹은 어느 정도까지 그렇게 여겼는지)의 문제로 자연스럽게 넘어간다. Hurtado 역시 "이위일체"적이지만, 그는 경건 실천의 관점에서 주장하는 것이지, 텍스트 해석 자체의 관점에서 주장하는 것은 아니다. 기꺼이 니케아적인 입장을 취하는 N. T. Wright는 바울이 예수를 "하나님"으로 여겼다고 간단히 진술한다. *Paul and the Faithfulness of God*, 2: 707(그리고 다른 곳에서도 자주 나온다).

이후에 그리스도인들에게 있어서든지 간에, 신적 인간divine human이란 그리 생각하기 어려운 존재가 아니었다.[29]

그러나 바울은 4세기와 5세기의 모든 철학적, 신학적 틀(동일본질homoousia, 위격personae 등)을 쓰지 않고 그 신적 인간에 대해 생각했다. 바울은 성서적, 묵시적, 메시아주의적으로 생각했다. 나는 우리가 바울과 바울의 기독론

---

29 참고: Philo, *De vita Mosis* 1.158. 필론은 모세가 도덕적, 영적 탁월함 때문에 "온 나라의 신god[테오스*theos*]이자 왕으로 불렸다"고 말한다(출 20:21). 비슷하게, 오리게네스는 로마서 주석에서 "그 선지자"인 다윗과 사도 바울 모두를 "신들"이라고 칭한다(*sine dubio non erant homines sed dii*, *Comm. Rom.* II.10, 18 [SC 532, 438]).

초기 로마제국에서 황제의 신격에 대해서는 Peppard, *Son of God*, 31-49을 보라. 이교도 황제이든 그리스도인 황제이든 간에, 황제 및 그의 형상 양쪽의 신성함과 누멘*numen*에 대해서는, Jan Elsner, *Imperial Rome and Christian Triumph* (Oxford: Oxford University Press, 1998), 53-87을 보라. 추가적으로, Keith Hopkins, "Divine Emperors, or the Symbolic Unity of the Roman Empire," *Conquerors and Slaves* (Cambridge: Cambridge University Press, 1978), 197-226을 보라. 황제 숭배는 콘스탄티누스 황제와 그 후계자들 치하에도 계속되었다. A. H. M. Jones, *The Later Roman Empire, 284–602: A Social, Economic, and Administrative Survey*, 2 vols. (Norman: University of Oklahoma Press, 1964), 1:93(여기에는 콘스탄티누스가 제국의 사제의 관리 감독하에 진행되는, 여러 가지 헌정된 문화적 차원의 시합들과 검투사 경기들을 개인적으로 승인한 것에 대한 논평도 들어 있다). G. Bowersock, "Polytheism and Monotheism in Arabia and the Three Palestines," *Dumbarton Oaks Papers* 51 (1997): 1-10도 보라. 그리스도인이 된 로마 황제들에게도 바쳐진 제의에 대해서는 Ramsay MacMullen, *Christianity and Paganism in the Fourth through Eighth Centuries* (New Haven, CT: Yale University Press, 1997), 34-39을 보라. 또한 Douglas Boin, "Late Antique *Divi* and Imperial Priests in the Late Fourth and Early Fifth Centuries," in *Pagans and Christians in Late Antique Rome: Conflict, Competition, and Coexistence in the Fourth Century*, ed. M. Salzman, R. L. Testa, and M. Sághy (New York: Cambridge University Press, 2015), 139-61을 보라. 콘스탄티누스 이후에도 (활발했던) 황제 숭배 제의에서 중요한 점은, 심지어 니케아 공의회를 소집하고 감독했던 그 황제 본인조차도 기꺼이 자신에게 누멘이 있다고 믿으며, 자신을 어떤 특별한 방식에서 신적인 존재라고 여기고, 또 그렇게 여김을 받았다는 것이다(그리고 그의 주교들도 기꺼이 그것을 인정했다). 간단히 말하자면, 고대 지중해 세계에서 신성이란 극도로 유연한 범주이자 개념이었고, 그것은 초인간적 존재들뿐 아니라 인간들에게도(심지어 유대인들과 그리스도인들에게도!) 적용되었다.

을 해석할 때, 후대의 로마제국 교회의 신앙 고백 공식을 전혀 모르는 것처럼 해석해야 한다고 주장하고 싶다. 그렇게 할 때, 우리는 예수를 부르는 바울의 세 가지 표식이 어떻게 기능했는지를 더욱 잘 이해할 수 있게 된다. 그 세 용어들은 모두 동의어다. 즉, "하나님의 아들"과 "다윗의 아들," 그리고 "주님"은 동일한 인물을 종말론적 메시아 맥락에서 지칭한다. 그래서 바울이 로마서 15:12에서 성서 구절을 연달아 인용하며 끝맺음할 때, 이사야 11:10에 호소하는 것이다. [145쪽] 최종적 메시아는 다윗의 아들이며, 다윗의 가문에서 난 혈통적인 후손이다(9:5 참고). 그리고 그러한 존재로서 그는 또한 하나님의 아들이기도 하다. 이는 예수에 관한 초기 전승들 안에 칠십인역의 제왕 시편들이 쉽게 차용되는 현상이 어떻게 일어났는지, 그리고 왜 일어났는지를 설명해 준다.[30] 마찬가지로 퀴리오스, "주님" 역시 내 생각에는 이 최종적인 제왕적 메시아를 가리킨다. "퀴리오스*kurios*는 어느 정도는 크리스토스 *Christos*의 적절한 번역어로 볼 수도 있는데, 왜냐하면 '크리스토스'가 그리스어에서 전달할 수 없는 제왕적 함의를 퀴리오스의 경우 가지고 있기 때문이다."[31] 다르게 말하자면, 퀴리오스 역시 최종적 메시아, 곧 다윗 집안의 자

---

30 바울의 편지에 나오는 그리스도 구문들과 그리스도 본문들에 관해서는 Novenson, *Christ among the Messiahs*, 98-173을 보라. 또한 Wagner, *Heralds*, 320-40을 보라. Wagner는 "메시아적, 종말론적 희망의 불을 지피기 위해 이사야 11장"을 사용하는 후기 제2성전기 텍스트들을 제시한다. "하나님의 아들"과 "메시아"가 기능적으로 동의어라는 점에 대해서는(특히 갈라디아서와 관련해서), Adela Yarbro Collins, "Jesus as Messiah and Son of God in the Letters of Paul," *King and Messiah*, 101-22(특히 106쪽)을 보라. 빌립보서 2장과 관련해서는 같은 책 114을 보라. 신적 아들됨과 메시아의 연결성이 나타나기까지 헬레니즘 시대에 어떤 준비 과정이 있었는지에 대해서는 John J. Collins, "Messiah and Son of God in the Hellenistic Period," *King and Messiah*, 48-74을 보라.

31 [242쪽] Nils Alstrup Dahl, "The Messiahship of Jesus in Paul," in *Jesus the Christ: The Historical Origins of Christological Doctrine*, ed. Donald H. Juel (Minneapolis, MN: Fortress, 1991), 20.

손이라는 동일한 인물을 나타내는 암호라 할 수 있다.

여기서 다시 한번 우리는 예수 추종자들의 환시가 가진 종말론적 의의를 발견한다. 예수가 일으킴을 받았다는 그들의 확신 그 자체는 별다른 의미가 있지 않았다. 부활한 그리스도가 중요했던 까닭은 그 왕국이 참으로 가까이 왔으며(바울이 고전 15:3-20에서 주장하듯이), 또한 그의 개선장군과 같은(그리고 전형적으로 군사적인, 다윗과 같은) 귀환에 의해 확고히 수립될 날이 임박했다는, 예수의 본래 유앙겔리온을 부활한 그가 확증했기 때문이다.

따라서, 로마서 10:9과 10:13은 부활한 그리스도의 주되심에 대한 진술도 아니고, 흔히 말하는 구원론적 효력에 대한 진술도 아니다. 그 구절들은 종말론적 메시아주의의 선언이다. "만약 네가 네 입으로 '예수는 주님이다'라고 고백하고, 네 마음으로 하나님께서 그를 죽은 자들 가운데서 일으키셨음을 신뢰한다면, 너는 구원을 받을 것이다(롬 10:9) … 왜냐하면 '주의 이름을 부르는 모든 자는 구원을 받을 것'이기 때문이다"(롬 10:13; 욜 2:32). 여기서 "주"는 "최종적인 다윗 계열의, 제왕적 메시아"를 뜻한다. 예수의 부활은 즉각적으로 보편적 부활을 수반하며, 따라서 필연적으로 예수의 개선장군과 같은 귀환을 수반한다(이것은 그 부활의 때에 일어날 것이다). "오십시오, 주님!"이라 외치며 그의 이름을 부르는 자들은 "구원을 받을 것"이다. 즉, 그들은 (빠르게 다가오고 있는) 그 왕국에 들어갈 것이다. 핵심 논점은, 여기서 퀴리오스가 우선적으로 형이상학적인 신적 실체("주님으로서의 예수." "예수의 주되심")를 가리키는 특수한 호칭으로서 기능하지 않는다는 점이다. 오히려 그 단어는 예수의 왕적, 다윗 계열의 메시아 역할을 가리키는 표지이며, 따라서 하나님의 종말론적 전사로서의 그의 지위를 가리킨다.

간주곡: 열방이 돌아옴

그 사이에 무슨 일이 일어나는가? 그리스도의 부활과 그의 재림 사이의 우주적 휴지기는 하루하루 흘러가며 길어졌고, 설명할 수 없이 계속되고 또 계속되었다. [146쪽] 부활하신 예수의 환시를 본 예수의 첫 추종자들은 재규합하였고 예루살렘으로 영구적으로 이주했으며, 거기서 예수의 승리자 같은 귀환을 기다렸다.[32] 결국, 그들은 장기적으로 진행된 유대인들 내부의 선교 활동을 시작하여, 예루살렘으로부터 디아스포라의 회당 공동체들로 퍼져 나갔다. 바울의 편지들로부터, 그리고 복음서들과 사도행전에 나오는 후대의 자료들로부터 우리는 이 초기 사도들이 어떻게 유앙겔리온을 널리 전파하고 승인했는지 추정할 수 있다. 곧, 그 사도들은 그 왕국의 가까움을 선포하고(이제 그것은 부활하신 그리스도에 대한 그들의 증언과 연결된다), 은사적 활동을 수행하며(축귀, 고무된 기도와 예언, 신유, 그리고 "능력 행위들"),[33] 성서 본문을 놓고 동료 유대

32 "메시아 시대가 오기 전에 나타난 메시아, 그의 죽음과 부활, 이것들 중 그 어떤 것도 전통적인 종말론에서 예견되지 않았다. 이것들은 예수의 부활과 그의 귀환 사이의 시기를 문제적으로 만들었다." Schweitzer, *Mysticism of Paul*, 98.

33 마가복음 3:15과 6:7에서 예수는 "부정한 영들" 및 "마귀들"을 통제하는 "권세"를 열두 제자에게 주시며, 그들이 축귀와 치유를 행할 수 있도록 하셨다(막 6:13). 비록 항상은 아니지만 말이다(9:18, 28). 마태복음에 나오는 병행본문(마 10:1-42)은 그 추종자들이 하는 일의 목록을 확장해서 "모든 질병과 모든 아픔을 치유하는 것"(10:1), 죽은 자들을 일으키고 나병환자를 깨끗하게 하는 것(10:8), 예언하는 것(10:41; 참고: 7:22, 예언, 축귀, 능력 행함)이 포함된다. 누가의 열두 제자 파송 본문도 비슷하다(눅 9:1. 축귀와 치유; 참고: 10:9, 17, 칠십인이 치유와 축귀를 행함). 사도행전 3:1-7에서 베드로는 마비된 자를 치유한다. 사도행전 5:1-11에서 베드로는 아나니아와 삽비라에게 죽음을 가져다주는 은사적 권위를 행사한다. 5:12에서 사도들은 "많은 표적들과 기적들"을 행하고 8:13에서도 표적들과 큰 기적들을 행하며, 8:14-17에서 베드로와 요한은 성령이 내려오도록 부르며, 8:39-40에서 빌립은 4차원으로 움직이는 은사를 발휘한다. 9:36-40에서 베드로는 죽은 다비다를 일으키며, 10:9-16에서 천상의 환상을 본다. 11:28에서는 영감을 받은 예언이 언급된다. 바울은 13:10-11에서 엘루마의 눈을 멀게 하는 은

인들과 논쟁을 벌였다. 그 과정에서 그들은 "민족적으로 섞인" 회당들의 신-경외자 이교도들도 지역 유대인들(처음에는 아니었지만 나중에는 바울도 포함되었다)과 더불어 모임 안에 끌어들이기 시작했다. 처음에는 사도들 자신도 이 현상을 놀라워했다.

나는 초기 예수 운동에 이방인이 참여한 것에 관해 세 가지 논점을 주장해 왔다. 이 세 논점은 서로 연결되어 있으며, 바울의 선교와 메시지를 해석하는 틀을 형성한다.

(1) 본래 이방인 그리스도-추종자들은 십자가형 이후 예수 운동의 첫 몇 년 간, 복음이 이교도와 유대인이 섞인 도시들로 퍼져 나가는 가운데 우연한 결과로서 생긴 것이다. 즉, 유대인과 이교도가 섞인 회당 공동체들로 퍼진 것인데, 처음에는 욥바, 가이사랴와 같은 유대 도시들에서였고, 곧이어 디아스포라로도 퍼져 나갔다. 이스라엘을 향했던 예수 자신의 선교 안에서, 이처럼 그 왕국의 도래 이전에 이교도들이 긍정적으로 반응하게 되리라는 점을 암시하며 사도들을 미리 준비시켜주었던 흔적은 찾아볼 수 없다. 이러한 이방인의 반응과 그 사회적 결과들은 또한, 모종의 방식으로 섞인 회당 공동체들과 결부되어 있었던 신-경외자 이교도들의 숫자가 어느 정도였는지에 대하여 부정확하고 막연한 지표를 제공해줄 뿐이다.

(2) 이 초기의 사도들은 넓은 범위의 성서 및 성서 이후의 묵시적 예언의 포괄적 전통을 참고하면서 "이방인 정책"을 임시변통으로 마련했다. 남은 (짧은) 시간 동안,

---

사를 발휘하고, 14:8-10에서는 마비된 자를 치유한다. 15:32에서는 예언이, 16:9에서는 환상이 나타난다. 16:16-18에서 바울은 마귀를 쫓아내고, 18:9에서는 하늘의 환상을 보며, 19:6에서는 성령이 내려오도록 불러 "기이한 기적들"을 행한다(행 19:11-12). 20:7-12에서 바울은 (거의) 죽은 자를 (아마도) 일으킨다. 21:9에서는 예언이 나타나고, 27:1-44에서는 풍랑을 헤치고 생존하는 것과 정확한 예언이 함께 나타난다. 28:3-5에서 바울은 독사에 물려도 살아남고, 28:8-10에서는 은사적 치유를 행한다. 바울의 편지들에 기록되어 있는, 바울 및 그의 공동체들의 은사에 대해서는 본서 371쪽을 보라.

이 이교도들은 "개종자"(즉, 남자의 경우 개종자 할례 의무를 마친 이들)로서나 신-경외자들(즉, 다른 많은 신들 중 하나로서 이스라엘의 신을 경배하는 이들)로서 에클레시아에 받아들여졌던 것이 아니다. 이들은 "종말론적 이방인"들로서, 곧 자신의 신들과 결별하고 이스라엘의 신에게 배타적 충성을 맹세한 이들로서 에클레시아에 합류했다. [147쪽] 이전에는 이러한 이교도들이 오직 문헌상으로만, 묵시적 장치와 묵시적 소망의 차원으로만 존재했다. 하지만 이제 예수 운동 안에서 이들은 하나의 사회적 실재—사회적 함의—가 되어가고 있었다.[34] 모든 것을 고려할 때, 이것은 새로운 운동에 이점을 제공했다. 이교도들의 이러한 긍정적인 반응은 사도들이 품은 묵시적 신념을 더 확고하게 만들어 주었다. 만약 이교도들이 그들의 신들을 버리고 오직 이스라엘의 신만을 경배한다면, 참으로 그 왕국은 가까이 와 있음에 틀림없다. **따라서 이 임시변통으로 탄생한 이방인 정책—신약학계의 용어를 따르자면 "이방인들을 향한 율법 없는 선교"—은 바울이 이 운동에 합류하게 된 시점 이전에 존재했다.**[35]

(3) 그러나 이 때문에, 우려에 찬 (초기에 바울을 포함한) 회당 당국자들은 이 사도들과 그들의 유대 추종자들을 치리하기 위한 매질에 처했다. (갈 1:13-17에서 바울은 카트 휘페르볼렌*kath' hyperbolēn*, "과도하게," 혹은 "최대치로"라는 표현을 통해서 아마도 39대의 매질을 가리킬 가능성이 있으며/있거나, 자신이 박해에 가담했을 때의 방식에 대해서 가리킬 수도 있다.) 이렇게 치리한 까닭은, 복음이 "종말론적"인 차원에서 탈-이교적 이교도들

34 그 까닭은 원래 섬기던 신들에게 더 이상 라트레이아를 바치면 안 된다는 요구 때문이었다. 다시금, 사도행전은 이 요구의 사회적 결과를 잘 포착해낸다. 사도행전 16:20-21에 보면, 이교도들은 로마 관리들에게 바울과 실라에 관해 불평한다. "그들은 유대인이며, 우리가 받아들이거나 지키기에는 위법한 관습을 옹호하고 있습니다."

35 "기독교로 개종하는 이방인 개종자들이 할례를 받아야 한다는 것은 기독교 선교의 시작 단계에 포함되어 있던 **필요조건**이 아니었다. 그리고 할례를 필수적으로 여기는 것은 수많은 이방인들의 개종 … 및 바울 자신의 선교를 무효로 만들어 버릴 것이다." Sanders, *Paul: Life, Letters and Thought*, 498(강조 표시는 샌더스의 것임).

을 포함시킴으로써 하늘과 땅 사이의 관계를 어지럽혔기 때문이다. 그로 인해 지역의 신들과 인간들 사이가 소원하게 되고, 그 도시들에서 회당이 갖는 위치가 불안정하게 될 수 있었다(본서 197쪽을 보라).[36]

다메섹에서 이 사도들과 적대적 접촉을 한 후에야 바울은 그 자신에게 나타난 그리스도 현현을 경험하게 되었다(갈 1:13-14, 17; 참고: 고전 15:8). 그 환시는 바울에게 복음 메시지의 핵심적인 내용을 확증해 주었고, 그 내용을 바울은 고린도전서 15장에서 반복한다. 곧, 부활하신 그리스도께서 곧 돌아오실 것이며, 그 왕국이 가까이 왔다는 것이었다. 그리고 그 환시는 바울의 삶의 방향을 완전히 뒤바꾸어 놓았다. 이전에 바울 자신의 적대적 반응을 초래했던 바로 그 쟁점에 바울은 헌신하게 되었고, 나아가 그의 삶과 선교 전체를 좌우하게 되었다. 즉, 바울은 하나님의 아들을 "열방에게" 전하게 되었다(갈 1:16; 참고: 롬 1:6, "모든 민족들 가운데"; 16:26, "모든 민족들에게").

바울의 편지들을 통해서 알 수 있듯이, 이 운동이 시작된 지 20여 년이 지난 시점에도 이 산개한 메시아 집단들이 그들의 소규모 회중 안으로 어떻게 이교도들을 받아들일 것인지를 일률적으로 관장하는 단일하고 통일된 관습은 없었다.[37] 바울의 이교도들을 포함하여 이 모든 탈-이교적 이교도들은 어느 정도 "유대화"되었다. 즉, 그들은 비-유대인으로서 유대인들의 조상 관습의 일부를 받아들였다. 하지만 받아들이는 정도에 있어서는 다양성이 존

36 참고: 유대인의 "그리스도인 박해"를 유대인의 "율법에 대한 열심"과 이방인으로 초래될 오염을 두려워하는 것과 관련시키는 고전적인 신약 "설명"의 한 예는 Dunn, *Theology of Paul*, 346-79 및 그가 자신의 입장을 뒷받침하기 위해 제시하는 많은 인용문들을 보라.

37 그렇기 때문에, 바울이 격양되어 자신의 사도적 동료들 일부를 "거짓 형제들"(갈 2:4), 위선자들(갈 2:12-13, 베드로와 바나바를 가리킨다), "개들, 악행하는 자들, 육체 훼손자들"(빌 3:2), "대단한 사도들, 자랑꾼들, 거짓 형제들, 속이는 일꾼들, 사탄의 사역자들"(고후 11:13-14)이라고 저주하는 현상이 나타났다.

재했다. 다만, 공적인 차원의 이교 제의를 피하는 것과 이스라엘의 신에게만 경배해야 한다는, 두 가지 조건(이것은 유대인들에게 있어서 가장 독특하게 나타나는 모습이었다)에 전념하는 것은 모두에게 동일하게 요구되었던 것으로 보인다. [148쪽] 그리스도를 따르는 몇몇 이방인들은 예루살렘에 있는 이들을 위한 연보에 참여했다. 다른 이들은 포도주 혹은 다른 음식물에 대해 면밀하게 주의를 기울였다. 그리고 또 다른 이들은 개종자 할례를 통해서 민족적 이스라엘과 완전히 동일시되는 것을 추구했다.

바울은 "이방인 정책"에 있어서 자신과 다른 입장을 취했던 다른 사도들에게 격분했다. 그러나 바울이 그리스도를 따르는 그의 이방인들에게 "계명들"에 대한 준수를 촉구하는 정도에 있어서는, 바울의 복음과 바울의 경쟁자들의 복음은 어느 정도 겹치는 부분이 있었다. 하지만 만약 바울이 "그의" 이방인들이 공식적인 개종자 할례를 통해 이스라엘에 합류하면 안 된다고 주장했다면, 그 왕국의 도래 이전에 그 이방인들이 그리스도를 통해 이스라엘의 신에게 새롭고 배타적인 방식으로 관계를 맺게 된 것을 어떠한 방식으로 상상했던 것일까?

혈통/휘오테시아

바울은 자주 그의 청중을 아델포이*adelpohi*, "형제들"이라고 부른다. NRSV성경은 젠더 면에서 포괄성을 추구하기 때문에 종종 이 용어를 "신자들" 혹은 "형제자매들"이라고 좀 더 중립적으로 번역한다. 물론 실제로 우리가 고린도전서 7장과 11장에서 보듯이, 바울은 그의 회중 가운데 여자들과 남자들 양쪽 모두를 향해 말하기도 한다. 그러나 바울이 가족 및 친족 언어를 사용하여 자신의 주장을 펼칠 때, 그는 특별히 남자들을 염두에 두고 있었다. 여기서의 쟁점은 상속이며—이 경우 아브라함에게 주어진 "약속"을 상속받는 것, 따라서 그 왕국을 상속받는 것을 가리키고(고전 6:9을 보라)—또한 양자됨, 휘오테시아*huiothesia*를 통해서 아들을 "만드는" 로마의 방식이다(갈 4:5; 롬 8:15).[38]

그리스도 안에서(그리고 그리스도 안으로의) 이방인의 "양자됨"에 관한 바울의 사상은 바울이 가장 로마적이면서 가장 전통적으로 유대적인 방식으로, 동시에 가장 고대적인 방식으로 생각했음을 보여준다. 로마의 법적인 문화는 이와 같은 가상의 친족 관계—낳지 않고 만들어진 아들들—의 형태를 발전시켜 왔다. 이 친족 관계는 재산/상속의 쟁점과 가계 및 부계적 제의의 존속과 관련된 쟁점을 위해 "가족"의 다음 세대를 확정 짓고 안정시키는 하나의 수단이었다.[39] 이 관계가 만들어진 후, 새로운 아들은 그의 "새로운" 부계 혈통과 그의 새로운 아버지 및 가족(겐스*gens*)의 정령/게니우스*genius*(상속된 누멘*numen*)에 대하여 책임을 갖게 되었다. 이러한 양자됨 사상을 바울이 활용한 방식에 따르면, 그리스도를 따르는 이방인을 새로운 가족에 접합시켜 그로 하여금

---

38 참고: 고린도전서 6:1-11의 번역에 대해서는 Richard B. Hays, *First Corinthians* (Louisville: Westminster John Knox Press, 1997), 95을 보라. [243쪽] 또한, M. Peppard, "Brother against Brother: *Controversiae* about Inheritance Disputes and 1 Corinthians 6.1-11," *JBL* 133 (2014): 179-92(특히 180f.)을 보라. 특히 남성과 관련된 바울의 표현과 상속에 대한 개념들이라는 특정 논점에 대해서는 Johnson Hodge, *If Sons, Then Heirs*, 19-42을 보라. 참고: 에트네*ethnē*를 "아들들"로 만들어 주는 영의 변혁적 효과에 대해서는 같은 책 72-82을 보라.

39 Peppard, *Son of God*, 50-60(202, 각주 7)에서는 입양의 법이 "가족의 이름과 재산, 성스런 의식들의 상속"에 관한 것이라고 말하는 키케로를 인용한다(*Oration on His House [Dom.]*, 35). 양자됨과 관련된 로마의 법적, 문화적 맥락에 대한 추가적 논의로는 Suzanne Dickson, *The Roman Family* (Baltimore, MD: Johns Hopkins University Press, 1992); Jane F. Gardner, *Family and Familia in Roman Law and Life* (Oxford: Clarendon Press, 1998); Christine Kunst, *Römische Adoption: Zur Strategie einer Familienorganisation* (Hennef: Marthe Clauss, 2005)을 보라. James M. Scott은 *Adoption as Sons of God* (Tübingen: Mohr Siebeck, 1992)에서 바울의 편지들 내의 이슈들을 둘러싼 엄청난 양의 자료(그리스-로마 자료 및 [주로] 성서적 자료 모두)를 한데 모아 놓았다.

상속자가 되게 하는 것은 바로 세례 입수 및 영의 수여였다(영은 하나님의 영, 그리스도의 영, 혹은 단순히 "거룩한 영/성령" 등으로 다양하게 표현된다). [149쪽] (로마서 8:23에 따르면, 완전한 양자됨은 여전히 파루시아와 육신적 몸fleshly body의 변화의 때까지 기다려야 한다. 갈라디아서에 나오는 양자됨의 시간표는 좀 더 즉각적이지만, 아브라함과 그의 스페르마*sperma*인 그리스도에게 약속된 그 왕국을 그들이 상속받는 것은 여전히 미래의 시점에 놓여 있다.)

특히 갈라디아서 3-4장에서, 바울은 남자 신자들을 할례받게 하려는 그의 사도적 경쟁자들에 대항하는 주장을 펼치는데, 거기서 그는 이 양자됨, 휘오테시아가 육신(할례의 장소, 즉 율법을 통해서)이 아니라 영(따라서 피스티스*pistis*, 복음에 대한 신실함 혹은 신뢰, 갈 3:2-5)을 통해서 온다는 점을 강조한다. 영은 신자를 아브라함의 스페르마인 그리스도 안으로, 그리스도에게로 접합시키며, 이방인을 아들이자 상속자로서 동일한 가족 안에 들어오게 한다(4:7; 참고: 3:26, 29). 그로써 탈-이교적 이방인은 율법과 관계없이, 육신과 관계없이 "아브라함의 아들"이 되며, 약속된 속량을 상속할 수 있다(3:6-9). 하나님의 아들인 그리스도의 영은 공동체 전체를 한데 묶어주며(4:6), 그리하여 "너희는 유대인이나 헬라인이나 종이나 자유인이나 남자나 여자나 다 그리스도 예수 안에서 하나"이다(3:28, 개역개정).

"모두가 하나의" 단일한 가족이지만, 이 단일한 가족 됨은 배타적으로 "그의[하나님의] 아들의 영"을 따르는 측면에서만 그러하다(갈 4:6). 카타 사르카*kata sarka*, "육신을 따라"서 볼 때 이 사람들은 여전히 그들의 민족적, 사회적 차이를 유지하고, 실제로 바울은 다른 곳에서 이 차이를 힘주어 강조한다. 이 차이는 또한 이방인 남자들에게 할례를 요구하지 않는다는 점에서도 분명히 나타난다. 속량받은 이방인들은 이스라엘과 더불어 기뻐하지만, 그들이 이스라엘이 "되는join" 것은 아니다(롬 15:7-12). 탈주 노예들은 그들의 주인에게 돌아가야 한다(빌레몬서).[40] 고린도의 여자들은 그들의 남편에게 복종해야 한다(고전 11:3-16). 영 안에서, 영에 의해 연합한 유대인 그리스도-추종자들과 이방인 그리스도-추종자들은 함께 그리스도의 귀환과 최종적 사건들(조금 후에 살펴보겠지만, 이는 로마서 8-16장에 나온다)이 연속적으로 일어날 것을 기다린다. 하지만 카타 사르카, 곧 육신에 따르면 그들은 인간적 차원의 모든 양자됨의 경우에서처럼 서로 구별된 존재로 머무르게 된다.

여기서 바울은 자신의 쉉게네이스*syngeneis*, 즉 육신에 따른 이스라엘인들에게 확실한 충절을 보이는데, 이는 명백히 성서적 패러다임에 기초한다(참고: 롬 9:4-5). 이 마지막 때에 아브라함은 그의 스페르마, 곧 그리스도의 영을 통하여 "많은 민족들"의 아버지가 될 것이다. 그러나 이스라엘인들에게는 많은 "아버지들"(아브라함, 이삭, 야곱, 그리고 지파명과 연관된 열두 족장들)이 있다. 그들에게 하나님은 많은 약속들을 하셨다(롬 15:8; 참고: 9:4, 11:29).[41] [150쪽] 그리스도께서 그 자신의 혈연적 친족에게 오신 것은("할례의 추종자," 15:8; 참고: 9:6) 바로 이 약속들을 성취하기 위해서이다. 온 이스라엘—민족적, 계보적, 육신적 이스라엘—의 구원은 복음의 목표다(롬 11:25-26). 왜냐하면 "하나님의 은사와 부르심에는 후회하심이 없기" 때문이다(11:29).

---

40 빌레몬서가 "메시아 예수를 전파하기보다는 한 노예에 대한 개인적인 상거래를 논하는" 편지라는 점에 대해서는 Harrill, *Paul the Apostle*, 18을 보라.

41 이방인들을 이롭게 하는 "아브라함에게 주어진 약속promise"(단수)과 이스라엘에게 주어진, 취소할 수 없는 "여러 약속들many promises" 사이의 구별에 대해서 Stanley Stowers는 이런 논평을 남겼다. "이스라엘에게는 하나가 아니라 여러 약속들이 있었다. 로마서가 이방인들에 관한 것이므로, 유대인들에게만 특수하게 적용되는 약속들은 간략히 언급될 뿐이다[즉, 9:4과 15:8에서] … 15:8에서 바울은 야곱, 요셉, 모세, 그리고 다른 많은 이들을 포함한 아버지들/조상들fathers(복수)에 대해 말하는데, 이들은 아브라함과 같은 방식으로 이방인들의 조상들이 되는 것은 아니다. 오직 아브라함만이 자신의 씨 안에서 이방인들이 복을 받으리라는 약속을 받았다. 이 약속은 유대인들에게 있어서 다른 조상들이 갖는 중요성을 약화시키지 않는다." *Rereading of Romans*, 133.

이러한 구분들은 중요한데, 왜냐하면 바울이 구분되지 않는 집단으로서의 인류가 "그리스도 안에서" 연합되는 것에 대해 말하고 있다고 너무나도 많은 독자들이 생각하기 때문이다. 이러한 해석 안에서 "이스라엘"은 바울이 로마서 9:4-5에서 묘사하는 실제의(혹은 실제적으로 상상된) 역사적 친족 집단이 아니라 교회, 즉 "영적" 이스라엘, "하나님의 이스라엘"을 가리키는 은유로 변모한다(갈 6:16). 과대 선전되는 그리스도 안에서의 하나 됨에 관한 바울의 선언(갈 3:28)은, 중요한 내부적 구별들로 특징지어지는 공동체에 관해 말하는 다른 많은 본문들을 덮어 버린다. 바울의 다른 많은 본문들은 사도, 선지자, 해석자, 치유자(고전 12:7-26; 롬 12:4-8); 남자와 여자(고전 11:5-16; 참고: 14:34-36); 유대인과 그리스인(롬 2:9, 11); 속량받은 존재로서의 이스라엘과 열방(롬 11:25-26; 15:9-12) 등의 구별에 대해 말하고 있다.

그러나 실제로 바울의 친족 언어는 그의 다양한 이방인들을 모두 동일한 선상에 위치시키기는 한다. 그 이방인들은 "많은 형제들 중 맏아들"(롬 8:29)이 되신 그리스도와 더불어, 그리스도를 통하여 형제들이 되었다. 그럼에도 불구하고 바울은 이 가족적 연합 안에서 자신이 속한 민족의 고유하고 영속적인 정체성을 주장한다. 민족적 이스라엘인들은 그리스도와 상관없이 이미 휘오테시아를 얻었다(롬 9:4; 참고: 출 4:22, "이스라엘은 내 아들 내 장자라," 개역개정). 그들은 이미 그리스도와의 가족 관계 안에 있다(롬 9:5, 육신에 따르면 그리스도께서 이스라엘로부터 왔다). 그리고 에트네*ethnē*(속량받은 민족들)는 하나님의 백성, 그의 라오스*laos*인 이스라엘과 더불어 기뻐한다(롬 11:1; 15:10; 신 32:43).

바울은 이방인들이 영을 통해 아브라함의 스페르마인 그리스도 안으로 양자가 되는 휘오테시아에 대해 말하고, 이 휘오테시아를 통하여 아브라함을 경유하는 방식으로 이방인의 혈통을 재구성하는데, 이 점에서 바울은 가장 혁신적인 방식으로 로마적이라 할 수 있다. 그리스도 안의 이방인들은 이제 아들들이고, 따라서 상속자들로 간주되며, 그들은 새롭게 입양된 가족의 부계적 제의에 대한 의무를 지게 된다. 그리고 바울은 하나님께서 율법의 수여를 통해 이스라엘을 (그분을 위해) 성별하시고, 이스라엘은 심지어 종말 때에도(이사야서에서처럼) 이스라엘로서 남아 있을 것이라는 성서적 패러다임을 충실히 따르는데, 이 점에서 바울은 가장 전통적이고 가장 눈에 띄는 방식으로 유대적이라 할 수 있다. 그러나 바울은 지금 일부 이방인들—그리고 종말에 그들의 플레로마*plērōma*("충만함" 혹은 "충만한 수," 롬 11:25)—이 이스라엘의 신을 경배하는 일에 돌아오도록 만드는, 종말론적으로 고무된 "교차민족적" 활동에 종사하고 있는데, 이 점에서 바울의 양자됨 모델은 궁극적으로 신과 인간 사이의 관계를 구성하는 보다 넓은 범위의 고대적, 범-지중해적 (구성)방식과 일치한다. [151쪽] 즉, **신들과 인간들이 가족 집단을 형성한다.**

만약 민족들이 종말론적 기적을 통하여(카리티*chariti*, "은혜로") 이스라엘의 신만을 경배하게 된다면, (바울이 주장하기를) 그들은 그 신의 가족으로 들어와야 한다. 하지만 이것은 육신과 율법(즉, 할례와 "개종")을 통해서 이루어지지 않는다. 그리스도 안으로, 그리스도를 통한 양자됨은 "육신"에 의해 이루어질 수 없다. 대신, 이방인들은 영을 통해서, 그리고 귀환하시는 다윗 계열의 메시아와 그 도래하는 왕국의 복된 소식에 신실하게 반응함을 통해서(유앙겔리온*evangelion*에 대한 피스티스*pistis*) 아델포이*adelphoi*가 된다. 따라서, 새로운 아브라함적 혈통에도 불구하고, 이 이방인들에게 궁극적으로 중요한 "아버지"는 아브라함이 아니라 **하나님** 자신이다(갈 3:26을 보라). 그들의 형님 격인 예수가 그러했듯이, 그리고 민족적 이스라엘이 그러했듯이, 이 이방인들이 이제 "아버지"라고 부를 대상은 아브라함이 아니라 **하나님**이다(갈 4:7; 롬 8:15).[42] 이

42 이러한 까닭에, 나는 로마서 4:1을 어떻게 번역할지의 문제에 관한 Richard Hays의 제안에 동의한다. 그 절의 텍스트는 이렇다. Τί οὖν ἐροῦμεν εὑρηκέναι Ἀβραὰμ τὸν προπάτορα ἡμῶν κατὰ σάρκα. RSV성경은 다음과 같이 번역한다. "그러면 우리가 육신에 따른 우리의 조상인 아브라함에 대해 무엇이라 말해야 하는가?" 그러나 바울은 로

신적 호칭의 중요성에 대해서도 주목하라. 그리스어로 된 그의 편지들에서 바울은 히브리어, 곧 조상이 쓴 유대인의 글롯사*glōssa*/언어로부터 이 신적 호칭을 음역하여 그대로 썼다. 하나님의 새로운 아들들은 하나님을 아바 Aββα로 부르는데, 이것은 곧 이스라엘의 신을 그의 "유대적" 가족 이름으로 호명하는 것이다.

구별/하기아스모스

바울의 이교도들은 세례를 통해, 특히 예수의 죽음과 부활 안으로의 세례를 통해 신적인 영을 받았다(롬 6:3-4). 그 영은 또한 이교도들을 거룩하게 만들었는데, 이것이 바로 바울이 그들을 하기오이*hagioi*(RSV성경은 "성도들 saints"이라고 옮김, 롬 1:7)라고 부르는 이유이다. "거룩" 혹은 "성화"라는 개념은 구별, 하나님께서 받으실 만한 제사, 신적 임재와의 근접성, 이스라엘의 계보 등과 같은 개념들과도 연결되어 있다. 이 개념들을 이해하기 위해서, 그리고 바울이 어떻게, 왜 이 하기오이라는 호칭을 그의 이방인들에게 사용했는지를 파악하기 위해서는 레위기의 규율들 및 예루살렘 성전의 작동 방식을 살펴보아야 한다.[43]

마 회중의 이방인들에게 말하고 있으며, 아브라함을 거친 "양자됨"의 요점은, 이방인들이 육신을 따른*kata sarka* 연결고리를 가지고 있지 않다는 사실이다. 만약 그들에게 육신을 따른 연결고리가 있었더라면, 그들은 "입양"을 위한 후보자가 될 수 없었을 것이다(롬 8:23; 영을 통해 아들들이 됨은 8:14에 나온다. 참고: 갈 4:5-7). 대신, Hays는 이렇게 번역하기를 제안한다. "그러면 우리가 무슨 말을 하리요? 우리가 아브라함이 육신을 따른 우리의 조상이라는 점을 알게 된 것인가?" *The Conversion of the Imagination* (Grand Rapids, MI: Eerdmans, 2005), 61-84 [=『상상력의 전환』, 큐티엠, 2020]. 이에 대한 (간략한) 반론으로는, Barclay, *Paul and the Gift*, 483, 각주 88을 보라.

43 다음의 내용은 "Judaizing the Nations," 244-49에 나오는 나의 주장을 활용한 것이다. 또한 Kathy Ehrensperger, "'Called to Be Saints': The Identity-Shaping Dimension of Paul's Priestly Discourse in Romans," in *Reading Paul in Context: Explorations in Identity Formation; Essays in Honour of William S. Campbell*, ed. Kathy Ehrensperger

이스라엘이 제단에 접근하는 것을 관장했던 이항대립 두 가지를 떠올려 보자. 첫 번째는 정결pure과 부정결impure(히브리어로 타호르*tahor*/타메*tameh*; 그리스어로 카타로스*katharos*/아카타로스*akatharos*) 사이의 대조다. 두 번째 쌍은 거룩holy과 속됨profane을 나누는데(프로*pro*는 이전의 혹은 바깥의를 뜻하고, 파네스*fanes*는 제단을 뜻한다), 이것은 다른 말로 하면 구별된 것separated(히브리어 카도쉬)과 일상적인 것common(히브리어 홀*chol*; 칠십인역에서는 베벨로스*bebēlos*; 후대의 유대인들이 쓴 그리스어에서는 코이노스*koinos*) 사이의 대조이다. [152쪽] 오직 정결한 동시에 거룩한 것들(거룩은 바쳐진, 구별된 등으로 표현될 수 있는데 모두 동의어다)만이 가장 거룩한 구역, 곧 성소에 가장 가까이 있던 제사장들의 뜰에서 제물로 바쳐질 수 있었다.[44]

이제 겹겹의 뜰로 이루어진 헤롯 성전의 구조를 떠올려 보자. 가장 크고 외곽에 있는 뜰은 이교도들을 위한 것이었고, 그 안에는 유대인 여자들을 위한 뜰이 있었다. 그 안에는 유대인 남자들을 위한 뜰이 있었고, 다시 그 안에는 제사장들의 뜰이 있었다. 제단이 위치해 있던 그 가장 내측의 공간은 성소 바로 앞에서 실제로 제사가 이루어지는 공간이었고, 그 성소는 곧 하나님의 영광스러운 임재(바울의 표현대로 말하면 하나님의 독사*doxa*, 롬 9:4)가 거하는 장소였다.

---

and J. Brian Tucker (London: T. & T. Clark, 2010), 90-109을 보라.

44 바울은 성전의 희생 제의 절차를 은유적으로(바울은 그것들을 인간에게, 그리고 이방인의 사도로서의 자신의 사역에 적용한다[롬 15장]), 그리고 동시에 "실제적"으로(이방인들은 실제로 성령을 받았으며, 따라서 "거룩"해졌다) 사용하며 사고했다. [244쪽] 이것이 바울이 의미하는 바를 추적하기가 어려운 이유 중 하나이다.

"정결"(카타로스*katharos*)과 "거룩"(하기오스*hagios*)은 서로 구별되는 두 개념들이지만, 제2성전기 후기에 그리스어 코이노스*koinos*("속된/일상적인")는 일부 헬레니즘 유대 텍스트들에서 아카타로스*akatharos*의 동의어로 기능하기 시작했다. 예를 들어, 마카비1서 1:62에서는 사람들이 "깨끗하지 않은" 음식을 먹기를 거절한다(막 7:2, 5; 행 10:14-15; 롬 14:14). 마카비1서의 사례에 내가 주목할 수 있도록 도와준 나의 동료 Daniel Schwartz에게 감사한다.

거룩에 대한 제2성전기 후기의 구성 방식에 있어서, 이교도들은 무엇이 문제였던 것인가? 왜 이교도들은 제단 근처 "교환의 자리zone of exchange"로부터 그렇게 멀리 떨어져 있어야 했던 것인가? 그간 (일종의) "이방인의 부정결"에 대한 학자들의 사변적 추측이 우리가 잘 알지 못하는 부분을 땜질해왔다. 즉, 성전의 구조로부터 시작하여, 초기 에클레시아를 바울이 박해한 이유, 그리고 어째서 야고보로부터 온 사람들이 안디옥의 이방인 그리스도-추종자들과 함께 식사하지 않았는지 등의 모든 불확실한 부분들을, 그저 "이방인의 부정결"에 관한 추측을 통해 답해 왔던 것이다. 그러나 우리가 앞서 2장에서 살펴보았듯이, 제의적 정결/부정결, 즉 도덕적 상태에 대한 암시를 포함하지 않는 "실제의" 물질적physical 상태는 이방인들과는 대체로 무관했다. 그러한 법령은 오직 이스라엘에게만 지워진 의무였다. 이교도들이 제단 주변 거룩한 공간으로부터 가장 먼 곳에 위치해야 했다면, 그것은 앞서 언급한 종류의 "정결"/"부정결"과는 상관이 없었다.

몇몇 유대인들(특히 바울)은 실제로 우상 숭배, 근친상간, 살인 등 더럽히는 효과가 있는 특정한 사회적, 성적 행동들로 인해 초래된 "도덕적 부정결"이 이방인들에게 있다고 보았다.[45] 이러한 견해에 따르면 이교도들은 본질적으로 부정결하지는 않지만, 오랜 시간 우상들과 관계를 맺어왔던 까닭에(덧붙여, 유대인의 반이교도 수사에 언제나 등장하는 여러 방식의 포르네이아*porneia*는 말할 것도 없다) 기능

45 2009년 6월 29일에 주고받은 개인 서신에서 E. P. Sander는 이렇게 말했다. "옳은 행동에 정결과 관련된 표현이 사용되고, 범죄에 부정결과 관련된 용어들이 사용된 까닭에, 수많은 신약학자들이 이 쟁점 전체를 혼동하게 되었다." 이방인의 악덕에 대한 바울의 목록으로는, 예를 들어 로마서 1:18-31을 보라(참고: 갈 5:19-21["육신의 행위들"로 나온다], 고전 6:9-11[추상적이지 않고 개인을 가리키는 명사들이 사용됨, "우상 숭배자들, 간통하는 자들, 성범죄자들 … 이런 이들이 너희 가운데 있었다"]; 참고: 살전 4:4-6). 헬레니즘 유대 문헌에 나오는 이러한 악덕 목록에 대한 논의로는, Käsemann, *Commentary on Romans*, 49f.을 보라. 바울서신에 나오는 덕과 악덕 목록에 관해서는 Dunn, *Theology of Paul*, 662-63에 나오는 도표를 보라.

적으로 부정결하다. 하지만 도덕적인 더러움은 그것이 우상 숭배를 통해 얻게 된 것이라 할지라도 전염성이 있지는 않다. 헤롯 성전의 구조가 바로 그 사실을 강조한다. 유대인들은 그들의 구역으로 가기 위해 이방인들의 뜰을 거쳐 걸어가야 했고, 그런 가운데 자신들이 오염될까 염려하지는 않았던 것으로 보인다.[46]

이것은 "부정결"이 정말로 핵심적인 쟁점이 맞는지에 대한 의문을 촉발시킨다. 그리스도 안의 이방인들과 관련하여 바울이 사용하는 하기아스모스*hagiasmos*/"성화" 표현들, 그리고 바울(의 사상)이 이방인들을 예루살렘 성전과 결부시키는 방식은 오히려 제의적 이항대립의 두 번째 쌍인 거룩/속됨 혹은 구별된 것/일상적인 것의 대조를 가리킨다(예: 레 10:10). [153쪽] 이 표현이 지칭하는 대상의 첫 번째 범주는 물론 제사이지만—즉, 제단으로 가져오는 것은 정결한 동시에 바쳐진/구별된 것이어야 한다—두 번째 지칭 대상의 범주는 민족성 혹은 계보다.[47] 민족으로서의 이스라엘은 하나님을 위해 따로 세워진 민족이다. 바로 이 점에서 이스라엘은 "구별된," 하기오스*hagios*, 즉 "거룩한" 나라다(예: 출 19:6). 대조적으로, 다른 민족들은 서로 간에 그러한 구별이 없다. 즉, 이방 민족들은 내재적으로 코이노스, "일반적/일상적"이며, 따라서 이스라엘이 혈통과 하나님의 토라*torah*/"가르침"을 통해서 다른 모든 민족들과 구별되었던 방식처럼, 한 민족이 다른 민족과 구별되는 것이 아니다.[48]

이러한 사고방식의 몇몇 형태가 예루살렘 성전의 공간적 구조와 특히

46 본서 128-139쪽을 보라.

47 "거룩한 씨"와 계보적 정결이라는 고대의 (사실적으로 이해된) 개념에 대한 이 견해들은 Hayes의 논증(Hayes, *Gentile Impurities and Divine Law*)과 유대교로의 개종이라는 문제를 사도행전과 바울서신이 어떻게 보았는지를 재구성한 Thiessen의 논의(Thiessen, *Contesting Conversion*과 *Paul and the Gentile Problem*)에 영향을 미쳤다.

48 Klawans, "Notions of Gentile Impurity," 292. (참고: 298).

이교도들이 희생 제사 활동으로부터 분리되어 있었던 것을 설명해 줄 수 있을지도 모른다. 쟁점은 이교도가 그 자체로 "부정결"했다는 것이 아니다. 이교도가 곧 부정결한 상태였다는 것은 논란의 여지가 있다. 오히려, 이스라엘에 비해서 이교도는 "속된," 혹은 "일상적," 코이노스한 상태에 있었으며, 바로 그 때문에 이교도는 성전 중심으로부터 멀리 떨어져 있어야 했다. 이것은 또한 어째서 자신들의 구역으로 가기 위해 이방인의 뜰을 거쳐가야 했던 유대인들에게 오염이 문제가 되지 않았는지를 설명해 줄 수 있을 것이다. 하기오스/코이노스의 이항대립은 전염성의 상태와는 상관이 없다.

바울은 그리스도 안에 있는 그의 이교도들과 관련해서 하기아스모스 표현을 사용하면서, 자신의 사역을 제사장적인 직무, 히에루르군타*hierourgounta*("제사드림," 혹은 복음을 "바침," 롬 15:16)로 제시한다. 예루살렘 성전의 의례와 의례적 공간은 바울에게 하나의 틀을 제공한다. 예컨대 데살로니가에 있는 바울의 이교도들은 우상으로부터 살아 계시고 참된 하나님께로 돌아섰으며, 그로써 하기아스모스를 획득했다. RSV성경은 이것을 "성화sanctification"라고 번역하지만, 실은 "구별," 혹은 "바침"으로 이해되어야 한다. 이 그리스도를 따르는 이교도들은 영을 받았고 이전에 했던 의례와 성적 행동을 바꾸었으며, 이제 하나님을 알지 못하는 다른 이교도들과는 구별된 존재가 되었다고 바울은 말한다(살전 4:4-5). 하나님을 아는 이들은 "부정결"(우상 숭배와 포르네이아의 도덕적 결과)로 부르심을 받은 것이 아니라 "거룩함 가운데" 부르심을 받았다(4:7). 다른 곳에서 바울은 탈-이교적 이교도들을 단순히 "거룩한 이들"(하기오이, RSV성경은 "성도들saints"로 번역한다, 롬 1:7; 고전 1:2)이라고 부른다. 그들은 하나님에 의해, 성령을 통해, 그리스도 안에서 거룩하게 되었다(혹은 구별되었다, 하나님께 바쳐졌다 등으로 표현할 수 있다. 고전 1:2).[49]

49 마찬가지로, 유대인 그리스도-추종자들도 프뉴마*pneuma*로 인해 능력을 입으며, 이 현

우리는 바울의 정결, 구별, 성화에 관한 표현을 예루살렘 성소로의 접근을 좌우하는 타호르/타메 및 카도쉬/홀의 성서적 이항대립들의 측면에서 이해해야 한다. [154쪽] 하나님의 영(혹은 그리스도의 영) 덕분에 이 이교도들은 그들의 동료 이교도들로부터 구별되어 하나님의 가족으로 입양되었고, 그리스도의 성만찬적인 희생에 참여할 수 있도록 씻김을 받았다. 고린도전서 10:14-22은 이러한 사상들을 한데 모아 정교하게 풀어낸다.[50] 하나님의 영에

상에 대해 바울이 내세우는 주요한 사례 중 하나가 바로 바울 자신이다(고전 14:18; 고후 12:13-14; 참고: 예루살렘 공동체의 하기오이*hagioi*, 롬 15:25).

바울은 그 왕국이 도래한 후에도 종말론적 이방인들이 예루살렘 안쪽 뜰로부터 여전히 배제되어 있다고 상상했을까? 프뉴마를 통한 이방인들의 양자됨을 고려할 때, 나는 바울이 그렇게 상상하지는 않았으리라고 본다. Hayes가 *Divine Law*, 147에서 나의 견해를 묘사해 놓은 것(내 생각엔 Hayes가 내 견해를 묘사하는 것 같다)을 참고하라("경계가 정해진 채로 포함"). 오히려 그 반대로, 내가 다른 곳에서 말했던 바와 같이, 나는 바울이 그 왕국을 고대하며 그리스도 안의 이방인과 더불어 예루살렘 성전 안쪽 구역으로 걸어 들어갔으리라고 상상한다("Apocalyptic Hope," 564). 허나, 바울은 지상적 왕국을 상상하고 있었던 것일까? 일으킴을 받은 프뉴마티콘 소마*pneumatikon sōma*가 향하는 곳은 어디인가? 왜 속량받은 이들의 폴리튜마*politeuma*는 "하늘에" 있는 것인가(빌 3:20)? 별과 같이 된다는 가능성sidereal possibilities에 대해서는 Thiessen, *Paul and the Gentile Problem*, 129-60을 보라.

50 이 본문에서 바울이 성만찬을 희생 제사에 빗대는 것에 관련하여, Klawans는 바울이 "올바른 경배와 우상 숭배 사이의" 대조를 활용하고 있는 방식에 대해 논평한다(Klawans, *Purity, Sacrifice and the Temple*, 221). "이 대조는 유익하며, 이 대조를 통해 우리는 바울 계열, 디아스포라 공동체에서의 초기 기독교 예배의 모습과 예루살렘에서 사도들의 [성전에서의] 예배를 사도행전이 묘사한 모습을 병치할 수 있다. 사도행전 2장에서 우리는 초기 그리스도인들이 성만찬 의례와 희생 제사 의례, 양쪽 모두를 거행하는 모습을 마주친다. 그런데 고린도전서 10장에서 우리는 그와는 다른 모습을 마주친다. [245쪽] 고린도의 이방인 그리스도인들은 희생 제사 의식과 성만찬 의식, 둘 모두를 거행할 선택지를 가지고 있는 것이 아니다. 예루살렘 밖에서 희생 제사를 통한 유대식 예배는 불가능하다. 다른 지역적 형태의 희생 제사 역시 마찬가지로 불가능한데, 그것들은 우상 숭배적이기 때문이다. 그러면 바울의 메시지는 무엇인가? 초기 [이방인] 그리스도인들은 둘 중 하나를 선택해야만 한다는 것이다. 곧 우상 숭배와 하나님 예배 사이, 희생 제사와 성만찬 사이에 하나를 택해야 한다 … [그러나] 바울 자신은 광범위한 반-제사적 관점을 피력하지 않는다. 바울의 견해에 따르면, 유대 제의는 올바

관해 말할 때, 바울은 그의 이교도들을 예루살렘 성전에 비유한다. "너희는 하나님의 영이 너희 안에 거하시기 때문에 너희가 하나님의 전이라는 것을 알지 못하느냐? … 하나님의 전이 하기오스*hagios*하기 때문에, 너희 역시 그러하다"(고전 3:16). "너희의 몸은 성령의 전이다"(6:19). "우리는 살아 계신 신의 전이다"(고후 6:16).

종종 신약학자들은 바울에게 있어서 예루살렘 성전이, 이제 그리스도인 공동체라는 새로운 "성전"에 의해 대체되었음을 주장하는 식으로 이 구절들을 사용해 왔다. 나는 그와 반대 내용을 주장한다. 바울은 이미 자신이 그 가치를 높게 평가하는 대상—성전 제의의 거룩함, 위엄, 고결함—에 새로운 공동체를 비견함으로써 그 공동체를 칭송하는 것이다. 만약 바울이 성전을 그다지 가치 있게 여기지 않았다면, 성전을 비교의 기준으로 사용하지 않았을 것이다.[51] 이는 이것 아니면 저것 중에 하나를 택하는 문제가 아니다. 바울에게 있어서 하나님의 영은 예루살렘 성전과, 이 신자들 및 신자들의 공동체로 이루어진 "새 성전" 모두 안에 거하신다(롬 9:4; 참고: 마 23:21).[52] 그리스도를

르고 유효하다. 비록 그 제의가 주로 이스라엘 민족에게 적용되는 것이지만 말이다(참고: 롬 9:4). **바울이 거부하는 종류의 희생 제사는 … 우상 숭배다.** 그러나 디아스포라에 사는 이방인에게 있어서, 예루살렘 제의를 제외한 모든 희생 제사를 거부한다는 말은 사실상 어떤 종류의 제사든 다 거부하는 것과 다름없었다. 성만찬이 희생 제사의 대체라는 개념은 이러한 유형의 사회적 현실 가운데서 기원했을 가능성이 높다. 즉, 예루살렘에 있던 제자들과는 달리, 실제로 성만찬과 희생 제사라는, 뚜렷하게 다른 두 가지 행위 중 하나를 선택해야만 했던 이들 가운데서 기원한 것이다" (강조 표시는 Klawans의 것이다). 또한 Ehrensperger on "Cult Practice and the Translatability of Rituals," *Crossroads*, 175-213을 보라.

51 Friedrich Wilhelm Horn, "Paulus und die Herodianische Tempel," *NTS* 53 (2007): 184-203(특히 191과 196)을 보라.

52 Horn은 로마서에 나오는 바울의 개념적인 돌파구(자신의 선교를 묘사할 때 바울이 제사장적 표현을 쓰는 것과, 이방인 그리스도-추종자들을 묘사할 때 성전 이미지를 사용하는 것)에 관해 논평하면서, 유대인과 유대인 그리스도-추종자들뿐 아니라 이방인 그리스도-추종자들까지도 "안쪽에" 위치할 수 있는 성전의 관념상의 광대함에 대해 언급

따르는 이교도들은 잘못된 라트레이아*latreia*(우상들과 하급신들을 경배함)에서 떠나 올바른 라트레이아(이스라엘의 신을 경배함)로 돌아섰고, 그리하여 하나님을 알지 못하는 다른 민족들로부터 신적인 힘에 의해 구별되었다.

따라서 바울의 이방인들은 하기오이*hagioi*이며, 신적인 것과의 밀접한 접촉에 적합하게 되었다. 그들은 신적인 영의 내주와 성만찬의 "제사" 모두를 통하여 이 새로운 근접성을 선취적으로 경험한다(고전 10:14-18은 성만찬에 공동체적으로 참여하는 것을 예루살렘 성전의 제사에 명시적으로 비견한다).[53] 이 이방인들은 바울

한다. 바울의 시각에서 볼 때, 성전은 이교도들, 따라서 이교주의와 대조되는 "정체성 표지"의 역할을 한다. "Paulus und der Tempel," 203(또한 201, 각주 65).

53 바울은 어떻게 그리스도 자신을 일종의 희생 제사로 간주하는가? 이 이슈에 관해서, 바울의 표현과 그의 개념화 작업은 추적하기가 어렵다. 그리스도를 가리켜 유월절 양이라고 말하는 고린도전서 5:7은 기독론적이라기보다는 권면적이다. 이 본문에서 바울은 그의 이방인들을 향해서, 속량이 이미 시작되었음을 고려하여 스스로를 오만함의 "누룩"으로부터 깨끗이 하라고 촉구한다. 다른 말로 하면, 유월절 이미지는 그리스도의 희생 제사적인 죽음과 관계되기보다는, 유대인들의 시간 관리 방식에 관계되는 것이다(니산월 14일이 되기 전에 집에서 누룩을 없애야 한다!).

고린도후서 5:21과 로마서 8:3(하타트*hattat*/하마르티아*hamartia*, 혹은 페리 하마르티아스*peri hamartias* 그리스도) 역시 혼란스러워 보인다. 특히, 학자들이 정결에 관한 성전 자체의 역학 관계를 바르게 이해했다면, 이 구절들이 더욱 혼란스럽게 보일 수 있다. 속죄제는 죄인을 깨끗하게 하는 것이 아니라 성소the sancta를 깨끗하게 한다. 이 쟁점에 대해서는 J. Milgrom, *Leviticus 1–16* (New York: Doubleday, 1991), 254–58을 보라. 또한 학자들의 여러 관점을 간결하게 검토한 것으로는 J. Klawans, *Impurity and Sin in Ancient Judaism* (Oxford: Oxford University Press, 2000), 3–20을 보라.

마지막으로, 로마서 3:25의 힐라스테리온*hilastērion*은 흔히 속죄제를 의미하는 것으로 여겨지는데, 다시금 이 이미지 역시 매우 혼란스럽다(그리고 내 생각에, 그 이미지 자체가 뒤죽박죽이다). 레위기에서는 참회하는 인간이 그러한 제사의 제물을 바치지만, 로마서에서는 하나님이 예수를 제단에 가져간다. 바울 시대에 죄인의 죄를 제거하는 희생 제사와 가장 가까운 유비는 욤 키푸르/대속죄일의 속죄 염소일 것이다. 그러나 바울은 어디에서도 이 이미지를 사용하지 않으며, 더구나 사람들이 속죄 염소를 먹는 것도 아니다(성만찬 전승과 비교해 보라). Dunn, *Theology of Paul*, 212–23은 희생 제사를 언급하는 바울의 본문들에 내재된 혼란스러움을 일관성으로 바꾸어 놓고자 애를 쓴다. [246쪽] 하지만 Dunn은 모든 희생 제사를 속죄atonement와 혼동하며(217, 유

의 선교를 후원하는 가운데, 은유적인 차원에서 이스라엘의 제단 곁에 서서, "향기로운 제물, 곧 하나님께서 받으시고 기뻐하실 만한 제사"를 드리게 된다(빌 4:18; 참고: 고후 2:15, 공동체 자체가 그리스도의 희생 제사에서 나오는 "달콤한 향기"다).

아브라함의 혈통으로의 입양과 구별/성화—이 두 가지는 그리스도를 통하여 그들에게 거룩한 영이 주입된 결과로 생겨난 쌍둥이 같은 성취다—를 통하여 바울의 탈-이교적 에트네는 역사의 마지막 단계에서, 다가오는 왕국의 예언을 확증해 주는 선봉에 선다. 그렇다면 1세기 중엽이 되었을 무렵, 어째서 그 모든 일이 여전히 더디 이루어지는가? 하나님은 도대체 무엇을 기다리고 계셨던 것일까? 로마 공동체에게 보내는 편지에서 바울은 바로 이 질문들에 대답하고 있다.

합창 교향곡: 바울의 로마서

[155쪽] 그 왕국은 어디 있는가? 어째서 그 왕국의 도래가 지연되는가? 그리스도가 돌아오셔서 죽은 자들을 일으키시고 우주적 신들을 정복하시며, 인류를 구속하시고, 그 왕국을 그 아버지께 넘기실 날이 오기 전에, 또 어떤 것들이 먼저 이루어져야만 하는가? 이러한 질문들은 바울이 로마에 쓴 편지의 마지막 전개를 주도하고 있으며, 이는 특히 9장에서 11장, 그리고 15장에서 두드러진다. 그리고 이 편지에서 독특한 점은, 바울이 자신의 답변을

월절 제물), 제물로 바쳐지는 동물에게 "죄 없음"을 뒤집어 씌운다(217, 221). Klawans가 말하듯이, 희생 제사로 바치는 동물은 죄악된 것도 결백한 것도 아니며, "무죄도 유죄도 아니다. 그 동물은 음식이다." *Purity, Sacrifice and the Temple* (New York: Oxford University Press, 2006), 44.

Stowers, *Rereading of Romans*는 힐라스테리온을 비-제사적으로 이해하자고 제안하며, 대신 그것을 "화목, 달램conciliation, appeasement"으로 해석하자고 주장한다.

빚어 나가는 데 사용한 성서 본문의 상당 부분이 선지자 이사야에게서 왔다는 사실이다.[54] 바울이 종말론적 예루살렘 순례에 대한 이사야 전통을 존중했고 바울의 선교가 이교도들에게 초점을 맞추었다는 두 가지 사항을 고려할 때, 바울은 토이스 에트네신*tois ethnesin*, 즉 "열방에게" 향했던 그의 복음이 자신의 혈족, 즉 카타 사르카*kata sarka*/육신에 따른 이스라엘에게 어떤 의미를 지니고 있는지 숙고했음에 틀림없다.[55] 바울은 그렇게 하는 가운데 그리스도를 따르는 현재의 이방인 회중과, 유대인들을 향한 하나님의 옛 약속 사이에 다리를 놓는다.

로마 에클레시아의 실제 민족적 구성이 어떠했든지,[56] 바울은 로마서에

---

54 Wagner가 언급하듯이, "이사야 인용문들은 바울이 로마서에서 명시적으로 성서에 호소하는 분량의 거의 절반가량을 차지한다." *Heralds*, 2. 또한 342-43의 중요한 도표를 보라.

55 이 점(바울의 초점은 그의 민족의 궁극적 속량에 있었다는 것)에 대해서는 또한 James M. Scott, "And Then All Israel Will Be Saved (Rom 11.26)," *Restoration: Old Testament, Jewish and Christian Conceptions*, ed. James M. Scott (Leiden: Brill, 2001), 490-527을 보라.

56 수에토니우스의 보도(클라우디우스가 "크레스투스의 사주로instigation of Chrestus[임풀소레 크레스토*impulsore Chresto*; 아마도 여기서 "크레스투스의"는 "크리스투스의of *Christus*," 즉 "그리스도의of Christ"를 의미하는가?]" 끊임없이 소동을 일으키는 유대인들을 로마에서 축출했다는 보도, *Claud.* 25.4)와 사도행전 18:2에 나오는 비슷한 칙령에 대한 언급("클라우디우스는 모든 유대인들을 명하여 로마에서 떠나게 했다")을 한데 섞으며, 로마서 14장의 "약한 자들"을 유대인 그리스도-추종자들과 동일시하고, "강한 자들"을 이방인 그리스도-추종자들과 동일시하는 주석가들이 있다. 이러한 주석가들은 로마서를 해석하기 위한, 따라서 바울이 글을 쓴 동기를 밝히기 위한 하나의 사회사를 조제해 냈다. 이러한 주장에 따르면, 그 교회는 1세기 중반이 지나가면서 유대인들이 [로마에서] 자리를 비웠던 몇 년 동안 대부분 이방인들로 구성된 형태가 되었다. 그리고 이제 유대인들이 돌아왔기 때문에, 그 공동체는 민족적 분열을 겪게 되었다는 것이다. 이 가설에 따르면, 바울은 양쪽 그룹을 서로 화해시키기 위해 편지를 쓰며, 그렇게 함으로써 "유대인됨"을 영적으로, 즉 "기독교적"으로 재정의한다. 따라서, 로마서의 말은 로마 회중에 속한 유대인 및 이방인 구성원 양쪽을 향하는 것이다. 이러한 재구성을 간단하게 무너뜨리는 논의로는, Thorsteinsson, *Paul's Interlocutor*, 92-97을

서 명시적으로 이방인들을 향해서만 말하며, 또한 그렇게 하는 것이 자신에게 신적으로 주어진 권세임을 강조한다. "바울 … 사도로 부름을 받아 하나님의 복음을 위해 구별된 자 … 너희를 포함하여 모든 에트네 가운데 신실함의 순종을 이루기 위하여"(롬 1:1-6). 바울은 자신이 로마에 가는 목적을 다음과 같이 밝힌다. "그리스인들과 야만인들, 현명한 자들과 미련한 자들 … 그 밖에 모든 에트네 가운데서 내가 추수했던 것처럼 이제 너희 가운데서도 추수할 것이 있게 하기 위해서"(1:13-14). "이제 나는 너희들 에트네를 향해 말한다"(11:13). "내가 에트네를 위하여 제단에서 섬기는 자[레이투르고스*leitourgos*]가 되도록 하나님께서 내게 주신 은혜 때문에 … 몇몇 부분에 대해서 나는 너희들에게 매우 담대하게 썼다 … 말과 행동으로, 이적과 기적의 힘으로, 영의 힘으로 에트네로부터 순종을 얻어내기 위해 …"(15:16-19). 바울이 선포한 것은 "신비의 계시"를 따른 것인데, 이 계시는 "오래전부터 비밀로 감춰져 있다가 이제 드러났고, 선지자들의 글을 통해 영원하신 하나님의 명령에 따라 모든 에트네에게 알려졌으며, 그것은 곧 신실함의 순종을 이루게 하려는 것이다"(16:25-26, 로마서의 종결부다).[57]

로마에서 그리스도를 따르는 에트네를 분명하게 호명하는 위 본문들은 로마서의 "내재된" 혹은 "이상적" 청중의 정체성 역시 이방인임을 암시한다. 물론, 이 편지에서 바울이 성서를 빽빽하게 사용하는 것을 볼 때, 그들은 이스라엘의 경전을 상당히 잘 알고 있던 이방인들이었을 것이다(따라서, "율법을 아는" 이방인들이다, 롬 7:1). [156쪽] 바울이 로마서에서 이방인에게 말하고 있다

보라.

57 이 견해에 있어서 나는 Thorsteinsson의 중요한 연구서인 *Paul's Interlocutor*를 따른다. 또한 Thorsteinsson의 책을 다림줄로 삼아서 로마서의 순차적인 장들을 하나하나 주의 깊게 주석적으로 살펴 나가는, Rafael Rodriguez and Matthew Thiessen, *The So-Called Jew in Paul's Letter to the Romans* (Minneapolis, MN: Fortress, 2016)에 수합되어 있는 소논문들을 보라.

는 점, 따라서 그가 이방인 독자/청중을 편지의 내재적 독자로 설정해 두었다는 점[58]을 우리의 해석적 다림줄로 삼는 것은, 바울이 그의 논의를 진행하기 위해 사용하는 가상의 대화 상대를 우리가 어떻게 이해해야 할 것인지에 영향을 미친다. 그리고 이것은 결국 우리가 로마서 전체를 어떻게 읽을 것인지에도 영향을 미친다.

교부 시대로부터 우리 시대의 은혜 신학에 이르기까지, 전통적인 기독교 신학들은 로마서 1장 속 부도덕한 모습에 관한 바울의 고발을—우상 숭배에 대한 명시적인 초점에도 불구하고—유대인과 이방인 모두를 아우르는, 즉 전인류를 대상으로 하는 고발로 이해해 왔다.[59] 그렇게 보면 로마서 2장은 "유대인"과 "할례"를 급진적으로 재정의하는 역할을 한다. 이 주장에 따르면, 유대인과 할례라는 용어 모두 내적, 영적(즉, 기독교적) 실재를 가리키는 것

58 내재된 독자에 관해서는 Stowers, *Rereading of Romans*, 21-22을 보라. 실제의 독자들을 수사적인 내재 독자와 혼동하게 되었을 때 생기는 해석적 결과에 대해서는 같은 책 22-41을 보라. 또한 Wagner가 *Heralds*, 34f에서 언급한 내용을 보라.

59 곧바로 살펴볼 수 있는 두 사례가 있다. 아우구스티누스는 유대인들이 기독교(즉, 아우구스티누스가 생각하는 방식의 참된 기독교)를 알아보지 못하고 "눈이 멀어 있는 상태"가 바로 "하나님께만 알려져 있는 유대인들의 [어떤] 은밀한 죄" 때문에 받는 벌이라고 설명하면서, 로마서 1:24을 증거 본문으로 내세운다(*Contra Faustum*, 13.11, 기원후 399년경에 쓴 책이다). Barclay는 로마서 1:18-32이 보편적 죄의 문제를 다루며, 따라서 이 구절들이 유대인들과 이방인들 모두를 기소한다고 주장한다. *Paul and the Gift*, 463-66(2014년경에 쓴 책이다). 이와 대조적으로, Thiessen은 바울이 특히 이교도들을 타겟으로 고소하고 있다고 보는 고대 기독교 주석가들의 예시들을 가져온다. [247쪽] 그리고 Thiessen은 유대교의 반형상주의에 대해 알고 있는 여러 이교 저자들을 가리키며, 고대의 이방인 청중들(즉, 바울의 말이 향하는 청중과 같은 이들!)조차도 로마서의 포문을 여는 바울의 공격 속에 특히 이교의 관습과 윤리에 대한 비판이 들어 있음을 인지할 수 있었으리라고 주장한다. *Paul and the Gentile Problem*, 43-52. 참고: *Final Account*에 나오는 Krister Stendahl의 결론을 보라. "로마서에서 당면한 쟁점은 바울의 이방인 개종자들의 칭의이지, 죄인들의 일반적인 칭의가 아니다"(76). 또한 M. Novenson, "The Self-Styled Jew of Romans 2 and the Actual Jews of Romans 9-11," in Rodriguez and Thiessen, *The So-Called Jew in Paul's Letter to the Romans*, 133-62도 보라.

이지 외적, 육신적(즉, 유대교적) 실재를 가리키는 게 아니다(롬 2:28-29).[60] 따라서 로마서 7장의 "나"는 율법 아래에서 올바르게 살 능력이 없기에 고뇌하는 유대인(바울 자신이든 혹은 다른 누군가든 간에)이 된다. 인류는 오직 그리스도를 믿는 믿음으로 의로워질 수 있다(3:28-31). 유대인으로 구성된 이스라엘에서는 오직 남은 자만이 구원받을 것이다(9:27, 11:5). 구속받게 될 "온 이스라엘"은 유대인과 이방인이 섞여 있는 종말론적 기독교 공동체가 될 것이다(11:26). 이러한 전통적 견해에 따르면, 로마서는 사람들을 그리스도에게로 불러 모으는 바울의 변함없는 강력한 요청이며, (유대교적) 행위와 율법보다 (기독교적) 은혜와 믿음이 우월함을 드높게 선포하는 편지다.

그러나 자신이 지금 이방인들에게 말하고 있다는 바울의 말을 우리가 진지하게 받아들인다면(롬 1:6, 13; 11:13), 로마서는 퍽 다르게 읽힌다. 로마서 1장은 이교도의 우상 숭배와 우상 숭배자들을 고발한다. 로마서 2장에 나오는 바울의 가상 대화 상대자(교훈을 주기 위해, 그의 청중을 대신하여 세워 놓은 장치) 역시 이방인이다. 비록 "자기 자신을 유대인이라 칭하는" 자(2:17), 곧 유대화하는 이방인, 어쩌면 심지어 개종자일지도 모르지만 말이다.[61] 이 수사적 페르소나는 "편지의 수신자(들)을 대표하거나 대변하고," 그 수신자의 이방인 정체

---

60 가장 최근에는 Barclay가 *Paul and the Gift*, 467-74에서 그렇게 주장한다. Barclay는 로마서 2장의 질문자를 유대화하는 이방인으로 해석하는, Thorsteinsson의 해석을 별다른 논증 없이 무시해 버린다(469, 각주 51). 따라서 Barclay는 "참된 유대인됨"은 "마음의 할례"에 관한 것이라는 등의 주장을 고수한다. (내가 볼 때, 이 견해는 바울이 로마서 3:1-2에서 이어 나가는 말["그러면 유대인들의 이점은 무엇인가? 혹은, 할례의 가치는 무엇인가? 모든 면에서 많다"]을 어색하게 만든다.) 이 해석에 반대하며, 로마서 2장에서 바울이 유대인됨을 재정의하고 있지 **않다고** 주장하는 학자로는 Stowers와 Thorsteinsson 외에도 Thiessen이 있다. Thiessen, "Paul's Argument," 375-76에서 언급하는 것을 보라.

61 "스스로를 유대인이라고 부르는"(롬 2:17) 유대인 개종자에 대해서는, Thorsteinsson, *Paul's Interlocutor*, 233-34을 보라. 논증 전체는 같은 책, 151-242을 보라. 또한, Thiessen, *Paul and the Gentile Problem*, 43-71을 보라.

성은 이후에 나오는 장들(예: 7장)에서 펼쳐지는 대화에서도 줄곧 유지된다.[62] 간단히 말해, 내가 생각하는 로마서 읽기가 전제하는 것들은 다음과 같다. 로마서가 이방인들에게 말한다는 것, 바울이 이방인들의 쟁점과 문제들을 다룬다는 것, 바울이 자신의 논점을 입증하기 위해 이방인을 수사적 장치로 쓴다는 것, 그리고 자신이 이방인의 사도로 신적인 임명을 받았음을 상기시킴으로써 로마에 있는 그리스도를 따르는 이방인들(아직 바울은 그들을 만나지 않았다[15:22-23])에게 자기 주장의 정당성을 입증한다는 것이다. 로마서는 일반적인 차원에서 죄인들의 칭의에 대해 가장 직접적으로 말하는 것이 아니라, 특별히 그리스도 안에 있는 이방인들의 칭의에 대해 말한다. [157쪽] 로마서는 모든 이스라엘, 곧 바울의 "육신에 따른 친족"의 임박한 속량(9:4; 11:26) 안에 열방이 은혜롭게 포함되리라는 사실이 울려 퍼지도록 선포하는 소리다.[63]

로마서 2-7장: 이방인을 유대화할 때의 문제들

바울이 유대화 자체를 반대하는 게 아니라—사실 바울의 복음은 그리스

---

62 Thorsteinsson, *Paul's Interlocutor*, 151.

63 내가 보기에, 바울은 그리스도의 재림이 온 이스라엘의 이 속량(열두 지파의 종말론적 회합)을 가져올 것이라고 생각했다. 그 사건 이전의 남은 (짧은) 시간 동안, 이스라엘의 "남은 자"의 피스티스*pistis*(이 메시지에 대한 그들의 확신 혹은 충성)는 그들의 디카이오쉬네*dikaiosynē*(그리스도 회중들 안에서, 유대인이든 이방인이든 서로를 향해 바르게 행동하는 것)를 가능케 한다. 다른 말로 하면, 그리스도를 따르는 유대인들은 그리스도를 따르는 이방인들과 마찬가지로 "피스티스에 의해 의롭게 된다righteoused"(롬 3:9, 29-30; 참고: 10:12-13).

바울은 이 복된 소식을 신뢰하는 유대인들이 현재는 소수이자 "은혜로 택함받은 남은 자"라는 점을 안다(11:5; 바울은 이 남은 자들 가운데 도드라지는 구성원이다, 11:1-2). "남은 자"라는 표현 자체가 중요하다. 만약 바울이 "온 이스라엘이 구원을 받으리라"(11:26; 이것은 하나님의 취소할 수 없는 약속들 때문이다, 11:29)는 문장을 분명하게 진술하지 않았다고 가정해 보아도, 바울이 남은 자라는 사상을 동원하는 것은 이미 동일한 내용[곧 온 이스라엘의 구원]을 함축했을 것이다. Sanders, *Jesus and Judaism*, 95을 보라. 이것은 Wagner, *Heralds*, 106-17에 확장되어 분명하게 설명되어 있다.

도-안의-이방인들이 유대인의 관습과 원리를 받아들이도록 요구한다—그의 방식 외에 다른 방식으로 유대화하는 것에 반대한다는 점을 앞서 살펴보았다. 로마서 2장부터 7장까지, 바울은 이 쟁점으로 돌아와 (그가 보기에) 유대화하는 이방인들(심지어 할례까지 받았을 수 있으나, 아직 "그리스도 안에" 있지 않은 이들)에게 발생한 문제들을 추적한다. 바울은 이교적인 이방인들에 대해 목이 터져라 정죄하는 구절들을 앞에 배치한 후(그들은 창조 세계를 통해 창조주를 인정하는 데 실패했고, 우상을 경배하며 "모든 사악함"의 늪에 빠졌다[1:29]; 이들의 도착된 모습은 1:18-32에 자세하게 묘사된다), 갑작스레 방향을 바꾸어 우상 숭배를 하지 않는 이방인, 곧, 다른 이방인들의 행동을 판단하는 이방인을 고발하기 시작한다(2:1-5).

이 판단하는 자세를 취하는 이방인(2:1), 곧 "스스로를 유대인이라 칭하는" 사람(2:17)은 말과 행동이 다르다는 점에서 모순을 보이는데(2:3), 왜냐하면 그는 "전형적으로 이방인"적인 방식으로 계속해서 죄를 짓고(절도, 간음, 신성 모독[2:21-23]),[64] 또한 율법을 자랑하지만 (이 인물이 7:7-24에서 탄식하는 것처럼) 율법을 어기기 때문이다. 하지만 바울은 유대화하지 않은 이교도들, 곧 율법을 모르는 이교도들일지라도 율법에 부응하는 방식대로 행동할 수 있다고 주장한다. 그들은 "자신의 마음에 기록된" 율법을 가지고 있다(2:15). 그렇다면, 그러한 이교도들은 실제로 "율법을 행하는 자들"이기에 "의롭게 될 것," 즉, 하나님 앞에서 의롭다고 간주될 것이다(2:13).

그러나 자신을 유대인으로 여기는, 판단하기 좋아하는 이교도 출신 개종자는 본인 스스로에 의해 판단 받을 것이다(2:5). 그의 할례는 "포피/무할례"로 간주될 것이다. 반면에 마음에 할례를 받은, 포피가 있는 자/무할례자는 하나님께 칭찬을 받을 것이다(2:25-29).[65] 그렇다면 바울이 평가 절하하는 할례

64 특히 Thiessen, *Gentile Problem*, 43-52을 보라.

65 이 읽기는 이방인 페르소나의 수사적 연속성을 전제한다. 바울은 여기서 이 남자의 개종자 할례가 아무런 도덕적 변화의 효과를 가져오지 않았다며 개종자 할례에 반대 주

는 개종자 할례다. 여기서 바울은 유대인의 할례에는 많은 유익이 있다고 주장한다("여러 면에서 많다," 3:2). 물론 유대인들 역시 이방인들처럼 죄를 지었음에는 틀림없다(3:9-18, 22-23). 하지만 율법과 관련해서 비-유대인의 처지는 더 안 좋은 상황인데, 왜냐하면 율법은 비-유대인에게 죄에 대한 지식만을 가져다 주기 때문이다(3:20). [158쪽] 그러나 하나님께서는 그리스도를 자신과 이방인 사이의 화해(힐라스테리온*hilastērion*)로 제시하셨고,[66] 율법 외에 예수를 향한 신실함 혹은 충성을 통한 의를 제공하심으로써 그 자신의 의를 나타내셨다(3:21-26). 바울은 이 신실함이 율법을 전복하지 않고 오히려 굳게 세운다고 역설한다(3:31).

정확히 율법의 어떤 점이 이방인에게 그토록 나쁜 것인가? 바울은 갈라디아에 있는 그의 공동체를 향해 편지할 때 이 질문에 대해 격렬한 어조로 답했다. 개종자 할례는 마치 이스마엘의 할례와 같다. 그 할례는 이방인을

장을 편다. 왜냐하면 여전히 그 남자는 할례받지 않은 동료 에트네가 행하는 것과 똑같이 행동하기 때문이다. 그러나 바울이 이어서 말하는 바에 따르면, 유대인이 "되지" 않은 다른 사람들은 "할례받은 마음"을 가진 채로 유대인처럼 행동할 수 있고 실제로 그렇게 한다. 유대교를 정죄하고 영적으로 재정의하는 로마서 2장의 전통적 해석과 결부되어 있는 RSV성경의 번역은 이러한 읽기를 완전히 가려 버린다. 로마서 2장 전체를 유대화하는 이방인에 대한 고발로 이해하는 해석은 다음을 보라. Thorsteinsson, *Paul's Interlocutor*; [248쪽] Thiessen, *Paul and the Gentile Problem*, 56-59; "Paul's Argument against Gentile Circumcision," 375-78; 그리고 좀 더 강렬한 해석은 다음을 보라. "Paul's So-Called Jew and Lawless Lawkeeping," in *The So-Called Jew in Paul's Letter to the Romans*, 59-83(특히 76-81). 절도, 간음, 신성 모독, 곧 바울이 로마서 2:21-23에서 강조하는 이 세 가지의 "이방(인)적인" 죄들은 지혜서 14:23-27에서도 그대로 언급된다. 간단히 말해, 로마서 2장은 유대 전통을 유대인들이 실천하는 것에 대한 고발을 전혀 담고 있지 않다.

66 Stowers, *Rereading of Romans*를 보라. Aaron Glaim은 2013년 SBL 연례학술대회에서 발표한 소논문인 "Sin and Sin Sacrifices in the Pauline Epistles"에서 Stowers의 해석을 명료하게 밝혀내고 실증했다. 나는 Glaim의 글이 조속히 우리 시대에 출판되기를 바란다.

아브라함의 상속자로 만들어주지 못한다. 비-유대인은 오직 그리스도를 통해서만—프뉴마*pneuma*/영을 통해서만—가족으로 입양되고 아들이자 상속자가 될 수 있다. 로마서에서 바울은 더 차분한 어조로 동일한 성서 인물을 사용해서 동일한 쟁점을 다룬다.[67] 할례를 받기 전, 아브라함은 하나님께서 약속을 성취하실 것임을 신뢰했다. 따라서 아브라함은 여전히 무할례 상태일 때 그의 피스티스(확신, 확고부동함)로써 의로워졌고, 바로 이러한 방식으로 아브라함은 유대인들의 아버지이자 그리스도-안의-이방인들의 아버지가 되었다(4장). 그들은[누구?] 성령을 받았다(5:5). 그리스도의 죽음 안으로 잠겨 들어감을 통해 프뉴마가 주입된다. 그 결과, 여전히 죄 된 육신 안에 사는 신자도 죄에 대해 "죽게" 된다(6:6).

"죄에 대한 죽음"은 사효론적으로*ex opere operato* 성취되지 않는다. 바울은 세례받은 이방인들에게 죽을 몸의 정욕들에 굴복하지 말라고 권면한다(롬 6:12-15; 이것은 1:18-32 및 13:13-14에서 바울이 정욕들을 묘사하는 것과 공명한다).[68] 그리스도의 죽음과 부활은 이 복된 소식을 신뢰하는 이방인이 죄의 노예 노릇을 그만두는 것을 가능하게 했고, 그 대신 의에게 노예가 되도록, 곧 하나님의 노예가 되도록 하였다(6:18). 그로써 그 이방인은 하기아스모스*hagiasmos*, "성화"와 그것의 텔로스*telos*(목표)인 영생을 얻게 된다. "죄의 삯은 사망이지만, 하나님의 선물[카리스마*charisma*]은 그리스도 예수 우리 주 안에 있는 영생이다"(6:22-23). 그리스도 없는 이방인(유대화하는 이교도? 개종자? 바울의 논점은 마찬가지이다)에게 율법이란 오직 그가 처한 상황을 악화시킬 뿐이고, 그가 "이 사망의 몸" 안에 있는 한 저지르지 않을 수 없는 죄들을 더 또렷하게 부각시킬 뿐이

67 물론 나는 Hays의 로마서 4:1 번역이 옳다고 주장하지만 말이다. 본서 342쪽, 각주 42을 보라.

68 따라서 극기self-mastery에 바울이 초점을 맞춘다. Stowers, *Rereading of Romans*, 42-82을 보라.

다(7:4-24). 여기서 율법 자체에는 책임이 있지 않다. 율법은 죄가 아니다("절대 그럴 수 없다!" 7:7). 계명이 그러하듯 율법은 거룩하다(7:12). 그러나 이방인에게 있어서 율법은 육신에 의해 약해졌다(8:3). 오직 그리스도를 통해서만, 영의 주입을 받은 후에만, 그 이방인은 율법의 의로운 요구 사항을 충족시킬 수 있다(8:4).

바울은 아직 죽을 몸의 종말론적 변화를 기다리고 있으며, 이 변화는 오직 그리스도께서 영광스럽게 귀환하여 우주적 세력들을 잠재우고 죽은 자들을 살리실 때에만 성취될 것이다(8:38). 바울은 죽을 몸의 종말론적 변화를 상기시킴으로써 로마서의 첫 번째 부분을 마무리한다. [159쪽] 그 변화의 때까지 이방인 신자는 그의 육신적 몸 안에 산다. 비록 하나님의 영 혹은 그리스도의 영이 그의 몸 "안에" 있어서 그 역시 "영 안에" 있긴 하지만 말이다. 그럼에도 불구하고 그 이방인의 완전한 휘오테시아*huiothesia*, 곧 아들로 "입양 됨"은 오직 종말에 이르러서야 최종적이고 온전하게 실현될 것이다(8:23; 참고: 8:14-17). 오직 그때에 이르러서야, 지금 해산의 신음을 하고 있는 모든 창조 세계 역시 "썩어짐의 종 노릇으로부터 자유롭게" 될 것이다(8:21-23).[69]

바울은 다른 편지들에서도 이 순간을 묘사한 바 있다. 산 자와 죽은 자 모두가 승리자 그리스도와 더불어 하늘로 들려 올림을 받게 될 것이다(살전 4:14-17). 죽게 될 육신의 몸은 영광스러운 몸으로 변화될 것이며(빌 3:20-21), 더 이상 혈과 육의 몸이 아니라 영의 몸이 될 것이다(고전 15:39-54; 프뉴마티콘 소마

69 내가 짐작하기로, 이 "속박"은 그리스도가 파루시아 때에 정복하게 될 세력들과 관련이 있을 것이다(로마서 8장의 여러 부분을 보라). "죄," "육신," 그리고 "사망" 자체가 이 묵시적 대적자들 가운데 들어가는가? 이 질문에 "그렇다"고 대답하는 입장으로는 Beverly Roberts Gaventa, "Thinking from Christ to Israel: Romans 9-11 in Apocalyptic Context," in *Paul and the Apocalyptic Imagination*, 239-55를 보라. Emma Wasserman은 2013년 SBL 연례학술대회에서 발표한 글, "Myths of Victory: The Case of Sin and Apocalyptic Battle in Paul's Letters"에서 그러한 해석에 이의를 제기한다.

pneumatikon sōma, 15:44; 참고: 고후 5:1-9). 그리고 모든 인류는 심판자인 그리스도 앞에 서게 될 것이다(고후 5:10; 참고: 롬 14:10-12에서는 하나님이 심판자다). 그러나 최종적 판결은 불확실하지 않다. 이방인 신자들은 "부름받았고," "미리 아신 바 되었고," "미리 정하여졌고," 그리스도의 형상을 "닮게 되었고," "택함받았다"(롬 8:28-33). 그리스도-안의-이방인은 소망 가운데 살면서(소망이라는 단어는 8장에 여섯 차례나 나온다), 그 어떤 것도 "우리를 그리스도 예수 안에 있는 하나님의 사랑에서 끊어낼 수 없음"을 확신하고 안심할 수 있다(8:39).

하지만 이스라엘은 어떻게 되는가?

로마서 9-11장: 이스라엘과 열방

바울은 로마서 안에서 구별되는 이 단락에서 로마의 이방인 신자들을 향해 계속해서 말한다("이제 내가 에트네*ethnē*인 너희들에게 말한다"[11:13]). 하지만 바울은 분명 초점을 옮기고 있다. 바울은 그리스도 안에 있는 임박한 속량을 고조된 어조로 상기시키는 것을 멈추고, 그의 혈족 곧 민족으로서의 이스라엘 때문에 생긴 그의 "큰 슬픔과 그치지 않는 괴로움"에 관해 말한다(9:2-3). 바울의 슬픔은 어디에서 왔는가? 지금까지 열방의 많은 숫자가 복음으로 돌아오고 있지만, 이스라엘은 "남은 자"가 복음을 받아들였다(9:27—RSV성경에서 추가한 [남은 자 앞에 붙은] "오직only"이라는 단어는 정작 바울의 본문에는 없다는 점에 주목하라. 9:31; 11:7도 보라). 하나님이 언약에서 발을 빼신 것인가? 이스라엘과 맺은 언약을 하나님께서 파기하심과 더불어 역사가 종결될 것인가? 메 게노이토*Mē genoito*! 바울은 강한 어조로 대답한다. "하나님께서 그의 백성을 버리셨는가? 절대 그럴 수 없다!"(11:1). 그렇다면 바울은(그리고 그의 청중은) 현 상황을 어떻게 이해할 수 있을까?

[160쪽] 바울은 다소 복잡하지만 기발한 방식으로 성서의 예언과 유대인으로서 자신이 가진 하나님의 일관성과 선하심에 대한 전적인 헌신을, 이

힘 빠지는 현실과 연결시킨다. 그렇게 하는 가운데 바울은 그 왕국이 어째서 지체되었는지를 설명할 뿐만 아니라, 어째서 자신은 이방인 선교를 "영광스럽게 여기는지"(독사조*doxazō*, 11:13), 그리고 어떻게 자신은 여전히 "구원"(즉, 하나님 왕국)이 "이제 가까이 왔다"고, 이전보다도 더 가까이 왔다고 확신할 수 있는지(13:11)를 설명한다.

이스라엘의 기반을 형성한 역사(창세기와 출애굽기)와 선지자들이 전한 말들(특히 이사야)은 바울과 그의 청중의 방향을 설정한다.[70] 바울은 "하나님의 말씀이 폐하여진 것 같지 않도다"(9:6, 개역개정)라고 힘주어 말한다. 하나님은 언제나 역사를 주권적으로 통치해 오셨으며, 이스라엘을 육신에 따라서가 아니라 약속에 의해 빚어가시며(이삭과 이스마엘을 가리키는 9:6-9), 어린 자를 "택하셔서"(혹은 "부르셔서") 연장자가 그를 섬기도록 하심으로 기대감을 전복해 오셨다(연장자는 에서를 말한다, 9:10-13). 하나님은 자신의 목적에 따라 누구든 하나님께서 원하시는 대로 그에게 자비를 베풀거나 혹은 그를 완악하게 하신다(9:14-24; "내 이름이 온 땅에 전파되게 하려 함이라"[9:17, 개역개정]), 현재 진행 중인 선교에서 이방인이 유대인보다 불균형하게 많은 것은 이미 오래전부터 예견되었다(9:25-26; 10:20-21; 11:5). 그리고 이 불균형은 하나님의 놀라운 전복의 또 다른 예시를 나타낸다. 이전에 이교도로서 "의" 혹은 "정의"(디카이오쉬네*dikaiosynē*)를 추구하지 않았던 이 그리스도-안의-이방인들이 이제 의를 얻었고, 반면에 "의의 법"을 좇던 이스라엘은 "율법에 도달하지 못하였기" 때문이다(9:30-31; 참고로, RSV성경은 이스라엘이 "그 율법을 성취fulfill that Law"하지 못했다고 표현한다). 이것은 의를 향한 율법의 목표(텔로스*telos*)가 곧 그리스도이기 때문이다(10:4).[71]

---

70 로마서 속 이사야에 관해서 Wagner는 이렇게 말한다. "이름이 언급되지 않을 때에도 그 고대 선지자의 말은 무게감이 있고 손에 만져질 정도의 존재감이 있었다." *Heralds*, 2.

71 바울이 여기서 말하는 것뿐 아니라 말하지 않는 것을 이해하는 것이 중요하다. 바울은

바울은 이스라엘이 복음에 확신을 갖지 못하는 것이 비정상이라고 주장한다. 이스라엘은 복음의 메시지를 들었고(10:14-18), 무엇보다 그들의 경전 자체가 복음을 증언했기 때문이다(3:2, 20-21). 그러나 그들은 여전히 "불순종하고 거스르는" 모습을 보인다. 반면에 이방인들은 자신들이 찾지 않았던 신을 발견하게 되었다(10:18, 20-21). 다시금 이것을 설명할 수 있는 유일한 길은 하나님께서 상황을 주관하고 계시다고 여기는 것뿐이다. 현재 하나님께서는 이스라엘의 남은 자를 선택하셨고, 나머지는 둔하게 만드셨다(11:7; RSV성경에서는 "완고하게 하셨다hardened"). 바울의 남은 자 표현은 다시 이사야서를 돌아보게 한다. 이스라엘 안의 이 선택받은 무리는 민족 전체의 회복이 이루어질 미래를 가리킨다.[72]

만약 로마서가 바울의 교향곡 9번이라면, 로마서 11:11은 4악장, 곧 바울의 "환희의 송가"의 첫 부분이다. 알레 멘쉔 베어덴 브뤼더*Alle Menschen werden Brüder*, 모든 이들이 형제가 될 것이다. 하나님의 계획을 예견하는 사도 바울은 어떻게 그것이 이루어질지를 알고 있다. [161쪽] 이방인들이 너무

이방인들이 피스티스*pistis*를 통해 의에 이르렀지만 이스라엘은 율법을 통한 의를 추구하다가 의에 이르지 못했다고 말하지 않는다. 율법을 통해 의를 얻는 것은 진짜로 존재하는 가능성이며, 바울은 그 자신이 이전에 그것을 "흠 없이" 실현했다고(빌 3:6) 말한다. 아마도, 이스라엘의 나머지 역시 그랬을 것이다. 그러나 이스라엘은 "율법에 도달"하지 못했다(롬 9:31, 참고: RSV성경은 "율법을 성공적으로 성취하지 못했다"로 번역). 왜냐하면 율법의 목표가 그리스도이고, 의를 위한 것이기 때문이다(10:4). 또한 Wagner, *Heralds*, 157-65을 보라.

72 "바울은 결국 이스라엘을 붕괴시켜 남은 자로 압축하지도 않고, '택함받은 자들'을 '이스라엘'이라는 이름으로 부르지도 않는다. 오히려, [11장] 나머지 부분이 분명하게 보여주듯이, '이스라엘'은 바울에게 있어서 종말론적 범주다 … 따라서 현재 택함받은, 남은 자의 존재는 바울에게 있어서 하나님의 이스라엘을 향한 계속적 선택의 신호이다. 왜냐하면 궁극적으로 하나님의 속량의 목적은 '온 이스라엘'(11:26)을 아우르게 될 것이기 때문이다." Wagner, *Heralds*, 237. 포로기 이후 유대교 안에서 이 사상에 대한 추가적 논의는 같은 책, 108-16을 보라.

많은가? 그렇지 않다. 오히려 더 많은 숫자가 들어오게 될 것이다. 왜냐하면 하나님께서는 그들의 "충만함" 혹은 "충만한 숫자"를 구원하실 것이기 때문이다(플레로마*plērōma*, 롬 11:25; 이것은 창 10장을 상기시킨다). 유대인들이 너무 적은가? 그렇지 않다. 하나님께서는 오직 일시적으로, 이방인 선교를 위한 더 많은 시간을 확보하기 위해 전략적으로 유대인들을 둔하게 만드신 것이다(참고: 11:30-31). 한시적으로 이스라엘이라는 감람나무의 원가지들이 꺾여서 "야생 감람나무" 가지들이 파라 퓌신*para physin*, 곧 "본성을 거슬러"(11:24) 접붙임 받을 자리를 마련했다. 하지만 원가지들 역시 도로 접붙임을 받게 될 것이다(11:24). 그 수가 얼마나 될 것인가? 그들의 "충만함"(플레로마)과 "온 이스라엘"이다(파스 이스라엘*pas Israēl,* 11:12, 26).

> 형제들아, 나는 너희가 이 신비에 무지하지 않기를 원한다 … 곧, 열방의 충만함이 들어올 때까지 이스라엘의 일부가 둔해진 것이며, 그 후에는 온 이스라엘이 구원받을 것이다. 기록된 바와 같이, "구속자가 시온에서 올 것이며, 그는 야곱에게서 불경건을 제거하실 것이다." "그리고 내가 그들의 죄들을 제할 때, 이것이 그들과 맺는 내 언약이 될 것이다." (롬 11:25-27; 사 59:20-21, 27:9 인용)

"열방의 충만함"과 "온 이스라엘"은 모호한 추상적 개념들이 아니다. 이는 거대한 성서적 주제들과 공명한다. 첫 번째 구문은 창세기 10장에 나오는 열방 목록, 즉 노아의 세 아들인 야벳, 셈, 함이 홍수 이후 지상에 다시 자손을 퍼뜨렸던 것을 상기시킨다. 그 결과 생긴 70민족은 각각의 언어, 땅, 혈족 집단, 신들에 따라 흩어졌다(창 10장 칠십인역; 신 32:8; 본서 57-58쪽을 보라). 그리고 나중에 이 에트네*ethnē*는 종말에 이루어질 속량의 범위를 정의하게 되었다. 이사야의 거대한 전망은 열방의 목록을 반향한다. 하나님께서는 "나는 모든 민족들과 언어들을 모으기 위해 올 것"이라고 선포하신다(*panta ta ethnē kai* *tas glōssas*, 사 66:18 칠십인역).

이제 바울이 (그의 차례에) 종말의 속량에 대해 말했을 때, 그 역시 노아에게로 거슬러 올라가는 이 고대의 혈통을 상기시킨다. 이방인의 플레로마는 "70민족 전체"를 의미한다. 이스라엘의 플레로마, 파스 이스라엘에 대한 바울의 언급 역시 마찬가지이다. 바울의 구문은 족장들의 서사, 아브라함의 혈통이 이삭에서 야곱으로 내려오고, 거기서 야곱의 열두 아들들, 곧 이스라엘 지파들의 "아버지들"이 생긴 이야기를 상기시킨다. "온 이스라엘"은 이 열두 지파의 완전한 회복이라는 또 다른 전통의 종말론적인 사건을 소환한다. 바울이 로마서 끝에서 인용하는 신명기 32:43에서처럼, 로마서 11장에서도 이스라엘이 모여드는 것은 열방을 포함하는 것과 직접적으로 연결된다.[73]

[162쪽] 그렇다면 인간들과 신들 모두를 포함해서, 사도 바울이 맹공을 퍼부었던, 하나님의 진노의 대상들은 어떻게 되는가? 즉, 불신자들, 죄인들, 그리고 열방의 신들 말이다. 바울이 로마서 11장의 찬가에 이르렀을 무렵, 죄인인 인간들은 이교도이든 유대인이든 간에 용서를 받은 것으로 보인다. 로마서 11:25-26은 "구속자가 시온에서 나타나시면," 인류 전체(70민족들과 이스라엘의 열두 지파들)의 구원이 있으리라는 측면에서 이야기한다. 그러면 우주의 하위 신들은 어떻게 되는가? 고린도전서 15:24에서 바울은 그 신들의 멸망을 예견했다. 하지만 로마서 8:19-22에서 그 신들은 창조 세계의 나머지와 더불어 신음하며, 구속을 기다린다. 빌립보서 2:10에서와 마찬가지로, 여기에서 이 초인간적인 존재들은 종말론적으로 회복되어 하나님을 향한 찬양에 합류하는 것처럼 보인다(참조: 신 32:43; 시 97:7).

---

73 Scott, *Paul and the Nations*, 5-6(각주 2), 그리고 7(도표)을 보라. 또한 73, 133, 135(각주 3)을 보라. 참고: Donaldson, *Judaism and Gentiles*, 505(또한 509도 보라): "최종적 완성에 이방인들이 포함되는 것은 이스라엘의 기대와 자기 이해의 핵심적인 부분이었다." 우리는 창세기가 12장이 아니라 1장에서 시작된다는 점을 또한 언급할 수 있겠다.

바울이 에트네로 이루어진 로마의 회중에게 다음과 같이 말한다. 곧 이방인들을 향한 자신의 선교를 "자랑하는" 것은 동료 유대인들을 시기나게 하여 이제 "그들 중 얼마를 구원"하려는 목적 때문이라고 말한다(롬 11:14; 참고: 10:19에서는 신 32:21을 놀라운 방식으로 손질해서 사용한다). 하지만 이스라엘은 궁극적으로 하나님의 손에 있으며, 바울은 하나님께서 종말에 이것을 완수하실 것이라고 단언한다. "복음의 측면에서 그들(이스라엘)은 대적들이다.[74] 그러나 선택이라는 측면에서 그들은 조상들 때문에 사랑받는 자들이다. 왜냐하면 하나님의 선물들과 부르심은 취소할 수 없기 때문이다"(11:28-29). 이방인들은 현재 이스라엘이 보이는 불순종(복음에 대한 불순종) 때문에 반사 이익을 얻었다. 이 점에서, 하나님께서는 그들에게 자비를 베푸신 것이다(11:30). 이스라엘 역시 곧 그러한 자비를 입게 될 것이다. 왜냐하면 "하나님께서 모든 이들을 불순종에 가두셔서, 결국 모든 이들에게(투스 판타스*tous pantas*) 자비를 베풀려 하시기" 때문이다(11:31).

이 임박한 보편적 속량의 비전으로 가슴이 부풀어 오른 바울은 다시금 찬송의 목소리를 드높인다.

> 깊도다, 하나님의 지혜와 지식의 풍성함이여. 그의 판단은 헤아리지 못할 것이며 그의 길은 찾지 못할 것이로다. 누가 주의 마음을 알았느냐? 누가 그의 모사가 되었느냐? 누가 주께 먼저 드려서 갚으심을 받겠느냐? 이는 만물이 주에게서 나오고 주로 말미암고 주에게로 돌아감이라. 그에게 영광이 세세에 있을지어다. 아멘. (롬 11:33-36, 개역개정)

74 여기서 바울의 텍스트에는 "하나님의of God"라는 말이 없다. RSV성경과 NRSV성경이 보여주듯이, "하나님의"를 집어넣는 것이 11:28에 대한 일반적인(그리고 부당한) 영어 번역이기는 하지만 말이다("They are enemies *of God* for your sakes").

그렇다면, 역사가 이러한 복된 절정에 도달하기 위해서는 앞으로 얼마나 더 기다려야 하는가? 바울은 로마의 공동체에게 이렇게 말한다. "또한 너희가 이 시기를 알거니와 자다가 깰 때가 벌써 되었으니 이는 이제 우리의 구원이 처음 확신했을 때보다[RSV성경: "믿었을believed 때보다"] 가까웠음이라. 밤이 깊고 낮이 가까웠으니 그러므로 우리가 어둠의 일을 벗고 빛의 갑옷을 입자"(롬 13:11-12, 개역개정 수정). 이스라엘 경전의 오래된 말씀은 현재의 사건들을 명료하게 보여준다. [163쪽] 현재의 순간은 그 말씀이 기록된 바로 그 이유다. 곧 "[그것이 기록된 것은] 우리로 하여금 소망이 있게 하려는 것"이다(15:4). 바울은 로마서 9장부터 11장에 이르는 종말론적 성취의 전망을 한 문장으로 요약한다. "내가 말하노니 그리스도께서 하나님의 진실하심을 위하여 할례[이스라엘]의 종이 되셨으니 이는 조상들에게 주신 약속들을 견고하게 하시고 민족들도 그 긍휼하심으로 말미암아 하나님께 영광을 돌리게 하려 하심이라"(15:8-9, 개역개정 수정).[75] 열방이 이스라엘의 신에게 돌아오는 것, 그들이 이스라엘과 더불어 경배하는 것, 그들이 다윗 계열의 메시아("이새의 뿌리")에게 복종하는 것—이러한 마무리는 로마서의 첫머리인 1:3에서 시작된 메시아적 수미상관inclusio을 완성한다—을 경축하는 일련의 성서 구절들을 노래하면서, 바울은 "희망"이라는 자신의 곡의 종결부를 마무리한다.

> 그러므로 나는 에트네 가운데에서 당신을 찬양하고 당신의 이름을 노래할 것입니다. (시 18:49)

---

75 [249쪽] J. Ross Wagner는 미묘하게 다른 번역을 제안한다. "그리스도는 하나님의 신실하심을 대표하여 할례의 종이 되셨고, 이는 족장들에게 하신 약속들을 확증하기 위해서이다. 그리고 이방인들에 대하여 그의 [하나님의] 자비를 대표하여 [종]이 되셨고, 이는 하나님께 영광을 돌리기 위해서이다." "The Christ, Servant of Jew and Gentile: A Fresh Approach to Romans 15.8-9," *JBL* 116 (1997): 473-85(특히 481f).

오 에트네여, 그분의 백성과 더불어 기뻐하라. (신 32:43)

오 너희 에트네여, 주님을 찬송하라. 그리고 모든 민족들로 하여금 그분을 찬송하게 하라. (시 117:1)

그리고 이사야가 다시 말한다. 이새의 뿌리, 곧 일어나 에트네를 다스릴 분이 오실 것이며, 에트네는 그분께 소망을 두게 되리라. (사 11:10; 롬 15:9-12)

로마서의 이러한 움직임은 성전과 예루살렘(하나님의 "영광"과 그분의 제의의 장소, 롬 9:4)으로 시작해서, 성전과 예루살렘과 더불어 마무리된다. 열방을 향한 그리스도의 사역자로서, 바울은 마치 제사장과 같이 복음을 "제사 드리며," "열방의 제물이 성령으로 거룩하게 되어 받으실 만하게 되도록" 한다(롬 15:16; 이 "거룩해진 제사/제물"은 예루살렘의 가난한 이들을 돕기 위해 이방인 회중들로부터 모은 연보를 가리키는 것과[15:25-27] 거룩해진 이방인들 자체를 가리키는 것, 양쪽 모두로 이해될 수 있다). 바울은 앞으로 자신이 소망하는 사도적 여정을 간략하게 그린다. 먼저 그는 예루살렘으로 돌아갈 것이며, 그 다음에는 서쪽으로 향해 로마로 갈 것이고, 그 후에 서바나/스페인으로 갈 것이다(15:24-25, 28). 예루살렘에서 로마를 거쳐 이베리아로 가는 이 여정이 그리는 호는 유대인들의 지리적 개념에서 볼 때, 하나님께서 노아의 아들인 야벳(그리스 민족들의 태곳적 조상)에게 주신 지역과 일치하며, 특별히 바울의 선교지에 상응한다.[76] 바울이 이 경로를 다 돌고 나면, 그는 하나님의 이름과 메시아의 이름을 예루살렘으로부터 땅끝까지(참조: 9:17) 선포하는 자신의 몫을 다하게 되는 셈이다. 이것이 우리에게 바울의 시

76 Scott이 제안한 바이다. *Paul and the Nations*, 179; 참고: 13쪽.

간표에 관해 알려주는가? [164쪽] 나는 또다시 추측할 뿐이다. 허나 실제로 로마서 16장은 한 번 더 종말의 가까움을 환기하며(엔 탁세이*en taxei*, "곧"[16:20]; 뉜*nun*, "이제," 신비가 계시되었고 모든 민족들에게 알려졌다[16:26]) 마무리된다.

***

바울이 "곧"을 어떻게 이해했든지 간에, 그는 자신이 역사의 마지막 시간, 곧 그리스도의 부활과 파루시아 사이 은사적 (중간)휴지 기간에 살면서 활동하고 있다는 점을 확신했다. 바울은 이미 이루어진 것에 관해 말한다. 시대의 종말이 도착한(카텐테켄*katēntēken*, 고전 10:11) 대상은 바로 그의 이방인 공동체이다. 그리고 분명히 바울의 경전 읽기는 그의 확신이 확증되게 할 뿐만 아니라 또한 그가 어떻게 앞으로 나아가야 할지를 명료하게 알려주었다. 바울은 특히 이교도들에게 나아가는 사명, 그리고 그들이 이스라엘의 신에게로 돌아오도록 만드는 사명을 하늘로부터 위임받았다. 성서에 나오는 선지자들처럼(바울은 그들의 말을 활용한다) 바울은 하나님의 왕국이 이스라엘 그리고 열방이라는 두 가지의 인구 집단을 포함할 것이라고 예상했다.

이것은 이방인들이 이방인으로서 남아있어야 함을 의미했다.[77] 그리고 이 필요성은 다시 개종자 할례에 대한 바울의 원칙적 저항을 설명해 준다. 만약 이전에 바울이 "개종"을 통해 우호적 이교도들을 이스라엘에 완전히 합류하도록 독려했던 적이 있었다면(갈 5:11),[78] 부활한 그리스도를 경험한 이

---

77 Schweitzer, *Mysticism of Paul*, 196도 보라.

78 이방인을 유대인으로 바꾸어 놓으려는, 이방인을 향한 유대인의 선교가 1세기 중반 예수 운동 이전에 존재했다는 증거가 부재함을 고려해 볼 때, 나는 바울이 만약 한때 "할례를 전했다"(갈 5:11)면, 그것은 이미 자신의 다메섹 회당 공동체와 관계를 맺고 있던 이교도 신-경외자들을 격려하여 개종자 할례를 받게 하는 맥락에서였으리라고 추측한다. 이것은 추측일 뿐, 논증은 아니다.

후 바울은 더 이상 그렇게 하지 않았다. 갈라디아에서 할례주의자들이 사용한 특정한 논증은, 아브라함에 대한 바울의 창의적인 (그리고 열띤) 해석 및 이방인의 휘오테시아*huiothesia*와 관련된 바울의 독창적인 선언(영적 아들됨은 육신적 할례를 통해서 성취될 수 없다)을 촉발했다. 그러나 이 논증 뒤에 자리잡고 있으며 바울 사역의 전체적인 틀을 형성해 주었던 것은(특히 로마서가 보여주듯이), 선지자들, 특히 이사야의 종말론적 비전이었다. 시대의 끝이 오면, 열방은 오직 이스라엘의 신만을 경배할 것이다.[79]

---

79 *Paul and the Gentiles*와 다른 여러 곳에서 Terry Donaldson은 바울의 메시지를 "민족들의 종말론적 순례"라는 이 이사야적 전통의 틀 속에 넣는 것을 반대해 왔는데, 이것은 바울이 이 구절들을 편지에 거의 인용하지 않는다는 단순한 이유 때문이었다. 예를 들어, 100-106, 187-210, 222을 보라. 이 주장은 Nanos and Zetterholm, *Paul within Judaism*에 실린 소논문들에 대한 그의 최근의 응답(*Paul within Judaism*, 277-301)에서 되풀이된다. Donaldson의 추정에 따르면, 바울은 그가 그리스도 운동에 동참하기 전부터 이방인들을 유대인들로 바꾸어 놓는 선교사였고(이것이 그가 주장하는 바이다), 바울은 이방인이 들어오는 시기가 그리스도의 귀환과 더불어 종결될 것이라고 믿었다. 파루시아는 이방인 구원의 문을 닫아버린다(예: "Paul within Judaism," 290, 299). 덧붙여, 전통적인 성서적 순서에 따르면 이스라엘이 첫째로 구원을 받고 열방은 그 다음인데, 그와 달리 바울은 (그리스도 안의) 이방인들이 이스라엘이 돌아오는 것보다 시간적으로 앞선다고 생각했던 것 같다고 Donaldson은 지적한다(290-91).

이 논점들에 대해 나는 다만 이렇게 응답할 수 있을 뿐이다. (1) Wagner는 *Heralds*에서 바울의 사고에 이사야가 중요성을 지녔으며 또한 영향을 미쳤음을 철저하게 확증했다. (2) 이방인들을 향한 유대인의 선교 활동에 관해 우리가 가진 유일하게 확실한 증거는 1세기 중반, 그것도 예수 운동 **내부에서** 나온 것이며, 따라서 바울이 그보다 십수 년 전부터 그러한 선교사였을 리가 없다. (3) 이방인 구원에 대한 Donaldson의 매우 제한된 견해는 많아 봐야 몇 천 명의 종말론적 속량을 위한 공간을 마련할 뿐이다. 이것은 바울이 상상하는, 임박한 사건들(죽은 자들의 부활, 신자들의 변화, 이교의 신들이 정복당하고 갱생함, 그리고 우주 전체의 변화)의 규모에 비했을 때 믿기 어려울 정도로 빈약한 소득이다(같은 책 290, 각주 25를 보라. 거기서 Donaldson은 이 논점들에 대한 "Fredriksen의 반대 의견이 지닌 설득력을 인지하고 있다"고 말하지만, 그가 개념화한 것을 변경하지는 않는다). (4) 전통적인 순서를 바울이 재배열했다는 사실 자체는 (이스라엘이 먼저요 그 다음에 열방이 오는 순서였지만, 먼저 이스라엘의 남은 자, 그리고 열방의 일부, 그리고 열방의 충만함과 온 이스라엘[11:25-26]의 순서로 바뀜) 본 바울은 이것이 바로 자신의 눈앞에서, 자신의 주체적 참여를 통해서, 그리고 (그가 확신하기로) 신적 영의 주체성을 통해서 일어나고 있음을 보았다. 주님의 가르침은 시온에서 나왔으며, 주님의 말씀은 예루살렘에서 나왔다(사 2:3). 원 사도들은 예루살렘 공동체로부터 퍼져 나와, 그 도래하는 왕국을 온 세계에 선포했는데, 유대인에게 먼저, 그리고 그리스인에게 선포했다(롬 2:9-10).[80] 이교도들은 자신들에게 고유한 신들과 절연하고 그들에게 저항하게 되었다. 그 신들은 우주의 하급 다이모니아*daimonia*이며 그들의 단계적 패배는 다윗의 아들, 종말론적 메시아의 최종적 승리의 도래를 나타내는 지표였다. [165쪽] 죽으시고 부활하시고 귀환하시는 그리스도 안으로 세례를 받은 이방인들은—바울 자신이 그러했듯이—결과적으로 카리스마타*charismata*와 프뉴마타*pneumata*를 받고 그것들을 체현하게 되었다. 바울은 영과 예언(살전 5:19); 능력과 성령(살전 1:5); 영과 능력의 일들 행하기(갈 3:5); 표적들, 기적들, 능력의 일들(고후 12:12); 지혜 말하기, 지식과 방언, 치유와 능력의 일들 행하기, 예언하기, 영들 분별하기, 방언 해석하기(고전 12:8-11); 표적들과 기적들과 영의 능력(롬 15:19); 예언, 가르침, 권면(롬 12:6-7)과 같은 일들을 자주 언급한다. 신들로 북적거리던 고대 로마 세계의 도시들마다, 이 그리스도 공동체들은 그 왕

래 패러다임이 가진 영향력을 증언한다(또한 Sanders, *PLJP*, 185을 보라). 그러나 다음 각주에 나오는 Scott의 견해를 보라.

80 이 마지막 논점에 대해서 James Scott은 이렇게 묻는다. "바울은 로마서 11:25-26에서 사건들에 대한 전통적인 순서를 뒤집었는가? 아니면, 이 전복에 대한 성서적 전거를 발견했던 것인가? 더 가능성이 높은 설명으로는, 사도 바울의 경우 이스라엘의 회복이 두 단계로 진행될 것이라 생각했다는 것이다. [250쪽] 복음은 예루살렘에서 시작되었고, 이스라엘 사람들에게 우선적으로 도달했다(참고: 롬 1:16) … 따라서, 바울의 관점에서 보았을 때, 이스라엘의 회복은 이미 예루살렘에서 개시되었다 … 이스라엘의 회복의 첫 단계는 이미 한창 진행중이다. 두 번째 단계에서, 온 이스라엘은 민족들nations의 충만한 수가 들어온 후에 구원을 받을 것이다 … 시온으로 민족들이 종말론적 순례를 오게 될 것에 대한 전통적인 기대를 바울이 뒤집었다고 상정하는 것은 불필요하다." "And Then All Israel Will Be Saved," 494-96.

국의 상륙 거점들을 세우고 있었다.[81]

다르게 말하자면, 이 탈-이교적 이교도들은 바울에게 그의 확신을 계속 해서 실존적으로 확증해 주고 그의 사역의 유효성을 승인해 주는 이들이었다. 물론 바울이 이방인들은 물론이고 유대인들에게도 증언했음에는 틀림없지만—적어도, 바울이 징계 절차로 당했던 매질은 회당의 상황을 상정한다(고후 11:24)—그는 분명 두 집단에게 다르게 접근했다. "유대인들에게는 나는 유대인처럼 되어서 유대인들을 얻고자 했다"(고전 9:20). 자신의 조상 전통에 관해 전문가인 바리새인 바울은 유대 성서를 근거로 자신의 쉥게네이스 *syngeneis*와 논쟁했다. 그러나 신-경외자인 비-유대인들에게 바울은 성서 텍스트에 대한 호소를 통해서만 설교한 것이 아니라, "영과 능력의 나타남"을 통해서도 설교했다(고전 2:4; 참조: 9:21). 바울이 그의 카리스마적 권위를 가장 많이 활용했던 것은 바로 이방인들 가운데서였다. 종말의 새벽이 정말로 동터오고 있음을 나타내는 가장 강력한 경험적 증거는 바로 이방인들이었다. 따라서 바울이 그의 힘과 노력을 가장 많이 쏟은 것은 바로 이방인 선교였다.[82]

하지만 이 성서적 비전이 실현되기 위해서는, 이 종말론적 이방인들이 이방인으로 남아 있어야만 했다. 그뿐만 아니라 이스라엘 역시 이스라엘로 남아 있어야 했다. 즉, 하나님의 "아들들"이자 바울의 혈연적 형제들인 이스라엘은 언약과 율법, 성전 제의, 약속들, 조상들, 다윗의 아들 그리스도—다시금 가족적, "육신적" 연결 고리가 있다—에 의해 연합된 그 친족 집단 자

81 바울의 묵시적 종말론은 가까운 미래를 향해 있다. 영이 뚫고 들어오는 이 현재는 도래하는 우주적 성취의 가까움을 그야말로 확증해 주는 역할을 수행한다. 그와 대조적으로, Wright의 "개시된 종말론"은 미래에 대한 바울의 강조점을 현재로 이전해 놓는다. Paul and the Faithfulness of God, 1,047-89; 참고: 로마서 11장의 탈종말론적 읽기(이것은 사소한 업적이 아니다)에 대해서는 1,138과 1,251을 보라.

82 어쩌면, 초창기에 바울의 시선을 디아스포라의 그리스도 운동으로 잡아 끈 것은 바로 다메섹 회당 내에 있는, (이렇게) 새롭게 된 탈-이교적 신-경외자들이었을지도 모른다.

체로 남아 있어야 했던 것이다(롬 9:4-5; 참고: 1:3; 15:9). 그렇다면 바울 혹은 이 언약 공동체에 속한 다른 사도들이 율법에 따라 살기를 그만두어야 할 필요가 어디 있었겠는가? 율법은 **이방인들에게는** 저주였다. 율법은 **이방인들에게는** 오직 죄를 계시할 뿐이었다. 율법은 **이방인들에게는** 사망을 가져다주는 역할을 했다. 그러나 이스라엘에게, 율법은 하나님께서 주신 것이며 이스라엘을 규정하는 특권이었다.[83]

[166쪽] 그럼에도 바울은, 자신의 친족들 중 절대 다수는 율법을 듣고 잘못 이해했다는 점을 확신했다. 율법의 텔로스*telos*는 귀환하시는 그리스도였다(롬 10:4). 그러나 이스라엘의 다수는 이것을 이해하지 못했다. "그러나 그들의 마음이 완고하여 오늘까지도 구약을 읽을 때에 그 수건이 벗겨지지 아니하고 있으니 그 수건은 그리스도 안에서 없어질 것이라. 오늘까지 모세의 글을 읽을 때에 수건이 그 마음을 덮었도다"(고후 3:14-15, 개역개정). 이스라엘 역시 돌아오게 될 것이다. 즉, 그들은 예수를 다윗의 아들로, 종말론적인 주 메시아로 인정하게 될 것인데, 이것은 오직 하나님께서 그것을 가능케 하실 때에

83 사도 바울이 이교도를 향한 그의 선교를 진행하는 동안 본인 스스로는 계속 율법을 준수했다는 견해는 수 세기에 걸친 전통적인 바울 해석자들(비록 누가/행전에서는 그렇지 않지만), 그리고 이제 소위 새 관점 학자들과 존더벡 학자들에 의해 거부되었다. 반면, "바울을 유대교 안에서Paul within Judaism" 해석하는 입장과 관련을 맺고 있는 이들은 바울이 유대 전통을 계속해서 지켰다고 상정한다(Nanos and Zetterholm, *Paul within Judaism*; Boccaccini and Segovia, *Paul the Jew*; 그리고 Rodriguez and Thiessen, *The So-Called Jew in Paul's Letter to the Romans*에 수합된 다양한 소논문들을 보라). 하지만 Schweitzer가 이미 1931년에 동일한 주장을 펼친 바 있다. "바울 자신은 계속 유대인으로 살았다(그리스인들에게는 그리스인이 되었다는 바울의 주장이 이 논점에 혼동을 주어서는 안 된다)." *Mysticism of Paul*, 196. 또한, 고대의 주된 바울 해석자들인 알렉산드리아의 오리게네스(기원후 185-254년)와 히포의 아우구스티누스(기원후 354-430년)는—그들은 자신들의 논증을 특히 그들의 갈라디아서와 로마서 읽기에 기반했다—비록 유대인들을 대항한 기독교 신학 형성에 기여하기는 했지만, 그럼에도 바울 자신이 유대인으로 살았다는 견해를 취했다.

만 일어날 일이다.[84] 그리고 하나님께서는 "열방의 충만함"이 들어오게 되면 곧 그것을 행하실 것이다(롬 11:25). 이 점에서 우리는 바울이 어떻게 그의 이방인 선교를 하나님께서 분명히 정하신 이스라엘의 운명과 연결시키는지를 보게 된다. 바울은 이교도들을 그들의 신들로부터 자신의 신에게로 돌이키도록 (사역)하면서, 또한 성서적 약속들의 덮개 아래에서 자신의 민족의 속량을 위해서도 일했던 것이다.[85]

---

84 유대인에게 있어서, 예수를 종말론적 메시아로 인정하는 것은 "개종"하는 것과 동일하지 않다. 그리스도를 따르는 탈-이교도들과는 달리, 유대인들은 계속해서 동일한 신을 경배하고, 그 신의 책들을 존중하며, 조상의 관습을 계속해서 따랐다. 그들에게 요구된 것은 전적으로 다른 세계관, 전적으로 다른 일련의 의례/제의적 행동 양식에 헌신하는 것이라기보다는(이것은 그리스도를 따르는 이방인들에게 해당되는 것이었다), 일종의 관점의 전환에 가까웠다. Brent Nongbri는 이를 다음과 같이 분명하게 표현한다.

> 다음의 시나리오를 하나의 가능성으로 고려해 보라. 바울은 예수가 메시아라고 주장했다. 더 나아가 바울은, 다른 유다이오이*Ioudaioi*도 예수가 진실로 메시아이며 따라서 지금이 마지막 때임을 인정해야 한다고 주장했다. 또한 바울은 메시아의 프뉴마*pneuma*를 새롭게 받음으로 정결하게 된 비-유다이오이가 이제 유다이오이와 더불어 그들의 조상의 신(그 신은 이 합동 경배에 대한 바람을 이사야서에서 표현했다)을 섬기는 데에 합류해야 한다는 것을 주장했다. [251쪽] 유다이오이는 여전히 조상의 전통을 행할 것이다. 그들이 자신들의 행동 양식에 변화를 주어야 할 부분이 있었다면 그것은 오직 이 새롭게 정화된 비-유다이오이와 교류하는 방식과 관련된 변화였다. 이러한 행동 양식의 변화를 "그리스도에게로 개종"이라고 특징짓는 것은 이해하기 어렵다. (*JJMJS* 2 [2015]: 1-26[특히 14, 각주 43])

마찬가지로, 이른 시기의 정황에 "개종"이라는 단어와 개념을 사용하는 것에 대한 유용한 비판으로는 Moisés Mayordomo, "'Conversion' in Antiquity and Early Christianity: Some Critical Remarks," in *Religiöse Grenzüberschreitungen*, ed. C. Lienemann-Perrin and W. Lienemann (Wiesbaden: Harrassowitz, 2012), 211-26을 보라. 또한, Daniel Boyarin, "Another Response to Gabriele Boccaccini," *Paul the Jew*, 26-29 ("개종이란 개종 체험에 의해 정의된다는 개념을 외부로부터 도입하지 않는 이상, 바울이 급진적 유대 묵시 분파를 따르게 된 것을 개종으로 여기는 것 자체가 말이 안 된다." 26-27).

85 "따라서, 바울이 이방인들을 향한 사도로서의 사명을 수행한 것은 이스라엘을 구원하기 위해서였다!" Schweitzer, *Mysticism of Paul*, 84. "하나님에게 있어서, 이방인들의 구

원은 이스라엘의 구원과 묶여 있었다. 이스라엘의 구원이 모든 이방인들에게 중요한 것처럼 말이다." Munck, *Paul and Salvation*, 259. "바울이 이방인들의 사도가 될 수 있었던 까닭은, 십자가에 달리고 부활한 예수가 이스라엘의 메시아였기 때문이다. 이방인들의 사도로서의 바울의 사역은 결국 이스라엘의 구원을 목표로 하고 있었다." Dahl, "The Messiahship of Jesus in Paul," 22. "로마서는 자신의 이방인 선교가 세계를 향한 하나님의 전면적 선교(틱쿤*tikkun*, 창조 세계의 수선[참고: 롬 8:18-25], 따라서 특별히 이스라엘의 속량) 속에 어떻게 들어맞는지에 대한 바울의 설명이다." Stendahl, *Final Account*, ix.

후기

[167쪽] 바울은 지치지 않고 광범위한 노력을 통해 이교도들을 모집하는 데 애를 썼고, 이방인들과 이스라엘 사이의 민족적 구분을 유지해야 한다고 고집했으며, 이교 신들에게 저항하였고, 영으로 힘과 권위를 받았다. 또한 그 가운데서, 바울은 하나님의 도래하는 왕국의 좋은 소식에 전적으로 헌신하는 삶을 살아냈다. 처음에, 바울을 박해하는 외부자의 모습에서 카리스마적인 내부자로 바꾸어 놓은 것은 바로 부활하신 그리스도에 대한 환시였다. 하지만 그 사건 이후 오랜 시간이 흐르면서, 하나님의 시간표에서 지금이 몇 시인지를 알고 있다는 바울의 확신을 지탱해주고 또한 확증해 준 것은 바로 열방이 이교의 신들로부터 이스라엘의 신에게로 돌아오고 있는 현상, 곧 "이방인 선교의 기이한 성공"이었다.[1] 바울은 주님의 파루시아를 기다리는 가운데, 자신의 여생을 그 파루시아를 향해 바쳤다.

이 생생한 묵시적 기대감은 예수 운동 첫 세대를 움직인 원동력이었다. 이 첫 세대는 자신들이 이 운동의 **유일한** 세대라는 것을 굳게 믿었다. 이 확

1 Barclay, *Paul and the Gift*, 561.

신은 나사렛 예수의 가르침을, 초기 추종자들에게 나타난 부활의 체험과 결합시켰다. 이 결합은 도래하는 왕국에 대한 예수의 메시지를 이스라엘 본국을 넘어 디아스포라에게까지 전파하기로 한 그들의 결정을 설명해준다. 그리고 그들이 신-경외자 이교도들을 "종말론적 이방인들"로서 그들의 새롭고 은사적인 회중 안으로 받아들였던 것(처음에는 놀람을 야기했던 현상일지도?)도 설명해준다.

더 나아가, 이방인들의 포함(합류)에 관한 성서적 주제가 유대적 종말 전통에 뚜렷하게 나타난다는 점은 어째서 가장 이른 시기의 운동이(일단 그것이 국외로 퍼져 나간 후) 이방인들의 포함을, 다른 유대인들에 대한 선교의 자연스러운 연장선으로 여겼는지를 설명해 준다. [168쪽] 그뿐만 아니라 또한 초기 사도들은 무엇이 그 합류를 희망하는 이방인들에게 부과할 가장 중요한 조건이라고 생각했는지도 설명해 준다. 그 이방인들은 이스라엘의 신에 대한 배타적 헌신을 맹세해야 했으며, 그들의 신들과 절연해야 했다.

이러한 방식으로 신들과 그 신들의 백성들 사이의 관계를 어지럽히는 것은 또한 고대 세계의 하늘과 땅 사이의 관계를 어지럽히는 것을 의미했다. 그러한 혼란은 신적 진노를 초래할 위험이 있었다. 그러한 까닭에 로마 당국자들과 이교도 집단들 모두가 사도들의 활동에 적극적으로 반대했다. 디아스포라 회당 공동체들—이곳은 초창기에 이 새로운 운동이 신-경외자 이교도들을 모집했던 자리다—역시 이 혼란을 초래하는 복음 메시지로부터 자신들을 분리시키기 시작했다.[2] 바울이 처음에 치리를 위한 매질에 참여했으

2 학자들은 고대의 이교도 관찰자들이 "유대인들"과 "그리스도인들"(크리스티아노이 *Christianoi*, "그리스도의 추종자들"을 뜻하는 라틴어 기반의 용어)을 혼동하지 않았던 것 같다는 점을 언급해 왔다. John Barclay, "'Jews' and 'Christians' in the Eyes of Roman Authors c. 100 CE," in *Jews and Christians in the First and Second Centuries: How to Write Their History*, ed. Peter J. Tomson and Joshua Schwartz (Leiden: Brill, 2014), 313-26을 보라. 또한, 플리니우스Pliny의 유명한 본문인 *Ep.* 10.96을 보라. 이

며 나중에는 그 자신이 그러한 매질을 당했던 이유는 (흔히 상상하듯) 유대 관습에 대한 위반 때문이 아니라, 에클레시아가 해당 도시의 이교도들을 그들의 신들로부터 분리시킴으로써 사회적 불안정을 초래했기 때문이었다. 로마 총독들, 성난 이교도들, 디아스포라 회당들, 그리고 (바울이 확신하기로) 열방의 신들로부터 받는 모든 적개심은(바울의 시각에서 보면, "박해"이다), 이 묵시적 운동이 "종말론적 이방인들"을 산출했기 때문에 생긴 사회적 결과물이었다.

바울이 개선장군과 같은 묵시적 주 메시아라는 인물을, 나사렛 예수라는 인물에 연결시켰던 것도 이 이방인들을 통해서였다. 바울의 가르침에 따르면, 예수는 그의 부활로 이미 우주적 세력들을 격퇴하기 시작했다. 성령의 힘을 공급받은, 바울의 카리스마적 이방인 공동체들은 하급 신들의 세력이 무너지고 있음을 보여주는 살아 있는 증거였다. 바울과 바울 이전에 사도였던 이들 모두에게 있어서, 부활하신 예수를 본 경험은 곧 오게 될 그 왕국의 메시지가 유효함을 나타내는 강력한 증거 역할을 했다. 하지만 아주 성공적이고 널리 퍼졌으며 또 오래도록 지속된 것은 바로 이방인들이 돌아온 사건이었다. 이는 성서에 예언되었지만 사회적으로는 유례가 없던 현상이었다. 이 탈-이교적 이교도들은 계속해서 사도들의 확신을 강화시켰고,[3] 그 사도

른 시기의 이처럼 분명하고 놀라운 구별이 가능했던 까닭은 아마도 그리스도-추종자로 탈바꿈한 신-경외자들의 위태로운 제의적 배타성으로부터 1세기 중반의 회당들 스스로가 거리를 두고자 했기 때문일 것이다. (그러나 이 회당들은 이방인들[이교도로서든지, 혹은 수 세기 후 그리스도인으로서든지 간에]과 계속해서 관계를 맺는 데 있어서 문제가 없었다. Fredriksen, "What Parting?"을 보라.) Philippa Townsend는 크리스티아노이라는 용어가 바울이 그의 이방인들을 호이 투 크리스투*hoi tou Christou*("그리스도에게 속한 이들")라고 부른 구체적인 지칭 방식에서 기원했다고 추정했다. Philippa Townsend, "Who Were the First Christians? Jews, Gentiles, and the Christianoi," in *Heresy and Identity in Late Antiquity*, ed. Eduard Iricinschi and Holger M. Zellentin (Tübingen: Mohr Siebeck, 2008), 212-30. 첫 세대의 선교 활동을 몰아내 버리고자 했던 회당의 초기 대처가 아마도 이러한 놀라운 명료성을 설명해 줄 것이다.

3 [252쪽] 나의 추정상, 바울의 확신뿐 아니라 야고보와 베드로와 요한의 확신도 강화되

들 중 몇몇으로 하여금 이교도들에게 적극적으로 다가가 모든 민족들을 제자로 삼도록 몰아갔다. 개선장군과 같이 귀환하시는 그리스도께서 다스리게 될 이들이 바로 그 민족들이었다(롬 15:10; 사 11:10 칠십인역).

탈-이교적 이교도들의 존재는 이방의 신들에 맞서 다윗 계열의 최종적 메시아가 단계적으로 승리하시는 것을 나타내며 구현한다. 동시에, 그들의 존재는 이스라엘을 향한 하나님의 오래된 약속을 나타내며 구체화한다. 선교가 더 오랫동안 지속될수록, 더 많은 수의 이방인들이 합류했다. [169쪽] 그들의 놀랄만큼 지속적인 반응 때문에, 바울은 로마서에서 그가 다메섹에서 처음 "확신하게 되었던" 이십여 년 전에 비해서, 이제 그 왕국이 훨씬 더 가까이 있다고 말할 수 있었다(롬 13:11). 어쩌면, 바울의 이전 회당 공동체에서 한때 신-경외자로 있었던 이방인들—곧 이제는 복음을 받아들이고 자신들의 신들을 떠나라는 유례 없는 요구를 받아들인 이방인들—이 바울로 하여금 새 출발을 할 수 있도록 확신을 주고 변화를 촉발한 이들이었을지도 모른다.

하지만 시간은 끝나지 않았다. 그 왕국은 오지 않았다. 그리고 복음 운동—그것은 바울 생전에 벌써 분열되고 있었다—은 계속해서 아주 다양하게 번창하였다.

바울이 남긴 유산 자체는 바울 이후 추종자들이 바울의 이름으로 글을 쓰고 바울의 메시지를 보다 새로운 맥락에 맞춰 최신화하는 가운데 변화를 겪었다. 따라서 데살로니가후서의 "바울"은 그 왕국이 분명히 지연되고 있는 이유들을 설명하고, 최종적인 묵시 시나리오가 펼쳐지기 전에 반드시 이루어져야 할 사건들의 목록을 덧붙인다(살후 2:1-11). 에베소서의 저자는 하나

었을 것이다. 이방인들이 탈-이교적 이교도들로서 참여하는 현상은 이스라엘을 향해 선교하던 이와 같은 다른 사도들(갈 2:7-10)에게도 꼭 필요했던 격려가 되었을 것이다.

의 새롭고 보편적인 인류의 탄생을 자랑스럽게 알리며, 역사적 인물로서의 바울이 그토록 공고히 세웠던 이스라엘과 열방 사이의 경계를 허물어버린다(엡 2:11-16).[4] 골로새서에서는 우주적인 "정사과 권세"가 이미 무장해제되었고(골 2:15), 신자는 이미 "그리스도와 함께 일으킴을 받았다"(골 3:1; 바울이 롬 6:4-5에서 이 "부활"을 조심스럽게 미루는 것을 참고하라). 그리고 목회서신—디모데전서, 디모데후서, 디도서—의 "바울"은 교회 조직, 직분, 구조를 세운다. 이것은 시간의 테두리 안에 정착한 공동체이지, 시간의 끝자락에 서서 은사들로 빛나는 공동체가 아니다.[5]

---

4 이 점에 대해서는 특히 Harrill, "Ethnic Fluidity in Ephesians"를 보라.

5 최근에 Campbell은 *Framing Paul*에서 바울이 실제로 데살로니가후서, 골로새서, 에베소서의 저자가 맞다고 주장했다. Campbell은 이 서신들을 포함한 더 큰 바울 전집의 순서를 재배열한다(412-14). 데살로니가후서를 에베소서("라오디게아서")와 골로새서 앞에 두는데, 이 서신들은 결과적으로 고린도전후서, 갈라디아서, 로마서 앞에 위치한다. 빌립보서는 마지막 두 편지들 사이에 위치하게 된다. Campbell은 "종말론"을 자세히 고려하지 않은 까닭에, 이 확장된 시나리오들(예컨대 데살로니가후서에 나오는 것)이 저작 논란이 없는 바울서신들the undisputed letters에 나오는 시나리오들과 "양립 가능"하다고 주장할 수 있었다. 그리고 Campbell은 바울의 종말론이 특별히 "미래적"이지 않다는 점을 암시한다. (나는 그의 책 색인에 "묵시," "파루시아," "하나님의 왕국" 등과 같은 항목이 부재한다는 점에 주목한다.)

나는 계속해서 이 편지들(즉, 데살로니가후서, 골로새서, 에베소서 - 역주)이 제2바울서신deutero-Pauline일 가능성이 크다고 본다. 그리고 그리스도의 임박한 재림이라는 이슈와 관련해서 이 편지들과, 의문의 여지없이 바울의 것이 분명한 편지들 사이에서 나타나는 차이의 정도가 나의 평가에 영향을 미치는 핵심 자료라 할 수 있다. 바울 전집의 연대 설정 문제에 대해서(그리고 바울 전집 구성에 대해서), 나는 Tatum의 기획을 선호한다. *New Chapters*, 특히 126-30. Tatum은 연대표 자체보다는 상대적 순서에 초점을 맞춘다. 연대표에 관해서는, Lüdermann의 개요를 차용한 Sanders, *Paul: Life, Letters and Thought*, xxxiii(편지들의 순서); 158-61(연대)을 보라.

2세기 바울 수용에 관한 추가적 논의로는 다음을 보라. 관련된 초기 기독교 위경 이슈에 대해서는, Bart D. Ehrman, *Forgery and Counterforgery: The Use of Literary Deceit in Early Christian Polemics* (New York: Oxford University Press, 2013), 특히 (실현되지 않은) 종말의 문제를 다루는 바울 위서들에 대해서는 155-237을 보라. White, *Remembering Paul*은 2세기에 이루어진 바울 이미지(들)의 복잡한 수용(과 창조)에 대

마지막으로 우리는 사도행전 21장에서 (오래도록 큰 영향을 끼친) 바울에 관한 오해 하나가 공개적으로 부인되는 장면을 엿볼 수 있다. 누가의 내러티브 속에서 바울과 그의 수행단은 이제 막 예루살렘에 도착한 상태다. 야고보는 바울에 관한 소문 하나가 회자되고 있음을 알리며 그에게 주의를 준다. 바로 "네가 이방에 있는 모든 유대인을 가르치되 모세를 배반하고 아들들에게 할례를 행하지 말고 또 관습을 지키지 말라 한다"(행 21:21)는 소문이다.

누가는 이 소문을 부인하고, 주인공인 바울 또한 그 소문을 부인한다(행 21:24, 28-29; 25:8).[6] 이렇게 바울을 비-유대화시켜 바라보는 견해는 바울의 수많은 초기 "계승자들"이 그를 어떻게 바라봤는지를 설명해준다. 그리고 이 견해는 오늘날까지도 신약학계 안에서 지배적이다. 이러한 견해를 가진 해석자들은, 바울이 그의 모든 편지들 가운데 탈-이교적 이교도들에게 직접 말하고 있다는 명시적 사실을 간과하고, [170쪽] 바울이 그의 가르침을 할례에 맞서는 방향으로 설정하여—더 나아가, 유대인의 조상 관습인 "율법의 행위들"을 이방인들이 받아들이는 것에도 맞서면서—그것을 유대인들에게도 요구했다고 주장한다. 이 해석자들은 바울이 유대 관습에 따라 사는 것을 그

한 개괄적 논의와 분석을 흥미롭게 제공한다("명성 있는 실업가들의 작품," 173). 또한, 약간 다르긴 하지만 Daniel Marguerat, "Paul après Paul: Une histoire de reception," *NTS* 54 (2008): 317-37을 보라. Marguerat는 바울의 "복잡하고 다양한" 문헌적 후생後生afterlives을 편지들(즉, 제2바울서신), 전기(즉, 사도행전과 외경 바울행전), 그리고 그의 사후의 권위라는 측면에서 추적한다. 또한 바울주의 및 반-바울주의 전통 양편을 에이레나이오스Irenaeus에 이르는 시대까지 고찰한 Richard I. Pervo, *The Making of Paul: Constructions of the Apostle in Early Christianity*를 보라.

6 Marguerat, "Paul après Paul," 318-20은 바울의 토라 준수에 대한 누가의 묘사를 역사적 바울의 신학과의 "단절"로 간주한다. 나는 이것을 "일치"로 본다. 또한 유대 율법 준수의 이슈에 대해 누가와 바울이 일치한다는 점을 언급하는 Thiessen의 결론적 논평을 보라. *Gentile Problem*, 161-69. 또한 Isaac W. Oliver, "The 'Historical Paul' and the Paul of Acts," in *Paul the Jew*, 51-71.

만두었으며, 그가 율법을 저주로 바라보았다고 주장한다.[7]

사도행전이 보여주듯이, 2세기 초반이 되면 이미 바울의 유대적 정체성에 의문이 제기된다. 이 동일한 세기에, 바울의 신은 유사한 정체성 위기를 겪게 된다. 최고신high god의 민족성에 변화가 생긴다. 곧 아버지 하나님은 유대적 정체성을 잃어버리게 된다.

비록 몇몇 이교도들이 계속해서 그 최고신을 유대인들의 신과 동일시했지만,[8] 교육받은 탈-이교적 그리스도인 신학자들의 경우 점점 더 다른 방식으로 생각하게 되었다. 발렌티누스Valentinus(130년경에 활동)와 마르키온Marcion(140년경에 활동), 그리고 순교자 유스티누스Justin Martyr(150년경에 활동)의 저술을 통해, 우리는 그리스도의 아버지 하나님이 더 이상 유대적이지 않게 되어가는 과정을 추적할 수 있다. 이 세 사상가가 공유하고 있는 방향성은 중기 플라톤주의 신학에 있어서 근본적인 부분이기도 한데, 곧 지고신highest god은 완전하게 초월적이고 변화하지 않는다는 점과, 또 다른 하급신, 데미우르고스*demiurgos*가 물질적인 우주를 조성했다는 점이다. 이 데미우르고스는 최고신의 불변성과 완전한 안정성, 그리고 절대적인 완전성을 보호하는 일종

7 1,660쪽에 달하는 Wright의 *Paul and Faithfulness*는 이런 종류의 해석에 있어서 말 그대로 기념비적이다. 색인(1,651)에 있는 "토라의 저주" 항목을 보라. 탈종말화된 바울, 묵시적이지 않은 메시지를 전하는 바울에 대해서는 173-75 등을 보라. Barclay의 바울은 보편적 죄를 말하는 기독교 신학자로서의 바울이며(바울 사도에 대한 아우구스티누스적, 루터적 읽기의 연장선상에 있다), 또한 탈-토라적post-Torah 유대인이다. [253쪽] *Paul and the Gift*의 여러 부분을 보라. 이러한 재구성은 개신교인들만의 전유물이 아니다. 다메섹 사건 이후 반-토라적이 된 바울의 모습은 Alan F. Segal, *Paul the Convert*와 Daniel Boyarin, *A Radical Jew: Paul and the Politics of Identity* (Berkeley: University of California Press, 1994)에 나오는 해석들을 특징짓는다.

8 최고신으로서 이스라엘 신에 관해서 타키투스(2세기 초), 오리게네스(3세기 중반에 이교도의 견해를 보도), 그리고 율리아누스 황제(4세기 중반)가 말하는 것은 본서 111-12쪽 각주 21을 보라. 또한 "민족적 신(참으로 그 신 역시 그러했다)"으로서의 유대인들의 신에 관해서는 Belayche, "Deus deum," 145의 논평을 보라.

의 형이상학적 완충제로 기능했다. 최고신이 아니라 바로 이 데미우르고스가 불안정한 물질을 코스모스로, 곧 "질서"로 정돈했던 것이다. 모든 불완전한 것, 문제, 악함 등 달 아래 위치한 지역에서의 삶을 특징짓는 것들은 결국 이 데미우르고스에게로 귀속될 수 있거나, 혹 데미우르고스가 사용해야 했던 저급한 물질(물질 자체는 신적인 것과 영원히 공존한다)로 귀속될 수 있다.[9]

중기 플라톤주의는 이 기독교 사상가들에게 일관된 신학을 위한 판단 기준들을 마련해 주었다. 그리고 바울처럼, 이 2세기 사상가들은 그리스도의 아버지가 지고신이라는 점을 강하게 주장했다. 하지만 이 세 사람은 이 아버지 신을 완전히 초월적이며 민족적인 특징이 없는, 곧 철학적 파이데이아paideia의 신으로 정의되었다. 발렌티누스의 제자인 프톨레미Ptolemy는 입교자에게 다음과 같이 설명했다. "누군가로부터 낳아지지 않은 만물의 아버지의 본성은 썩지 않고 자존하며, 순전하고 균질한 빛이다"(*Ep. ad Floram, Panarion* 33.7.7). 마르키온의 경우, 이 신, 곧 숨뭄 보눔 에트 옵티무스*summum bonum et optimus*(가장 선하고 뛰어난 분)(Tertullian, *adv. Marcionem* 1.24,7; 27,2; 2.11.3)가 순

---

9 Michael F. Bird and Joseph R. Dodson, eds., *Paul and the Second Century* (London: T. & T. Clark, 2011)는 발렌티누스, 유스티누스, 마르키온이 각각 바울을 어떻게 읽었는지를 논하는 유용한 소논문들을 담고 있다. 중기 플라톤주의는 분명 필론 신학의 틀 역시 제공했으며, 필론이 신적 로고스를 하나님의 중재자로 소개하는 것은 이 철학에서 왔다고 볼 수 있다. 고대 철학적 신학에 대한 두 권의 훌륭한 개론서로는, John M. Dillon, *The Middle Platonists: A Study of Platonism 80 B.C. to A.D. 220* (Ithaca, NY: Cornell University Press, 1977)과 Richard T. Wallis, *Neoplatonism* (London: Duckworth, 1972)을 보라. E. R. Dodd의 고전적인 책, *Pagan and Christian*은 여러 로마 기독교 신학과 이교 신학 및 실천에 나타난 플라톤의 우주생성론의 후생afterlives을 서술한다. 관련된 풍성한 서지와 더불어 이 주제를 더 최근에 논의한 것으로는 Frederick E. Brent, "Plutarch's Middle-Platonic God," in *Gott und die Götter bei Plutarch*, ed. Rainer Hirsh-Luipold (Berlin: Walter de Gruyter, 2005), 27-49, 그리고 Jan Opsomer, "Demiurges in Early Imperial Platonism," in *Gott und Götter*, 51-99을 보라. 내가 이 마지막 두 소논문에 주목할 수 있도록 도와준 Stephen Young에게 감사를 표한다.

전한 자비이며(1.2,3), 절대적으로 선하고(1.26,2), 그리스도의 계시 이전까지는 전적으로 알려지지 않았던 신이라고 주장한다. [171쪽] 유스티누스의 가르침에 따르면, 하나님은 "영원히 하늘들 위에 거하시며, 보이지 않고, 아무와도 개인적 관계를 맺지 않으시는, 만유의 아버지시다"(*Trypho* 56). 출생하지 않고 감정/고통을 겪지 않는 이 신은 또한 형태가 없으며 불변하고, 이름을 붙일 수도 없다(*1 Apol.* 9.1; 10.1; 13.4; 25.2).

그렇다면 유대 성서의 신은 누구인가? 바쁘게 이리저리 개입하여 물질세계를 조직화한 신, 역사 속에 출현했던 신, 아브라함과 모세와 다윗과 이스라엘의 선지자들에게 말했던 신은 누구인가? 다시금, 이 세 이방인 그리스도인들은 입을 모아 말한다. 이 성서의 신은 하나의 하급신이며, 최고신에 비해 열등하고 종속적인 신이다. 칠십인역 텍스트 자체가 이 사실을 증언한다. 그 신은 이 책들의 가장 첫 머리에 시간과 물질 안에 엮여 들어간 신으로 등장하며, 행하고 결정하고 창조하는 존재로 나온다. 나아가 이 세 신학자들이 하나같이 언급하는 것은, 이 우주적인 하급신은 유대인들에게 율법을 수여하고, 할례와 피의 제사와 안식일 준수를 명했던 신, 곧 유대 역사의 신이라는 점이다. 이 모든 이유 때문에, 세 신학자들은 이 신이 최고신인 아버지 하나님과 혼동되어서는 안 된다고 주장했다. (프톨레미가 기록하기를, "이 율법은 완전하신 하나님 아버지께서 정하신 것이 아님이 분명한데, 왜냐하면 율법은 불완전할 뿐 아니라, 완전하신 신의 [윤리적] 본성 및 성품과 조화를 이루지 않는 계명들을 포함하고 있기 때문이다," *Panarion* 33.3,4) 만약 이것이 사실이라면—즉, 최고신이 유대 성서에 표현되지 않았다면—성서의 신이 최고신의 아들 그리스도와는 어떠한 관계를 갖고 있는 것인가?

이 질문에 대해서는 이 신학자들의 대답이 갈린다. 발렌티누스 계열의 그리스도인들에 따르면, 율법의 창시자인 유대인들의 신은 "중간" 신이며, "완전한 하나님도 악마도 아닌 … 데미우르고스이고, 그에게 들어맞는 정의의 보답자이며 … 완전한 신보다 열등하다"(*Panarion* 33.7,1-6). 그리스도는 이 하급신의 선한 법들을 성취하는 한편 "눈에는 눈으로 갚으라는 것과 같은 저급함과 부정으로 점철된" 법들을 제하기 위해서 왔다(33.5,1-4). 최종적으로, 그리스도는 "범례가 되는 법들exemplary laws"을 해독해 내기 위해서 왔는데, 이 범례가 되는 법들이란, 의례적 명령들 가운데서 그 근본 의미가 상징적이고 영적이며, 그 가장 참된 지시 대상이 곧 그리스도 자신인 명령들을 의미한다(33.5,8-14). 율법의 가장 참된, 가장 높은, 혹은 영적인 의미들을 계시함으로써, 그리스도는 그분의 아버지, 즉 최고신에게로 향하는 길을 보여주셨다.[10]

마르키온의 견해는 두 가지 이유 때문에 재구성이 어렵다. 첫 번째로 그의 모든 저술은 후대에 경쟁 상대 교회에 의해 금지되었던 까닭에 오늘날 더 이상 전해지지 않는다. [172쪽] 두 번째로, 최근에 학자들이 마르키온에 주목하면서, 기존의 재구성이 도전받고 있는 상황이다.[11] 그리고 상황을 더 복잡하게 만드는 것은, 마르키온의 가르침을 재구성하는 가장 오래되고 중요한 자료가, 정작 그를 반박하기 위한 수사로 가득 차 있는 테르툴리아누스Tertullian의 다섯 권의 자료(*Adversus Marcionem*)라는 점이다. 그러나 이 모든 불확실성에도 불구하고, 몇 가지는 분명하다. 마르키온은 일찍이 바울의 편지들을 가지고 모음집을 만들었으며, 바울의 편지들을 특별한 위치로 격상

10 발렌티누스 계열 기독교적 감각(및 텍스트들)에 대한 명료한 개론으로는 Einar Thomassen, *The Spiritual Seed: The Church of the "Valentinians"* (Leiden: Brill, 2008)와 발렌티누스에 대한 항목인 Ismo Dunderberg, "The School of Valentinus," in *A Companion to Second-Century Christian "Heretics,"* ed. Antti Marjanen and Petri Luomanen (Leiden: Brill, 2005), 64-99을 보라. 내 읽기에 가이드를 제공해 준 David Brakke에게 감사한다.

11 이 점에 대해서는 White, *Remembering Paul*을 보라. 또한 예리하고 철저한 논의를 담은 Judith M. Lieu, *Marcion and the Making of a Heretic: God and Scripture in the Second Century* (New York: Cambridge University Press, 2015)를 보라.

시켜 존중을 표했다. 마르키온은 최고신(전적으로 선하고 사랑이 넘치며, 그리스도가 오기 전까지는 알려지지 않은 신)과 데미우르고스(유대 율법의 신이며 물질 세계 창조의 신; 복음의 대적; 고후 4:4에 언급된 "이 세상의 신")를 도덕적으로 양극단에 놓은 것으로 보인다.[12] 바울이 그의 편지들 가운데 유대 텍스트들과 유대 전통에 대해 긍정적으로 언급하는 대목들을 발견하면, 마르키온은 그것이 "유대화"를 촉진하는 사본상의 오염으로 간주하여 삭제하는 쪽으로 편집했다. 마르키온 자신의 견해에 따르면, 그는 그 편지들을 본래의 상태로 "복구"했던 것이다. 일차적으로 마르키온에게 있어서 기독교적 계시는 칠십인역이 아니라, "복음"과 바울의 편지들 안에 문헌적으로 구체화되어 있었다.[13]

마지막으로 유스티누스의 경우, 발렌티누스나 마르키온이 했던 것처럼 최고신/하급신의 구분으로 이루어진 동일한 중기 플라톤주의 신학을 따랐으며, 성서의 신의 정체성을 더 대담한 방식으로 풀어냈다. 유스티누스의 말에 따르면, 데미우르고스 신은 헤테로스 테오스*heteros theos*, 즉 "또 다른 신"(최고신과 구별되는 존재로서의 신)이었다. 그리고 유대 성서의 다른 영웅적 인물들에게처럼, 아브라함에게 말했던 신이 바로 이 신이었다(*Trypho* 56). 그러나 유스티누스는 성서의 신, 유대인의 신을 아버지 하나님과 대비되는 어떤 종속적인 존재로 상정하기보다는, 유대인의 성서가 "하나님의 아들"인 그리스도를 성육신 이전에도 이미 제시했다고 주장했다.

간단히 말해, 유스티누스에게 있어서 유대인들의 신은 **실제로** 그리스도인들의 신, 즉 성육신 이전의 그 성자와 동일한 인물이었다. 유대 성서의 영웅들(아브라함, 모세, 다윗, 이사야)은 이 사실을 알았다. 비록 목이 뻣뻣한 그들의 후손들은 그것을 몰랐지만 말이다. 이 점에 있어서 유대인들이 보인 완고함

12 Lieu, *Marcion*, 438.

13 Ibid., 323-439.

은 유스티누스를 언짢게 한다. "지금까지도 모든 유대인들은 이름을 붙일 수 없는 하나님이 모세에게 말했다고 가르친다 … [그들은] 늘 모세에게 말했던 분이 만유의 아버지라고 가정해 왔지만, 사실 그는 하나님의 아들이었다"(1 *Apol*. 63.1,14). 간단히 말하면, 유대 율법의 참된 근원은 다른 누구도 아니라 바로 그리스도 자신이었다. 그리고 그리스도가 유대인들에게 율법을 주었기 때문에, 율법의 일부만이 아니라(즉, 발렌티누스가 생각하는 것처럼), 율법의 전체가 그리스도에게 상징적으로 관련되어 있다. [173쪽] 유대인들은 그들 자신의 전통을 전적으로 잘못 이해했다. 이 율법들은 실제로 행동으로 옮기도록(즉 카타 사르카*kata sarka*, "육신적인," 미개한 방식으로) 의도된 것이 결코 아니었으며, 오히려 (유스티누스의) 그리스도 안에서 참된 의미가 발견되도록 영적으로 이해되어야 한다(참고: *Trypho* 59).

이와 같이 2세기의 교육받은 이방인 신학의 모든 다양한 이해 방식은 한 가지 지점, 즉 초월적 최고신의 정체성과 특성이라는 점에서 정확히 한목소리를 낸다. 따라서 이 해석자들은 바울의 신을 급진적으로 탈-민족화했다. 그리고 그에 따라 또한 그 신의 왕국을 재개념화했다. 속량은 역사의 지평선 너머로 물러났다. 마르키온이나 발렌티누스에게, 그 왕국이란 영적인 천국, 개인의 죽음 뒤에 기다리고 있는 저 위, 다른 차원의 세계를 언어로 표상하는 암호였다(*Trypho* 80에서 유스티누스는 이것을 비판했다). 유스티누스에게 있어서 그 왕국은 완화된 의미에서 천년 왕국의 먼 희망의 불빛과 같았다. 시간이 마침내 끝나게 될 때, 성도들은 육체로 일으킴을 받아 천년 동안 다스리게 될 것이었다(*Trypho* 80-91).[14]

14 이렇게 서로 다른 속량의 개념들에 대한 개관으로는 Fredriksen, *Sin*, 66-92과 거기 해당하는 미주를 보라. 이 후대의 이방 기독교 신학들에서 묵시적인 음조가 점점 여리게 되는 것에 관해서, John Gager는 다음과 같이 평했다. "우리가 기독교라 부르는 것은 단지 후기-바울적post-Pauline인 것만이 아니다. 그것은 비-바울적un-Pauline이다."

율법과 은혜, 행위들과 은혜와 같은 대조적 이항구조를 담고 있는 바울의 논쟁적인 수사, 개종자 할례에 대한 바울의 단호한 반대, 사도적 도전자들에 대한 바울의 분노, 앞으로 곧 무슨 일이 일어날 것인지 알고 있다는 바울의 단호한 확신 등 바울의 편지들에 나오는 이 모든 특징들은 시간이 흘러 후대의 이방인 교회들이 역사 안에 자리 잡음에 따라 양극화된 반의어의 형태로 고착되었다. 즉, 율법 대 복음, 행위들 대 은혜와 같이 양극화되었다. 그리고 후대에 등장한 바울의 신학적 옹호자들은 바울의 입장을 유대교 대 기독교라는 양극화된 형태로 특징지었다.

하지만 바울은 그의 메시지를 이렇게 완고한 양극화의 형태로 인식하지 않았다. 바울은 이교도들을 향한 그의 선교가 하나님의 백성 이스라엘을 향한 하나님의 약속들과 전적으로 일치한다고 여겼다. 그리고 바울은 자신과 그의 회중들이 그 약속들이 실현되는 것을 볼 때까지 살아남아 있을 것을 전적으로 확신했다(피스튜오*pisteuō*, 즉 그는 전심을 다해 그것을 "믿었다"). 바울 진정서신들에 나타난 바울의 모습은 이 확신에 있어서 절대 흔들림이 없는 모습이다. 만약 승리자 그리스도의 재림에 앞서 자신이 죽음을 맞이할 가능성이 있다고 할지라도, 자신은 역사의 복된 종결이 곧 다가올 것이라는 확신을 변함없이 붙들고 있다는 점을 바울은 단언했다(참고: 빌 1:23-26).

만약 우리가 후대의 교회 전통의 덮개를 걷어낼 수 있다면, 만약 우리가 탈-유대인이자 반-유대인으로서의 바울의 이미지를 걷어내어 볼 수 있다면, [174쪽] 만약 우리가 새로운 운동을 처음 세웠던 세대—그들은 자신들이 역사의 마지막 세대라고 생각했다—가 가진 열성적인 종말론적 확신 속에 우리 자신을 위치시킬 수 있다면, 우리는 분명 다른 모습의 바울을 더욱 뚜렷하게 볼 수 있을 것이다. 역동적이고 독창적이며 열정적으로 헌신한 제2성

Jewish Lives of Paul, 13.

전기 후기의 환시적 인물visionary 바울, 궁극적인 다윗 계열 메시아의 사도 바울, 유대 율법을 총기 있게 익힌 바울, 자기 민족의 고대 경전의 전문적인 해석자 바울, 카리스마적인 기적 행위자 바울, 그 왕국의 메신저 바울, 곧 이교도의 사도 바울 말이다.

감사의 말

[175쪽] 제일 중요한 것을 먼저 말해 두려고 한다. 나의 남편은 이 책에 대해, 그리고 내가 이 책을 집필하는 모든 과정에 대해 인내심을 가지고 기다려 주었다. 사실 내가 남편에게 이 정도만 기다리면 될 것이라고 말했던 것보다 훨씬 더 오랜 시간이 걸렸다. 알프레드Alfred, I. 토버Tauber, 미안해요. 다음 책은 더 금방 끝날 거라 약속할게요.

그 다음으로 중요한 것을 말하려 한다. 최고의 저작권 대리인이자 온전한 분별력의 화신, 그리고 코치이자 응원단장인 샌디 디크스트라Sandy Dijkstra, 당신 없이 내가 해낼 수 있었을까요? 어쩌면요. 하지만 그건 내게 상상할 수조차 없는 일이에요. 아름다운 문장을 쓰는 저자이자 내가 히브리대학교에서 가르친 숱한 대학원 세미나에서 살아남은 생존자, 벤 프랭클Ben Frankel, 당신 없이 내가 해낼 수 있었을까요? 어쩌면요. 하지만 만약 그랬다면 내 서지 목록은 여전히 미완성이었겠지요. 두 사람 모두에게 깊이 감사해요.

***

바울 학계에서 무엇인가 일어나고 있다. 다수가 붙들고 있는 바울, 최초의 기독교 신학자 바울, 혹은 기독교의 제2의 창시자 바울의 모습은 여전히 끄떡없이 살아 있지만(그리고 지난 10년만 놓고 보아도 그런 바울은 수천 페이지에 수천 페이지를 더할 만큼 학문적 논의의 대상이 되었다), 또 다른 바울 역시 분명히 떠오르고 있다. 즉, 유대적, 그리스적, 로마 맥락에 들어 맞는 모습의 바울, 그 맥락과 대조되는 것이 아니라 오히려 부합하는 바울이다. 이 바울은 자신의 평생의 사역으로 남겨진 유산이 사후 오랜 시간이 흐르고 난 뒤, 뒤늦은 역사의 단계 전환으로서 이방인 기독교를 탄생시키게 될 것이라고는 상상도 하지 못했던 인물이다. 이 바울은 이교도들을 이교의 신들로부터 그 자신의 신, 곧 아브라함과 이삭과 야곱의 신에게로 돌려 놓는 일에 성공한 까닭에, 자신이 역사의 끝자락에 서 있다는 확신을 더욱 강하게 가졌던 인물이다. 다른 말로 하면, 전적으로 그가 타고났던 유대교 안에서within 살았던 인물이다.

[176쪽] 최근의(그리고 최근이라고 할 수 없는 정도로 시간이 지난) 연구물들의 제목을 한차례 훑어보면, 내가 말하는 내용이 더 이상 고독한 소수의 입장은 아님을 알 수 있다. 신기원을 이루었던 스탠리 스타워스Stanley Stowers의 *Re-reading of Romans*(1994); 존 게이저John Gager의 *Reinventing Paul*(2000)과 *Jewish Lives of the Apostle Paul*(2015); 팸 아이젠바움Pam Eisenbaum의 *Paul Was Not a Christian*(2009); 조슈아 개러웨이Joshua Garroway의 *Paul's Gentile-Jews*(2012); 버트 해릴Bert Harrill의 *Paul the Apostle: His Life and Legacy in their Roman Context*(2012); 마크 나노스Mark Nanos와 망누스 세테르홀름Magnus Zetterholm의 선집인 *Paul within Judaism*(2015); 가브리엘레 보카치니Gabrielle Boccaccini와 카를로스 세고비아Carlos Segovia가 편집한 *Paul the Jew*(2016); 라파엘 로드리게스Rafael Rodriguez와 매튜 티슨Matthew Thiessen의

소논문 모음집인 *The So-Called Jew in Paul's Letter to the Romans*(2016) 등이다. 본서인 『바울, 이교도의 사도』*Paul: The Pagans' Apostle*는 이렇게 발전하고 있는 대화의 일부분이다.

***

책의 두께와 저자의 빚은 비례한다. 나 역시 많은 빚을 졌다. 무엇보다도 나는 두 명의 동료이자 친구인 이샤이 로젠-즈비Ishay Rosen-Zvi(텔아비브 대학교)와 래리 허타도Larry Hurtado(에딘버러 대학교)에게 가장 큰 감사의 빚을 지고 있다. 그들은 이 책 초고 전체를 읽어 주었고, 풍성하고 비판적인 논평을 제공해 주었으며, 내가 더 참고해야 할 책들을 제시해 주었고, 크고 작은 실수들을 고치도록 도와주었다. 이샤이, 래리, 당신들에게서 이처럼 배울 수 있어서 영광이었어요. 감사해요.

예일대학교 출판부는 더할 나위 없이 효율적이고 효과적이며 저자 친화적이었다. 작업을 보다 가볍게 만들어 준 많은 이들에게 감사를 표하고 싶다. 특히 꼼꼼하고 주의 깊게 원고를 정리해 준 해리 해스켈Harry Haskell, 그리고 타자 원고에서 출판에 이르기까지의 과정을 인도해 준 앤-마리 임보르노니Ann-Marie Imbornoni에게 감사한다. 늘 민감하게 반응해 주는 나의 편집자, 제니퍼 뱅크스Jennifer Banks에게도 특별히 감사를 표한다. 그녀는 또한 누가 적임자인지를 알아보는 타고난 직감으로 여러 검토자들에게 내 원고를 읽고 논평해 주기를 부탁했다. 그리고 그 검토자들은 탁월한 지적 관대함과 통찰로 응답을 해 주었다. 그들이 제안한 것들은 내 원고의 수정 작업의 질을 높였다. 당신이 누구이며 어디에 있든, 내 원고를 읽어준 나의 익명의 동료들이여, 감사합니다. 단지 여러분이 쏟은 시간과 깊은 관심 때문만이 아니라, 여러분 자신이 좋은 본보기가 되어 주었음에 감사를 표합니다.

십수 년 이상 여러 신약학 컨퍼런스에 나와 더불어 참석했고, 격려와 더불어 좋은 아이디어를 끝없이 공급해 주었으며, 끈기와 인내의 표본이 되어 준 마크 나노스Mark Nanos에게도 따뜻한 감사의 말을 전한다. 북미성서학회 SBL의 "유대교 안의 바울Paul within Judaism" 분과를 조직하는 데 함께 일했던 망누스 세테르홀름Magnus Zetterholm과 카린 세테르홀름Karin Zetterholm, 앤더스 러네슨Anders Runesson, 팜 아이젠바움Pam Eisenbaum, 그리고 캐티 에렌스퍼거Kathy Ehrensperger와 마크Mark에게 감사한다. [177쪽] 엠마 와서만 Emma Wasserman과 캐롤라인 존슨 하지Caroline Johnson Hodge는 그들의 연구물뿐만 아니라, 그들이 북미성서학회의 바울서신 섹션을 조직하는 데 보여 준 따뜻한 협력 관계를 통해서, (그들이 생각하는 것 이상으로) 내 생각을 촉진하는 데 큰 영향을 끼쳤다. 캐롤라인의 *If Sons, Then Heirs*(2007)는 내가 바울서신에서 친족 및 민족성 이슈를 고찰할 때 도움을 구하기 위해 늘 찾는 자료이다. 엠마, 캐롤라인, 고마워요.

나는 이 책의 마지막 장, "그리스도와 왕국"의 초기 원고들을 룬드 대학교 신학부와 2016년 국제신약학회Sudiorum Novi Testamenti Societas의 "바울서신을 맥락 속에서 읽기Reading Paul's Letters in Context"라는 세미나의 참가자들 앞에서 발표할 수 있었다. 동료들과의 대화로부터, 특히 그들의 비판으로부터 나는 많은 것들을 배우는 유익을 얻었다. 그들 모두에게, 그리고 나를 그 자리에 초대해 준 망누스 세테르홀름(룬드 대학교)과 윌리엄 캠벨William Campbell(SNTS)에게 감사의 말을 전한다.

지난 9년 동안 나는 예루살렘 히브리대학교 인문학부 구성원으로 일하는 특권을 누렸다. 고고학자들, 비잔틴학자들, 고전학자들, 탈무드학자들, 예술사학자들, 그리고 유대인, 유대교, 고대 비교종교를 연구하는 역사가들이 집중적으로 모여 있는 예루살렘은 고대 기독교를 연구하는, 세계에서 가장 좋은 장소 중 하나가 되었다. 나를 석좌교수로 임명해 준 므나헴 벤 사순Menachem Ben Sassoon 총장에게 가장 깊은 감사를 표한다. 내 연구에 관심을 가지고 지원해 준 드로르 바르만Dror Wahrman 학장에게, 그리고 나의 친구들, 동료 교수들, 특히 나와 함께 고대 및 후기 고대 기독교를 연구했던 이들인 브루리아 비턴-애쉬켈로니Brouria Bitton-Ashkelony, 오데드 이르샤이Oded Irshai, 요니 모스Yoni Moss, 서지 러저Serge Ruzer, 그리고 데이빗 새트런David Satran에게도 감사를 표한다.

젊은 학자들이 쓴 다섯 권의 책이 내 연구의 질을, 그리고 결과적으로 내 사고를 향상시켰다. 그들의 책을 언급하지 않는 것은 도리에 맞지 않을 것이다. 매튜 노벤슨Mattew Novenson의 *Christ among the Messiahs*(2012); 마이클 페퍼드Michael Peppard의 *The Son of God in the Roman World*(2011), 매튜 티슨Matthew Thiessen의 *Contesting Conversion*(2011), 루나 토르스타인슨Runar Thorsteinsson의 *Paul's Interlocutor in Romans 2*(2003), 그리고 로스 와그너Ross Wagner의 *Heralds of the Good News*(2002)이다. 이 저자들의 책뿐 아니라, 내가 온라인상에서 질문을 하거나 여러 컨퍼런스에서 도움을 구할 때 그들이 보여주었던 인내심에 대해서도 감사를 표하고 싶다.

[178쪽] E. P. 샌더스Sanders의 *Paul and Palestinian Judaism*(1977)은 신약학계에 혁명을 일으켰다. 이 위대한 책은 제2성전기 유대교를, 바울의 생애와 사역을 (긍정적인 차원에서) 정의해 주는 맥락의 위치로 회복시키는 진지한 학문적 노력의 첫걸음이었다. 에드, 고마워요. 오래도록 지속될 당신의 지적 성취뿐 아니라 당신의 도덕적인 권면 역시 감사해요.

내가 학문적으로 지고 있는 마지막 한 가지 빚—이것은 나를 만들어 준 빚이다—을 언급하는 것이 온당한 일이다. 바로 크리스터 스텐달Krister Stendahl과 그의 빛나는 소논문, "Paul and the Introspective Conscience of the West"이다. 학부 시절에 그의 글을 처음 읽었을 때는 몰랐지만, 크리스터의 소논문은 후에 내 연구의 범위를 결정해 주었다. 나는 그의 통찰 덕분에 영감을 받아, 바울을 늘 두 가지 맥락 속에서 연구해 왔다. 곧, 1세기 중반의 맥락과 라틴어를 쓰는 서부 기독교 세계라는 맥락이다. 혹은, 제2성전기 후기의 바울, 그리고 은혜(그리고 예정도 포함됨을 잊지 말자)를 설파한 기독교 신학자 아우구스티누스의 바울이다. 내가 쓴 *Augustine on Jews and Judaism*(Yale University Press, 2010)에서 역사적 바울은 오직 조연의 역할만을 수행했다. 이 책, 『바울, 이교도의 사도』는 크리스터가 처음 내게 알려 준 설득력 있는 바울상을 한층 더 충분하게 묘사했다. 곧, 자존감이 넘치며("율법 아래에서의 의라는 측면에서 흠 없다!" 빌 3:6), 긴급한 묵시적 신념을 가지고, 유대적 메시지를(특히 로마서에서 더 명시적이다) 이방 민족들에게 전하는 바울의 모습이다. 따라서 이 책을 그에게 헌정하는 것이 마땅하리라. 크리스터, 평안히 영면하시기를, 그리고 그대의 기억이 복되기를.

***

이차자료 서지 목록에 포함된, 내가 쓴 글들을 훑어보면 짐작할 수 있듯이, 본서 『바울, 이교도의 사도』는 그간의 내 연구가 누적된 결과로 탄생했다. 이 책에서 나는 1986년("Paul and Augustine: Conversion Narratives, Orthodox Traditions, and the Retrospective Self")부터 2017년("How Jewish Is God? Divine Ethnicity in Paul's Theology")까지 수행한 연구에서 내렸던 결론들을 활용했다. 이 소논문들과 책들에 나왔던 내용을 재사용할 수 있도록 허가해 준 출판사들(Alfred A. Knopf, Brepols, Brown University Press, Cambridge University Press, Fortress Press, Oxford University Press, Princeton University Press, Scholars Press, the Society of Biblical Literature, University of Notre Dame Press, Yale University Press)에게 감사의 말을 전한다.

약어표

adv. Marc.	Tertullian, *Against Marcion (Adversus Marcionem)*
ABD	*Anchor Bible Dictionary*
AJ	Josephus, *Antiquities of the Jews (Antiquitates Iudaicae)*
AJS	*Association of Jewish Studies*
Apol.	*Apology*
BAGD	*A Greek-English Lexicon of the New Testament*, 3rd ed., ed. W. Bauer, W. F. Arndt, F. W. Gingrich, and F. W. Danker
BJ	Josephus, *Jewish War (Bellum Iudaicum)*
c. *Ap*.	Josephus, *Against Apion (Contra Apionem)*
c. *Cel*.	Origen, *Against Celsus (Contra Celsum)*
c. Faust.	Augustine, *Against Faustus (Contra Faustum)*
CHJ	*Cambridge History of Judaism*
CIJ	J.-B. Frey, *Corpus Inscriptionum Iudaicarum*
Comm. Rom.	Origen, *Commentary on the Letter to the Romans*

CTh	*Codex Theodosianus* (Law-code of Emperor Theodosius)
De opif.	Philo, *On the Creation of the World (De opificio mundi)*
EH	Eusebius, *Ecclesiastical History*
GLAJJ	M. Stern, *Greek and Latin Authors on Jews and Judaism*
Hist.	*Histories*
HJP	Emil Schürer-Geza Vermes et al., *The History of the Jewish People in the Age of Jesus Christ*
HTR	*Harvard Theological Review*
IJO	W. Ameling, *Inscriptiones Judaicae Orientis II: Kleinasien*
Inch. Exp.	Augustine, *Unfinished Commentary on Romans (Epistulae ad Romanos Inchoata Expositio)*
JAAR	*Journal of the American Academy of Religion*
JBL	*Journal of Biblical Literature*
JECS	*Journal of Early Christian Studies*
JJMJS	*Journal of the Jesus Movement in Its Jewish Setting*
JJS	*Journal of Jewish Studies*
JQR	*Jewish Quarterly Review*
JR	*Journal of Religion*
JRS	*Journal of Roman Studies*
JSJ	*Journal for the Study of Judaism*
JSNT	*Journal for the Study of the New Testament*
JTS	*Journal of Theological Studies*
Jub	Jubilees
LXX	Septuagint
NovT	*Novum Testamentum*

NTh	*Novels of Theodosius II*
NTS	*New Testament Studies*
PGM	*Greek Magical Papyri (Papyri Graecae Magicae)*
PLJP	E. P. Sanders, *Paul, the Law, and the Jewish People*
PPJ	E. P. Sanders, *Paul and Palestinian Judaism*
Propp	Augustine, *Notes on Romans (Expositio 84 propositionum ex epistula ad Romanos)*
SC	Sources chrétiennes
SCI	*Scripta Classica Israelica*
SR	*Studies in Religion/Sciences Religieuses*
Trypho	Justin Martyr, *Dialogue with Trypho the Jew*
VC	*Vigiliae Christianae*

본서에 인용된 사해 두루마리 문헌들에 대한 표준적 약어는 Emmanuel Tov, *The Texts from the Judaean Desert: Indices and an Introduction to the Discoveries in the Judaean Desert* 시리즈(Oxford: Clarendon Press, 2002) 및 동일 저자의 *Revised Lists of the Texts from the Judaean Desert* (Leiden: Brill, 2010)에서 찾아볼 수 있다.

참고 문헌

일차자료

유대교 및 초기 기독교 텍스트

성서 텍스트(구약과 신약 모두)와 외경을 Oxford Annotated Revised Standard Version (RSV) 혹은 New Revised Standard Version에 따라 인용한 경우, 따로 표시를 했다. 그 밖의 경우, 성서 텍스트와 외경 인용문의 번역은 나의 작업물이다. 유대 경전의 그리스어 텍스트는 *The Septuagint* (Grand Rapids, MI: Zondervan Publishing House, 1970)에서 편리하게 살펴볼 수 있다. 그리스어 및 라틴어 버전의 신약 텍스트는 *Novum Testamentum Graece et Latine*, ed. Eberhard Nestle and Kurt Aland (Stuttgart: Deutsche Bibelgesellschaft, 1984)를 보라.

위경은 *The Old Testament Pseudepigrapha*, 2 vols., ed. James H.

Charlesworth (New York: Doubleday, 1985)에 번역되어 있다. 쿰란 텍스트로는 *The Dead Sea Scrolls in English*, trans. Geza Vermes, 3rd ed. (Harmondsworth, UK: Penguin, 1987)을 보라. 히브리 대학교의 오리온 센터Orion Center의 웹사이트는 쿰란에서 발견된 이 고대 장서의 텍스트, 번역, 그리고 학술 논문들로 이루어진 하나의 우주를 제공한다.

필론의 저술(LCL, 10 vols. and 2 supplementary vols., Cambridge, MA: Harvard University Press, 1929-1936)과 요세푸스의 저술(LCL, 10 vols., Cambridge, MA: Harvard University Press, 1927-1965)의 경우, Loeb Classical Library판에서 제공하는 텍스트와 번역을 사용했다.

후대 기독교 텍스트

Athenagoras. *Apologia pro Christianos, Legatio, and De Resurrectione*. Edited and translated by W. Schoedel. Oxford Early Christian Texts. Oxford: Clarendon Press, 1972.

Augustine. *City of God*. Translated by H. Bettenson. New York: Penguin, 1972.

——. *Reply to Faustus the Manichaean*. Translated by R. Stothert. Nicene and Post-Nicene Fathers, ser. 1, vol. 4, 155–345. Grand Rapids, MI: Eerdmans, 1974.

——. *Augustine on Romans: Propositions from the Epistle to the Romans and Unfinished Commentary on the Epistles to the Romans*. Translated and edited by Paula Fredriksen. Society of Biblical Literature Texts and Translations Series 23. Chico, CA: Scholars Press, 1982.

——. *The Works of St. Augustine: Answer to the Pelagians*. Vols. 2 and 4. Translation, introduction, and notes by Roland J. Teske. Hyde Park, NY: New City Press, 1998–1999.

——. *The Works of St. Augustine: Letters*. Vol. 1. Translation, introduction, and notes by Roland J. Teske. Hyde Park, NY: New City Press, 2001.

John Chrysostom. *Discourses against Judaizing Christians*. Translated by Paul W. Harkins. Fathers of the Church 69. Washington, DC: Catholic University of America Press, 1999.

Eusebius. *The History of the Church from Christ to Constantine*. Translated by G. A. Williamson. Revised and edited by Andrew Louth. New York: Penguin, 1989.

——. *Preparation for the Gospel*. Translated by Edwin Hamilton Gifford. 2 vols. Eugene, OR: Wipf and Stock, 2002.

Justin. *Dialogue with Trypho*. Translated by Thomas P. Halton. Fathers of the Church 3. Washington, DC: Catholic University of America Press, 2003.

——. *Justin, Philosopher and Martyr: Apologies*. Edited and translated by Denis Minns and Paul Parvis. Oxford Early Christian Texts. Oxford: Oxford University Press, 2009.

Minucius Felix. *Octavius*. Translated by Gerald H. Rendall. Loeb Classical Library, 315–437. Cambridge, MA: Harvard University Press, 1984.

Origen. *Contra Celsum*. Translated by Henry Chadwick. Cambridge: Cambridge University Press, 1953.

——. *Contre Celse.* 5 vols. Edited and translated by Marcel Borret. Sources chrétiennes. Paris: Les Éditions du Cerf, 1965–1976.

——. *Commentary on the Epistle to the Romans*. 2 vols. Translated by Thomas P. Scheck. Washington, DC: Catholic University of America Press, 2001–2002.

——. *Homilies on Genesis and Exodus*. Translated by Robert E. Heine. Fathers of the Church. Washington, DC: Catholic University Press of America, 2002.

——. *Homilies on Leviticus, 1–16.* Translated by Gary Wayne Barkley. Fathers of the Church. Washington, DC: Catholic University of America Press, 2005.

——. *Commentaire sur l'Épître aux Romains*. 4 vols. Edited by Caroline Hammond Bammel. Translated by Luc Brésard. Sources chrétiennes. Paris: Les Éditions du Cerf, 2009–2012.

Ptolemy. *Letter to Flora apud Epiphanius*, *Panarion*. In *Gnosis: A Selection of Gnostic Texts*. Edited by W. Foerster. 1: 155–61. Oxford: Oxford University Press, 1972.

Tertullian. *Adversus Marcionem*. Translated by Ernest Evans. 2 vols. Oxford: Clarendon Press, 1972.

——. *To the Nations*. Translated by S. Thelwall. In *The Ante-Nicene Fathers*. Vol. 3, 109–47. Edited by Alexander Roberts and James Donaldson. Grand Rapids, MI: Eerdmans, 1978.

——. *Apology and De spectaculis*. Translated by T. R. Glover. Loeb Classical Library. Cambridge, MA: Harvard University Press, 1984.

——. *On Fasting*. Translated by S. Thelwall. In *The Ante-Nicene Fathers*. Vol. 4, 102–14. Edited by Alexander Roberts and James Donaldson. Grand Rapids, MI: Eerdmans, 1986.

——. *De idololatria/On Idolatry*. Edited and translated by J. H. Waszink and J. C. M. van Winden. Leiden: Brill, 1987.

다른 고대 텍스트

Herodotus. *The Histories*. Translated by A. D. Godley. Loeb Classical Library. 4 vols. Cambridge, MA: Harvard University Press, 1981.

Julian. *Imp. Caesaris Flavii Clavdii Ivliani epistvlae, leges, poemata, fragmenta varia*. Edited by Joseph Bidez and Franz Cumont. Paris: Les Belles Lettres, 1922.

Pliny the Younger. *The Letters of the Younger Pliny*. Translated with an introduction by Betty Radice. Harmondsworth, UK: Penguin, 1977.

Plutarch. *Moralia*. Translated by Frank Cole Babbitt et al. Loeb Classical Library. Cambridge, MA: Harvard University Press, 1969.

Sallustius. *Concerning the Gods and the Universe*. Edited and translated by A. D. Nock. Hildesheim: Georg Olms, 1966.

Tacitus. *The Histories*. Translated by Clifford H. Moore. Loeb Classical Library. Cambridge, MA: Harvard University Press, 1969–1980.

고대 텍스트 모음집

Corpus of Jewish Inscriptions: Jewish Inscriptions from the Third Century BC to the Seventh Century CE. Edited and translated by J.-B. Frey. New York: Ktav, 1975. First published 1936.

Greek and Latin Authors on Jews and Judaism. Edited and translated by Menachem Stern. 3 vols. Jerusalem: Dorot Press, 1974–1994.

Greek Magical Papyri, including the Demotic Spells. Edited and translated by H. D. Betz. Chicago: University of Chicago Press, 1986.

Inscriptiones Judaicae Orientis. Vol. 2. Edited and translated by Walter Ameling. Tübingen: Mohr Siebeck, 2004.

Jews among the Greeks and Romans: A Diasporan Sourcebook. Edited and translated by Margaret Williams. Baltimore, MD: Johns Hopkins University Press, 1998.

The Jews in Roman Imperial Legislation. Edited and translated by Amnon Linder. Detroit: Wayne State University Press, 1997.

이차자료

Adams, Edward. "First-Century Models for Paul's Churches: Selected Scholarly Developments since Meeks." In *After the First Urban Christians*, edited by Todd D. Still and David G. Horrell, 60–78. London: T. & T. Clark, 2009.

Ahuvia, Mika. "Israel among the Angels: A Study of Angels in Jewish Texts from the Fourth to Eighth Century CE." Ph.D. diss., Princeton University, 2014.

Allison, Dale C., Jr. *Jesus of Nazareth: Millenarian Prophet*. Minneapolis, MN: Fortress Press, 1998.

——. *Constructing Jesus: Memory, Imagination, and History*. Grand Rapids, MI: Baker Academic, 2010.

Ameling, Walter. *Inscriptiones Judaicae Orientis*. Vol. 2: *Kleinasien*. Texts and Studies in Ancient Judaism 99. Edited by Martin Hengel and Peter Schäfer. Tübingen: Mohr Siebeck, 2004.

Arnal, William. "What Branches Grow out of the Stony Rubbish? Christian Origins and the Study of Religion." *SR* 39 (2010): 549–72.

——. "The Collection and Synthesis of 'Tradition' and the Second-Century Invention of Christianity." *Method & Theory in the Study of Religion* 23,

nos. 3–4 (2011): 193–215.
Athanassiadi, Polymnia, and Michael Frede, eds. *Pagan Monotheism in Late Antiquity*. Oxford: Clarendon Press, 1999.
Bagnall, Roger S., and Bruce W. Frier. *The Demography of Roman Egypt*. Cambridge: Cambridge University Press, 1994.
Baker, Cynthia M. "'From Every Nation under Heaven': Jewish Ethnicities in the Greco-Roman World." In Nasrallah and Fiorenza, *Prejudice and Christian Beginnings*, 79–99.
Barclay, John M. G. "Mirror-Reading a Polemical Letter: Galatians as a Test Case." *JSNT* 31 (1987): 73–93.
——. *Jews in the Mediterranean Diaspora: From Alexander to Trajan (323 BCE–117 CE)*. Edinburgh: T. & T. Clark, 1996.
——. "Paul and Philo on Circumcision: Romans 2.25–9 in Social and Cultural Context." *NTS* 44 (1998): 536–56.
——. *Pauline Churches and Diaspora Jews*. Tübingen: Mohr Siebeck, 2011.
——. "'Jews' and 'Christians' in the Eyes of Roman Authors c. 100 CE." In *Jews and Christians in the First and Second Centuries: How to Write Their History*, edited by Peter J. Tomson and Joshua Schwartz, 313–26. Leiden: Brill, 2014.
——. *Paul and the Gift*. Grand Rapids, MI: Eerdmans, 2015.
Barnes, Timothy D. "Legislation against the Christians." *JRS* 58 (1968): 32–50.
Bauckham, Richard. *Jesus and the God of Israel: God Crucified and Other Studies on the New Testament's Christology of Divine Identity*. Grand Rapids, MI: Eerdmans, 2008.
Belayche, Nicole. "*Deus deum … summorum maximus* (Apuleius): Ritual Expressions of Distinction in the Divine World in the Imperial Period." In Mitchell and van Nuffelen, *One God*, 141–66.
Betz, Hans Dieter. *Galatians: A Commentary on Paul's Letter to the Churches in Galatia*. Hermenia Commentary Series. Philadelphia: Fortress Press, 1979.
——. *The Sermon on the Mount: A Commentary of the Sermon on the Mount, including the Sermon on the Plain (Matthew 5:3–7:27 and Luke 6:20–49)*, edited by Adela Yarbro Collins. Hermenia Commentary Series. Minneapolis, MN: Fortress Press, 1995.

Bickerman, Elias J. "The Warning Inscriptions of Herod's Temple." *JQR*, n.s. 37 (1947): 387–405.

——. *The God of the Maccabees: Studies on the Meaning and Origin of the Maccabean Revolt*. Translated by Horst R. Moehring. Studies in Judaism in Late Antiquity 32. Leiden: Brill, 1979.

Bird, Michael F., and Joseph R. Dodson, eds. *Paul and the Second Century*. Library of New Testament Studies 412. London: T. & T. Clark, 2011.

Blackwell, Ben C., John K. Goodrich, and Jason Maston, eds. *Paul and the Apocalyptic Imagination*. Minneapolis, MN: Fortress Press, 2016.

Bloch, René S. *Moses und der Mythos: Die Auseinandersetzung mit der griechischen Mythologie bei jüdisch-hellenistischen Autoren*. Leiden: Brill, 2011.

Blumenkranz, Bernhard. *Die Judenpredigt Augustins: Ein Beitrag zur Geschichte der jüdischchristlichen Beziehungen in den ersten Jahrhunderten*. Basler Beiträge zur Geschichtswissenschaft 25. Basel: Helbing & Lichtenhahn, 1946.

Boccaccini, Gabriele, and Carlos A. Segovia, eds. *Paul the Jew: Rereading the Apostle as a Figure of Second Temple Judaism*. Minneapolis, MN: Fortress Press, 2016.

Bockmuehl, Markus N. A. *The Epistle to the Philippians*. London: A. & C. Black, 1997.

Bodel, John, and Saul M. Olyan, eds. *Household and Family Religion in Antiquity*. Malden, MA: Blackwell, 2008.

Bohak, Gideon. "Ethnic Continuity in the Jewish Diaspora in Antiquity." In *Jews in the Hellenistic and Roman Cities*, edited by John R. Bartlett, 175–92. London: Routledge, 2002.

——. "The Ibis and the Jewish Question: Ancient 'Anti-Semitism' in Historical Context." In *Jews and Gentiles in the Holy Land in the Days of the Second Temple, the Mishnah and the Talmud: A Collection of Articles*, 27–43. Jerusalem: Yad Ben-Zvi Press, 2003.

Boin, Douglas. "Late Antique *Divi* and Imperial Priests in the Late Fourth and Early Fifth Centuries." In *Pagans and Christians in Late Antique Rome: Conflict, Competition, and Coexistence in the Fourth Century*, edited by Michelle Renee Salzman, Marianne Sághy, and Rita Lizzi Testa, 139–61.

New York: Cambridge University Press, 2015.

Borgen, Peder. "Observations on the Theme 'Paul and Philo': Paul's Preaching of Circumcision in Galatia (Gal. 5:11) and Debates on Circumcision in Philo." In *Die paulinische Literatur und Theologie*. Teologiske Studier 7, edited by Sigfred Pedersen, 85–102. Aarhus, Denmark: Aros, 1980.

——. "'Yes,' 'No,' 'How Far?': The Participation of Jews and Christians in Pagan Cults." In *Paul in His Hellenistic Context*, edited by Troels Engberg-Pedersen, 30–59. Edinburgh: T. & T. Clark, 1994.

Bowden, Hugh. *Classical Athens and the Delphic Oracle: Divination and Democracy*. New York: Cambridge University Press, 2005.

Bowersock, G. W. "Polytheism and Monotheism in Arabia and the Three Palestines." *Dumbarton Oaks Papers* 51 (1997): 1–10.

Boyarin, Daniel. *A Radical Jew: Paul and the Politics of Identity*. Berkeley: University of California Press, 1994.

——. "Another Response to Gabriele Boccaccini," in Boccaccini and Segovia, Paul the Jew, 26–29.

Brandon, S. G. F. *Jesus and the Zealots: A Study of the Political Factor in Primitive Christianity*. Manchester: Manchester University Press, 1967.

Brent, Frederick E. "Plutarch's Middle-Platonic God." In *Gott und die Götter bei Plutarch*, edited by Rainer Hirsh-Luipold. Religionsgeschichtliche Versuche und Vorarbeiten 54, 27–49. Berlin: Walter de Gruyter, 2005.

Büchler, Adolf. "The Levitical Impurity of the Gentile in Palestine before the Year 70." *JQR* 17 (1926): 1–81.

Buell, Denise Kimber. "Race and Universalism in Early Christianity." *JECS* 10 (2002): 429–68.

——. *Why This New Race? Ethnic Reasoning in Early Christianity*. New York: Columbia University Press, 2005.

——. "God's Own People: Spectres of Race, Ethnicity and Gender in Early Christian Studies." In Nasrallah and Fiorenza, *Prejudice and Christian Beginnings*, 159–90.

Buxton, Richard, ed. *Oxford Readings in Greek Religion*. New York: Oxford University Press, 2000.

Campbell, Douglas A. *The Deliverance of God: An Apocalyptic Rereading of Justification in Paul*. Grand Rapids, MI: Eerdmans, 2009.

——. *Framing Paul: An Epistolary Biography*. Grand Rapids, MI: Eerdmans, 2014.

Campbell, William S. "Gentile Identity and Transformation in Christ According to Paul." In *The Making of Christianity: Conflict, Contacts, and Constructions: Festschrift for Bengt Holmberg*, edited by M. Zetterholm and S. Byrskog, 22–55. Winona Lake, IN: Eisenbrauns, 2012.

——. "'As Having and Not Having': Paul, Circumcision, and Indifferent Things in 1 Corinthians 7.17–32a." In Campbell, *Unity and Diversity in Christ*, 106–26.

——. "No Distinction or No Discrimination? The Translation of Διαστολὴ in Romans 3:22 and 10:12." In *Erlesenes Jerusalem: Festschrift für Ekkehard W. Stegemann*, edited by Lukas Kundert and Christina Tuor-Kurth, 146–71. Basel: Friedrich Reinhart Verlag, 2013.

——. *Unity and Diversity in Christ: Interpreting Paul in Context. Collected Essays*. Eugene, OR: Wipf and Stock Publishers, 2013.

——. "Paul, Antisemitism, and Early Christian Identity Formation." In Boccaccini and Segovia, *Paul the Jew*, 301–40.

——. "Reading Paul in Relation to Judaism: Comparison or Contrast?" In *Earliest Christianity within the Boundaries of Judaism: Essays in Honor of Bruce Chilton*, edited by Alan Avery-Peck, Craig Evans, and Jacob Neusner, 1–21. Leiden: Brill, 2016.

Carleton Paget, James. "Jewish Proselytism at the Time of Christian Origins: Chimera or Reality?" *JSNT* 18 (1996): 65–103.

Chadwick, Henry. "Oracles of the End in the Conflict of Paganism and Christianity in the Fourth Century." In *Mémorial André-Jean Festugière: Antiquité paiënne et chrétienne*, edited by E. Lucchesi and H. D. Saffrey, 125–29. Geneva: P. Cramer, 1984.

Chaniotis, Angelos. "The Jews of Aphrodisias: New Evidence and Old Problems." *SCI* 21 (2002): 209–42.

——. "Megatheism: The Search for the Almighty God and the Competition of Cults." In Mitchell and van Nuffelen, *One God*, 112–40.

——. "Greek Ritual Purity: From Automatisms to Moral Distinctions." In Rösch and Simon, *How Purity Is Made*, 123–39.

Charlesworth, James H. "Paul, the Jewish Apocalypses, and Apocalyptic Eschatology." In Boccaccini and Segovia, *Paul the Jew*, 83–105.

Chester, Andrew. "The Christ of Paul." In *Redemption and Resistance: The Messianic Hopes of Jews and Christians in Antiquity*, edited by Markus Bockmuehl and James Carleton Paget, 109–21. London: T. & T. Clark, 2009.

Clark, Elizabeth A. *The Origenist Controversy*. Princeton, NJ: Princeton University Press, 1992.

Cohen, Shaye J. D. "Respect for Judaism by Gentiles in the Writings of Josephus." *HTR* 80, no. 4 (1987): 409–30.

——. *The Beginnings of Jewishness: Boundaries, Varieties, Uncertainties*. Hellenistic Culture and Society 31. Berkeley: University of California Press, 1999.

Collins, Adela Yarbro. "Jesus as Messiah and Son of God in the Letters of Paul." In Collins and Collins, *King and Messiah as Son of God*, 101–22.

Collins, Adela Yarbro, and John J. Collins. *King and Messiah as Son of God: Divine, Human, and Angelic Messianic Figures in Biblical and Related Literature*. Grand Rapids, MI: Eerdmans, 2008.

Collins, John J. *The Scepter and the Star: Messianism in Light of the Dead Sea Scrolls*. Anchor Bible Reference Library. New York: Doubleday, 1995.

——. *The Apocalyptic Imagination: An Introduction to Jewish Apocalyptic Literature*. 2nd ed. Grand Rapids, MI: Eerdmans, 1998.

——. "Powers in Heaven: God, Gods and Angels in the Dead Sea Scrolls." In Religion *in the Dead Sea Scrolls*, edited by John J. Collins and Robert A. Kugler, 9–28. Grand Rapids, MI: Eerdmans, 2000.

——. "The 'Apocryphal' Old Testament." In *The New Cambridge History of the Bible*. Vol. 1: *From the Beginnings to 600*, edited by James Carleton Paget and Joachim Schaper, 165–89. Cambridge: Cambridge University Press, 2013.

Crook, Zeba A. *Reconceptualising Conversion: Patronage, Loyalty, and Conversion in the Religions of the Ancient Mediterranean*. Berlin: Walter de Gruyter, 2004.

Dahl, Nils Alstrup. "The Story of Abraham in Luke-Acts." In *Studies in Luke-Acts: Essays Presented in Honor of Paul Schubert*, edited by Leander E. Keck and J. Louis Martyn, 139–58. Nashville, TN: Abingdon Press, 1966.

———. "The Messiahship of Jesus in Paul." In *The Crucified Messiah, and Other Essays*. Augsburg Publishing House, 1974.

———. *Jesus the Christ: The Historical Origins of Christological Doctrine*. Edited by Donald H. Juel. Minneapolis, MN: Fortress Press, 1991.

Das, Andrew A. *Paul and the Jews*. Peabody, MA: Hendrickson Publishers, 2003.

———. *Solving the Romans Debate*. Minneapolis: Fortress Press, 2007.

———. *Paul and the Stories of Israel: Grand Thematic Narratives in Galatians*. Minneapolis, MN: Fortress Press, 2016.

Davies, J. P. *Paul among the Apocalypses? An Evaluation of the "Apocalyptic Paul" in the Context of Jewish and Christian Apocalyptic Literature*. Library of New Testament Studies 562. London: Bloomsbury T. & T. Clark, 2016.

Dickson, John P. *Mission-Commitment in Ancient Judaism and in the Pauline Communities: The Shape, Extent and Background of Early Christian Mission*. Tübingen: Mohr Siebeck, 2003.

Digeser, Elizabeth DePalma. *A Threat to Public Piety: Christians, Platonists, and the Great Persecution*. Ithaca, NY: Cornell University Press, 2012.

Dillon, John M. *The Middle Platonists: A Study of Platonism 80 B.C. to A.D. 220*. Ithaca, NY: Cornell University Press, 1977.

Dixon, Suzanne. *The Roman Family*. Baltimore, MD: Johns Hopkins University Press, 1992.

Dodd, C. H. *The Bible and the Greeks*. London: Hodder & Stoughton, 1935.

Dodds, E. R. *Pagan and Christian in an Age of Anxiety: Some Aspects of Religious Experience from Marcus Aurelius to Constantine*. Cambridge: Cambridge University Press, 1965.

Donaldson, Terence L. "The 'Curse of the Law' and the Inclusion of the Gentiles: Galatians 3:13–14." *NTS* 32 (1986): 94–112.

———. "Zealot and Convert: The Origin of Paul's Christ–Torah Antithesis." *Catholic Biblical Quarterly* 51 (1989): 655–82.

———. *Paul and the Gentiles: Remapping the Apostle's Convictional World*. Minneapolis, MN: Fortress Press, 1997.

———. *Judaism and the Gentiles: Jewish Patterns of Universalism (to 135 CE)*. Waco, TX: Baylor University Press, 2007.

——. "Paul within Judaism: A Critical Evaluation from a 'New Perspective' Perspective." In Nanos and Zetterholm, *Paul within Judaism*, 277–302.

Douglas, Mary. *In the Wilderness: The Doctrine of Defilement in the Book of Numbers. Journal for the Study of the Old Testament* Supplemental Series 158. Sheffield, UK: JSOT Press, 1993.

——. *Purity and Danger: An Analysis of the Concept of Pollution and Taboo*. London: Routledge, 2002.

Dunderberg, Ismo. "The School of Valentinus." In *A Companion to Second-Century Christian "Heretics,"* edited by Antti Marjanen and Petri Luomanen, 64–99. Leiden: Brill, 2005.

Dunn, James D. G. *The Theology of the Apostle Paul*. Grand Rapids, MI: Eerdmans, 1998.

Dunn, James D. G., ed. P*aul and the Mosaic Law: The Third Durham-Tübingen Research Symposium on Earliest Christianity and Judaism (Durham, September, 1994)*. WUNT 1, 89. Tübingen: Mohr Siebeck, 1996.

Eastman, Susan Grove. "Israel and the Mercy of God: A Re-reading of Galatians 6.16 and Romans 9–11." *NTS* 56 (2010): 367–95.

Efroymson, David P. "The Patristic Connection." In *Anti-Semitism and the Foundations of Christianity*, edited by Alan T. Davis, 98–117. New York: Paulist Press, 1979.

Ehrensperger, Kathy. "'Called to Be Saints': The Identity-Shaping Dimension of Paul's Priestly Discourse in Romans." In *Reading Paul in Context: Explorations in Identity Formation. Essays in Honour of William S. Campbell*, edited by Kathy Ehrensperger and J. Brian Tucker, 90–109. London: T. & T. Clark, 2010.

——. *Paul at the Crossroads of Cultures: Theologizing in the Space Between*. Library of New Testament Studies 456. London: Bloomsbury T. & T. Clark, 2013.

Ehrman, Bart D. *Jesus: Apocalyptic Prophet of the New Millennium*. Oxford: Oxford University Press, 1999.

——. *Forgery and Counterforgery: The Use of Literary Deceit in Early Christian Polemics*. New York: Oxford University Press, 2013.

——. *How Jesus Became God: The Exaltation of a Jewish Preacher from Galilee*. New York: HarperOne, 2014.

Eisenbaum, Pamela Michelle. *Paul Was Not a Christian: The Real Message of a Misunderstood Apostle*. New York: HarperOne, 2009.

Eliav-Feldon, Miriam, Benjamin Isaac, and Joseph Ziegler, eds. *The Origins of Racism in the West*. Cambridge: Cambridge University Press, 2010.

Elsner, Jas. *Imperial Rome and Christian Triumph: The Art of the Roman Empire*. Oxford: Oxford University Press, 1998.

Engberg-Pedersen, Troels. *Cosmology and Self in the Apostle Paul*. Oxford: Oxford University Press, 2010.

Esler, Philip F. *Conflict and Identity in Romans: The Social Setting of Paul's Letter*. Minneapolis, MN: Fortress Press, 2003.

Feldman, Louis H. *Jew and Gentile in the Ancient World: Attitudes and Interactions from Alexander to Justinian*. Princeton, NJ: Princeton University Press, 1993.

Fitzgerald, John T. "Virtue/Vice Lists." In *The Anchor Bible Dictionary*, edited by David Noel Freedman, 6: 857–59. New York: Doubleday, 1992.

Flusser, David. "The Ten Commandments and the New Testament." In *The Ten Commandments in History and Tradition*, edited by Ben-Zion Segal and translated by Gershon Levi. Jerusalem: Magnus Press, 1990.

Focant, Camille. "La portée de la formule τὸ εἶναι ἴσα θεῷ en Ph 2.6." *NTS* 62 (2016): 278–288.

Fredriksen, Paula. "Paul and Augustine: Conversion Narratives, Orthodox Traditions, and the Retrospective Self." *JTS* 37 (1986): 3–34.

——. "Apocalypse and Redemption in Early Christianity: From John of Patmos to Augustine of Hippo." *Vigiliae Christianae* 45, no. 2 (1991): 151–83.

——. "Judaism, the Circumcision of Gentiles, and Apocalyptic Hope: Another Look at Galatians 1 and 2." *JTS* 42 (1991): 532–64.

——. "What You See Is What You Get: Context and Content in Current Research on the Historical Jesus." *Theology Today* 52 (1995): 195–204.

——. *Jesus of Nazareth, King of the Jews: A Jewish Life and the Emergence of Christianity*. New York: Alfred A. Knopf, 1999; Vintage, 2000.

——. *From Jesus to Christ: The Origins of the New Testament Images of Jesus*. 2nd ed. New Haven, CT: Yale University Press, 2000. First published 1988.

——. "What 'Parting of the Ways'? Jews, Gentiles, and the Ancient Mediterranean City." In *The Ways That Never Parted: Jews and Christians in Late Antiquity and the Early Middle Ages*, edited by Adam H. Becker and Annette Yoshiko Reed. Texte und Studien zum Antiken Judentum 95, 35–63. Tübingen: Mohr Siebeck, 2003.

——. "Mandatory Retirement: Ideas in the Study of Christian Origins Whose Time Has Come to Go." *SR* 35 (2006): 231–46.

——. "Gospel Chronologies, the Scene in the Temple, and the Crucifixion of Jesus." In *Redefining First-Century Jewish and Christian Identities: Essays in Honor of Ed Parish Sanders*, edited by Fabian E. Udoh, Susannah Heschel, Mark Chancey, and Gregory Tatum. Christianity and Judaism in Antiquity 16, 246–82. Notre Dame, IN: University of Notre Dame Press, 2008.

——. *Augustine and the Jews: A Christian Defense of Jews and Judaism*. New Haven, CT: Yale University Press, 2010.

——. "Judaizing the Nations: The Ritual Demands of Paul's Gospel." *NTS* 56 (2010): 232–52.

——. *Sin: The Early History of an Idea*. Princeton, NJ: Princeton University Press, 2012.

——. "How Later Contexts Affect Pauline Content, or: Retrospect Is the Mother of Anachronism." In *Jews and Christians in the First and Second Centuries: How to Write Their History*, edited by Peter J. Tomson and Joshua Schwartz, 17–51. Leiden: Brill, 2014.

——. "Jewish Romans, Christian Romans, and the Post-Roman West: The Social Correlates of the *contra Iudaeos* Tradition." In *Conflict and Religious Conversation in Latin Christendom: Studies in Honour of Ora Limor*, edited by Israel Jacob Yuval and Ram Ben-Shalom. Cultural Encounters in Late Antiquity and the Middle Ages 17, 17–38. Turnhout, Belgium: Brepols 2014.

——. "Paul's Letter to the Romans, the Ten Commandments, and Pagan 'Justification by Faith,'" *JBL* 133 (2014): 801-8.

——. "'Are You a Virgin?' Biblical Exegesis and the Invention of Tradition." In *Jesus and Brian: Exploring the Historical Jesus and His Times via Monty Python's "Life of Brian,"* edited by Joan E. Taylor, 151–65. London: Bloomsbury, 2015.

——. "If It Looks Like a Duck, and It Quacks Like a Duck …: On *Not* Giving Up the Godfearers." In *A Most Reliable Witness: Essays in Honor of Ross Shepard Kraemer*, edited by Susan Ashbrook Harvey, Nathaniel DesRosiers, Shira L. Lander, Jacqueline Z. Pastis, and Daniel Ullucci, 25–34. Providence, RI: Brown Judaic Studies, 2015.

——. "The Question of Worship: Gods, Pagans, and the Redemption of Israel." In Nanos and Zetterholm, *Paul within Judaism*, 175–202.

——. "Why Should a 'Law-Free' Mission Mean a 'Law-Free' Apostle?" *JBL* 134 (2015): 637-650.

——. "Lawless or Lawful? Origen and Augustine on Paul and the Law." In *Law and Lawlessness in Early Judaism and Christianity: Essays from the Oxford Manfred Lautenschläger Colloquium* 2015, edited by D. Lincicum, R. Sheridan, and C. Stang. Tübingen: Mohr Siebeck, 2018.

——. "How Jewish Is God? Divine Ethnicity in Paul's Theology" (forthcoming, *JBL*).

——. "Paul the 'Convert'?" In *The Oxford Handbook of Pauline Studies*, edited by R. Barry Matlock. New York: Oxford University Press (forthcoming).

Fredriksen, Paula, and Oded Irshai. "Christian Anti-Judaism: Polemics and Policies." In *The Cambridge History of Judaism. Vol. 4: The Late Roman-Rabbinic Period*, edited by Steven T. Katz, 977–1,034. Cambridge: Cambridge University Press, 2006.

——. "'Include Me Out': Tertullian, the Rabbis, and the Graeco-Roman City." In *Identité à travers l'éthique: Nouvelles perspectives sur la formation des identités collectives dans le monde grécoromain*, edited by K. Berthelot, R. Naiweld, and D. Stoekl ben Ezra. Bibliothèque de l'École des Hautes Études, Sciences Religieuses 168, 117–32. Turnhout, Belgium: Brepols, 2015.

Gager, John G. "Some Notes on Paul's Conversion." *NTS* 27 (1981): 697–704.

——. *The Origins of Anti-Semitism: Attitudes toward Judaism in Pagan and Christian Antiquity*. New York: Oxford University Press, 1983.

——. *Reinventing Paul*. Oxford: Oxford University Press, 2000.

——. "Who Did What to Whom? Physical Violence between Jews and Christians in Late Antiquity." In *A Most Reliable Witness: Essays in Honor of Ross Shepard Kraemer*, edited by Susan Ashbrook Harvey, Nathaniel P. DesRosiers, Shira L. Lander, Jacqueline Z. Pastis, and Daniel Ullucci, 35–48. Providence, RI: Brown Judaic Studies, 2015.

——. *Who Made Early Christianity? The Jewish Lives of the Apostle Paul.* New York: Columbia University Press, 2015.

Gardner, Jane F. *Family and Familia in Roman Law and Life*. Oxford: Clarendon Press, 1998.

Garroway, Joshua D. *Paul's Gentile-Jews: Neither Jew nor Gentile, but Both.* New York: Palgrave Macmillan, 2012.

Gaston, Lloyd. *Paul and the Torah*. Vancouver: University of British Columbia Press, 1987.

Gaventa, Beverly Roberts. "Rhetoric of Violence and the God of Peace in Paul's Letter to the Romans." In *Paul, John, and Apocalyptic Eschatology: Studies in Honor of Martinus de Boer*, edited by Jan Krans et al., 61–75. Leiden: Brill, 2013.

——. "Thinking from Christ to Israel: Romans 9–11 in Apocalyptic Context." In *Paul and the Apocalyptic Imagination*, edited by Ben C. Blackwell, John K. Goodrich, and Jason Maston, 239–55. Minneapolis, MN: Fortress Press, 2016.

Glaim, Aaron. "Sin and Sin Sacrifices in the Pauline Epistles." Paper presented at the Annual Meeting of the Society of Biblical Literature, Baltimore, MD, November 2013.

Goodenough, Erwin R. *Jewish Symbols in the Greco-Roman Period*. 13 vols. Bollingen Series 37. New York: Pantheon Books, 1953–1968.

Goodman, Martin. *Mission and Conversion: Proselytizing in the Religious History of the Roman Empire*. Oxford: Clarendon Press, 1994.

——. "The Persecution of Paul by Diaspora Jews." In *The Beginnings of Christianity: A Collection of Articles*, edited by Jack Pastor and Menachem Mor, 179–87. Jerusalem: Yad Ben-Zvi Press, 2005.

Goodrich, John K. "After Destroying Every Rule, Authority, and Power: Paul, Apocalyptic, and Politics in 1 Corinthians." In *Paul and the Apocalyptic Imagination*, edited by Ben C. Blackwell, John K. Goodrich, and Jason Maston, 275–96. Minneapolis, MN: Fortress Press, 2016.

Gradel, Ittai. *Emperor Worship and Roman Religion*. Oxford: Clarendon Press, 2002.

Graf, Fritz. "Roman Festivals in Syria Palaestina." In *The Talmud Yerushalmi and Graeco-Roman Culture*, edited by Peter Schäfer. Texts and Studies in Ancient Judaism 93, 435–51. Tübingen: Mohr Siebeck, 2002.

Gray, Rebecca. *Prophetic Figures in Late Second Temple Jewish Palestine*. Oxford: Oxford University Press, 1993.

Gruen, Erich S. *Heritage and Hellenism: The Reinvention of Jewish Tradition*. Berkeley: University of California Press, 1998.

——. "Jewish Perspectives on Greek Ethnicity." In *Ancient Perceptions of Greek Ethnicity*, edited by Irad Malkin, 347–73. Washington, DC: Center for Hellenic Studies, 2001.

——. *Diaspora: Jews amidst Greeks and Romans*. Cambridge, MA: Harvard University Press, 2002.

Gundry, Judith M. "Becoming 'One Flesh' and the Politics of Procreation: 1 Corinthians 7.29b and the Corinthian *Schismata*." Paper presented at the 71st general meeting of the Studiorum Novi Testamenti Societas, Montreal, Canada, August 2016.

Hanson, Ann E. "The Roman Family." In Potter and Mattingly, *Life, Death and Entertainment*, 19–66.

Harland, Philip A. *Associations, Synagogues and Congregations: Claiming a Place in Ancient Mediterranean Society*. Minneapolis, MN: Fortress Press, 2003.

——. "Acculturation and Identity in the Diaspora: A Jewish Family and 'Pagan' Guilds at Hierapolis." In *The Religious History of the Roman Empire: Pagans, Jews, and Christians*, edited by J. A. North and S. R. F. Price, 385–418. Oxford: Oxford University Press, 2011.

Harnack, Adolf. "Die *Altercatio Simonis Iudaei et Theophili Christiani* nebst Untersuchungen über die antijüdische Polemik in der alten Kirche." In *Texte und Untersuchungen zur Geschichte der altchristlichen Literatur*, edited by Oscar von Gebhardt and Adolf Harnack, vol. 1.3.1. Leipzig, 1883.

Harrill, J. Albert. *Paul the Apostle: His Life and Legacy in Their Roman Context*. Cambridge: Cambridge University Press, 2012.

——. "Ethnic Fluidity in Ephesians." *NTS* 60 (2014): 379–402.

Harvey, Anthony Ernest. "Forty Strokes Save One: Social Aspects of Judaizing and Apostasy." In *Alternative Approaches to New Testament Study*, edited by Anthony Ernest Harvey, 79–86. London: SPCK, 1985.

Hayes, Christine E. *Gentile Impurities and Jewish Identities: Intermarriage and Conversion from the Bible to the Talmud*. Oxford: Oxford University Press, 2002.

——. *What's Divine about Divine Law?* Princeton, NJ: Princeton University Press, 2015.

Hayman, Peter. "Monotheism—a Misused Word in Jewish Studies?" *JJS* 42 (1991): 1–15.

Hays, Richard B. *Echoes of Scripture in the Letters of Paul*. New Haven, CT: Yale University Press, 1989.

——. *First Corinthians: Interpretation: A Bible Commentary for Teaching and Preaching*. Louisville, KY: Westminster John Knox Press, 1997.

——. *The Conversion of the Imagination: Paul as Interpreter of Israel's Scripture*. Grand Rapids, MI: Eerdmans, 2005.

Heiser, Michael S. "Monotheism, Polytheism, Monolatry, or Henotheism? Toward an Assessment of Divine Plurality in the Hebrew Bible." *Bulletin for Biblical Research* 18, no. 1 (2008): 1–30.

Hengel, Martin. *Crucifixion in the Ancient World and the Folly of the Message of the Cross*. Philadelphia: Fortress Press, 1977.

——. *Acts and the History of Earliest Christianity*. London: SCM, 1979.

——. *Between Jesus and Paul: Studies in the Earliest History of Christianity*. London: SCM, 1983.

Hirshman, Marc. "Rabbinic Universalism in the Second and Third Centuries." *HTR* 93 (2000): 101–15.

Hock, Ronald F. *The Social Context of Paul's Ministry: Tentmaking and Apostleship*. Minneapolis, MN: Fortress Press, 1980.

Holmberg, Bengt. *Paul and Power: The Structure of Authority in the Primitive Church as Reflected in the Pauline Epistles*. Lund: LiberLäromedel/Gleerup, 1978.

Hooke, S. H. "The Translation of Romans 1:4." *NTS* 9 (1963): 370–71.

Hopkins, Keith. *Conquerors and Slaves*. Sociological Studies in Roman History 1. Cambridge: Cambridge University Press, 1978.

Horbury, William. "Biblical Interpretation in Greek Jewish Writings." In *The New Cambridge History of the Bible*. Vol. 1: *From the Beginnings to 600*, edited by James Carleton Paget and Joachim Schaper, 289–320. Cambridge: Cambridge University Press, 2013.

Horn, Friedrich Wilhelm. "Paulus und der Herodianische Tempel." *NTS* 53 (2007): 184–203.

Hultgren, Arland J. *Paul's Letter to the Romans: A Commentary*. Grand Rapids, MI: Eerdmans, 2011.

Hurtado, Larry W. *One God, One Lord: Early Christian Devotion and Ancient Jewish Monotheism*. 2nd ed. London: T. & T. Clark, 1998.

——. *Lord Jesus Christ: Devotion to Jesus in Earliest Christianity*. Grand Rapids, MI: Eerdmans, 2003.

——. "Monotheism, Principal Angels, and the Background of Christology." In *The Oxford Handbook of the Dead Sea Scrolls*, edited by Timothy H. Lim and John J. Collins, 546–64. Oxford: Oxford University Press, 2010.

Isaac, Benjamin H. *The Invention of Racism in Classical Antiquity*. Princeton, NJ: Princeton University Press, 2004.

——. "Racism: A Rationalization of Prejudice in Greece and Rome." In *The Origins of Racism in the West*, edited by Miriam Eliav-Feldon, Benjamin Isaac, and Joseph Ziegler, 32–56. Cambridge: Cambridge University Press, 2009.

Jeremias, Joachim. *Jesus' Promise to the Nations*. Studies in Biblical Theology 24. London: SCM, 1967.

Jewett, Robert. *Romans: A Commentary*. Minneapolis, MN: Fortress Press, 2007.

Johnson, Nathan. "Romans 1:3–4: Beyond Antithetical Parallelism." *Journal of Biblical Literature* 136 (forthcoming).

Johnson Hodge, Caroline E. *If Sons, Then Heirs: A Study of Kinship and Ethnicity in the Letters of Paul*. Oxford: Oxford University Press, 2007.

——. "'Married to an Unbeliever': Households, Hierarchies and Holiness in 1 Corinthians 7:12–16." *HTR* 103 (2010): 1–25.

——. "The Question of Identity: Gentiles as Gentiles—but Also Not—in Pauline Communities." In Nanos and Zetterholm, *Paul within Judaism*, 153–74.

Jones, A. H. M. *The Greek City from Alexander to Justinian*. Oxford: Clarendon Press, 1940.

——. *The Later Roman Empire*, 284–602: *A Social, Economic and Administrative Survey*. 3 vols. Norman: University of Oklahoma Press, 1964.

Jones, Christopher P. *Kinship Diplomacy in the Ancient World*. Cambridge, MA: Harvard University Press, 1999.

——. "The Fuzziness of 'Paganism.'" *Common Knowledge* 18 (2012): 249–54.

Juel, Donald H. *Messianic Exegesis: Christological Interpretation of the Old Testament in Early Christianity*. Philadelphia: Fortress Press, 1988.

Kahlos, Maijastina. *Debate and Dialogue: Christian and Pagan Cultures c. 360–430*. Ashgate New Critical Thinking in Religion, Theology and Biblical Studies. Aldershot, UK: Ashgate, 2007.

Käsemann, Ernst. *Commentary on Romans*. Translated and edited by Geoffrey W. Bromiley. Grand Rapids, MI: Eerdmans, 1980.

Kerkeslager, Allen. "'Maintaining Jewish Identity in the Greek Gymnasium: A Jewish Load' in *CPJ* 3.519 (= P. Schub. 37 = P. Berol. 13406)." *JSJ* 28 (1997): 12–33.

Klawans, Jonathan. "Notions of Gentile Impurity in Ancient Judaism." *AJS Review* 20 (1995): 285–312.

——. *Impurity and Sin in Ancient Judaism*. Oxford: Oxford University Press, 2000.

——. "Interpreting the Last Supper: Sacrifice, Spiritualization, and Anti-Sacrifice." *NTS* 48 (2002): 1–17.

——. *Purity, Sacrifice and the Temple: Symbolism and Supersessionism in the Study of Ancient Judaism*. Oxford: Oxford University Press, 2006.

Knohl, Israel. *The Messiah before Jesus: The Suffering Servant of the Dead Sea Scrolls*. Translated by David Maisel. Berkeley: University of California Press, 2000.

Knox, John. *Chapters in a Life of Paul*. New York: Abingdon-Cokesbury Press, 1950.

Knust, Jennifer W. *Abandoned to Lust: Sexual Slander and Ancient Christianity*. New York: Columbia University Press, 2006.

Knust, Jennifer Wright, and Zsuzsanna Várhelyi, eds. *Ancient Mediterranean*

Sacrifice. New York: Oxford University Press, 2011.

Kraemer, Ross S. "Jewish Tuna and Christian Fish: Identifying Religious Affiliation in Epigraphic Sources." *HTR* 84 (1991): 141–62.

——. "Giving Up the Godfearers." *Journal of Ancient Judaism* 5 (2014): 61–87.

Kugel, James. "4Q369 'Prayer of Enosh' and Ancient Biblical Interpretation." *Dead Sea Discoveries* 5 (1998): 119–48.

Kümmel, Werner Georg. *Römer 7 und das Bild des Menschen im Neuen Testament. Zwei Studien*. Theologische Bücherei 53. Munich: Kaiser, 1974. First published 1929.

Kunst, Christiane. *Römische Adoption: Zur Strategie einer Familienorganisation*. Frankfurter althistorische Beiträge 10. Hennef, Germany: Buchverlag Marthe Clauss, 2005.

Lampe, Peter. *From Paul to Valentinus: Christians at Rome in the First Two Centuries*. Translated by Michael Steinhauser. Minneapolis, MN: Fortress Press, 2003.

Landes, Richard A. "Lest the Millennium Be Fulfilled: Apocalyptic Expectations and the Pattern of Western Chronography 100–800 CE." In *The Use and Abuse of Eschatology in the Middle Ages*, edited by Werner Verbeke, Daniel Verhelst, and Andries Welkenhuysen, 137–211. Louvain: Leuven University Press, 1988.

——. *Heaven on Earth: The Varieties of Millennial Experience*. New York: Oxford University Press, 2011.

Lane Fox, Robin. *Pagans and Christians*. New York: Viking, 1987.

Law, Timothy M. *When God Spoke Greek: The Septuagint and the Making of the Christian Bible*. New York: Oxford University Press, 2013.

Lenowitz, Harris. *The Jewish Messiahs: From the Galilee to Crown Heights*. New York: Oxford University Press, 1998.

Levine, Lee I. *Jerusalem: Its Sanctity and Centrality to Judaism, Christianity, and Islam*. New York: Continuum, 1999.

——. *The Ancient Synagogue: The First Thousand Years*. New Haven, CT: Yale University Press, 2000.

Levinskaya, Irina. *The Book of Acts in Its Diaspora Setting*. The Book of Acts in Its First Century Setting 5. Grand Rapids, MI: Eerdmans, 1996.

Liebeschuetz, J. H. W. G. *Continuity and Change in Roman Religion*. New York: Oxford University Press, 1979.

——. "The Influence of Judaism among Non-Jews in the Imperial Period." *JJS* 52 (2001): 235–52.

Lieu, Judith M. *Image and Reality: The Jews in the World of the Christians in the Second Century*. Edinburgh: T. & T. Clark, 1996.

——. *Marcion and the Making of a Heretic: God and Scripture in the Second Century*. New York: Cambridge University Press, 2015.

Linder, Amnon. "The Legal Status of the Jews in the Roman Empire." In *The Cambridge History of Judaism*. Vol. 4: *The Late Roman-Rabbinic Period*, edited by Steven T. Katz, 128–73. Cambridge: Cambridge University Press, 2006.

Linder, Amnon, ed. and trans. *The Jews in Roman Imperial Legislation*. Detroit, MI: Wayne State University Press, 1987.

Litwa, M. David. *Iesus Deus: The Early Christian Depiction of Jesus as a Mediterranean God*. Minneapolis, MN: Fortress Press, 2014.

Llewelyn, Stephen R., and Dionysia van Beek. "Reading the Temple Warning as a Greek Visitor." *JSJ* 42, no. 1 (2011): 1–22.

Ma, John. "Relire les *Institutions des Séleucides* de Bickerman." In *Rome, a City and Its Empire in Perspective: The Impact of the Roman World through Fergus Millar's Research*, 59–84. Leiden: Brill, 2012.

MacMullen, Ramsay. *Christianity and Paganism in the Fourth to Eighth Centuries*. New Haven, CT: Yale University Press, 1997.

Malherbe, Abraham J. *Paul and the Popular Philosophers*. Minneapolis, MN: Fortress Press, 1989.

Malkin, Irad, ed. *Ancient Perceptions of Greek Ethnicity*. Center for Hellenic Studies Colloquia 5. Washington, DC: Center for Hellenic Studies, Trustees for Harvard University, 2001.

Marguerat, Daniel. "Paul après Paul: Une histoire de réception." *NTS* 54 (2008): 317–37.

Markschies, Christoph. "The Price of Monotheism: Some New Observations on a Current Debate about Late Antiquity." In Mitchell and van Nuffelen, *One God*, 100–111.

Marshall, John W. "Apocalypticism and Anti-Semitism: Inner-group Resources for Inter-group Conflicts." In *Apocalypticism, Anti-Semitism and the Historical Jesus: Subtexts in Criticism*, edited by John S. Kloppenborg with John W. Marshall. *Journal for the Study of the New Testament* Supplemental Series 275, 68–82. London: T. & T. Clark, 2005.

——. "Misunderstanding the New Paul: Marcion's Transformation of the *Sonderzeit* Paul." *JECS* 20 (2012): 1–29.

Martin, Dale B. *The Corinthian Body*. New Haven, CT: Yale University Press, 1995.

——. *Inventing Superstition: From the Hippocratics to the Christians*. Cambridge, MA: Harvard University Press, 2004.

——. *Sex and the Single Savior: Gender and Sexuality in Biblical Interpretation*. Louisville, KY: Westminster John Knox Press, 2006.

——. "When Did Angels Become Demons?" *JBL* 129 (2010): 657–77.

Martin, Michael Wade. "ἁρπαγμός Revisited: A Philological Reexamination of the New Testament's 'Most Difficult Word.'" *JBL* 135 (2016): 175–94.

Mason, Steve. "Jews, Judaeans, Judaizing, Judaism: Problems of Categorization in Ancient History." *JSJ* 38 (2007): 457–512.

Maurizio, Lisa. "Delphic Oracles as Oral Performances: Authenticity and Historical Evidence." *Classical Antiquity* 16 (1997): 308–34.

Mayordomo, Moisés. "'Conversion' in Antiquity and Early Christianity: Some Critical Remarks." In *Religiöse Grenzüberschreitungen: Studien zu Bekehrung, Konfessions- und Religionswechsel*, edited by Christine Lienemann-Perrin and Wolfgang Lienemann, 211–26. Wiesbaden: Harrassowitz Verlag, 2012.

McEleny, Neil J. "Conversion, Circumcision and the Law." *NTS* 20 (1974): 319–41.

McGing, Brian. "Population and Proselytism: How Many Jews Were There in the Ancient World?" In *Jews in the Hellenistic and Roman Cities*, edited by John R. Bartlett, 88–106. London: Routledge, 2002.

McGrath, James F. *The Only True God: Early Christian Monotheism in Its Jewish Context*. Urbana: University of Illinois Press, 2009.

Meeks, Wayne. *The First Urban Christians: The Social World of the Apostle Paul*. New Haven, CT: Yale University Press, 1983.

——. "Taking Stock and Moving On." In *After the First Urban Christians*, edited by Todd D. Still and David G. Horrell, 134–46. London: T. & T. Clark, 2009.

Meier, John P. *A Marginal Jew: Rethinking the Historical Jesus.* Vol. 2: *Mentor, Message and Miracles.* Anchor Bible Reference Library. New York: Doubleday, 1994.

——. *A Marginal Jew: Rethinking the Historical Jesus*. Vol. 4: *Law and Love.* Anchor Bible Reference Library. New Haven, CT: Yale University Press, 2009.

Mélèze-Modrzejewski, Joseph M. "How to Be a Jew in Hellenistic Egypt?" In *Diasporas in Antiquity*. Brown Judaic Studies 288, edited by Shaye J. D. Cohen and Ernest S. Frerichs, 65–91. Atlanta, GA: Scholars Press, 1993.

Miles, Richard. *Carthage Must Be Destroyed: The Rise and Fall of an Ancient Civilization*. New York: Viking, 2011.

Milgrom, J. *Leviticus 1–16: A New Translation with Introduction and Commentary*. Anchor Bible 3. New York: Doubleday, 1991.

Millar, Fergus. "The Imperial Cult and the Persecutions." In *Le culte des souverains dans l'empire romain*, edited by Elias J. Bickerman and Willem de Boer, 145–65. Vandoeuvres-Geneva: Fondations Hardt, 1973.

——. "The Jews of the Graeco-Roman Diaspora between Paganism and Christianity." In *The Jews among Pagans and Christians in the Roman Empire*, edited by Judith Lieu, John North, and Tessa Rajak, 97–123. London: Routledge, 1992.

Miller, D. "The Meaning of *Ioudaios* and Its Relationship to Other Group Labels in Ancient Judaism." *Currents in Biblical Research* 9 (2010): 98–126.

——. "Ethnicity Comes of Age: An Overview of Twentieth-Century Terms for *Ioudaios*." Currents in Biblical Research 10, no. 2 (2012): 293–311.

Mitchell, Margaret M. "Patristic Rhetoric on Allegory: Origen and Eustathius Put 1 Samuel 28 on Trial." *JR* 85 (2005): 414–45.

——. "Paul's Letter to Corinth: The Interpretive Intertwining of Literary and Historical Reconstruction." In *Urban Religion in Roman Corinth: Interdisciplinary Approaches*, edited by Daniel N. Showalter and Steven J. Friesen, 307–38. Cambridge, MA: Harvard University Press, 2005.

——. "Gift Histories: A Review of John M. G. Barclay, *Paul and the Gift*." *JSNT* (forthcoming).

Mitchell, Stephen. "Further Thoughts on the Cult of Theos Hypsistos." In Mitchell and van Nuffelen, *One God*, 167–208.

Mitchell, Stephen, and Peter van Nuffelen, eds. *One God: Pagan Monotheism in the Roman Empire*. Cambridge: Cambridge University Press, 2010.

Momigliano, Arnaldo. *Alien Wisdom: The Limits of Hellenization*. Cambridge: Cambridge University Press, 1975.

Moore, George Foot. *Judaism in the First Centuries of the Christian Era: The Age of the Tannaim*. 3 vols. Cambridge, MA: Harvard University Press, 1927–1930.

Morgan, Teresa. *Roman Faith and Christian Faith: Pistis and Fides in the Early Roman Empire and Early Churches*. Oxford: Oxford University Press, 2015.

Moss, Candida R. *Ancient Christian Martyrdom: Diverse Practices, Theologies, and Traditions*. New Haven, CT: Yale University Press, 2012.

Munck, Johannes. *Paul and the Salvation of Mankind*. Translated by Frank Clarke. Richmond, VA: John Knox Press, 1959.

Najman, Hindy. "The Vitality of Scripture Within and Beyond the 'Canon.'" *JSJ* 43 (2012): 497–518.

Nanos, Mark D. *The Galatians Debate: Contemporary Issues in Rhetorical and Historical Interpretation*. Peabody, MA: Hendrickson Publishers, 2002.

——. "Paul and Judaism: Why Not Paul's Judaism?" In *Paul Unbound: Other Perspectives on the Apostle*, edited by Mark Douglas Given, 117–60. Peabody, MA: Hendrickson, 2010.

——. "Paul's Non-Jews Do Not Become 'Jews,' But Do They Become 'Jewish'? Reading Romans 2.25–29 within Judaism, alongside Josephus." *JJMJS* 1 (2014): 26–53 (www.jjmjs.org).

——. "The Question of Conceptualization: Qualifying Paul's Position on Circumcision in Dialogue with Josephus's Advisors to King Izates." In Nanos and Zetterholm, *Paul within Judaism*, 105–52.

Nanos, Mark D., and Magnus Zetterholm, eds. *Paul within Judaism: Restoring the First-Century Context to the Apostle*. Minneapolis, MN: Fortress Press, 2015.

Nasrallah, Laura. *Christian Responses to Roman Art and Architecture: The*

Second-Century Church amid the Spaces of Empire. Cambridge: Cambridge University Press, 2010.

Nasrallah, Laura, and Elizabeth Schüssler Fiorenza, eds. *Prejudice and Christian Beginnings: Investigating Race, Gender and Ethnicity in Early Christian Studies*. Minneapolis, MN: Fortress Press, 2009.

Neusner, Jacob. "The Idea of Purity in Ancient Judaism." *JAAR* 43 (1975): 15–26.

Nickelsburg, George W. E. "Abraham the Convert: A Jewish Tradition and Its Use by the Apostle Paul." In *Biblical Figures outside the Bible*, edited by Michael E. Stone and Theodore A. Bergren, 151–75. Harrisburg, PA: Trinity Press International, 1998.

Noam, Vered. "'The Gentileness of the Gentiles': Two Approaches to the Impurity of Non-Jews." In *Halakhah in Light of Epigraphy*, edited by Albert I. Baumgarten, Hanan Eshel, Ranon Katzoff, and Shani Tzoref, 27–41. Göttingen: Vandenhoeck & Ruprecht, 2011.

——. "Another Look at the Rabbinic Conception of Gentiles from the Perspective of Impurity Laws." In *Judaea-Palaestina, Babylon and Rome: Jews in Antiquity*, edited by Benjamin Isaac and Yuval Shahar, 89–110. Tübingen: Mohr Siebeck, 2012.

Nock, Arthur Darby, ed. *Sallustius: Concerning the Gods and the Universe*. Hildesheim: G. Olms, 1966.

Nolland, John. "Uncircumcised Proselytes?" *JSJ* 12 (1981): 173–94.

Nongbri, Brent. *Before Religion: A History of a Modern Concept*. New Haven, CT: Yale University Press, 2013.

——. "The Concept of Religion and the Study of the Apostle Paul." *JJMJS* 2 (2015): 1–26 (www.jjmjs.org).

Novak, David. *The Image of the Non-Jew in Judaism: An Historical and Constructive Study of the Noahide Laws*. Toronto Studies in Theology 14. New York: Mellen Press, 1983.

Novenson, Matthew V. "The Jewish Messiahs, the Pauline Christ, and the Gentile Question." *JBL* 128 (2009): 357–73.

——. *Christ among the Messiahs: Christ Language in Paul and Messiah Language in Ancient Judaism*. New York: Oxford University Press, 2012.

——. "The Messiah ben Abraham in Galatians: A Response to Joel Willitts."

Journal for the Study of Paul and His Letters 2 (2012): 163–69.

———. "Paul's Former Occupation in *Ioudaismos*." In *Galatians and Christian Theology: Justification, the Gospel, and Ethics in Paul's Letters*, edited by Mark W. Elliott, Scott J. Hafemann, N. T. Wright, and John Frederick, 24–39. Grand Rapids, MI: Baker Academic, 2014.

———. "The Self-Styled Jew of Romans 2 and the Actual Jews of Romans 9–11." In Rodriguez and Thiessen, *The So-Called Jew in Paul's Letter to the Romans*, 133–62.

Oliver, Isaac W. "The 'Historical Paul' and the Paul of Acts." In Boccaccini and Segovia, *Paul the Jew*, 51–71.

Olyan, Saul M. "Purity Ideology in Ezra-Nehemiah as a Tool to Reconstitute the Community." *JSJ* 35 (2004): 1–16.

Opsomer, Jan. "Demiurges in Early Imperial Platonism." In *Gott und Götter bei Plutarch: Götterbilder-Gottesbilder-Weltbilder*, edited by Rainer Hirsch-Luipold. Religionsgeschichtliche Versuche und Vorarbeiten 54, 51–99. Berlin: Walter de Gruyter, 2005.

Parker, Robert. *Miasma: Pollution and Purification in Early Greek Religion*. Oxford: Clarendon Press, 1983.

Parkes, James. *The Conflict of the Church and the Synagogue: A Study in the Origins of Antisemitism*. Philadelphia: Jewish Publication Society of America, 1961. First published 1934.

Pearce, Sarah. "Jerusalem as 'Mother-City' in the Writings of Philo of Alexandria." In *Negotiating Diaspora: Jewish Strategies in the Roman Empire*, edited by John M. G. Barclay. Library of Second Temple Studies 45, 19–36. London: T. & T. Clark, 2004.

Pearson, Birger A. "1 Thessalonians 2:13–16: A Deutero-Pauline Interpolation." *HTR* 64 (1971): 79–94.

Peppard, Michael. *The Son of God in the Roman World: Divine Sonship in Its Social and Political Context*. Oxford: Oxford University Press, 2011.

———. "Brother against Brother: *Controversiae* about Inheritance Disputes and 1 Corinthians 6:1–11." *JBL* 133 (2014): 179–92.

Pervo, Richard I. *The Making of Paul: Constructions of the Apostle in Early Christianity*. Minneapolis, MN: Fortress Press, 2010.

Porton, Gary G. *The Stranger within Your Gates: Converts and Conversion in Rabbinic Judaism*. Chicago: University of Chicago Press, 1994.

Potter, David S. "Entertainers in the Roman Empire." In Potter and Mattingly, *Life, Death and Entertainment*, 256–325.

——. "Roman Religion: Ideas and Actions." In Potter and Mattingly, *Life, Death and Entertainment*, 113–67.

Potter, D. S., and D. J. Mattingly, eds. *Life, Death and Entertainment in the Roman Empire*. Ann Arbor: University of Michigan Press, 1999.

Price, Simon R. F. *Rituals and Power: The Roman Imperial Cult in Asia Minor*. Cambridge: Cambridge University Press, 1984.

Pucci Ben Zeev, Miriam. *Jewish Rights in the Roman World: The Greek and Roman Documents Quoted by Josephus Flavius*. Texte und Studien zum antiken Judentum 74. Tübingen: Mohr Siebeck, 1998.

Rajak, Tessa. *Translation and Survival: The Greek Bible of the Ancient Jewish Diaspora*. Oxford: Oxford University Press, 2009.

Reed, Annette Y. "The Trickery of the Fallen Angels and the Demonic Mimesis of the Divine: Aetiology, Demonology, and Polemics in the Writings of Justin Martyr." *JECS* 12 (2004): 141–71.

——. *Fallen Angels in the History of Judaism and Christianity: The Reception of Enochic Literature*. Cambridge: Cambridge University Press, 2005.

——. "Christian Origins and Religious Studies." *SR* 44, no. 3 (2015): 307–19.

Reynolds, Joyce, and Robert Tannenbaum. *Jews and God-Fearers at Aphrodisias: Greek Inscriptions with Commentary*. Cambridge: Cambridge Philological Society, 1987.

Riesner, Rainer. "A Pre-Christian Jewish Mission?" In *The Mission of the Early Church to Jews and Gentiles*, edited by J. Ådna and H. Kvalbein, 211–50. Tübingen: Mohr Siebeck, 2000.

Rives, James B. "Human Sacrifice among Pagans and Christians." *JRS* 85 (1995): 65–85.

——. "The Persecution of Christians and Ideas of Community in the Roman Empire." In *Politiche religiose nel mondo antico e tardoantico: Poteri e indirizzi, forme del controllo, idee e prassi di toleranza*. Atti del convegno internazionale di studi (Firenze, 24–26 settembre 2009), edited by A. Cecconi and Ch. Gabrielli, 199–216. Bari: Edipuglia, 2011.

Rodriguez, Rafael. *If You Call Yourself a Jew: Reappraising Paul's Letter to the Romans*. Eugene, OR: Cascade Books, 2014.

Rodriguez, Rafael, and Matthew Thiessen, eds. *The So-Called Jew in Paul's Letter to the Romans*. Minneapolis, MN: Fortress Press, 2016.

Rösch, Petra, and Udo Simon, eds. *How Purity Is Made*. Wiesbaden: Harrassowitz Verlag, 2012.

Rosen-Zvi, Ishay, and Adi Ophir. "Goy: Toward a Genealogy." *Diné Israel* 28 (2011): 69–112.

——. "Paul and the Invention of the Gentiles." *JQR* 105 (2015): 1–41.

Runesson, Anders. "Inventing Christian Identity: Paul, Ignatius, and Theodosius I." In *Exploring Early Christian Identity*, edited by Bengt Holmberg, 59–92. WUNT 1, 226. Tübingen: Mohr Siebeck, 2008.

——. "The Question of Terminology: The Architecture of Contemporary Discussions on Paul." In Nanos and Zetterholm, *Paul within Judaism*, 53–78.

——. "Entering a Synagogue with Paul: First-Century Torah Observance." In *Torah Ethics and Early Christian Identity*, edited by Susan J. Wendel and David M. Miller, 11–26. Grand Rapids, MI: Eerdmans, 2016.

Runesson, Anders, Donald D. Binder, and Birger Olsson. *The Ancient Synagogue from Its Origins to 200 C.E.: A Source Book*. Leiden: Brill, 2008.

Rutgers, Leonard V. "*Dis Manibus* in Jewish Inscriptions from Rome." In *Jews in Late Ancient Rome: Evidence of Cultural Interaction in the Roman Diaspora*. Religions in the Graeco-Roman World 126, 269–72. Leiden: Brill, 1995.

——. *The Hidden Heritage of Diaspora Judaism: Essays on Jewish Cultural Identity in the Roman World.* Contributions to Biblical Exegesis and Theology 20. Louvain: Peeters, 1998.

Salvesen, Alison G., and Timothy M. Law. *The Oxford Handbook of the Septuagint*. Oxford: Oxford University Press (forthcoming).

Sanders, E. P. *Paul and Palestinian Judaism: A Comparison of Patterns of Religion*. Philadelphia: Fortress Press, 1977.

——. *Paul, the Law, and the Jewish People*. Philadelphia: Fortress Press, 1983.

——. *Jesus and Judaism*. London: SCM, 1985.

——. "Jewish Association with Gentiles and Galatians 2:11–14." In *The Conversation Continues: Studies in Paul and John in Honor of J. Louis Mar-*

tyn, edited by Robert T. Fortna and Beverly R. Gaventa, 170–88. Nashville, TN: Abingdon Press, 1990.

——. *Jewish Law from Jesus to the Mishnah: Five Studies*. London: SCM, 1990.

——. *Paul: A Very Short Introduction*. Oxford: Oxford University Press, 1991.

——. *Judaism: Practice and Belief, 63 BCE–66 CE*. Philadelphia: Trinity Press International, 1992.

——. *The Historical Figure of Jesus*. London: Allen Lane, Penguin, 1993.

——. *Paul: The Apostle's Life, Letters and Thought*. Minneapolis, MN: Fortress Press, 2015.

Sanzo, Joseph Emanuel. "'For Our Lord Was Pursued by the Jew …': The (Ab) Use of the Motif of 'Jewish' Violence against Jesus on a Greek Amulet (P. Heid. 1101)." In *One in Christ Jesus: Essays on Early Christianity and "All That Jazz" in Honor of S. Scott Bartchy*, edited by David Lertis Matson and K. C. Richardson, 86–98. Eugene, OR: Pickwick Publications, 2014.

Schäfer, Peter. *Judeophobia: Attitudes toward the Jews in the Ancient World*. Cambridge, MA: Harvard University Press, 1997.

Scheid, John. *Quand faire, c'est croire: Les rites sacrificiels des Romains*. Collection historique. Paris: Aubier Flammarion, 2011.

Schelkle, Karl Hermann. *Paulus, Lehrer der Väter: Die altkirchliche Auslegung von Römer 1–11*. Düsseldorf: Patmos Verlag, 1956.

Schellenberg, Ryan S. *Rethinking Paul's Rhetorical Education: Comparative Rhetoric and 2 Corinthians 10–13*. Early Christianity and Its Literature 10. Atlanta, GA: Society of Biblical Literature, 2013.

Schremer, Adiel. "'The Lord Has Forsaken the Land': Radical Explanations of the Military and Political Defeat of the Jews in Tannaitic Literature." *JJS* 59 (2008): 183–200.

Schürer, Emil. *The History of the Jewish People in the Age of Jesus Christ*. 3 vols. Edited by Geza Vermes, Fergus Millar, Matthew Black, and Martin Goodman. Edinburgh: T. & T. Clark, 1973– 1987.

Schweitzer, Albert. *The Mysticism of Paul the Apostle*. Translated by William Montgomery, with an introduction by Jaroslav Pelikan. Baltimore, MD:

Johns Hopkins University Press, 1998. First published 1931.
——. *The Quest of the Historical Jesus*. Edited by John Bowden and translated by W. Montgomery. Minneapolis, MN: Fortress Press, 2001. First published as *Geschichte der Leben-Jesu-Forschung* (Tübingen: J. C. B. Mohr, 1906).

Scott, Alan. *Origen and the Life of the Stars: A History of an Idea*. Oxford: Clarendon Press, 1991.

Scott, James M. *Adoption as Sons of God: An Exegetical Investigation into the Background of huiothesia in the Pauline Corpus*. WUNT 2, 48. Tübingen: Mohr Siebeck, 1992.

——. *Paul and the Nations: The Old Testament and Jewish Background of Paul's Mission to the Nations with Special Reference to the Destination of Galatians*. WUNT 1, 84. Tübingen: Mohr Siebeck, 1995.

——. "And Then All Israel Will Be Saved (Rom 11:26)." In *Restoration: Old Testament, Jewish, and Christian Perspectives*, edited by James M. Scott. Supplements to the *Journal for the Study of Judaism* 72, 489–527. Leiden: Brill, 2001.

Sechrest, Love L. *A Former Jew: Paul and the Dialectics of Race*. Edinburgh: T. & T. Clark, 2009.

Segal, Alan F. *Paul the Convert: The Apostolate and Apostasy of Saul the Pharisee*. New Haven, CT: Yale University Press, 1990.

Seland, Torrey. *Establishment Violence in Philo and Luke: A Study of Non-Conformity to the Torah and Jewish Vigilante Reactions*. Biblical Interpretation Series 15. Leiden: Brill, 1995.

Simon, Marcel. *Verus Israël: Études sur les relations entre Chrétiens et Juifs dans l'empire romain (135–425)*. Paris: E. de Boccard, 1948.

Smith, Jonathan Z. "Here, There, and Anywhere." In *Relating Religion: Essays in the Study of Religion*, 323–39. Chicago: University of Chicago Press, 2004.

Sourvinou-Inwood, Christiane. "Further Aspects of Polis Religion." In *Oxford Readings in Greek Religion*, edited by Richard Buxton, 38–55. New York: Oxford University Press, 2000.

Stanley, Christopher D. *Arguing with Scripture: The Rhetoric of Quotations in the Letters of Paul*. New York: T. & T. Clark, 2004.

Staples, Jason A. "What Do the Gentiles Have to Do with 'All Israel'? A Fresh Look at Romans 11:25–27." *JBL* 130 (2011): 371–90.

Stendahl, Krister. "Paul and the Introspective Conscience of the West." In *Paul among Jews and Gentiles*, 78–96. Philadelphia: Fortress Press, 1976. First published in *HTR* 56 (1963): 199–215.

——. *Paul among Jews and Gentiles*. Minneapolis, MN: Fortress Press, 1976.

——. *Final Account: Paul's Letter to the Romans*. Minneapolis, MN: Fortress Press, 1995.

Stern, Menachem, ed. and trans. *Greek and Latin Authors on Jews and Judaism*. 3 vols. Jerusalem: Israel Academy of Sciences and Humanities, 1974–1984.

Stern, Sacha. "Compulsive Libationers: Non-Jews and Wine in Early Rabbinic Sources." *JJS* 64 (2013): 19–44.

Steudel, Annette. " in the Texts from Qumran." *Revue de Qumrân* 16 (1993): 225–46.

Still, Todd D., and David G. Horell, eds. *After the First Urban Christians: The Social-Scientific Study of Pauline Christianity Twenty-Five Years Later.* London: T. & T. Clark International, 2009.

Stowers, Stanley K. *Letter Writing in Greco-Roman Antiquity*. Philadelphia: Westminster, 1989.

——. *A Rereading of Romans: Justice, Jews, and Gentiles*. New Haven, CT: Yale University Press, 1994.

Sumney, Jerry L., ed. *Reading Paul's Letter to the Romans*. Atlanta, GA: Society of Biblical Literature, 2012.

Talbert, C. H. "The Problem of Pre-existence in Philippians 2:6–11." *JBL* 86 (1967): 141–53.

Tatum, Gregory. *New Chapters in the Life of Paul: The Relative Chronology of His Career.* Catholic Biblical Quarterly Monograph Series 41. Washington, DC: Catholic Biblical Association of America, 2006.

Taylor, Joan E. *The Immerser: John the Baptist within Second Temple Judaism.* Grand Rapids, MI: Eerdmans, 1997.

Thiessen, Matthew. "The Text of Genesis 17:14." *JBL* 128, no. 4 (2009): 625–42.

——. *Contesting Conversion: Genealogy, Circumcision, and Identity in An-*

cient Judaism and Christianity. Oxford: Oxford University Press, 2011.

——. "Revisiting the προσηλυτος in the LXX." *JBL* 132 (2013): 333–50.

——. "Paul's Argument against Gentile Circumcision in Romans 2:17–29." *NovT* 56 (2014): 373–91.

——. *Paul and the Gentile Problem*. Oxford: Oxford University Press, 2016.

——. "Paul's So-Called Jew and Lawless Lawkeeping." In Rodriguez and Thiessen, *The So-Called Jew in Paul's Letter to the Romans*, 59–84.

Thomassen, Einar. *The Spiritual Seed: The Church of the "Valentinians."* Nag Hammadi and Manichaean Studies 60. Leiden: Brill, 2008.

Thorsteinsson, Runar M. *Paul's Interlocutor in Romans 2: Function and Identity in the Context of Ancient Epistolography*. Coniectanea Biblica New Testament Series 40. Stockholm: Almqvist and Wiksell, 2003.

Thorsteinsson, Runar, Matthew Thiessen, and Rafael Rodriguez, "Paul's Interlocutor in Romans: The Problem of Identification." In Rodriguez and Thiessen, *The So-Called Jew in Paul's Letter to the Romans*, 1–37.

Tomson, Peter J. *Paul and the Jewish Law: Halakha in the Letters of the Apostle to the Gentiles*. Compendia Rerum Iudaicarum ad Novum Testamentum sec. 3, Jewish Traditions in Early Christian Literature 1. Assen, Netherlands: Van Gorcum, 1990.

Tomson, Peter J., and Joshua Schwartz, eds. *Jews and Christians in the First and Second Centuries: How to Write Their History.* Leiden: Brill, 2014.

Tov, Emanuel. *The Text-Critical Use of the Septuagint in Biblical Research*. 2nd ed. Jerusalem Biblical Studies 8. Jerusalem: Simor, 1997.

——. *Textual Criticism of the Hebrew Bible*. 2nd rev. ed. Minneapolis, MN: Fortress Press, 2001.

Townsend, Philippa. "Who Were the First Christians? Jews, Gentiles, and the Christianoi." In *Heresy and Identity in Late Antiquity*, edited by Eduard Iricinschi and Holger M. Zellentin, 212–30. Tübingen: Mohr Siebeck, 2008.

Trebilco, Paul R. *Jewish Communities in Asia Minor*. Society for New Testament Studies Monograph Series 69. Cambridge: Cambridge University Press, 1991.

——. "The Christian and Jewish Eumeneian Formula." In *Negotiating Diaspora: Jewish Strategies in the Roman Empire*, edited by John M. G. Barclay. Library of Second Temple Studies 45, 66–88. London: T. & T. Clark, 2004.

Ulrich, Eugene. "Isaiah, Book of." In *Encyclopedia of the Dead Sea Scrolls*, edited by Lawrence H. Schiffman and James C. VanderKam, 384–88. Oxford: Oxford University Press, 2000.

Urbach, Ephraim E. *The Sages, Their Concepts and Beliefs*. Translated by Israel Abrahams. Jerusalem: Magnes, 1975.

van der Horst, Pieter W. "'Thou Shalt Not Revile the Gods': The LXX Translation of Ex. 22: 28 (27), Its Background and Influence." *Studia Philonica Annual* 5 (1993): 1–8.

——. "The Myth of Jewish Cannibalism: A Chapter in the History of Antisemitism." In *Studies in Ancient Judaism and Early Christianity*, 173–87.

——. *Studies in Ancient Judaism and Early Christianity*. Ancient Judaism and Early Christianity 87. Leiden: Brill, 2014.

van Henten, Jan Willem. "The Hasmonean Period." In *Redemption and Resistance: The Messianic Hopes of Jews and Christians in Antiquity*, edited by Markus Bockmuehl and James Carleton Paget, 15–28. London: T. & T. Clark, 2009.

Wagner, J. Ross. "The Christ, Servant of Jew and Gentile: A Fresh Approach to Romans 15:8–9." *JBL* 116 (1997): 473–85.

——. *Heralds of the Good News: Isaiah and Paul "in Concert" in the Letter to the Romans*. Supplements to Novum Testamentum 101. Leiden: Brill, 2002.

Walbank, Frank W. *The Hellenistic World*. Cambridge, MA: Harvard University Press, 1992.

Wallis, Richard T. *Neoplatonism*. London: Duckworth, 1972.

Wander, Bernd. *Gottesfürchtige und Sympathisanten: Studien zum heidnischen Umfeld von Diasporasynagogen*. Tübingen: Mohr Siebeck, 1998.

Ware, James. "Paul's Understanding of the Resurrection in 1 Corinthians 15:36–54." *JBL* 133 (2014): 809–35.

Wasserman, Emma. *The Death of the Soul in Romans 7: Sin, Death, and the Law in Light of Hellenistic Moral Psychology*. Tübingen: Mohr Siebeck, 2008.

——. "'An Idol Is Nothing in the World' (1 Cor 8:4): The Metaphysical Contradictions of 1 Corinthians 8:1–11:1 in the Context of Jewish Idolatry Polemics." In *Portraits of Jesus: Studies in Christology*, edited by Susan E. Meyers, 201–27. Tübingen: Mohr Siebeck, 2012.

——. "Myths of Victory: The Case of Sin and Apocalyptic Battle in Paul's Letters." Paper presented at the Annual Meeting of the Society of Biblical Literature, Baltimore, MD, November 2013.

Watson, Francis. *Paul, Judaism, and the Gentiles: Beyond the New Perspective*. Rev. ed. Minneapolis, MN: Eerdmans, 2007.

Weiss, Johannes. *Jesus' Proclamation of the Kingdom of God*. Translated by Richard Hyde Hiers and David Larrimore Holland. Philadelphia: Fortress Press, 1971. First published as *Die Predigt Jesu vom Reiche Gottes* (Göttingen, 1892).

Weiss, Zeev. *Public Spectacles in Roman and Late Antique Palestine*. Cambridge, MA: Harvard University Press, 2014.

White, Benjamin. "Reclaiming Paul? Reconfiguration as Reclamation in 3 Corinthians." *JECS* 17 (2009): 497–523.

——. *Remembering Paul*. Oxford: Oxford University Press, 2014.

Whitsett, Christopher G. "Son of God, Seed of David: Paul's Messianic Exegesis in Romans 2:3–4." *JBL* 119 (2000): 661–81.

Will, Edouard, and Claude Orrieux. *"Prosélytisme juif"? Histoire d'une erreur*. Paris: Les Belles Lettres, 1992.

Williams, Margaret H. *The Jews among the Greeks and Romans: A Diasporan Sourcebook*. Baltimore, MD: Johns Hopkins University Press, 1998.

Witherington, Ben. *Jesus, Paul, and the End of the World*. Downers Grove, IL: InterVarsity Press, 1992.

Wright, N. T. *The Climax of the Covenant: Christ and the Law in Pauline Theology*. Minneapolis, MN: Fortress Press, 1993.

——. *Paul and the Faithfulness of God*. 2 vols. Minneapolis, MN: Fortress Press, 2013.

Young, Frances M. *Biblical Exegesis and the Formation of Christian Culture*. Cambridge: Cambridge University Press, 1997.

Zetterholm, Karin Hedner. "The Question of Assumptions: Torah Observance in the First Century." In Nanos and Zetterholm, *Paul within Judaism*, 79–103.

Zetterholm, Magnus. *The Formation of Christianity in Antioch: A Social-Scientific Approach to the Separation between Judaism and Christianity*. London: Routledge, 2003.

——. *Approaches to Paul: A Student's Guide to Recent Scholarship*. Minneapolis, MN: Fortress Press, 2009.

——. "'Will the Real Gentile-Christian Please Stand Up!': Torah and the Crisis of Identity Formation." In *The Making of Christianity: Conflicts, Contacts, and Constructions: Essays in Honor of Bengt Holmberg*, edited by Magnus Zetterholm and Samuel Byrskog, 373–93. Winona Lake, IN: Eisenbrauns, 2012.

——. "The Non-Jewish Interlocutor in Romans 2.17 and the Salvation of the Nations: Contextualizing Romans 1.18–32." In Rodriguez and Thiessen, *The So-Called Jew in Paul's Letter to the Romans*, 39–58.

Zoccali, Christopher. "'And So All Israel Will Be Saved': Competing Interpretations of Romans 11.26 in Pauline Scholarship." *JSNT* 30 (2008): 289–318.

인명 및 지명 색인

이하 색인에 제시되는 페이지수는 본서에 [ ] 로 표시된 원서의 페이지수를 뜻합니다

A

K

L

M

N

고대 문헌 및 저자 색인

이하 색인에 제시되는 페이지수는 본서에 [ ] 로 표시된 원서의 페이지수를 뜻합니다

구약성경

신약성경

외경 및 위경

랍비 자료

사해 두루마리

아우구스티누스

유대 텍스트

기독교 텍스트

다른 고대 텍스트

로마법

주제 색인

이하 색인에 제시되는 페이지수는 본서에 [ ] 로 표시된 원서의 페이지수를 뜻합니다

바울, 이교도의 사도

초판1쇄 2022.07.28
지은이 파울라 프레드릭슨
옮긴이 정동현
펴낸이 이학영
펴낸곳 도서출판 학영

편집 김덕원 박선영 박이삭 이학영 최선종
디자인 이학영

전화 02-853-8198
팩스 02-324-0540
주소 서울시 관악구 남부순환로 168길 68-3
이메일 hypublisher@gmail.com
총판처 기독교출판유통

ISBN 9791197769672 (93230)
정 가 32,000원